U0853880

·经/济/科/学/译/丛·

Essentials of Economics, 3e

经济学精要

（第3版）

斯坦利·L·布鲁伊（Stanley L. Brue）
坎贝尔·R·麦克康奈尔（Campbell R. McConnell） 著
肖恩·M·弗林（Sean M. Flynn）
蒲 艳 译

中国人民大学出版社
·北京·

《经济科学译丛》编辑委员会

学术顾问 高鸿业 王传纶 胡代光
范家骧 朱绍文 吴易风

主　　编 陈岱孙

副 主 编 梁　晶 海　闻

编　　委 (按姓氏笔画排序)

王一江 王利民 王逸舟
贝多广 平新乔 白重恩
刘　伟 朱　玲 许成钢
张宇燕 张维迎 李　扬
李晓西 李稻葵 杨小凯
汪丁丁 易　纲 林毅夫
金　碚 姚开建 徐　宽
钱颖一 高培勇 梁小民
盛　洪 樊　纲

《经济科学译丛》总序

中国是一个文明古国，有着几千年的辉煌历史。近百年来，中国由盛而衰，一度成为世界上最贫穷、落后的国家之一。1949 年中国共产党领导的革命，把中国从饥饿、贫困、被欺侮、被奴役的境地中解放出来。1978 年以来的改革开放，使中国真正走上了通向繁荣富强的道路。

中国改革开放的目标是建立一个有效的社会主义市场经济体制，加速发展经济，提高人民生活水平。但是，要完成这一历史使命绝非易事，我们不仅需要从自己的实践中总结教训，也要从别人的实践中获取经验，还要用理论来指导我们的改革。市场经济虽然对我们这个共和国来说是全新的，但市场经济的运行在发达国家已有几百年的历史，市场经济的理论亦在不断发展完善，并形成了一个现代经济学理论体系。虽然许多经济学名著出自西方学者之手，研究的是西方国家的经济问题，但他们归纳出来的许多经济学理论反映的是人类社会的普遍行为，这些理论是全人类的共同财富。要想迅速稳定地改革和发展我国的经济，我们必须学习和借鉴世界各国包括西方国家在内的先进经济学的理论与知识。

本着这一目的，我们组织翻译了这套经济学教科书系列。这套译丛的特点是：第一，全面系统。除了经济学、宏观经济学、微观经济学等基本原理之外，这套译丛还包括了产业组织理论、国际经济学、发展经济学、货币金融学、公共财政、劳动经济学、计量经济学等重要领域。第二，简明通俗。与经济学的经典名著不同，这套丛书都是国外大学通用的经济学教科书，大部分都已发行了几版或十几版。作者尽可能地用简明通俗的语言来阐述深奥的经济学原理，并附有案例与习题，对于初学者来说，更容易理解与掌握。

经济学是一门社会科学，许多基本原理的应用受各种不同的社会、政治或经济体制的影响，许多经济学理论是建立在一定的假设条件上的，假设条件不同，结论也就不一定成立。因此，正确理解掌握经济分析的方法而不是生搬硬套某些不同条件下产生的结论，才是我们学习当代经济学的正确方法。

本套译丛于 1995 年春由中国人民大学出版社发起筹备并成立了由许多经济学专家学者组织的编辑委员会。中国留美经济学会的许多学者参与了原著的推荐工作。中国人民大学出版社向所有原著的出版社购买了翻译版权。北京大学、中国人民大学、复旦大学以及中国社会科学院的许多专家教授参与了翻译工作。前任策划编辑梁晶女士为本套译丛的出版作出了重要贡献，在此表示衷心的感谢。在中国经济体制转轨的历史时期，我们把这套译丛献给读者，希望为中国经济的深入改革与发展作出贡献。

《经济科学译丛》编辑委员会

前　言

根据麦克康奈尔、布鲁伊、弗林合著的《经济学》——适合两学期完成的最畅销经济学教材——缩写的《经济学精要》（第3版），是一本适合一个学期完成的经济学基础理论教科书。欢迎各位读者购买和阅读本书。多年来，很多教师都想要一本简短的、适合一个学期完成的、把宏观经济学和微观经济学都收入其中的经济学教材。有些作者把适合两学期使用的教材进行删减，将剩下的章节重新编号，组成"删节接合版"，认为这样就可以满足一学期使用的需要。这不是本书的写作风格。本书重点突出，且保留了原本适合两学期使用的教科书的完整体系。我们提炼出经济学的核心内容，按照一学期完成的教学活动的需要进行整合。本书语言表述清晰、严谨，章节安排均衡、合理，因此它既促成原版（适合两学期使用）教科书的畅销，其教学方法和专题讨论又适合一学期教学活动的需要。

我们认为，本书非常适合一学期完成的各种教学活动的需要。它非常生动，特别适合非商科专业的学生对经济学原理的学习需要。另外，对那些需要将宏观经济学和微观经济学原理结合起来的商科专业的学生，以及经济学专业的学生而言，本书是一本非常适合的、集分析与综合为一体的教材。最后，我们认为，对那些重返课堂、参加MBA课程学习的学生而言，在学习本书的过程中辅之以合适的讲授和阅读材料，将会大大提高他们的经济学分析能力。

无论本书的用途如何，我们的目标保持不变：

- 帮助学生掌握基本原理，使他们能够理解经济学一般问题、经济学具体热点问题以及各种政策选择。
- 帮助学生理解和运用经济学视角，并准确和客观地分析经济现象。
- 培养学生对经济学理论和经济活动的持久兴趣。

本书的创新与改进之处

写一本成功的教科书有一个好处，那就是可以对先前的版本进行修正，即删除陈旧的内容和增添新知识，还可以改写那些可能误导读者或含混不清的陈述，引入相关性更强的事例，改进篇章结构，更好地满足学习需要。希望你们相信，我们已经充分、明智地利用了这个机会。

流畅的章节安排

为保证本书流畅、连贯的陈述，降低学生的学习成本，根据校阅者的建议，我们将本书上一版的部分内容放到我们的网站上：www. brue3e. com。上一版第 1 章结尾处关于图表及其意义的附录，关于工资决定、收入不平等和贫困的章节内容（分别是原第 10 章与第 11 章）已放到我们的网站上。如果任课教师想要讲授这些章节，就可以访问我们的网站，获取相关材料。这些章节的更新和补充，将会像本书其他内容一样，得到我们持续的关注和努力。

关于金融危机和萧条的新内容

我们在本书的宏观经济学部分，重点增加了对金融危机、萧条以及迟缓的复苏等问题的讨论。虽然宏观经济学中有许多办法可以解决萧条，但我们相信，我们所采用的宏观经济学基本模型可以很好地解释经济复苏，并扩张到经济体的历史最高点的路径。本书关于萧条部分的新增内容只是为了帮助学生理解经济学理论模型与他们在新闻报道里看到的经济现象，也许还有他们亲身经历之间的相关性。本书的整个论调，包括宏观部分，依然是对市场经济的长期增长前景保持积极乐观的态度。

更改各章结尾处的思考题和问题

我们对各章结尾处的思考题进行了大规模的修改，并为各章增加了新的问题。这些思考题需要学生进行分析，通常没有统一、固定的答案，相比之下新增的问题则主要是定量分析。我们提出的思考题和问题与各章开始处的学习目标有呼应关系。所有的思考题和问题均可通过麦格劳-希尔出版社的关联经济学网站（*Connect Economics*）下载，网站上还列举了许多问题不同的计算方法。学生完成问题后，还可通过网站的相应系统自动打分。

各章节的变化

除了上面列举的变化与新特点之外，本书的下列章节有所变化：

第 1 章　约束、替代方案和选择，该章更新了 2007—2009 年关于经济萧条的讨论，并将主要概念进行连贯的安排。本章附录：图表及它们的意义已放到我们的网站上：www. brue3e. com。

第 2 章　市场机制和循环流向图，该章对循环流向模型进行改进，增加对产权的讨论，并更新了全球数据。

第 3 章　需求、供给和市场均衡，该章对章节开头——供给与需求的导论进行修订，并补充了对关键概念的阐述。

第 4 章　需求弹性和供给弹性，该章更新了对弹性的讨论。

第 5 章　市场失灵：公共产品和外部效应，该章改进了对市场失灵的阐述，强化了公共产品与私人产品的对比，新增了对科斯定理的示例说明，对外部效应的矫正措施进行了更加完整的讨论。

第 6 章　企业及其成本，该章对成本的论述进行了改进，新增了对煤气价格不断上涨的讨论，提高了学生的分析能力。

第 7 章　完全竞争，该章修改了对长期内完全竞争市场以及完全竞争市场的效率的讨论，并扩展了原有图形，说明了完全竞争厂商和完全竞争市场的长期均衡。

第 8 章　完全垄断，该章采用新的图形说明完全垄断市场相对于完全竞争市场的低效率，并修订了对效率的讨论。

第 9 章　垄断竞争与寡头垄断，该章修改了导论，更新图形说明了垄断竞争市场的低效率，并改进了对卡特尔和共谋的讨论。

第 10 章　GDP 和经济增长，该章修订了对国内生产总值计算方法的讨论，并更新了对生产率变化的讨论。

第 11 章　商业周期、失业和通货膨胀，该章新增了导论，并改进了对商业周期及其原因的讨论，详细说明了当前世界各国的失业率和通货膨胀。

第 12 章　总需求和总供给，该章详细讨论、运用和分析了 2007—2009 年的经济萧条。

第 13 章　财政政策、赤字和负债，该章对经济萧条、后续政策反应，以及债务讨论进行了重要更新。

第 14 章　货币、银行和金融机构，该章对 2007—2008 年金融危机，以及危机后金融服务业的发展状况进行了深刻讨论。

第 15 章　利率和货币政策，该章对美国近年来的货币政策进行了更新，对流动性陷阱进行了新的解释，对美联储对金融危机的反应展开了新的讨论，增加了对美联储的资产负债表和粗放式增长的分析。

第 16 章　国际贸易和汇率，该章对美国最近的贸易赤字资料进行了更新，对美元价值的相对变化进行了修订。

关于工资决定、收入不平等和贫困的章节，已被重置于我们的网站：www.brue3e.com。该章对收入分配、贫困、收入保持计划的讨论进行了改进，并对相关数据进行了重要更新。

鲜明的特点与第 3 版的变化

本书包括以下几个特点，从而使本书成为一本独特的教科书。

艺术性的设计和教学方法

本书加入了一系列专门设计的、独立的教学辅助专栏，包括策略性地设置了“致学生”专栏、各章学习目标、各类图表、完整的章末小结、关键词列表、精心设计的学习思考题、我们网站的链接、图表附录、我们网站上关于需求与供给的补充案例的附录。

关注核心模型

本书简化了对经济学知识的阐述，而强调经济学视角（包括解释和运用核心经济模型）的重要性。我们的目的是设计一套有限的关键模型，运用比喻或奇闻趣事对其进行说明，力求对经济学原理进行精准解释，并用它们来分析现实世界的经济状况。去除一些不必要的图表和阐述，保留那些至关重要的图表和解释，使得本书完全适合一个学期的教学活动。在解决基本问题的时候，为图简便而阐述不清将会得不偿失。

我们编写的这本以学生为导向的、适合一个学期完成的教科书，主要依靠经济学方法论的强大优势，帮助学生提高分析推理能力。不管学生最终是何专业，他们都会发现这些技能在工作场所具有强大的魅力。

阐释经济学思想

我们在本书中采用了大量的比喻、示例、奇闻趣事，目的是通过这种生动的、丰富多彩的、便于记忆的方式，深入浅出地阐述经济学思想。例如，为说明弹性需求与无弹性需求的差别，我们比较了“顶呱呱”绷带和牢固的橡胶绑扎带之间的伸缩性。我们运用学生考试成绩说明边际产量与平均产量的差别，用公共艺术品说明公共产品和搭便车问题，关于比萨饼的比喻则为学生们展示了公平与效率之间的权衡问题，关于君王切割硬币的例子则说明通货膨胀属于一种隐性税收。这些小插曲直接将前后内容串接在一起，而不会产生由于将两部分“分隔开”而带来的容易被忽略的问题。

本书新增了养蜂人的故事，以说明科斯定理的经济学思想。

应用分析

稍稍浏览一下本书的页面就会发现这是一本以应用为导向的教科书。应用分析专栏紧随经济分析，属于各章知识脉络的一部分，而不像传统的章节模块那样，将其与主体分析隔离开来。例如，学习经济学视角的基本原理后，学生立即就要分析为什么顾客都试图站在其观察到的最短的队列当中。本书用农民收入不断波动的事实阐述无弹性需求（供给不断变化）；通过古董和复制品价格的变化来说明不同产品供给弹性的差异；通过安装隐蔽的汽车追踪系统（例如，Lojcak）说明正外部效应的概念；通过企业会计和财务欺诈问题说明委托—代理问题；通过混凝土厂和大型商用飞机组装厂说明最小有效规模问题；通过比较棒球比赛的成人票和儿童票之间的差异，以及赛场摊贩的定价行为，说明价格歧视的概念；用总需求模型分析特定时期的通货膨胀和经济萧条，而贸易理论分析则阐述了美国服务业的离岸外包问题。这些应用分析以及许多其他尚未提及的应用分析，向初学者清楚地阐述了基本经济学原理和模型与经济现实之间的相关性，以及掌握这些基本经济学原理和模型的好处。

本书增加了油价上涨问题分析、美联储资产负债表分析和金融危机分析。

全球快照

全球快照专栏展示了一些条形图和线形图，以便比较某些国家和地区在某一特定年份或其他时段的相应数据。其所列举和比较的例子包括人均收入、世界十大企业、世界顶级品牌、标准预算赤字或盈余、经济自由度指数、地下经济的规模、经济增长率、出口占 GDP 的百分比等。这些全球快照和其他重要的国际性数据旨在表明美国经济运行于一个开放的全球环境。

为学生提供的辅助材料*

《经济学精要》(第 3 版) 为帮助学生掌握主要内容，设计了许多高质量的辅助材料。

●《学习指南》，由全球经济教育的首席专家之一——内布拉斯加大学林肯分校的 Williams Walstad 撰写。《学习指南》在每一章的开头都提供了一个说明性材料作为引子，此外还有行动目标清单、概要、重要术语表、填空题、问题和方案、客观题和论述题。《学习指南》也列举了本书的术语表，以免学生们不停地在两本书之间翻来翻去。许多学生将会发现“这位便携式的辅导老师”是必不可少的。

● 在线学习中心（www. brue3e. com)。该中心除配备互动图形、附有答案的问题以及经济思想的由来专栏外，还专门为学生提供了许多学习辅助材料，例如，网络习题、自我评分测验（由帕洛玛学院的 Emilio Gomez 更新和修订)、学习目标、课件展示——所有这些都是《经济学精要》的特色。学生还可以观看索门视频，这是一套由《菲姆·勒博尔新闻时间》（*The News Hour with Fim Lebrer*）的保罗·索门（Paul Solman）制作的超过 250 分钟的视频，涵盖诸如弹性、解除规制和完全竞争等经济学核心概念。学生们可以直接在电脑上观看，也可将视频下载到智能手机或平板电脑上进行观看。

数字解决方案**

麦格劳-希尔企业的关联经济学

减少管理、增加教学、提高学习效率。麦格劳-希尔公司的关联经济学是一个网络学习和评估平台，帮助学生掌握获取学习成果所需的工具和资源。关联经济学还可帮助学生加快学习进度、提高学习效率、更牢固地掌握所学知识，为学生的未来打下坚实的基础。关联经济学提供了许多实用的工具和功能，简化教师对课外任务的管理，使教师能够腾出更多的时间用于教学活动。学生们则可以随时随地利用关联经济学完成课程作业，提高学习过程的便利性和效率。关联经济学提供了以下功能。

简单的课外作业管理。对教师来说，有了关联经济学，布置课外作业比以往都要轻松，因此他们可以腾出作业管理的时间，更好地进行教学设计。作业管理功能可以帮助你：

● 轻轻松松地从每章结尾处的思考题或题库里挑选和发送课外作业。

● 组织教学活动、填写学生进步报告和批阅课外作业，从而使课堂管理活动变得比以往任何时候都要高效。

● 实现无纸化教学，因为使用的是电子书籍，学生可完成对课外作业的在线提交，

*、** 中国人民大学出版社并未购买这些辅助材料和数字解决方案的版权，读者如有需要，请填写书后的《教师反馈表》向麦格劳-希尔公司申请。——出版者注

教师则可完成在线评分。

智能评分。说到学习，时间可是非常宝贵的。关联经济学帮助学生提高学习效率，因为可以根据学生的需要随时随地提供学习效果反馈情况和非常实用的材料。教师的教学时间也是非常宝贵的。因此，智能评分功能可以帮助你：

- 对学生的课外作业进行自动评分，对学生的学习效果进行即时反馈，并可让他们将自己的答案与正确答案进行对照。
- 查看和评议每条反馈，或在必要时对学生成绩进行人工操作，或对学生的作业情况进行评论，让学生查看。
- 用练习题和即时测验巩固课堂上所学知识。

教师图书馆。关联经济学教师图书馆为你提供了源源不断的辅助材料，改进学生课内和课外的参与情况。你可以选择和使用任何能够帮助你改进教学效果的材料。

学生学习中心。关联经济学学生学习中心是学生们获取更多辅助材料的地方。学生学习中心

- 可帮助学生快捷地访问课堂教学材料、练习材料、电子书籍等。
- 可让学生极其方便地访问即时练习材料和学习思考题。
- 可让学生访问下面描述的自测与自学专栏。

智能学习：对概念的诊断式、适应性学习。学生们想要最高效地利用学习时间。关联经济学提供的智能学习适应性自学技术帮助学生对本书最重要的经济学概念进行运用、评估和补习。智能学习软件能对每一个学生的反应作出响应，可向学生自动发送经济学概念，一方面加强学生对概念的理解，另一方面让学生不必花过多的时间在已经掌握的概念上。智能学习可帮助每一个学生更加快捷地掌握核心概念。智能学习

- 通过运用智能概念引擎，识别概念之间的关系，并在学生做好准备的前提下，向学生提出新的概念。
- 进行自动调整，以满足每个学生的需要，使学生可不必花过多的时间在已经理解的主题上，而是更多地练习他们还没有掌握的知识。
- 不断强化和巩固学生所学知识，并在学生需要时提供指导。
- 让学生在学习过程中学会分析经济问题。
- 让老师能够评估学生已经独立地掌握了哪些概念，从而在课堂教学活动中可以安排更多的时间进行应用分析和讨论。

自测与自学。自测与自学专栏（SQS）为学生提供了学好本门课程所需的材料。学生在学习每一章时，可以：

- 通过做模拟测试题，开始自测与自学。
- 完成模拟测试题后，可根据测试成绩了解是否完成了每章每一节要求达到的学习目标。
- 收到一个推荐具体阅读材料的学习计划，补充学习材料和练习题，使学生能够更好地理解和掌握每一个学习目标。

学习进展情况跟踪。关联经济学可让老师随时了解每个学生每一章节和每一次课的学习情况，让老师能够更加有效地利用上课时间和答疑时间。学习进展情况跟踪功能使老师能够：

- 即时查看已经评阅的作业，跟踪每一个学生或每一个小组作业完成情况。
- 即时查看每个学生或全班学生对学习目标的完成情况。
- 收集许多评估组织，例如，国际高等商学院协会（AACSB）要求的数据，并生成报告。

授课捕捉。* 能够减少学生记笔记的时间，把更多的精力用来参与课堂讨论。授课捕捉技术还可提供新的手段让学生将注意力集中在课堂讨论上，因为他们知道可以在课后复习重要的知识点。授课捕捉技术让老师能够：

- 通过点击相应按钮，记录和分配课堂活动。
- 记录和调整电脑上展示的课件或其他材料，因此可以方便地查询每一张幻灯片。
- 随时随地都可通过电脑、播放器或移动设备观看上课材料。
- 通过减少每个学生记笔记的时间和精力，提高学生的听课效率和课堂参与度。
- 授课捕捉让老师能更好地与学生进行眼神交流，而不是盯着学生的头顶。
- 为更多地了解完整性方案，请观看网站 http://tegritycampus.mhhe.com 提供的 2 分钟的动画展示。

麦格劳-希尔关联经济学辅助。 麦格劳-希尔为当代学生重新设计了教学辅助材料，即关联经济学辅助材料。它将电子书籍、关联经济学、关联经济学辅助材料进行巧妙的整合，除前述所有功能外，还提供以下功能：

- 高度整合的电子书籍，使老师或学生能够随时随地访问本教科书。
- 学生在完成教师分配给他们的思考题或问题的过程中，能够在电子书籍中找到相关思考题或问题的出处。
- 强大的搜索功能让你能够精准地定位和链接关键概念。

总而言之，关联经济学为老师和学生提供了强大的工具和功能，优化了教师的时间和精力安排，使教师能够专注于课堂内容、教学活动以及学生的学习情况。

如果你想要了解更多关于关联经济学的信息，请访问 www.mcgrawhillconnect.com，或与麦格劳-希尔本地的销售代表联系。

麦格劳-希尔的顾客关爱联系信息

麦格劳-希尔认为，最大限度地利用新技术是其面临的巨大挑战。因此，在你购买书籍之后，你依然能够享受他们持续的温馨服务。你可以在全天 24 小时的任何时间给他们的产品专家发邮件，获得在线产品资讯。你也可以在他们的支持网站上，查询那些大多数人关心的问题的答案。如果你想要获得客户服务，可拨打 800－331－5094，或发邮件到 hmsupport@mcgraw-hill.com，或访问 www.mhhe.com/support。总有一位技术支持分析家能够及时地解决你的问题。

智能课程

智能课程为教学人员查找和回顾电子教科书提供了新的工具。学生们也可以根据自己的意愿使用这个工具，访问电子课程材料。智能课程提供了各种高等教育出版社出版

* 授课（演讲）捕捉是一个术语总称，它描绘的是一种技术，这种技术允许老师记录在他们课堂上发生的任何事情，并让其成为可用的数字化数据。此术语大多运用于基础教育领域，更直白的理解就是，老师要利用现有的技术捕捉在自己课堂上的蛛丝马迹，实时改变教学方式，达到更好的教学目的。——译者注

的几百门课程的数千本最常用教科书，它是教学人员比较和评议一本教科书的全部内容的唯一途径。通过智能课程，学生不必再购买纸本书籍，有时能节省相当于纸本书籍一半价格的成本，这样就可以减少对环境的不良影响。通过智能课程，学生可以非常便捷地掌握强大的网络工具，为学习所用。这些强大的网络工具包括：整本书内容搜索、笔记和重点、同学之间分享笔记的电子邮件工具等。电子书籍还可以在读者需要帮助时提供技术支持。查询你需要的电子书籍也是一件非常轻松的事情，只需访问 www. CourseSmart. com，然后按照书名、作者或 ISBN 检索即可。

在线学习中心

学生可以通过 www. brue3e. com 访问几个学习辅助工具，除互动图表、已解决的问题、经济思想起源专栏外，还有学生专栏。网站上的学生专栏提供了网上学习思考题、自测题和课件展示。对数学感兴趣的学生还可以访问 Norris Peterson 撰写的“了解数学原理”专栏，该专栏提供了教科书中相关概念的数学背景。

教师登录在线学习中心时，只要通过保护口令就能获得一切必要的教学辅助材料。

更多学习材料

在线学习中心还提供了额外的学习材料，让学生能够在电脑上或任何方便的地方进行学习或自测。

- 其一是全球经济教育的首席专家之一——内布拉斯加大学林肯分校的 Williams Walstad——为学生撰写的《学习指南》(*Study Guide*)。根据《学习指南》，每一章的开头都提供了一个说明性材料作为引子，此外还有行动目标清单、概要、重要术语表、填空题、问题和方案、客观题和论述题。《学习指南》也列举了本书的术语表，以免学生们不停地在两书之间翻来翻去。许多学生将会发现“这位便携式的辅导老师”是必不可少的。
- 其二是一套由《菲姆·勒博尔新闻时间》的保罗·索门制作的超过 250 分钟的视频，涵盖诸如弹性、解除规制和完全竞争这样的经济学核心概念。

为教师提供的辅助材料*

教师手册

该教师手册由奎斯塔学院的 Amy Stapp 撰写，包括：每章学习目标、概要和章末小结；大量的教学建议；对“学习难点”的讨论；为课堂教学而提供的数据列表和视频资源列表；章末测试题。教师可登录我们网站专为教学人员提供的通道，获取该教师手册的文字版材料。教师在打印手册提供的材料后，可根据需要进行补充或调整，分发给学生使用，或根据教师意愿使用。

题库

《经济学精要》测试题库最初由 Williams Walstad 撰写，后由西弗吉利亚大学的 Mark Wilson 和科比索亚学院的 Jeffrey Phillips 重新编辑和更新。测试题库包含多选题

* 中国人民大学出版社并未购买这些辅助材料的版权，读者如有需要，请填写书后的《教师反馈表》向麦格劳-希尔公司申请。——出版者注

和正误判断题。每个思考题都对应一个学习目标、一个主题，或国际高等商学院协会和布鲁姆分类学*规定应该达到的学习效果。教师可通过在线题库设计测试题，或使用整章内容，或使用部分思考题，或根据不同标准缩小学习小组的规模。教师也可以登录我们网站专为教学人员提供的通道，获取该测试题库的文字版材料。

PPT

密西西比湾海岸社区学院的 Amy Chataginer 为教学人员精心设计了非常详细的幻灯片。幻灯片突出每一章的主要知识点，涵盖书中所有的图形和关键的表格，此外还补充了一些思考题目。每张幻灯片都对应一个学习目标。

数字印象图书馆

教科书中的每一幅图和每一张表在网站上都可获得。这些图形可帮助教师自己制作 PPT 或教学材料。

计算机化的在线题库

麦格劳-希尔灵活的电子测试方案"EZ 在线测试"（网址为 www.eztestonline.com）提供了一个综合的测试题库。EZ 在线测试让教师能够非常迅速地、方便地为学生设计测试题或模拟题。教师可从麦格劳-希尔的多个题库里选择思考题，也可以自己编写思考题。然后，教师既可以打印设计完善的测试题或模拟题，分发给学生使用，也可以直接在网上提交给学生使用。

这个适合教学需要的方案使教师能够按照不同格式对问题进行分类，或根据学习目标或布鲁姆分类学的认知范畴选择思考题；或编辑现有问题；或设计新的问题；或将问题的顺序打乱，使同一套试题形成不同版本。教师也可输出测试题，在网络视频、黑板上使用，也可输入其他移动设备使用，这样就能轻轻松松地与同事、助手、教学助理一起分享测试材料。在线题库具有即时评分与反馈功能，其设计的成绩报告能够快捷地输出到教师的评分报告中。

学习效果保证

今天，许多教育机构都会关注学习效果这个概念，这是许多认证标准中的一个重要因素。《经济学精要》（第 3 版）的设计特别善于调动学生的学习积极性，从而为良好的学习效果提供了一个非常简单但却非常强大的保证。

本书每一章开头都列举了本章需要掌握的学习目标。这些学习目标编有序号，出现在涉及该概念章节的不同地方，甚至有可能出现在该章结尾处。《经济学精要》题库里的每一个思考题都对应着教科书上特定章节的学习目标。题库里的每一个思考题还标识了在教科书中的出处、学习难度、布鲁姆人类学规范的认知范畴，以及 AACSB 的技术要求。你可以使用我们的题库软件：EZ 测试与 EZ 在线测试，或关联经济学，快捷地搜索与课程学习目标直接相关的学习目标。然后，你可以利用 EZ 测试软件的报告功能，以同样的格式汇总学生的成绩，简单、便捷地收集和展示有关学生学习效果的数据。

AACSB 的陈述

麦格劳-希尔下属的欧文公司是 AACSB 卓越的企业成员。《经济学精要》意识到

---

* 布鲁姆分类学是美国教育学家本布鲁姆于 1956 年在芝加哥大学提出的分类法，把教育者的教学目标分类，以便更有效地达成各个目标。根据布鲁姆的理论，学习可以分成以下三个范畴：认知范畴 、技巧范畴、态度范畴。——译者注

AACSB认证的重要性和价值，因此通过将教科书和题库里的精选问题与AACSB标准的通用知识和技能要求对接，让本课程的指导原则与AACSB企业认证标准对接起来。

《经济学精要》里面的陈述只为本书的读者提供一个指南。AACSB给予每个学校根据自身的使命和教学人员的具体情况，选择教学内容和评估材料的权限。虽然《经济学精要》及其教学材料并没有使用AACSB具体的评估材料，也没有得到AACSB的具体认证，但本书精选的问题确实以AACSB的六大通用知识和技能模块为依据。

致　谢

我们要特别感谢林菲尔德大学的 Randy R. Grourt，他不仅撰写了我们网站上“经济思想的起源”这个专栏的内容，还为本书的章节安排提供了宝贵的建议。Grant 教授将《经济学》（第 19 版）的作者提出的新内容和修改意见进行了修正和流畅的整合，他还更新了《经济学精要》中的表格和其他信息，并做了许多他认为有用的，或作者或审稿人或出版商认为合适的改进。

我们还要感谢太平洋大学的 Norris Peterson，他撰写了我们网站上的“了解数学原理”专栏和“已解决的问题”专栏。Peterson 教授还负责监督我们网站上互动图形专栏的开发情况。最后，我们还要感谢 William Walstad 和 Tom arbiero（加拿大版《经济学》的合作作者），他们两人不断为我们的写作提供新思想和新见解。

我们非常感谢麦格劳-希尔的全明星专业团队，特别是 Douglas Reiner，Christina Kouvelis，Casey Rasch，Pat Frederickson，Katie White，Brent Gordon，感谢他们在出版与营销方面提出的专业建议。

第 3 版还从不同角度的正式评议中获益匪浅。在本书的完善过程中，许多人为我们提供了慷慨的帮助。他们的名字在此未能一一列出，但我们仍要向他们致以衷心的感谢！

斯坦利・L・布鲁伊
坎贝尔・R・麦克康奈尔
肖恩・M・弗林

目　录

第一部分

导论

致学生

为了帮助学生更好地学习经济学，本书及其补充内容提供以下功能：

● 其他网络帮助　我们的网站上提供了许多其他的学习帮助。在“在线学习中心”的学生专栏中，你会发现有许多自测多选题、课件等。

● 关于图表的附录　为学习本书的内容，学生需要熟悉基本的图表分析和一些定量概念。第1章的网络附录回顾了图形的绘制方法和曲线的斜率。千万不要跳过它！

● 关键术语　每一章的关键术语都会用黑体标识，在每一章章末罗列总结，在书末的术语表中再次定义。

●“观点阐述”和“应用分析”　这些板块根据前面的内容设计，前后衔接符合逻辑，因此显得平稳、流畅。这些板块是相关概念的重要拓展内容，不容忽视。在每一个“观点阐述”和“分析应用”后面，都有一个问题供师生讨论。

● 问题讨论　每一章的结尾处都有一个独具特色的、独立的“思考题和计算题”板块。思考题基本是分析性的，通常要求学生进行自由讨论。每一个思考题或计算题都对应该章开始处学习目标列表中的一个目标。“在线学习中心”为每一章提供了多项选择测试题，以及一个或多个在线思考题。

●《学习指南》　我们热情地向你推荐与本书配套的《学习指南》。这本“便携式的辅导书”不仅包含了各种各样的测试题，还囊括了许多有用的学习方法。

我们的两大目标是帮助学生理解和应用经济学，以及提高学生的分析能力。掌握好经济学可以帮助学生更好地理解经济、社会和政治生活中的各种问题，解除这些问题对学生的困扰。学习本书还会增强学生的逻辑思维能力，促进学生未来的职场成功。

祝你们学习成功！我们相信本书值得你付出时间和精力。

第1章 约束、替代方案和选择

学习完本章后，你应该能够：

1. 定义经济学以及经济学视角的特征。
2. 描述经济理论在经济学中的作用。
3. 区分微观经济学和宏观经济学。
4. 列举稀缺资源的种类和描述资源有效利用的本质。
5. 应用生产可能性分析、机会成本递增和经济增长。
6. （网络附录）理解与经济学有关的图表、曲线和斜率。

（教科书网站上有关于如何理解图表的附录。如果需要快速地回顾一下这个教学工具，不妨先浏览一下，你会获益良多。）

经济学是关于需求和满足需求的方式的科学。从生物学角度来看，人们只需要空气、水、食物、衣服和住所。但是在现代社会中，人们追求更高的生活水平，渴望拥有让自己过得舒适、富足的产品和服务。我们不仅需要小溪里的天然水流，还需要瓶装水、软饮料和果汁。我们不仅需要浆果和坚果，还需要沙拉、汉堡包和比萨。我们不仅需要连衣裙，还需要牛仔裤、西服和外套。我们不仅需要茅草屋，还需要公寓、单元房或别墅。正如一句谚语所说的，“人类的欲望是无穷无尽的”。平板电视、网络服务、教育、国防安全、手机和其他许多东西，都将为我们所需。

幸运的是，这个社会拥有许多生产资源，如劳动力和管理才能、工具和机器、土地和矿藏。经济机制（或者简称经济体）使用这些资源，帮助我们生产产品或为我们提供服务，以满足我们的经济需求。然而，残酷的事实却是，我们的经济需求远远超过了稀缺（有限的）资源的生产能力。因此，我们不得不作出选择。这一无法改变的事实揭示了**经济学**（**economics**）的定义：经济学是研究个人、机构和社会在资源稀缺的条件下如何进行选择的社会科学。

1.1 经济学视角

经济学家总是从一个独特的视角来观察事物的。这种**经济学视角**（**economic perspective**），或者说经济学思维方式，有几个至关重要且又相互联系的特征。

□ 1.1.1 稀缺和选择

从经济学的定义容易看出，为什么经济学家从“稀缺”这个视角来观察世界。稀缺的经济资源意味着有限的产品和服务。稀缺限制了我们的选择，同时又要求我们必须作出选择。既然我们“不可能要什么有什么”，我们必须决定要什么和不要什么。

经济学的核心思想是“天下没有免费的午餐”。你的午餐也许有人买单，对你来说，这是“免费”的，但总有人为之付出成本。因为所有的资源要么为个人所有，要么为社会成员集体所有，所以为烹制一顿午餐，需要投入稀缺的土地，设备，农民、厨师和服务生以及管理人员的劳动。如果这些资源不用于烹制午餐，就可以用来制造其他的产品。经济学家称这种牺牲为**机会成本**（**opportunity costs**）：为了得到某种东西，社会放弃了获得次优东西的机会。这种牺牲就是选择的机会成本。

◆〉观点阐述

盖茨、温弗瑞和罗德里盖兹作出的是错误的选择吗？

人们就大学教育作出了各种各样的选择，这些选择体现了决策过程中机会成本的重要性。从漫长的一生来看，大学毕业生通常比只有高中文凭的人多挣50%。对大多数优秀的学生来说，“考上大学、念完大学、取得学位”是非常不错的选择。

然而，微软的创始人之一比尔·盖茨（Bill Gates）和脱口秀主持人奥普拉·温弗瑞*（Oprah Winfrey）都没有读完大学就中途辍学了，棒球明星亚历克斯·罗德里盖兹（Alex Rodriguez，A-Rod）则连注册入学的麻烦都省掉了。他们是怎么想的呢？与大多数学生不同的是，盖茨继续读大学将会面临巨大的机会成本。他为企业设计了伟大的愿景，未读完大学就开始工作促成了微软的成功。类似地，在温弗瑞十几岁的时候，她就在当地的电视新闻主持活动中获得了一席之地，最终在她32岁时，成功地策划并主持了“奥普拉·温弗瑞脱口秀”节目。如果在20多岁时去攻读学位，将会阻碍她踏上著名脱口秀主持人的成功之路。罗德里盖兹清楚地知道，职业运动员的职业生涯非常短暂。高中毕业后直接上大学将会浪费他四年的时间，而这四年恰恰是他赚钱的巅峰期。

盖茨、温弗瑞、罗德里盖兹深谙机会成本对他们的意义，在人生的重要阶段相应地作出了正确的选择。机会成本的大小严重地影响着个人的选择。

问题：职业运动员有时会在退役后重返校园，这种重返校园的决定与机会成本有何联系？

*最终，温弗瑞在30多岁的时候，重返校园，并在田纳西州立大学取得学位。

□ 1.1.2 理性行为

经济学假定人们的行为是“理性且自利”的。每个人都在寻找并追求各种机会去增加自己的**效用**（**utility**）：愉悦、幸福及满足。他们通过合理地安排自己的时间、精力和金钱，实现效用最大化。因为他们会在成本和收益之间权衡，所以他们的决策是“理性的”或“明智的”，而不是“随意的”或“混乱的”。

在决定购买何种产品和服务时，消费者是非常理性的。企业在决定生产何种产品以及怎样生产时，也是理性的。政府机构在决定提供何种公共服务以及怎样筹集资金上，同样是理性的。

“理性行为”并不认为个人或机构不会出现逻辑上的错误，从而成为一个完美的决策者。他们有时也会犯错。“理性行为”也不排除人们的决定会受情感或周围其他人决策的影响。人们有时是冲动的，也是极容易效仿他人的。“理性行为”，简而言之就是，人们在制定决策时，其头脑中期望出现某些合意的结果。

理性的自利行为并不等于自私。我们发现，要想增加自己的工资、租金、利息或利润，通常情况下首先要识别并满足他人的需要。同样，许多人为了他人牺牲个人利益，而且不求任何金钱或物质回报。他们为了慈善事业奉献自己的时间和金钱，只是因为他们通过这种方式能获得极大的满足。出于同样的原因，父母为孩子的教育付费。这些自利但并不自私的行为最大化行动者的满足感，就像个人在购买产品或服务时获得的满足感一样。自利行为就是增加个人满足感的行为，只是这种满足感可能是衍生出来的。

□ 1.1.3 边际主义：比较收益与成本

经济学视角主要强调**边际分析**（**marginal analysis**）——对边际收益和边际成本的比较。对经济学家而言，“边际”等于“额外”、“附加”或“增量”。绝大多数选择或决定都会改变现有状况（即事物现有的状态）。

你应该再上一年学吗？你应该为一场考试再多学一个小时吗？你应该为你的薯条加量吗？类似地，一个企业应该扩大还是缩小产量？政府应该为一个导弹防御系统扩大还是减少投资？

由于资源稀缺，每个选择都涉及边际收益和边际成本。要理性地作出选择，决策者必须对二者进行比较，例如，你和你的未婚夫正在购买订婚戒指，你选择0.5克拉、0.625克拉、0.75克拉、1克拉，还是更大一点的钻戒呢？大钻戒的边际成本是比小钻戒成本多出的部分，而边际收益则是大钻戒比小钻戒多带来的生活乐趣（效用）。如果大钻戒的边际收益超过边际成本（前提是你有足够的支付能力），那么就买大钻戒。但是，如果边际成本大于边际收益，你就应该买小钻戒——即使你有支付大钻戒的能力。

在一个资源稀缺的世界，一项决策总是涉及许多具体的选择。任何决策在获得边际收益的同时，总会承担因为放弃别的选择而带来的边际成本。花钱购买一个大钻戒意味着放弃购买一些别的东西。只要进行选择，机会成本（即对次优选择的放弃）总是存在的。

◆ 应用分析

快餐队列

经济学视角对于分析各种行为都很有用。思考一个日常生活中常见的事例：快餐消费者的行为。消费者进入快餐店后，他们会排到最短的队列后面，因为他们相信这个队列能使他们以最短的时间买到食物。他们的行动是有目的的；时间是有限的，人们更愿意把时间花在其他地方，而不是排队上。

如果现在其中一条快餐队列比其他队列短，就会有人转移到这条队列来。显然，转移到较短队列的人认为移动到较短队列所节约的时间（边际收益）大于他们离开原来队列的成本（边际成本）。这些队列的变换最终会使各个队列的长度趋于一致。当所有的队列都一样长时，消费者将不会在队列之间移动。

当店员在柜台新开一个窗口时，快餐消费者就面临着另一项成本—收益决策。他们应该排到新窗口去，还是原地不动呢？那些移到新窗口的人认为移动到新窗口所节约的时间大于身体移动所消耗的额外成本。在做这样的决定时，消费者还必须考虑，他们如何才能比其他想到新窗口去的人更快到达新窗口。（那些在这种情况下犹豫不决的人，就失去了机会。）

快餐店的消费者在选择队列时并没有掌握完全的信息。因此，并不是所有的决定都能达到预期的结果。例如，你可能排在一个较短的队列中，却发现排在你前面的人正在为外面长途汽车上的 40 个人购买汉堡包和薯条（而负责这个队列的服务员还是个实习生）。然而，在做决定的时候，你认为这个队列是你的最优选择。

最后，当轮到点餐时，消费者又必须决定购买什么食物。在做决定时，他们再一次比较了边际成本和边际收益，试图使他们的花费获得最大的个人满足。

经济学家相信，快餐店里消费者的行为代表了一般的经济行为。在面临一系列的选择时，消费者、工人和企业主一定会理性地比较边际成本和边际收益，然后作出明智的选择。

问题：你是否也有这样的经历，当你走进快餐店后，发现每个窗口都排着长长的队伍，只好选择离开呢？利用经济学视角解释你的行为。

1.2 理论、原理和模型

与物理和生命科学以及其他的社会科学相似，经济学家也要依靠**科学的方法（scientific method）**。经济学家的研究过程包括以下几个步骤：

- 对现实世界的行为和结果进行观察。
- 基于上述观察，对原因和结果提出一个可行的解释（假说）。
- 通过将具体事件的结果和由假说预测的结果进行比较，对因果解释进行检验。
- 根据这些比较，接受、否定和修正假说。
- 继续用事实对假说进行检验。当结果不断得到证实时，假说就演化为一种理论。得到充分检验并被普遍接受的理论就成为一种规律或一种原理。这些规律或原理的组合就构成了模型——对某种事物如市场或经济的一部分如何运作的简要描述。

经济学家就个人（消费者与工人）和机构（企业与政府）生产、交换、消费产品或服务的行为提出了一系列理论。经济学理论或**原理（principles）**就是关于经济行为或经济的陈述，这种陈述能够预见某种行动的可能结果。它们是“理性的简化”。从整体上看，经济现实本身过于复杂且令人眼花缭乱，如果将所有因素都考虑进来将很难理解。在推导理论或原理的时候，经济学家将干扰因素剔除，从而使问题简化了。

在分析经济行为以及在理解经济如何运作的时候，经济学原理和模型是非常有用的。它们是弄清经济体系中因与果（或行动与结果）的工具。好的理论能够起到良好的解释和预测作用。个人或机构生产、交换和消费产品与服务的行为对这些理论和模型提供了有力的支持。

你还需要了解以下几个与经济原理相关的知识点。

- **一般性结论** 经济学原理是关于经济行为或经济本身的一般性结论。经济学原理阐述的是典型的或一般的消费者、工人或企业的倾向。例如，经济学家说，当某种产品的价格下降时，消费者会购买更多的这种产品。在现实生活中，当某种产品的价格下降时，经济学家发现有些消费者会大量购买，有些会少量购买，还有极少部分人根本不买。然而，这个“价格—数量”原理对典型消费者和消费者群体来说是成立的。
- **“其他条件相同”的假设** 如其他科学家一样，经济学家利用其他条件不变或**其他条件相同的假设（other-things-equal assumption）**来构建理论。对于具体的分析，为简便起见，经济学家假设所有不需直接考虑的变量保持不变。例如，在考虑百事可乐的价格和购买量之间的关系时，假设所有能够影响百事可乐购买量的因素（如百事可乐的价格、可口可乐的价格、消费者的收入和偏好）中，只有百事可乐的价格可变，其他因素均保持不变。这样，经济学家就可以集中分析“百事可乐的价格和购买量”之间的关系，而不受其他变量变化的影响。
- **图表分析** 书中的许多经济模型都是通过图表来阐释的。为复习图表的意义，请一定阅读本章末尾特别安排的网络附录部分。

1.3 微观经济学和宏观经济学

经济学家从两个层面上来建立经济学原理和模型。

□ 1.3.1 微观经济学

微观经济学（microeconomics）是研究单个消费者、家庭和企业如何进行决策的经济学分支。在这一分析层面上，我们好似通过显微镜来观察这些经济单位的具体行为。在微观经济学中，我们会测度某一特定产品的价格，某一企业所雇佣的工人数量，某一特定企业或家庭的营业额或收入，某一特定企业、政府机构或家庭的支出。

□ 1.3.2 宏观经济学

宏观经济学（**macroeconomics**）是研究经济整体或基本经济部门，或政府、家庭、企业的总量的经济学分支。**总量**（**aggregate**）是将某些具体的经济单位视为一个整体后的总和。因此，我们可能将美国经济中的千百万消费者合在一起，然后将他们视为一个巨大的单位，统称为“消费者”。

通过总量分析，宏观经济学试图得出有关经济结构和主要总量之间关系的总的见解或大致轮廓。宏观经济学在分析各种经济问题时，会涉及这样一些经济量，如总产出、总就业、总收入、总支出和一般物价水平。宏观经济学几乎不关注构成这些总量的某一具体单位。

1.4 个体的经济问题

从前面的论述可知，无论是个体还是社会，都面临着**经济问题**（**economic problem**）：由于经济的需求是无限的，而满足这些需求的途径（收入、时间、资源）是有限的，所以我们必须作出选择。我们首先看看个体所面临的经济问题。为了更好地阐述这一概念，我们建立了一个非常简单的微观经济模型。

□ 1.4.1 有限的收入

我们的收入是有限的，即便是我们当中最富有的人群也不例外。比尔·盖茨赚的钱肯定比我们赚的都多，但他还是得考虑如何花钱！我们大多数人满足需求的途径就更有限了。虽然我们也会从政府计划或其他家庭成员那里获得收入，但我们的收入主要还是来自工资、利息、租金和利润。如全球快照 1.1 所示，美国人 2010 年的平均收入是 47 390 美元，而在最贫穷的国家，民众的平均收入还不到 500 美元。

全球快照 1.1 ☞

2010 年部分国家的平均收入

各国之间的平均收入（总收入/总人口）相差悬殊，因而其代表性的预算约束也相差甚远。

国家	人均收入（美元）
瑞士	71 530
美国	47 390
法国	42 390
日本	41 850
韩国	19 890
墨西哥	8 890
巴西	9 390

续前表

国家	人均收入（美元）
中国	4 270
尼日利亚	1 180
巴基斯坦	1 050
津巴布韦	460
利比亚	200

资料来源：世界银行，www.worldbank.org。

□ 1.4.2 无限的需求

实际上，大多数人往往都有无限的需求。我们希望得到各种各样的产品和服务，因为它们能够带来效用。我们需求的产品范围非常广泛，从必需品（食物、住房、衣物）到奢侈品（香水、游艇、跑车）。有些需求来自生物本能，如基本的衣、食、住等；其他一些需求可能来自社会习惯和风俗，如某些特殊的衣、食、住等。

随着时间的推移，新的、先进的产品会刺激经济需求，会使其改变并使其多元化。直到最近几年，人们才开始对多媒体播放器、网络服务、数码相机或可拍照手机产生需求，因为这些产品在过去几十年都不存在。同样，对某些需求的满足可以引发其他的需求。据悉，拥有了福特“福克斯”或本田“思域”之后，消费者会产生对雷克萨斯或奔驰车的需求。

服务，同产品一样，可以满足我们的需求。汽车修理、阑尾切除手术、法律和会计建议、理发等都满足了人们的需求。事实上，我们购买许多产品，如汽车和洗衣机，为的是这些产品能给我们提供的服务。因此，产品和服务的区别并不像表面上看起来那么大。

大多数人对产品和服务的欲望并不能完全得到满足。比尔·盖茨也许可以满足自己的所有需求，但是从他所从事的大量慈善事业可以很明显地看出，他殷切地期望全世界的穷人能够得到更好的医疗保健。我们对某些特定产品或服务的需求可以得到满足。在短时期内，我们完全能够获得足够的牙膏或食物，而且一生中做一次阑尾切除手术就足够了。但对其他产品或服务的渴望，尤其是对优质产品或服务的渴望，就是另一回事了。

由于我们的收入是有限的，而需求是无限的，所以对有限的收入进行有效的利用是非常必要的：在面对各种约束时，慎重选择产品和服务，让我们的效用实现最大化。

□ 1.4.3 预算线

预算线（**budget line**，或者更学术地说，预算约束线）描述了个人所面临的经济问题。预算线表示在收入与产品价格既定的条件下，消费者所能购买到的两种产品的各种组合的计划表或曲线。

为了更好地理解这一概念，假设你收到了一张巴诺书店的礼品卡作为生日礼物。这张价值 120 美元的礼品卡马上就要到期了。你带着这张卡去书店，然后将你的购买决策限制在两种产品上：DVD 和平装书。DVD 的价格为每张 20 美元，平装书的价格为每本 10 美元，你的购买选择如图 1.1 所示。

一种极端的情况是，你将礼品卡上的 120 美元全部用来购买 DVD，每张 20 美元，一共可以购买 6 张。在这种情况下，你不能买任何书。或者，少买 2 张 DVD，剩 40 美元，这样就可以购买 4 张 DVD（20 美元/张）和 4 本书（10 美元/本）。另一种极端的情况是，你用礼品卡上的所有钱购买 12 本书（10 美元/本），而不购买 DVD。

图 1.1 中的曲线表示的就是预算线。与本书中的其他地方相同，我们将表中离散（独立的元素）的数字标识在图上，由此得到一条连续的、平滑的曲线。因此，请注意图中的曲线表示的不仅是表中所列的整本书和整张 DVD 的组合，还包括 DVD 和平装书的任意一种可能的组合（DVD 和平装书的数量可能为小数或分数）。图中预算线的斜率等于书的价格（P_b）与 DVD 的价格（P_{dvd}）之比；更准确地说，斜率为 $P_b/P_{dvd}=-10/20=-1/2=-0.5$。你只有放弃 1 张 DVD（以纵轴表示）才能购买 2 本书（以横轴表示），因此，得到的斜率为 $-1/2$ 或 -0.5。

预算线：在 120 美元的收入下，所能买到的 DVD 和平装书的整数单位的组合

DVD 的数量 （价格=20 美元/张）	书的数量 （价格=10 美元/本）	总支出 （美元）
6	0	（120=120+0）
5	2	（120=100+20）
4	4	（120=80+40）
3	6	（120=60+60）
2	8	（120=40+80）
1	10	（120=20+100）
0	12	（120=0+120）

预算线阐明了以下几个概念：

可实现和不可实现的组合　在既定的 120 美元收入下，所有位于预算线上或预算线内的组合都是可实现的。例如，你能买得起 3 张 DVD（20 美元/张）和 6 本书（10 美元/本）。显然你也有能力买 2 张 DVD 和 5 本书，这样 120 美元的礼品卡上还剩 30 美元。但是，为了达到最大的效用，你想将这 120 美元全部花完。预算线表示了花完这 120 美元的所有组合。

相反，所有预算线外的组合都是不可实现的。例如，因为 120 美元的金额限制，你不可能购买 5 张 DVD（20 美元/张）和 5 本书（10 美元/本），因为 150 美元的支出超出了 120 美元的限制。在图 1.1 中，预算线上和预算线内的组合都是可实现的，预算线外的组合都是不可实现的。

权衡和机会成本　图 1.1 中的预算线阐明了由有限的收入所带来的取舍的概念。要想得到更多的 DVD，你得放弃一些书。例如，为了多获得一张 DVD，你舍弃了 2 本

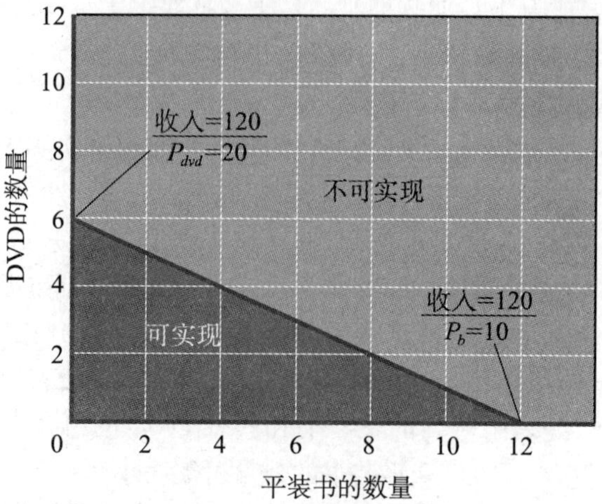

图 1.1　消费者预算线

注：预算线（或预算约束线）表示在产品的价格和消费者的货币收入给定的情况下，能够购买到的任意两种产品的所有组合。

书，所以第一张 DVD 的机会成本就是 2 本书。获得第二张 DVD 的机会成本也是 2 本书。直线型的预算约束线斜率固定，表示了**不变的机会成本（constant opportunity cost）**。这就是说，当购买更多的 DVD 时，多一张 DVD 的机会成本是相同的（＝2 本书）。反过来，当购买更多的书籍时，多一本书的机会成本也是不变的（＝1/2 张 DVD）。

选择　有限的收入迫使人们作出取舍来满足自己的需求。你会选择你认为"最佳的"DVD 和书的组合。也就是说，你在作出选择时，会估算边际收益和边际成本（此处为产品价格），以便最大化你的满足程度。同样是 120 美元的礼品卡，其他人毫无疑问会作出不同的选择。

收入的变动　预算线的位置随着收入的变化而变化。当收入增加时，预算线向右移动；当收入减少时，预算线向左移动。为了证明这一点，对图 1.1 中的表进行重新计算。假设礼品卡上的金额（收入）为（a）240 美元和（b）60 美元，在图中画出新的预算线。这就能证明为何人们都喜欢更多的收入：更多的收入使他们的预算线向外移动，使他们能够购买更多的产品和服务。但即使有了更多的收入，人们仍然面临着消费的权衡、选择和机会成本。

1.5　社会的经济问题

社会也必须在资源稀缺的条件下作出选择。它同样面临着经济问题。它应该将它有限的资源投入到司法体系（警察、法庭和监狱）还是教育方面（教师、书本和学校）？假设现在决定在这两方面增加投入，那么有其他哪些产品和服务需要舍弃呢？医疗保健，国防安全，还是能源开发？

□ 1.5.1 稀缺资源

社会的经济资源是有限的或稀缺的。我们用**经济资源**（economic resources）这一概念表示一切用于生产产品或提供服务的资源，这些资源可以是天然的、人工的或生产出来的。经济资源包括所有工厂和农场的建筑；用于生产制造工业品和农产品的设备、工具和机器；所有的交通运输工具和通信设备；各种类型的劳动；以及土地和矿产资源。

□ 1.5.2 资源类型

经济学家将经济资源划分为四大类。

1. 土地

土地对经济学家的意义远超过它对大多数普通人的意义。对经济学家而言，土地包括生产过程中使用的所有自然资源（“大自然的恩惠”）。这些自然资源包括油田矿藏、可耕地、森林和水资源。

2. 劳动力

劳动力泛指人们拥有并用于生产产品或提供服务的体力和脑力行为。伐木工人、售货员、机械师、教师、职业足球运动员和核物理学家等所从事的工作都从属于劳动这一范畴。

3. 资本

对经济学家来说，资本（或资本品）包括所有制造出来用于生产消费品和提供服务的辅助设施，包含所有的厂房、仓库、运输工具、配送设施以及所有的工具和机器。经济学家用**“投资”**（investment）这一术语表示生产和购买资本品的投入。

资本品与消费品的不同之处在于消费品能直接满足消费者的需求，而资本品是通过辅助生产消费品间接满足需求的。例如，大型的商用烤箱（资本品）协助生产大量的面包（消费品）。请注意经济学家用“资本”这个词来指工具、机器和其他设备，而不是指货币。因为货币不能生产出任何东西，经济学家因此没有把它纳入经济资源的范畴。货币（或货币资本，或金融资本）只是用于购买产品和服务（包括资本品）的一种手段。

4. 企业家才能

最后，有一种有别于劳动的特殊人力资源，称为企业家才能。企业家发挥了以下几项对社会有用的功能：

● 企业家主动将用于生产产品和提供服务的土地、劳动和资本组织在一起。企业家，犹如火花塞和催化剂，是生产中的推动力量，也是将各种资源组合成为一项成功的商业项目的代言人。

● 在企业的经营过程中，企业家制定各种战略性经营决策。

● 企业家是一个创新者，一个致力于将新产品、新生产技术甚至新的经营组织形式商业化的人。

● 企业家也是一个风险承担者。创新必然有风险，因为几乎所有的新产品和新工艺都同时面临失败和成功的可能性。如果企业家不愿意承担风险，不愿意投入时间、精力和能力——以及他们自己或别人的资金——来开发那些能够提高社会生产水平的新产品和新工艺，那么社会将止步不前。

土地、劳动、资本和企业家才能需要组合在一起才能生产产品和提供服务，因此它们被统称为**生产要素**（**factors of production**），或简称为投入。

1.6 生产可能性模型

社会运用稀缺的资源生产产品和提供服务。通过一个宏观经济模型——生产可能性模型，我们能更好地理解社会在资源稀缺的情况下，所面临的替代方案和选择。为使问题简化，我们假设：

- **充分就业** 经济体已充分利用了一切可利用的资源。
- **固定的资源** 各生产要素的数量和质量都保持固定不变。
- **固定的技术** 技术水平（用于生产产品的方法）保持不变。
- **经济体只生产两种产品** 经济体只生产两种产品：食品和生产设备。食品代表**消费品**（**consumer goods**），即能直接满足我们需求的产品；生产设备代表**资本品**（**capital goods**），即通过提高消费品的生产效率从而间接满足消费者需求的产品。

□ 1.6.1 生产可能性表

生产可能性表列举了以充分就业为前提，利用某一组特定的资源能够生产出来的两种产品的不同组合。图 1.2 就包含了这样一张表，它假设有一个简单的经济体，只生产食品和生产设备。当然，所有的数据都是假设的。在替代方案 A 中，经济体将其所有可用的资源都用于生产设备（资本品）的生产；在替代方案 E 中，所有资源都被用于生产食品（消费品）。这两种情况都是不现实的极端情况。经济体通常会同时生产资本品和消费品，正如替代方案 B、C、D 所示。当我们从替代方案 A 向替代方案 E 移动时，我们以牺牲生产设备的产量为代价增加了食品的产量。

产品类型	生产替代方案				
	A	B	C	D	E
食品（10 万）	0	1	2	3	4
生产设备（千）	10	9	7	4	0

由于消费品能直接满足我们的需求，故向方案 E 的任何移动都是非常诱人的。生产更多的食品可以满足社会更多的当前需求，但这是有代价的：食品数量的增加意味着生产设备数量的减少。资源随着时间的变化而不断地向消费品转移会满足社会的当前需求；而资本品的存量扩张将会非常缓慢，由此降低了扩大未来生产的能力。通过向方案 E 移动，社会选择了“现在更多”，而放弃了“未来更多”。

通过向方案 A 移动，社会选择放弃当前消费，因此有更多的资源用来生产资本品。通过这种方式增加资本存量，社会会扩大未来的生产，从而有更多的未来消费。通过向方案 A 移动，社会以“现在更少”为代价换来了“未来更多”。

一般性结论：在任何时间点上，一个充分就业的经济体要获得更多的某种产品就必须以牺牲另外一种产品为代价。在资源稀缺的约束下，经济体不可能同时拥有更多的两种产品。社会必须在替代方案中作出选择。世界上不会有免费的食品，也不会有免费的生产设备，想更多地拥有一种产品必须选择放弃另一种产品。

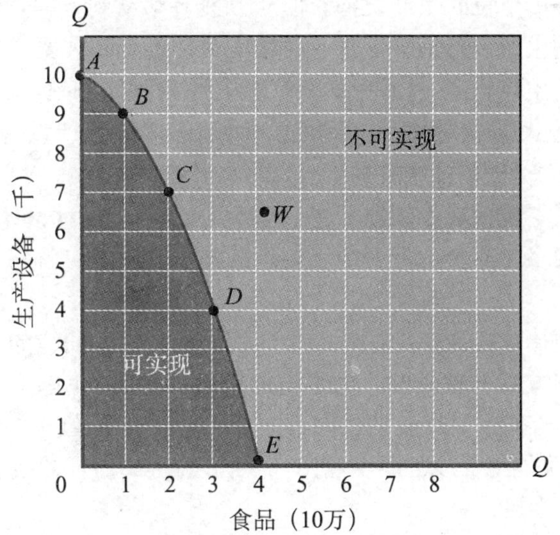

图 1.2　生产可能性曲线

注：生产可能性曲线上的每一点都表示在资源得到充分利用的情况下，所能生产的两种产品的最大数量组合。当经济体在曲线上运行时，增加生产设备的数量意味着减少食品的数量，反之亦然。在资源有限和技术水平不变的条件下，在曲线外的生产设备和食品的数量组合（如 W 点）都是不可实现的；而曲线内的点则是可实现的，但它们表示经济体没有达到充分就业状态。

□ 1.6.2　生产可能性曲线

生产可能性表中的数据也可以用图形来表示。我们用纵轴表示生产的资本品（此处为生产设备）的数量，用横轴表示消费品（此处为食品）的数量，如图 1.2 所示。

生产可能性曲线（production possibilities curve） 上的每一点都表示在资源既定的情况下，两种产品某种最大产量的组合。由于生产可能性曲线表示可实现的产量组合的极限，因此，该曲线实际是一条"边界"。只要经济体充分利用一切可利用的资源，曲线上的点都是可实现的。曲线内的点也是可实现的，但由于它们代表总产量的减少，因此人们更偏好曲线上的点。曲线内的点意味着如果经济体能够实现充分就业，就可以拥有更多的生产设备和食品。在生产可能性曲线之外（右边）的点，如 W 点，所表示的产出大于生产可能性曲线上任意一点代表的产出，然而，在现有资源和技术条件下，这些点都是无法实现的。

□ 1.6.3　机会成本递增规律

图 1.2 清楚地说明，食品产量的增加意味着生产设备数量的减少。为了多获得一单位食品而必须放弃的生产设备的数量，就是该单位食品的机会成本。

在图 1.2 的表格中，从方案 A 向方案 B 移动时，增加 1 单位食品的成本就是减少 1

单位的生产设备。但是当我们考察新增的每一单位产量时——从方案 B 到方案 C、从方案 C 到方案 D，从方案 D 到方案 E——就会发现一个重要的经济原理：每新增一单位食品的机会成本都大于前一单位食品的机会成本。当从方案 A 移动到方案 B 时，新增 1 单位的食品只需牺牲 1 单位的生产设备。但从方案 B 移动到方案 C 时，新增 1 单位的食品就需牺牲 2 单位的生产设备。接下来，新增 1 单位的食品需要 3 单位的生产设备。最后，则要用 4 单位的生产设备才能换 1 单位的食品。反之亦然，当我们沿方案 E、D、C、B、A 的顺序从方案 E 向方案 A 移动时，增加 1 单位生产设备的成本（平均来算）依次是 1/4、1/3、1/2、1 单位的食品。

我们的例子说明了**机会成本递增规律（law of increasing opportunity costs）**：社会生产某一产品的数量越多，其多生产一个单位产品的机会成本也就越大。

1. 曲线的形状

机会成本递增规律也体现在生产可能性曲线的形状上：曲线的形状是向外凸的。图 1.2 表示从方案 A 向方案 E 移动时，为了增加等量的食品（1 单位、1 单位、1 单位和 1 单位），经济体必须放弃的生产设备的数量不断增加（1 单位、2 单位、3 单位和 4 单位）。这可以从生产可能性曲线的斜率看出，从 A 点到 E 点，曲线变得越来越陡峭。

2. 经济学逻辑

机会成本递增规律的产生是由于经济资源不可能完全适应其他用途的要求。许多资源都比较适合生产某一种产品，而不适合生产其他产品。就拿土地来说，一些土地非常适合种植生产比萨饼所需的各种原料。但是当比萨饼的产量不断扩大时，社会不得不使用一些原本不适合种植比萨饼原料的土地来种植比萨饼原料。有些土地蕴含丰富的矿藏，因此非常适合制造生产设备。这样的土地首先会用来制造生产设备。当生产设备的产量逐渐提高时，社会就必须将那些越来越不适合的资源投入到设备的生产过程中去。

如果从图 1.2 中曲线上的 A 点开始，向 B 点移动，我们可以将在食品生产上有较高生产率而在生产设备生产上有较低生产率的资源转移出来。但当我们从 B 点移向 C 点，从 C 点移向 D 点，依次移动下去时，在食品生产中上有较高生产率的资源会变得越来越少。为了得到更多的食物，那些在生产设备的生产中有较高生产率的资源也会被占用。为了新增加 1 单位食品的产量，这样的资源会被越来越多地占用，因而牺牲更多的生产设备。资源缺乏完全的可适应性或相互可转换性，是导致机会成本递增的原因。

□ 1.6.4 最优配置

在图 1.2 所示的曲线上，所有可实现的食品和生产设备的组合中，哪一组是最优的（最好的）？也就是说，为获得最大的满足，需要将多少数量的资源配置在食品的生产上，多少数量的资源配置在生产设备的生产上？

回顾前面的内容可知，经济决策的核心在于边际收益（MB）和边际成本（MC）的比较。

对于任何经济活动，只要边际收益大于边际成本，就可以增加这一活动；如果边际收益小于边际成本，就要减少这一活动。当边际收益等于边际成本时，经济活动的数量达到最优。社会在做生产决策时，也需要做一个类似的比较分析。

就食品而言，我们已经从机会成本递增规律中得知，当食品的产量越高时，新增 1

单位食品的边际成本就越高。与此同时，我们需要认识到，生产和消费食品将会产生额外或边际收益，新增 1 单位食品的边际收益是递减的。总而言之，每增加 1 单位的食品既会带来递增的边际成本，也会带来递减的边际收益。

生产食品的最优数量由 *MB* 和 *MC* 曲线的交点决定：如图 1.3 所示，为 200 000 单位。为什么这个数量就是最优的呢？如果只生产 100 000 单位的食品，额外增加 1 单位食品的边际收益将会大于边际成本。用货币形式来表示，*MB* 是 15 美元，而 *MC* 是 5 美元。当社会只需要用 5 美元的边际成本就能获得 15 美元的东西时，社会的福利状况得到了改善。在图 1.3 中，当食品产量增加到 200 000 单位以后，减少产量会带来净收益的增加。

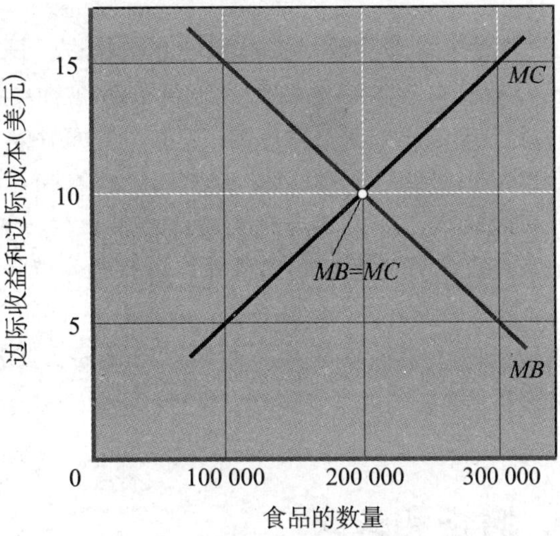

图 1.3　最优产量 *MB*＝*MC*

注：随着某种产品产量的增加，直到边际收益（*MB*）与边际成本（*MC*）相等的时候，才达到最佳产量。此时，不需要在该种产品的生产上增加任何资源的投入。本例中当食品的产量为 200 000 单位时，就达到了最优产量。

相比之下，300 000 单位的食品就过量了。此时，新增 1 单位食品的 *MC* 为 15 美元，而 *MB* 却只有 5 美元。这就意味着，此时社会要用 15 美元的成本去换取 5 美元的收益。这对社会来说是个赔本的买卖。

所以，当产量满足边际收益等于边际成本（即 *MB*＝*MC*）时，资源配置达到最优。假设把上述分析用于生产设备的生产，我们会发现最优产量（即 *MB*＝*MC*）是 7 000 单位。这就是说，在图 1.2 中的生产可能性曲线上，方案 C（即 200 000 单位的食品和 7 000单位的生产设备）对于该经济体而言是最优的。

应用分析

战争经济学

生产可能性分析有助于评估发动反恐战争的收益和成本，其中包括阿富汗战争和伊拉克战争。截至 2011 年底，发动这些战争的成本据估算已超过 12 900 亿美元。

如果我们将美国的所有产品归为两大类：“国防品”和“民用品”，我们可以将这两种产品放在类似图 1.2 所示图表的坐标轴上进行分析。用更多资源生产国防品的机会成本就是舍弃的民用品。在一个实现充分就业的经济体中，要生产更多的国防品，就只能减少民用品——医疗保健、教育、污染控制、个人电脑、房屋等——的产出。发动战争的成本就是舍弃的民用品。这些战争所带来的收益是多种多样的，但无疑会包括保护美国人的生命、资产、收入和福利在未来免遭损失。

社会必须通过对额外增加的国防品所带来的边际收益和边际成本进行评估，来决定最优产量——应该在“国防品—民用品”生产可能性曲线的哪一个位置进行生产？虽然估算边际收益和边际成本并不算什么精确的技艺，但 *MB*—*MC* 框架确实是进行选择时一个非常有用的办法。配置效率要求社会扩大国防品的生产直到 *MB*＝*MC* 为止。

2011 年的“9·11”事件及其带来的对安全性的潜在冲击，提高了人们对国防品边际收益的评价。如果我们将表 1.3 中的横轴表示为国防品，然后将 *MB* 的曲线向右移动，你会发现国防品的最优产量提高了。由于对“9·11”事件及相关事件的关注，美国将更多的资源配置在国防上。但是 *MB*—*MC* 分析还提醒我们，我们既有可能在国防品上投入过多，也可能投入过少。美国政府扩大国防品产出的限度以不超过 *MB*＝*MC* 所决定的产量为宜。如果超过了该产量，其牺牲的民用品的价值将会超过国防品所带来的收益。

问题：如果社会以较低的工资征募新兵，而不以市场薪金标准吸引他们自愿服兵役，社会的作战成本会降低吗？

1.7 失业、增长和未来

在 20 世纪 30 年代大萧条最严重的时期，1/4 的美国劳动者失业，1/3 的生产能力处于闲置状态。此后，美国先后经历了数次相对温和的萧条期。2007—2009 年的经济衰退较为严重，例如，产量相较于之前下降了 5.1%，1/10 的劳动者找不到工作。

几乎所有国家都曾在不同时期经历过经济萧条。在那段时期，全民普遍失业，生产能力大量闲置。例如，自 2000 年以来，有些国家——阿根廷、德国、日本、墨西哥、韩国——先后陷入经济衰退和失业的状态。

这些事实与生产可能性模型有何关系呢？如果我们放宽“所有可利用资源处于充分就业状态”这一假设条件，我们的分析和结论也会随着改变。如图 1.2 所示，表中的 5 种替代方案代表最大的产量组合，表示当经济处于充分就业状态时所能生产的食品和生产设备的各种组合。当经济未处于充分就业状态时，经济体生产的产出比表中所示的要少。

通过图形，我们用原生产可能性曲线（复制在图 1.4 中）内的点表示经济未处于充分就业状态时的情形。*U* 点就是这样一个点。此时，经济体无法实现生产可能性曲线上的点所表示的食品和生产设备的最大产量的组合。图 1.4 中的箭头表示回归充分就业状态的三条可能路径。向充分就业状态移动时，会增加其中一种或两种产品的产出。

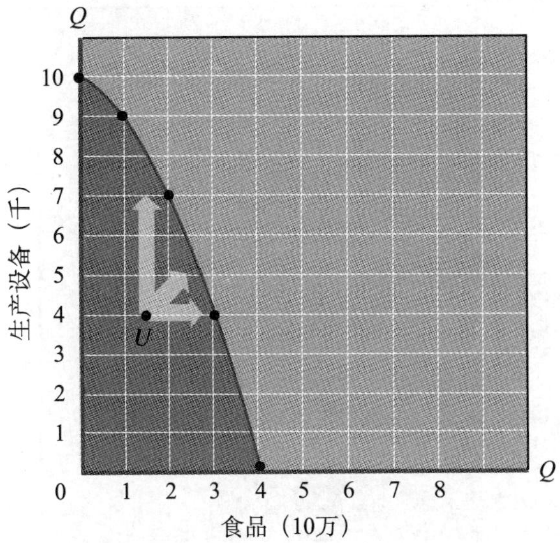

图 1.4　失业和生产可能性曲线

注：生产可能性曲线内的任意一点，如 U 点，表示失业或无法实现充分就业。图中的箭头表示，通过实现充分就业，经济体可以在曲线上运行。这就是说，经济体能够比在 U 点生产更多的一种或两种产品。

□ 1.7.1　不断增长的经济

当我们放松“资源的数量和质量以及技术水平保持不变”这一假设条件时，生产可能性曲线的位置将会发生改变，经济体的潜在最大产出也会随之改变。

1. 资源供给的增加

尽管资源供给在某一特定时期是固定的，但会随着时间的推移而发生改变。例如，一个国家日益增长的人口，也会导致劳动力和企业家才能供给的增加。随着时间的推移，劳动力的质量也会随之提高。历史表明，经济中的资本存量已经实现了实质性增长，尽管增长率并不稳定。虽然我们有些能源和石油资源已接近枯竭，但我们同时也发现了许多新的能源。比如，水利工程的发展增加了可耕地的供给。

这些生产要素供给的增加带来的最终结果就是消费品和资本品产量的增加。因此，20 年后，图 1.5 中的生产可能性方案会替代图 1.2 中的生产可能性方案。对于每一种生产方案而言，资源数量的增加会导致一种产品或两种产品的潜在产出增加。在潜在产出扩大的情况下，社会也会实现经济增长。因此，当资源的数量增加或质量提高时，生产可能性曲线就会向外移动或向右移动，如图 1.5 所示，从内部的曲线移动到外部的曲线 $A'B'C'D'E'$，这种移动代表经济体生产能力的增加。习惯上，我们称之为**经济增长（economic growth）**，也就是更大的总产量。

产品类型	生产替代方案				
	A′	B′	C′	D′	E′
食品（10 万）	0	2	4	6	8
生产设备（千）	14	12	9	5	0

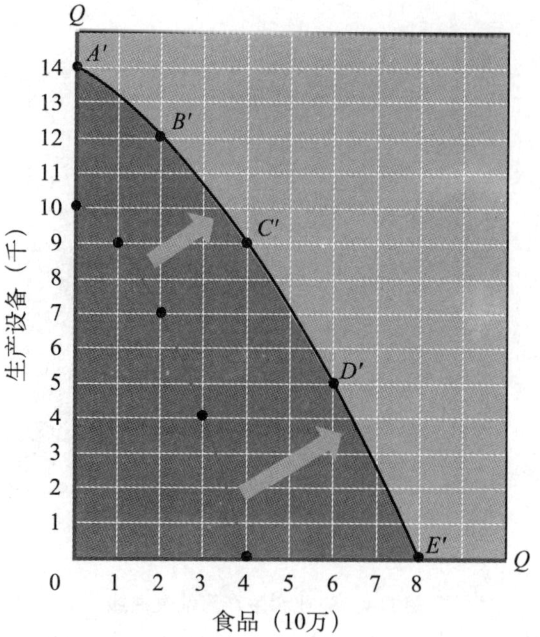

图 1.5　经济增长和生产可能性曲线

注：在一个动态的经济体中，资源供给的增加、资源质量的提高、技术的进步，都会使生产可能性曲线向外移动或向右移动，使得经济体能够同时增加两种产品的产量。

2. 技术的进步

技术进步不仅带来了更新更好的产品，也带来了更先进的生产方式。我们暂且只把技术进步考虑为生产方式的改进。例如，引进计算机系统管理存货和制订生产计划。由于这些技术进步能使社会在固定的资源下生产更多的产品，也使得我们先前对经济问题的讨论发生了改变。就如资源供给增加一样，技术的进步使生产更多的生产设备和食品成为可能。

应用分析

信息技术和生物技术

近年来迅速发展的与计算机、通信、生物技术有关的新技术，就是现实世界中技术进步的典型实例。技术进步使计算机的价格极速下降，同时也使它们的运行速度大大提高。软件的改进大大提高了计算机的日常使用量。移动电话和网络增加了通信量，提高了产量并且改善了市场效率。生物技术的进步带来了重要的农业和医学发明成果。所有这些新科技的意义非常重大，它们为美国的经济增长作出了巨大的贡献（使国家的生产可能性曲线外移）。

问题：医药技术的进步是怎样使美国的生产可能性曲线向外扩张的？

结论：经济的增长来源于（1）资源供给的增加，（2）资源质量的提高，（3）技术的进步。经济增长的结果就是一个充分就业的经济体能够享用更多的消费品和资本品。一个静态的、没有增长的经济体，只有牺牲其中一种产品才能更多地获得另一种产品；而一个动态的、不断增长的经济体，则可以同时增加两种产品的产量。

□ 1.7.2 当前的选择和未来的可能性

一个经济体当前在生产可能性曲线上选择的位置，基本决定了曲线的未来位置。如图 1.6 所示，我们将生产可能性曲线上的两个坐标轴分别设为“未来产品”和“当前产品”。未来产品包括资本品、研究与教育，以及预防医学。它们能够增加财产资源的数量与质量、扩大信息技术的存量，以及提高人力资源的素质。正如我们已经看到的，未来产品，如资本品，是促进经济增长的要素；而当前产品则属于消费品，如食物、服装和娱乐。

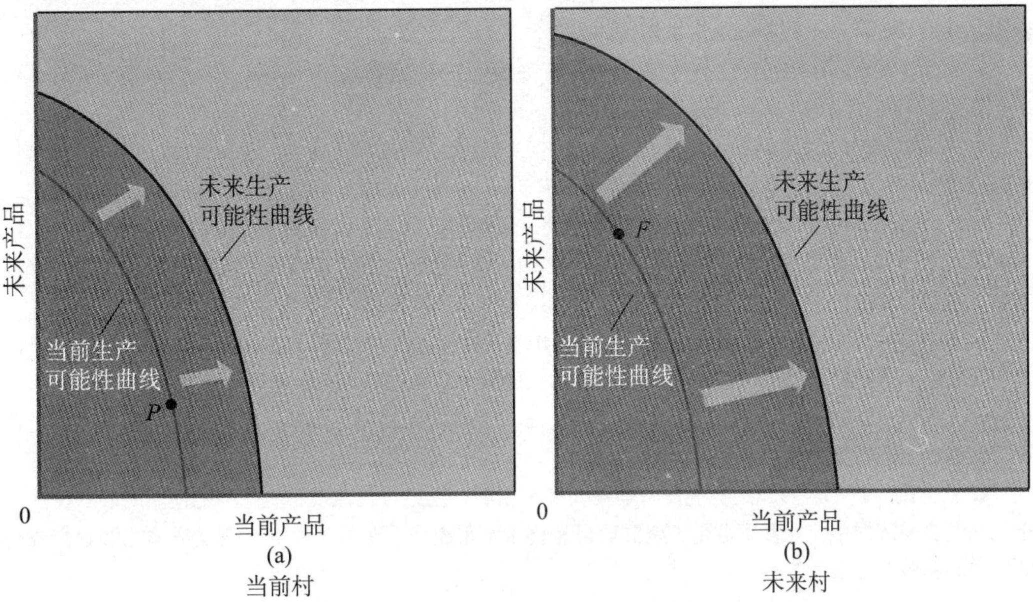

图 1.6　当前的选择和未来生产可能性曲线可能的位置

注：如图 1.6（a）中当前村的选择所示，如果一个国家的当前选择偏向于“当前产品”，这会引起未来的生产可能性曲线较小幅度地向外移动。如果一个国家的当前选择倾向于“未来产品”，如图 1.6（b）中的未来村所示，这会使未来的生产可能性曲线向外移动较大的幅度。

现在假设有两个虚拟的经济体——当前村和未来村，最初两个经济体在各方面都相同，除了一点外：当前村在选择生产可能性曲线上的位置时，偏重于当前产品，而不是未来产品。图 1.6（a）中的 P 点就表示了这样一种选择，P 点位于曲线的右下方，表明当前村更偏好当前产品，为此愿意放弃一定数量的未来产品。与之相反，未来村当前所作的选择倾向于更多的未来产品和较少的当前产品，如图 1.6（b）中的 F 点所示。

在其他条件相同的情况下，我们预期未来村未来的生产可能性曲线比当前村未来的生产可能性曲线更靠右。通过在当前选择更有利于技术进步和资源数量与质量增长的产出，未来村比当前村能够实现更大的经济增长。就资本品而言，未来村与当前村不同，未来村牺牲更多的当前产出，将更多的当前资源投入到它的“国家工厂”中。未来村从这一选择中所得到的回报是未来更强的生产能力和经济增长。未来村作出该选择的机会成本就是当前只能享受到较少的消费品。

未来村的选择会因此优于当前村吗？我们显然不能这样说。不同的结果只是反映了两个国家不同的偏好以及考虑问题时不同的优先次序，但每一个国家都必须承担其选择带来的后果。

小结

1. 经济学是一门研究个人、机构和社会在资源稀缺的条件下进行选择的社会科学。经济学的重点就是机会成本：为获得某些产品而放弃的其他产品、服务或时间的价值。

2. 经济学视角包括三个基本要素：稀缺和选择、理性行为以及边际主义。它假设个人和机构在比较边际成本和边际收益的基础上作出理性的决策。

3. 经济学家运用科学的方法来构建和检验有关因果关系的假设，以推导出理论、规律和原理。经济学家经常采用模型的形式来表述理论。

4. 微观经济学关注具体的经济单位或机构。宏观经济学则把经济作为一个整体或一个大的集合体来进行考察。

5. 个体面临着经济问题。因为他们的需求超过了他们的收入所能满足的范围，所以他们必须决定购买哪些东西和放弃哪些东西。社会也面临着经济问题。社会的需求超出了其所能利用的资源的生产能力。因此，社会也必须决定生产哪些东西和放弃哪些东西。

6. 预算线（预算限制线）通过图形描述了个体的经济问题。这条线表示的是在两种产品的价格既定、货币收入既定的条件下，一个消费者能够购买的两种产品的不同数量组合。

7. 经济资源是指生产过程中所需的投入品，分为土地、劳动力、资本和企业家才能四大类。经济资源也被称为生产要素或投入。

8. 社会的经济问题可以通过生产可能性模型来说明。生产可能性表和生产可能性曲线表示在一个充分就业的经济体中，在资源数量、资源质量和技术水平固定不变的条件下，该经济体能够生产或提供的产品和服务的数量组合。

9. 对于一个实现了充分就业并且在生产可能性曲线上运行的经济体而言，必须牺牲某些产品或服务的产量，才能提高其他产品或服务的产量。某种产品或服务的增加总是伴随着机会成本，机会成本就是舍弃的其他产品的价值。

10. 由于资源在不同的用途上并不具备相同的效率，因此将资源从一种用途转移到另外一种用途时，机会成本会增加。当某种产品的产量不断增加时，新增 1 单位产量所需牺牲的其他产品的数量越来越多。

11. 生产可能性曲线上的最优产量代表的是产品产量的最优组合，通过不断增加某一种产品的产量，直到边际收益（*MB*）和边际成本（*MC*）相等时，就实现了最优产量。

12. 随着时间的推移、技术进步以及资源数量增加和质量提高，经济体能够提高所有产品和服务的产量，即实现经济增长。社会当前所选择的消费品和资本品的组合，是决定生产可能性曲线未来位置以及经济增长程度的主要因素。

术语和概念

经济学
经济学视角
机会成本
效用
宏观经济学
总量
经济问题
预算线
投资
企业家才能
生产要素
消费品

边际分析	不变的机会成本	资本品
科学方法	经济资源	生产可能性曲线
原理	土地	机会成本递增规律
其他条件不变的假设	劳动力	经济增长
微观经济学	资本	

思考题

1. Ralph Waldo Emerson 曾写道："欲望就如不断成长的巨人，它的衣服对于它来说永远不够大。"这种说法与经济学的概念有何联系？

2. "买一赠一。"请解释"赠一"这一部分为什么对买者而言是免费的，但是对于社会而言却并非如此。

3. 下列哪一个决策将面临着更大的机会成本：将纽约市中心地带的一个地方用做露天停车场，或者将市郊的一块地方用做同样的用途？请解释。

4. "效用"有何含义？它与理性行为有何关系？

5. 请举出三个近期的例子，说明在你作出决策时，曾经（至少是在心里）在边际成本和边际收益之间进行过比较分析。

6. 科学方法的几个关键要素是什么？科学方法与经济学原理和规律有何联系？

7. 请指出下列说法中，哪些适用于微观经济学？哪些适用于宏观经济学？

a. 2011 年 4 月，美国的失业率为 9.0%。

b. 上个月，一个美国的软件厂商解雇了 15 名员工，并且将相应的工作转移到了印度。

c. 佛罗里达州一次突然的霜降使柑橘树的数量减少，从而引起了柑橘价格的上涨。

d. 2010 年，美国经通货膨胀指数调整后的产出增加了 2.9%。

e. 上周，富国银行将商业贷款利率降低了 0.5%。

f. 2010 年，消费者价格指数上涨了 1.6%。

8. 何为经济资源？经济学家将其划分为哪几种类型？资源为何又被称为生产要素或投入？

9. 在经济学中，为什么不将货币当作一种资本类资源？为什么将企业家才能单列为一种经济资源，而与劳动力区分开来？企业家的职能有哪些？

10. 画出边际收益和边际成本曲线，并解释其为什么会呈现此形状。这些曲线是如何被用来决定某一特定产品的最优资源配置方案的？如果在当前的产量下，边际成本大于边际收益，那么应该增加还是减少投入到该产品的资源数量呢？请解释。

11. 请说明这些事件如何影响一国生产可能性曲线的位置：

a. 教育质量的提高。

b. 失业工人的数量增加。

c. 新技术提高了从矿石中提取铜的效率。

d. 一次破坏性极强的地震毁坏了大量的生产设施。

12. 假设一个经济体正处于生产可能性曲线上的某个位置。该经济体需要增加一个工业机器人，为此不得不用 9 000 张比萨饼从国外换取，而在国内购买一个工业机器人需要放弃 10 000 张比萨饼。请将以上信息与下列陈述结合在一起进行分析："通过国际分工和国际贸易，一个国家可以减少获得某种产品的机会成本，因此可以将生产可能性曲线向外移动。"

计算题

1. 土豆的价格是1美元/磅，Janice有5美元，她可以任意支配这5美元。如果她觉得第1磅土豆值1.50美元，第2磅土豆值1.14美元，第3磅土豆值1.05美元，所有剩下的土豆都只值0.3美元，那么她会购买多少磅土豆？如果她只有2美元可以支配呢？

2. Pham的时间非常紧张，所以每周只有15小时可以用来打零工。她可在学校书店选择任意长度的工作时间，工资均为9美元/小时；她也可以在咖啡厅上班，只要能保证每周工作6小时以上，就可以得到12美元/小时的报酬。另一份工作是在汽车修理厂，如果每周工作5小时以上，将会得到10美元/小时的报酬。还有一份工作是在托儿所，无论工作多少时间，报酬都是8.5美元/小时。如果Pham的目标是每周拿到尽可能多的工资，她会在书店工作多少小时？

3. 假设你在本地的7—11零售店购买彩票中了15美元，并决定将所有的奖金花在购买棒棒糖和袋装花生上。棒棒糖的价格为每支0.75美元，而花生的价格为每袋1.5美元。

a. 画一个表表示两种产品可能的数量组合。

b. 将表中的数据绘制在图上，得出一条预算线。预算线的斜率为多少？多买一支棒棒糖的机会成本有多大？多买一袋花生的机会成本呢？当多购买一单位的各种产品时，其机会成本是增加、下降还是保持不变呢？

c. 总体来说，你能够购买的棒棒糖和袋装花生的各种数量组合是如何计算出来的？

d. 假设你的彩票中了30美元，而不是15美元。在图中画出30美元的预算线。这条预算线为什么优于原来那条预算线？

4. 假设你现在在一个荒岛上，只有20个椰子。你的邻居Friday是一个渔民，在你们双方自愿的前提下，他愿意拿2条鱼与你交换1个椰子。你的另外一个邻居Kwame同样也是一个渔民，他愿意拿3条鱼与你交换1个椰子。

a. 在一张图上，分别画出你与Friday和Kwame交换的预算线。(用纵轴表示椰子。)

b. 与Friday交换时，预算线的斜率为多少？

c. 与Kwame交换时，预算线的斜率为多少？

d. 哪条预算线表示可实现的椰子和鱼的数量组合更大？

e. 如果你用椰子去换鱼，你更愿意与谁进行交换，是Friday还是Kwame？

5. 以下是一组消费品（小汽车）和资本品（铲车）的生产可能性表：

产品类型	生产替代方案				
	A	B	C	D	E
汽车	0	2	4	6	8
铲车	30	27	21	12	0

a. 将这些数据绘制在图形上。这一生产可能性曲线基于何种特定的假设？

b. 如果经济体选择方案C，再多生产2辆小汽车的机会成本是多少？多生产6辆铲车呢？请解释生产可能性曲线是如何反映机会成本递增规律的？

c. 如果该生产可能性表和生产可能性曲线所代表的经济体生产了3辆小汽车和20辆铲车，对这种资源的利用方式，你可以得出什么样的结论？

d. 处于生产可能性曲线之外的点说明了什么问题？在经济体达到这样一个产量水平之前，必须做何种准备？

6. 就计算题5中的表格而言，假设生产铲车的技术得到了改进，而生产小汽车的技术没有发生任何变化，画出新的生产可能性曲线。然后假设技术进步发生在小汽车而不是铲车的生产上，画出新的生产可能性曲线。最后画出一条新的生产可能性曲线，以反映两种产品同时发生技术进步的情况。

7. 一般来说，中国家庭每年将家庭收入的 40%作为储蓄，而美国家庭每年储蓄的金额还不足家庭年收入的 5%。在中国，生产可能性曲线基本上以每年 9%的速度上涨，而在美国，上涨的速度为 3.5%。试用图表分析“当前产品”和“未来产品”对增长率的不同影响。

在 www. brue3e. com 中做进一步的测试

在本书的“在线学习中心”www. brue3e. com 中，你会找到一个或多个网络练习题，这些问题需要从网络上获取信息才能进行解答。我们强烈建议你完成这些问题，因为这些问题能够使你熟悉我们的网站，而我们的网站对你其他课程的学习甚至日后的事业都有帮助。“在线学习中心”提供了多项选择测试题，还能为你提供及时的反馈。该网站上还有许多有用的方法来进一步测试你对本章知识的掌握情况。

第 1 章　网络附录*

图表及图表的含义

* 网络附录详见本书网站 www. brue3e. com。

第 2 章

市场机制和循环流向图

学习完本章后，你应该能够：

1. 区分指令性机制和市场机制。
2. 列举市场机制的主要特点。
3. 解释市场机制如何回答四个基本问题。
4. 讨论市场机制如何根据变化作出调整以及如何推动进步。
5. 描述循环流向模型的构成。

你正身处一个大型商场中。假设现在你有一项任务，就是拟好一张清单，清单上要列明该商场所有品牌和款式的产品和服务。这项任务相当艰巨，而且这个清单也会相当长。一个购物商场就陈列了这么多数量和款式的产品，而这个商场只是国民经济中一个非常微小的单位。

谁来决定商场或更大范围的经济体应该提供什么样的产品或服务呢？生产者如何决定应该运用何种技术和哪些资源来生产这些具体的产品？谁会购买这些产品？这些产品中的新产品和改良产品又是如何产生的？本章将会回答这些问题。

2.1 经济机制

每个社会都需要建立一套自己的**经济机制**（**economic system**）——一套特殊的制度安排和一个协调机制——来解决经济问题。经济机制需要解决生产何种产品、如何生产、为谁生产以及如何促进技术进步这四个问题。

不同经济机制之间的差别在于：(1) 生产要素的所有权在谁手里；(2) 用什么方法促进、协调和指导经济活动。经济机制一般有两种类型：指令性机制和市场机制。

□ 2.1.1 指令性机制

指令性机制 (command system) 也被称为社会主义或共产主义。在指令性机制中，政府拥有绝大多数的财产资源，并通过一个中央经济计划作出经济决策。由政府任命的中央经济计划委员会制定几乎所有的重大经济决策，包括资源的利用、产出的结构和分配、生产的组织形式等。政府拥有大多数企业，而这些企业也根据政府的指令来进行生产。中央经济计划委员会确定每家企业的生产目标，并决定分配给每家企业的资源数量，使企业能够完成生产目标。中央还决定如何分配生产出来的资本品和消费品，并根据中央经济计划委员会的长期发展优先顺序，将资本品分配到各个行业。

一个纯粹的指令性经济机制将完全依赖中央计划来分配政府拥有的资源。但是在现实中，即使是历史上最杰出的指令性经济体——苏联——在 1992 年解体之前，也允许私有企业的存在，并且会吸收一些市场因素。最近发生在俄罗斯和中东国家的改革也在某种程度上表明，它们正在将指令性经济机制转化为以市场为主导的资本主义机制。中国的改革还不够深远，但也已经大大减少了对中央计划的依赖。虽然在中国仍存在大量的国有资源和国有资本，但却越来越依靠自由市场来组织和协调经济活动。全球快照 2.1 将朝鲜的中央计划经济与其邻国韩国的市场经济进行了比较。在本章后面，我们将深入探讨指令性经济普遍退出历史舞台的主要原因。

□ 2.1.2 市场机制

与指令性机制相对应的是**市场机制 (market system)**，即资本主义。市场机制的特点是资源私有，并且用市场和价格来协调和指导经济活动。行为主体出于自利的目的参与经济活动。个人和企业通过自主决定工作、消费和生产来实现他们的经济目标。该机制允许私人拥有资本，通过价格交流供求信息，并通过市场（买者和卖者聚集在一起购买或销售产品、服务和资源的地方）来调节经济活动。产品和服务的生产以及资源的供给可以由任何愿意并有能力的人来承担。这样做的结果就是，各种产品和资源的买卖双方独立行动、相互竞争，因此经济决策非常分散。此外，潜在的高额经济回报使现有企业勇于创新，促进企业家积极开发新产品或新工艺。

在纯粹的资本主义或自由放任的资本主义中，政府的作用仅为保护私有财产和建立适合市场机制运作的环境。“自由放任”就是指“任其所为”，也就是说，政府不应干预经济获得。自由主义的观点认为干预经济会扰乱市场机制的有效运作。

但是在美国和其他大多数国家所实行的资本主义中，政府在经济中扮演着重要角色。政府不仅制定经济活动的规则，还要保证经济的稳定和增长，提供生产不足或根本无法生产的产品和服务，并负责改善收入分配状况。然而，在决定生产什么、怎样生产以及为谁生产时，政府并不是最主要的经济力量，决定性的经济力量乃是市场。

全球快照 2.1

韩国和朝鲜

朝鲜是至今仅存的极少数指令性经济体之一。第二次世界大战结束后，朝鲜被分为朝鲜和韩国。朝鲜在苏联的操控下建立起指令性经济机制，强调政府对资源的控制和中央政府计划。韩国在美国的保护之下，建立起以私有产权和逐利为基础的市场机制。今天，两种机制的经济成果之间存在着惊人的差异：

	朝鲜	韩国
GDP	400 亿美元*	16 000 亿美元*
人均 GDP	1 800 美元*	31 700 美元*
出口	26 亿美元	5 590 亿美元
进口	35 亿美元	5 250 亿美元
农业占 GDP 的比例	21%	3%

* 根据美元的购买力平价计算而得。
资料来源：*CIA World Fact Book*，2011，www.cia.gov.

2.2 市场机制的特征

详细考察市场机制中的某些重要特征是非常有意义的。

□ 2.2.1 私有财产权

在市场机制中，私人和私营企业，而不是政府，拥有绝大多数的财产资源（土地和资本）。广泛的资本私人所有权正是“资本主义”这个名称的由来。**私人财产（private property）**权和自由谈判缔结法律契约的权利，促使私人和企业可以获得、使用和处置他们认为合适的资源。遗产权（财产所有者指定财产继承人的权利）使私有财产制度得以延续。

财产权最重要的结果就是，通过促进交易双方达成互利的经济交易，鼓励人们相互合作。在一个财产权不受法律保护的世界中，强者可以从弱者那里得到任何想要的东西，而不需要给弱者任何补偿。而在一个财产权受到法律保护的世界中，任何人想要从你这里拿走东西都必须征得你的同意。你可以拒绝。这样做的结果就是，如果真的有人想从你这里拿走东西，他必须以你认为价值更高的东西作为回报。也就是说，他必须提供给你一笔能够使双方达成共识的经济交易——一笔使你和他（她）都获益的交易。

财产权有利于投资、创新、交易、对财产的维护和经济增长。如果他人或政府为了各自的利益可以随意拿走你的财产，那么你为什么还要把东西储存到库房，或修建工厂，或者开垦土地来耕种呢？

财产权还通过专利、版权和商标拓宽到知识产权。这种长期的保护鼓励人们写书、作曲、编译计算机程序、发明新的产品和工艺，而不用担心有人来窃取这些东西及这些东西可能带来的回报。

财产权还促进了交易。一辆汽车的购买凭证或者一个畜牧场的地契将会使买者相信卖者是合法的所有者。此外，财产权还鼓励所有者维护或者改善自己的财产，来保持或增加财产的价值。最后，财产权使人们利用时间和资源来生产更多的产品和提供更多的服务，而不是用来保护和维持已经生产了或获得了的财产。

□ 2.2.2 经营和选择的自由

与财产的私人所有权密切相关的就是经营和选择的自由。市场机制要求各种经济单位作出选择，而这些选择也会在经济体的市场中得以表达和实施：

- **经营的自由（freedom of enterprise）** 它保证企业家和私营企业可以自由获得和使用经济资源，来生产他们所选择的产品和服务，并且在他们所选择的市场上进行销售。
- **选择的自由（freedom of choice）** 它可以使资源所有者按照他们认为合适的方式使用或处置自己的财产和金钱。它同样使工人可以自由选择任何他们可以胜任的工作岗位。最后，它保证消费者自由购买能够最大限度满足他们需求的产品和服务。

当然，这些选择只有在符合法律规定的范围内才是自由的。非法行为，如销售人体器官或购买违禁药品，将会受到罚款和监禁的处罚。（全球快照 2.2 展示了不同国家之间经济自由开放度方面的差别。）

全球快照 2.2

部分经济体的经济自由度指数

经济自由度指数使用 10 大类指标，如贸易政策、财产权利和政府干预等，来测度经济自由度。每一大类指标包含 50 多条具体的评分标准。184 个经济体根据经济自由度指数进行排序。部分经济体 2012 年的排序如下所示。

自由	
1	中国香港
3	澳大利亚
5	瑞士
比较自由	
10	美国
22	日本
28	奥地利
比较不自由	
116	尼日利亚
138	中国内地
144	俄罗斯
受到压迫	
171	伊朗
174	委内瑞拉
179	朝鲜

资料来源：The Heritage Foundation，www.heritage.org.

□ 2.2.3 自利

在市场机制中，**自利（self-interest）**的动机推动不同经济体自由地作出选择。自利，简而言之就是，每个经济体努力实现自己特定的目标，而这通常要求献出一些有价值的东西给他人。企业家努力使利润最大化，或使亏损最小化。财产所有者努力以最高的价格出售或出租他们的资源。工人在综合考量工资、工作时间、津贴和工作条件后，找到合适的工作，进而使自己的效用（满足感）最大化。消费者则通过合理分配支出和努力以最低价格获得自己需要的产品，来实现效用最大化。自利的动机给经济体指明了行动方向，并保证了目标的一致性，否则经济体将会混乱无序。

□ 2.2.4 竞争

市场机制的存在依赖经济单位之间的**竞争（competition）**。竞争的基础就是在追求经济回报的过程中自由选择的权利。从广义的定义来看，竞争要求：

- 在一个特定的产品或资源市场，存在行动独立的买者和卖者。
- 买者和卖者出于自利的动机，可以自由进出市场。

竞争将经济力量分散在经济体内的企业和家庭中。当市场上存在大量的行动独立的买者和卖者时，就没有一个买者或卖者能支配产品或资源的价格。

竞争也意味着生产者可以进入或退出一个行业；一个行业的扩张或收缩没有不可逾越的障碍。这种行业扩张或收缩的自由为经济体提供了保持长期有效运行所需的弹性。进入和退出的自由使经济体能够随时根据消费者偏好、技术和可利用资源作出调整。

竞争必然导致经济力量分散，从而限制了经济力量被滥用的可能。一个要价高于竞争性市场价格的生产者将损失销售量，而其他生产者会得到这部分销售量。一个支付低于竞争性市场工资率的雇主将会失去员工，而其他雇主会得到这些员工。一个不能开发新技术的企业将会损失利润，而利用新技术的企业将会得到这部分利润。一个生产劣质产品的企业将会受到消费者的惩罚，这部分消费者会转向能够生产高质量产品的企业。竞争是市场机制最基本的调控力量。

□ 2.2.5 市场和价格

市场和价格是市场机制的重要组成部分。它们赋予市场机制调节成千上万种日常经济活动的能力。**市场（market）**就是一个将买者（需求者）和卖者（供给者）联系在一起的机构或机制。市场机制传达产品和资源的买者或卖者的决定。交易双方作出的决策决定了一套产品和资源的价格，这套价格指导资源的所有者、企业家和消费者在追求自己利益的过程中作出和修改选择。

正如竞争是市场机制的调控机制一样，市场机制本身就是组织机制。它就像是一个精致的通信网络，记录、总结和权衡无数个体的自由选择。那些对市场信号作出反应并听命于市场的人将会被回报更大的利润和收入；那些不对市场信号作出反应而选择忽视市场命令的人将会受到惩罚。通过这一机制，社会决定经济体应该生产什么、如何有效地组织生产，以及生产的成果如何在构成经济体的各单位间进行分配。

□ 2.2.6 技术和资本品

在市场机制中，竞争、选择的自由、自利和个人回报为技术进步提供了机会和动力。新产品或新生产技术的经济回报直接归创新者所有。因此，市场机制鼓励广泛地应用和发展复杂的资本品：工具、机器、大规模工厂，以及存储、通信、运输和营销设施。

先进的技术和资本品之所以重要是因为最直接的生产方式常常是最没有效率的。避免无效率的唯一途径就是依靠资本品。如果一个农场主准备仅凭一双手去干活，是非常荒谬可笑的。创造和使用像犁、拖拉机、储藏箱这样的资本品，会带来巨大的收益。高效率的生产意味着更丰富的产出。

□ 2.2.7 专业化

市场经济对专业化的依赖程度非常高。专业化是指运用个人、地区或国家的资源生产一种或几种产品和服务，而不是所有的产品和服务。然后，用生产出的这些产品和服务去交换各种各样需要的产品。大多数消费者几乎不生产任何他们自己消费的产品和服务，他们很少或几乎不消费自己所生产的产品。一个每天朝九晚五为商用飞机安装机舱玻璃的工人可能很少坐飞机。许多农民把自家的牛奶卖给当地的奶制品厂，然后再去当地的食品店买人造奶油。社会很早以前就知道自给自足是无效率的。“万事通”也许是一个丰富多彩的人，但肯定不会是一位有效率的生产者。

劳动分工 人力专业化——也被称为劳动分工——通过以下几种生产方式为社会的产出做贡献：

- **专业化利用了能力上的差异** 专业化使个人能够利用能力和技能上存在的差异。如果 Peyton 身体强壮、具有运动细胞并且擅长投球，而 Beyonce 漂亮、活泼并且擅长唱歌，那么 Peyton 去打专业橄榄球，而 Beyonce 去录制歌曲并举办演唱会，他们的不同天赋就可以得到最有效的利用。
- **专业化通过实践促进学习（干中学）** 即使两个人的能力相同，分工仍然是有益的。通过将所有时间投入到某一项任务中，而不是众多不同的工作中，个人可以更好地积累工作中所需的技能，并促进技术进步。通过学习和实践法律，最终你会成为一个很好的律师。
- **专业化节约了时间** 通过将所有的时间都投入到某一项任务中，个人能更好地避免从一项工作转移到另一项工作所造成的时间损失。

由于以上原因，专业化增加了社会从有限资源中所能得到的总产出。

区域专业化 专业化在区域和国际层面上同样有效。人们可以想象，内布拉斯加州可以种植橙子，但由于土壤、雨水和温度不适宜，种植成本将会非常高。人们也可以想象，佛罗里达州能够种植小麦，但是这样的生产也会由于自然资源禀赋的原因付出高昂的成本。因此，内布拉斯加州的人生产最适合他们地理资源的产品，特别是小麦，而佛罗里达州的人也基于同样的原因，生产橙子和其他柑橘类水果。通过专业化，两个经济体的产量都超过了本地的需求量。然后，非常明智的做法就是，内布拉斯加州的人和佛罗里达州的人交换他们的剩余产品——小麦换橙子，橙子换小麦。

类似地，在国际层面上，美国专业生产诸如商用飞机和计算机之类的东西，将这些产品销售到国外，换取日本的录像机、洪都拉斯的香蕉和泰国的篮子。在只能利用有限资源的情况下，劳动力专业化和区域专业化对于实现效率都是非常必要的。

□ 2.2.8 货币的使用

市场机制一个非常明显的特征就是货币的广泛使用。货币承担着好几种职能，但首要的职能就是**交易媒介（medium of exchange）**。它使得交易更容易进行。

分工需要交换。交换能够，并且有时候确实是通过**物物交换（barter）**——以货易货，如用小麦换橙子——来进行的。但是物物交换带来了严重的问题，因为它要求买者和卖者之间的需求偶合。在我们的例子中，我们假设内布拉斯加州的人有多余的小麦用于贸易，并且需要橙子；同时假设佛罗里达州的人有多余的橙子用于贸易，并且需要小麦。这样交换就产生了。但是如果这种需求偶合不存在，交易就无法进行。

现在假设内布拉斯加州对佛罗里达州的橙子不感兴趣，但需要爱达荷州的马铃薯；同时假定爱达荷州需要佛罗里达州的橙子，而不是内布拉斯加州的小麦。而且，为使事情更复杂一些，假设佛罗里达州需要一些内布拉斯加州的小麦，但不需要爱达荷州的马铃薯。我们在图 2.1 中总结了这种情形。

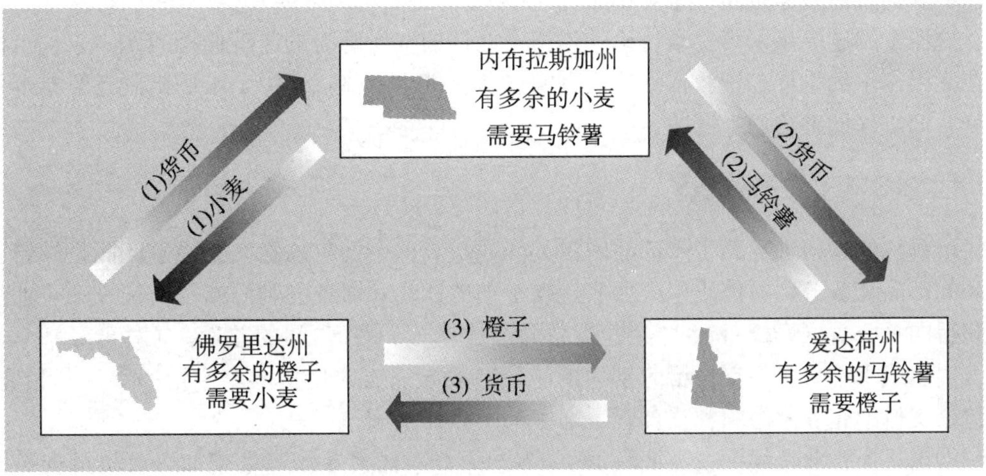

图 2.1　当需求不能对接时，货币使交易非常便利

注：货币具有交换媒介的职能，使得在需求不偶合的情况下，交易仍可以进行。(1) 内布拉斯加州用自己生产的小麦来交换佛罗里达州的货币；(2) 内布拉斯加州用佛罗里达州支付的货币同爱达荷州交换它所需要的马铃薯；(3) 爱达荷州用从内布拉斯加州获得的货币同佛罗里达州交换它所需要的橙子。

如图 2.1 所示，没有一种情形刚好能够对接各方的需求。物物交换的交易方式显然是困难的。作为替代，各个州的人使用**货币（money）**，一种为促进产品和服务的便捷交换而出现的社会发明。历史上，人们曾经用牛、香烟、贝壳、石头、金属片和许多其他的产品作为交换媒介，并且都取得了不同程度的成功。作为货币，需要通过一项检验：在交换卖者的产品和服务时，必须被卖者普遍接受。货币是被社会定义的，社会所接受的作为交易媒介的任何东西都是货币。

现在，大多数经济体都用纸币作为货币。如图 2.1 所示，纸币（货币）作为交易媒介，使得内布拉斯加州、佛罗里达州和爱达荷州能够克服它们之间的贸易障碍。

在全球范围内，不同的国家使用不同的货币，这使得分工和交换变得更加复杂。但是，货币买卖市场使不同国家的人可以不通过物物交换而实现产品和服务的交易。

□ 2.2.9 活跃但作用有限的政府

在现实的发达工业经济体中，市场机制的最后一个特征是存在一个活跃但作用有限的政府。尽管市场机制促进了资源的高效利用，但是它有固有的内在缺陷。我们将在本书的第 5 章揭示政府能通过多种方式来提高经济机制的总体效率。

2.3 四个基本问题

市场机制的重要特征有助于说明市场经济如何回答以下四个基本问题：

- 生产什么产品和服务？
- 怎样生产这些产品和服务？
- 谁会获得这些产品和服务？
- 如何促进技术进步？

这四个问题突出了第 1 章讨论的生产可能性曲线所隐含的经济选择问题。它们反映了在无限需求的世界中资源稀缺这一事实。所有的经济体，无论是市场机制还是指令性机制，都必须回答这四个问题。

□ 2.3.1 生产什么？

市场机制如何确定其生产产品的种类和数量？一个简单的答案是：生产能持续带来利润的产品和服务，而停止生产那些持续亏损的产品和服务。利润或亏损是一个企业所能获得的总收益（*TR*）和生产这些产品的总成本（*TC*）之间的差额。（对于经济学家而言，总成本不仅包括支付给劳动力的工资和薪金，支付给资本和土地的利息和租金，还包括支付给企业家组织和整合资源来生产产品的报酬。）

如果某个行业持续存在经济利润（$TR>TC$），就会导致产量增加以及资源向该行业流动，因而该行业的规模会扩大。如果某个行业持续存在亏损（$TC>TR$），就会造成产量的缩减以及资源从该行业退出，因而该行业的规模会缩小。

在市场机制中，消费者掌握主动权（发号施令）。**消费者主权（consumer sovereignty）**在决定产品的种类和数量时至关重要。消费者把自己的收入花费在他们愿意并且有能力购买的产品上。通过这些**“货币选票”（dollar votes）**，消费者在市场中记录下他们的需求。如果某种产品的货币选票足以创造利润，企业就会生产这种产品并将其出售。

相反，如果某种产品的货币选票创造的收入不能弥补成本，企业就不会生产该种产品。因此，消费者充当了统治者的角色。他们共同引导资源流向能满足消费者需求的行业，退出那些不能满足消费者需求的行业。

消费者的货币选票不仅决定了哪些行业会继续存在下去，而且决定了哪些产品将成功，哪些产品将失败。只有能带来利润的行业、企业和产品才能在市场中生存下去。

应用分析

麦当劳的成功品与失败品

在过去的几十年中，麦当劳在菜单里推出了许多新产品，有些是利润丰厚的“成功品”，而有些则是败笔。最终，是消费者决定了哪个新产品能带来利润，并在麦当劳的菜单留存下来。

- 呼啦汉堡包（1962）——失败品
- 麦香鱼（1963）——成功品
- 草莓脆饼（1966）——失败品
- 巨无霸（1968）——成功品
- 热苹果派（1968）——成功品
- 腌肉蛋汉堡包（1975）——成功品
- 得来速（1975）——成功品
- 麦乐鸡（1983）——成功品
- 超值套餐（1991）——成功品
- 豪华瘦身汉堡包（1991）——失败品
- 招牌汉堡包（1996）——失败品
- 55 美分优惠套餐（1977）——失败品
- 特大汉堡包（1999）——成功品
- 沙拉奶昔（2000）——失败品
- 麦香饼（2003）——成功品
- 快餐卷（2006）——成功品

问题：你认为麦当劳的优质沙拉会持续保持成功品的地位，还是最终会成为失败品呢？

资料来源：Dyan Machan，“Polishing the Golden Arches，” *Forbes*，June 15，1998，pp. 42-43，updated. Used with permission of Forbes Media LLC © 2011.

□ 2.3.2 怎样生产这些产品和服务呢？

将资源和技术怎样组合在一起来生产产品和服务呢？如何组织生产？答案是：以能使每单位产出的成本最小化的方式来生产。因为低效率的生产会增加成本和降低利润，因此，任何企业若想将利润最大化，都要努力使生产成本最小化。这些努力包括：（1）在资源和生产率既定的情况下，选择合理的劳动力和资本组合；（2）为降低生产和运输成本，以最佳方式安置生产设备；（3）采用最合适的技术来生产和销售产品。

当企业面临竞争时，必须加强这些努力，因为消费者强烈偏好低价格的产品，而且会将他们的购买力转移至能以最低价格提供优质产品的企业。任何企业使用高成本的生产方式都是非常愚蠢的，因为比它们有效率的竞争者可以在更低的价格下依然获利，这些高成本企业最终都将破产。简单而言：竞争消除了高成本的生产者。

□ 2.3.3 谁获得这些产品和服务?

当决定总产出的分配时，市场机制有两种方式来解决。一般而言，产品会根据消费者支付现行市场价格的能力和意愿来分配给各个消费者。如果某种产品的价格（比如一艘小型帆船）为 3 000 美元，那么那些愿意并且有能力支付这一价格的消费者将“扬帆远行”，而那些不愿意或者没能力支付的消费者就只能“在岸边驻足”。

支付小型帆船和其他产品价格的能力取决于消费者的收入、产品的价格以及消费者对产品的偏好。如果消费者有足够的收入，并且愿意将钱花在某个特定的产品上，他们就能拥有该产品。而他们所拥有的收入取决于：(1) 他们所提供的财产和人力资源的数量；(2) 在资源市场上出售这些资源能够得到的报酬，即资源的价格。资源的价格在决定家庭收入的大小时起关键作用，因此也决定着每个家庭购买经济体所生产的产出的能力。

□ 2.3.4 市场机制如何推动技术进步?

社会渴望经济增长（更大的产出）和更高的生活水平（更高的人均收入）。市场机制怎样推动技术进步和资本积累（这两者都促进了社会生活水平的提高）呢?

1. 技术进步

市场机制对技术进步提供了强大的激励，使较好的产品和工艺替代较差的产品和工艺。企业家或企业如果能推出一种广受欢迎的新产品，将会得到收益和经济利润，而其竞争对手将会遭受损失。一家企业在某一年获得了高额利润，很有可能在几年之后就遭遇财务上的困难。

技术进步还包括能够降低生产或销售成本的新的和改进了的技术。通过将削减成本的部分好处传递给消费者，降低产品销售价格，企业能够增加销售量，并在对手遭受损失的情况下得到经济利润。

此外，市场机制促进技术进步在整个行业迅速传播。竞争企业必须紧跟最有创新能力的企业的步伐，否则会立即遭受亏损并最终倒闭。在某些情况下，结果为**创造性破坏 (creative destruction)**：新产品和新生产工艺的出现完全摧毁了那些固守现有产品和陈旧经营方法的企业的市场地位。例如，在高密度唱片出现之前，乙烯基唱片已经播放了很长时间，但前者的出现迅速打击了后者的市场地位，而 iPods 和其他数字技术早晚会在某一天替代所有唱片。

2. 资本积累

大多数的技术进步都要求增加资本品。通过对这些资本品投更多的货币选票，市场机制为生产额外的这些资本品提供了必要的资源。换句话说，市场机制就像对待消费品一样，对这些资本品投了货币选票。

不过，谁为这些资本品投票呢？答案是企业家和企业所有者。作为利润收入的获得者，他们往往会用部分收入来购买资本品。如果需要更多资本品投入的技术革新是成功的，那么这样做会带来更多的利润收入。而且，通过支付利息或者出售股份，企业家和企业能够吸引更多的家庭，将其部分收入以货币选票的形式投入到更多的资本品生产中。

应用分析

“看不见的手”

在1776年出版的著作《国富论》(*The Wealth of Nations*) 中，亚当·斯密最早注意到市场机制的运行使私人利益和社会利益达成令人惊奇的统一。在一个高度竞争的市场机制中，运作的企业和资源供应者，在追求自身利益增加的同时，仿佛受到一只“看不见的手”的指引，促进了公众或社会利益的增加。例如，我们经常看到，在一个竞争性环境中，企业努力生产最新和质量最好的产品来增加利润。这些加强版的产品增加了社会的财富。出于自利的动机，企业也会用最低成本的资源组合来生产某些特定产出。如果不这样做，企业可能会丢掉利润甚至面临倒闭的危险。但与此同时，以成本最低的方式利用稀缺资源显然也符合社会利益。它将某些资源“释放出来”，用于生产社会需要的其他产出。

被竞争性市场机制唤醒和指引的自利动机，引起对社会需求变化所作出的适当反应。追求更高利润和避免亏损的企业以及追求更多货币报酬的资源供应者，就资源配置的变化而不断协商，并以生产社会需求的产出而告终。竞争以这样一种方式控制或引导着自利行为，使自利行为自动地而且是完全无意识地增进了社会的利益。当企业努力最大化其利润以及资源供应者最大化其收入时，“看不见的手”保证且最大化了社会的产出和收入。

问题：根据亚当·斯密的观点，“于人有利”和“于己有利”是相对立的观点吗?

应用分析

指令性机制的终结

既然你了解了市场机制是如何回答这四个基本问题的，就不难理解为什么苏联、东欧的指令性机制和中国先前的改革会失败了。这些机制面临着两个无法克服的困难。

第一个困难是协调问题。中央计划制定者必须协调由消费者、资源供应者和企业所作出的数百万个独立的决策。假设要建立一个生产拖拉机的工厂，中央计划制定者必须设定一个现实的年产量目标，比如1 000台拖拉机。他们还必须获得生产和销售这1 000台拖拉机所必需的投入品——劳动力、机器、电力、钢铁、轮胎、玻璃、油漆和运输工具。

由于许多行业的产出品就是其他行业的投入品，因此若任何一个行业无法实现其年产量目标，就会引起一连串的连锁反应。例如，如果铁矿厂由于机器、劳动力或者运输工具等方面的原因，没有为钢铁行业提供其所需要的足够的铁矿石，那么钢铁行业就无法满足许多行业对钢铁的需求。这些需要投入钢铁的行业（如生产拖拉机、汽车和运输工具的行业）就无法完成它们计划的生产目标。最终，连锁反应会扩散到所有以钢铁为投入品的企业，并将继续扩散到其他投入品的购买者和最终消费者。

当经济不断扩张时，协调问题变得越来越困难。产品和生产过程变得更加复杂，需要计划控制的企业数量也不断增加。事实证明，适合简单经济体的计划手段对于大型经济体而言是严重不足且无效率的。瓶颈问题和生产中断将会成为常态。

在苏联经济体和中国先前的改革中，协调问题还包括缺乏一个可靠的成功标准。我们知道，市场机制将利润视为成功标准。利润取决于消费者需求、生产效率和产品质量。相反，指令性机制的主要成功标准通常表现为完成中央计划制定者所安排的产量目标，其次才是生产成本、产品质量和产品组合。管理者和工人们常常会为实现数量目标而牺牲产品质量，因为他们会在完成目标时获得奖金。如果完成产量指标意味着快速而草率的装配工作，那么就这样干，结果是装配出来的产品只能凑合着用。

对于中央计划制定者而言，即使在产品生产过程不存在任何问题的理想状态下，设定产品的数量目标也是非常困难的。如果某家生产钉子的企业的产出目标以重量（如钉子的吨数）来计算，那么生产者只需要造出一些大个儿的钉子就可以了。但是，如果产出目标以数量（如数千枚钉子）来衡量，生产者就会全部生产小钉子，并且是大量的小钉子。

指令性经济还面临着激励问题。中央计划制定者决定了产出组合。当他们在政府确定的价格下，对社会所需的车辆、鞋子、衬衫和小鸡的数目判断失误时，产品出现短缺或剩余的状况将会持续很长时间。但只要监管产品生产的管理者完成产量目标就能获得奖励，即使出现短缺或剩余，他们也不会有调整产量的动力。由于不存在价格的波动，企业无法通过回报率信号来调整产品的产量。因此，许多产品都面临无货或者短缺的状况，而另外一些产品则生产过量或长年累月地堆放在仓库里。

苏联的指令性机制和中国之前的改革都缺乏企业家精神。中央计划不仅没有引起利润的波动，更没有刺激企业创新和进取。完成产量目标是企业的成功之道。但如果对成功之道的理解只是建立在政治层面上，不仅不会带来技术的进步，甚至会对现有产品、现有生产方式以及现有组织结构带来毁灭性后果。

问题：在市场经济中，企业很少会担心买不到生产产品所需的投入品，而在指令性经济中，能不能保证投入品的供给则是一个需要持续关注的问题。为什么会有这种差异呢？

2.4 循环流向模型

动态的市场经济创造了产品和服务、资源以及货币持续并且不断重复的流动。如图2.2所示，**循环流向图（circular flow diagram）**展示了这些要素在一个简单经济体中（即没有政府的情况下）的流动。仔细观察可知，在图2.2中，我们把私人决策者划分为企业和家庭，另外，将市场划分为资源市场和产品市场。

□ 2.4.1 家庭

如图2.2所示，循环流向图右边的矩形表示**家庭（households）**，即居住在一个房子里的一个或多个家庭成员。现在，在美国的经济体中有1.19亿户家庭。家庭购买企业在产品市场上销售的产品和服务。家庭通过在资源市场出售资源来获得购买这些产品的收入。

在无政府的经济体中，所有的资源最终都由家庭拥有或供给。例如，一些家庭的成员在经济体中提供劳动力或企业家才能。家庭拥有经济体中所有的土地和资本，直接的方式是作为私人资产，而间接的方式就是持有经济体中所有的企业股份（因此控制企业所持有的土地和资本）。因此，经济体中所有的收入——工资、租金、利息和利润——都流向了家庭，因为家庭向经济体提供了劳动力、土地、资本和企业家才能。

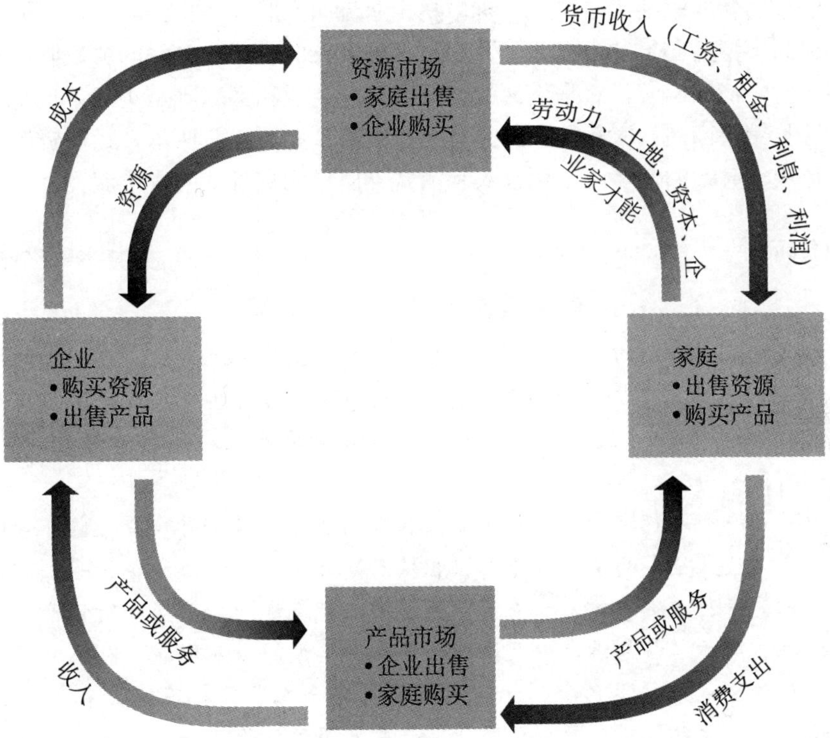

图 2.2 循环流向图

注：通过产品市场，产品从企业流向家庭；通过资源市场，资源从家庭流向企业。与这些实物流相反的是货币流。通过资源市场，家庭从企业获得收入（企业的成本）；而通过产品市场，企业从家庭获得收益（家庭的支出）。

□ 2.4.2 企业

循环流向图左边的矩形表示**企业**（**businesses**），即通过销售产品和服务为自己谋取利润的商业机构。企业在产品市场中销售产品和服务以获取收益，当它们需要为其生产的产品或提供的服务购买生产要素时，又会因为在资源市场中购买劳动力、土地、资本和企业家才能付出成本。

□ 2.4.3 产品市场

图 2.2 下方的矩形表示**产品市场**（**product market**），即买卖企业所生产的产品和服务的场所。家庭用出售资源所获得的收入去购买产品和服务。消费者花费在产品和服务上的货币流向企业，并作为企业的收益。企业将这些收益和成本进行比较来确定利润情况，进而决定是否继续生产某种特定的产品和服务。

□ 2.4.4 资源市场

最后，循环流向图上方的矩形表示**资源市场（resource market）**，即家庭出售资源给企业的场所。家庭出售资源而获得收入，而企业购买资源用以生产产品和服务。企业购买资源的资金是企业的成本，但这些资金又以工资、租金、利息以及利润的形式流入家庭。生产资源因此从家庭流向企业，货币从企业流向家庭。

循环流向模型给出了一个有关企业和家庭的复杂的、相互关联的决策制定和经济活动网络图。对经济体而言，它是生活的循环往复。企业和家庭既是买者，也是卖者。企业购买资源且销售产品，家庭购买产品且销售资源。如图 2.2 所示，经济资源与最终产品和服务形成逆时针的实物流，而收入和消费支出形成顺时针的货币流。

应用分析

有关美国企业的一些事实

企业构成了私营部门的一部分。企业种类与数量繁多，既有沃尔玛这样的特大型企业（2011 年的销售额为 4 220 亿美元，拥有 210 万员工），也有只有一两名雇员、日销售额仅为 200 美元～300 美元的社区便利店。企业主要有三种法定的形式，即个体户、合资企业和有限公司。

个体户是由一个人拥有和经营的企业。通常由业主（所有者）亲自监督管理它的经营活动。在合伙企业里，两个或多个人（合伙人）共同拥有和协商经营一家企业。

有限公司是一种法律实体，它能够获得资源、拥有资产、生产和销售产品、承担债务、提供担保、起诉与被起诉，以及执行任何其他类型的企业职能。有限公司通过销售股票（所有权份额）来筹集资金，但其在法律上与个人股票持有者是相互独立和分离的。股票持有者的法律和财务责任仅限于其损失的股份的价值。受雇的经理和管理人员负责有限公司的日常运营工作。

图 2.3（a）表示三种不同形式的企业各自所占的比例：大约 72%的企业属于个体

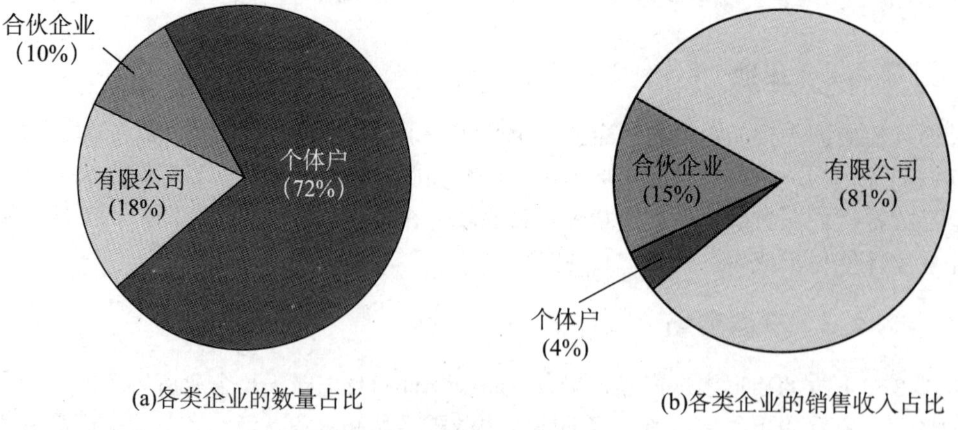

图 2.3　企业的分布情况和总收益的构成

注：在图 2.3（a）中，个体户从数量上看具有绝对优势，但如图（b）所示，有限公司在总销售收入（总产出）上居于绝对的优势地位。

户，而只有18%的企业属于有限公司。如图2.3（b）所示，有限公司的销售收入占到所有销售收入（进而占到了总产出）的81%。事实上，在所有的国家中，最大的企业均为有限公司。

问题：当个体户和合伙企业经历了快速和大规模的产量、销量和利润的增长时，它们就组成（变成）典型的有限公司了。你认为这其中的原因何在？

全球快照2.3

全球十大企业

按照2011年的美元收入计算而来的全球十大企业中，有六家企业的总部位于美国或中国，其他企业的总部位于日本、巴西和荷兰。

沃尔玛（美国）	4 220 亿美元
皇家壳牌（荷兰）	3 780 亿美元
埃克森-美孚石油公司（美国）	3 550 亿美元
英国石油公司（英国）	3 090 亿美元
中国石油化工集团公司（中国）	2 730 亿美元
中国石油天然气公司（中国）	2 400 亿美元
中国国家电网公司（中国）	2 260 亿美元
丰田汽车公司（日本）	2 220 亿美元
日本邮政（日本）	2 040 亿美元
雪弗莱公司（美国）	1 960 亿美元

资料来源："Global 500," Fortune Magazine, July 25, 2011, © Time Inc., Used under license.

应用分析

有关美国家庭的一些事实

家庭是私营部门的第二个组成部分。美国经济体目前大约有1.19亿个家庭。这些家庭由居住在同一所房子里的一个或多个人组成。家庭是所有经济资源的最终供给者，也是经济体中的主要支出者。

国民收入在工资、租金、利息和利润之间分配：工资是支付给劳动力的部分；租金和利息是支付给财产与资源所有者的部分；利润是有限公司和非公司类企业的所有者所获得的部分。

图2.4（a）表示美国人在2010年所获得的各类收入。家庭最大的收入来源为支付给劳动者的工资和薪水。请注意，美国人大部分的收入都由劳动而得，而不是由资本而得。经营者的收入——医生、律师、小企业主、农场主和其他非公司企业所有者的收入——都有“工资”的成分。这种收入的一部分是经营者自己的劳动所得，还有一部分来自企业的利润。

另外三种类型的收入是不证自明的：一些家庭拥有股票，并且按照其份额从企业利润中分享股息收入。许多家庭还拥有债券和储蓄存款账户，这些都能带来利息收入。此外，一些家庭通过为企业和其他人提供建筑和自然资源（包括土地）获得租金收入。

美国家庭将其收入用于购买产品或服务（消费）、储蓄和支付税金。图 2.4（b）表示美国家庭如何将其收入分配在三大类产品和服务上：耐用品（诸如预期使用寿命在 3 年或 3 年以上的汽车、冰箱和个人计算机等）、非耐用品（诸如食品、衣服、汽油等使用寿命少于 3 年的产品）和服务（如律师、医生或休闲场所的工作人员所提供的服务）。观察可知，美国 65%的消费者收入都用于各类服务。正因为如此，美国被称为以服务为导向的经济体。

问题：在过去的几十年里，在美国人的消费结构中，服务方面的份额相对商品方面的份额有所上升。你认为为何会出现这种趋势？

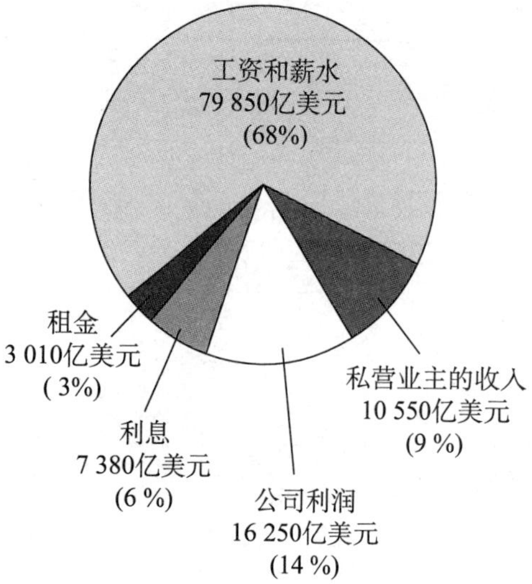

(a)各类收入的比例

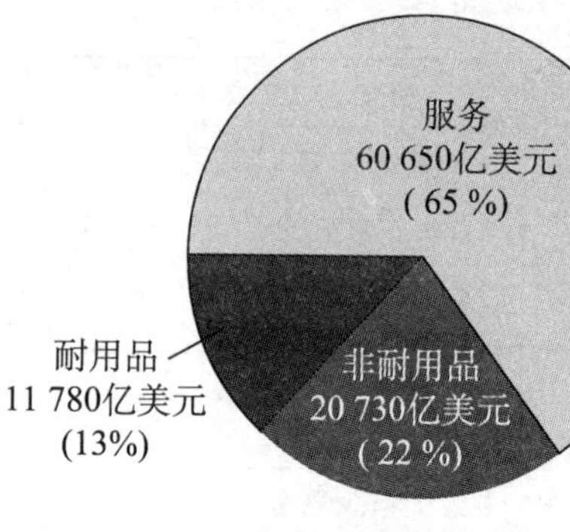

(b)各类消费支出的比例

图 2.4　美国的收入来源和支出构成

注：图 2.4（a）表示美国收入的 68%都是以工资和薪水的形式获得的。财产所有者的收入——企业利润、利息和租金——占了总收入的 23%。图 2.4（b）表示消费者将其支出分配在耐用品、非耐用品和服务上的比例：大约 65%的消费支出花在服务上，其余则花在各种产品上。

资料来源：Bureau of Economic Analysis，www. bea. gov.

小结

1. 市场机制和指令性机制是用来解决经济问题的两大类经济机制。在市场机制（资本主义）中，私人拥有大多数的资源，且由私人协调大部分经济活动。而在指令性机制（社会主义或共产主义）中，政府拥有大部分的资源，且由中央计划制定者协调大部分经济活动。

2. 市场机制具有如下特征：私人占有资源（包括资本）；个人自由选择从事能提高其物质福利的经济活动。自利是经济活动的推动力量，竞争功能则是经济活动的调节或控制机制。

3. 在市场机制中，市场、价格和利润将数百万个体的日常经济决策组织在一起，并使其有效地运行。

4. 专业化、先进技术的使用和资本品的广泛使用是市场机制的一般特点。无论是在一个国家还是国际范围内，货币作为交易媒介，消除了易货贸易带来的问题，并使贸易更加便利，从而促进了专业化分工。

5. 每个经济体都面临着四个基本问题：(a) 生产什么产品和服务？(b) 怎样生产这些产品和服务？(c) 谁会获得这些产品和服务？(d) 如何推动进步？

6. 市场只有在某种产品的产量和销售所构成的总收入能抵消其总成本时，才会生产该产品。市场不会在总收入长期低于总成本的情况下维持生产。竞争促使企业使用成本最低的生产技术。

7. 经济利润（总收益减去总成本）表明一个行业当前处于繁荣期，将会促使该行业扩张。亏损则说明该行业已过繁荣期，将会加速该行业收缩。

8. 消费者主权意味着企业和资源供给者都要服从消费者的需求。通过货币选票，消费者决定了产出的构成。

9. 一个家庭向经济体提供资源时所获得的价格决定了这个家庭的收入。这个收入同时决定了该家庭能够拥有经济体多少产出。这些拥有收入的人得到了市场机制所生产的产品。

10. 市场机制鼓励技术进步和资本积累，这两项都能提高国家的生活水平。

11. 竞争——市场经济中的首要控制机制，促进了自我利益和社会利益的统一。仿佛在“看不见的手”的引导下，竞争借助企业和资源供给者的自利动机，增进了社会利益。

12. 循环流向模型表示的是资源从家庭到企业的流动、产品从企业到家庭的流动，以及相应的货币流动。企业是资源市场的买方，同时又是产品市场的卖方。家庭是资源市场的卖方，同时又是产品市场的买方。

术语和概念

经济机制	市场	创造性破坏
指令性机制	专业化	“看不见的手”
市场机制	劳动分工	循环流向图
私有财产	交易媒介	家庭
经营的自由	物物交换	企业
选择的自由	货币	产品市场
自利	消费者主权	资源市场
竞争	货币选票	

思考题

1. 试比较市场机制和指令性机制如何解决经济稀缺问题。

2. 自利动机为何有助于实现社会的经济目标？在市场机制中，为何存在着这么多种令人渴望的产品和服务？为什么说奋斗在经济前沿的创业者和企业是受消费者指挥的？

3. 为什么说私有财产以及对财产权的保护对于市场机制的成功至关重要？财产权是如何鼓励合作的？

4. 在生产过程中，使用资本有何益处？“劳动分工”一词有何含义？在人力和原材料资源的使用上，实行专业化有何好处？请说明为什么交换是专业化的必然结果。

5. 以货易货会带来什么问题？请阐述货币作为交易媒介的经济意义。“我们之所以需要钱，是因为我们要把它们花出去。”这种说法有何意义？

6. 对下列说法进行评价和阐释：

a. 市场机制是一个关于利润和损失的机制。

b. 竞争是市场经济的规律。

7. 20 世纪 90 年代，出现了成千上万个“. com”企业，它们虚张声势地宣称要利用互联网和新的信息技术。有些企业，如雅虎、易趣和亚马逊，曾经历了众所周知的繁荣兴旺，但是其他许多企业则经营艰难并最终以失败告终。请参照市场机制回答“应该生产何种产品和服务”这一问题的方式，来解释这些不同的结果。

8. 某些大型的五金器具商店，如家得宝，自称其每家分店都有 20 000 种不同的产品。是什么力量促使其中每种产品的生产者生产并销售这些产品呢？生产者如何确定所使用资源的最佳组合呢？谁来提供这些资源？为什么要提供？继续生产这些五金产品以供销售的决定是由谁作出的？

9. “创造性破坏”这一说法有何含义？MP3（或音乐播放器）技术的出现与这种观点之间有何联系？

10. 用一句话来描述“看不见的手”的含义。

11. 在循环流向模型中区分资源市场和产品市场。企业和家庭如何在此模型中同时担任买者和卖者的角色？在循环流向模型中，有哪些东西在流动？

12. 企业有哪三种法定形式？哪种形式在数量上占有绝对优势？哪种形式在总销售收入上占有绝对优势？

13. 家庭收入有哪几种形式？比较工资和薪水份额与利润份额的相对比例。区分耐用品和非耐用品。与花费在服务上的支出相比，花费在耐用品和非耐用品上的总支出有何特点？

计算题

1. 假设 Natasha 现为一家有线电视企业的经理，年薪 50 000 美元。她现在有两个经营企业的机会。其一，辞掉工作，创建一个有机肥皂企业。其二，成立一家以网络为基础的有线电视企业，刚好成为其原任职企业的竞争对手。如果成立肥皂企业，她每年将投入土地、劳动力和资本共计 395 000 美元，每年收益为 465 000 美元。如果成立网络有线电视企业，她每年将投入土地、劳动和资本共计 3 250 000 美元，每年收益为 3 275 000 美元。(a) Natasha 应该辞掉现在的工作去创业吗？(b) 如果 Natasha 辞掉了现在的工作，她应该抓住哪个机会？

2. 在当前的技术水平下，假设一家企业每天生产 400 个香蕉面包，并假设生产这些面包的资源组合的最低成本为 5 单位劳动力、7 单位土地、2 单位资本和 1 单位企业家才能，且它们的价格分别为 40 美元、60 美元、60 美元和 20 美元。如果这家企业能够以每个面包 2 美元的价格将这 400 个面包全部销售出去，那么这家企业会继续生产香蕉面包吗？如果其他面包生产商和这家企业的情况相同，那么资源将流入还是流出这家面包企业？

3. 我们为图 2.2（循环流向图）加上金额。

a. 假设企业从家庭中购买总价值为 1 000 亿美元的四种资源（劳动力、土地、资本和企业家才能）。如果家庭获得 600 亿美元的工资、100 亿美元的租金、200 亿美元的利息，那么家庭通过提供企业家才能能挣得多少钱？

b. 如果家庭购买产品花费 550 亿美元，购买服务花费 450 亿美元，那么企业从产品市场中能获得多少收益？

在 www.brue3e.com 中做进一步的测试

在本书的“在线学习中心”www.brue3e.com 中，你会找到一个或多个网络练习题，这些问题需要从网络上获取信息才能进行解答。我们强烈建议你完成这些问题，因为这些问题能够使你熟悉我们的网站，而我们的网站对你其他课程的学习，甚至你日后的事业都有帮助。“在线学习中心”提供了多项选择测试题，还能为你提供及时的反馈。该网站上还有许多有用的方法进一步测试你对本章知识的掌握情况。

第二部分

价格、数量和效率

第 3 章 需求、供给和市场均衡

学习完本章后，你应该能够：

1. 阐述需求和影响需求的因素。
2. 阐述供给和影响供给的因素。
3. 阐述供给和需求如何共同决定市场均衡。
4. 解释供给和需求的变化如何影响均衡价格和均衡数量。
5. 识别政府定价的形式，以及政府定价如何引起产品过剩或短缺。

需求和供给模型是经济学专业对人类认知最大的贡献，因为它解释了市场的运作方式，而我们几乎所有的吃、喝和消费都依赖于市场。由于这个模型如此强大并被广泛地应用，对许多人而言，该模型就是经济学。

市场将买者（需求者）和卖者（供给者）结合在一起，并以多种形式存在。街角的加油站、电子商务网站、当地的音像店和农民的路边摊都是常见的市场。纽约证券交易所和芝加哥期货交易所是全世界股票、债券和农产品交易者沟通买卖的市场。拍卖师则将艺术品、牲畜、二手农具设备以及不动产的潜在买卖方聚集到一起。

有些市场是地方性的，有些则是全国性的或国际性的。有些市场需要人亲自参与，要求需求者和供给者面对面接触；有些市场则不需要面对面接触，买者和卖者可能从没见过或者根本不认识对方。但是所有市场都涉及需求和供给，本章将讨论需求和供给模型如何用来解释市场中产品的交易数量和价格。

3.1 需求

需求（demand）是一张计划表或一条曲线，它表明在某一特定的时期内，消费者在各种可能的价格水平下愿意并能够购买的产品数量。[1] 图 3.1 中的表格是假设某个消费者购买某种特定产品（本例中为拿铁咖啡）的需求表。（为简化起见，我们将所有的浓缩咖啡饮料都归类为拿铁咖啡，且假设这是一个高度竞争的市场。）

图 3.1 中的表说明，如果拿铁咖啡的价格为 5 美元/杯，Joe Java 每月将购买 10 杯拿铁咖啡；如果价格为 4 美元/杯，他每月将购买 20 杯咖啡，依此类推。

该表并没有告诉我们，这五种价格哪种才是市场的实际价格。实际价格取决于需求和供给的情况。对于某种产品而言，需求只是消费者购买计划或意图的一个说明。

为使分析更有意义，在每种价格下的需求量必须与一个具体的时期相关——一天、一周、一个月。此处，我们假定时期为一个月。

Joe 对拿铁咖啡的需求	
拿铁咖啡的价格（美元/杯）	每月的需求量（杯）
5	10
4	20
3	35
2	55
1	80

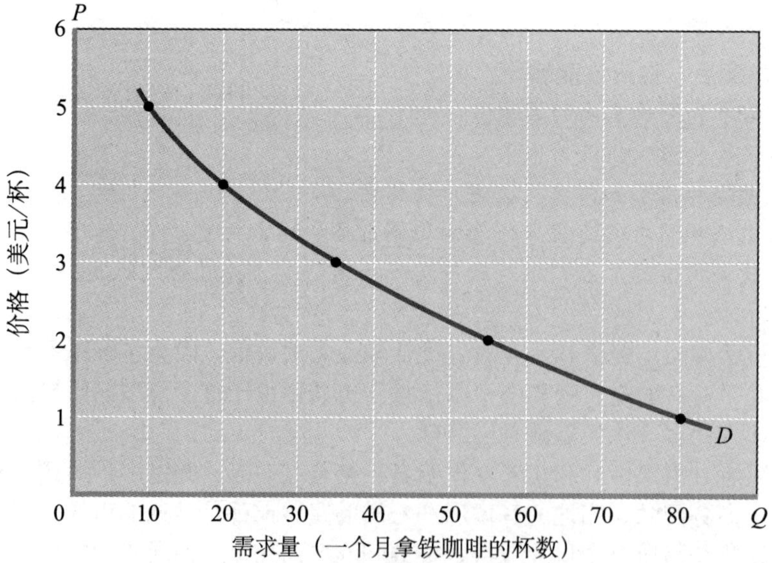

图 3.1　Joe 对拿铁咖啡的需求

注：由于需求和价格是负相关的，个人需求曲线用图形表示出来就是一条向下倾斜的曲线，如曲线 D。在所有其他条件相同的情况下，当产品价格下降时，消费者会购买更多的产品；而当该产品的价格上升时，消费者会降低对该产品的购买量。（在此图及之后的图形中，P 表示价格，Q 表示需求量或供给量。）

□ 3.1.1　需求规律

需求有一个基本的特征：在所有其他条件相同时，价格下降，需求量上升；价格上

① 这一定义显然指的是产品市场。为了使之适用于资源市场，只需将“产品”改成“资源”，将“消费者”改成“企业”即可。

升，需求量下降。简而言之，价格和需求量之间存在着一种负相关关系。经济学家将其称为**需求规律（law of demand）**。

在需求规律中，所有其他条件相同这一假设是非常重要的。除了产品的价格外，还有许多因素影响着产品的购买量。拿铁咖啡的购买量不仅仅取决于其自身的价格，还与其替代品（茶、汽水、果汁和瓶装水）的价格有关。需求规律在这种情况下是这样的：如果茶、汽水、果汁和瓶装水的价格均保持不变，那么当拿铁咖啡的价格上升时，其购买量将下降。

需求规律不仅符合我们的常识，也符合我们的日常观察。一般来说，当某种产品的价格下降时，人们的购买量将会比价格高的时候多。价格是消费者购买产品的障碍。该障碍越高，消费者购买的产品就越少；该障碍越低，消费者购买的产品就越多。商家遵守需求规律的表现就是，降价处理积压品。

□ 3.1.2 需求曲线

可以用一张简单的图来表示任何产品的价格和需求数量之间的负相关关系，我们用横轴表示需求量，纵轴表示价格。在图 3.1 中，我们将表中的 5 个“价格—数量点”画在了图中，并用一条平滑曲线把这些点连接起来，即为曲线 D。这就是一条**需求曲线（demand curve）**。它向下倾斜的形状反映了需求规律：当产品、服务或资源的价格下降时，人们会相应增加购买量；当价格上涨时，人们会相应减少购买量。价格和需求量之间是负相关的。

图 3.1 中的表和图形包含的数据完全相同，都反映了价格和需求量之间的负相关关系。

□ 3.1.3 市场需求

到目前为止，我们只关注了一个消费者——Joe，但竞争要求每个市场中不能只存在一个买者。把所有消费者在每个不同价格水平下的需求数量进行加总，我们就能从个人需求推导出市场需求。如图 3.2 中的表和图形所示，现在假设市场中刚好有三个买者（Joe、Sarah 和 Mike），在每个价格水平下确定总的需求数量就相对容易。我们只需要在每个价格水平下将个人需求量进行加总就可以得到总的需求量，然后我们将特定的价格和相对应的总需求量组成的点画在图 3.2 中，就得到了市场需求曲线上的一个点。

当然，通常情况下，对某种产品的竞争要求市场上不只存在三个买者。为了避免成千上万次的加总，我们假设图 3.3 中的表和曲线 D_1 表示的是，在 5 种不同价格水平下，该市场中所有消费者所购买的数量。

在构建需求曲线（如图 3.3 中的曲线 D_1）时，经济学家假定影响产品购买量最重要的因素是价格，但是经济学家也清楚地知道，其他因素也能够并且确实影响着购买量，这些因素被称为**需求的决定因素（determinant of demand）**。在绘制需求曲线如 D_1 时，假设这些决定因素保持不变。在价格和需求量的关系中，它们被表示成“所有其他条件相同”。当这些决定因素中的任何一个发生变化时，需求曲线将向右或向左移动。正因为这个原因，需求的决定因素有时被称为需求移动器。

需求的基本决定因素有：(1) 消费者的喜好（偏好），(2) 市场中的消费者人数，(3) 消费者的收入，(4) 相关产品的价格，(5) 预期价格。

三个购买者情况下市场对拿铁咖啡的需求							
拿铁咖啡的价格（美元/杯）	需求量						每月总需求量
	Joe		Sarah		Mike		
5	10	+	12	+	8	=	30
4	20	+	23	+	17	=	60
3	35	+	39	+	26	=	100
2	55	+	60	+	39	=	154
1	80	+	87	+	54	=	221

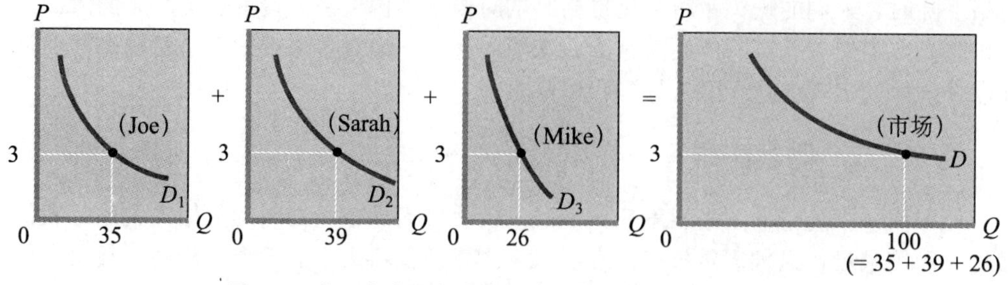

图 3.2　在三个购买者的情况下，拿铁咖啡的市场需求

注：通过水平加总市场上所有消费者的个人需求曲线（D_1、D_2、D_3），我们得到市场需求曲线 D。例如，当拿铁的市场价格为 3 美元/杯时，由三条个人需求曲线得出总的需求量为 100 杯。

对拿铁咖啡的市场需求（D）	
拿铁咖啡的价格（美元/杯）	每月拿铁咖啡的总需求量（杯）
5	2 000
4	4 000
3	7 000
2	11 000
1	16 000

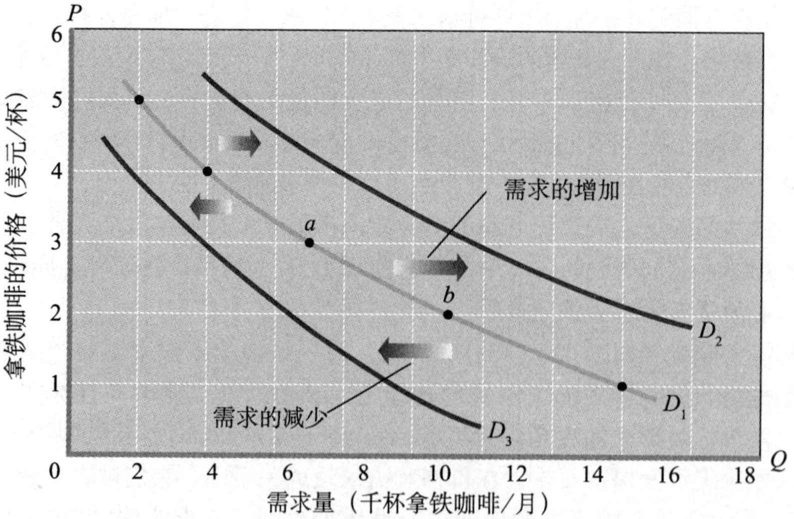

图 3.3　拿铁咖啡需求的变化

注：需求决定因素中的一个或多个发生变化，将会导致需求的变化。需求的增加表现为需求曲线向右移动，如从 D_1 到 D_2。需求的减少表现为需求曲线向左移动，如从 D_1 到 D_3。需求的这些变化与需求量的变化不同，需求量的变化是由于产品价格的变化，比如从同一条需求曲线 D_1 上的 a 点移动到 b 点引起的。

□ 3.1.4 需求的变化

一个或多个需求决定因素发生变化将改变原来的需求数据（表中的需求计划），进而改变图 3.3 中需求曲线的位置。需求计划表的改变，或者从图形上看，需求曲线的移动，被称为需求的变化。

如果在每种可能的价格下，消费者愿意购买更多的拿铁咖啡，这种需求的增加就表现为需求曲线向右移动，如从 D_1 移动到 D_2。相反，当在每种可能的价格下，消费者减少咖啡的购买量，则需求下降。如图 3.3 所示，需求曲线向左移动，从 D_1 到 D_3，就表示了该情形。

现在，我们来看看每个决定因素的变化如何影响需求。

1. 偏好

某种产品的消费者偏好发生有利的变化就表示在每个价格水平下，该产品的需求更大。需求增加，需求曲线向右移动。例如，环保意识的提高会增加对混合动力汽车以及其他绿色技术的需求。消费者偏好的不利变化将会减少需求，需求曲线向左移动。例如，最近低糖食品的流行降低了对面包和意大利面的需求。

2. 买者的数量

在一个市场中，买者数量的增加将会增加需求。例如，近年来，美国老年人人数的增加提高了对房车和退休社区的需求。相反，人们从许多小型农村社区向外迁移的活动减少了这些城镇对房屋、家庭用品和汽车修理的需求。

3. 收入

收入变化对需求的影响是一个比较复杂的问题。对于大多数产品而言，收入的增加会带来需求的增加。当消费者收入增加时，市场将会需要更多的机票、3D 电视机和燃气烤架。当产品的需求与消费者收入的变化正相关时，该产品被称为优等品或**正常品（normal goods）**。

虽然大多数产品都是正常品，但仍有一些产品例外。当收入超过一定水平时，对旧衣服、翻新轮胎以及酱牛肉饼的需求可能会减少。高收入使得消费者有能力购买新衣服、新轮胎和高品质肉制品。当产品的需求与收入成负相关关系时，该产品被称为**劣等品（inferior goods）**。（这只是一个经济术语，我们并不是对某些特定产品作个人判断。）

4. 相关产品的价格

相关产品的价格变化可能会增加或减少对某种产品的需求，这取决于相关产品是替代品还是互补品：

- **替代品（substitute good）**是指可以用来取代另一种产品的产品。
- **互补品（complementary good）**是指与另一种产品同时使用的产品。

牛肉和鸡肉就互为替代品。当两种产品互为替代品时，某种产品价格的上涨将会提高对另外一种产品的需求。例如，当牛肉的价格上涨时，消费者会减少对牛肉的购买量，而提高对鸡肉的购买量。下面这些也是替代品，如耐克和锐步、百威啤酒和米勒啤酒、高露洁牙膏和佳洁士牙膏。它们在消费上属于替代品。

互补品是指需要同时使用并且在一般情况下同时被需求的产品。例如，计算机和软件、手机与手机服务、滑雪和运动场门票。如果互补品（如生菜）的价格上涨，对相关产品（沙拉酱）的需求将会下降。相反，如果互补品（如学费）的价格下降，对相关产品（教科书）的需求将会上升。

绝大多数产品彼此之间毫不相关，这些产品称为独立品。在熏肉和高尔夫球，或者泡菜和冰淇淋之间就完全不存在需求的相关性。一种产品价格的变化完全不会对另一种产品的需求产生任何影响。

5. 预期价格

预期价格的改变可能会影响需求。最近形成的对未来价格将要上升的预期，可能使消费者为了“应付”预期的价格上涨而选择现在购买，因此使当前需求增加。例如，当霜冻天气毁坏了巴西的咖啡作物时，买者可能推断出咖啡豆的价格在未来会上涨，那么他们就会在当前购买大量的咖啡豆储存起来。相比之下，最近形成的未来价格将要下降的预期，可能会减少对产品的当前需求。

□ 3.1.5 需求量的变化

绝对不能将需求的变化与需求量的变化相混淆。**需求的变化（change in demand）**是指整条需求曲线向右移动（需求增加）或向左移动（需求减少）。需求之所以会有这样的变化，是因为需求决定因素中的一个或多个发生变化导致消费者改变了对购买产品的看法。回顾前面的内容可知，“需求”是指一张计划表或一条需求曲线；因此，“需求的变化”意味着整张计划表发生变化以及整条曲线发生移动。

相反，**需求量的变化（change in quantity demand）**是指在一条固定的需求曲线上，从一个点到另一点的移动——从一个“价格—数量组合”到另一个“价格—数量组合”的移动。导致这种变化的原因是：所考虑产品的价格上升或下降了。例如，在图 3.3 的表中，拿铁咖啡的价格从 5 美元/杯降到 4 美元/杯，拿铁咖啡的需求量将从 2 000 杯上升到 4 000 杯。

在图 3.3 的图中，需求曲线从 D_1 移动到 D_2 或 D_3 属于需求的变化。但是需求曲线 D_1 上 a 点到 b 点的移动表示需求量的变化，需求没有发生变化；整条需求曲线还在原来的位置上。

3.2 供给

供给（supply）是一张计划表或一条曲线，它表示在某个特定的时期内生产者在各种可能的价格下愿意并能够向市场销售的产品数量。图 3.4 中的表表示一张假想的星巴克（唯一的拿铁供应商）的供给计划表。曲线 S 包含了表中的数据，称为供给曲线。计划表和曲线都表示在其他所有条件相同时，在不同的价格水平下，生产者将会供给的拿铁咖啡的数量。

□ 3.2.1 供给规律

图 3.4 显示了价格与供给量之间普遍存在的正向或同向关系。当价格上升时，供给量增加；当价格下降时，供给量减少。这种关系被称为**供给规律（low of supply）**。供给

计划表和曲线反映：当其他所有条件相同时，厂商在产品价格高的时候比在产品价格低的时候生产更多的产品来进行销售。这又是一个基本常识。

从消费者（例如，Joe）的角度看，作为付费的一方，价格属于障碍。价格越高，消费者的购买量就越少。但是供给者（例如，星巴克）是产品价格收入的一方。对供给者而言，价格代表收益，收益是弥补成本和获取利润所必需的。因此，较高的价格对生产和销售更多的产品产生了利润激励。价格越高，刺激越大，供给量也就越大。

星巴克对拿铁咖啡的供给

拿铁咖啡的价格（美元/杯）	每月拿铁咖啡的供给量（杯）
5	60
4	50
3	35
2	20
1	5

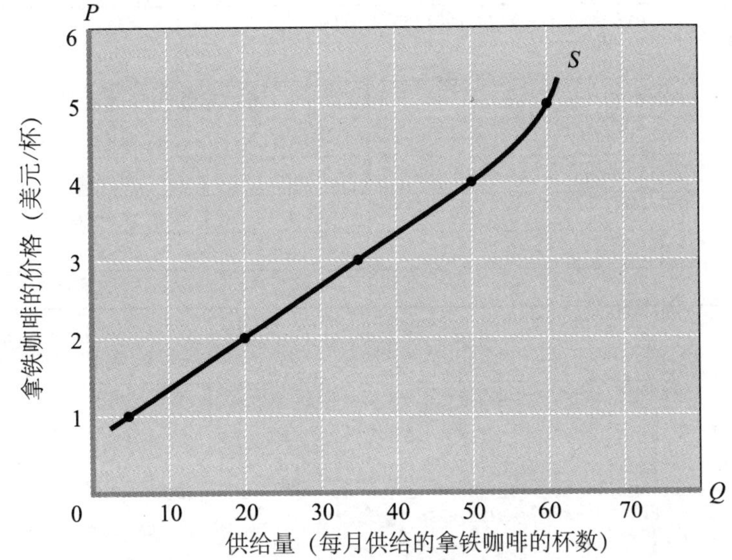

图 3.4 星巴克对拿铁咖啡的供给

注：由于价格和供给量是正相关的，所以单个生产者的供给曲线是一条向上倾斜的曲线。当其他条件相同时，价格上涨，生产者将会增加其供给量；价格下降，生产者将会减少其供给量。

□ 3.2.2 市场供给

我们采用与从个人需求推导市场需求的一样的方法（如图 3.2 所示），从个人供给推导出市场供给。我们将每一个价格水平下每一个生产者的供给量（没有标识出来）加总，也就是说，我们把单个生产者的供给曲线“水平加总”（也没有表示出来），就得到了市场**供给曲线（supply curve）**。图 3.5 中的表所给出的价格和供给量数据就是针对市场上有 200 个相同的供给者而言的，每个供给者都愿意根据图 3.4 中的供给计划表提供拿铁咖啡。曲线 S_1 是根据市场供给数据画出的一幅图。请注意，图 3.5 中的横轴和纵轴与图 3.3 中市场需求曲线的横轴与纵轴一样。唯一的区别就是，我们将横轴上的“需求量”改为“供给量”了。

□ 3.2.3 供给的决定因素

在绘制供给曲线时，我们假设价格是影响产品供给量的最重要因素，但是其他因素（“其他条件相同”）也能够并且确实影响着供给。供给曲线是在假设其他条件固定并且不变的情况下画出来的。如果其中有一个因素发生了变化，供给将会发生变化，这意味着整条供给曲线将会发生移动。

供给的决定因素（determinant of supply）有：(1) 资源价格，(2) 技术，(3) 税收和补贴，(4) 其他产品的价格，(5) 预期价格，(6) 市场上供给者的数量。这些供给决定因素（供给转换器）中的一个或多个发生变化，将使产品的供给曲线向左或向右移动。向右移动，就像图 3.5 中从 S_1 移动到 S_2 一样，表示供给的增加，即在每一种可能的价格水平下，生产者愿意供给更多数量的产品。向左移动，如同从 S_1 移动到 S_3 一样，表明供给下降：在每一种可能的价格水平下，生产者减少产品的供给量。

拿铁咖啡每月的市场供给（S_1）	
(1)	(2)
拿铁咖啡的价格（美元/杯）	每月拿铁咖啡的总供给量（杯）
5	12 000
4	10 000
3	7 000
2	4 000
1	1 000

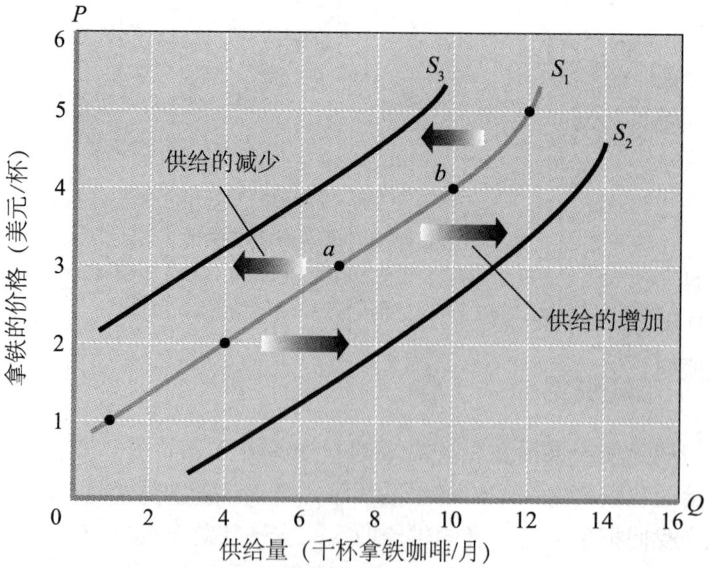

图 3.5 拿铁咖啡供给的变化

注：供给决定因素中的一个或多个发生变化会引起供给的变化。供给的增加表现为供给曲线向右移动，如从 S_1 移动到 S_2。供给的减少表现为供给曲线向左移动，如从 S_1 移动到 S_3。相比之下，供给量的变化是由产品价格的变化引起的，表现为从固定的供给曲线上的一个点移动到另一个点，如从固定曲线 S_1 上的 a 点移动到 b 点。

□ 3.2.4 供给的变化

让我们考虑一下，每一个决定因素的变化是如何影响供给的。这里的关键是，影响供给曲线最主要的因素是成本；而任何影响成本的因素（除产出本身的变化外）都会引起供给曲线的移动。

1. 资源价格

生产过程中所使用的资源的价格在很大程度上决定着厂商生产产出所需承担的成本。更高的资源价格提高了生产成本，在假设产品价格不变时，利润缩小了。利润的减少降低了在每一个价格水平下供给产出的动力。例如，咖啡豆和牛奶价格的上涨会增加制作拿铁咖啡的成本，因此厂商会降低其供给量。

相反，更低的资源价格在减少生产成本的同时增加了利润。所以当资源价格下降时，在每一个价格水平下，厂商会提供更多的产出。例如，细沙、粗沙和石灰石价格的下降将会增加混凝土的供给量。

2. 技术

技术（生产技术）的改进使得厂商可以用更少的资源生产既定数量的产出。由于资源是有成本的，使用较少的资源降低了生产成本并增加了供给。例如，计算机平板显示器生产技术的进步极大地降低了其生产成本。因此，在每一个价格水平下，与以前相比，生产者愿意提供更多的平板显示器，其供给量也增加了。

3. 税收和补贴

企业将销售税和成本税视为成本。税收的提高会增加生产成本并减少供给。相反，补贴属于“负税收”。如果政府补贴某种产品的生产，事实上，会降低生产者的成本并增加该产品的供给量。

4. 其他产品的价格

生产某种特定产品（如足球）的厂商，通常会用自己的厂房和设备来生产其他类似的产品，比如篮球和排球。“其他产品”的价格提高，会诱使足球生产商为增加利润转向生产其他产品。生产转移会导致足球供给下降。相反地，当篮球和排球相对足球价格下降时，生产篮球和排球的厂商会减少这些产品的生产，转而生产更多的足球，进而增加了足球的供给。

5. 预期价格

对某种产品未来价格预期的变化可能会影响生产者当前供给产品的愿望。然而，对价格上升的新预期是如何影响当前产品供给的作出一般性结论，是非常困难的。预期未来小麦价格将会上升的农场主，可能会把当前收获的小麦从市场中撤出一部分，因而引起当前小麦供给的减少。相反，在许多制造类行业中，新近形成的对产品价格上升的预期，可能会使厂商增加工人轮岗的次数或增加其生产设备，从而增加现有的供给。

6. 供给者的数量

在其他条件相同的情况下，供给者的数量越多，市场供给就越多。当更多的厂商进入一个行业时，供给曲线会向右移动。相反，行业中厂商数量越少，市场供给就越少。这意味着当一个厂商离开一个行业时，供给曲线将向左移动。例如，由于黑线鳕鱼的存活量不断减少，为给仅存的黑线鳕鱼繁衍生息创造机会，美国和加拿大颁布了禁止捕捉黑线鳕鱼的法令。作为该政策的一部分，联邦政府向黑线鳕鱼捕捉者购买他们的部分渔船，以便让他们退出该行业，进而减少捕鱼量。这样做的结果就是市场上黑线鳕鱼的供给量减少了。

□ 3.2.5 供给量的变化

供给变化与供给量变化之间的区别和需求变化与需求量变化之间的区别相同。因为供给是一张计划表或一条曲线，**供给的变化（change in supply）**就意味着计划表发生变化或供给曲线发生移动。供给的增加使曲线向右移动；供给的减少使曲线向左移动。导致供给变化的原因是供给决定因素中的一个或多个发生变化。

相比之下，**供给量的变化（change in quantity supplied）**是指固定的供给曲线上的一点向另一点的移动。发生这种变动的原因是所考虑的某种特定产品的价格发生变化。在图 3.5 中，当拿铁咖啡的价格从 4 美元/杯下降到 3 美元/杯时，每月拿铁咖啡的供给量就从 10 000 杯下降到 7 000 杯。沿着曲线 S_1从 b 点向 a 点的移动属于供给量的变化，而不是供给的变化。供给是对价格和数量计划表的完整描述，当咖啡价格变化时，这个计划表不会发生变化。

3.3 市场均衡

基于以上对需求和供给的认识，我们现在可以探讨 Joe 与其他拿铁咖啡购买者的决策和星巴克与其他拿铁咖啡销售者的决策如何相互影响，进而决定拿铁咖啡的价格和数量。在图 3.6 的表中，第一列和第二列再一次罗列了拿铁咖啡的市场供给（来自图 3.5），而第二列和第三列表示了拿铁咖啡的市场需求（来自图 3.3）。我们假设这是一个竞争性市场，因此买者和卖者均不能决定价格。

□ 3.3.1 均衡价格和数量

我们来看看均衡价格和均衡数量。**均衡价格（或市场出清价格，equilibrium price）**是买者和卖者的意愿相匹配时的价格，此时需求量和供给量相等。图 3.6 中的表表明，当且仅当拿铁咖啡的价格为 3 美元/杯时，卖者愿意出售的拿铁咖啡的数量（7 000 杯）与买者愿意购买的数量（7 000 杯）相等。当拿铁咖啡的价格为 3 美元/杯且市场中的拿铁咖啡数量为 7 000 杯时，市场中既不存在拿铁咖啡的短缺，也不存在剩余。所以，7 000杯拿铁咖啡就是**均衡数量（equilibrium quantity）**：在此数量下，买者和卖者的意愿相匹配，进而需求数量和供给数量相等。

从图形上看，图 3.6 中的供给曲线和需求曲线的交点就是均衡价格。（现在，横轴既代表需求量也代表供给量。）在拿铁咖啡 3 美元/杯的价格下，既不存在短缺也不存在过剩，市场处于均衡状态，即“平衡”或“静止”。

为了更好地理解均衡价格的唯一性，我们来考虑一下其他的价格水平。在任何高于均衡价格的价格水平上，供给量均大于需求量。例如，在 4 美元/杯的价格下，卖者愿意供给 10 000 杯咖啡，但买者只会购买 4 000 杯咖啡。4 美元/杯的价格促使卖者提供更多的咖啡，但也会降低买者的需求量，结果出现了 6 000 杯拿铁咖啡的**过剩（surplus）**或超额供给。如果拿铁咖啡的卖者是自产自销的，他们会发现自己剩下了 6 000 杯没有卖出去的拿铁咖啡。

过剩使得价格下降。即使 4 美元的价格得以暂时性存在，但也不会长久地维持下去。大量的过剩将促使竞争性卖者以降价的方式来吸引买者驻足并购买卖者手中过剩的产品。当产品的价格下降时，生产拿铁咖啡的动力也会随之下降，而消费者购买拿铁咖啡的动力会增强。如图 3.6 所示，市场将会向 3 美元的均衡价格移动。

拿铁咖啡的市场供给和市场需求

(1)	(2)	(3)	(4)
每月总供给量	拿铁咖啡的价格（美元/杯）	每月总需求量	过剩（+）或短缺（−）*
12 000	5	2 000	+10 000↓
10 000	4	4 000	+6 000↓
7 000	3	7 000	0
4 000	2	11 000	−7 000↑
1 000	1	16 000	−15 000↑

注：箭头表示对价格的影响方向。

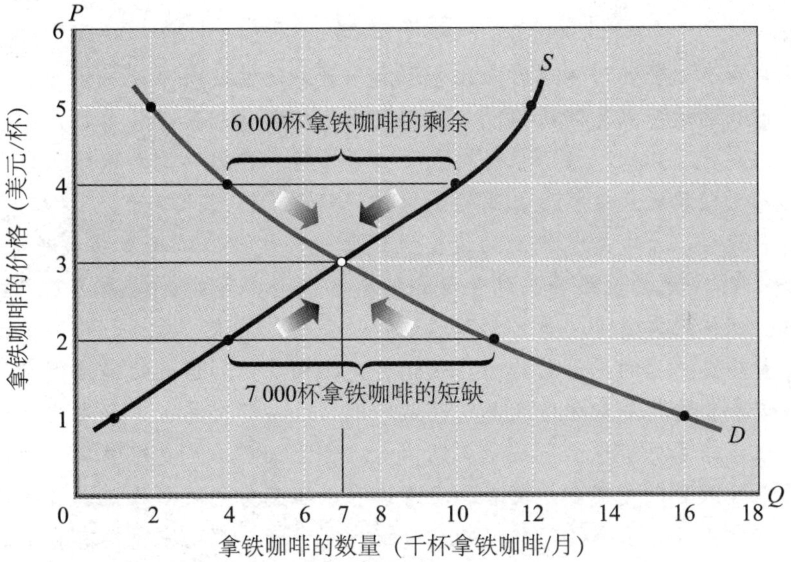

图 3.6　均衡价格和均衡数量

注：向下倾斜的需求曲线 D 和向上倾斜的供给曲线 S 的交点代表着均衡价格和均衡数量，此图中的均衡价格为 3 美元/杯，均衡数量为 7 000 杯咖啡。低于均衡价格所引起的短缺（例如，在 2 美元/杯的价格下，会出现 7 000 杯的短缺）会迫使价格上升。较高的价格会增加供给量并减少需求量，直到达到均衡。高于均衡价格时所引起的过剩（例如，在 4 美元/杯的价格下，会出现 6 000 杯的过剩）会促使价格下降。当价格下降时，需求量会上升并且供给量会下降，直至达到均衡。在均衡数量和均衡价格水平下，市场中的拿铁咖啡既不存在过剩，也不存在短缺。

任何低于 3 美元均衡价格的价格都会带来短缺，需求量将会超过供给量。例如，在 2 美元的价格水平下，如图 3.6 中的表格的第四列所示，需求量超过供给量，出现的结果就是 7 000 杯拿铁咖啡的**短缺（shortage）**或超额需求。2 美元的价格会打击卖者将资源投入拿铁咖啡生产的积极性，但同时会导致消费者对拿铁咖啡的需求量超过供给量。2 美元的价格无法作为均衡价格长期持续下去。许多愿意在 2 美元价格下购买拿铁咖啡的消费者无法购买到咖啡，因此为了买到咖啡，他们愿意支付高于 2 美元的价格。这些买者之间的竞争将促使价格上涨，最终达到 3 美元的均衡价格。除非受到供给或需求变化的影响，否则拿铁咖啡 3 美元/杯的价格将会持续下去。

□ 3.3.2 价格的配给功能

供给和需求之间的竞争确定了一个价格，在此价格下，买者和卖者的决策保持一致，供给和需求的这种能力被称为价格的配给功能。在我们的例子中，3 美元的均衡价格能使市场处于出清状态，既没有给卖者留下产品过剩负担，也没有给潜在的买者留下短缺的不便。许多人自由决策的共同作用确定了市场的出清价格。事实上，市场的结果说明，所有愿意并且有能力支付 3 美元/杯拿铁咖啡的买者，都可以购买到拿铁咖啡，所有不能或者说不愿意在该价格下购买拿铁咖啡的买者，都不会得到。类似地，所有愿意并且能够以 3 美元/杯的价格出售拿铁咖啡的卖者，都能以这个价格卖出拿铁咖啡；所有不能或不愿意以 3 美元/杯的价格出售拿铁咖啡的卖者，都将卖不出他们的产品。

应用分析

黄牛交易

体育比赛和音乐会的门票通常在比赛和表演开始之前就早早地确定了。有时候，票面价格非常低，远达不到均衡价格。为了以票面价格购得门票，售票口前排起了长长的队伍，致使门票严重短缺。接下来会发生什么事情呢？在门票倒卖市场上，那些愿意高于票面价格购买门票的买者将会抬高均衡价格。门票价格因此飙升。

门票有时候会以大大高于票面的价格被倒卖——这样的市场交易被称为黄牛交易。例如，一个以 75 美元的价格购买到音乐会门票的买者，可能会以 200 美元的价格将门票转售出去。媒体经常谴责“黄牛们”通过“昂贵的”票价“敲诈”购买者。

但是，黄牛交易真的属于敲诈吗？我们首先必须认识到这样的门票倒卖纯属自愿交易。如果买者和卖者都不期望从交易中获益，那么这样的交易就不会发生！卖者必然认为 200 美元比看球赛更有价值，买者则认为看比赛比 200 美元更有意义。因此，这场交易中并不存在失败者或受害者：买者和卖者均可以从交易中获得收益。黄牛市场只不过是一种资产（比赛或音乐会的门票）的再分配，即资产从那些宁愿持有货币的人手里再分配到那些宁愿获得门票的人手里。

黄牛交易对比赛的主办方造成了损失或损害吗？如果主办方受到损害，那是因为他们最初确定的票价低于均衡价格。或许他们这样做是为了制造一支长长的等候购票的队伍以及随之而来的媒体曝光，再或者他们真挚地希望那些低收入者、热情洋溢的爱好者能够买得起这些门票。无论何种情况，由于损失了本应更高的门票收入，主办方招致了机会成本。但是这种损失是自己造成的，应当把这一事实与之后被高价倒卖的门票区分开来。

黄牛交易不合理吗？从经济学的角度来说，不是这样的！这纯属自愿行为，买者和卖者都能从中获得收益。

问题：有些职业运动队在其网站上设立了合法的“门票交易”（由买者和卖者自己决定的价格交易），你认为他们为什么这样做？（提示：提供这项服务时，运动队对每一张转售的门票都要按交易价格收取一定费用。）

3.4 需求、供给和均衡的变化

我们知道市场中的价格能够并且确实在发生变化。例如，消费者偏好或收入的波动、预期价格的变化或者相关产品价格的变动，都可能引起需求的变动。资源价格、技术或税收的变动也能引起供给的变动。需求和供给的这些变化是如何影响均衡价格和均衡数量的呢？

□ 3.4.1 需求的变化

假设某种产品（如医疗保健）的供给不变，而对该产品的需求增加，如图 3.7（a）所示。结果，供给曲线和需求曲线的新交点对应在价格轴和数量轴上的值都提高了。显然，需求的增加引起了均衡价格和均衡数量的提高。相反，需求的减少会引起均衡价格和均衡数量的下降，如图 3.7（b）所示。

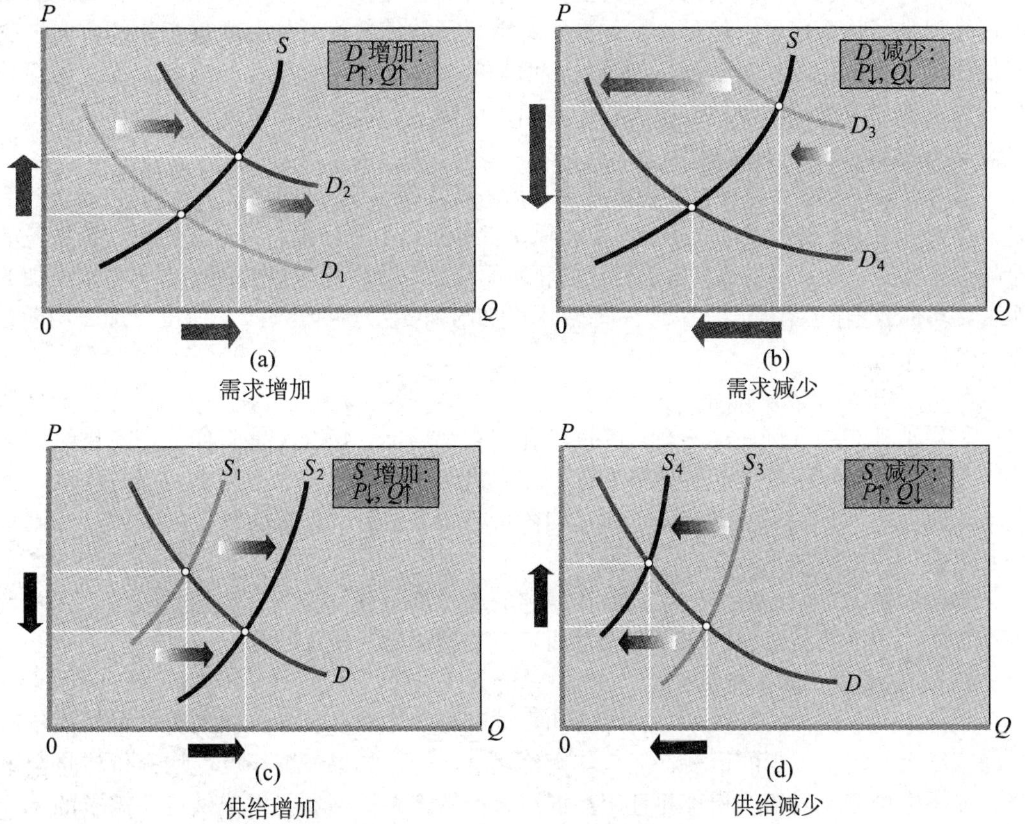

图 3.7 供给和需求的变化及其对价格和数量产生的影响

注：在图 3.7（a）中，需求从曲线 D_1 增加到 D_2，使均衡价格和均衡数量都有所增加。在图 3.7（b）中，需求从曲线 D_3 减少到 D_4，使均衡价格和均衡数量都降低了。在图 3.7（c）中，供给从 S_1 增加到 S_2，使均衡价格降低，但使均衡数量增加。在图 3.7（d）中，供给从 S_3 下降到 S_4，使均衡价格增加，但使均衡数量降低。每个图中右上角的方框内分别概括了其变化和结果，其中向上的箭头表示均衡价格（P）和均衡数量（Q）增加，向下的箭头则表示这些项目的减少。

□ 3.4.2 供给的变化

假设某种产品（例如，手机）的需求不变，但是供给增加，如图 3.7（c）所示，又会发生什么变化呢？供给曲线和需求曲线的新交点将位于更低的均衡价格但是更高的均衡数量上。供给的增加降低了均衡价格，但增加了均衡数量。相反，如果供给减少，如图 3.7（d）所示，均衡价格上升，均衡数量减少。

□ 3.4.3 复杂的情形

当供给和需求均发生变化时，其结果是单个影响的组合。

1. 供给增加；需求减少

当某种产品（例如，苹果）的供给增加而需求减少时，对均衡价格有何影响？两者变化的结果都是使价格降低，因此两者同时变化产生的净效应是：价格下降的幅度比单独变化时大得多。

对均衡数量又有何影响呢？在这里，供给和需求变化所产生的影响是相反的：供给的增加提高了均衡数量，但是需求的减少却降低了均衡数量。均衡数量变化的方向取决于供给和需求变化的相对幅度。如果供给增加的幅度大于需求减少的幅度，那么均衡数量增加；但如果需求减少的幅度大于供给增加的幅度，那么均衡数量将下降。

2. 供给减少；需求增加

某种产品（例如，汽油）的供给减少和需求增加都会使价格提高。两者变化的总效应是：均衡价格上升的幅度远大于单个变化所引起的价格上升幅度。但是它们对均衡数量的影响是相悖的，取决于供给和需求变化的相对幅度。如果供给减少的幅度大于需求增加的幅度，均衡数量将会降低。相反，如果需求增加的幅度大于供给减少的幅度，那么均衡数量将会增加。

3. 供给增加；需求增加

如果某种产品（例如，寿司）的供给和需求都增加，情况又是怎样的呢？供给增加将降低价格，而需求增加却使价格上升。如果供给增加的幅度大于需求增加的幅度，均衡价格将会下降。如果情况相反，那么均衡价格将会上升。如果两种变化的幅度相同且相互抵消，价格将保持不变。

均衡数量的影响是确定的：供给和需求的增加都将使均衡数量增加。因此，当两者都增加时，均衡数量增加的幅度将超过两者单独增加时所增加的幅度。

4. 供给减少；需求减少

某种产品（例如，新房子）的供给和需求都减少，情况又是怎样的呢？如果供给减少的幅度大于需求减少的幅度，那么均衡价格会上升。如果情况相反，均衡价格将会下降。如果两种变化的幅度相等并且相互抵消，价格将保持不变。由于供给和需求的减少都将引起均衡数量的下降，我们可以确定均衡数量将下降。

3.5 政府定价

在大多数市场中，无论产品的价格多么高或多么低，都会随着供给和需求的增加自由升降。然而，政府有时会发现，供给和需求的变化所决定的价格变动，对买者而言价格可能会非常高，或对卖者而言价格又非常低，这都是不公平的。然后，政府可能会用法律对价格的高低加以限制。我们之前对短缺和过剩的分析有助于对政府定价方面的明智与否进行评估。

应用分析

对汽油的最高限价

价格上限（price ceiling） 规定了卖者可以为其产品或服务所能设定的最高合法价格。等于或低于上限价格是合法的，而高于上限价格是不合法的。对特定产品设立最高限价（或价格上限）的理由是：使消费者得到一些"必要的"产品或服务，而在均衡价格下他们则负担不起这些产品或服务。

图 3.8 用图形表示了最高限价的影响。让我们先来看看一个虚拟的情况。假设世界经济的快速增长促进了对汽车的购买，从而使得对汽油的需求量增加，因此，汽油的均衡价格或市场价格达到了 5 美元/加仑。汽油价格的快速增长大大增加了中低收入家庭的负担，这迫使政府必须"做点什么"。为了使汽油的价格下降，政府实行了最高限价，即每加仑汽油 4 美元。为了对市场产生影响，价格上限必须低于均衡价格。例如，每加仑汽油 6 美元的最高限价就不会对当前市场产生影响。

这个每加仑汽油 4 美元的最高限价有什么影响呢？它将会导致自由市场的配给能力失效。因为 4 美元的最高限价低于 5 美元的市场出清价格，所以存在着持续的汽油短缺。在 4 美元/加仑的价格下，汽油需求量为 Q_d，而供给量只有 Q_s，从而出现了持续的超额需求量或短缺供给量 Q_d-Q_s。

4 美元的最高限价阻碍了市场的正常调整。在市场调整过程中，买者之间的竞争会抬高价格，促进更多的生产并把一些买者排挤出市场。这个过程会一直持续下去，直到短缺在均衡价格和均衡数量（此处为 5 美元/加仑和 Q_0）处消失。

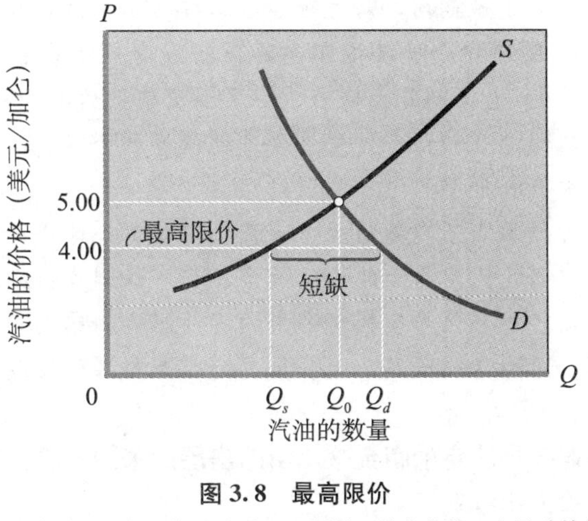

图 3.8　最高限价

注：最高限价是法定的最高价格，如 4 美元/加仑，必须低于均衡价格。它导致持续的产品短缺，此处以 Q_d 和 Q_s 之间的距离来表示。

卖者如何在买者之间分配他们愿意供给的产量 Q_s 呢（买者有更大的需求量 Q_d）？他

们应该根据先来后到的顺序分配吗？也就是说，分配给愿意并且能够最早排队的人或者排队时间最长的人，或者加油站应该根据喜好来分配汽油吗？由于汽油未受管理的短缺不会带来汽油公平的分配，政府就必须建立一些正式的机制来将汽油公平地分配给消费者。一种选择是发行配给票，授权持票人每个月购买固定数量的汽油。这种配给机制首先要印制数量为 Q_s 加仑的配给票，然后在消费者之间公平地分配，从而富有的四口之家和贫穷的四口之家都能获得相同数量的配给品。

但是，配给票无法阻止第二个问题的产生。图 3.8 中的需求曲线说明，许多买者都愿意以高于最高限价，即高于 4 美元的价格来购买汽油。而且，对加油站而言，以高于最高限价的价格出售汽油更有利可图。因此，尽管为保证实施最高限价而不得不建立一个具有相当规模的强制官僚机构，但是以合法限价以上的价格非法购买和销售汽油的黑市仍将非常猖獗。伪造配给票也会是一个问题。由于现在的汽油价格是由“政府制定的”，因此也将存在要求政府将价格定得更低的政治压力。

问题：一旦最高限价存在很长时间，就很难终止，为什么？

应用分析

租金控制

美国大约有 200 座城市，其中包括纽约、波士顿和洛杉矶，都曾经以租金控制的形式设置过最高限价——由法律制定最高租金——或者最近比较流行的，为现有承租人设定最高的租金增长额。这些法律的意图是好的，它们的目标是使低收入家庭免受由住房供给短缺所造成的租金飞涨的困扰。租金控制是为了缓和住房短缺并使大多数人能住得起房子。

实际的经济影响如何呢？从需求方面看，低于均衡价格的租金会吸引大量的租客。当地人在与朋友或家人共住一段时间后，会希望搬到一个属于自己的地方。外地人也会被低租金吸引到这个地方。但是，供给这边就会出现大问题。价格控制使得房东向出租市场提供住房的激励降低。短期内，房主可能会卖掉其出租的房屋或者将它们改造成共管式公寓。* 在长期，低廉的租金使房主不愿再维护或者修缮出租的房屋，因为这对他们而言是无利可图的。（租金控制是大城市中许多公寓楼被遗弃的一个原因。）同时，保险公司、养老基金和其他潜在的住房投资者会发现投资租金不受政府规制的办公楼、购物中心或者汽车旅馆更有利可图。

简而言之，租金控制扭曲了市场信号，资源从而被不当地进行配置：配给给出租房屋的资源过少，而配给到其他用途上的资源过多。具有讽刺意味的是，通过立法实行租金控制的本意是为了减轻现有住房短缺所带来的不利影响，然而实际上，控制却是造成这些短缺的主要原因。因为这一原因，大多数美国城市要么已经放弃了租金控制，要么正处于逐步淘汰阶段。

问题：相对于按照市场决定的租金来出租的房屋的修缮情况而言，为什么实行租金控制的公寓住房几乎没人修缮？

---

* 指买主与其他户主共同拥有某物业的公用设施，但买主可获得一张独立的房契，其中明确表明，他是该单元的合法拥有人。产权属于多人所有，为分契共管式管理。——译者注

◆ 应用分析

对小麦的价格下限

价格下限（price floor）是政府设定的最低价格。等于或高于价格下限的价格是合法的，低于价格下限则不合法。当社会认为市场机制的自由运行没能为某些资源供应商或生产者提供足够的收入时，就会实行高于均衡价格的价格下限。农产品的支持价格和现在的最低工资就是实行价格下限的两个例子。让我们来看看农产品的支持价格这一例子。

假设当小麦的价格处于均衡水平 2 美元/蒲式耳时，许多农民只能得到极低的收入。此时，政府就决定设定 3 美元/蒲式耳的价格下限（或支持价格）来帮助农民。

这将会有什么影响呢？在高于均衡价格的任何水平上，供给量都将超过需求量，也就是说，将会存在持续的产品过剩。在 3 美元的价格下限水平上，农民愿意生产和用于销售的产品数量超过私人购买者愿意购买的数量。正如我们在最高限价中所看到的那样，强制实行的法定价格破坏了自由市场的配给能力。

图 3.9 用图形说明了价格下限的影响。假设 S 曲线和 D 曲线是小麦的供给曲线和需求曲线。对应的均衡价格和均衡数量分别为 2 美元和 Q_0。如果政府实施 3 美元的价格下限，农民将生产 Q_s 的产量，但是私人购买者只愿意购买 Q_d 的数量。Q_s 超过 Q_d 的部分就是过剩。

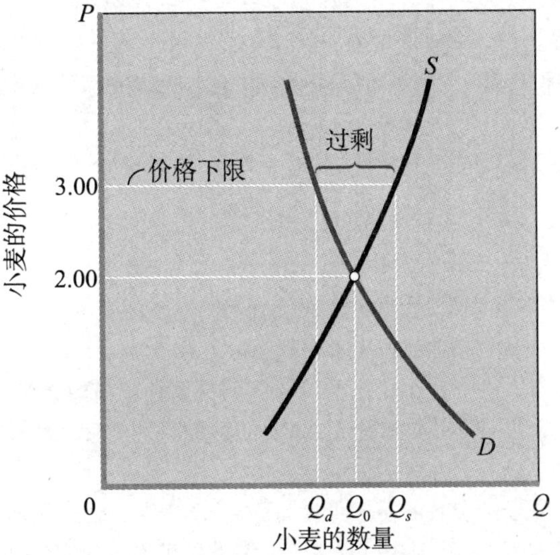

图 3.9　价格下限

注：价格下限是法定的最低价格，如 3 美元，它引起了持续的产品过剩，这里用 Q_s 和 Q_d 之间的距离来表示。

政府可以采取两种方法来应对由价格下限引起的产品过剩：

● 政府可以限制供给（例如，建立农产品播种面积分配制度，只要农民同意休耕一定数量的土地）或增加需求（例如，研究设定价格下限产品的新用途）。这些措施可以减少均衡价格和价格下限之间的差距，从而缩小过剩的产量。

● 如果以上努力不完全奏效，那么政府必须以 3 美元的价格购买过剩的产出（以此补贴农民），存储起来或干脆处理掉。

图 3.9 所示的价格下限 3 美元不仅干扰了价格配给能力，还扭曲了资源的分配。在没有价格下限的情况下，2 美元的小麦均衡价格会引起经济损失并迫使高成本的小麦生产者改种其他作物或者放弃农耕，但是 3 美元的价格下限允许他们继续种小麦并继续做农耕。因此，社会投入了过多的稀缺资源到小麦的生产中，而用于其他更有价值的产品和服务的资源则减少了。这不利于达到资源的最优配置。

不仅如此，由于价格下限的存在，小麦制品的消费者支付了较高的价格。纳税人为政府收购过剩产品的行为支付了较高的税金。而且，价格下限鼓励小麦种植者将多丘陵的、具有侵蚀倾向的“边际土地”也投入生产，因而引起了潜在的资源破坏。较高的价格促进了小麦的进口。但是，由于这种进口会引起小麦供给量的增加并削弱价格下限的作用，政府就需要设立关税（对进口产品征税）来阻止进口外国小麦。这种关税通常会引起其他国家采取报复性行为，对美国的农产品或制成品实施报复性关税。

问题：为了维持牛奶的价格下限，美国有时会从奶农手中购买奶牛并杀害它们，这些行为的经济逻辑是什么？

很容易看出来，当政治家倡导设定价格控制、租金控制、利率上限或农产品支持价格这些最高限价或价格下限时，为什么经济学家却“拉响了警报”。在所有这些案例中，好的意图最终导致了坏的经济结果。政府控制的价格将会导致短缺或过剩，干扰资源配置以及引起负面影响。

关于需求和供给更多的例子，请通过网站 www. brue3e. com 阅读第 3 章的网络附录。在此，你将会找到有关各种产品的例子，如生菜、玉米、蛙鱼、汽油、寿司和奥运会门票。有些例子描述了需求曲线和供给曲线同时变动的情形——这是考试中经常遇到的问题。

小结

1. 需求是指一张计划表或一条曲线，表示在某一特定时期内，在每一个不同的价格水平下，买者的购买意愿。需求规律说明，消费者在较低的价格下购买某种产品的数量比在较高价格下要多。所以，在其他条件相同的情况下，价格和需求量之间是一种负相关关系，表示在图形中它是一条向下倾斜的曲线。

2. 通过将市场中许多单个消费者的需求曲线水平加总，就得到了市场需求曲线。

3. 需求决定因素（消费者偏好、市场上购买者的数量、消费者的货币收入、相关产品的价格以及预期价格）中的一种或多种发生变动，将会使需求曲线发生移动：需求曲线向右移动代表需求增加；需求曲线向左移动代表需求减少。需求的变化与需求量的变化是不同的，后者是指由于产品价格的变化而从某一固定需求曲线上的一点移动到另一点。

4. 供给是指一张计划表或一条曲线，表示在某一特定时期内，在每一个可能的价格水平下，生产者所愿意提供的某种产品的数量。供给规律表明，在其他条件相同的情况下，生产者在较高的价格下愿意提供某种产品的数量比在较低价格下要多。因此，价格和供给量之间是一种正相关或者正向关系，表示在图中它是一条向上倾斜的曲线。

5. 将某种产品单个生产者的供给曲线进行水平加总，就得到了市场供给曲线。

6. 供给决定因素中的一个或多个发生变化，使得供给曲线发生移动：供给曲线向右移动代表供给增加；供给曲线向左移动代表供给减少。相比之下，产品价格的变化被认为引起了供给量的变化，表现为从某一固定的供给曲线上的一点移动到另一点。

7. 均衡价格和均衡数量处于供给曲线和需求曲线的交点处。市场需求和市场供给相互作用使价格调整至这一点，即供给量和需求量相等的点，其对应的价格就是均衡价格，其对应的数量就是均衡数量。

8. 需求和供给的变化都会使均衡价格和均衡数量发生变化：需求增加引起均衡价格和均衡数量都提高；需求减少引起均衡价格和均衡数量都降低。供给的增加降低了均衡价格却提高了均衡数量；供给的减少提高了均衡价格却降低了均衡数量。

9. 需求和供给的同时变动对均衡价格和均衡数量的影响是不确定的，这取决于它们的方向和相对大小。

10. 最高限价是政府为帮助消费者而设定的最高价格。有效的最高限价带来了持续的产品短缺，而如果要实现产品的公平分配，政府就必须实施产品配给制度。

11. 价格下限是政府为帮助生产者而设定的最低价格。价格下限带来了持续的产品过剩；政府必须通过购买这些产品、对生产施加限制或提高私人需求来消除过剩。

12. 法定的固定价格抑制了价格的配给功能，并扭曲了资源的分配。

术语和概念

需求
需求规律
需求曲线
需求的决定因素
正常品
劣等品
替代品
互补品
需求的变化
需求量的变化
供给
供给规律
供给曲线
供给的决定因素
供给的变化
供给量的变化
均衡价格
均衡数量
过剩
短缺
最高限价
价格下限

思考题

1. 解释需求规律。为何需求曲线向下倾斜？如何由个人需求曲线推导出市场需求曲线？

2. 需求的决定因素有哪些？某些决定因素发生变化对需求曲线有何影响？对需求变化与需求量变化进行区分，注意它们变化的原因。

3. 下列各项对小型轿车（如 Mini Cooper 和 Smart）的需求有何影响？

a. 小型轿车变得更加时髦。

b. 大型轿车的价格上涨（同时小型轿车的价格保持不变）。

c. 收入下降且小型轿车属于劣等品。

d. 消费者预期在不久的将来，小型轿车的价格将大幅下降。

e. 汽油的价格大幅下降。

4. 解释供给规律。为何供给曲线向上倾斜？如何由单个生产者的供给曲线推导出市场供给曲线？

5. 供给的决定因素有哪些？某些因素发生变化对供给曲线有何影响？对供给变化和供给量变化进行区分，注意它们变化的原因。

6. 以下各项对汽车轮胎的供给有何影响？

a. 生产轮胎的技术得到改进。

b. 轮胎行业中的企业数目减少。

c. 用于生产轮胎的橡胶的价格上涨。

d. 预期未来汽车轮胎的均衡价格较当前要低。

e. 用在拖拉机和推土机上的大轮胎的价格下降（同时小汽车的轮胎价格没有发生变化）。

f. 对每一只售出的轮胎征收从量税。

g. 对生产出来的每一只汽车轮胎给予 50 美分的从量补贴。

7. “在拿铁咖啡市场中，需求经常会超过供给，供给有时候也会超过需求。”“一杯拿铁咖啡的价格根据供给和需求的变化而涨落。”这两种说法中，哪一个正确地运用了供给和需求的概念？请说明原因。

8. 2001 年，欧洲口蹄病的爆发导致了数百万只死牛的焚烧。你认为这起事件对牛皮的供给和牛皮的价格、皮革制品的供给和皮革制品的价格有何影响？

9. 对下列说法进行评价：“比较图 3.7（a）中的两种均衡状态后，我发现在较高价格下需求量更大。这违背了需求规律。”

10. 对于股票市场中的每一只股票而言，每天售出的股票数量等于所购买的股票数量；也就是说，每家企业的股票需求量都等于其股票供给量。所以，如果这种等量关系持续存在，为什么股票价格还会不断地发生变化呢？

11. 假设在堪萨斯城谷物市场中，小麦每月的总需求量和总供给量如下所示。假设政府为小麦设置了 3.7 美元/蒲式耳的最高限价。促使政府设定此最高限价的原因有哪些？详细阐述主要影响，并用图形进行说明。然后，假设政府为小麦设定了 4.6 美元/蒲式耳的价格下限。价格下限会带来哪些主要影响？运用图形进行说明。

小麦需求量（千蒲式耳）	小麦的价格（美元/蒲式耳）	小麦供给量（千蒲式耳）
85	3.40	72
80	3.70	73
75	4.00	75
70	4.30	77
65	4.60	79
60	4.90	81

12. 经济学家常说：“最高限价或价格下限抑制了价格的配给功能并扰乱了资源配置。”这句话有何意义？

计算题

1. 假设市场上有 3 位糖果购买者，分别是 Tex，Dex 和 Rex。他们三位的个人需求以及市场需求如下所示。

a. 请补充表中的空格。

b. 在价格为 5 美元时，哪位购买者的需求最少？在价格为 7 美元时，哪位购买者的需求最多？

c. 当价格从 7 美元降到 6 美元时，哪位购买者的需求量增加得最多？

d. 如果 Tex 从市场中退出，需求曲线将会怎样移动？在每一个价格水平下，Dex 将其购买量加倍时，市场需求曲线将会怎样移动？

e. 假设在 6 美元的价格水平下，市场的总需求量从 19 增加到 38。这是一种"需求的变化"还是"需求量的变化"？

糖果的价格（美元/颗）	各个买者的需求量						总需求量
	Tex		Dex		Rex		
8	3	+	1	+	0	=	—
7	8	+	2	+	—	=	12
6	—	+	3	+	4	=	19
5	17	+	—	+	6	=	27
4	23	+	5	+	8	=	—

2. 下图所示的是一家网球生产商的网球供给曲线 S_1。利用下面表格中的数据来回答下列问题。

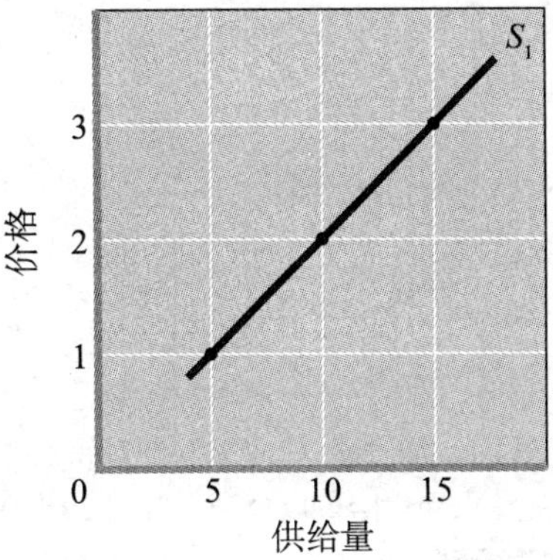

a. 用供给曲线 S_1 的数据填写下表中每一个价格水平下的供给量。

b. 如果生产成本是递增的，在每一个价格水平下的供给量将会如表中的第三列所示（"S_2 供给量"）。利用这些数据在图中画出类似曲线 S_1 的供给曲线 S_2。

c. 在表格的第四列中，填入由生产成本增加所引起的供给量的改变量。(用正数表示增加，用负数表示减少。)

d. 生产成本的增加会引起"供给的减少"还是"供给量的减少"？

价格（美元）	S_1 供给量	S_2 供给量	供给量的变化
3	—	4	—
2	—	2	—
1	—	0	—

3. 下表是基于思考题第 11 题扩充的表格。

a. 均衡价格为多少？在哪个价格水平下，既不存在短缺，也不存在剩余？填写"过剩或短缺"这一列。

b. 画出小麦的需求及供给曲线，确保你所画图中的各条轴标识正确。标识均衡价格 P 和均衡数量 Q。

c. 当价格为 3.4 美元时，过剩或短缺的规模如何？当价格为 4.9 美元时，情况又如何？当价格比均衡价格高 60 美分时，过剩或短缺的规模怎样？假设价格比均衡价格低 30 美分，情况又如何？

小麦需求量（千蒲式耳）	小麦的价格（美元/蒲式耳）	小麦供给量（千蒲式耳）	过剩（+）或短缺（−）
85	3.40	72	—
80	3.70	73	—
75	4.00	75	—
70	4.30	77	—
65	4.60	79	—
60	4.90	81	—

4. 在竞争性市场中，下列每一项关于需求/供给的变化对均衡价格和均衡数量有何影响；也就是说，均衡价格和均衡数量是增加、下降还是保持不变？或者由于各自变动的幅度未知而无法确定？用供给和需求图来证明你的回答。

a. 供给减少；需求保持不变。

b. 需求减少；供给保持不变。

c. 供给增加；需求保持不变。

d. 需求增加；供给增加。

e. 需求增加；供给保持不变。

f. 供给增加；需求减少。

g. 需求增加；供给也增加。

h. 需求减少；供给也减少。

5. 用两张市场表解释国家对公立大学的补贴如何影响公立和私立大学的学费和入学率？

6. **高级分析** 假设某一产品的需求和供给可以分别用等式 $P=10-0.2Q_d$ 和 $P=2+0.2Q_s$ 来表示，此处的 Q_d 和 Q_s 分别表示需求量和供给量，P 表示价格。用均衡条件 $Q_d=Q_s$ 联立上面两个等式，解出均衡价格和均衡数量。

7. 假设纽约市出租房屋的供给和需求计划表如下所示。

每月租金（美元）	住房需求量	住房供给量
2 500	10 000	15 000
2 000	12 500	12 500
15 000	15 000	10 000
1 000	17 500	7 500
500	20 000	5 000

a. 出租房屋的均衡月租金是多少？每月需求和供给的公寓的均衡数目是多少？

b. 如果当地政府可以强制施行一项租金控制的法律条款，并将每月租金的上限设为 1 500 美元，会出现过剩还是短缺？该数量是多少？每个月实际租出去的房屋有多少？

c. 假设新选出了一届政府，他们希望将穷人赶出城市。因此，他们宣布每月租金的下限为2 500 美元。如果政府能使该价格下限执行下去，那么会出现过剩还是短缺？每月应该租出去的房屋是多少？每月实际租出去的房屋又是多少？

d. 假设政府希望通过增加房屋供给进而降低月租金的均衡价格。假设需求不变，为保证每月租金的均衡价格为 1 500 美元，政府应该增加多少房屋？当均衡价格为 1 000 美元/月时呢？当均衡价格为 500 美元/月时呢？

在 www. brue3e. com 中做进一步的测试

在本书的“在线学习中心”www. brue3e. com 中，你会找到一个或多个网络练习题，这些问题需要从网络上获取信息才能进行解答。我们强烈建议你完成这些问题，因为这些问题能够使你熟悉我们的网站，而我们的网站对你其他课程的学习，甚至你日后的事业都有帮助。“在线学习中心”提供了多项选择测试题，还能为你提供及时的反馈。该网站上还有许多有用的方法进一步测试你对本章知识的掌握情况。

第3章　网络附录*

关于供给与需求的更多例子

* 网络附录详见本书网站 www.brue3e.com。

第 4 章

需求弹性和供给弹性

学习完本章后，你应该能够：

1. 阐述需求价格弹性的含义及其计算方法。
2. 解释需求价格弹性如何影响总收益。
3. 阐述供给价格弹性的含义及其计算方法。
4. 将需求价格弹性和供给价格弹性应用于现实经济活动的分析。
5. 解释需求收入弹性和需求交叉弹性的含义及其应用。

为什么某些产品的购买者对于价格上涨所作出的反应是大幅度减少其购买量，而另外一些产品的购买者的反应则只是稍微减少一点购买量？为什么某些产品的价格上涨使生产者大幅度提高其产量，而另外一些产品价格的上涨则几乎不会引起任何产量增加？当家庭收入增加时，为何对有些产品的需求大幅增加，而对另外一些产品的需求却只增加一点点？对于给定的一组产品，我们怎么区分它们是替代品、互补品，还是毫不相关的独立品？

弹性有助于我们更好地理解市场，理解价格和收入的变化对需求和供给的影响为什么有时幅度很大，有时幅度微小，有时甚至不存在任何影响。通过预期价格和收入的变化对需求或供给的影响程度，企业和政府可以更好地决定生产何种产品、收取多少费用，以及对哪些项目进行征税。

4.1 需求价格弹性

需求规律告诉我们，在所有其他条件相同的情况下，当一种产品的价格下降时，消费者将会增加对它的购买，而当价格升高时，消费者会减少对它的购买。不过，消费者的购买会增加或者减少多少呢？这一数量会根据不同的产品或者同一产品的不同价格范围而发生变化，而且这种变化非常重要。例如，一家打算提高产品价格的企业想要知道消费者会作出何种反应。如果消费者对产品保持较高的忠诚度并继续购买，那么这家企业的收入将会上升。但是如果消费者一致转向其他企业的产品或者其他产品，那么其收入将锐减。

消费者对某种产品价格变动的反应程度可以用产品的**需求价格弹性**（**price elasticity of demand**）来衡量。对于某些产品而言（例如，餐馆的菜肴），消费者对价格的变动高度敏感，微小的价格变动会引起购买量的大幅变动。经济学家把对这种产品的需求称为相对有弹性的需求，或者简称为有弹性的需求。

但对于其他一些产品（例如，医疗保健），消费者则不太关注价格的变动。大幅度的价格变动只会引起购买量的微小变动。对这种产品的需求就是相对无弹性的，或者简称为无弹性的需求。

□ 4.1.1　价格弹性系数及公式

经济学家用系数 E_d 来度量需求的价格有弹性或者无弹性的程度，其定义为：

$$E_d=\frac{\text{X 产品需求量变动的百分比}}{\text{X 产品价格变动的百分比}}$$

该等式中 X 产品需求量变动的百分比表示用需求量的变动幅度除以初始需求量，X 产品价格变动的百分比表示价格的变动幅度除以初始价格。因此，我们可以把这个公式重写为：

$$E_d=\frac{\text{X 产品需求量的变动量}}{\text{X 产品的初始需求量}}\div\frac{\text{X 产品价格的变动量}}{\text{X 产品的初始价格}}$$

1. 运用平均值

不幸的是，在计算价格弹性系数的时候存在一个恼人的问题。例如，沿着一条需求曲线从 4 美元变化到 5 美元时，其价格的变动是增加了 25%（=1/4）；但是，当价格在同一条需求曲线上沿相反方向变化从 5 美元降到 4 美元时，价格的变动是降低了 20%（=1/5）。我们在计算价格弹性系数的时候，应该选择价格变动的哪个百分比值作为分母呢？同样的问题出现在需求量变动百分比的计算上。当需求量从 10 变动到 20 时，增加了 100%（=10/10）。但是当沿着同一条需求曲线需求量从 20 下降到 10 时，却下降了 50%（=10/20）。我们在弹性公式的运用过程中，应该选用 100%还是 50%呢？记住，无论价格是上升还是下降的，弹性都应该是相同的。

解决这个问题最简单的方法就是运用两个价格和两个数量的平均值作为参照点来计算百分比：

$$E_d=\frac{\text{需求量的变动量}}{\text{变动前后的需求量之和/2}}\div\frac{\text{价格的变动量}}{\text{变动前后的价格之和/2}}$$

对于同样的 5 美元～4 美元的价格范围，参照价格为 4.5 美元［=(5+4)/2］；而对于同样的 10～20 单位的需求量变动范围，参照需求量是 15 单位［=(10+20)/2］。此时，价格变动的百分比为 1 美元/4.5 美元，或约 22%；而需求量变动的百分比为 10/15，或约 67%。所以，E_d 约等于 3。这种解决方法避免了“向下还是向上的问题”。以后涉及的所有弹性系数均采用这种平均值或中点方法来计算。

2. 去除负号

由于需求曲线是向下倾斜的，需求价格弹性系数 E_d 总是一个负数。举个例子，如果价格降低，需求量会上升。这就意味着我们的公式中的分子是正的，而分母是负的，结果 E_d 就是负的。而对于价格上升的情形，分子为负，分母为正，结果仍然是负的。

为了避免产生歧义，经济学家通常忽略这个负号，而只简单地给出弹性系数的绝对值。E_d 为 -4 比 -2 大的说法很容易令人混淆，而如果我们说 E_d 为 4 比 E_d 为 2 有更大的弹性就可避免发生这种混淆了。因此，我们以后都将忽略需求价格弹性系数中的负号，而只标示出绝对值。

□ 4.1.2 对 E_d 的解释

我们可以从如下几个方面对需求价格弹性系数加以解释。

1. 富有弹性的需求

如果某产品价格变动一定百分比，引起了需求量变动更大幅度的百分比，那么需求就是**有弹性的**（**elastic**），这时，$E_d>1$。例如，假设当鲜花的价格降低 2%时，需求量增加了 4%，那么对鲜花的需求就是有弹性的，并且：

$$E_d=\frac{0.04}{0.02}=2$$

2. 无弹性的需求

如果某产品价格变动一定百分比，引起了需求量变动更小幅度的百分比，那么需求就是**无弹性的**（**inelastic**），这时，$E_d<1$。例如，假设咖啡的价格降低 2%时，需求量只增加了 1%，那么对咖啡的需求就是无弹性的，并且：

$$E_d=\frac{0.01}{0.02}=0.5$$

3. 单位弹性

有一种情形把需求量有弹性和需求无弹性划分开来，即价格和需求量变动的百分比刚好相等。例如，假设巧克力的价格下降 2%，需求量也增加了 2%，那么这一特殊情形就被称为**单位弹性**（**unit elasticity**），因为 E_d 正好等于 1，或者说 1 单位。在这个例子中：

$$E_d=\frac{0.02}{0.02}=1$$

4. 极端情形

当说需求"无弹性"时，我们并不是指消费者对价格变动完全不作反应。只有在极端情况下，价格变动才不会引起需求量的任何变动，经济学家称这种需求是**完全无弹性的**（**perfectly inelastic**）。由于对价格变动毫无反应，因此价格弹性系数为零。类似的例子有急性糖尿病患者对胰岛素的需求，或者瘾君子对海洛因的需求。图 4.1（a）中平行于纵轴的直线 D_1 表示的就是完全无弹性的需求。

相反，当说需求"有弹性"时，我们也不是指消费者对价格变动是完全有反应的。只有在极端情况下，价格的微小下降就会导致买方将自己的购买量从零增加到他们所能获得的全部，此时弹性系数是无穷大的（∞），经济学家称这种需求是**完全弹性的（perfectly elastic）**。图 4.1（b）中平行于横轴的直线 D_2 表示的就是完全弹性需求。例如，对于小麦种植者而言，这种需求意味着，在均衡的市场价格下，他们要么完全售出其小麦，要么一粒也无法售出。

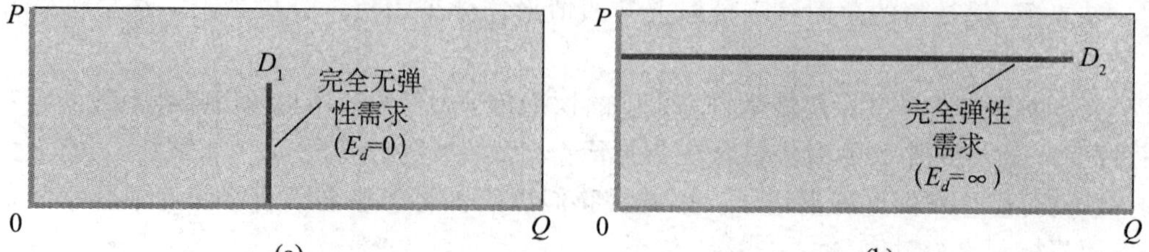

(a) 完全无弹性需求　　　　(b) 完全弹性需求

图 4.1　完全无弹性需求和完全弹性需求

注：图 4.1（a）中的需求曲线 D_1 代表了完全无弹性需求（$E_d=0$），价格增加将不会引起需求量的任何变动。图 4.1（b）中的需求曲线 D_2 代表了完全弹性需求，价格增加将会引起需求量从无穷大降低为零（$E_d=\infty$）。

◆〉概念阐释

弹性小议

下面的比喻有助于你记住“有弹性”和“无弹性”之间的区别。想象两种东西：(1) 用于包扎受伤关节的弹性绷带；(2) 用于交通救援的相当结实的橡胶绑扎带。用力拉的时候，弹性绷带能够拉得很长；而橡胶绑扎带却只能拉长一点点。

当价格变化时，不同产品的需求量会发生同样的变化。对于某些产品而言，价格变化引起了需求量的大幅度“延伸”。当用百分比表示的这种延伸超过了价格变动的百分比时，需求就是有弹性的。对于其他产品而言，需求量只对于价格变化作轻微的拉伸反应。当用百分比表示的这种拉伸小于价格变动百分比时，需求就是无弹性的。

总之：

- 弹性需求表示相当大的“数量拉伸”（如弹性绷带）。
- 无弹性需求表示相当小的“数量拉伸”（如橡胶绑扎带）。

通过扩展，可以得到如下结论：

- 完全弹性需求有着无限的数量拉伸。
- 完全无弹性需求有着零数量的拉伸。

问题：当牙刷和别墅的价格上涨相同的百分比时，哪种产品的数量拉伸更大？

□ 4.1.3　总收益检验

弹性对企业的重要性与价格变动对总收益进而对利润（总收益减去总成本）的影响有关。

总收益（total revenue，TR）是指在某一特定时期内，卖者从产品销售中得到的总金额；用产品价格（P）乘以需求量或销售量（Q）来计算。其公式为：

$TR=P\times Q$

在图形上，用位于需求曲线上某一点下面的 $P\times Q$ 的矩形区域来表示总收益。例如，在图 4.2（a）中的 a 点上，价格为 2 美元，需求量为 10 单位。因此，总收益就是 20 美元（$=2\times10$），用需求曲线下方的矩形表示。通过基本的几何知识可知，矩形的面积等于相邻两条边的乘积。这里，一条边为“价格”（2 美元），而另一条边则为“需求量”（10 单位）。

总收益与需求价格弹性是相关的。实际上，判断需求是有弹性的还是无弹性的最简单的方法也许就是使用**总收益检验（total revenue test）**。

检验方法如下：注意当价格变化时，总收益如何变化。如果总收益和价格变化的方向相反，需求就是有弹性的；如果总收益和价格变化方向相同，需求就是无弹性的；如果当价格变化时，总收益保持不变，需求具有单位弹性。

1. 有弹性的需求

如果需求是有弹性的，那么价格降低将使总收益增加。尽管每单位的价格减少了，但增加的产品数量足以补偿较低的价格。例如，观察图 4.2（a）中的需求曲线 D_1，我们已经得出 a 点的总收益为 20 美元（$=2\times10$）。

如果价格从 2 美元下降到 1 美元（b 点），需求量变成了 40 单位，总收益是 40 美元（$=1\times40$）。价格下降使得总收益从 20 美元增至 40 美元。在本例中，价格下降的 1 美元只对 10 个单位的产品产生了作用，继而所带来的收益损失为 10 美元。但是在 1 美元的价格下，销售量增加了 30 个单位，使得收益增加了 30 美元。直观来看，增加区域的面积超过了损失区域的面积。正如已经指出的，总的效果就是总收益净增加了 20 美元（$=30-10$）。

这一分析是可逆的：如果需求是有弹性的，价格增加将会减少总收益。较高价格所带来的收益增加量会被较低销售量所引起的收益损失抵消。总结：在其他条件相同的情况下，当价格和总收益变动的方向相反时，需求是有弹性的。E_d 大于 1，意味着需求量变动的百分比大于价格变动的百分比。

2. 无弹性的需求

如果需求是无弹性的，那么降价将使总收益减少。销售量的增加不足以弥补每单位收益的减少，进而总收益将下降。为了说明，请看图 4.2（b）中的需求曲线 D_2。在曲线上的 c 点，价格为 4 美元，需求量为 10 个单位，因此，总收益为 40 美元。如果价格下降到 1 美元（d 点），总收益将降到 20 美元，显然比 40 美元少。由于较低的单位价格带来的损失大于销售量提高所增加的收益，因此总收益降低了。价格下降，总收益也将下降。

我们的分析仍然是可逆的：如果需求是无弹性的，那么价格增加将使总收益增加。因此，在其他条件相同的情况下，当价格和总收益变动的方向相同时，需求是无弹性的，E_d 小于 1，这意味着需求量变动的百分比小于价格变动的百分比。

3. 单位弹性

在单位弹性这一特例中，价格的增加或降低都不会改变总收益。较低单位价格所引起的损失恰好被增加的销售量所带来的收益弥补。相反，较高单位价格所带来的收益增加又恰好被需求量降低所引起的损失抵消。

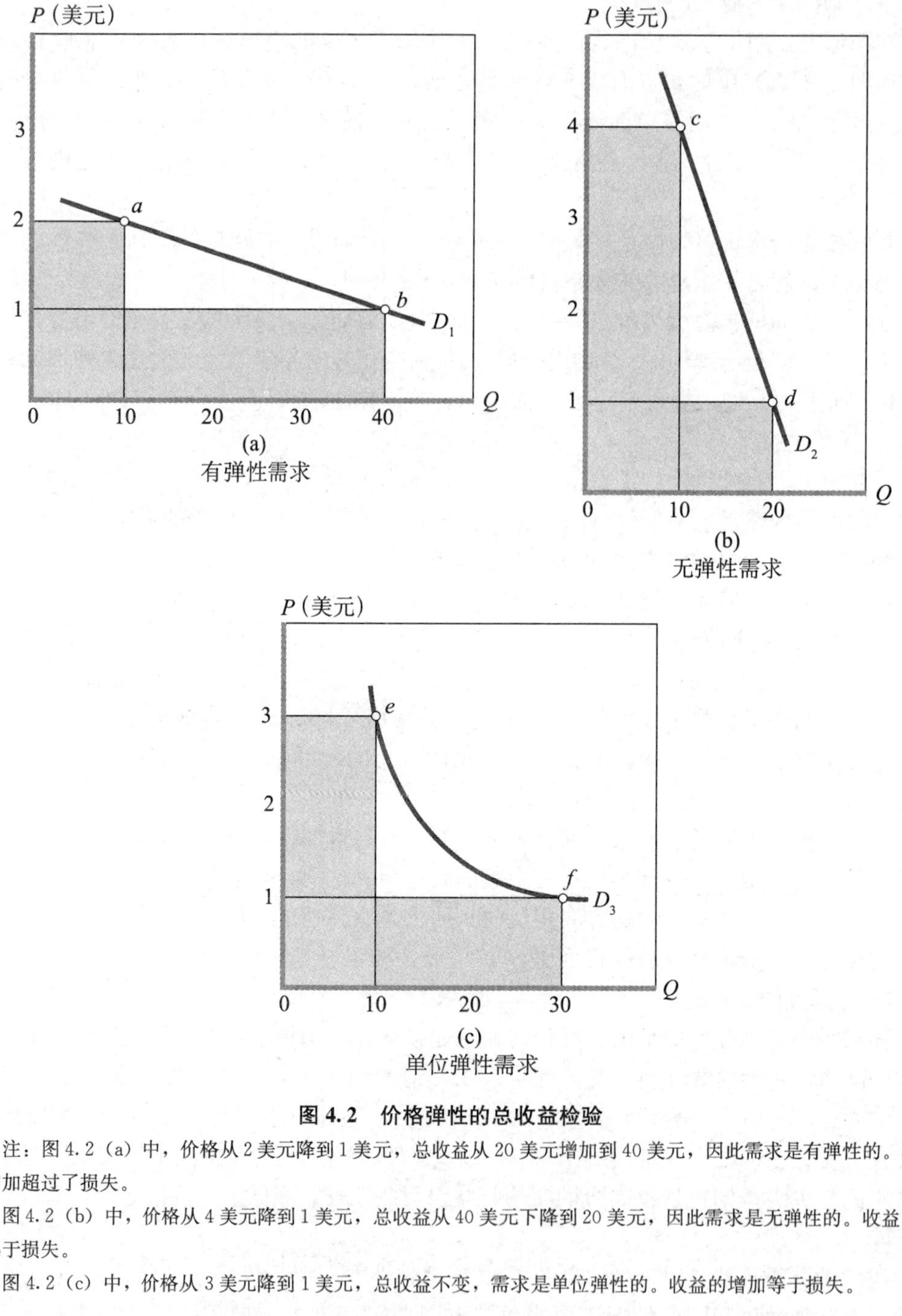

图 4.2　价格弹性的总收益检验

注：图 4.2（a）中，价格从 2 美元降到 1 美元，总收益从 20 美元增加到 40 美元，因此需求是有弹性的。收益的增加超过了损失。

图 4.2（b）中，价格从 4 美元降到 1 美元，总收益从 40 美元下降到 20 美元，因此需求是无弹性的。收益的增加小于损失。

图 4.2（c）中，价格从 3 美元降到 1 美元，总收益不变，需求是单位弹性的。收益的增加等于损失。

在图 4.2（c）中（曲线 D_3），我们发现，在 3 美元的价格下，销售了 10 个单位的产品，带来了 30 美元的收益。在较低的 1 美元的价格下，将销售 30 个单位的产品，总收益仍然是 30 美元。价格下降 2 美元所引起的损失恰好被所增加的收益抵消，总收益不变。实际上，在这一特殊曲线的每一个价格点上，都存在这种情况。

在其他条件相同的情况下，当价格变化而总收益保持不变时，需求曲线具有单位弹性，E_d等于 1，这意味着需求量变动的百分比等于价格变动的百分比。

□ 4.1.4 线性需求曲线上的价格弹性

必须承认，虽然图 4.2 中的需求曲线很好地说明了弹性的总收益检验，但是其中的两幅图却涉及沿着线性（直线）需求曲线所作的特别移动。对于说明总收益检验，这并没有什么问题。然而，你需要知道，弹性有一个典型的特点，即在同一条需求曲线上的不同价格区域，弹性是不断变化的。（图 4.2（c）中的曲线是一个例外，在整条曲线上，弹性都为 1。）

考虑图 4.3 中表格的第（1）列和第（2）列，它表示的是假想的电影票数据。我们

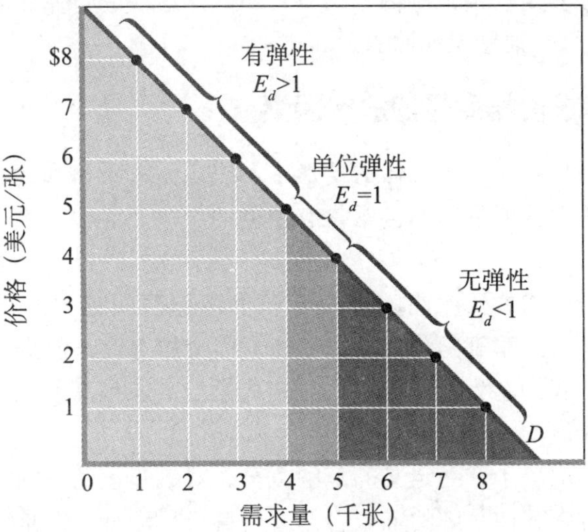

图 4.3 用弹性系数和总收益检验衡量的线性需求曲线上的需求价格弹性

注：需求曲线 D 是根据表中第（1）列和第（2）列的数据画出来的，并标注说明了对我们假想的电影票，每周的需求在较高的价格范围内是有弹性的，而在较低的价格范围内是无弹性的。表中的弹性系数［第（3）列］和总收益检验［第（4）列和第（5）列］证明了这一事实。

（1） 电影票的每周需求量（千张）	（2） 每张电影票的价格（美元）	（3） 弹性系数(E_d)	（4） 总收益 （1）×（2）（美元）	（5） 总收益检验
1	8		8 000	
		5.00		有弹性
2	7		14 000	
		2.60		有弹性
3	6		18 000	
		1.57		有弹性
4	5		20 000	
		1.00		单位弹性
5	4		20 000	
		0.64		无弹性
6	3		18 000	
		0.38		无弹性
7	2		14 000	
		0.20		无弹性
8	1		8 000	

将这些数据所对应的需求曲线 D 画在相应的图中。曲线上方的标注恰好说明：曲线左上方（曲线 D 上 5 美元～8 美元的价格范围）相对于右下方（曲线 D 上 1 美元～4 美元的价格范围）而言，需求更具价格弹性。表中第（3）列的弹性系数证明了这一事实：系数随着价格的下降而下降。同时，通过第（4）列可发现，总收益随着价格的下降先上升，然后随着价格的进一步下降而下降。第（5）列利用总收益检验说明：当价格随着线性需求曲线下降时，弹性也下降。

图 4.3 中的需求曲线说明，根据需求曲线的斜率（平稳或陡峭）来判断弹性是不可靠的。曲线的斜率是由价格和数量的绝对变化计算出来的，但是弹性却关系到价格和数量的相对或百分比变化。图 4.3 中的需求曲线是线性的，意味着其斜率始终保持不变，但是线性需求曲线在其高价格范围内（5 美元～8 美元）是有弹性的，而在其低价格范围内（1 美元～4 美元）则是无弹性的。

□ 4.1.5 需求价格弹性的决定因素

尽管我们无法说出在每一种具体的情形中，决定需求价格弹性的是何种因素，但是下面这些一般性结论对我们的判断常常是有帮助的。

1. 替代性

一般地，某种产品的替代产品越多，需求价格弹性就越大。对于凯迪拉克汽车而言，奔驰、宝马和林肯汽车都是替代品，因此对凯迪拉克汽车的需求是有弹性的。在另一种极端的情形中，我们看到糖尿病病人对胰岛素的需求是高度无弹性的，这是因为胰岛素几乎没有替代品。

产品的需求弹性取决于产品定义的范围宽窄。对锐步运动鞋的需求就比对鞋类整体的需求更有弹性。许多其他品牌的鞋很容易替代锐步运动鞋，但是，对鞋类来说，就几乎没有什么好的替代品。

2. 占收入的比例

在其他条件相同的情况下，相对于消费者的收入而言，某种产品的价格越高，其需求价格弹性就越大。价格相对较低的铅笔或者口香糖的价格就算增加 10%，也只占大多数人收入的很小一部分，需求大概只会下降很微小的一部分。但是，若价格相对较高的汽车或住宅的价格增加 10%，就意味着要额外增加的支出是 3 000 美元或者 20 000 美元。这样的价格增加占了大多数家庭收入或预算中相当大的一部分，因此需求量可能会明显减少。这类物品的价格弹性往往很高。

3. 奢侈品与必需品

一般而言，一种产品越被认为是“奢侈品”而不是“必需品”，其需求价格弹性越高。电力一般被认为是必需品，没有它很难生活下去，价格增加不会显著地减少家庭的照明和用电量。（请注意表 4.1 中这些产品非常低的价格弹性系数。）一个极端的情形是：一个人不会因为医疗费用刚上涨了 10%而不去做心脏搭桥手术。

另一方面，旅游度假和珠宝属于奢侈品，很容易被放弃。如果旅行度假和珠宝的价格上升，消费者就不必须去购买它们，而且缺了这些东西也不会遭受多大的苦难。

那么，对于盐这样的普通产品的需求又怎样呢？基于以下三点，它是高度无弹性的：几乎没有什么好的替代品；盐在家庭预算中是微不足道的一项；盐是一种“必需品”，而不是“奢侈品”。

4. 时间

一般而言，考察的时间越长，产品的需求就越有弹性。消费者往往需要时间来对价格的变动作出调整。例如，当牛肉的价格上升10%时，消费者可能不会立即大幅度减少其购买量，但是他们迟早会转向鸡肉、猪肉或者鱼肉。

另一个要考虑的因素是产品的耐用性。研究表明，对汽油的“短期”需求（$E_d=0.2$）比“长期”需求（$E_d=0.7$）更缺乏弹性。在短期中，人们会被“黏”在他们现有的汽车和卡车上，但是随着汽油价格的上升，他们最终会代之以更小巧、更节省燃料的车辆。

表4.1给出的是一部分产品价格弹性系数的估计值。它们每一个都反映了刚才讨论过的弹性决定因素的某种组合。

表4.1　产品的需求价格弹性

产品或服务名称	需求价格弹性系数（E_d）	产品或服务名称	需求价格弹性系数（E_d）
报纸	0.10	牛奶	0.63
电力（家用）	0.13	家用电器	0.63
面包	0.15	白酒	0.70
美国职业棒球赛门票	0.23	电影	0.87
香烟	0.25	啤酒	0.90
电话	0.26	鞋子	0.91
糖	0.30	摩托车	1.14
医疗保健	0.31	牛肉	1.27
鸡蛋	0.32	瓷器、玻璃器皿、餐具	1.54
法律服务	0.37	住宅用地	1.60
汽车修理	0.40	餐饮	2.27
服装	0.49	羊肉	2.65
汽油	0.60	新鲜豌豆	2.83

资料来源：根据许多报道需求价格弹性的研究编制而成。

应用分析

需求价格弹性和大学学费

对于某些产品和服务而言，营利性机构和非营利性机构会发现，在确定了不同消费群体的需求价格弹性的区别后，对不同的群体收取不同的费用是有利的。对缺乏需求弹性的群体提高产品价格，会增加总收益；而对富有需求弹性的群体降低产品价格，会增加总收益。

观察不同群体弹性的区别是相对容易的。考虑一下各个大学如何设定学费。来自低收入家庭的优秀学生比来自高收入家庭的学生，对高等教育的需求更富有弹性。这是事实，因为对低收入家庭而言，学费在其家庭收入中占了很大一部分。由于希望学生团体能够多样化，因而学校以需求弹性为根据，对两个群体的学生收取不同的净价格（学费减去财政补贴）。高收入的家庭要支付全额学费，除非他们能够获得优秀学生奖学金。

低收入家庭的学生不仅能获得优秀学生奖学金，还能够获得相当多的财政补贴，因此，实际上，他们支付了一个较低的净价格。

对于各个大学来说，在刚宣布大幅度提高学费的消息之后，立即又发布一条缓解性消息并强调它们也会提高财政补贴，这些现象非常普遍。事实上，各大学对那些需求无弹性的学生大幅度提高了学费，而对那些需求富有弹性的学生只提高了很小一部分学费，甚至根本没有提高。通过这种策略，在大部分学生能够支付得起学费的同时，各个大学能够增加收益用以弥补不断增长的成本。

问题：以需求弹性存在差异为依据，除本例之外，还有哪些对于不同群体收取不同价格的例子？（提示：考虑因年龄或者购买时间不同而采取的价格折扣。）

应用分析

非法毒品的合法化

在最近几年里，毒品合法化的提议被广泛地讨论。支持者主张应该像对待酒精一样对待毒品；成年人对毒品的使用应该合法化，同时要对其纯度和剂量加以管制。他们认为，目前与毒品的斗争是不成功的，其相关的成本（包括加大警力、扩建监狱、不堪负重的司法系统以及不计其数的人力成本）已经显著增加了。他们宣传合法化能够减少毒品的利润，从而大量减少毒品交易。例如，最好的可卡因和海洛因，其生产加工成本是很低的，在合法的市场上，其价格可能很低。因为吸毒者对毒品的需求是无弹性的，所以在较低的价格下，其消费量只会有微小的增长。毒品价格下降后，吸毒者的总支出会下降，同时，为购买毒品发生的街头犯罪也会减少。

合法化的反对者则认为，可卡因和海洛因的需求从整体上来看要比支持者所想象的更富有弹性。除了无弹性的吸毒者的需求之外，还存在另一部分需求相对有弹性的市场。这一部分市场由那些偶尔使用毒品的人或者“业余者”组成，当毒品价格较低时，他们会大量使用烈性毒品；但当毒品价格较高时，他们会放弃吸毒或者用酒精来替代。因此，由烈性毒品合法化所引起的低价格将使“业余者”的毒品消费量增加。此外，取消对毒品使用的法律禁令也许会使吸毒更容易被社会接受，因而增加对可卡因和海洛因的需求。

许多经济学家预测，可卡因和海洛因的合法化将会使街头售价降低60%，但具体数据取决于是否对其征税以及征多少税。一份研究报告表明，这种幅度的降价将使海洛因的偶尔使用者的数量增加54%，使可卡因的偶尔使用者的数量增加33%。对海洛因的总需求量估计将上升100%，而对可卡因的总需求量将上升50%。此外，许多现有的和新加入的“业余吸毒者”迟早会成为上瘾者。反对者声称，总体结果是：将会使社会成本增高，其中可能包括街头犯罪的增加。

问题：戒毒康复计划通过什么途径来提高对非法毒品的需求弹性？

应用分析

消费税和税收收入

当政府在选择要征收消费税的产品和服务时，会关注需求弹性。（消费税是对某种产品的产量或者所购买产品的数量征收的一种税。）如果某一产品被征税1美元/单位，同时售出 10 000 个单位，那么税收收入就是 10 000 美元（=1×10 000）。如果政府把消费税提高到 1.5 美元，由于需求富有弹性，较高的价格将导致销售量下降到 4 000 个单位，那么，税收收入将减少到 6 000 美元（=1.5×4 000）。因此，对需求有弹性的产品施以高税会带来较少的税收收入。

相反，如果需求缺乏弹性，消费税从 1 美元提高到 1.5 美元，会使税收收入增加。例如，如果销售量从 10 000 个单位下降到 9 000 个单位，税收收入将从 10 000 美元增加到 13 500 美元（=1.5×9 000）。难怪立法机构在征税和增税的时候，会选择诸如酒、汽油、香烟和电话服务这类产品和服务，因为对这些产品征税能产生较高的税收收入。

问题：在什么情况下，削减消费税确实能够带来税收收入的增加？

应用分析

起伏不定的农业收入

对农产品需求缺乏弹性以及年复一年农产品产量的变化，共同导致了农产品价格和农民收入的极其不稳定。让我们看看这是为什么。

在工业化发达的经济体中，农产品的价格需求弹性很低。农产品的总体需求弹性系数在 0.2～0.25 之间。这意味着农产品价格必须下降 40%～50%，才能使消费需求增加 10%。显然，消费者认为，多消费一单位农产品的价值比消费一单位其他可选择产品的价值要低。

为什么会这样呢？回想一下，需求弹性的基本决定因素是产品的可替代性。当一种产品价格下降时，消费者倾向于用它来替代其他未降价的产品。但是在相对富裕的社会中，这种替代效应对食品来说非常小。尽管人们可能增加食品的消费，但他们不会因为农产品相对价格降低而将一日三餐改为一日五餐或一日六餐。现实的生理因素限制了个人以食品替代其他产品的能力。

由于农民很难控制农产品的产出，因此年与年之间农产品供给波动很大。洪水、干旱、意外的霜冻、虫害以及类似的灾害会使作物歉收，而在好的生长季节又会出现大丰收（大量的农产品）。这类自然因素不受农民控制，却对产出有着极重大的影响。

除了自然因素以外，农业的高度竞争性使农民无法采取大规模的联合行动以控制产出。如果成千上万高度分散且相互独立的农民碰巧在同一年在自己的土地上种植过度或者种植不足，即使生产季节是正常的，仍会造成产出过多或过少的后果。

鉴于需求缺乏弹性以及供给的不稳定，我们可以理解为什么农业价格和收入不稳定。即使大麦等农作物的市场需求不变，价格弹性的缺乏仍会对产量的微小变化起放大效应，造成农业的价格和收入发生相对较大的变化。例如，假设“正常”大麦的产出为 1 亿蒲式耳，每蒲式耳的“正常”价格为 3 美元，那么“正常”的农业收入为 3 亿美元（=3×1 亿）。

由于需求缺乏弹性，作物的丰收会引起农产品的价格和收入大大偏离正常水平。假设正好遇上好的生长季节，作物丰收，产量达到了 1.1 亿蒲式耳。当农民看到自家的作物成熟时，他们几乎不会意识到整个行业的总产量会很大，而到了收获季节，扩大的行业总产量会将每单位小麦（蒲式耳）的价格下拉到 2.5 美元。他们的收入将会从正常年份的 3 亿美元下降到该年的 2.75 亿美元（=2.5×1.1 亿）。当需求缺乏弹性时，销售量增加一定比例，就会引起价格更大比例的下降，净结果就是总收益或农业总收入不成比例地减少。

类似地，可能由于干旱，全行业产量下降到0.9亿蒲式耳，这会使每蒲式耳的价格上涨到3.5美元，进而总的农业收入从正常的3亿美元水平上升至3.15亿美元（=3.5×0.9亿）。当需求缺乏弹性时，供给降低一定比例将会引起价格和收入更大比例的上涨。具有讽刺意味的是，对农民整体而言，歉收是好事，丰收反而是坏事。

问题：政府为达到保护的目的（如土地侵蚀控制和野生动植物保护）而让农民将用于农产品生产的土地转移出来作为他用，是如何提高农作物价格以及农业收入的？

4.2 供给价格弹性

价格弹性的概念也适用于供给。如果生产者对价格变动的反应相对敏感，那么供给就是有弹性的。如果生产者对价格的变动不敏感，那么供给就是无弹性的。

我们用系数 E_s 来度量供给有弹性或者无弹性的程度，除了用“供给量变动的百分比”来替换“需求量变动的百分比”之外，E_s的定义与E_d的定义是差不多的：

$$E_s=\frac{\text{X 产品供给量变动的百分比}}{\text{X 产品价格变动的百分比}}$$

根据前面的解释，我们用变动前后两个供给量的均值或者中点以及变动前后两个价格的均值或者中点来作为百分比变动的参照点。假定一种产品的价格从4美元上升到6美元，供给量从10单位增加到14单位。价格变动的百分比为2/5或者40%，同时供给量变动的百分比是4/12或者33%：

$$E_s=\frac{0.33}{0.40}=0.83$$

在这个例子中，供给是缺乏弹性的，因为价格弹性系数小于1。如果 E_s大于1，那么供给是有弹性的。如果 E_s 等于1，供给是单位弹性的。此外，E_s 绝不会为负，因为价格与供给量是正相关的。因此，不必像需求弹性那样去掉负号。

供给价格弹性（price elasticity of supply）的大小主要取决于生产者将生产某种产品的资源转移到其他用途上的难易程度以及速度。资源的转移越容易、越快，供给价格弹性就越大。以冲浪板的生产者为例。生产者对于冲浪板价格上涨所作出的反应，取决于其将资源从其他产品（如尾波板、溜冰板和滑雪板，我们假设这些产品的价格保持不变）的生产转移到冲浪板的生产上来的能力，而转移资源需要时间：时间越长，资源的可转移性就越大。因此，企业对价格变动的调整时间越长，反应的强度就越大，进而供给弹性也越大。

在分析时间对弹性的影响时，经济学家在当前市场周期、短期和长期之间作了区分。

□ 4.2.1 供给价格弹性：市场周期

市场周期（market period）是指市场价格发生变动后，生产者还来不及改变供给量来应对变化的那一段时期。假设一个农民把整个季节的产出——一卡车的西红柿运到市场。西红柿的供给曲线是完全无弹性的（垂直的）；无论价格是高还是低，农民都会把这一卡车的西红柿卖掉。为什么呢？因为即使西红柿的价格远远高于预期，这个农民也只能提供一卡车的西红柿。农民也许愿意提供更多的西红柿，但是西红柿不可能一夜生产出来。要对高于预期的价格作出反应，即生产出多于一卡车的西红柿，需要一个完整的生产季节。同样，由于这种产品容易腐烂，农民不可能把它们留下来而不卖掉。即使价格低于预期，他仍然会把一整车西红柿都卖掉。

顺便说一下，农民的生产成本并不会进入销售决策中。即使西红柿的价格下跌到远低于生产成本的程度，农民仍然会把它卖光，以免因腐烂而全部损失掉。在市场周期中，西红柿的供给和供给量是固定不变的。无论价格高低，农民都只能提供一卡车。

图 4.4（a）表示了农民在市场周期中的垂直供给曲线。供给是完全无弹性的，因为农民没有时间对需求的变动（如从 D_1 增加到 D_2）作出反应。价格从 P_0 到 P_m 的上升只不过决定了哪些买主能获得这一固定的供给量，但这并没有引起产出的增加。

然而，并非所有的供给曲线在价格发生变化后都是完全无弹性的。如果产品是不易腐烂的，价格上升，那么生产商可以提取未售出的产品存货来增加供给量。这在一定程度上会使市场供给曲线的斜率为正。对我们的农民而言，市场周期可能是整个生产季节；而对那些能够廉价地储存其产品的生产商而言，根本就不存在市场周期。

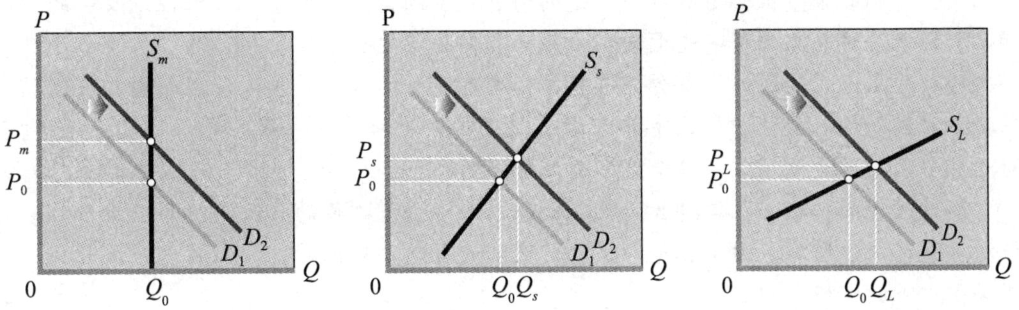

(a) 当前市场周期　　(b) 短期　　(c) 长期

图 4.4　时间和供给弹性

注：生产者有越多的时间对需求变动（此处，从 D_1 到 D_2）作出调整，它们就可以对产出变化作出更大幅度的调整。在图 4.4（a）所示的当前市场周期中，由于没有足够的时间去调整产量，因此供给是完全无弹性的。在图 4.4（b）所示的短期中，工厂设备的生产能力是固定的，但是通过改变其使用强度能够改变产量，因此供给更具有弹性。在图 4.4（c）所示的长期中，所有想实施的调整，包括工厂设备生产能力的改变，都可以做到，因此此时的供给更具有弹性。

□ 4.2.2　供给价格弹性：短期

微观经济学中的**短期（short term）**指的是，在该时期内，工厂设备的生产能力无法改变，但有足够时间增加设备的使用强度。在短期内，农民的生产设备（土地和农用器械）是固定的。但是在短期内，他们有时间通过投入更多的劳动力、更多的化肥和杀虫剂，来加大种植西红柿的强度。其结果是：作为对假设中的需求增加的反应，产出有所增加；这一更高的产量表示西红柿的供给更具弹性，如图 4.4（b）中 S_s 曲线所示。现在注意到，供给量的增加（从 Q_0 增加到 Q_s）刚好满足需求量的增加（从曲线 D_1 增加

到曲线 D_2），所以价格调整（从 P_0 上升 P_s）要比在市场周期中小。

□ 4.2.3 供给价格弹性：长期

微观经济学中的**长期（long run）**指的是，在该时期内，厂商有足够的时间调整工厂规模以及新厂商也有足够的时间进入（或者原有厂商退出）该行业。例如，在“西红柿”行业中，我们提到的这位农民有足够的时间获得额外的土地与购买更多的机器和设备。而且，随着时间的推移，其他农民也可能被增加的需求和较高的价格吸引到西红柿种植行业。这些调整会造成更大的供给反应，如图 4.4（c）中更富有弹性的供给曲线 S_L 所示。为应对需求从 D_1 增加到 D_2，价格将小幅度上升（从 P_0 上升到 P_L），产量将大幅度上升（从 Q_0 增加到 Q_L）。

应用分析

古董和复制品

《鉴宝》是由公共广播公司推出的一档广受欢迎的电视节目，人们将古董带到节目现场，然后由专家进行评估。当有些人得知他们的某件旧家具或者古怪的民族工艺品价值不菲（比如 30 000 美元或者更高）时，他们会非常兴奋。

某件特别的古董价格之所以高，是因为有强烈的需求、供给的有限性以及供给缺乏弹性。由于一件真品古董不能被复制出来，其供给量要么无法增加，要么当价格上升时稍微增加一点点。较高的价格会促进对其他留存下来的真品的发现，因而增加可供销售的数量，但是这一数量增加通常非常小。因此，古董和其他收藏品的供给几乎无弹性。对于独一无二的古董而言，供给是完全无弹性的。

随着时间的推移，人口增长、收入提高以及对古董收藏的热情高涨等因素，都会促使对古董需求的增加。由于古董的供给是有限的且是无弹性的，需求的这种增长极大地提高了古董的价格。

无弹性的真品古董和有弹性的现代“仿古”复制品形成鲜明的对比。复制品在家具店和小产品店随处可见。当复制品的需求增加时，企业只需增加产量就可以了。由于复制品的供给是非常有弹性的，需求的增加只会引起价格的轻微上涨。

问题：持有古董的人通常不愿将古董销售出去，这一事实如何加剧古董供给的无弹性？

应用分析

不稳定的黄金价格

黄金的价格非常不稳定，有时候会疯涨一段时间，而过一段时间又会陡降。黄金价格波动的主要原因在于需求的不断变化以及供给的高度无弹性。黄金生产是一个高成本且费时的过程，包括勘探、开采、提炼等环节。而且，黄金的自然存储量非常有限。由于这两个原因，黄金价格的上涨并不会引起供给量的大幅增加。相反地，黄金采矿业要想停工的话，成本也很高，而且现有金条的储存也非常昂贵。因此，价格下降不会带来黄金供给量的大幅度减少。简而言之，黄金的供给是无弹性的。

对黄金的需求部分来自对其用途的需要，如珠宝饰品、牙齿填补物和硬币。但是，人们也需要将黄金作为一种投机性金融投资。当出现一般性通货膨胀或者国内、国际动荡时，人们害怕货币或者传统投资方式会贬值，会增加对黄金的需求。当这些事件解决后，他们就会减少需求量。由于黄金的供给是无弹性的，即使需求量发生较小的变化，也会带来价格较大的变动。

问题：当前黄金的价格是多少？（参见 www.goldprices.com。）在过去的 12 个月中，最低和最高价格分别是多少？

4.3 需求收入弹性

需求收入弹性（income elasticity of demand）表示在一定时期内，消费者对某种产品需求量的变动对于消费者收入量变动的反应程度。需求收入弹性系数 E_i 由下面的公式决定：

$$E_i = \frac{\text{需求量变动的百分比}}{\text{收入变动的百分比}}$$

□ 4.3.1 正常品

对大多数产品而言，收入弹性系数 E_i 是正的，这意味着随着收入的增加，对它们的需求也在增加。这样的产品称为正常品或者优等品（本书第 3 章对其进行了描述）。但是 E_i 的值在各正常产品间也有很大的变化。例如，汽车的收入弹性约为＋3，而大多数农产品的收入弹性约为＋0.2。

□ 4.3.2 劣等品

负的需求收入弹性用来表示劣等品。二手床垫、长途公共汽车票、旧衣服以及某些冷冻食品都很有可能是劣等品。随着收入的增加，消费者会减少对劣等品的购买。

应用分析

在经济大萧条时期，哪些消费品的需求量减少得最多？

需求收入弹性系数提供了一个观察经济的新视角，如我们可以应用需求收入弹性分析大萧条是如何影响不同消费品的销量的。大萧条指实际产出持续下降两个或两个季度（6 个月）以上，通常会出现失业率的上升、企业利润的下降、消费者收入的减少以及对产品需求的减弱。在 2007 年 12 月，美国经济迎来了自 1950 后的第 10 次大萧条。由于抵押债务危机的深化，大萧条从 2008 年持续到 2009 年。当出现大萧条，人们的收入下降时，收入弹性系数就有助于预测哪些产品的需求将比其他产品下降得多。

收入弹性系数较高的产品，如汽车（E_i＝＋3）、住房（E_i＝＋1.5）和餐饮（E_i＝＋1.4），在大萧条时期都将遭遇严重的打击，而收入弹性较低或者为负的产品所受影响则较小。例如，食品（E_i＝＋0.2）受收入波动的影响就较小。当收入降低时，相比于电影票、奢侈的度假旅行以及宽屏电视而言，对食物、牙膏和卫生纸的购买量几乎没有下降。被视为必需品的这类产品比奢侈品的收入弹性系数低。当我们的收入下降时，我们不能轻易减少或者推迟对必需品的购买。

问题：在 2007—2009 年美国经济大萧条时期，为什么服装折扣店（如柯尔百货）的损失比高级服装精品店（如诺德斯特姆）的损失小？

4.4 需求的交叉弹性

需求的交叉弹性（cross-elasticity of demand）表示在一定时期内一种产品（如 X）需求量的变动对于它的相关产品（如 Y）的价格变动的反应程度。同计算其他简单的价格弹性系数的方法一样，需求的交叉弹性系数 E_{xy} 用产品 X 需求量变动的百分比与产品 Y 价格变动的百分比来表示：

$$E_{xy}=\frac{\text{产品 X 需求量变动的百分比}}{\text{产品 Y 价格变动的百分比}}$$

交叉弹性（或交叉价格弹性）的概念有助于我们更好地量化以及理解第 3 章介绍过的替代品和互补品。

□ 4.4.1 替代品

如果需求的交叉弹性为正，即 X 产品的销售量与 Y 产品的价格同方向变动，那么 X 和 Y 产品互为替代品。例如，依云矿泉水和可口可乐公司的矿泉水。可口可乐公司的矿泉水价格上升将会致使消费者购买更多的依云矿泉水，此时的交叉弹性为正。交叉弹性的系数越大，两种产品间的替代性就越强。

□ 4.4.2 互补品

当交叉弹性为负时，我们可知 X 产品和 Y 产品是“一起用的”，即一种产品的价格上升将会导致另一种产品的需求下降。这表明两种产品互为互补品。例如，数码产品价格的下降将会导致记忆卡购买量的上升。当交叉弹性为负时，其绝对值越大，两种产品的互补性也越强。

□ 4.4.3 独立品

交叉弹性等于零或接近于零，意味着两种产品不存在相关关系或是独立的。例如，课本和李子：课本价格的变动对李子的需求没有任何影响，反之亦然。

应用分析

利用交叉弹性制定商业决策和管理政策

用来度量两种产品间替代程度的交叉弹性系数，对企业和政府来说都很重要。例如，假设可口可乐公司正在考虑是否对其旗下的雪碧产品降价。该企业不仅要清楚雪碧的价格弹性系数（降低价格将会增加还是减少总收益），还要了解雪碧销量的增加是不是以牺牲可乐的销售量为代价？一种产品（可乐）的销售量对另一种产品（雪碧）的价格的敏感程度是多少？雪碧销售量的增加会在多大程度上“挤占”可乐的销售量？较低的价格弹性系数表示可乐和雪碧之间是较低的替代品关系，那么雪碧价格下降将几乎不会影响可乐的销售量。

政府也常常使用需求的交叉弹性来评估两家大企业的并购是否会大量减少竞争，进而违反反垄断法。例如，可口可乐和百事可乐的交叉弹性比较高，它们之间是很强的替代关系。另外，美国民众消费的75%的碳酸饮料都是这两种可乐。总而言之，较高的交叉弹性和巨大的市场份额都迫使政府尽可能地阻止这两家可乐公司并购，因为并购会很大程度地减少竞争。相反，可乐和汽油的交叉弹性很低且几乎为零。可口可乐和壳牌石油公司并购对竞争的影响很小，因此政府不会干预其并购。

问题：在2007—2009年的大萧条之前，为什么运动型多用途车（SUV）的销售量大幅度下降，而混合驱动汽车的销售量则大幅度上升？请根据需求的交叉弹性来回答。

小结

1. 需求价格弹性衡量消费者对价格变化的反应程度。如果消费者对于价格的变化相对敏感，需求就是有弹性的。如果消费者对价格的变化相对不敏感，需求就是无弹性的。

2. 价格弹性系数 E_d 衡量了需求有弹性或者无弹性的程度。该系数由下列公式决定：

$$E_d=\frac{\text{X 产品需求量变动的百分比}}{\text{X 产品价格变动的百分比}}$$

在决定价格和数量的变动百分比时，经济学家用变动前后的两个价格或数量的平均值作为参照点。如果 E_d 大于1，那么需求是有弹性的；如果 E_d 小于1，那么需求是无弹性的；而单位弹性是 E_d 等于1时的特殊情形。

3. 完全无弹性需求表现在图形上，为一条和纵轴平行的直线；完全弹性需求则表现为横轴上方一条与其平行的直线。

4. 总收益（*TR*）是在某一特定时期内，企业从产品销售中得到的总金额，用产品价格 P 乘以销售量 Q 来计算。在图形上，用位于需求曲线上某一点下方的 $P\times Q$ 的矩形区域来表示总收益。

5. 如果总收益和价格变化方向相反，需求就是有弹性的。如果总收益和价格变化方向相同，需求就是无弹性的。当需求是单位弹性时，价格变化就不会引起总收益变化。

6. 在一条需求曲线上，不同价格范围的弹性是变化的，其中，左上方比较富有弹性，而右下方比较缺乏弹性。不能通过需求曲线的陡峭或者平坦程度来判断弹性。

7. 替代品的数量、某种产品占一个人收入的百分比、该产品属于奢侈品还是必需品、调整的时间长短，都属于需求弹性的决定因素。

8. 弹性概念同样适用于供给。供给价格弹性系数的计算公式如下所示：

$$E_s=\frac{\text{X 产品供给量变动的百分比}}{\text{X 产品价格变动的百分比}}$$

用变动前后两个价格和数量的平均值作为计算百分比变动的参照点。

9. 供给弹性取决于在各种可能的用途之间转移资源的难易程度，它与生产者对价格变化作出调整的时间成正比。

10. 需求收入弹性表示的是消费者的需求量对于收入变化的反应程度。需求收入弹性系数的计算公式如下所示：

$$E_i=\frac{\text{需求量变动的百分比}}{\text{收入变动的百分比}}$$

11. 需求交叉弹性表示一种产品（X）的购买量对于另一种产品（Y）价格变化的反应程度。需求交叉弹性系数的计算公式如下所示：

$$E_{xy}=\frac{\text{产品 X 需求量变动的百分比}}{\text{产品 Y 价格变动的百分比}}$$

术语和概念

需求价格弹性
有弹性需求
无弹性需求
单位弹性
完全无弹性需求
完全弹性需求
总收益
总收益检验
供给价格弹性
市场周期
短期
长期
需求收入弹性
需求交叉弹性

思考题

1. 计算需求价格弹性的公式是什么？（就价格和数量的相对变化而言）价格弹性系数小于 1 意味着什么？等于 1 呢？大于 1 呢？

2. 在表中填写相应的需求数据，然后用 E_d 的价格弹性公式计算：当价格依次发生 4 个 1 美元的变化时，相应的需求价格弹性为多少？关于曲线的斜率与其弹性之间的关系，你能够得出什么结论？

产品价格（美元）	需求量
5	1
4	2
3	3
2	4
1	5

3. 需求价格弹性的主要决定因素有哪些？利用这些决定因素，思考并判断以下这些产品可能是有弹性的还是无弹性的：(a) 瓶装水；(b) 牙膏；(c) 佳洁士牙膏；(d) 番茄酱；(e) 钻石手链；(f) 微软的操作系统。

4. 如果规定大学生必须住学校宿舍，这对宿舍楼的需求价格弹性有何影响？这又将对房价有何影响？

5. 计算思考题 2 所列需求表中相应的总收益。根据价格和总收益的变化，对弹性的总收益检验进行描述。

6. 价格的下列变化分别如何影响总收益？也就是说，总收益会增加、减少还是保持不变？

a. 价格下降且需求是无弹性的。

b. 价格上涨且需求是有弹性的。

c. 价格上涨且供给是有弹性的。

d. 价格上涨且供给是无弹性的。

e. 价格上涨且需求是无弹性的。

f. 价格下降且需求是有弹性的。

g. 价格下降且需求是单位弹性的。

7. 你是税收委员会的主席，负责制价计划，通过征收消费税来增加收益。为什么需求弹性在你决定对哪些产品征税时非常重要？

8. 在 2006 年，威廉·德·库宁的抽象画《女人Ⅲ》以 1.375 亿美元的高价出售。在供给和需求图中画出这一销售行为，并对其供给弹性作出评价。喜剧演员 George Carlin 曾提出这样一个疑问：

"如果一张画能够被完美地复制，以至于可以蒙蔽某些专家的眼睛，为什么原画还是那么昂贵?"请给出答案。

9. 由于一项国家医疗保健法律的要求，在 1999 年，美国烟草公司必须把一包香烟的平均价格从 1.95 美元提高到 2.45 美元，下降的香烟销售量预计为 8%。这对于香烟的需求弹性意味着什么？请解释。

10. 电影、牙医服务和服装的需求收入弹性估计分别为+3.4，+1，+0.5。请解释这些系数。如果收入弹性系数为负，这意味着什么?

11. 假设产品 A 和产品 B 的交叉弹性为+3.6，而产品 C 和产品 D 的交叉弹性为−5.4。你能总结出 A 和 B 的关系吗？以及 C 和 D 的关系吗?

计算题

1. 请看图 4.2（a）中的需求曲线。利用中点公式、a 点和 b 点来计算需求曲线这一段的弹性。用同样的方法计算图 4.2（b）以及图 4.2（c）的需求曲线的弹性，其中，在图 4.2（b）中计算 c 点到 d 点这一段的弹性，在图 4.2（c）中计算 e 点到 f 点这一段的弹性。

2. 观察需求的增加如何影响需求弹性。将图 4.2（a）、图 4.2（b）、图 4.2（c）中的需求曲线向右移动 10 个单位。例如，图 4.2（a）中的 a 点右移后从位置（10 单位，2 美元）移动到（20 单位，2 美元），而 b 点右移后从位置（40 单位，1 美元）移动到（50 单位，1 美元）。进行完这些移动后，用中点公式计算移动后的需求弹性。它们比第 1 题中计算出的弹性大还是小？就中点公式而言，什么因素能够解释弹性的变化?

3. 假设一家销售篮球的企业，在每一个篮球定价为 30 美元时，总收益为 600 美元；而当每一个篮球定价为 20 美元时，总收益为 600 美元。在不用中点公式的情况下，你能辨别出这个价格范围内的需求是有弹性的、无弹性的还是单位弹性的?

4. Dammy 是社区里一个 9 岁的企业家。他最近的事业是贩卖他自己烘焙的巧克力糕饼。当每一个糕饼的价格为 1.5 美元时，他卖出去 100 个；而当每一个糕饼为 1 美元时，他卖出去 300 个。在这个价格范围内，需求是有弹性的还是无弹性的？当价格从 1 美元下降到 0.5 美元时，其需求弹性与 1.5 美元下降到 1 美元时的弹性相同，那么当价格从 1 美元下降到 0.5 美元时会增加还是减少 Dammy 的总收益?

5. 计算供给价格弹性的公式是什么？假设苹果的价格从每箱 20 美元上涨到了每箱 22 美元。作为直接反应，农场的供给量从 1 000 箱增加到了 1 200 箱。计算农场的供给价格弹性系数（中点方法）并判断它是供给有弹性的还是无弹性的。

6. **高级分析** 当前，在一直很热的罗斯汀镇，当每支冰棍 1 美元时，每天只能售出 100 支。考虑供给的弹性。在短期，当价格从 1 美元上升到 2 美元时，供给是单位弹性的（$E_s=1.0$）。那么在短期内，当每支冰棍价格上升到 2 美元时，每天能售出多少支冰棍？在长期内，当价格从 1 美元上升到 2 美元时，供给弹性为 1.5。在长期内，当每支冰棍价格上升到 2 美元时，每天能售出多少支冰棍？（提示：将中点方法应用到供给弹性中。）

7. Lorena 喜欢打高尔夫球。她每年打高尔夫球的场数取决于打一场高尔夫球的价格以及她自己的收入和其他休闲项目的成本——例如，不去打高尔夫球而去看电影的成本是多少。下表中的三组需求数据表示在三个不同的方案的不同价格下，Lorena 每年打高尔夫球的场数。在方案 D_1 中，Lorena 每年的收入是 50 000 美元，每场电影的费用是 9 美元。在方案 D_2 中，Lorena 每年的收入也是 50 000 美元，但是观看每场电影的费用上升至 11 美元。在方案 D_3 中，Lorena 年收入上升至 70 000 美元，而每场电影的费用是 11 美元。

需求量			
价格（美元）	D_1	D_2	D_3
50	15	10	15
35	25	15	30
20	40	20	50

a. 利用方案 D_1 和 D_2 中的数据，计算在三种不同的价格下，Lorena 对高尔夫球的需求交叉弹性。（提示：将中点方法应用到需求交叉弹性中。）在三种不同的价格下，需求交叉弹性是否相同？电影和高尔夫球互为替代品、互补品还是独立品？

b. 利用方案 D_2 和 D_3 中的数据，计算在三种不同的价格下，Lorena 对高尔夫球的收入弹性。（提示：将中点方法应用到需求收入弹性中。）在三种不同的价格下，收入弹性是否相同？高尔夫球是劣等品吗？

在 www. brue3e. com 中做进一步的测试

在本书的“在线学习中心”www. brue3e. com 中，你会找到一个或多个网络练习题，这些问题需要从网络上获取信息才能解答。我们强烈建议你完成这些问题，因为这些问题能够使你熟悉我们的网站，而我们的网站对你其他课程的学习，甚至你日后的事业都有帮助。“在线学习中心”提供了多项选择测试题，还能为你提供及时的反馈。该网站上还有许多有用的方法进一步测试你对本章知识的掌握情况。

第 5 章 市场失灵：公共产品和外部效应

学习完本章后，你应该能够：

1. 区分需求方市场失灵和供给方市场失灵。
2. 辨别公共产品和私人产品的不同之处，解释决定公共产品最优数量的方法。
3. 解释资源分配过程中产生正外部效应和负外部效应的原因，以及矫正措施。
4. 描述税收的获利原则和支付能力原则的区别。
5. 区别比例税、累进税以及累退税之间的差异。

竞争市场在配置社会稀缺资源以实现效用最大化方面，通常作用显著。但是市场也有一定的缺陷。在某些情况下，一些具有经济价值的产品无人生产；而在另外一些情况下，要么产量不足，要么产量过剩。这一章主要介绍**市场失灵（market failure）**，在竞争性市场机制的运行过程中，市场失灵主要表现在：(1) 某些产品的生产无法获得任何资源；(2) 分配给某些产品生产活动的资源过量或者不足。

当私人市场失灵时，政府的经济职能就会凸显出来。本章中，我们首先要考察政府的这一职能，它与公共产品和外部效应有关。政府主要通过税收政策、政府支出和行政手段来调节市场失灵，提高资源的配置效率。最后，在本章的末尾，我们将会指出潜在的政府低效率，这种低效率会妨碍政府经济目标的实现。

5.1 竞争性市场中[①]的市场失灵

从经济学角度看，竞争性市场通常能够“正确”地使用资源。然而，拥有众多买者和卖者、竞争十分激烈的市场并不足以保证资源的合理配置。竞争性市场有时也会出现市场失灵。本章的重点就是解释市场失灵如何出现和为什么出现，以及如何矫正市场失灵。

所幸，这一话题虽然很宽泛，内容却很简单。竞争性市场中的市场失灵主要分为两类：

- 当需求曲线不能够完全反映消费者对某件产品或服务的所有支付意愿时，就出现了**需求方市场失灵**（**demand-side market failures**）。
- 当供给曲线不能够完全反映生产某件产品或服务的所有成本时，就出现了**供给方市场失灵**（**supply-side market failures**）。

□ 5.1.1 需求方市场失灵

需求方市场失灵之所以会出现，是因为在某些情况下不可能向消费者索取他们愿意为某产品支付的最高价格。考虑一下户外烟花表演，人们享受烟花表演带来的乐趣，如果获得观看烟花表演权利的唯一方法是付费，那么人们是愿意为此花钱的。但是，诸如此类的表演是在室外并且是在公共场所进行的。人们并不是必须付钱才能观看到表演，因为并没有办法阻止那些不付钱的人同时享受该表演。私有企业因此不愿意组织户外烟花表演，因为对于它们来说，获得足够的表演收入来弥补成本几乎是不可能的。

□ 5.1.2 供给方市场失灵

当企业不需要为其生产的产品支付所有成本的时候，供给方市场失灵就出现了。考虑一家火力发电厂，运营这家火力发电厂的企业必须支付发电所使用的土地、劳动力、资本和企业家才能等资源的费用。但是如果企业没有为它释放到大气层中的烟尘支付成本，也就相当于它没有支付其他一系列成本——给其他人带来污染的成本。这些成本包括全球变暖的危害，影响野生动物的毒素危害，以及给顺风方向农作物带来的危害等。

市场失灵之所以会出现是因为在某些成本不能被完全补偿的情况下，市场不能够正确估计成本与收益。相比必须为其排放到大气层中的每吨烟尘支付费用的情况，不需要为这些烟尘支付成本的火力发电厂将生产更多的电力并造成更大的污染。这些超额产量的生产成本超过了其所带来的收益，很显然，它们是不应该被生产出来的。

---

① 当没有足够多的买家和卖家以保证竞争的时候，其他市场失灵也会出现。在这种情况下，竞争的缺乏将使买家或卖家为了自己的利益把购买量或销售量压缩到最优水平之下。例如，垄断企业，一个行业中唯一的厂商，能够通过限制产量来操纵市场价格，从而获取最大利润。

5.2 有效运行的市场

理解市场失灵的最好方法就是先理解良好运行的竞争性市场是怎样获得经济效率的。

竞争性市场不仅为消费者提供私人产品，而且将社会资源有效地配置到了不同产品上。生产者之间的竞争迫使它们使用最先进的技术以及最佳的生产要素组合。否则，更低成本的生产商会将把它们驱逐出行业。这样做的结果便是**生产效率（productive efficiency）**：任何产品都是以最低成本的方式进行生产的。比如说瓶装水，当社会以可以实现的最低单位成本进行生产时，它就用最少的资源生产了该产品，因此也使更多的资源可以用来生产其他需要的产品。假定社会中只有价值 100 美元的资源可供使用。如果它可以只用价值 1 美元的资源来生产一瓶水，那么就有价值 99 美元的资源可以用来生产其他产品。这显然比用 5 美元来生产一瓶水，而只有 95 美元的资源来生产其他产品的情况好得多。

竞争性市场也会带来**配置效率（allocative efficiency）**：给社会带来最高价值的产品和服务的**特定组合**（假定生产成本最低）。比如说，社会需要用高质量的矿泉水来生产瓶装水，而不是用来制造冰柜里的冰块。社会需要 MP3 播放器（例如 iPod），而不是留声机和录音机。而且，社会并不想将其所有资源都投向瓶装水和 MP3 播放器的生产，它也想把一部分资源分配给汽车和个人电脑。正如我们将要展示的，竞争性市场会对资源进行合理配置。

如果竞争性市场想要获得生产效率和配置效率，那么必须满足两个条件：市场需求曲线必须反映消费者的所有支付意愿，市场供给曲线必须反映生产者的所有生产成本。如果这些条件得到满足，那么市场生产的产量将使收益至少等于成本。

5.3 私人产品和公共产品

当需求曲线不能完全反映消费者对某件产品和服务的所有支付意愿时，竞争性市场中就出现了需求方市场失灵。在这种情况下，市场就不能生产出能带来净收益的产量，因为需求曲线低估了消费者愿意且能够支付的数量。这一低估在产品是公共产品的情况下达到了它的极端：市场将不会生产任何公共产品，因为需求曲线反映出消费者没有任何支付意愿。

□ 5.3.1 私人产品的特征

所谓的**私人产品（private goods）**是通过市场体系生产出来的。私人产品包括在超市和商店进行出售的所有产品，例如，汽车、衣服、个人电脑、家用电器和运动器材。私人产品有两个特征：竞争性和排他性。

- 竞争性（在消费中）意味着当某个人购买并消费了某件产品时，另一个人就不可能再购买和消费它了。当 Adams 购买并饮用完一瓶矿泉水后，Benson 就不能够再购买并饮用这瓶矿泉水了。

● 排他性意味着卖者可以将不对产品进行付费的人排除在产品所带来的益处之外。只有那些愿意并且有能力支付瓶装水市场价格的人，才能够获得这些饮品，并享受其带来的好处。

□ 5.3.2 供给有利可图

在市场中，消费者对私人产品的个人需求能够完全体现出来。如果 Adams 喜欢瓶装矿泉水，这一事实将通过她购买这种产品的欲望表现出来。在其他条件相同的情况下，瓶装水的价格越高，她愿意购买的瓶数就越少。所以，Adams 对瓶装水的需求反映了瓶装水的价格与其需求量之间的负相关关系。正如第 3 章所述，这仅仅是个人需求。

对某件私人产品的市场需求是通过水平加总个人需求计划表而得到的（回顾图 3.2)。假设市场上只有两个瓶装水消费者，并且每瓶水的价格是 1 美元。如果 Adams 购买 3 瓶，Benson 购买 2 瓶，市场需求反映的就是在 1 美元的价格下，消费者的需求量为 5 瓶。在其他价格水平下，对需求量进行水平加总，将得到市场需求计划表和市场需求曲线。

假设瓶装水的均衡价格是 1 美元。Adams 和 Benson 总共购买了 5 瓶，卖者将获得价值 5 美元的总收益（=1×5)。如果卖者的成本为每瓶 0.8 美元，那么总成本为 4 美元（=0.8×5)。所以卖者在每瓶要价 1 美元的情况下卖出 5 瓶，将获得 5 美元的总收益，产生 4 美元的总成本，赚取 1 美元的利润。

因为就私人产品而言，“满足市场需求”可以为企业带来利润，是有利可图的，因此，企业才会生产并销售这些产品。消费者需要私人产品，追逐利润的供给者便会生产私人产品来满足他们的需求。愿意支付市场价格的消费者就能够获得产品；不付费者则空手而归。一个竞争性的市场不仅为消费者提供私人产品，而且将社会资源有效地配置到了不同产品上。同时，既不会出现产量不足，也不会出现产量过剩的情况。

□ 5.3.3 公共产品的特征

公共产品（public goods) 有着与私人产品相反的特征。公共产品具有非竞争性和非排他性的特点。

● 非竞争性（在消费中）意味着某个人在消费一件产品的时候，不能排除其他人同时对此产品进行消费。每个人都能同时从公共产品中获益，例如，全球定位系统、国防、路灯和环境保护。

● 非排他性意味着一旦某种产品开始存在，就没有有效的方法能将某个人排除在该产品所带来的好处之外。

这两个特征带来了**“搭便车问题”(free-rider problem)**。一旦某个生产者提供了某件公共产品，包括未付费者在内的每个人都可以获益。大部分人都不会自愿为他们能够免费获得的东西付费，因此他们都成了搭便车者。如果生产者能够通过某种方法迫使人们付费，那么搭便车者就很有可能愿意对公共产品进行支付。但是非排他性意味着，生产者没有办法在将产品从搭便车那里收回的同时使少数付费者仍然可以享有该产品。综上所述，搭便车现象的存在意味着搭便车者的支付意愿没有在市场中体现出来。从生产者的角度来看，搭便车的现象降低了需求。搭便车者越多，需求则越少。如果所有的消费者都是搭便车者，需求将会跌落到零。

由搭便车现象所引起的低需求甚至零需求，使得私有企业在提供公共产品时几乎不可能获利。在几乎没有需求或者完全没有需求的情况下，企业不能通过有效地“满足市场需求”来获得收益和利润。因此，它们将不会生产公共产品。社会将承担效率损失，因为边际收益超过边际成本的产品没有被生产出来。因此，如果社会想要生产公共产品，它必须引导政府来提供该产品。因为公共产品仍旧显示出非排他性特征，所以政府也不能避免搭便车现象，同样也不可能向人们索要报酬。但是，因为政府可以通过向其他经济活动征税来为公共产品的生产进行融资，所以政府不需要担心营利问题。因此，即使私有企业不能提供公共产品，政府也可以提供。

公共产品的一个典型例子就是国防。绝大部分美国人都认为该项公共产品的支出属于合理支出，因为他们能够察觉到该项支出的收益是大于成本的。然而，一旦建立国防系统，所有的美国人都将受益（非竞争性），而且没有一种可行的办法将任何一个美国人排除在这种受益范围之外（非排他性）。

由于搭便车问题的存在，产品为个人提供的好处不能以有利可图的方式进行出售，因而私人企业不会承担全面的国防任务。所以，在这里我们看到了这样一种服务，它能带来大量的净收益，但是市场机制却不会为其分配足够多的资源。国防就是这样一种公共产品。通过投票给那些支持提供某些公共产品的政治候选人，社会发出了对这类产品的需求信号。由于搭便车问题的存在，政府将提供这些产品，并通过税收这种强制性收费为其进行融资。

公共产品的最优数量　如果消费者没有必要在市场上透露对公共产品的真实需求，那么我们怎样才能确定公共产品的最优数量呢？答案是政府必须通过问卷调查或公众投票的方式来估计公共产品的需求，然后比较每增加一单位公共产品所带来的边际收益与政府提供该产品所支付的边际成本，根据 $MB=MC$ 规则，政府就可以提供“正确”数量的公共产品了。

概念阐释

为艺术而艺术

假设一位有事业心的艺术家创作了一件成本为 600 美元的艺术品，获得允许后将其摆放在城镇的广场上。再假设 Jack 和 Dian 分别从这件艺术品中获得了价值 300 美元和价值 400 美元的享受。艺术家察觉到了这一享受的价值，并且希望从中获利，于是试图从 Jack 那里获得与效用大小相同的捐款。不幸的是，Jack 假装说他并不太喜欢这件作品。然后艺术家尝试说服 Dian，希望能得到 400 美元的捐款。同样的事情发生了：Dian 也说不喜欢这件作品。Jack 和 Dian 都成了搭便车者。尽管两人都觉得有点内疚，但他们认为没有必要在其他人都可以不付费就得到好处的东西上支付一笔费用。艺术家立即意识到了这些，他发誓再也不做这种事了。

问题：政府应该为陈列在城镇广场以及其他公共场所的艺术品出资的理由是什么？

测算需求 假设 Adams 和 Benson 是社会中仅有的两个人，表 5.1 中的第 1 列、第 2 列和第 3 列给出了他们各自对某件公共产品（这里是反恐战争）的支付意愿。经济学家可能是通过问卷调查的形式获得这些数据的，问卷内容则是关于每位公民愿意为不同种类和不同数量的公共产品支付多少费用这类假设性问题。

我们注意到表 5.1 的前四列是价格—数量计划表，也就是说它们是需求计划表。不同于以往对需求的描述（在每一价格水平下某人愿意购买的产品数量），这里的计划表显示的是某人愿意为增加额外一单位产品所支付的价格，即 Adams 愿意为第一单位的公共产品支付 4 美元，为第二单位支付 3 美元，为第三单位支付 2 美元，依此类推。

表 5.1 **两个人对一件公共产品的最优需求量**

(1)	(2)		(3)		(4)	(5)
公共产品的数量	Adams 的支付意愿（价格，美元）		Benson 的支付意愿（价格，美元）		总的支付意愿（价格，美元）	边际成本（美元）
1	4	+	5	=	9	3
2	3	+	4	=	7	4
3	2	+	3	=	5	5
4	1	+	2	=	3	6
5	0	+	1	=	1	7

假设政府生产了 1 单位该公共产品，由于非竞争性的存在，Adams 对公共产品的消费并不能阻止 Benson 同时对其进行消费，反之亦然。如此一来，两个人都消费了该公共产品，但却都不愿意为其付费。从表 5.1 中我们可以知道这两人所愿意支付的数额，而不会出现都不愿意拥有这 1 单位公共产品的情况。表中的第（1）列和第（2）列显示出，Adams 愿意为第一单位的公共产品支付 4 美元，而第（1）列和第（3）列则显示出 Benson 愿意为这一单位支付 5 美元。因此，两人总共愿意支付 9 美元（=4+5）来购买这第一单位的公共产品。

对于第二单位的公共产品而言，两人总共愿意支付 7 美元（=3+4）；对于第三单位而言，他们愿意支付 5 美元（=2+3），依此类推。通过查找增加额外一单位公共产品的总支付意愿（第（4）列），我们可以构建该公共产品的总需求计划表（支付意愿计划表）。在这里，我们不是像确定私人产品的市场需求一样将每个可能价格水平下的需求量进行加总，而是将每个可能需求量下人们对最后一单位公共产品所愿意支付的价格进行加总。

表 5.1 中的第（1）列和第（4）列（例如，对于第二单位的公共产品，Adams 和 Benson 总共愿意支付 7 美元）意味着什么？它意味着对于该单位公共产品，他们总共希望从中得到价值 7 美元的额外收益或者效用。实际上，第（4）列揭示出了每一单位公共产品所带来的总边际收益。

□ 5.3.4 比较边际收益和边际成本

现在我们假设提供该公共产品的边际成本如表 5.1 中的第（5）列所示。正如第 1 章所解释过的，随着某产品产量的增加，边际成本呈现出上升趋势。就给出的边际成本数据而言，政府应该提供多少单位的该公共产品呢？答案是最优数量出现在边际收益等于边际成本那一点上。在表5.1中，当数量为3单位时，对第三单位产品的总支付意愿（5美元的边际收益）刚好等于该单位产品5美元的边际成本。正如我们在第1章中所看到的，使边际收益与边际成本相等能够有效率地配置社会稀缺资源。

应用分析

成本—收益分析

上述例子为我们提供了一种实用的方法，称为**成本—收益分析法（cost-benefit analysis）**，该方法可判断是否应该提供某种公共产品，以及提供多少数量的该种公共产品。就像我们的例子一样，成本—收益分析（或边际成本—边际收益分析）包括了对边际成本和边际收益的比较。

假设联邦政府正在考虑一个修建高速公路的计划。因为经济资源有限，任何在公共部门使用更多资源的决策都意味着可用于私有部门的资源将减少。此时，既存在成本，也存在收益：成本将是私人产品产量减少所带来的效用损失；收益将是公共产品产量增加所带来的额外效用。是否应当将私有部门所需的资源转移至公共部门？如果增加的公共产品所带来的收益超过了由于私人产品产量减少所带来的成本，那么答案就是肯定的。如果损失的私人产品所带来的成本超过了增加的公共产品所带来的收益，那么答案就是否定的。

然而，成本—收益分析不仅可以指出一个公共项目是否值得实施，它还可以帮助政府决定一个项目的规模可以推进到多大程度。现实生活中的经济问题往往不能用简单的“是”或“否”来回答，常常需要回答诸如“多大”或“多小”之类的问题。

普通公路和高速公路当然也可以由私人运营，因为只要存在收费站，排他性就可能存在。然而，联邦高速公路几乎完全不具有排他性，任何人在任何时间都可以自由地驶入和驶出。联邦高速公路因此满足了公共产品的其中一个特征：非排他性。除非高速公路已经异常拥堵，一个人在高速公路上行驶并不能阻止其他人也在高速公路上行驶，这一事实说明了高速公路满足公共产品的另一个特征：非竞争性。因此，联邦高速公路系统实际上是公共产品。我们不禁要问：联邦政府是否应该扩建高速公路系统呢？如果是，整个项目的规模和范围该多大才合适呢？

表5.2列出了几组越来越耗时费力，即成本越来越高的高速公路项目：拓宽现有的二车道高速公路；新建二车道高速公路；新建四车道高速公路；新建六车道高速公路。政府应该实施的高速公路建设项目取决于其成本与收益。这些成本主要是建造和保养高速公路的费用；收益则为国内人员和产品的更好流通。

表5.2显示，计划A、计划B和计划C的年总收益（第（4）列）超过了年总成本（第（2）列），这说明了某些高速公路的建设项目在经济上是可行的。这一点可以从第（6）列中直接看出，其表示的是年总收益（第（4）列）减去年总成本（第（2）列）后的余额。计划A、计划B和计划C的净收益都为正，而计划D由于净收益为负，在经济上是不可行的。

项目的最优规模和范围的问题依然存在。要对这一问题作出回答，需要将每个计划的边际成本（总成本的改变量）与边际收益（总收益的改变量）进行比较。从前面的讨论中你将清楚地知道：只要边际收益（第（5）列）超过了边际成本（第（3）列），就应该扩大该活动、项目或产出。在边际收益等于边际成本时（或尽可能接近此条件时），停止该活动。切忌实施边际成本超过边际收益的项目。

表 5.2　　国家高速公路建设项目的成本—收益分析　　单位：十亿美元

(1) 计划	(2) 项目的总成本	(3) 边际成本	(4) 总收益	(5) 边际收益	(6) 净收益 (4) − (2)
不新建公路	0		0		0
		4		5	
A. 扩宽现有公路	4		5		1
		6		8	
B. 新建二车道公路	10		13		3
		8		10	
C. 新建四车道公路	18		23		5
		10		3	
D. 新建六车道公路	28		26		−2

在这个例子中，计划 C（新建四车道高速公路）是最佳方案。计划 A 和计划 B 都太过保守，因为其边际收益超过了边际成本。计划 D 的边际成本（100 亿美元）超过了边际收益（30 亿美元），因而是不可行的，该计划配给的资源过多。计划 C 最接近理论上的最佳方案，尽管其边际收益（100 亿美元）仍超过了边际成本（80 美元），但是基本上接近 $MB=MC$ 的理想状态。

这一边际成本—边际收益分析方法告诉政府哪项计划的总收益超过总成本最多，换句话说就是，哪项计划能为社会带来最大的净收益。你可以从第（6）列中直接确定计划 C 的净收益（50 亿美元）是最大的。

问题：你认为一般来说，衡量公共产品的成本还是收益更容易？请说明你的理由。

5.4　外部效应

除了提供公共产品外，政府通过纠正由外部效应引起的市场失灵也能够提高经济中资源的配置效率。当某种产品或服务的一部分成本或收益被传递给或“溢出到”非直接买者或卖者的身上时，就产生了**外部效应（externality）**。外部效应表示市场交易之外的第三方所获得的收益或承担的成本。

□ 5.4.1　负外部效应

由于生产和消费某产品或服务而给第三方造成的没有得到补偿的成本，被称为**负外部效应（negative externalities）**。环境污染就是这样一个例子。当一个化学材料制造商或者一家肉类加工厂把废水倾倒在湖里或河里时，游泳者、渔夫和乘船者等就遭受了负外部效应。当一家炼油厂释放的废气污染了空气，或者一家造纸厂排放了难闻的气体时，社区并没有为此获得补偿，它便遭受了负外部效应。

图 5.1（a）说明了负外部效应如何影响资源配置。当生产者以溢出成本的方式将其部分成本转移给社会的时候，它们的边际成本将低于没有溢出成本时的情况。因此，它们的供给曲线并没有合理地包括或“抓住”与其产品生产相关的所有成本。所以，图 5.1（a）所示的供给曲线 S 低估了造成污染的企业的总生产成本。其供给曲线位于总成

本供给曲线 S_t 的右边（或者下方），而总成本供给曲线是包含了负外部效应的。通过将污染成本转移给社会，企业承担了较低的生产成本，因此拥有了供给曲线 S。

资源配置的结果如图 5.1（a）所示，此时均衡产量 Q_e 大于最优产量 Q_o。由于资源被过度配置到这个产品的生产上，就产生了市场失灵，过多的产品被生产出来。实际上，从产量 Q_o 到 Q_e 的每单位产出都给社会造成了净亏损，因为对于这些单位的产出而言，包括所有成本的供给曲线 S_t 位于需求曲线 S 之上。因此，这些单位的边际成本（MC）超过了其边际收益（MB）。用来生产这些单位产品的资源本应该用在经济中别的地方，生产别的产品。

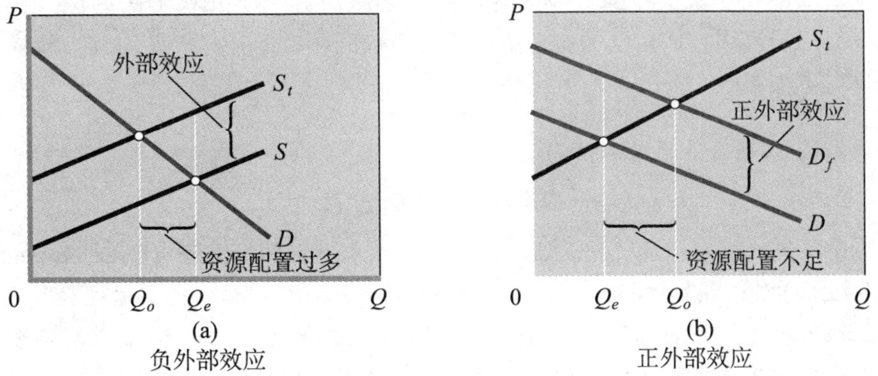

图 5.1　负外部效应和正外部效应

注：在图 5.1（a）中，由于负外部效应将由社会承担，生产者的供给曲线 S 位于总成本供给曲线 S_t 的右边（下方）。因此，均衡产量 Q_e 大于最优产量 Q_o。在图 5.1（b）中，当社会获得了正外部效应时，市场需求曲线 D 位于总收益需求曲线 D_f 的左边（下方）。因此，均衡产量 Q_e 小于最优产量 Q_o。

□ 5.4.2　正外部效应

有时候，溢出也表现为外部收益。某些产品和服务的生产或消费可能在没有得到补偿支付的前提下，给第三方或社会带来大量的溢出收益或外部收益。如对麻疹和脊髓灰质炎的免疫接种会给疫苗的接种者带来直接利益，同时也给整个社会带了巨大且范围极广的正外部效应。

教育是**正外部效应（positive externalities）**的另一个例子。教育为接受教育的个人带来了好处：受过良好教育的人通常会比未受过良好教育的人获得更高的收入，教育也会为社会带来好处：一方面，为社会提供了更加多才多艺、生产能力更强的劳动力；另一方面，则可以减少在预防犯罪、执法司法和福利计划等项目上的开支。

图 5.1（b）说明了正外部效应对资源配置的影响。当出现正外部效应时，市场需求曲线 D 位于总收益需求曲线 D_f 的左侧（或者下方）。也就是说，曲线 D 并未包含该产品的正外部效应，而曲线 D_f 则包括了正外部效应。考虑一下为了预防某种传染性疾病而接种疫苗这一例子。当约翰接种了预防某种疾病的疫苗后，这不仅为他带来了好处（因为他再也不会染上该疾病了），也为他周围的人带来了好处（因为他们知道以后他都不会将该疾病传染给他们）。我们可以设想这些人愿意为约翰接种疫苗给他们带来的好处支付一定的费用，但是因为没有有效的办法使他们支付该费用，因此市场需求曲线反

映的仅仅是约翰所获得的个人的、直接的收益。该需求曲线没有反映出给约翰周围的人所带来的正外部效应（溢出收益），而曲线 D_f 却包含了这一收益。

如图 5.1（b）所示，资源配置的结果便是均衡产量 Q_e 小于最优产量 Q_o。市场无法生产出足够多的疫苗，因为生产疫苗的资源配置不足。产量不足意味着社会损失了潜在的净收益。从产量 Q_e 到产量 Q_o，包含了所有收益的需求曲线 D_f 均位于包含了所有成本的供给曲线之上（其中包括生产这些单位产品所需资源能够生产出其他产品的机会成本）。因此，就这些单位的产品而言，其边际收益超过了边际成本，社会应当把生产其他产品的资源重新调配出来，以生产这些为社会带来净收益的产品。

对于负外部效应和正外部效应问题，经济学家研究出了几种解决办法。在有些时候，私有部门能够用它们自己的方法解决外部效应问题；而在另一些时候，政府部门的干预则显得更加有效。

概念阐释

养蜂人和科斯定理

经济学家罗纳德·科斯（Ronald Coase）凭借其提出的**科斯定理（Coase theorem）**获得了诺贝尔经济学奖，该定理指出，在适当的条件下，个体之间通常能够通过私人协商来达成令双方都满意的外部效应问题解决方案，而不需要政府干预，例如，征收环境污染税。

这是一个非常重要的观点，因为它意味着当我们遇到潜在的外部效应问题时，并不是每次都需要寻求政府干预。现在考虑一下蜜蜂给农作物授粉所带来的正外部效应。我们是否应该得出如下结论：除非政府进行干预（比如说提供补贴修建更多的蜂房，从而为更多的农作物授粉），否则就没有养蜂人愿意养殖足够多的蜜蜂。

而现实结果则是，不需要。研究表明，很早之前，农民和养蜂人就已经通过私人协商的方法达成了惯例，建立起支付体系，以防止农民搭便车，并鼓励养蜂人维持最优数量的蜂房。通过某地区所有农民同时雇佣养蜂人，让其蜜蜂为农作物授粉这一惯例，就能够避免搭便车问题，而农民需要对养蜂人提供的授粉服务付费，因为如果他们不付费，在未来将没有养蜂人愿意跟他们一起合作，而授粉不足将导致农作物产量大幅度减少。

“蜜蜂的故事”很好地提醒了我们：解决外部效应问题必须要有政府参与是一个谬论。在许多情况下，私有部门可以采用它们自己的方式解决正外部效应和负外部效应问题。

问题：假设在一个小镇上有大量的家庭菜农需要给他们的蔬菜和水果作物进行授粉，但是没有一个人能够单独承担一个专业养蜂人的费用。这种情况将如何导致养蜂人数目的减少？政府需要在其中承担一定责任吗？

□ 5.4.3 政府干预

当外部效应影响了一大群人或者当公众的利益受到威胁时，就需要政府干预来获得经济效率。政府可以使用直接控制和税收的方法来解决负外部效应（溢出成本）问题；也可以使用提供补贴和公共产品等方法来解决正外部效应（溢出收益）问题。

直接控制 减少某种活动的负外部效应的最直接方法就是立法限制该活动，而这样的直接控制将强制性地使违法企业承担其违法活动的实际成本。到目前为止，这种方法在美国公共政策中占主导地位。《空气清洁法案》提出了统一排放标准（允许的污染排放量），并迫使工厂和企业使用“可实现的最大限度控制污染技术”来减少有毒化学物的排放。该法案还要求减少（1）汽车尾气的排放，（2）导致臭氧层减少的氟氯化碳（CFC）的使用，以及（3）燃煤设备所排放的二氧化硫，以降低酸雨对湖泊和森林的破坏。此外，《水清洁法案》还限制了企业排放到河流、港湾的废水中的重金属和洗涤剂含量。《有毒废物法案》为处置受污染的土壤和溶剂而规定了特殊的处理过程和地点。违反这些法律就意味着要收到罚单，在某些情况下，甚至是监禁。

直接控制提高了生产的边际成本，因为企业必须采用并维护污染控制设备。将图 5.2（b）中没有反映出负外部效应的供给曲线 S 左移（上移），就得到了总成本供给曲线 S_t。产品的价格上升，均衡产量从 Q_e 降低到了 Q_o，使图 5.2（a）中最初的资源过度配置得到了矫正。

特种税 政府用来矫正负外部效应的第二个政策手段就是对相关产品征税或者收费。例如，氟氯化碳会破坏大气中保护地球免受太阳紫外线过度辐射的臭氧层，因而政府已经对该物质的生产施加了消费税。面对这类消费税，厂商必须决定是支付税款还是花费额外的资金来购买或者开发替代产品。无论是哪种情况，该种税都增加了生产氟氯化碳的边际成本，使得该产品生产者的供给曲线左移（或上移）。

补贴和政府供给 哪些政策在处理正外部效应问题时是有用的？当正外部效应范围很广且分散时，如前面的疫苗接种例子，政府可以通过三种方法来矫正资源配置的不足。

● **补贴消费者** 图 5.3（a）再一次表示了存在正外部效应时的供给—需求状况。政府可以通过给予产品消费者补贴来矫正资源的配置不足（例如，疫苗接种）。在美国，给每位新生儿母亲发放用于孩子接种一系列疫苗的折扣券，该折扣券可使母亲们支付的预防接种价格降低比如说 50%。如图 5.3（b）所示，该项目将使预防接种的需求曲线从很低的 D 移动到合适的 D_t，疫苗的产量将从 Q_e 增加到经济最优水平 Q_o，矫正了图 5.3（a）所示的资源的配置不足。

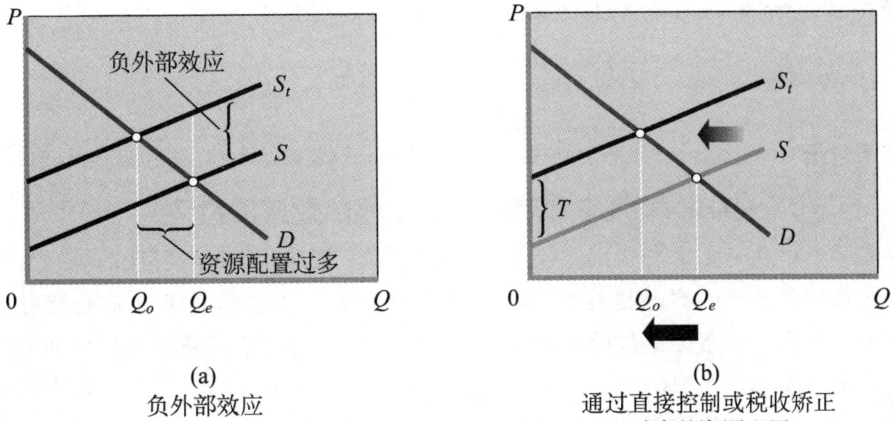

(a)
负外部效应

(b)
通过直接控制或税收矫正过度的资源配置

图 5.2 矫正负外部效应

注：在图 5.2（a）中，负外部效应（溢出成本）导致了资源的过度配置。在图 5.2（b）中，政府可以通过两种办法来矫正这种过度配置：（1）使用直接控制，使供给曲线从 S 移动到 S_t，均衡产量从 Q_e 下降到 Q_o。（2）征收特种税 T，也可以使供给曲线从 S 移动到 S_t，消除资源的过度配置。

● **补贴生产者** 给予生产者补贴将会产生与征收特种税反方向的效果。税收给生产者带来了额外的成本，而补贴则减少了生产者的成本。如图 5.3（c）所示，每一次预防接种，医生和诊所都可得到补贴 U，从而使预防接种的边际成本减少，供给曲线从 S_t 右移至 S_t'。疫苗的产量将从 Q_e 增加到经济的最优水平 Q_o，矫正了图 5.3（a）所示的资源的配置不足。

● **政府供给** 最后，当正外部效应极为巨大时，政府可以决定免费提供该产品或者只收取一个最低的费用。政府提供许多在生产和配送方面能够实现排他性的产品。这类产品被称为**准公共产品（quasi-public goods）**，其中包括教育、街道和高速公路、警察和消防、图书馆和博物馆、预防类药物以及污水处理等。由于只存在极小的搭便车问题，因此它们全都可以通过市场机制来定价，并由私人企业来提供。但是由于外部收益超出了各个消费者的受益范围，所以在市场机制下它们是供应不足的，因而，政府往往会提供准公共产品。

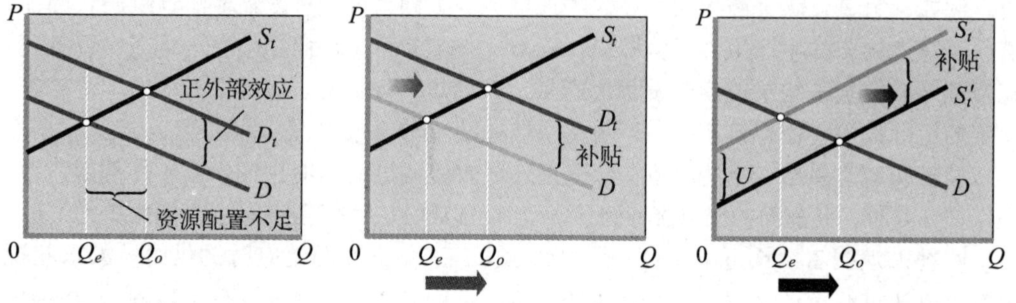

(a)
正外部效应

(b)
通过向消费者提供补贴
来矫正资源配置不足问题

(c)
通过向生产者提供补贴
来矫正资源配置不足问题

图 5.3 矫正正外部效应

注：图 5.3（a）中的正外部效应（溢出收益）导致了资源的配置不足。在图 5.3（b）中，政府可以通过给予消费者补贴来矫正这种资源配置不足，从而使市场需求曲线从 D 移动至 D_t，产量从 Q_e 增加到 Q_o。在图 5.3（c）中，政府通过给生产者提供补贴 U，可以消除资源的配置不足问题，使它们的供给曲线从 S_t 移动至 S_t'，产量从 Q_e 增加到 Q_o。

应用分析

Lojack 汽车追踪系统：正外部效应的案例

经济学家伊恩·艾尔斯（Ian Ayres）和史蒂文·莱维特（Steven Levitt）发现，某些对个人犯罪所进行的防范措施只不过使犯罪行为进行了重新分布，而并没有使其减少。例如，安装了红色警报灯的汽车警报系统只会使职业盗车贼将目标投向那些没有安装此类报警灯和警报系统的车辆。安装了警报系统的车主会从中受益，因为车辆被盗的可能性降低了，但却给其他未安装警报系统的车主增加了被盗车的风险。因为其他车辆装有可视的安全系统，他们的车则更有可能成为盗车贼的目标。

相比之下，某些个人犯罪的防范措施确实能够起到降低犯罪的作用，而不仅仅是导致犯罪的重新分布。一种办法就是安装 Lojack（或者类似的）汽车追踪系统。Lojack 汽车追踪系统是一个可以隐藏于车内任何地方的微小的无线电发射器。当车主报失时，警方可以远程激活该发射器。然后，警方便可以找出该车的精确位置，并追踪其接下来的行踪。

此类车主将受益，因为装有 Lojack 系统的 95%的车辆追回率大大高于没有安装此系统的 60%的车辆追回率。但是，根据艾尔斯和莱维特的一项研究，该车主的收益只占总收益的 10%，其余 90%的总收益是外部性的，即给社区里的其他车主所带来的溢出收益。

这个正外部效应有两个来源。第一，该汽车追踪系统的存在使警方有时候在盗车贼还在驾驶赃车的时候就能够将其拦截。例如，在美国加州，相对于没有安装诸如 Lojack 之类的追踪系统的汽车，盗取安装了这个系统车辆的盗车贼的逮捕率要高出三倍。盗车贼将会服刑一段时间，进而减少了该社区接下来车辆被盗的机会。第二，更重要的是，该装置使得警方能够追踪车辆至拆卸厂，也就是盗车贼将赃车拆卸以销售零件的场所。在警方对拆卸厂进行突击搜查后，盗车团伙将无法继续从事该犯罪行业。仅洛杉矶一个地方，Lojack 系统在短短几年内就查获了 45 家拆卸厂。拆卸厂和盗车团伙的清除将降低该社区的车辆被盗率，因此，没在车内安装 Lojack 装置的车主将受益于安装了该系统的车主。据艾尔斯和莱维特估计，类似 Lojack 的汽车追踪系统的边际社会收益（即装有该系统的车主的边际收益加上其他车主所获得的溢出收益）比该装置的边际成本高出 15 倍。

我们从图 5.3（a）中可知，正外部效应的存在会导致产品数量不足，也就是说，生产该产品的资源配置不足。矫正这一结果的两种惯常办法就是给消费者提供补贴（如图 5.3（b）所示），或者给生产者提供补贴（如图 5.3（c）所示）。目前，只有一种恰当的政府干预方式：政府规定，凡是装有汽车追踪系统（如 Lojack）的车主都将享有保险折扣。实际上，这降低了消费者为该系统支付的价格，这种保费的折扣也就相当于给消费者提供了补贴。较低的价格增加了系统的安装数量。但是，根据艾尔斯和莱维特的研究，他们认为目前保险折扣的幅度实在太小，以至于不足以矫正由于汽车追踪系统造成的正外部效应所带来的资源配置不足问题。

问题：除了规定安装了汽车追踪系统的车主能够获得保费折扣外，政府还可以做什么来增加此汽车装置的使用量？

资料来源：Ian Ayres and Steven D. Levitt, "Measuring Positive Externalities from Unobservable Victim Precaution: An Empirical Analysis of Lojack," *Quarterly Journal of Economics*, February 1998, pp. 43-47.

应用分析

减少温室气体排放

由人类活动产生的温室气体所造成的气候变化是负外部效应的一个例子。为减少碳——一种主要的温室气体——的排放量，有人建议采取征收二氧化碳税和总量管制与交易制度等措施。

对排放到空气中的每吨二氧化碳征税，将导致那些在生产过程中将碳排放到空气中的企业的边际生产成本增加。由于边际成本的增加，受到征税影响的市场供给曲线将向左移动（如图 5.1 所示，从曲线 S 移至曲线 S_t）。这一减小的市场供给将使均衡价格上升，均衡产量下降。在更低的产量水平下，这些行业的碳排放量也会相应减少。

一旦实施二氧化碳税，政府就只能对经济活动实行最低程度的干预。联邦政府可以将该项税收用于研究更加清洁的生产技术，或者用该收入来降低其他税种的征税数量。但是天下没有免费的午餐：根据2007年的研究，如果向空气中排放的每吨二氧化碳征收15美元的税，每加仑汽油的价格预计会上涨14美分，每千瓦时电的价格会上涨1.63美分，每吨煤的价格上涨28.5美元，每桶原油的价格上涨6.48美元。

另一个方法是总量管制与交易制度。该制度创造了将某些污染物排放到空气或水中的许可权交易市场。这些许可权以允许排放的污染量的形式进行分配，并在许可权交易市场上进行买卖。每份许可权都规定了污染物的可排放量。买卖许可权的决定取决于，相对于许可权的市场价格，企业降低污染的成本的大小。例如，许可权的买方通常是这些人：他们减少污染物排放量的成本超过了购买许可权以使他们能够继续排放这些污染物的成本。

正如目前对二氧化硫排放所采取的措施一样，联邦政府也可以给总的碳排放量设定最高限额，然后将排放权利分发出去或者进行拍卖。在前面所讨论的方法中，总量管制与交易制度可以减少由于降低碳排放量所引起的社会总成本。从这方面考虑，它比采取直接控制（要求温室气体的每个排放者都降低一个固定百分比的污染物排放量）更有效率。目前存在的总量管制与交易制度（包括目前欧洲的碳许可证交易市场）证明它是有效的，但是这类制度需要大量的政府监督和不折不扣的执行措施。

问题：为什么污染物排放权价格的上涨将激励企业使用更清洁的生产方法？

表5.3列举了矫正外部效应的几个方法，其中包括了截至目前我们讨论过的方法。

表5.3　矫正外部效应的方法

问题	资源配置结果	矫正措施
负外部性（溢出成本）	产出过量，因此资源配置过度	1. 私人协商
		2. 责任条款和诉诸法庭
		3. 对生产者征税
		4. 直接控制
		5. 外部效应许可权交易市场
正外部性（溢出收益）	产出不足，因此资源配置不足	1. 私人协商
		2. 补贴消费者
		3. 补贴生产者
		4. 政府供给

□ 5.4.4　社会的最优外部效应减少量

负外部效应（如污染）会减少这些受其影响的人们的效用。这些溢出的物品不是好的经济产品，而是"坏"的经济产品。如果某样东西是"不好"的，难道社会不应该淘汰它吗？为什么社会允许企业或者城市将未净化的污水排放到公共管道，或者将废气排放到空气中？

经济学家对这些问题的回答是：减少污染和负外部效应并不是免费的。减少污染既存在收益，也存在成本。因此，当涉及消除负外部效应时，正确的问题不是"我们造成了过多的污染或零污染吗?”这是一个要么包括所有，要么什么都不包括的问题，忽视了边际成本和边际收益。相反，正确的问题应该是：“减少负外部效应的最优数量是多少？是消除负外部效应所承担的边际成本与更清洁的环境所带来的边际收益相等的那一点吗?”

减少负外部效应存在一个“价格”。社会必须决定它想“购买”多少减少量。高成本意味着完全消除污染也许并不是最理想的，即使这在技术上是可行的。由于收益递减规律，减少从大烟囱里排放出的第二个10%的污染物通常比减少第一个10%的污染物的成本要高，减少第三个10%的成本又比减少第二个10%要高，依此类推。因此，消除最后一个10%的污染物的成本是所有成本中最高的。

随着污染物减少量的增加，企业的边际成本，进而社会边际成本（使用额外资源的机会成本）也越来越高。在某一点处，边际成本将会上升到非常高的水平，以至于超过了进一步减少污染物所获得的社会边际收益。进一步减少污染物的措施将因此降低社会的福利，总成本的增加量将超过总收益的增加量。

***MC*，*MB* 和均衡产量** 图5.4表示在减少污染的过程中，逐渐上升的边际成本曲线 *MC* 和逐渐下降的边际收益曲线 *MB*。*MB* 之所以向下倾斜是由于边际效用递减规律：随着社会污染减排量的增加，从下一单位污染减排中所获得的效用（收益）将越来越低。

当减少一单位外部效应的社会边际成本与社会边际收益相等时（$MC=MB$），就得到了**外部效应的最优减少量（optimal reduction of an externality）**。在图5.4中，这个污染物的最优减少量就是 Q_1 单位。当 *MB* 超过 *MC* 时，额外的污染物减排量将使社会的经济效率增加；更加清洁的空气或水源所增加的额外收益将超过所需资源被用于其他途径所带来的额外收益。当 *MC* 超过 *MB* 时，额外的污染物减排量将降低经济效率；将资源用于其他途径所获得的收益将超过用于进一步减少污染所获得的收益。

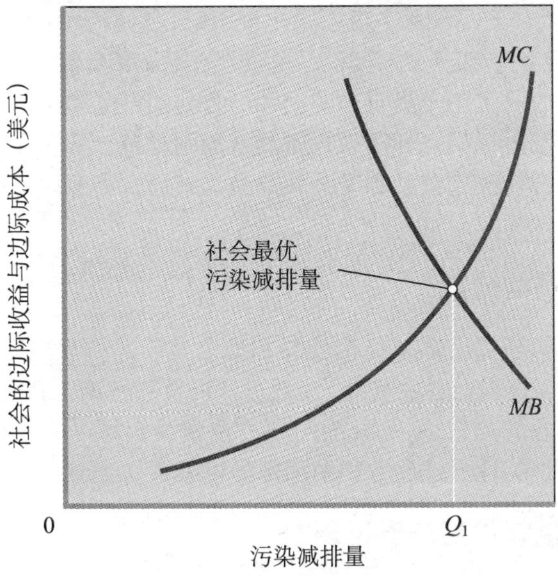

图5.4 社会的最优污染减少量

注：负外部效应的最优减少量（在本例中为污染减少量）出现在 Q_1 处，此时减少负外部效应而承担的社会边际成本 *MC* 与获得的社会边际收益 *MB* 相等。

在现实中，通常很难测量控制污染的边际成本和边际收益。图 5.4 显示，一定数量的污染的存在是具有经济效率的。之所以会这样，并不是因为污染是可取的，而是因为超过了某一控制水平，进一步地减少污染会降低社会的净福利。例如，清理美国的最后一块垃圾可能需要花掉政府数十亿美元的费用。当将少处理一些垃圾所节约出来的费用用在别的地方会带来更大的净收益时，忍受一些到处飘荡的垃圾是更可取的做法。

曲线位置的转移 图 5.4 中边际成本曲线和边际收益曲线的位置不是永远固定的。它们可以，也许确实在随着时间移动而移动。例如，污染控制设备的技术得到了显著的改进，我们预期减少污染排放的成本将会下降，社会的 *MC* 曲线会向右移动，污染的最优减少量将会上升。或者假设，由于新闻报道了污染对人体健康造成的负面影响，社会因此决定需要更干净的空气和水源，图 5.4 中的 *MB* 曲线将向右移动，而污染控制的最优水平将增加到超过 Q_1。通过在图 5.4 中画出新的 *MC* 曲线和 *MB* 曲线来检测你对这些表述的理解。

5.5 为公共部门融资：税收

如何把资源从私人产品的生产中重新配置到公共产品（和准公共产品）的生产中去？矫正外部效应问题的政府项目从何处获得资金？如果经济中的资源已经被充分利用了，那么政府就必须将资源从私人产品的生产中释放出来，使它们能够用来生产公共产品和准公共产品。政府通过减少对私人产品的需求来做到这一点。它通过对家庭和企业征税，将它们的部分收入从资源市场的循环流中抽取出来。家庭和企业由于收入减少，因而购买力下降，所以必须削减开支。

最终，私人部门对于产品和服务的需求出现下降，对资源的需求也同样下降。因此，通过将私有部门的购买力转移到政府部门，税收将资源从私有部门转移到公共领域。

然后，政府把税收收入用于提供公共的和准公共的产品和服务。税收把资源从私有消费品（食品、服装和电视机）和私人投资品（印刷设备、货车和仓库）的生产中释放出来。政府把这些资源转移到公共和准公共产品（邮局、潜艇、公园）的生产中去，从而改变了经济总产出的构成。

□ 5.5.1 税负的分配

政府一旦确定了为公共活动（包括公共和准公共产品的提供）融资的总税收收入，就必须决定如何在公民间分配这些税负。（通过“税负”一词，我们想要表达的意思是，施加给社会的总的税收成本。）这一分配问题关系到我们每个人。总的税收水平固然重要，然而普通公民更加关注自己所分担的那部分税额。

□ 5.5.2 受益者付费与支付能力

关于经济的税收负担应如何分配，存在两个基本的哲学理论。

受益者付费 税收的**受益者付费原则**（**benefits-received principle**）表示家庭和企业应该以与他们购买其他产品同样的方式购买政府的产品和服务。那些从政府提供的产品和服务中受益最大的人，应该缴纳为提供这些产品或服务所必需的税收。一些公共产品现在就是以此为基础进行融资的。例如，通过汽油税筹集起来的资金通常用于为高速公路的建设和养护融资，因而从状况良好的公路中获益的人必须支付维护这些公路的成本。然而，当我们考虑受益者付费原则的普遍适用性时，困难立即产生了：

● 政府将如何确定单个家庭和企业从国防、教育、司法系统以及警察和消防系统中获得的收益呢？回忆一下，公共产品具有非竞争性和非排他性特征，因此，公共产品所带来的受益范围十分广泛且分散。即使在为高速公路融资这一看起来简单明了的例子中，衡量收益也是十分困难的。车主能不同程度地从状况良好的道路中受益，而其他人也会从中受益。例如，状况良好的道路能为企业带来更多的顾客，它们也能从中得到好处。

● 政府无法顺理成章地将受益者付费原则应用于某些政府项目，例如，“安全网”项目。要求贫困家庭为其获得的福利补贴支付必要的税收显然是荒唐之举。向失业人员征税来为他们领取的失业救济补贴融资也同样荒谬。

支付能力 税收的**支付能力原则**（**ability-to-pay principle**）表示政府应该根据纳税人的收入来分配税收负担。在美国，这意味着无论从绝对意义还是从相对意义上讲，高收入的个人和企业应该比低收入的个人和企业缴纳更多的税收。

税收支付能力的合理性主要基于以下主张：一个家庭获得的额外一单位美元收入，在花费的时候都会带来更小的满足感或边际效用。因为消费者的行为是理性的，所以不论何时他获得的第一美元收入都将被花在其迫切需要且能够带来最大边际效用的产品上，随后获得的美元收入将用来购买不那么迫切需要的产品，最后将用来购买那些无足轻重的产品和服务。这就意味着，向低收入的贫困者征收一美元的税给他们带来的效用损失大于向高收入富有者征收一美元的税所带来的效用损失。为平衡人们由于税收所造成的效用损失，应根据纳税人所获得的收入来分担税负。

这一论点是有吸引力的，但在应用时同样会产生问题。尽管我们赞同一年挣 10 万美元收入的家庭比一年挣 1 万美元收入的家庭具有更强的纳税能力，但我们无法精确知道前一个家庭的纳税能力究竟强多少。更富裕的家庭是应该对其更高的收入按同样的比例纳税，从而在绝对量上支付更多的税，还是应该对其收入征收更高比例的税？而这个更高的比例又该如何决定？由谁决定？

我们无法科学地将个人之间的效用进行比较，因而也就无法衡量某个人的相对纳税能力。这就是问题之所在。在实践中，解决办法主要依据推测、便利性、执政党的税收观点以及政府对税收收入的迫切程度制定。

□ 5.5.3 累进税、比例税和累退税

任何关于税收的讨论最终都会导向税率问题。**边际税率**（**marginal tax rate**）指的是对新增（或购买支出）一美元的征税比率。**平均税率**（**average tax rate**）指的是税收总额占收入的百分比。

根据平均税率与纳税人收入之间的关系，税收被分为累进税、比例税和累退税。我们之所以强调收入，是因为无论是对收入、产品、建筑还是土地征税，所有税收最终都来自某人的收入。

● 当平均税率随着收入增加而上升时，税收就是**累进**（**progressive**）的。当收入增加时，这种税不仅要求征收更大的绝对（货币）数量，而且要求征收收入的更高比例。

● 当平均税率随着收入增加而下降时，税收就是**累退**（**regressive**）的。当收入增加时，

累退税可能会也可能不会增加征税的绝对数量。(你可以设想一个例了来支持这一结论。)

● 当平均税率不随着收入变动而变动时，税收就是**比例（proportional）**的。

我们可以以个人所得税为例来说明这些概念。假定不管收入多少，一个家庭支付的税额总是占其收入的10％。这种税就是比例所得税。现在假定税率结构如下：如果一个家庭的年应税收入小于10 000美元，须支付5％的所得税；如果家庭收入处于10 000美元至19 999美元之间，须支付10％；如果处于20 000美元至29 999美元之间，须支付15％；依此类推。这种税就是累进所得税。最后，假设税率随着应税收入的增加而下降：如果收入低于10 000美元，须支付15％；如果收入在10 000美元至19 999美元之间，须支付10％；如果收入在20 000美元至29 999美元之间，须支付5％；依此类推。这种税就是累退所得税。

总体来说，累进税是对高收入者征收相对更重的税；累退税则是对穷人征收相对更重的税。

□ 5.5.4 美国税收的累进性

美国的税收究竟是累进的还是累退的，依据税收种类的不同而有所差别。如表5.4所示，美国联邦个人所得税就是累进的。2012年，边际税率（第（2）列，对新增收入所征的税）在10％至35％之间。由于按规定允许个人从收入中扣除个人住房抵押贷款的利息以及财产税，并且州和地方债券的利息可以免税，因此税收的累进程度并不如这些边际税率所显示的那么重。尽管如此，平均税率（第（4）列）依旧随着收入增加而上升。

乍一看，一般销售税（比如，税率为5％）似乎是比例性的，但实际上，从收入（而不是购买支出）的角度来说它是累退性的。低收入者的收入中用于支付税收的比例要高于高收入者；富人无须对其收入中用于储蓄的那部分进行纳税，而穷人则没有能力储蓄。例如，“低收入者”史密斯的收入为15 000美元，并决定将其全部花完。“高收入者”琼斯的收入为300 000美元，但只花掉200 000美元，剩下的则用来储蓄。假设对每个人的所有支出施加一个5％的销售税，我们会发现史密斯支付了750美元（＝15 000×5％）的销售税，而琼斯支付了10 000美元（＝200 000×5％）的销售税。史密斯支付的销售税税率为750美元/15 000美元，或者说收入的5％；而琼斯支付的销售税税率为10 000美元/300 000美元，或者说收入的3.3％。由此可知，一般销售税是累退的。

表5.4　　2012年美国联邦个人所得税税率*

（1）	（2）	（3）	（4）
总应税收入（美元）	边际税率（％）	对本栏中的最高收入征收的总税额（美元）	本栏中的最高收入适用的平均税率（％）[(3)÷(1)]
1～17 400	10.0	1 740	10.0
17 401～70 700	15.0	9 735	13.8
70 701～142 700	25.0	27 735	19.4
142 701～217 450	28.0	48 665	22.4
217 451～388 350	33.0	105 062	27.1
388 350及以上	35.0		

*已婚夫妇共同申报所得税。

依据收入水平和企业类型不同，美国联邦企业所得税的税率在15%至39%之间。对一些企业而言，这种税是累进性的，而对另一些企业而言，这种税是比例性的。它对一般人群的影响就更加复杂。在短期中，通过较低的股息和股票价格，企业所有者（股东）承当了税负，使得这种税通常是累进的。但是如果通过更高的股价将税负转移给了消费者，那么这种税就是累退的，像销售税一样。在长期中，员工可能会承担一部分税收，因为他们降低了投资收益，进而减缓了资本积累。它也会导致企业转移到税率更低的国家中去。由于每个工人占用的资本量下降，美国的劳动力生产率和工资都会下降。这也会导致企业所得税呈现某种程度的累退性。

工资税（社会保障和医疗）是累退性的，因为社会保障税只适用于一个固定数量的收入。例如，2012年雇员的社会保障税税率是4.2%，但仅对其工资收入中的110 100美元进行征税。医疗税为所有工资收入的1.45%。如果一个人的收入正好是110 100美元，他或她将支付6 221美元，或者说收入的5.65%（4.2%+1.45%）作为税收。如果一个人的工资收入两倍于此，或者说220 200美元，他将支付7 817美元（对第一个110 100美元征收的6 221美元+对第二个110 100美元征收的1 596美元）作为税收。这一税收占工资收入的比例不到4%，所以随着收入的增加，平均工资税下降，这就证明了工资税具有累退性。

大多数经济学家认为，基于和销售税同样的理由，对建筑物征收的财产税具有累退性。首先，财产所有者会把税收转嫁到对租房者收取的租金中去。其次，财产税作为收入的一定比例，对低收入家庭造成的负担要高于高收入家庭，因为穷人必须为其住房支出收入中的更大部分。当财产税税率在地区与地区之间存在差异时，财产税的这一累退性可能会更加严重。一般来说，为补偿较低的财产价值，财产税税率在贫穷地区要更高一些。

美国的总体税收结构（包括联邦税、州税和地方税）是累进的、比例的，还是累退的？这个问题很难回答。因为估计总税负的分布情况依赖于不同的税向其他人转嫁的程度，而究竟谁承担了最终税负常常引起争论。不过，经济学家所持的主流观点如下：

- 联邦税制是累进的。2007年（编辑整理数据的最近年份），20%的最低收入家庭支付的平均联邦税（联邦所得税、工资税和消费税）的税率为4%。20%的最高收入家庭支付的平均税率是25.1%；收入最高的10%的家庭支付的平均税率是27.9%；而收入达到顶尖的1%的家庭支付的平均税率是29.5%。①
- 州和地方税的税收结构是高度累退的。作为收入的一个百分比，财产税和销售税随着收入的增加而下降。州所得税的累进程度一般也低于联邦所得税。
- 美国的总体税制是轻微累进的。作为收入的一个百分比，高收入人群相对于低收入人群所承担的税负稍大。

5.6 政府在经济中的作用

除了提供公共产品和矫正外部效应外，政府的经济职能还包括为经济制定规章制

① *Average Federal Tax Rates in 2007*, Congressional Budget Office, June 2010.

度，在适当的时候进行收入再分配，采取宏观经济措施以稳定经济。

经济中的市场失灵为政府干预提供了正当理由。私有部门的企业没有能力在提供公共产品时保证盈利，甚至是保本；而正负外部效应会导致产量过剩和产量不足问题。这些都意味着如果社会资源要被有效率地配置到人们最需要的产品和服务上，政府是不可或缺的。

然而，矫正市场失灵并不是一项简单的任务。首先，政府官员必须正确地识别不同形式的市场失灵，以及导致该市场失灵的原因。这本身就是一件困难且费时费力的事情。但即使市场失灵被正确地识别和诊断出来，也不能保证政府采取的矫正措施是适当的，因为政府是在一个政治大背景中承担它的经济角色的。

政治家需要先当选，然后才能为公众服务。要想继续当选的话，官员们（总统、参议员、众议员、市长、委员会委员、地方教育董事会成员）就需要满足其特定选民的要求。在最好的情况下，这些政治现实问题会使政府在经济中的职能变得非常复杂；而在最坏的情况下，他们会导致十分不理想的经济结果。

在政治环境中，有些时候会出现过度调节，而有些时候则是调节不足。有些公共产品和准公共产品之所以被生产出来，并非因为它们所带来的收益超过了它们的成本，而是因为它们给位于某些州的企业带来了好处，而这些州的当选官员权力很大。由于缺乏可以控制成本的利润动机，政府行为很容易存在无效率性。矫正负外部效应的政策在政治上会遭到那些正在产生此溢出效应的政党的阻挠。收入再分配到达某一程度的时候，也会损害工作、储蓄和投资的激励。简而言之，虽然政府对于一个良好运行的经济十分重要，但是它并不总能非常完美地执行其经济职能。

经济学家用“政府失灵”这一术语来描述由于公共部门的缺陷所导致的经济上的无效率结果。

小结

1. 当市场生产出一个均衡产量水平时，在该产量水平下，资源被过度配置或配置不足，就出现了市场失灵。在充满许多买者和许多卖者的竞争性市场中，市场失灵可以被分为两类：当需求曲线不能反映消费者的所有支付意愿时，就出现了需求方市场失灵；当供给曲线不能反映所有生产成本时（包括可能由第三方承担的成本），就出现了供给方市场失灵。

2. 正常运行的竞争性市场通常能够保证私人产品是（a）可获得的，（b）以成本最低的方式被生产出来，（c）以“正确”的数量进行生产和销售。

3. 公共产品与私人产品完全不同。私人产品具有竞争性（在消费中）和排他性特点。一个人对某件私人产品的购买和消费会阻止其他人也购买和消费该产品。生产者能够将不付费者（搭便车者）排除在产品的受益范围之外。相反，公共产品具有非竞争性（在消费中）和非排他性特点。公共产品对私有企业而言是不能带来利润的，因为不付费者（搭便车者）也能获得并消费此类产品。然而，政府可以提供人们需要的公共产品，并通过税收为其融资。

4. 某特定公共产品的总需求计划表可通过将每个人愿意为获得额外一单位该产品所支付的价格加总而得到。当社会愿意为最后一单位产品支付的价格（产品的边际收益）恰好等于该单位产品的边际成本时，就得到了该公共产品的最优产量。

5. 外部效应导致某种产品的均衡产量偏离其最优产量。负外部效应（溢出成本）导致了资源过度配置于某特定产品，而正外部效应（溢出收益）则导致某特定产品的资源配置不足。

6. 当负外部效应影响到大量人群和公共资源时，直接控制和特别税能够优化资源配置。直接控制（例如，烟囱的排放标准）和特别税（例如，对生产有毒化学品的企业征税）都会提高生产成本和产品价格。随着产品价格的上升，产量会下降，因此外部效应和资源过度配置的情况会得到好转。

7. 政府可以通过补贴消费者（这会增加市场需求）或者补贴生产者（这会增加市场供给）的方法来矫正某一特定市场的资源配置不足。这类补贴会使均衡产量增加，减小或消除正外部效应以及资源配置不足的问题。

8. 科斯定理认为，在适当的条件下，私人协商可以解决外部效应问题。因此，在处理外部效应问题方面并不总是需要政府干预。

9. 当减少外部效应的社会边际成本与社会边际收益相等的时候，就达到了社会最优外部效应减少量。以污染为例，污染的最优减少量很可能并不是将其100%地减少。技术的改进或者社会对于污染所持态度的转变都会影响污染的最优减少量。

10. 政府通过税收将资源从私人部门重新配置到公共部门，这会减少税后收入，进而减少对私人产品的需求。政府用税收收入来为公共产品和准公共产品融资。

11. 税收的获利原则指的是，那些从政府提供的产品和服务中获益的人应该缴纳税收，来为提供这些产品和服务融资。支付能力原则指的是，无论从绝对意义还是相对意义上讲，收入高的人应该比收入低的人缴纳更多税收。

12. 美国的联邦所得税是累进的（平均税率随着收入的增加而上升）。企业所得税基本上属于比例税（当收入增加时，平均税率保持不变）。一般销售税、消费税、工资税和财产税是累退的（平均税率随着收入的增加而下降）。总体上讲，美国的税制具有轻微累进性。

13. 市场失灵的存在使得政府有机会对社会资源进行配置。政府的干预如果能优化资源配置，就能提高社会的总福利。但是，即使政府能正确地识别市场失灵以及导致市场失灵的原因，政治上的压力也会使政府官员在实施适当的措施时存在很大困难，甚至不能够实施该措施。

术语和概念

市场失灵	搭便车问题	受益者付费原则
需求方市场失灵	成本—收益分析	支付能力原则
供给方市场失灵	负外部效应	边际税率
生产效率	正外部效应	平均税率
配置效率	科斯定理	累进税
私人产品	准公共产品	累退税
公共产品	外部效应的最优减少量	比例税

思考题

1. 请解释导致市场失灵的两个原因。根据它们的定义，一个市场可能同时被两种类型的市场失灵影响吗？

2. 将公共产品和私人产品的特点进行比较。为什么私有企业不会生产公共产品？

3. 画一条生产可能性曲线，公共产品位于纵轴，私人产品位于横轴。假设经济最初在该曲线上运行，请指出怎样才能增加公共产品的生产？如果经济最初在曲线内的某一点运行，又该如何增加公共产品的产量呢？

4. 利用私人产品和公共产品之间的不同特点来决定以下产品或服务是应该通过市场体系生产出来，还是应该由政府来提供：(a) 炸薯条，(b) 机场安检，(c) 法院系统，(d) 邮递，(e) 医疗保健。请说明你所作出的每个回答的理由。

5. 当出现 (a) 负外部效应和 (b) 正外部效应时，均衡产量和最优产量之间将出现怎样的偏差？政府将如何纠正这些偏差？请分别举出外部成本和外部收益的例子（教材中提到的例子除外）。

6. 为什么溢出成本被称为负外部效应，溢出收益被称为正外部效应？用图形表示出税收是如何矫正负外部效应的，给予生产者的补贴是如何矫正正外部效应的。在矫正正外部效应方面，给予消费者补贴与给予生产者补贴有何不同？

7. 苹果种植者的果园为邻居的蜜蜂提供了花蜜，而养蜂人的蜜蜂则帮助苹果种植者的苹果花授粉。利用图 5.1 (b) 来解释，为什么这种双重正外部效应将导致苹果种植和蜜蜂养殖的资源配置不足。这种配置不足的情况将如何通过科斯定理所建议的方法得到解决？

8. 请对如下陈述作出解释，并运用图 5.4 中的 *MB* 曲线来阐释："某些污染物的最优减少量非常小，比如说排水管里面的脏水。而另一些污染物的最优减少量几乎达到了 100%，比如说有毒的氰化物。"

9. 请解释为什么分区法（为不同地区的土地确定不同的用途）在解决负外部效应问题时是合理的。请从正外部效应的角度来解释，为什么在建筑物十分密集的区域，对自费安装防火设备的财产所有人实施税收减免是合理的？请解释为什么对啤酒征收消费税在解决外部成本问题方面是合理的？

10. 请区分税收的受益者付费原则和税收的支付能力原则。在我们现行的税收结构中，哪一条原则更为明显？请阐述你作出该回答的理由。你同意税收原则中的哪一条？为什么？

11. 累进税意味着什么？累退税又意味着什么？比例税呢？请对以下每一种税收的累进性或累退性作出评论，并指出你认为的每一个例子的税收归宿：(a) 联邦个人所得税，(b) 税率为 4% 的州一般销售税，(c) 对汽车轮胎征收的联邦消费税，(d) 对房地产征收的市财产税，(e) 联邦企业所得税，(f) 向雇主征收的那一部分工资税。

12. 一个实行累退性税收机制的国家有可能存在一种税收支出体系，使得资源从富人那里转移到穷人那里吗？

13. 一个累进性税收机制本身是否能够保证资源从富人那里被重新配置到穷人那里？请解释。美国的税收机制是累进性的、累退性的还是比例性的？

计算题

1. 下面的表格与公共产品有关，该表提供的是有关 Young 和 Zorn 愿意为不同数量的公共产品支付的价格的信息。社会中只有这两个人。请确定在每一个产量水平上，社会愿意为该公共产品支付的价格。如果政府提供该公共产品的边际成本保持在 7 美元，政府应该提供多少单位的此公共产品？

Young		Zorn		社会	
价格（美元）	需求量	价格（美元）	需求量	价格（美元）	需求量
8	0	8	1	—	1
7	0	7	2	—	2
6	0	6	3	—	3
5	1	5	4	—	4
4	2	4	5	—	5
3	3	3	6	—	6
2	4	2	7	—	7
1	5	1	8	—	8

2. 下表反映了四个不同且规模不断扩大的反污染项目的总成本和总收益（单位为 10 亿美元），运用成本—收益分析法来确定哪一个项目应该被实施。

项目	总收益	总成本
A	3	7
B	7	12
C	12	16
D	18	19

3. 以下表所示的三个人的需求计划表为基础，并假设该社会中只有这三个人，请决定（a）该产品是私人产品时的市场需求计划表；（b）该产品是公共产品时的总需求计划表。

价格（美元）	需求量（D_1）	需求量（D_2）	需求量（D_3）
8	0	1	0
7	0	2	0
6	0	3	1
5	1	4	2
4	2	5	3
3	3	6	4
2	4	7	5
1	5	8	6

4. 运用问题 3 中的公共产品的需求计划表和如下的供给计划表，来确定该公共产品的最优产量。

价格（美元）	供给量
19	10
16	8
13	6
10	4
7	2
4	1

5. 下表分别显示出买者愿意为一些橙子所支付的价格，以及卖者愿意接受的价格。为了回答以下问题，我们假设均衡价格和均衡产量将依赖于供给和需求的改变。假设市场中的所有参与者只包括出现在这两个表格中的人。

a. 根据两个表格中的数据可以得出的均衡价格和均衡产量分别是多少？

b. 假设两个表格中的数据涉及的产品不是橙子，而是某一公共产品，如烟花表演，那么均衡价格和均衡产量又将是多少？如果所有的买者都是搭便车者，那么私人卖者将提供多少产量的该产品呢？

c. 假设我们重新回到产品是几袋橙子（私人产品）的问题上，此时政府认为到处乱扔的橙子皮给社会公众带来了负外部效应，必须向卖者征收每袋橙子 2 美元的税款，那么新的均衡价格和均衡产量是多少？如果新的均衡产量是最优产量，那么之前有多少袋橙子是过多生产出来的？

姓名	愿意支付的最高价格（美元）	实际价格（均衡价格：美元）
Bob	13	8
Barb	12	8
Bill	11	8
Bart	10	8
Brent	9	8
Betty	8	8

姓名	可接受的最低价格（美元）	实际价格（均衡价格：美元）
Carlos	3	8
Courtney	4	8
Chuck	5	8
Cindy	6	8
Craig	7	8
Chad	8	8

6. 假设某种税的征收方式如下：收入为 10 000 美元的人将支付 2 000 美元的税款，收入为 20 000 美元的人将支付 3 000 美元的税款，收入为 30 000 美元的人将支付 4 000 美元的税款，依此类推。那么每个人的平均税率是多少？这种税具有累退性、比例性还是累进性？

7. 假设在 Fiscalville 这一地区，对收入中的第一个 10 000 美元不征税，但是对 10 000 美元至 20 000美元之间的收入征 20%的税，对 20 000 美元至 30 000 美元之间的收入征 30%的税，而对所有超出 30 000 美元以上的收入征 40%的税。如果你的收入是 50 000 美元，那么你要缴纳多少税？计算你的边际税率和平均税率。这是一种累进税吗？

8. 从税收的角度讲，“总收入”是一个人在某一特定年份所获得的所有货币收入，不论其来源是什么。但是所得税是向“应税收入”征收的，而不是总收入。这两者之间的差别是由众多的减免情况导致的。为了更清楚地说明这一点，假设你去年赚得的工资是 50 000 美元，投资收入是 10 000 美元，你祖母给了你 5 000 美元作为礼物。同时假设你是一个单亲母亲（父亲），拥有一个孩子。

a. 你的总收入是多少？

b. 不论从何人那里得到的价值 13 000 美元以下的礼物都不能算在应税收入里。同时，“个人减免”使得你家庭中的每一个成员都能为你带来 3 700 美元的应税收入减免额。考虑到这些减免，你的应税收入是多少？

c. 接下来，假设去年你就你的学生贷款支付了 700 美元的利息，将 2 000 美元存进了健康储蓄账户（HSA），将 4 000 美元存进了个人退休账户（IRA）。这些支出都是免税的，这意味着在这些方面的支出都是以一比一的比例减少应税收入的。知道了这一事实，现在你的应税收入是多少？

d. 接下来，你要么可以选择所谓的标准扣除，要么可以申请分项扣除（其中包括了许多烦琐的文书工作）。你选择了标准扣除，因此你可从应税收入中再减免 8 500 美元。考虑到这一事实，你的应税收入是多少？

e. 将表 5.4 中的税率应用到你的应税收入上，你将支付多少联邦税？你的应税收入的最后一美元所适用的边际税率是多少？

f. 作为一个未成年孩子的家长，你有资格获得政府为每个孩子提供的 1 000 美元的“税收抵免”。

正如所有的税收抵免一样，这 1 000 美元的抵免额可以“支付”你所要缴纳的任何 1 000 美元的税款。考虑到这一抵免，实际上必须缴纳的税额应该是多少？按照此实际税额，相对于你的应税收入，你的平均税率是多少？相对于你的总收入，你的平均税率又是多少？

在 www. brue3e. com 中做进一步的测试

在本书的“在线学习中心”www. brue3e. com 中，你会找到一个或多个网络练习题，这些问题需要从网络上获取信息才能进行解答。我们强烈建议你完成这些问题，因为这些问题能够使你熟悉我们的网站，而我们的网站对你其他课程的学习，甚至你日后的事业都有帮助。“在线学习中心”提供了多项选择测试题，还能为你提供及时的反馈。该网站上还有许多有用的方法进一步测试你对本章知识的掌握情况。

第三部分

产品市场

第 6 章

企业及其成本

学习完本章后，你应该能够：

1. 认识在企业组织形式中占主导地位的企业形式的特点。
2. 解释为什么经济成本中包含显性（显露和表现出来的）成本，也包含隐性（存在但不明显的）成本。
3. 将收益递减规律与企业短期生产成本联系起来。
4. 描述固定成本和可变成本以及总成本、平均成本和边际成本间的区别。
5. 运用规模经济探讨长期中企业的规模及与平均成本之间的关系。

在市场经济中，各行各业生产并提供了种类广泛的产品和服务。为了生产这些产品，每家企业都需要经济资源。在获取和使用经济资源的过程中，企业向资源所有者（例如，劳动者）支付货币报酬，而当它使用自己已经拥有的资源时（例如，企业家才能），又要承担机会成本。这些报酬的支付和机会成本共同构成了企业的生产成本。

本章描述了各种企业群体，并分析了企业在生产产品时所面临的成本。然后，在接下来的几章里，我们将分析产品需求、产品价格和收益，并分析企业在决定生产多少的过程中是如何进行成本和收益比较的。我们的最终目的是揭示这些比较是如何与利润、损失和配置效率相联系的。

6.1 企业群体

像家庭一样，企业是我们在第 2 章中讨论的循环流向图中的一个重要组成部分。正确区分工厂、企业和行业的概念对于讨论企业十分有用。

- 工厂指的是一种物理设施，如制造厂、农场、矿场、商店、网站和仓库，它在制造和销售产品或服务的过程中执行一种或多种职能。
- 企业是以盈利为目的，运用资源生产产品或提供服务的经营组织。一个企业通常运作一个或多个工厂。
- 行业是生产相同或类似产品的一组企业。

企业的组织结构通常是复杂多样的。多工厂企业可能呈现水平结构，即由几家工厂执行相同的职能。拥有众多灌装厂的可口可乐公司和许多独立商店的沃尔玛就属于这类企业。企业也可能进行垂直整合，意味着企业拥有在生产过程的不同阶段执行不同职能的工厂。例如，壳牌石油企业就拥有自己的油田、炼油厂、零售汽油站等。有些企业是集团企业，之所以这样命名是因为它们在几个行业中都拥有生产产品的工厂。例如，辉瑞企业不仅生产处方药（立普妥、伟哥），也生产口香糖、剃须刀、止咳糖、薄荷糖和抗酸剂等。

企业群体的范围很广，从沃尔玛、埃克森和 IBM 这样拥有成千上万的员工、年销量额在数十亿美元的大企业，到附近拥有一两个员工、日销售额不过几百美元的专卖店。如第 2 章中的图 2.3 所示，美国企业中仅有 18%采取有限公司形式，但是它们占据了销售总额（产出）的 82%。

□ 6.1.1 有限公司的优势

在美国，有限公司这种企业形式所具有的特定优势使它占据了销售和利润上的主导地位。就增加设备、扩大产能进行融资而言，有限公司是目前最有效的企业组织形式。有限公司运用独特的融资方式——销售股票和债券——使它能够把许多人的闲散资金集中起来。

普通股（stock） 代表有限公司的所有权份额。股票凭证的购买者有权投票决定企业的管理人员和分享企业股利。假如你买了 OutTell 公司（简称 OT 公司）发行的 10 万股中的 1 000 股，那么你就拥有了这家企业的 1%，也能够获得董事会发布的股利的 1%，同时在企业管理层的年度选举中拥有 1%的投票权。

相比之下，公司**债券（bond）** 不能赋予购买者企业所有权。债券购买者仅仅是把钱借给公司。一张债券就是一张借据，它确认了一笔贷款，其贷款公司承诺在未来的某个具体日期支付给持有者债券上载明的固定数量的金额（本金），另外在债券的到期日前的每一年支付某一固定数量的金额（利息支付）。假如你购买了一张面值为 1 000美元，年利率为 5%的 10 年期 OT 公司债券。这就意味着为了换取你1 000美元，OT 公司将在未来 10 年每年支付给你 50 美元的利息，到期偿还你 1 000 美元本金。

通过销售股票和债券进行融资，为公司证券的购买者带来了其他好处。单个投资者可以通过购买几家公司的证券分散风险，并且公司证券持有者通常能够很容易地卖出他们所持有的证券。有组织的股票交易所和债券市场使证券从卖者到买者的转移变得更加简单。这种“易于出售”的特点提高了储蓄者对公司证券进行金融投资的意愿。此外，公司能够比其他类型的企业组织形式更容易获得银行贷款。公司是较好的风险承担者，同时更有可能成为给银行带来利润的客户。

有限公司这种形式为所有者（股东）提供了**有限责任（limited liability）**，他们所承担的风险仅限于其购买股票的资金，公司债务违约并不会威胁到他们的个人财产。债权人可就公司法人提起诉讼，但是不能就公司的个人股东提起诉讼。

由于具有吸引金融资本的能力，成功的公司能够很容易地扩张它们的经营范围，获得扩张所带来的收益。例如，它们可以充分利用大规模的生产技术，并且进行劳动分工。公司可以雇用生产、会计和营销方面的专家，以此提高效率。

有限公司作为一个法人，拥有独立于所有者和管理者的生命。至少在法律上，有限公司是永久存在的。财产继承和股票买卖所造成的所有权转移并不会影响到公司的存续，公司具有的永久性使它能够进行长远规划和发展。

□ 6.1.2 委托—代理问题

全世界有许多规模巨大的公司。2011 年，全世界有 484 家公司的年销售额超过了 200 亿美元，165 家公司的年销售额超过了 500 亿美元，还有 51 家超过了 1 000 亿美元。2011 年，总部位于美国的沃尔玛公司的销售额就接近 4 220 亿美元。

但是规模过大也会带来潜在问题。在个体户和合伙企业中，企业的实体资产与金融资产的所有者直接控制着这些资产。但是大型公司的所有权分散在成千上万的股东手里，因此公司所有者通常不直接管理公司，他们雇用其他人来管理公司。

这种做法可能会产生**委托—代理问题（principal-agent problem）**。委托人是拥有公司所有权的股东，他们雇用管理者作为他们的代理人，从他们的利益出发来经营公司。但是经理（代理人）的利益和所有者（委托人）的意愿并不总是一致的。所有者通常希望最大化公司利润和股票价格，而代理人想要的也许是伴随着对大公司的控制而带来的权利、声望以及薪酬，这些与公司的盈利能力和股票价格是没有关系的。

因此，委托—代理问题可能会产生利益冲突。例如，管理者可能会修建昂贵的办公大楼，享受诸如出差乘坐公司私人飞机、高额收购其他公司等权利。结果，公司运营成本急剧增加，公司所有者便不能实现利润和股价的最大化。

应用分析

不道德的代理人

20 世纪 90 年代，许多公司为了解决委托—代理问题，以公司股票份额和股票期权的形式支付管理者的大部分报酬。股票期权是这样一种合同，它允许管理者和其他核心雇员在股价上升时以一个固定且较低的价格来购买公司股票。这个做法的初衷是使管理者和其他核心雇员的利益与公司的广大所有者更紧密地联系在一起。通过追求高利润和高股价，管理者在增加自身财富的同时，也增加了所有股票持有人的财富。

这一委托—代理问题的解决方案也会产生意想不到的负面效果。它会促使一些不道德的管理者通过隐瞒成本、高估收入、从事欺骗性交易等手段来夸大利润，从而提升公司股价，然后以虚高的股价卖出手中的大量股票，牟取巨额个人财富。在某些情况下，那些看似“独立的”外部审计企业实际上“并不那么独立”，因为它们持有其所审计的公司价值不菲的咨询合同。

20世纪90年代后期股市泡沫破灭时，许多操纵公司和会计造假的事件被曝光。美国大公司的许多管理者被起诉，一些大公司破产倒闭，其中包括安然（能源交易）、世通（通信）和安达信（公司咨询）这三家公司。这些公司的普通股股东最终持有的只是严重贬值，甚至一文不值的股票。

2002年，国会加强了对管理者不道德行为的立法和惩罚。同时，各公司也对它们的会计和审计流程进行了改善。然而，对近期一些不道德行为的曝光也说明了委托—代理问题不是那么容易解决的。

问题：为什么准确的会计核算和独立的审计对于减少委托—代理问题至关重要？

6.2 经济成本

成本之所以存在，是因为生产产品所需的资源存在稀缺性，并且具有多种用途。由于资源的稀缺性，企业必须同其他企业竞争，来获取该资源。这个过程对企业而言存在成本，因为它必须支付资源所有者一定的报酬。这个现实情况使经济学家用**经济成本**（**economic cost**）来定义为了获得并且保留资源所必须支付的报酬。这是企业必须支付给资源供给者的报酬，以防止该资源被挪作他用。

这一节解释企业如何将机会成本融入到经济成本的计算中。如果你需要复习一下机会成本，可以在继续阅读本节余下部分之前简单地浏览一下第1章中关于机会成本的相关内容。

□ 6.2.1 显性成本和隐性成本

为了正确计算企业的经济成本，你必须记住企业使用的所有资源都有机会成本，不论企业是从外部购买的资源还是它自己拥有的资源。因此，企业使用的所有资源都有经济成本。经济学家通常把这两类经济成本称作显性成本和隐性成本。

- 企业的**显性成本**（**explicit costs**）是为了购买它并不拥有的资源所作出的货币支付。因为这些成本包括了明显的现金交易，所以称作显性成本。一定要记住显性成本是机会成本，因为购买外部资源的每一次货币支付都意味着放弃了可以用该货币购买其他物品的选择。
- 企业的**隐性成本**（**implicit costs**）是企业用自己拥有的资源生产产品而不是将该资源卖出换取现金的机会成本。因为这些成本存在但是不明显，所以被称作隐性成本。

企业的经济成本是显性成本和隐性成本之和。

经济成本＝显性成本＋隐性成本

接下来的例子清楚地解释了显性成本和隐性成本是如何影响企业利润和企业行为的。

□ 6.2.2 会计利润和正常利润

假设在当过一家大型T恤生产商的销售代表后，你决定自己开一家销售T恤的专卖店。正如我们在第 2 章中介绍的，你将为你的新企业提供两类不同的经济资源：劳动力和企业家才能。需要你提供劳动力的工作包括一些经营企业的常规性事务，例如，回复消费者电子邮件、管理库存、清洁商店等。需要你提供企业家才能的工作包括组织企业运营和制定企业战略等一些非常规事务，例如，决定如何运营你的企业，需要增加哪些产品，如何装扮你的店面以最大限度地吸引潜在消费者。

决定自己开店后，你开始向你的新企业提供企业家才能。你决定在你的新企业全职工作，因此你辞去了每年支付你 22 000 美元的旧工作。你把原本每年可以给你带来 1 000美元利息收入的 20 000 美元储蓄投资到你的企业中。你的新企业将使用一个你自有的小型零售店面，此前该店面以每年 5 000 美元的价格出租给他人使用。最后你决定雇用一个店员来帮你照看店铺，每年支付给她 18 000 美元。

经过一年的运营，你对账目进行了合计，得到如下结果：

总销售收入		120 000 美元
T 恤的成本	40 000 美元	
店员的薪水	18 000 美元	
水电费	5 000 美元	
总（显性）成本		63 000 美元
会计利润		57 000 美元

这些数字看起来不错，尤其是你对 57 000 美元的**会计利润（accounting profit）**十分满意。会计利润就是将总的显性成本从总的销售收入中减去后的利润。这个利润（净收入）会出现在你的会计报表上，并以此作为向政府纳税的依据。

但是别高兴得太早！57 000 美元的会计利润夸大了你的企业在经济上的成功，因为它忽视了你的隐性成本。判断成功的真正方法是尽你所能做到最好——你销售 T 恤的新企业能够比你从事其他工作赚得更多。

为了计算出你是否达到了那个目标，你必须考虑所有的机会成本——包括你的显性成本和隐性成本。这样就能够判断你的新企业是否比你从事其他工作赚得更多。

如何进行计算，让我们接着上面的例子来看。

通过提供你自己的金融资本、零售店面和劳动力，在这一年中你承担了三种不同的隐性成本：损失的 1 000 美元利息，5 000 美元租金和 22 000 美元的工资。不要忘了你还必须考虑另外一种隐性成本——把你的企业家才能提供给你现在的 T 恤零售店而不是其他潜在的企业所损失的收入。

但是如果将你的企业家才能提供给另外一家企业，我们将为你可能获得的利润估算多少美元呢？

答案就是估计一个**正常利润（normal profit）**，即在你的另一个最优选择的企业中可能获得的典型（或“正常”）会计利润。为了讨论方便，我们假设运用你的特殊技能和才智，你的企业家才能将在其他潜在企业为你带来平均 5 000 美元的正常利润。知道了这个价值后，我们就能够正确地考虑你的隐性成本。

会计利润		57 000 美元
放弃的利息	1 000 美元	
放弃的租金	5 000 美元	
放弃的薪金	22 000 美元	
放弃的企业家收入	5 000 美元	
总隐性成本		33 000 美元
经济利润		24 000 美元

□ 6.2.3 经济利润

将 33 000 美元的隐性成本从 57 000 美元的会计利润中减去，我们就得到了 24 000 美元的**经济利润（economic profit）**。

请仔细区分会计利润和经济利润。会计利润是仅把显性成本从收入中减去后的结果：会计利润＝收入－显性成本。相比之下，经济利润是将你所有的经济成本——显性成本和隐性成本——从收入中减去的结果：经济利润＝收入－显性成本－隐性成本。

通过把所有的经济成本从收入中减去，你可以判断，你目前经营的企业与你的其他最优创业活动相比怎样？在我们的例子中，你获得了 24 000 美元的经济利润，这意味着你赚取了比你在最优替代企业工作时更多的 24 000 美元。

相比之下，假设经营不佳，今年你的企业产生了 8 000 美元的经济损失（负的经济利润）。这就意味着你目前的企业比你的最优替代选择要差，因此你将希望转换向最优替代。

总而言之，0 美元的经济利润是一个非常重要的行为临界点。如果一家企业处于临界点（即赚取正好 0 美元的经济利润），那么它的企业家知道经营目前的企业与最优替代选择的结果是一样的。他们赚得足够多，能够覆盖所有的显性成本和隐性成本，包括从事其他企业能够获得的预期正常利润，因此他们没有动机去改变。相比之下，如果企业家获得正的经济利润，他们知道目前经营的企业比最优替代选择做得更好，他们将继续经营这家企业，甚至扩大企业规模。如果企业家正在经历经济损失（负的经济利润），那么转换到其他工作可能更好。

正是因为这个原因，经济学家关注经济利润而非会计利润。简单地说，经济利润指导资源在经济中的分配。处于经济损失的企业家会关闭他们目前的企业，将之前使用的土地、劳动力、资本和企业家才能转移出来。这些被释放出来的资源将被拥有正经济利润和至少处于临界点的企业所使用。资源因此将从净收益较低的产品和服务流向净收益较高的产品和服务。当企业在利润信号的引导下生产更多消费者最需要的产品时，分配效率提高了。

图 6.1 显示了我们刚才所讨论的各种成本和利润概念之间的关系。为了进行自我测试，你可以试着把我们例子中的成本数据填到适当的方格中去。

□ 6.2.4 短期和长期

当对企业的产品需求发生变化的时候，企业的盈利能力可能取决于它能多快地调整

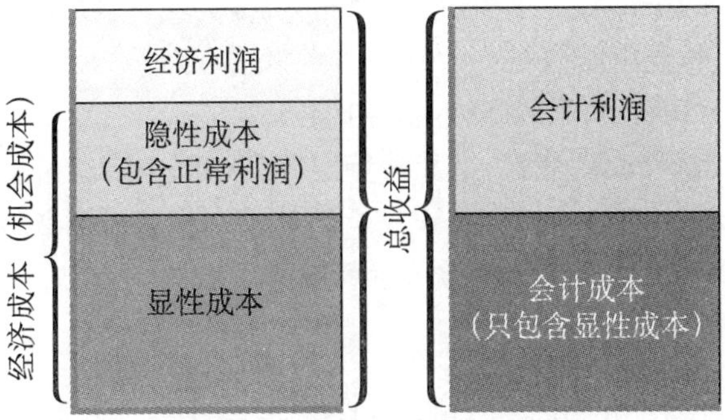

图 6.1　经济利润和会计利润

注：经济利润等于总收入减去经济成本。经济成本等于显性成本和隐性成本之和，其中包括企业家的正常利润。会计利润等于总收入减去会计（显性）成本。

所使用的各种资源的数量。企业比较容易且能比较迅速地调整所使用的各种资源的数量有小时劳动力、原材料、燃料和动力等。然而，企业调整它的工厂生产能力——厂房建筑的规模、机器设备的数量和其他资本资源——则需要较长的时间。在诸如飞机制造等某些重工业中，企业可能需要几年的时间才能改变工厂的生产能力。由于调整时间存在的这些差异，经济学家发现区分两种概念上的时期很有用：短期和长期。我们将揭示出成本在这两种时期中的差异。

短期：工厂规模固定不变　在微观经济学中，**短期（short run）**是指这样一个时期：对于企业来说，改变工厂生产能力的时间太短，但在一定程度上足以改变对规模固定的工厂的使用强度。企业的工厂生产能力在短期内是固定的，然而，企业能够通过增减工厂的劳动力、原材料和其他资源的数量来改变它的产量。在短期，企业能够增加或减少对现有工厂生产能力的使用强度。

如果波音公司为它的一家商用飞机厂新增 100 名工人，或者增加了整整一个班次的工人，那么我们所说的就是短期。这两种情况都属于短期调整。

长期：工厂规模可变　从现有企业角度来看，**长期（long run）**是指这样一个时期：它足以使企业调整所使用的所有资源的数量，包括工厂生产能力。从整个行业的角度来看，长期还包含了足够的时间使现有企业解散并退出该行业，或者创立新的企业并进入该行业。短期是"工厂规模固定不变"的一段时期，而长期则是"工厂规模可变"的一段时期。如果波音公司增加了一套新的生产设备，或者与供应商合并，那么我们所指的就是长期。这两者都属于**长期调整（long-run adjustment）**。

短期和长期都是概念上的时期，而不是日历上的时期。比如，轻工业的工厂生产能力的改变也许在一夜之间就可以完成。但是就重工业而言，长期就是另一回事了，企业可能需要几年的时间才能建造一台新的设备。

6.3　短期生产中的相互关系

企业生产某一特定产出的成本取决于所需资源的价格和生产这一产出所需资源（投

入品）的数量。资源的供给和需求决定了资源的价格。生产技术，特别是投入与产出间的关系，则决定了所需资源的数量。我们的重点将落在劳动力—产出的相互关系上。不过在考察这一关系前，我们需要给三个术语下定义：

- **总产量**（**total product，TP**）指某种特定产品和服务的总量或总产出。
- **边际产量**（**marginal product，MP**）指额外的产出，或者说是在生产过程中增加一单位某种可变资源（在这里指劳动力）所增加的产量。

$$边际产量=\frac{总产量变动量}{劳动力变动量}$$

- **平均产量**（**average product，AP**）也称劳动生产率，是每单位劳动力所带来的产出：

$$平均产量=\frac{总产量}{劳动力数量}$$

在短期中，企业能够通过暂时增加投入到固定规模工厂中的劳动力数量来增加产量。但是当企业增加劳动力的时候，产出能提高多少？我们为什么说是“暂时”的？

□ 6.3.1 收益递减规律

收益递减规律（**law of diminishing returns**）这一术语为上述问题提供了答案。这个规律假设技术固定不变，因而生产的工艺也不变。随着连续不断地把一种可变资源（如劳动力）投入到固定资源（如资本或者土地）上，在超过了某一点之后，新增一单位的可变资本所带来的额外的或边际的产量将会下降。

例如，如果雇用更多的劳动者，而资本设备的数量固定不变，那么随着劳动者数量的增加，产出增加的数量会越来越小。收益递减最终会发生。

□ 6.3.2 与企业的关联程度

收益递减规律与企业的内部生产密切相关。当生产者不断将某种可变投入品（如劳动力）越来越多地投入到某一固定投入品（如资本）中去时，劳动力的边际产量最终会下降，收益递减迟早会发生。总产量最终将以一个递减的速度上升，在到达一个最大值后开始下降。

◆ 概念阐释

学习的收益递减

下面这个有关“投入”与“产出”间关系的非经济学例子将有助于你更好地理解这个概念。假设一个人

课程学习总量$=f$(智力水平、教学资料质量、教学效率、上课时间、学习时间)

这里的 f 表示“……的函数”或“依赖于”。因此，这一关系假设课程学习总量取决于智力水平（无论如何给其下定义）、教学资料质量（如教科书）、教学效率、上课时间、课外的个人学习时间。

为了便于分析，我们假设智力水平、教学资料质量、教学效率以及上课时间固定不变，也就是说它们不随课程长度而变化。现在，我们随着课程长度的增加而增加每天的

学习时间，以“产出”更多的课程学习量。每天第一个小时的学习时间增加了课程学习总量。第二个小时的学习时间会增加与第一个小时相同的课程学习量吗？与前一个小时相比，第三、第四、第五，一直到第十五个小时将对课程学习总量作出多大贡献呢？

你一定会同意如下说法：随着每天学习时间的不断增加，最终将出现课程学习量的收益递减。在某一点上，每新增一小时学习时间所带来的边际产量将下降，进一步地，边际产量将变为零。

问题：在假定学习时间收益递减的情况下，为什么还要增加学习时间？

有关学习时间的这一规律同样适用于生产者。假设一位农场主拥有一块 80 英亩的土地，用来种植玉米。如果农场主根本不对这块玉米地进行耕作（清除杂草），那么每英亩地的产量是 40 蒲式耳。如果他耕作一次，产量将增加到 50 蒲式耳/英亩。第二次耕作将使每英亩地的产量增加到 57 蒲式耳，第三次增加到 61 蒲式耳，第四次增加到 63 蒲式耳。接下来的除草能够增加的土地产出将越来越少。假如不是这样，那么只要对这一小块 80 英亩的土地进行极端密集地耕作，就能够满足全世界对玉米的需求了。实际上，如果不发生收益递减的话，那么整个世界用一个花盆就能养活。为什么不这样做呢？只需要不断增加种子、肥料和收割机就行了！

收益递减规律在非农行业中也是成立的。假设有一家制作家具的木材厂，它拥有特定数量的设备，如车床、刨床、锯子和打磨机。如果这家工厂只雇用一两名工人，总产量和生产率（每个工人的产出）会非常低。这是因为工人不得不从事多种不同工种的工作，无法实现专业化优势，时间会浪费在从一个工种转换到另一个工种的过程中，机器闲置的时间也会很长。简而言之，这家工厂人手不足，相对于劳动力的数量来说资本太多，所以生产会没有效率。

通过雇用更多的工人，工厂可以消除这些困难。设备会得到更加充分的利用，同时工人可以专门从事一个工种的工作，再也不会因为工种的转换而损失时间。随着更多工人的加入，生产将变得更加有效率，而每一位新增工人的边际产量也会上升。

但是这种上升不可能无限持续下去。超过某一点后，增加更多的工人只会导致人浮于事。由于工人不得不排队等候使用机器，工人的劳动力就没有得到充分利用。总产量将以递减的速度增加，这是因为在工厂规模固定不变的条件下，随着雇用的劳动力越来越多，每个工人所分得的资本设备会越来越少。因为与固定数量的资本相比，劳动力越来越多，所以新增工人的边际产量将下降。最终，不断增加的工人只会导致过度拥挤，边际产量为负，总产量下降。在极端的情况下，越来越多的劳动力将使大家没有立足之地，总产量将下降到零。

请注意，收益递减规律假设所有劳动力都是同质的，每一新增工人都具有同样的天赋、运动协调性、教育水平、培训程度和工作经验。收益递减并非由于新增工人的素质较差，而是由于相对于可使用的厂房和设备而言，工人越来越多。

□ 6.3.3 表格和图示

图 6.2 顶部的表格是对收益递减规律的数字示例。第（2）列表示总产量或总产出，这一结果是在现有技术水平下，将第（1）列中每一水平的可变投入（劳动力）与某一

固定数量的资本相结合生产出来的。

第（3）列表示边际产量（*MP*），即每增加一单位劳动力所带来的总产量变动量。请注意，如果没有劳动力的投入，总产量将为零。没有工人操作的设备将不会生产任何东西。前三单位劳动力反映了递增的边际收益，其边际产量分别为 10、15 和 20 单位。但是从第四单位劳动力起，边际产量不断递减，到第七单位劳动力时变为零，而到第八时则为负值。

平均产量或每单位劳动力产量由第（4）列所示，它是用总产量（第（2）列）除以生产所需的劳动力数量计算出来的。例如，在投入 5 单位劳动力时，平均产量为 14（=70/5）。

图 6.2 还以图形的方式表示了这些数据，并进一步阐明了总产量、边际产量和平均产量之间的关系。（由于边际产量对应于每一单位新增劳动力，所以图 6.2b 中的边际产量点画在了两个相邻的劳动力单位的中间。）

首先，请注意，图 6.2（a）中的总产量（*TP*）经历了三个阶段：它最开始以递增的速率上升；然后，虽然还在增加，但是是以递减的速率增加；最后，在到达最大值后开始下降。

从几何的角度看，边际产量（图 6.2（b）中所示的 *MP* 曲线）是总产量曲线的斜率。边际产量衡量了每单位新增劳动力所带来的总产量变动。因此，总产量的三个阶段也反映在边际产量上。当总产量以递增速率增加的时候，边际产量是上升的，这时每单位新增劳动力所带来的总产量的增量越来越大。类似地，当总产量以递减的速率增加的时候，边际产量是正的但开始下降。

新增的每一单位劳动力所带来的总产量的增加量要比前一单位少。当总产量达到最大值的时候，边际产量为零。当总产量下降的时候，边际产量为负值。

平均产量 *AP*（见图 6.2）显示出了与边际产量相同的趋势。它先增加，达到最大值，然后随着越来越多的劳动力被投入到规模固定的工厂而下降。不过请注意边际产量和平均产量之间的关系：当边际产量超过平均产量的时候，平均产量是上升的；当边际产量低于平均产量的时候，平均产量是下降的。这意味着边际产量曲线与平均产量曲线在平均产量达到最大值的点相交。

(1) 可变资源（劳动力）的数量	(2) 总产量（*TP*）	(3) 边际产量（*MP*），等于（2）的变动量/(1) 的变动量		(4) 平均产量（*AP*），等于（2）/(1)
0	0			—
1	10	10	边际收益递增	10.00
2	25	15		12.50
3	45	20		15.00
4	60	15	边际收益递减	15.00
5	70	10		14.00
6	75	5		12.50
7	75	0		10.71
8	70	−5	边际收益为负	8.75

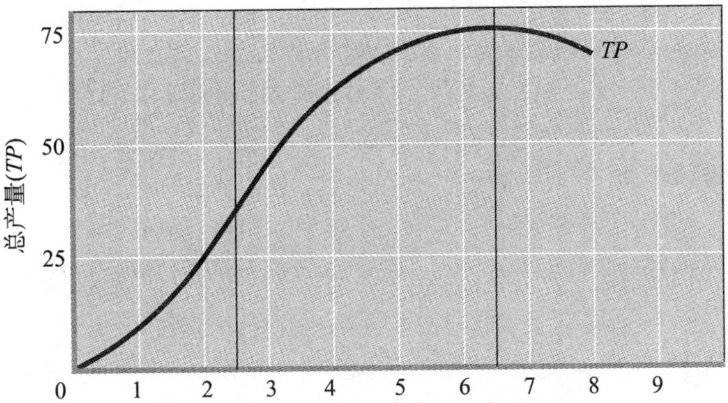

(a)

总产量

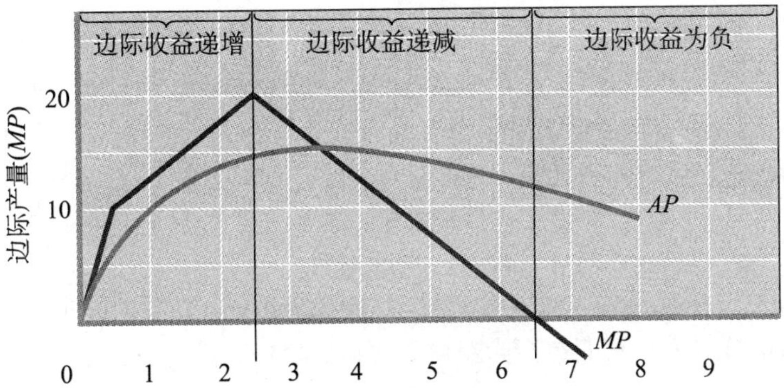

(b)

边际产量和平均产量

图 6.2　收益递减规律

注：图 6.2（a）表示：当可变资源（劳动力）不断增加到固定数量的其他资源（土地和资本）上时，总产出最终会以不断递减的速度增加，直到达到一个最大值，然后就开始下降。图 6.2（b）表示：边际产量是每一新增劳动力所带来的总产量的变动量。平均产量只是每单位劳动力的产量。注意，边际产量与平均产量相交于平均产量的最大值处。

概念阐释

考试分数

图 6.2（b）所示的“边际”与“平均”的关系在数学上是成立的。如果你把一个比现有的平均数更大的数增加到总数上去，那么平均数必然会上升。而如果你把一个比现有的平均数更小的数增加到总数上去，那么平均数必然会下降。只有当你的新增（边际）分数高于过去所有分数的平均数时，你才能提高你的平均考试成绩。当你的新增考试成绩低于你目前的平均成绩时，你的平均成绩就会下降。在我们的生产例子中，当额外增加一工人使得总产量的增加量高于当前所雇佣的工人的平均产量时，平均产量将会上升。相反，

当额外增加一工人使总产量的增加量低于当前的平均产量时，平均产量将会下降。

问题：假设你前三次的平均考试分数为 80 分，第四次的分数为 92 分，你的边际分数是多少？你新的平均分数是多少？你的平均分数为什么会上升？

6.4 短期生产成本

图 6.2 所提供的这些生产信息必须与资源的价格相结合，才能决定不同产量水平下的总生产成本和单位生产成本。我们知道在短期中，某些与企业的工厂规模相联系的资源是固定不变的，而其他资源则是可变的。因此，短期成本既有固定的部分，也有可变的部分。

□ 6.4.1 固定成本、可变成本和总成本

让我们来看看固定成本、可变成本和总成本之间的关系。

固定成本 **固定成本（fixed cost）** 指的是总成本中不随产量变动而变动的那部分成本。固定成本与企业工厂的存在密切相关，因此即使产量为零也必须支付这部分成本。诸如租金、企业债务利息、设备和建筑折旧、保险费之类的成本，一般都是固定成本；即使企业生产更多的产品，它们也不会增加。在图 6.3 中表格的第（2）列中，我们假设企业的总固定成本是 100 美元。根据定义，这一固定成本在所有产量水平上都会存在，其中包括零产量。在短期，企业不可避免地要支付固定成本。

可变成本 与固定成本不同，**可变成本（variable cost）** 指的是随着产量水平的变动而变动的那部分成本。它们包括为获得原材料、燃料、动力、运输服务、大部分的劳动力以及类似的可变资源所进行的支付。在图 6.3 中表格的第（3）列中我们可以发现，可变成本的总量直接随着产量的变动而变动。

单位：美元

总成本数据				平均成本数据			边际成本数据
(1)	(2)	(3)	(4)	(5)	(6)	(7)	(8)
总产量（Q）	总固定成本（TFC）	总可变成本（TVC）	总成本（$TC=TFC+TVC$）	平均固定成本（$AFC=TFC/Q$）	平均可变成本（$AVC=TVC/Q$）	平均总成本（$ATC=TC/Q$）	边际成本（$MC=TC$ 的变动量/Q 的变动量）
0	100	0	100				
1	100	90	190	100.00	90.00	190.00	90
2	100	170	270	50.00	85.00	135.00	80
3	100	240	340	33.33	80.00	113.33	70
4	100	300	400	25.00	75.00	100.00	60
5	100	370	470	20.00	74.00	94.00	70
6	100	450	550	16.67	75.00	91.67	80
7	100	540	640	14.29	77.14	91.43	90
8	100	650	750	12.50	81.25	93.75	110
9	100	780	880	11.11	86.67	97.78	130
10	100	930	1 030	10.00	93.00	103.00	150

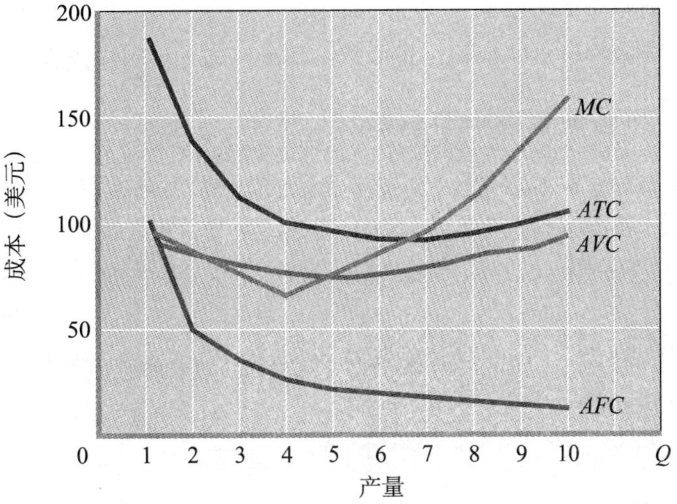

图 6.3　企业的成本曲线

注：当既定数量的固定成本分摊在越来越多的产出上时，平均固定成本（*AFC*）会下降。平均可变成本最开始会因为边际收益递增而下降，随后会因为边际收益递减而上升。边际成本曲线（*MC*）最终因收益递减而上升，并穿过平均总成本和平均可变成本曲线的最低点。

应用分析

沉没成本

企业成本中的某一部分不仅是固定的（一直存在，但是与产量水平无关），而且是沉没的（不可收回的）。这种成本像是沉没在海底的船只：一旦这些成本发生，它们就无法收回。例如，假设为了开发新产品，一家企业花了 100 万美元在研发上，结果发现产品并不好卖。该企业是否应该在损失的情况下继续生产该产品，即使对未来的成功不抱期望？很明显，它不应该。在作出这个结论的时候，企业意识到了开发产品的支出与此并不相关；它应该停止产品生产，减少损失。事实上，很多企业在花费了数百万美元的开发费用后，放弃了该产品的生产。例如，2007 年辉瑞企业撤回了新上市的胰岛素摄入剂，因为市场销售不佳并且担心此后的长期负面效果。此产品之前花费了 28 亿美元的开发与营销费用。

简而言之，企业应该忽略不能通过随后的选择部分或者全部收回的成本，这些成本就是沉没成本。它们在未来的商业决策中是无关紧要的。俗话说，不要为打翻的牛奶哭泣。

问题：哪个是沉没成本，而不仅仅是不断发生的固定成本：(1) 过去购买商业计算机支出的费用，该商业计算机已经过时；(2) 为还能够运行 6 个月的设备而支出当月的租赁费用？请解释。

总成本　**总成本（total cost）**指的是在每一产量水平下，固定成本与可变成本之和。图 6.3 中表格的第（4）列就显示了总成本。在产量为零时，总成本等于企业的固定成本。对于这 10 个单位产量中的每一个单位而言，总成本的增加量与可变成本相同。

$$TC = TFC + TVC$$

固定成本与可变成本之间的区别对企业管理者而言十分重要。在短期中，可以通过改变生产水平来控制或者改变可变成本。而固定成本则超出了企业经理当前的控制范围；在短期中，无论产量水平如何，企业都必须承担和支付固定成本。

□ 6.4.2 单位成本或平均成本

生产者当然会对总成本感兴趣，不过他们也同样关心单位或者平均成本。特别是在与产品价格进行比较的时候，平均成本更有意义，因为价格总是以一个单位为基础来衡量的。图 6.3 中表格的第（5）列至第（7）列显示了平均固定成本、平均可变成本和平均总成本。

AFC 任何产量水平下的**平均固定成本（average fixed cost，*AFC*）**都是用总固定成本（*TFC*）除以相应产量（*Q*）得到的，即：

$$AFC=\frac{TFC}{Q}$$

因为根据定义，无论产量是多少，总固定成本都是一样的，所以随着产量的增加，*AFC* 必然下降。随着产量的上升，总固定成本被越来越大的产量所分摊。在图 6.3 的表格中，当产量恰为 1 单位时，*TFC* 和 *AFC* 都是同样的 100 美元。但是当产量为 2 单位时，总固定成本依然是 100 美元，但平均固定成本，或者说单位固定成本，变成了 50 美元。当 100 美元被分摊到 3 单位产品上时，单位固定成本变为 33.33 美元；被分摊到 4 单位产品上时变为 25 美元。这个过程有时被称为“经常费用的分摊”。图 6.3 显示随着总产量的上升，*AFC* 表现为一条连续下降的曲线。

AVC 任何产量水平下的**平均可变成本（average variable cost，*AVC*）**都是用总可变成本（*TVC*）除以相应产量（*Q*）得到的，即：

$$AVC=\frac{TVC}{Q}$$

由于先递增后递减的收益，*AVC* 开始时下降，达到最小值，然后开始增加。*AVC* 的图形是如图 6.3 所示的 U 形或者碟形曲线。

因为总可变成本反映了收益递减规律，所以由其推导出来的 *AVC* 也必定是这样的。由于边际收益最开始是递增的，所以在生产前 4 单位产量时，每一单位所需要的可变资源越来越少，其结果是每单位可变成本的下降。*AVC* 在 5 单位产量时达到最低点，而在超过这一点之后，由于收益递减，每新增一单位产量需要越来越多的可变资源，所以 *AVC* 会上升。

通过回顾图 6.2，你可以验证 *AVC* 曲线是 U 形或者碟形的。假设劳动力的价格是每单位 10 美元，用 10 美元（单位劳动力的价格）除以平均产量（单位劳动力的产量），我们就可以得到每单位产量的劳动力成本。因为我们已经假设劳动力是唯一的可变投入，所以每单位产量的劳动力成本就是每单位产量的可变成本或 *AVC*。当平均产量在最开始很低时，*AVC* 很高。随着工人的增加，平均产量上升，*AVC* 下降。当平均产量达到其最大值的时候，*AVC* 达到其最小值。然后，随着工人数量继续增加，平均产量下降，*AVC* 上升。平均产量曲线的这一“隆起”反映在 *AVC* 曲线的碟形或者 U 形中。

ATC 任何产量下的**平均总成本（average total cost，*ATC*）**都是用总成本（*TC*）除以相应的产量（*Q*），或者把相应产量下的 *AFC* 与 *AVC* 相加而得到的：

$$ATC=\frac{TC}{Q}=\frac{TFC}{Q}+\frac{TVC}{Q}=AFC+AVC$$

如图 6.3 所示，*ATC* 曲线能够通过 *AFC* 曲线和 *AVC* 曲线的垂直相加得到。于是，*ATC* 曲线与 *AVC* 曲线之间的垂直距离就度量了每一产量水平下的 *AFC*。

□ 6.4.3 边际成本

最后还有一个非常重要的成本概念：**边际成本（marginal cost，*MC*）**，即多生产一单位产出所带来的额外的或者新增的成本。每单位新增产出的边际成本取决于生产该单位产品所引起的总成本的变动。

计算 在图 6.3 中表格的第（4）列，生产第一单位产量使总成本从 100 美元增加到 190 美元。因此，这一单位产量的新增成本或者边际成本就是 90 美元（见第（8）列）。第二单位产量的边际成本是 80 美元（＝270－190）；第三单位产量的边际成本是 70 美元（＝340－270），依此类推。这 10 单位产量中每一单位的边际成本见第（8）列。

MC 也可以根据总可变成本一栏来计算，这是因为总成本与总可变成本间的唯一差别就是固定成本（100 美元）。因此，每单位新增产出所对应的总成本变动和总可变成本变动总是一样的。

边际决策 边际成本是企业能够直接和迅速控制的成本。具体来说，边际成本表明生产最后一单位产出所带来的成本。因此，它也表明了不生产这最后一单位所能“节省”的成本。平均成本图形则不能提供这个信息。例如，企业对生产 3 单位还是 4 单位产量犹豫不决。图 6.3 表明生产 4 单位时的 *ATC* 是 100 美元。但是企业在生产第 4 单位产品时，总成本并没有增加 100 美元，不生产这一单位产品也不会节省 100 美元。实际上，正如表格中边际成本一列所示，相关成本的变动仅仅是 60 美元。

企业关于产量水平的决策是典型的边际决策问题，即多生产一些还是少生产一些的问题。边际成本是增加或减少 1 单位产出时成本的变动。将边际收益（正如你将在第 7 章中看到的，边际收益是增加或减少 1 单位产出所带来的收入变动量）与边际成本相结合，企业就能决定扩大或缩小生产是否有利可图。接下来 3 章的分析重点就是这些边际计算。

图形描述 图 6.3 刻画了边际成本。边际成本最开始急剧下降，达到一个最小值，然后迅速上升。这反映了一个事实，即可变成本和与之相对应的总成本先以递减的数量增加，然后以递增的数量增加。

***MC* 与 *AVC* 和 *ATC* 之间的关系** 图 6.3 显示，边际成本曲线 *MC* 与 *AVC* 和 *ATC* 曲线均相交于它们的最低点。前面已经提过，这种边际—平均之间的关系在数学上是必然成立的。当新增到总成本中的数量（边际成本）低于当前平均总成本时，*ATC* 曲线将会下降。相反，当边际成本高于平均成本时，*ATC* 曲线将会上升。这意味着在图 6.3 中，只要 *MC* 曲线位于 *ATC* 曲线之下，那么 *ATC* 曲线就会下降；而只要 *MC* 曲线位于 *ATC* 曲线之上，那么 *ATC* 曲线就会上升。因此，在 *MC* 与

ATC 的交叉点处，ATC 曲线刚好停止下降，但还没有开始上升。根据定义，这一点就是 ATC 曲线上的最低点。边际成本曲线与总成本曲线在 ATC 曲线的最低点处相交。

边际成本既可以定义为产量增加 1 单位时总成本的增量，也可以定义为总可变成本的增量。因此，可以用同样的原理来解释为什么 MC 曲线也与 AVC 曲线相交于其最低点。MC 曲线与平均固定成本曲线之间就不存在这样的关系，这是因为两者并不相关：边际成本只包括那些随着产量变动而变动的成本，而根据定义，固定成本是指那些与产量无关的成本。

应用分析

不断上涨的汽油价格

供给和需求的变化经常导致汽油的价格迅速上涨。因为汽油几乎是所有汽车的动力来源，包括企业所使用的汽车。汽油价格的上涨将会导致企业的短期可变成本、边际成本和平均总成本都上升。就我们的分析而言，当汽油价格上涨使企业的生产成本增加的时候，它们的 AVC 曲线、MC 曲线和 ATC 曲线都将上移。

这些曲线上移的程度取决于汽油作为可变要素投入到不同企业生产过程中的相对重要程度。包裹投递企业如联邦快递就使用了许多以汽油为动力的运输工具，因此它会面临曲线的大幅度上移。而诸如 Symantec（Norton）一类的软件企业则主要通过互联网下载功能来投递它们的产品，因此它们只会面临曲线的轻微上移。

问题：如果不断上涨的汽油价格使得诸如联邦快递一类企业的投递成本上升，那么这将如何影响像亚马逊这样需要运送很多包裹的网上零售商的成本曲线？

6.5 长期生产成本

在长期，一个行业和组成它的单个企业能够进行其所希望的所有资源调整。也就是说，它们能够改变使用的所有投入品的数量。企业能够改变其工厂的生产能力；能够建设一家比图 6.2 和图 6.3 中规模更大或更小的工厂。行业也能够改变其总生产能力，因为长期意味着新企业有充足的时间进入，或者现有企业有充足的时间退出。我们将在下一章讨论企业进入和退出一个行业所造成的影响，我们在这里只考虑单个企业生产能力的变化。让我们从平均总成本的角度来进行分析，而不再区分固定成本和可变成本，这是因为在长期，所有资源及与之相对应的成本都是可变的。

□ 6.5.1 企业规模和成本

假设只有一家工厂的制造商起初规模很小，由于经营成功，工厂规模和生产能力不断扩大。在这种情况下，平均总成本会有怎样的变化？在一段时间内，不断扩大的工厂规模会使平均总成本下降。然而，越来越大的工厂规模最终将导致 ATC 上升。

图 6.4 用 5 个可能的工厂规模来说明这种情形。ATC-1 是规模最小工厂的短期平均总成本曲线，而 ATC-5 则是规模最大工厂的短期平均总成本曲线。在达到第 3 个工厂的规模以前，更大的工厂规模可以使最低平均总成本下降。但是，在这之后，继续扩大

规模只会使最低的平均总成本上升。

□ 6.5.2 长期成本曲线

图 6.4 中与产量轴垂直的线表明了企业应该在达到这些产量时调整工厂规模，以实现可以达到的最低平均总成本。在这些产量下，较大工厂的单位成本低于当前较小工厂的单位成本。在产量达到 20 单位之前，第 1 种规模的工厂可以实现最低平均总成本。然而，当产量超过 20 单位且小于 30 单位时，企业可以建造更大的工厂（第 2 种规模的工厂）来实现更低的单位成本。虽然产量越大，总成本越高，但是每单位产出的成本将更低。对于 30～50 单位之间的产量水平，第 3 种规模的工厂将实现最低的平均总成本。对于 50～60 单位之间的产量水平，企业必须建立第 4 种规模的工厂以实现最低的单位成本。而对于 60 单位以上的产量，则需要建立第 5 种规模的工厂来实现最低的平均总成本。

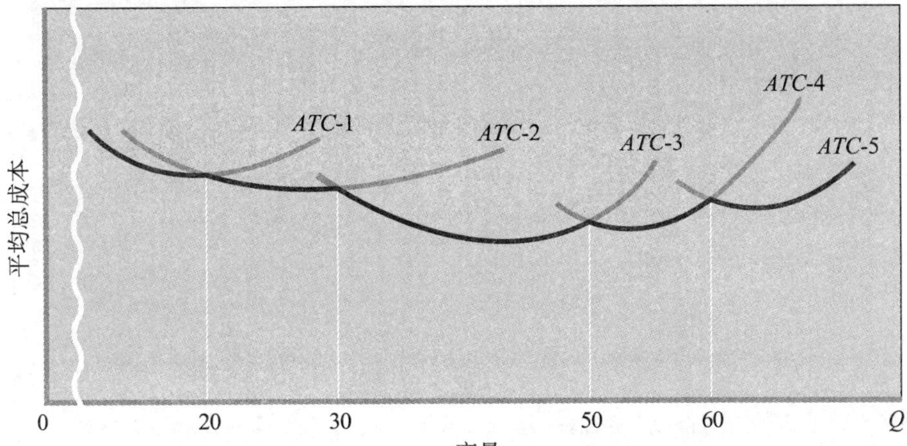

图 6.4　长期平均总成本曲线：5 个可能的工厂规模

注：长期平均总成本曲线由企业可以选择的各种不同规模的工厂的短期成本曲线（*ATC*-1、*ATC*-2 等）的片段构成。这些波浪形的计划曲线上的每一点都表示当企业有时间对工厂规模进行所有想要的改变时，在任何产量上可能达到的最低单位成本。

把这些调整联系起来，我们就可以发现，企业的长期平均总成本曲线是由企业能够实现的各种不同工厂规模所对应的短期平均总成本曲线的片段所组成的。长期 *ATC* 曲线表示企业在有足够的时间对其工厂规模进行所有适当调整之后，在任何产量水平下所能达到的最低平均总成本。图 6.4 中波浪形的浅色曲线就是企业的长期 *ATC* 曲线，或者被称为企业的计划曲线。

在大多数生产行业里，生产规模的选择要比我们的例子宽泛得多。在许多行业里，可能的工厂规模事实上是无限的，而且产量的微小变动迟早会导致工厂规模的变动。如图 6.5 所示，这意味着存在无数条短期 *ATC* 曲线（每个产量水平对应一条短期 *ATC* 曲线）。在这种情况下，长期 *ATC* 曲线就不再像图 6.4 中那样由各短期 *ATC* 曲线的片段构成，而是由无数短期 *ATC* 曲线的所有切点构成。因此，计划曲线是平滑的，而不是波浪状的。曲线上的每一点都告诉了我们生产相应产量水平的最低 *ATC*。

□ 6.5.3 规模经济和规模不经济

我们已经假定越来越大的工厂规模将导致更低单位成本的暂时存在，但在规模超过某一点后，继续扩大的工厂规模将意味着更高的平均总成本。也就是说，我们已经假定长期 ATC 曲线是 U 形的。但为什么会是这样的呢？正如我们将要解释的，规模经济与规模不经济是导致 U 形的原因。但是请注意，长期平均总成本曲线的 U 形并不是资源价格上升或者收益递减规律作用的结果。首先，我们的讨论假定资源价格不变。其次，收益递减规律不适用于长期的生产，这是因为收益递减规律假设某种生产性资源的供给是固定的。在我们的定义下，“长期”内所有资源都是可变的。

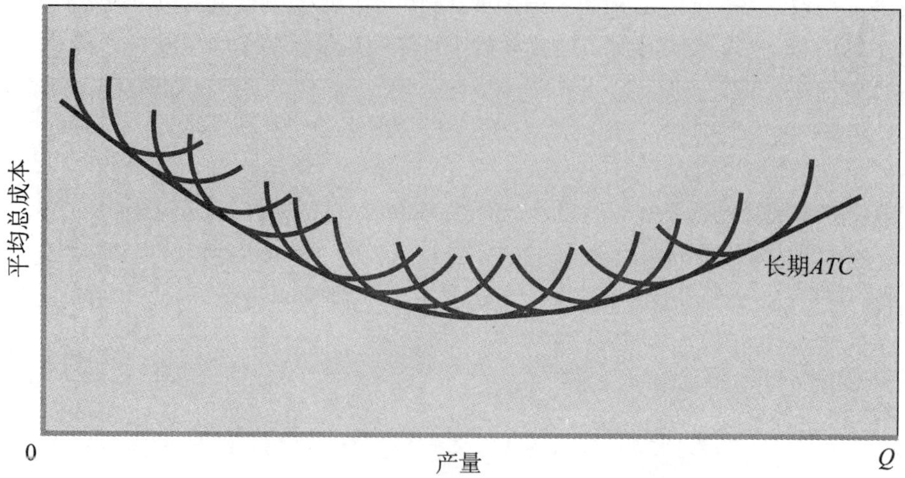

图 6.5 长期平均总成本曲线：工厂有无数种规模

注：如果工厂可以实现无数种规模，那么长期平均总成本曲线就接近一条光滑的曲线。开始时存在规模经济，之后的规模不经济导致曲线呈 U 形。

规模经济（economies of scale），或者说大规模生产经济，解释了图 6.6 中各分图所示的长期 ATC 曲线向下倾斜的部分。随着工厂规模的扩大，许多因素都将导致平均生产成本暂时性降低。

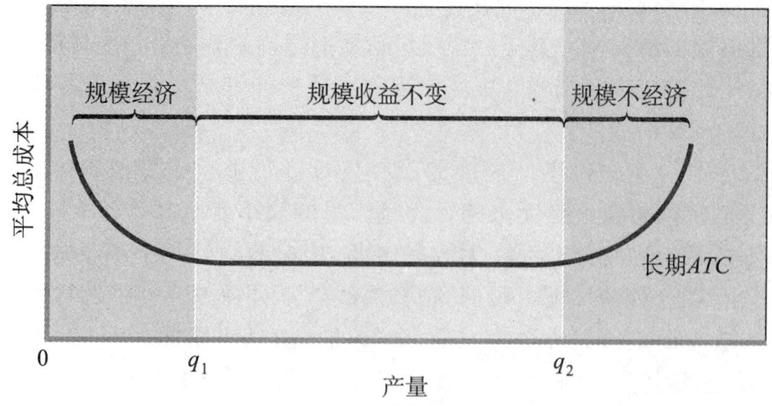

(a)

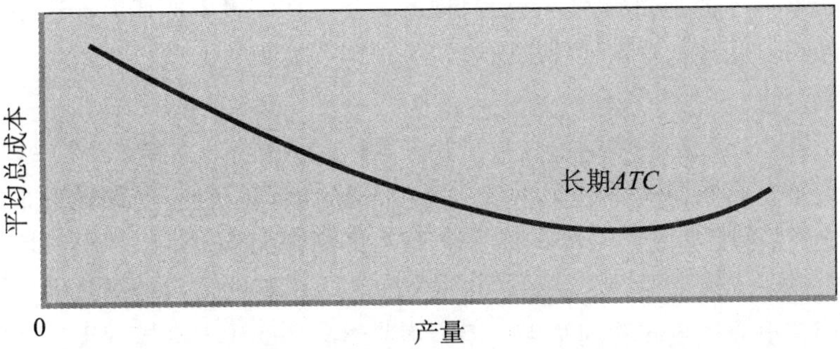

(b)

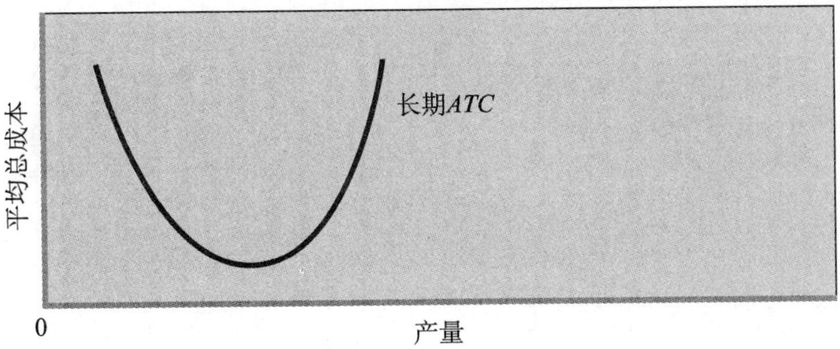

(c)

图 6.6　各种可能的长期平均成本曲线

注：在图（a）中，随着工厂规模的扩大，很快就实现了规模经济。而在达到一个相当大的产量规模之前，都不会出现规模不经济。因此，长期平均总成本在一个很大的产量范围内是一个固定的常数。在图（b）中，规模经济的范围很大，而只有当产量非常大的时候才会出现规模不经济，因此平均总成本在很大的产出范围内都是下降的。在图（c）中，规模经济很快就结束了，接下来的就是规模不经济，因此，最低的 *ATC* 出现在相对较小的产量处。

劳动力专业化　工厂规模的扩大更能够促进劳动力使用的专业化。雇用更多的工人意味着工种可以一分再分。每个工人现在只需要完成一种任务，而不是五六种。工人能够全天都在其拥有特殊技能的岗位上工作。而在一个小工厂里，熟练的机械工可能要花费一半的时间去做非熟练的工作，从而导致更高的生产成本。

进一步来讲，由于只从事较少的工种，在这些岗位上工人会变得更加精通这项技艺，同时做五六项工作的万事通不大可能精通其中的任何一项。对于同一个工人而言，集中精力做一件事就会变得非常有效率。

最后，更高的劳动力专业化水平消除了工人从一个工种转移到另一个工种而造成的时间浪费。

管理专业化　大规模生产还意味着更好地利用管理层，实现更高的管理专业化水平。能够掌管 20 名工人的主管在一家只雇用了 10 名工人的小工厂里就是大材小用了，生产人员在无须增加监管费用的前提下就可以加倍。

小企业无法使专业管理人士发挥最大优势。例如，在一家小工厂里，一位销售专家不得不把时间分配到几种职能上，如营销、人事和财务，然而有些方面是他并不擅长的。而更大规模的运营意味着他可以把他的全部时间用于营销工作，而由其他专业人士负责执行其他的管理职能。其结果就是更高的效率和更低的单位成本。

高效的资本 小企业往往买不起最高效的设备。在许多生产线上，这类机器非常庞大而且极其昂贵。此外，有效地使用这种设备还需要有很大的产量，这也只有大规模生产商可以做到。

在汽车行业中，最有效率的制造方法是使用机器人技术和精细的流水线设备。要有效使用这类设备，可能要求每年有 20 万～40 万辆的汽车产量。只有规模非常大的生产商才能买得起并有效使用这类设备，而小规模生产商则面临着进退两难的境地。使用其他设备制造汽车是无效率的，因此每单位成本很高，但是购买这种高效率的设备在低产量水平下使用，也会导致同样的结果，因为不能将高额的成本分摊到大量的产出中，小规模生产商同样受困于较高的单位成本。

其他因素 许多产品不仅会产生设计和开发成本，还会产生其他的“启动”成本，无论预计的销售规模多大，这些成本都会存在。随着产量增加，每单位这类成本就会下降。类似地，随着生产和销售的产品越来越多，分摊到每辆汽车、每台计算机、每套音响和每箱清洁剂上的广告成本也会越来越低。随着企业生产和销售更多的产品，它的生产和营销技能通常也会提高。这种“边做边学”（干中学）也能够促进规模经济。

对于能够扩大其运营规模的企业来说，所有这些因素都对降低平均总成本作出了贡献。如果存在规模经济，那么将资源增加 10%，产量就能增加更大的比例，比如说 20%，其结果是平均总成本的下降。

在美国的许多制造业中，规模经济都非常显著。那些已经将自己的运营规模扩大到能够实现大规模生产的企业生存了下来，并且欣欣向荣。而那些不能扩大生产规模的企业则变为成本相对较高的生产商，注定要为了生存苦苦挣扎。

应用分析

Verson 冲压机

Verson 公司（一家位于芝加哥的美国公司）于 1996 年推出了一种 49 英尺高的金属冲压机，它有一栋房子那么大，有 12 个火车头那么重。这台价值 3 000 万美元的机器用来把原钢板切割成制造汽车发动机罩和挡泥板所需的形状，它使汽车制造商能够在短短 5 分钟的时间里就造出新部件，而老的冲压机则需要 8 个小时。按照设计，一台机器一年可以制造 500 万个汽车部件。因此，为了利用这台机器实现成本节约，汽车制造商必须有足够的汽车产量来使用所有的部件。通过使用这种节约成本的设备，大企业就能实现规模经济。

问题：对于一个过分依赖几台大型机器来生产数百万关键产品部件的企业，你是否看到了其潜在存在的某些问题？

规模不经济 企业的扩张迟早都可能引起规模不经济和平均总成本的提高。

导致**规模不经济（diseconomies of scale）**的主要因素如下：当企业变成大规模生产商后，它会碰到有效控制和协调企业运营的难题。在一家小工厂里，一位核心管理人员就能作出有关工厂运营的所有基本决策。由于企业的规模小，管理人员接近生产第一线，了解企业的运营情况，并且只需要处理相对少量的信息就能够作出最优生产决策。

随着企业规模的扩张，这种简单的管理模式将会发生变化。在大规模生产下，一个人无法汇集、消化和理解作出决策所必需的所有信息。权利必须分散到许多副总裁、二级副总裁等人的手中。管理层级的扩张将导致沟通与合作的问题、官僚主义的繁文缛节和决策互不协调的可能性。同时，对每位新增的经理都要支付工资。当官僚机构扩张超过一定点后，伴随着平均总成本的上升，制定与执行决策的效率也逐渐下降。

而且，在大规模生产的工厂中，工人们可能会感到与雇主有隔阂，对工作效率漠不关心。在岗位上消极怠工的可能性在大工厂里要比小工厂更高。为了解决隔阂和消极怠工问题，就需要额外的监督，而这也会增加成本。

在规模不经济发生时，所有资源的增加，比如说 10%，将导致更小比例的产量增加，比如说 5%。结果是平均总成本增加。图 6.6 中长期成本曲线上升的部分就表明了规模不经济。

规模报酬不变　在许多行业中，规模经济结束时的产量与规模不经济开始时的产量之间可能存在着一个相当大的产量区间；也就是说，存在着一个长期平均总成本不发生改变的**规模报酬不变（constant returns to scale）**区间。图 6.6（a）中的 q_1q_2 产量区间就是一个例子。如果所有资源都增加 10%，那么将引起产量同比例地增加 10%。因此，在这个区间内，ATC 是固定的常数。

□ 6.5.4　最小有效规模与产业结构

规模经济与规模不经济是产业结构的一个重要决定因素。这里我们引入**最小有效规模（minimum efficient scale，*MES*）**的概念，它是企业实现长期平均成本最小化的最低产量水平。在图 6.6（a）中，这一最小有效规模发生在 q_1 产量下。由于规模报酬不变存在于一个很大的产量区间，所以产量大得多的企业也能够实现最低长期平均成本。具体来说，在 q_1q_2 区间内的企业具有同样的效率。因此，如果发现在某个具备这种成本条件的行业中，聚集着规模大不相同的企业，我们不必感到奇怪。服装、银行、家具、滑雪板、木制品、食品加工和小型用具行业等都是这样的例子。由于规模报酬不变存在于一个很大的产量区间，所以规模相对较大和相对较小的企业可以在一个行业中共存，并且同样成功。

把上述情形与图 6.6（b）进行对比，在这个图中，规模经济在一个比较大的产量区间内存在，而规模不经济只在产量非常高时才出现。这种长期平均总成本递减的模式在汽车、铝、钢铁和其他重工业中都会发生。同样的模式也出现在与信息技术相关的一些新行业中，例如，计算机微型芯片、操作系统软件和互联网服务等行业。在消费者需求给定的情况下，几家大规模生产商可以满足全行业的需求。小企业无法实现最小有效规模，因此无力与之竞争。

如图 6.6（c）所示，在规模经济范围很小而规模不经济很快出现的行业里，最小有效规模发生在很低的产量水平处。在这样的行业中，某一特定水平的消费者需求将支持大量规模相对较小的生产商。许多零售业和某些类型的农业都属于这一类行业。某些轻工业，如面包烘焙、服装和制鞋业也是如此。在这些行业里，小企业可能比大规模生产商更有效率。

这里我们要强调，长期平均总成本曲线的形状是由技术及规模经济和规模不经济所决定的。而一个行业是由数量相对较多的小企业组成的，还是由几家大企业控制的，或者介于两者之间，长期 *ATC* 曲线的形状则起着决定性作用。

但是我们在做判断时必须非常小心，因为市场结构并不仅仅依赖于成本。在解释一个特定行业的结构时，还必须考虑政府政策、地域性市场规模、管理者的策略和能力以及一些其他因素。

应用分析

飞机组装厂和混凝土厂

为什么美国只有三家生产大型商用飞机的工厂（均由波音公司经营），却有数千家生产混凝土的工厂？答案很简单，这是因为两个行业的最小有效规模（*MES*）差别巨大。为什么会这样呢？首先，组装大型商用飞机的的规模经济非常大，而生产混凝土的规模经济则不明显。生产飞机是一个复杂的过程，需要大型设备、数千名工人以及非常昂贵的专业化机器。规模经济导致了巨大的工厂规模。但是，将硅酸盐水泥、沙子、砂砾和水混合后生产混凝土则只需要几名工人和便宜的设备。规模经济在规模较小的情况下便达到了。

MES 的不同还源于地域性市场规模的巨大差异。商用飞机的市场是全球性的，飞机制造商可以通过驾驶新飞机将它们运送到世界的任何一个地方。相比之下，混凝土工厂的地域性市场则在半径大约为 50 英里的范围内，这样才能保证混凝土在“凝固”之前到达目的地。所以在混凝土行业，数百个大小城市里坐落着数千家与客户毗邻的小型混凝土工厂。

问题：请推测一下，为什么硅酸盐水泥行业中企业的 *MES* 相对于单个混凝土工厂的 *MES* 要大得多？

小结

1. 有限公司（企业组织的主导形式）是一个法律上的实体，它们与个人股票持有者截然不同，并与之分离。有限公司往往有数千甚至数百万个股东，这些股东共同拥有它们。有限公司通过发行股票和债券，为其运营活动和购买新厂房及设备融资。股票是对一个企业的所有权，而债券则是偿还贷款的承诺，通常要支付一定的利息。

2. 当受雇于委托人（股东）并且代表其利益的代理人（管理者），为了追求其自身目标而损害委托人利益的时候，就产生了委托—代理问题。

3. 生产产品和服务的资源的经济成本就是未能用于最优替代方案而损失的价值。经济成本包括显性成本（获得他人拥有和提供的资源的成本）和隐性成本（使用自有资源的成本）。其中，一项隐性成本就是企业家的正常利润。当总收入大于总成本（＝显性成本＋隐性成本，其中包括正常利润）时，就产生了经济利润。

4. 在短期，企业的生产能力是固定的。通过增加或减少可变资源的数量，企业可以改变工厂设备的使用程度，但是企业在短期内没有足够的时间来改变工厂规模。

5. 收益递减规律描述了当加强对某一固定工厂规模的使用强度时，产量所发生的变化。在工厂规模固定的情况下，不断地增加可变资源（如劳动力）的使用量，在超过某一点之后，由每一单位新增资源所带来的边际产量会下降。

6. 由于在短期某些资源是可变的而有些资源是固定不变的，因此成本被分为可变成本和固定成本。固定成本与产量水平无关；可变成本随着产量的变动而变动。任何产量水平下的总成本都等于该产量下的固定成本与可变成本之和。

7. 平均固定成本、平均可变成本和平均总成本分别表示每单位产量中所包含的固定成本、可变成本和总成本。随着产量增加，平均固定成本不断下降，这是因为某一固定成本被分摊到了越来越大的产量上。平均可变成本呈U形，反映了收益递减规律。平均总成本是平均可变成本与平均固定成本之和，它也呈现U形。

8. 边际成本是多生产1单位产出时，额外的或增加的成本，也是当增加或减少1单位产出时，总成本和总可变成本的变动量。从图形上看，边际成本曲线和 *ATC* 曲线及 *AVC* 曲线都相交于它们的最低点。

9. 长期对于一个企业而言是这样一个时期：它使企业能够改变所有资源的使用数量，包括工厂规模。在长期，所有成本都是可变成本。长期 *ATC* 曲线或计划曲线由短期 *ATC* 曲线的片段构成，代表一个企业在长期所能实现的不同工厂规模。

10. 长期 *ATC* 曲线通常是U形的。当一家小企业开始扩张时，通常会出现规模经济。劳动力和管理的更加专业化，高效设备的使用以及启动成本被更多单位的产出所分摊，都是规模经济的成因。随着企业继续扩张，它将遭遇与大规模生产相伴而生的管理复杂化所带来的规模不经济。在一个行业中，规模经济与规模不经济出现的产量区间是决定该行业结构的一个重要因素。

11. 最小有效规模（*MES*）是企业实现长期平均成本最小化的最低产量水平。在某些行业中，*MES* 出现在低水平的产量处，因而该行业充斥着众多小企业。在另一些行业中，*MES* 出现在大规模产量处，因而在长期仅有几家大企业可以存活下来。

术语与概念

股票
债券
有限责任
委托—代理问题
经济成本
显性成本
隐性成本
会计利润
正常利润
经济利润
短期
长期
总产量（*TP*）
边际产量（*MP*）
平均产量（*AP*）
收益递减规律
固定成本
可变成本
总成本
平均固定成本（*AFC*）
平均可变成本（*AVC*）
平均总成本（*ATC*）
边际成本（*MC*）
规模经济
规模不经济
规模报酬不变
最小有效规模（*MES*）

思考题

1. 区分工厂、企业和行业，比较垂直一体化企业、水平一体化企业和集团企业。从你最近光顾过的商家中，举出一家水平一体化企业的例子。

2. 有限公司的哪些优势使它能够成为企业组织的主导形式？

3. 企业管理者和股东之间会产生何种委托—代理问题？在20世纪90年代，企业是如何解决这一问题的？这种“解决方案”是怎样给某些企业带来适得其反的结果的？

4. 区分显性成本和隐性成本，并举例说明，进入大学的显性成本和隐性成本有哪些？

5. 区分会计利润、经济利润和正常利润。是会计利润还是经济利润决定了企业家在不同的企业之间进行资源配置？请解释。

6. 下列情况哪些是短期调整，哪些是长期调整？

a. Wendy 公司新建了一个餐馆。

b. Harley-Davidson 公司新雇用了 200 名生产工人。

c. 一位农场主增加了玉米地里的肥料用量。

d. 一家制铝公司增加了一些三班倒的工人。

7. 根据给出的数据计算边际产量和平均产量，完成表格。

劳动力投入	总产量	边际产量	平均产量
0	0	______	
1	15	______	______
2	34	______	______
3	51	______	______
4	65	______	______
5	74	______	______
6	80	______	______
7	83	______	______
8	82	______	______

请解释为什么边际产量迟早会下降且最终变为负值。收益递减规律对边际成本有何影响？请具体说明。

8. 为什么在短期中能够对固定成本和可变成本加以区分？把下列成本按固定成本和可变成本进行分类：广告支出、燃料、企业发行债券的利息、运费、原材料支出、房产税、管理人员的薪水、保险费、工资、销售税和办公设备租赁费。

9. 一家企业的固定成本为 60 美元，可变成本如下表所示。请完成表格，并参考第 7 章末尾的思考题 3 来检验你的计算结果。

总产量	总固定成本（美元）	总可变成本（美元）	总成本（美元）	平均固定成本（美元）	平均可变成本（美元）	平均总成本（美元）	边际成本（美元）
0	______	0	______			______	
1	______	45	______	______	______	______	______
2	______	85	______	______	______	______	______
3	______	120	______	______	______	______	______
4	______	150	______	______	______	______	______
5	______	185	______	______	______	______	______
6	______	225	______	______	______	______	______
7	______	270	______	______	______	______	______
8	______	325	______	______	______	______	______
9	______	390	______	______	______	______	______
10	______	465	______	______	______	______	______

a. 画出 AFC、ATC 和 MC 曲线。为什么 AFC 曲线持续向下倾斜？为什么 MC 曲线最终要向上倾斜？为什么 MC 曲线经过 ATC 曲线的最低点？

b. 请解释当如下变化发生时，本题（a）中每条曲线的位置将如何变化：（1）总固定成本是 100 美元而不是 60 美元；（2）总可变成本在每个产量水平下都减少 10 美元。

10. 请指出下列每一种情况会使一个制造企业的（1）边际成本曲线，（2）平均可变成本曲线，（3）平均固定成本曲线和（4）平均总成本曲线发生怎样的移动，且在每种情况下，说明移动的方向。

a. 企业财产税下降。

b. 生产工人的小时工资增加。

c. 电价下降。

d. 运输成本增加。

11. 假设一家企业只有三种可能的工厂规模，如图中的几条 ATC 曲线所示。当生产（a）50、（b）130、（c）160 和（d）250 单位产量时，企业应分别选择哪种工厂规模？在图中画出企业的长期平均成本曲线并描述。

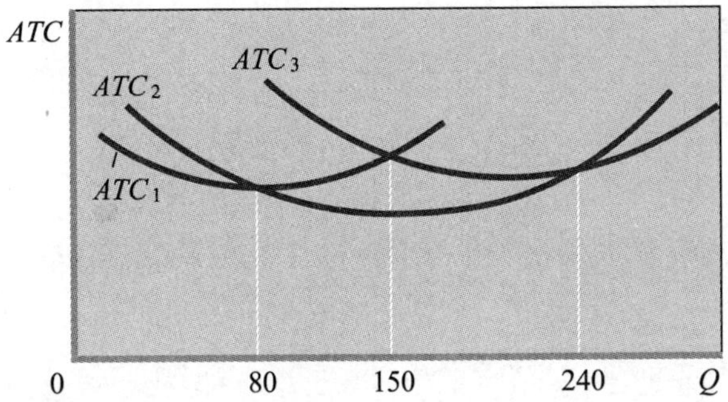

12. 运用规模经济和规模不经济的概念来解释企业长期 ATC 曲线的形状。什么是最小有效规模？长期 ATC 曲线的形状对行业结构有什么影响？

计算题

1. Gomez 经营一家小陶器厂。他以每年 12 000 美元的薪资雇用了一个工人，每年支付 5 000 美元的店铺租金，花费 20 000 美元在原材料上。他将本可以为他带来每年 4 000 美元收益的 40 000 美元自有资金投资于生产设备（陶轮、窑炉等）。一竞争企业为他开出了年薪 15 000 美元的工资，他估计他的企业家才能价值年薪 3 000 美元，销售陶器的年总收入是 72 000 美元。请计算 Gomez 陶器厂的会计利润和经济利润。

2. 假设你有一些工人和几台手提电脑可以用来清点仓库里的存货。存货清点也存在着收益递减。假设一个工人用一台电脑，每小时可以清点 100 件物品；两个工人共用一台电脑每小时总共清点 150 件物品；三个工人共用一台电脑每小时总共清点 160 件物品。电脑每台 100 美元，你必须支付每个工人每小时 25 美元。如果安排一个工人用一台电脑，盘点一件物品的成本是多少？如果是两个工人一台电脑呢？三个工人一台电脑呢？如果你想使盘点一件物品的成本最小化，一台电脑需要配备几个工人？

3. 你创立了一家报纸出版社。你的工厂需要每月支付 500 000 美元的租赁费，每月还需要支付劳务费 100 万美元。每张报纸的边际印刷费和边际投递费分别为 0.25 美元和 0.1 美元。如果报纸的销量从每月 100 万张下降到每月 80 万张，每张报纸的 AFC 曲线、MC 曲线如何变化？每张报纸的最低价格为多少才能刚好与这些成本持平？

4. 经营大型牧场也存在规模经济，特别是涉及为土地安装栅栏的问题时。假设安装一英里带刺铁丝网的成本是 10 000 美元。如果需要用栅栏围起来的地方刚好是正方形的，每条边恰好是一英里，安装栅栏需要花费多少？如果对四块与上述一模一样的地方安装栅栏，需要花费多少？现在思考一下，同样是四平方英里，但是边长为两英里，对该地方安装栅栏需要花费多少？哪个成本更高，是四块一平方英里的土地还是一块四平方英里的土地？

在 www. brue3e. com 中做进一步的测试

在本书的“在线学习中心”www. brue3e. com 中，你会找到一个或多个网络练习题，这些问题需要从网络上获取信息才能进行解答。我们强烈建议你完成这些问题，因为这些问题能够使你熟悉我们的网站，而我们的网站对你其他课程的学习，甚至你日后的事业都有帮助。“在线学习中心”提供了多项选择测试题，还能为你提供及时的反馈。该网站上还有许多有用的方法进一步测试你对本章知识的掌握情况。

第 7 章

完全竞争

学习完本章后，你应该能够：

1. 描述四种基本市场结构的名称和主要特征。
2. 阐述完全竞争市场所需要具备的条件。
3. 阐述完全竞争企业如何实现利润最大化或损失最小化。
4. 解释为什么完全竞争企业的边际成本曲线和供给曲线是同一条曲线。
5. 解释行业的进入与退出如何带来经济效率。
6. 阐释成本不变、成本递增和成本递减行业间的差别。

在第 4 章中，我们考察了产品需求与总收益之间的关系，而在第 6 章中，我们又对企业及其成本进行了讨论，现在我们要把收益与成本结合起来观察企业如何决定产品的价格以及产量。不过，一家企业有关价格与生产的决策在很大程度上依赖于该企业所处行业的特点。并不存在“平均的”或“典型的”行业：在一种极端情况下，单独一个生产商控制着整个市场；而在另一个极端，行业中存在成千上万家企业，每家企业只生产行业总产量的一个微小部分。在这两个极端之间，存在着许多其他行业形态。

由于我们不可能一个一个地考察每个行业，我们将主要关注四个基本的市场结构模型。这些模型合在一起将有助于你理解经济中不同产品市场中的价格、产量和利润是如何决定的，还可以帮助你评估这些市场是有效率的还是无效率的。最后，这四个模型将为分析针对某些企业和行业的公共政策（如反垄断政策）提供重要的背景知识。

7.1 四种市场结构

经济学家把众多的行业划分到四种不同的市场结构中：完全竞争、完全垄断、垄断竞争和寡头垄断。这四种市场结构存在以下几方面的差异：行业中企业的数量；企业生产的是标准化的产品还是与其他企业有差别的产品；企业进入该行业的难易程度。

按照竞争程度从大到小排列，四种模型如下：

- **完全竞争** 存在大量生产一种标准化产品（如棉花）的企业。企业能够非常容易地进入或退出该行业。
- **垄断竞争** 其特点是存在较多的卖者生产差异化产品（服装、家具、书）。这里存在着广泛的非价格竞争。非价格竞争是这样一种策略，企业努力以设计和工艺等属性为基础，使自己的产品和服务与竞争者的产品区别开来（该策略被称为产品差异化）。企业进入或退出垄断竞争行业也比较容易。
- **寡头垄断** 只存在少数几个卖者，它们生产标准化或差异化产品，因此，每家企业都会受到其竞争对手决策的影响，从而在决定自己的价格和产量时必须考虑这些因素。
- **完全垄断** 指这样一种市场结构，在该市场结构中，只有一家企业是某种产品或服务的提供者，且这种产品或服务没有很好的替代品（如地方公用电力事业或取得专利权的医疗设备）。由于新企业的进入受到阻碍，一家企业就构成了整个行业。因为垄断生产者的产品是独一无二的，所以无须考虑产品差异化问题。

7.2 完全竞争：特征与实例

让我们对本章的主题——**完全竞争（pure competition）**进行更仔细的考察：

- **企业数量非常多** 完全竞争市场的一个基本特征是存在着大量独立行动的卖者，它们常常为广阔的国内或国际市场提供产品，如农产品市场、股票市场和外汇市场等。
- **标准化产品** 完全竞争企业生产一种标准化（相同或同质的）产品。只要价格相同，消费者并不介意从哪个卖者手里购买产品。在买者的角度看，企业B、C、D、E的产品都是企业A的产品的完全替代品。正因为完全竞争企业销售标准化的产品，所以它们并不企图使其产品差异化，也不会从事其他形式的非价格竞争。
- **“价格接受者”（price takers）** 在一个完全竞争市场中，单个企业对产品价格没有显著的控制力。每家企业只生产总产量中的很小一部分，以至于其增加或减少产量都不会对总供给产生可以察觉的影响，因此也就不会对产品价格产生影响。简而言之，完全竞争企业是价格接受者：它无法改变市场价格，只能调整自己去适应价格。这就意味着单个生产商完全受市场的支配，高于市场价格的定价是毫无用处的。如果企业A的9 999个竞争对手以每单位2美元的价格销售同样的产品，即完全替代品，那么消费者是不会以2.05美元的价格从企业A处购买的。反过来，因为企业A能够以每单位2美元的价格销售它所选择的任意数量的产品，所以它没有理由要一个低价，比如说1.95

美元，这么做只会减少它的利润。

● **自由进入与退出** 新企业可以自由地进入完全竞争行业，而现有企业也可以自由地离开。在任何竞争性市场中，不存在显著的法律、技术、财务或者其他障碍限制新企业销售它们的产品。

尽管完全竞争在真实世界中相当罕见，但是这一市场模型与众多行业高度相关。特别是通过研究完全竞争模型，我们能够学习到许多关于农产品、水产品、碱性金属和股票市场的知识。此外，完全竞争是讨论如何决定价格和产量的一个很有意义的出发点。再者，完全竞争经济的运行为我们评估现实经济的效率提供了一个准则。

7.3 完全竞争卖者所面对的需求

为了建立一个完全竞争模型，我们首先从一个完全竞争卖方的角度来考察需求，探讨它对收益有怎样的影响。这个卖方可以是一个种植小麦的农场主、一个草莓种植者、一个饲养羊群的牧场主、一个外汇交易员等等。由于每家完全竞争企业都只提供市场总产量中可以忽略的一小部分，它必须接受由市场所决定的价格，它是价格的接受者，而不是价格的制定者。

□ 7.3.1 完全弹性的需求

如图 7.1 所示，在市场价格水平上，完全竞争行业中的单个企业所面临的需求曲线是具有完全弹性的。如图 7.1 中表格的第（1）列所示，市场价格为 131 美元。企业既不可能通过限制产量来提高价格，也不需要降低价格以增加销量。

我们并不是说竞争性市场中的市场需求是具有完全弹性的，相反，市场需求曲线是一条向下倾斜的曲线。行业整体（生产一种特定产品的所有企业）可以通过改变整个行业的产量来影响价格。例如，所有企业独立地同时降低产量，就能提高价格。但是单个企业却无法达到这个效果，因为它的产量只是整个行业产量的一小部分。对于单个竞争性企业来说，市场价格是一个固定值，在此价格下，企业可以卖出它想卖出的数量。从图上看，这意味着单个竞争性企业的需求曲线是一条水平直线，如图 7.1 中的 *D* 所示。

□ 7.3.2 平均收益、总收益和边际收益

企业的需求计划表也是其平均收益计划表。对买者而言的每单位价格，是卖者的每单位收益，或者说**平均收益（average revenue）**。如果所有买者每单位必须支付 131 美元，那么卖者所得到的每单位收益或者平均收益是 131 美元。价格和平均收益在这种情况下是一回事。

每一销售水平下的**总收益（total revenue）**是由价格乘以企业所能售出的数量得到的。（图 7.1 中表格的第 1 列乘以第 2 列就得到第 3 列。）在这个例子中，对于额外销售的一单位产品，总收益都增加一个固定值 131 美元。每销售一单位产品所带来的总收益增加量恰好等于该固定价格。

当企业考虑改变其产量时，它必须考虑总收益将如何变动。**边际收益（marginal**

revenue）就是多销售一单位产品所带来的总收益的变动量（或者说额外收益）。如图 7.1 中表格的第 3 列所示，当销量为零时总收益也为零。售出第一单位产品使总收益从零增加到 131 美元，因此这一单位的边际收益是 131 美元。售出第二单位产品使总收益从 131 美元增加到 262 美元，边际收益还是 131 美元。请注意第 4 列中的边际收益是一个常数，131 美元，与价格相等。**在完全竞争中，边际收益和价格是相等的。**

企业的需求计划		企业的收益数据	
(1)	(2)	(3)	(4)
产品价格（*P*）=平均收益（美元）	需求量（*Q*）	总收益（*TR*）=(1)×(2)	边际收益（*MR*，美元）
131	0	0	
			131
131	1	131	
			131
131	2	262	
			131
131	3	393	
			131
131	4	524	
			131
131	5	655	
			131
131	6	786	
			131
131	7	917	
			131
131	8	1 048	
			131
131	9	1 179	
			131
131	10	1 310	

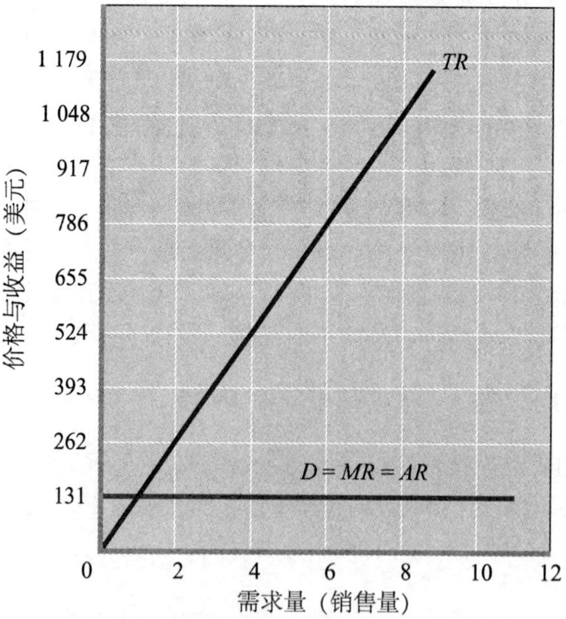

图 7.1　一个完全竞争企业的需求及收益曲线

注：因为完全竞争企业能够以市场价格（这里为 131 美元）卖出其所想卖出的任意产量，因而其面对的需求曲线（*D*）是一条水平直线。由于每新增一单位的销售都使得总收益增加与价格相等的量，企业的总收益曲线（*TR*）是一条向上倾斜的直线，且其边际收益曲线（*MR*）与企业的需求曲线重合，平均收益曲线（*AR*）也与需求曲线重合。

图 7.1 显示了完全竞争企业的总收益曲线、需求曲线、边际收益曲线和平均收益曲线。总收益曲线（*TR*）是一条向右上方倾斜的直线，其斜率是一个常数，因为每多销售一单位产品都使总收益增加 131 美元。需求曲线（*D*）是水平的，说明需求具有完全价格弹性。因为产品价格（即边际收益）是固定的常数，所以边际收益曲线（*MR*）与需求曲线重合。平均收益等于价格，因此平均收益曲线也与需求曲线重合。

7.4 短期中的利润最大化

因为完全竞争企业是价格接受者，所以它不能通过提高或降低价格来使利润最大化。由于价格是由整个市场中的供给与需求决定的，企业能够控制的唯一变量就是产出。因此，完全竞争企业只能通过调整产量来使经济利润最大化（或经济损失最小化）。在短期，企业的工厂规模不变，于是它只能通过改变可变资源（原材料、劳动力）的使用量来调整产量，以达到利润最大化。

具体来说，企业会将每一单位新增产量带来的总收益和总成本的增加量进行比较。换句话说，企业会比较每一单位新增产量所带来的**边际收益（*MR*）**和**边际成本（*MC*）**。假设继续生产比停产更可取，即企业的边际收益超过边际成本，那么企业应该继续生产，因为企业销售这些产品的收益超过了生产它们所增加的成本。相反，如果生产 1 单位产品的边际成本超过了它的边际收益，那么企业就不应该生产这一单位产品，因为生产它所增加的成本大于收益，故利润会减少，或者亏损会增加。

在生产的初始阶段，产量相对较低，边际收益通常（但并不总是）会超过边际成本，所以在这一产量范围内进行生产是有利可图的。但是在生产的后期阶段，产量相对较高，不断增加的边际成本将超过边际收益。显然，利润最大化的企业不会选择在这个产量范围内进行生产。将这两个生产范围分开的唯一点就是边际收益等于边际成本的那一点，这一点是决定产量的关键点：在短期内，企业通过生产边际收益与边际成本相等的产量，来使利润最大化或损失最小化（只要继续生产比停产更可取）。这种利润最大化的方法被称为 $MR=MC$ 规则。（对于大多数 *MR* 和 *MC* 数据来说，*MR* 和 *MC* 恰好相等时，产量往往不是一个整数，在这种情况下，企业应该生产使得 $MR>MC$ 的最后一单位产品。）

请记住 $MR=MC$ 规则的三个特征：

- 我们已经说过，这一规则只适用于生产比停产更可取的情形。随后我们将说明，如果边际收益不等于或小于平均可变成本，那么企业将停产而不是生产 $MR=MC$ 产量的产品。
- 这一规则对于所有企业而言都是实现利润最大化的正确指导方法，而不论该企业是完全竞争、完全垄断、垄断竞争还是寡头垄断企业。
- 就完全竞争企业而言，这一规则可以重新表述为 $P=MC$。因为在现行市场价格下，完全竞争企业所面对的需求是具有完全弹性的，所以产品价格与边际收益相等。因此，在完全竞争市场中（也只有在完全竞争市场中），我们可以用 *P* 代替 *MR*：当生产比停产更可取的时候，想实现利润最大化或亏损最小化的竞争性企业应该在价格等于边际成本（$P=MC$）的点上进行生产。

现在，我们来应用一下 $MR=MC$ 规则，因为我们所考虑的是完全竞争的情形，所以也是 $P=MC$ 规则。

□ 7.4.1 利润最大化

图 7.2 中表格的前 5 列复制了第 6 章中有关产品 *AFC* 曲线、*AVC* 曲线、*ATC* 曲线和 *MC* 曲线的数据。在这里，我们将第（5）列中的边际成本数据与每单位产出的价格（边际收益）进行比较。如第（6）列所示，首先假设市场价格也即边际收益为 131 美元。

利润最大化的产量是多少？在第 9 单位以前的每一单位产出（包括第 9 单位）的边际收益都大于边际成本，因此它们都能够增加企业利润，从而应该被生产出来。然而，企业不应该生产第 10 单位产品，它会使得成本的增加量（150 美元）超过收益的增加量（131 美元）。

我们可以通过平均总成本的数据计算生产 9 单位产品所实现的经济利润。价格（131 美元）乘以产量（9 单位），得到总收益 1 179 美元。平均总成本（97.78 美元）乘以产量（9 单位），得到总成本 880 美元。[①] 总收益与总成本之差 299 美元（=1 179－880）就是经济利润。显然，这家企业将会选择继续经营，而不是停产。

另一个计算经济利润更简单的方法就是将平均总成本（97.78 美元）从产品价格（131 美元）中减去，然后用这个差额（33.32 美元的单位利润）乘以产量（9 单位）。现在花一些时间来验证一下第（7）列中的数据，你会发现任何不满足 $MR=MC$ 规则的产量水平都将导致利润低于 299 美元或亏损。

（1）	（2）	（3）	（4）	（5）	（6）	（7）
总产量（*TP*）	平均固定成本（*AFC*，美元）	平均可变成本（*AVC*，美元）	平均总成本（*ATC*，美元）	边际成本（*MC*，美元）	价格 131 美元=边际收益（*MR*，美元）	总经济利润（+）或经济损失（－）
0						－100
1	100.00	90.00	190.00	90	131	－59
2	50.00	85.00	135.00	80	131	－8
3	33.33	80.00	113.33	70	131	+53
4	25.00	75.00	100.00	60	131	+124
5	20.00	74.00	94.00	70	131	+185
6	16.67	75.00	91.67	80	131	+236
7	14.29	77.14	91.43	90	131	+277
8	12.50	81.25	93.75	110	131	+298
9	11.11	86.67	97.78	130	131	+299
10	10.00	93.00	103.00	150	131	+280

① 大多数单位成本数据都是由前一章的总成本数据四舍五入得到的。因此，从单位成本数据计算而来的经济利润与用实际总收益减去总成本得到的利润之间有些许差异，只不过我们在这里忽略了这些微小差异。

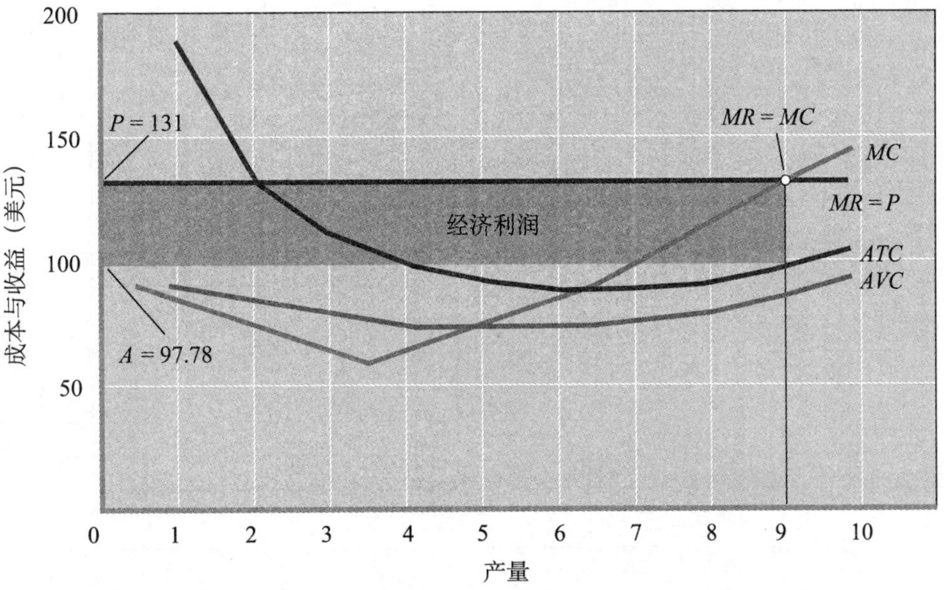

图 7.2　完全竞争企业的短期利润最大化

注：*MR*=*MC* 规则使得完全竞争企业能够实现利润最大化或亏损最小化。在这个例子中，*MR*（在完全竞争时等于 *P*）与 *MC* 在产量为 9 单位时相等，此时 *P* 超过平均总成本 *A*（=97.78 美元），所以企业实现了每单位产品 *P*−*A* 的经济利润。总经济利润为阴影矩形区域，等于 9×(*P*−*A*)。

图 7.2 也从图形上显示了价格（=*MR*）等于边际成本。价格与边际成本在利润最大化的 9 单位产量处相等，此时每单位经济利润为 *P*−*A*，*P* 为市场价格，*A* 为 9 单位产量的平均总成本。总经济利润 9×(*P*−*A*) 为图中的阴影矩形区域。

□ 7.4.2　亏损最小化和停产

现在让我们假设市场价格是 81 美元，而不是 131 美元，企业还应该生产吗？如果应该，又该生产多少呢？相应的利润或亏损又将是多少？答案分别是"应该生产"、"生产 6 单位"、"亏损 64 美元"。

图 7.3 中表格的前 5 列与图 7.2 中的相同，而第（6）列表示的是 81 美元的新价格（等于 *MR*）。观察第（5）列与第（6）列，可以发现第一单位产量使总成本增加了 90 美元，而总收益只增加了 81 美元。有人可能会说："不要生产了，关门吧！"但是这个结论太草率了。请记住，在生产的最早期阶段，边际产量很低，从而使得边际成本非同寻常地高。随着产量的增加，价格与边际成本的关系会得到改善。对于第 2 到第 6 单位而言，价格超过了边际成本。这 5 单位的每单位产品都使收益的增量大于成本的增量，如第（7）列所示，它们使总亏损减少了。总体来看，它们不仅仅弥补了第 1 单位产品造成的"亏损"。然后在超过了 6 单位以后，*MC* 大于 *MR*，因此，企业应该生产 6 单位的产品。一般而言，追求利润的生产者应该将边际收益（或者完全竞争下的价格）与逐渐上升的边际成本进行比较。

(1) 总产量（TP）	(2) 平均固定成本（AFC，美元）	(3) 平均可变成本（AVC，美元）	(4) 平均总成本（ATC，美元）	(5) 边际成本（MC，美元）	(6) 价格 81 美元＝边际收益（MR，美元）	(7) 总经济利润（＋）或经济损失（－）
0						－100
1	100.00	90.00	190.00	90	81	－109
2	50.00	85.00	135.00	80	81	－108
3	33.33	80.00	113.33	70	81	－97
4	25.00	75.00	100.00	60	81	－76
5	20.00	74.00	94.00	70	81	－65
6	16.67	75.00	91.67	80	81	－64
7	14.29	77.14	91.43	90	81	－73
8	12.50	81.25	93.75	110	81	－102
9	11.11	86.67	97.78	130	81	－151
10	10.00	93.00	103.00	150	81	－220

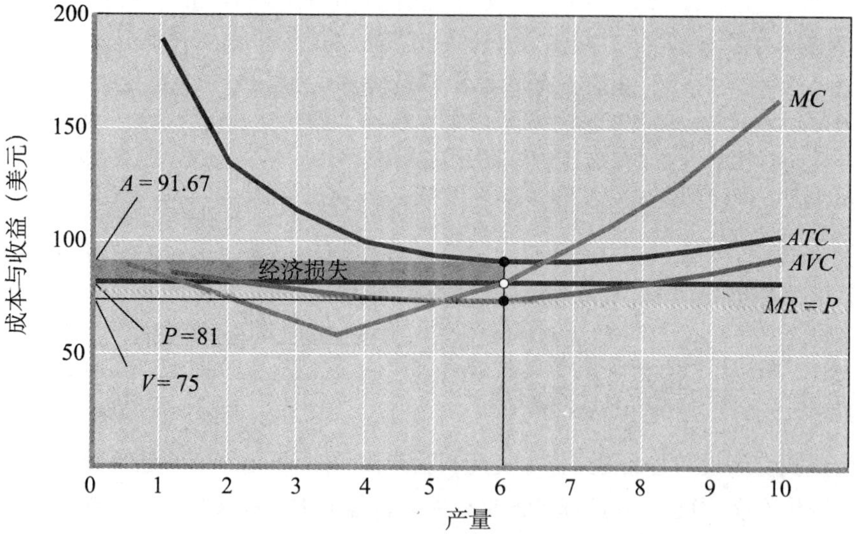

图 7.3 完全竞争企业的短期亏损最小化

注：如果价格 P 超过最小的 AVC（这里是 $Q=5$ 下的 74 美元），但低于 ATC，那么 $MR=MC$ 的产量（这里是 6 单位）将使企业亏损最小化。在这个例子中，每单位亏损 $A-P$，其中，A 是 6 单位产量下的平均总成本。总亏损如阴影矩形区域所示，等于 $6\times(A-P)$。

亏损最小化 生产会是有利可图的吗？不是，因为在 6 单位的产量下，平均总成本 91.67 美元比每单位价格 81 美元高出 10.67 美元。如果我们把这个差额乘以 6 单位产量，就得到企业的总亏损为 64 美元。或者，比较总收益 486 美元（＝6×81）与总成本 550 美元（＝6×91.67），我们也可以得出企业的亏损是 64 美元。

那么为什么还要生产呢？这是因为亏损额比企业的 100 美元固定成本低，而该固定成本是在短期中企业停产所要承担的亏损。企业获得了足够多的每单位收益（81 美元）来弥补它的平均可变成本（75 美元），剩下每单位 6 美元的收益（总共 36 美元）可用来补偿固定成本。因此，企业的亏损仅仅是 64 美元（＝100－36），而不是 100 美元。

图 7.3 表示了这个亏损最小化的情形。当价格 P 高于平均可变成本 AVC 的时候，

企业继续生产就可以抵消部分（而非全部）固定成本。通过生产 $MR=MC$ 的产量（这里是 6 单位），就能使亏损最小化。在这一产量下，每单位产品为弥补固定成本作出了 $P-V$ 的贡献，其中，V 是 6 单位产量下的平均可变成本。每单位产品的亏损额为 $A-P=10.67$ 美元，总亏损为 $6\times(A-P)$，即 64 美元，如图 7.3 中阴影矩形区域所示。

停产 现在假设市场价格仅为 71 美元。企业应该继续生产吗？不应该，因为在每个产量水平下，企业的平均可变成本都高于价格（比较图 7.4 中表格的第（3）列和第（6）列）。企业继续生产所要承担的最小亏损比停产所要承担的 100 美元固定成本的亏损（如第（7）列所示）大，所以最好的行动就是停产。

这种停产情形可以从图 7.4 中看出，$MR=P$ 的那条直线位于 AVC 的下方，在 $MR(=P)=MC$ 的5单位产量处，71 美元的价格最接近平均可变成本。但即使在此处，每单位价格或收益仍比平均可变成本低 3 美元（$=74-71$）。如果生产 MR（$=P$）$=MC$ 的产量，企业除了损失 100 美元的固定成本外，还将损失 15 美元（5×3 美元的可变成

(1)	(2)	(3)	(4)	(5)	(6)	(7)
总产量（*TP*）	平均固定成本（*AFC*，美元）	平均可变成本（*AVC*，美元）	平均总成本（*ATC*，美元）	边际成本（*MC*，美元）	价格 71 美元＝边际收益（*MR*，美元）	总经济利润（＋）或经济损失（－）
0						−100
1	100.00	90.00	190.00	90	71	−119
2	50.00	85.00	135.00	80	71	−128
3	33.33	80.00	113.33	70	71	−127
4	25.00	75.00	100.00	60	71	−116
5	20.00	74.00	94.00	70	71	−115
6	16.67	75.00	91.67	80	71	−124
7	14.29	77.14	91.43	90	71	−143
8	12.50	81.25	93.75	110	71	−182
9	11.11	86.67	97.78	130	71	−241
10	10.00	93.00	103.00	150	71	−320

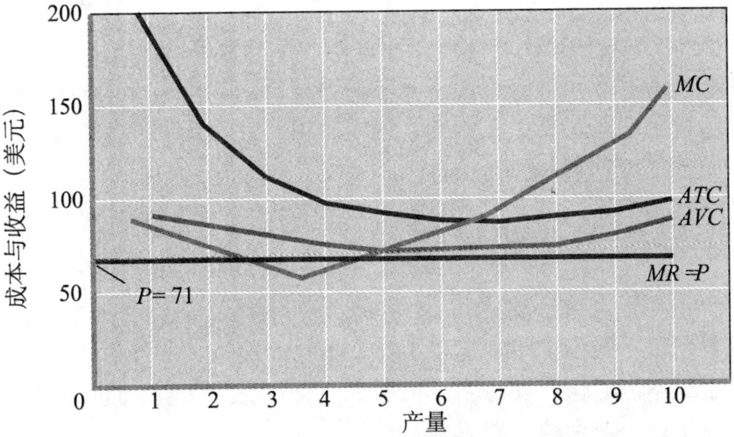

图 7.4 完全竞争企业的短期停产情形

注：如果价格 P（这里是 71 美元）低于最小 AVC（这里是 $Q=5$ 时的 74 美元），那么在短期，竞争性企业将通过停产来使亏损最小化，因为任何产量水平下的生产都不可能使亏损低于总固定成本。

本），总亏损为 115 美元。这比企业停产所承担的 100 美元固定成本损失的情况更糟。所以在 71 美元或者任何低于最小平均可变成本的价格下，企业停产是明智的。

停产的情形提醒我们，MR（$=P$）$=MC$ 的规则存在局限性。只有在市场价格高于最低平均可变成本的条件下，竞争性企业在短期中才能通过生产 MR（$=P$）$=MC$ 的产量来实现利润最大化或亏损最小化。

应用分析

"依旧在"汽车旅馆

你是否曾经光顾过某个异常简陋的商业场所，并为业主为什么不修理一下这些设施或者干脆停业而感到奇怪？部分原因在于，对这些设施进行维修不能带来利润，而在其不断恶化的情况下继续经营一段时间是有利可图的。探讨一下原因将有助于你理解：企业在面对不断下降的需求时如何作出"继续经营或者停业"的决定。

现在我们讨论一下位于美国某镇老旧的北向高速公路上的"依旧在"汽车旅馆。这家汽车旅馆是业主根据几十年前的交通状况和竞争情况修建而成的。但是随着州际高速公路的建成，业主发现自己的旅馆位于使用率很低的公路沿线上，而且他还面临着来自那些距离州际高速公路较近的"连锁"汽车旅馆的激烈竞争。

随着需求和收益的下降，"依旧在"汽车旅馆逐渐从盈利走向了亏损（$P<ATC$）。最初它的入住率和年收益还足以弥补总可变成本，并且还能够支付部分固定成本（$P>AVC$），如保险和财产税。对"依旧在"旅馆来说，继续经营的损失小于停业所带来的损失。但是，由于其总收益无法弥补其总成本（$P<ATC$），业主意识到必须做些长期打算。业主决定通过降低每年的维修费来降低平均总成本。事实上，业主决定不对旅馆进行修缮，以作为暂时增加利润的一种方法。

"依旧在"旅馆以此获得的利润并不能持续下去，因为迟早会出现维修成本不可能进一步降低的情况。旅馆条件的进一步恶化将导致更低的入住率，即更低的收益。业主知道，即使年维修费用为零，总收益迟早也会再次低于总成本（或者说 P 再次低于 ATC）。当这种情况发生时，业主将停止营业，拆毁建筑，并将空地出售。但是，在此之前，"依旧在"汽车旅馆将依旧存在——营业、恶化及盈利。

问题：对于一家状况良好、盈利的汽车旅馆而言，如果由于周围经济的发展，使其所在地段的地价变得极其昂贵，在长期，这家旅馆也会选择停业，这是为什么？

7.5　边际成本与短期供给

在前面的章节里，我们简单地选取了三个不同的价格，并分析了追求利润的竞争性企业在面对特定成本的时候，在每一价格水平下会选择的产量。这些价格水平和相应的供给量构成了竞争性企业供给计划表的一部分。

表 7.1 概括了这三个价格（131 美元、81 美元和 71 美元）和其他四个价格下的供给计划表。这张表证明了我们在第 3 章中所确定的产品价格与产品供给量之间的正相关关系。首先请注意，企业在 61 美元和 71 美元的价格下将不会生产，因为这两个价格都

低于 74 美元的最小 *AVC*。然后请注意，随着价格升高，供给量也跟着增加。最后请注意，在更高的价格水平下，经济利润也更大。

表 7.1　　一家成本数据如图 7.2 所示的竞争性企业的供给计划表

价格（美元）	供给量	最大收益（+）或最小损失（−）（美元）
151	10	+480
131	9	+299
111	8	+138
91	7	−3
81	6	−64
71	0	−100
61	0	−100

□ 7.5.1　一般化的描述

图 7.5 概括了 $MR=MC$ 规则以及短期生产成本与企业供给行为之间的关系，图中画出了 *ATC* 曲线、*AVC* 曲线、*MC* 曲线以及几种市场价格下的边际收益曲线。让我们观察一下每一价格水平下的供给量：

- 价格 P_1 低于企业的最小平均可变成本，所以在这个价格下企业不会生产，供给量为零，在其他所有低于 P_2 的价格水平下也是如此。
- 价格 P_2 正好等于最小平均可变成本，企业将生产 Q_2 单位的产品（此时，$MR_2=MC$），并且刚好可以弥补总可变成本。企业的亏损将等于它的总固定成本。（实际上，企业此时在停产与生产 Q_2 单位的产品之间没有任何差别，不过我们假设它会生产。）
- 在价格为 P_3 时，企业将生产 Q_3 单位的产品来使短期亏损最小化。在 P_2 和 P_4 之间的任何价格水平下，企业都会生产并提供 $MR=MC$ 的产量，以使亏损最小化。
- 企业在价格为 P_4 时刚好达到盈亏平衡点，此时它将生产 Q_4 单位的产品（$MR_4=MC$），赚得正常利润，但没有经济利润（注意，正常利润是一项成本，包括在了成本曲线中）。因为每单位收益（$MR_4=P_4$）与每单位总成本（*ATC*）相等，所以总收益刚好弥补总成本（其中包括正常利润）。
- 在价格为 P_5 时，企业将通过生产和提供 Q_5 单位的产品而获得经济利润。实际上，在任何高于 P_4 的价格水平下，企业生产 $MR\ (=P)=MC$ 单位的产量都将获得经济利润。

请注意，图 7.5 中 $MR\ (=P)\ =MC$ 的每一个交点 *b*、*c*、*d*、*e* 都代表着一个可能的产品价格（纵轴）和企业在这一价格下会提供的产量（横轴），故这样一些点就位于竞争性企业向上倾斜的供给曲线上。还要注意的是，在任何低于最小平均可变成本（*AVC*）的价格水平处，供给量都为零。我们可以得出的结论是，位于平均可变成本曲线之上的那部分边际成本曲线就是企业的短期供给曲线。在图 7.5 中，边际成本曲线 *MC* 的实线部分就是该企业的**短期供给曲线（short-run supply curve）**。它告诉我们，在一系列价格水平下企业愿意供给的产量。由于收益递减规律，它呈现向上倾斜的形状。

表 7.2 概括了运用 $MR-MC$ 规则来决定竞争性企业利润最大化的产量水平。表中给出了企业决定继续生产的条件和能够获得经济利润的情形。

表 7.2　　　　短期内完全竞争企业产量的决定

问题	答案
这家企业是否应该生产?	只要价格大于或等于平均可变成本，企业就应该继续生产。这样做意味着企业是有利可图的，或者说它的损失小于它的固定成本。
这家企业应该生产多大产量?	企业的产量水平按照 $MR=P=MC$ 来确定；此时可实现利润最大化（总收益超过总成本的余额达到最大水平）或损失最小化。
这家企业能否获得经济利润?	如果价格超过平均总成本（总收益超过总成本），这家企业就能获得经济利润。如果平均总成本超过价格（总成本超过总收益），企业就会遭受亏损。

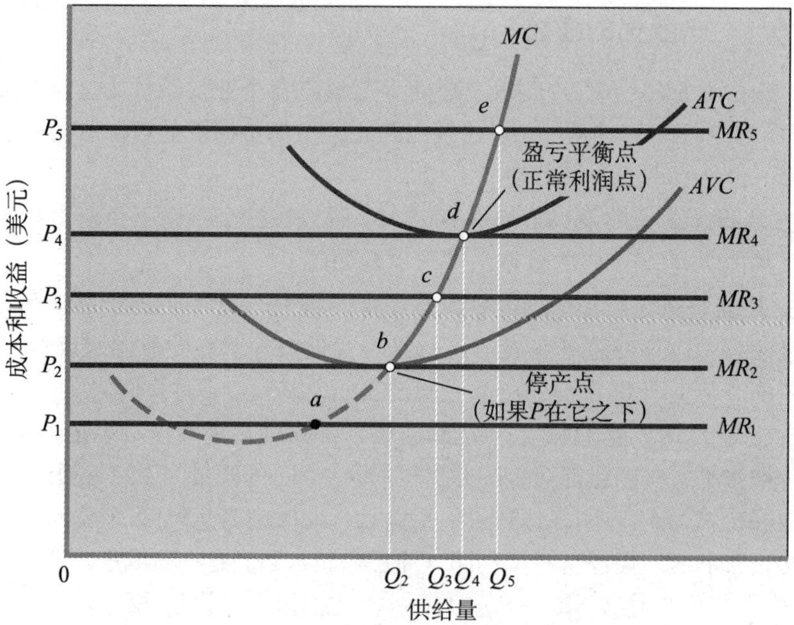

图 7.5　$P=MC$ 规则和竞争性企业的短期供给曲线

注：把根据停产情形进行了修正的 $P=MC$ 规则加以应用，揭示出位于 AVC 曲线之上的那一部分（实线）MC 曲线就是该企业的短期供给曲线。

□ 7.5.2　企业和行业：均衡价格

在上一部分，通过应用 $MR\ (=P)=MC$ 规则，我们导出了竞争性企业的短期供给曲线。现在，我们要确定各种可能的价格中哪一个将成为市场均衡价格。

从第 3 章中我们知道，市场均衡价格是使总供给等于总需求的那一价格。所以为了决定均衡价格，我们必须知道总供给和总需求。为了推导出总供给，我们假设一个行业中有特定数目的企业，且每个企业都有如图 7.5 所示的相同的供给曲线，然后我们将每一价格水平下的供给量加总就得到了总（市场）供给表。表 7.3 中的第（1）

列和第（3）列复制了从表 7.1 推导出的单个竞争性企业的供给计划表。假设该行业中有 1 000 家企业，每家企业的总成本和单位成本都和我们讨论过的企业相同。这使我们可以通过将单个企业的供给量数据（第（1）列）乘以 1 000 来得到市场供给量（第（2）列和第（3）列）。

市场价格和利润 为了确定均衡价格和产量，我们必须把这些总供给数据和总需求数据进行比较。让我们假设总需求如表 7.3 中的第（3）列和第（4）列所示。比较 7 个可能价格下的总需求和总供给，我们就可以确定均衡价格为 111 美元，该行业的均衡产量为8 000单位——1 000 家相同的企业每家都生产 8 单位产品。

这一市场供求状况所带来的是一个具有利润的行业还是一个无利可图的行业？把价格（111 美元）与产量（8 单位）相乘，就得到每家企业的总收益为 888 美元。从图 6.3 表格中的第（4）列可以发现，总成本为 750 美元，这 138 美元的差额就是每个企业的经济利润。对整个行业而言，总经济利润是 138 000 美元，因而这是一个可以获利的行业。

计算经济利润的另一个方法是从产品价格（111 美元）中减去平均总成本（93.75 美元），得到每单位的利润，然后将这一差额（17.25 美元的单位利润）乘以企业的均衡产量（8 单位）。我们同样可以得出每个企业的经济利润为 138 美元，整个行业的经济利润为138 000美元。

图 7.6 以图形的方式表示了这个分析过程。将这 1 000 家相同企业中的每一家企业的供给曲线进行水平加总（如图 7.6（a）中的 $s=MC$ 曲线所示），就得到了如图 7.6（b）所示的 $S=\sum MC$ 总供给曲线。这一总供给曲线与总需求曲线 D 相交，就得到了 111 美元的均衡价格和 8 000 单位的均衡产量（就整个行业而言）。对于单个企业来说，这一均衡价格是给定且不可改变的；也就是说，每个企业在均衡价格下的需求曲线都是具有完全弹性的，如图 7.6（a）中的曲线 d 所示。因为单个企业都是价格的接受者，所以边际收益曲线与企业的需求曲线 d 重合。在企业 $MR=MC$ 的 8 单位均衡产量下，111 美元的价格超过了平均总成本，因此企业能赚取如图 7.6（a）中阴影矩形区域所代表的经济利润。

表 7.3 企业以及市场供给和市场需求

(1)	(2)	(3)	(4)
单个企业的供给量	1 000 家企业的总供给量	产品价格（美元）	总需求量
10	10 000	151	4 000
9	9 000	131	6 000
8	8 000	111	8 000
7	7 000	91	9 000
6	6 000	81	11 000
0	0	71	13 000
0	0	61	16 000

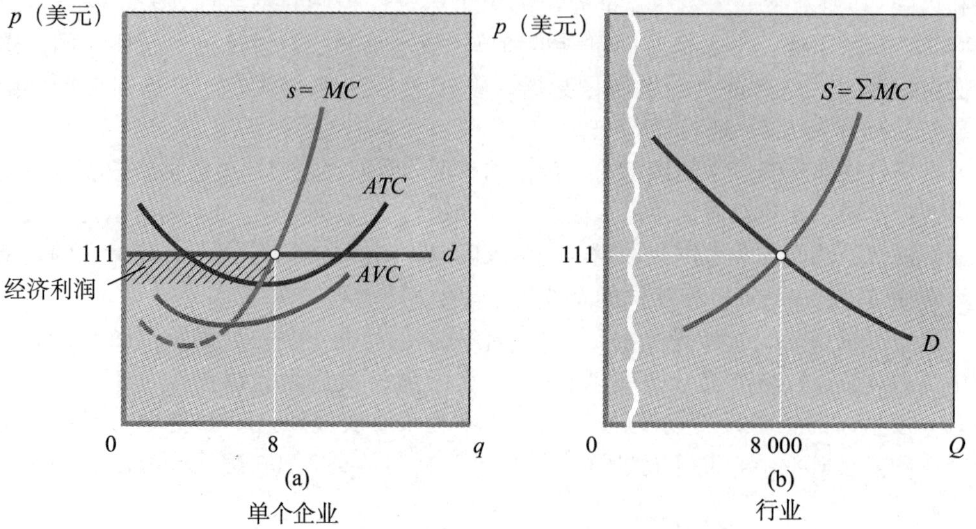

图 7.6　一家企业和整个行业的短期竞争性均衡

注：1 000 家企业的单个供给曲线（s）的水平加总决定了行业（市场）的供给曲线（S）。给定行业（市场）的需求曲线（D），行业短期均衡价格和产量分别是 111 美元和 8 000 单位。把均衡价格视为给定的，单个企业在 8 单位产量下达到利润最大化。在本例中，实现了由阴影区域所代表的经济利润。

假设成本和市场需求不发生变化，这些图形显示了一个真正的短期均衡。市场中不存在短缺或过剩，不会引起价格和总产量的变化。行业中的任何企业也不可能通过改变产量来增加自己的利润。然而，还需要注意的是，较低的市场需求或者较高的市场供给（以及由此带来的较低的价格）会导致曲线 d 下移，使得企业出现亏损（$P<ATC$）甚至停业（$P<AVC$）。

企业与行业　图 7.6 强调了以前提过的一点：产品价格对单个竞争性企业而言是给定的，但是所有竞争性企业的供给计划作为一个整体，是决定产品价格的一个重要因素。这里并不存在矛盾。尽管一家企业只提供总供给中一个微不足道的部分，不能影响价格，但是将行业中所有企业的供给曲线加总就得到了市场供给曲线，而这条曲线（同需求曲线一起）对均衡价格有着重要的影响。

7.6　长期中的利润最大化

在我们的市场模型中，企业进入或者退出一个行业只能发生在长期。在短期中，行业是由特定数量的企业所构成的，每家企业有着固定且不可改变的规模。企业在短期中可以停产，不生产任何单位的产品，但是它们没有足够的时间进行资产清算并退出该行业。

在长期，相比之下，行业中的企业有足够的时间扩大或缩小其生产能力。更重要的是，随着新企业的进入和现有企业的退出，行业中企业的数量可以增加或减少。

然而，对于不同的行业，所谓的长期之间存在很大的差别，因此你不应该在你脑海中设定特定的时间长度，如年、月、日。相反，把你的注意力集中在使企业进入或退出某一完全竞争行业的利润或亏损动机上。同时在本章的后面，将注意力集中在这些动机如何导致生产和分配的效率上。相较于时间长度而言，长期调整如何影响价格、产量和利润，以及利润和损失如何引导社会资源的有效利用将更加重要。

□ 7.6.1 假设

我们做了以下三个简化的假设，它们都不会影响我们的结论：

● **只有进入和退出** 在我们的图形分析中，唯一的长期调整就是企业的进入或退出。同时，我们忽视了所有的短期调整，以便集中讨论长期调整的影响。

● **相同成本** 行业中的所有企业都有相同的成本曲线。这个假设使我们可以对一个"平均的"或者"代表性的"企业进行讨论，因为我们知道行业中的所有其他企业受到的长期调整的影响都是相似的。

● **成本固定的行业** 我们所讨论的行业是一个成本固定的行业。这意味着企业的进入与退出都不会影响资源价格，从而不会影响单个企业平均总成本曲线的位置。

□ 7.6.2 我们的分析目的

我们所要解释的基本结论是：完全竞争行业的所有长期调整结束后，产品价格将恰好等于每家企业的最小平均总成本，企业也将在这一成本下进行生产。

这一结论的得出基于两个基本事实：(1) 企业追求利润，避免亏损；(2) 在完全竞争条件下，企业能够自由地进入和退出某一行业。如果最初的市场价格高于最小平均总成本，那么由此产生的经济利润将吸引更多的企业进入该行业。但是行业的扩张将会使供给增加，直到价格回落到与最小平均总成本相等时为止。相反，如果最初的价格低于最小平均总成本，那么由此产生的亏损将迫使企业退出该行业。随着企业的退出，总供给将下降，从而使价格回升到与最小平均总成本相等的水平。

□ 7.6.3 长期均衡

考虑一个完全竞争行业中的普通企业，最初该行业处于长期均衡状态。图 7.7 (a) 描述的就是这样一家企业，其中，$MR=MC$，价格与最小平均总成本都等于 50 美元。此时经济利润为零；行业处于均衡状态或"静止状态"，因为企业没有进入或者退出的倾向。现有企业的收益刚好能够弥补由它们的成本曲线所表示的所有显性成本和隐性成本。回忆一下，企业的成本曲线包括了正常利润，即所有者在从事其他最优工作时能获得的预期收益。这 50 美元的市场价格是由图 7.7 (b) 中的市场或行业需求曲线 D_1 和供给曲线 S_1 所决定的。(S_1 是一条短期供给曲线；我们将在接下来的讨论中推导出长期行业供给曲线。)

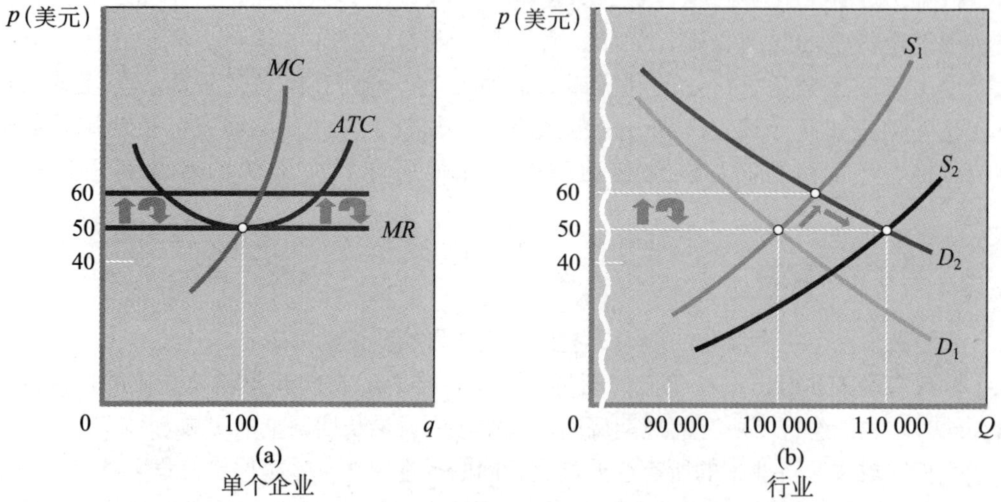

图 7.7　代表性企业和行业的暂时性利润以及长期均衡的重新建立

注：需求的有利变动（从曲线 D_1 到曲线 D_2）将打破原有的行业均衡，并产生经济利润。但是这些利润将吸引新的企业进入该行业，从而使供给增加（从曲线 S_1 移动到曲线 S_2），产品价格下降，直到经济利润重新变为零为止。

如图 7.7 中的产量轴所示，行业的均衡产量为 100 000 单位，而单个企业的均衡产量为 100 单位。如果行业中的所有企业都是相同的，那么这一行业中一定有 1 000 家企业（=100 000/100）。

进入消除了经济利润　让我们打破图 7.7 中的长期均衡，来看一看会发生什么。假定消费者偏好的变化使产品需求从曲线 D_1 增加到曲线 D_2。价格将上升到 60 美元，这是由曲线 D_2 和曲线 S_1 的交点所决定的，企业的边际收益曲线也将向上移动到 60 美元。这个 60 美元的价格在产量为 100 单位时超过了企业的平均总成本，带来了每单位 10 美元的经济利润。这个经济利润将吸引新的企业进入该行业，其中一些进入者是新创立的企业，而另一些则来自其他较萧条的行业。

随着企业的进入，产品的市场供给增加，推动产品价格降到 60 美元以下。只要经济利润还存在，就会有源源不断的企业进入该行业，直到短期供给曲线增加到 S_2。市场价格也就是企业的边际收益下降到 50 美元，价格与最小平均总成本再次相等。需求增大所带来的经济利润被消除了，先前吸引企业进入该行业的激励也随之消失了，留在该行业中的企业仅仅获得正常利润（经济利润为零）。没有企业继续进入，一个新的长期均衡得以恢复。

观察一下图 7.7（a）和图 7.7（b），现在的总供给量是 110 000 单位，每家企业生产 100 单位。现在该行业中存在着 1 100 家企业，而不是最初的 1 000 家。经济利润吸引了 100 家新企业进入该行业。

退出消除亏损　现在让我们考虑相反方向的变动。我们从图 7.8(b) 开始分析，曲线 S_1 和曲线 D_1 所确定的初始均衡状态与我们前面所分析的相同，其中包括 50 美元的价格。

假定消费者需求从曲线 D_1 下降到曲线 D_3，这使市场价格和边际收益都下降到 40 美元，在最小平均总成本为 50 美元的情况下，生产将不能带来利润，由此导致的经济损失将促使企业退出该行业。企业所有者会到别的地方去寻求一个正常利润，而不是接受现在所面临的低于正常水平的利润（亏损）。然而，随着企业大批量地离开，行业供给下降，推动价格从 40 美元上升到 50 美元。亏损继续存在，更多的企业退出该行业，直到供给曲线移动到曲线 S_3 为止。一旦这种情况发生，价格就重新变为 50 美元，恰好等于最小平均总成本。亏损被消除了，仍然留在该行业中的企业将只获得一个正常利润（经济利润为零）。由于企业家预期在其他企业中将得到相同的收益，因此没有退出该行业的动机。长期均衡重新恢复。

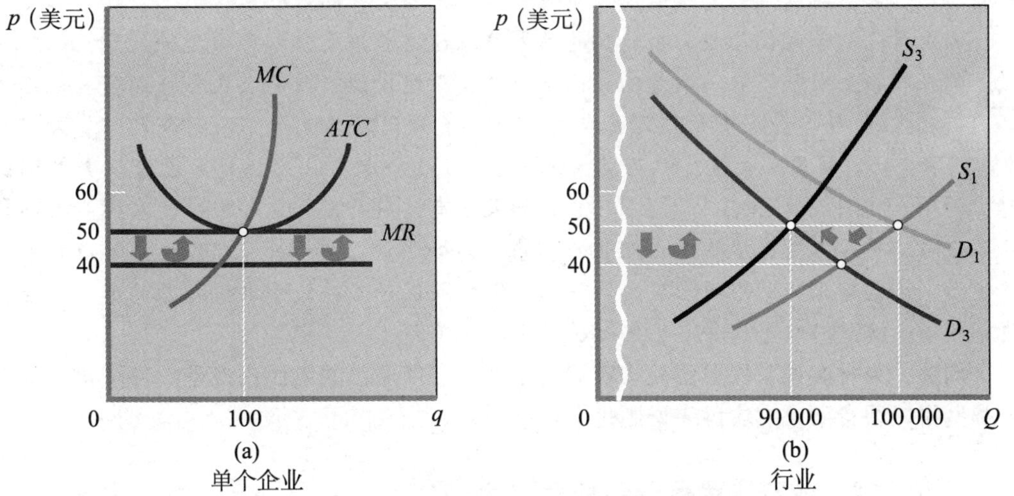

图 7.8　代表性企业和行业的暂时性亏损以及长期均衡的重新建立

注：需求的不利变动（从曲线 D_1 移动到曲线 D_3）将打破原有的行业均衡，并产生亏损。这些亏损将迫使部分企业离开该行业，从而使供给减少（从曲线 S_1 移动到曲线 S_3），产品价格上升，直到所有的亏损都消失为止。

在图 7.8（a）和图 7.8（b）中，现在的总供给量是 90 000 单位，每家企业生产 100 单位。行业中只剩下 900 家企业，而不是最初的 1 000 家，因为亏损迫使 100 家企业退出了该行业。

你可能已经注意到了，通过假设所有的企业都有相同的成本曲线，我们回避了发生亏损的时候哪些企业会退出该行业的问题。当然，在现实世界中，企业家才能是不同的。即使所有企业的资源价格和技术水平都是相同的，管理较差的企业也可能会产生更高的成本，因此当需求下降的时候也最有可能最先退出该行业。类似地，劳动生产率较低或运输成本较高的企业将成为高成本企业，而当需求降低的时候，将最有可能离开该行业。

应用分析

农民退出美国农业

美国农业是个人生产者由于产品价格不断下降导致经济亏损而离开该行业的一个很好的例子。

技术的突飞猛进大大地增加了美国农产品的供给量。技术进步表现在诸多方面：农场的机械化；土地管理技术的改进；土壤保护与灌溉技术的改进；杂交作物的发展；化肥、农药、聚合物包膜肥料的改进，以及家畜饲养与繁育技术的改进。1950年，每个农民所生产的粮食和纤维足够供应12个人。到2011年，这个数字提高到了超过100人。

然而，对农产品需求的增长却未能与技术进步所带来的农产品供给的增长保持一致。在美国，对农产品的需求缺乏收入弹性。据估计，实际人均收入增长10%，只能使农产品的消费量增长2%。一旦人们填饱了肚子，他们将转而追求舒适的生活，而满足这类需求的产品和服务是由农业之外的制造业和服务业提供的。因此，随着美国人收入的增加，农产品需求的增长速度大大低于其他产品需求的增长速度。

以上讨论的长期供给与需求状况的结果可以通过长期完全竞争模型进行预测。农业生产的经济损失引起了农场数量的大幅下降，大量退出该行业的农民转移到了其他经济部门。在1950年，美国有540万家农场，雇用了930万名工人。而到今天，美国只有200万家农场，雇用了大概180万名工人。自1950年起，农业就业率已经从占美国劳动力的15.8%下降到仅占1.2%。而且，如果没有政府补贴，这些补贴使农民能够继续从事农业工作，农民大规模退出农业的现象会更加严重。这种补贴在传统上是以政府价格支持（价格下限）的形式出现的，但如今则发展成了直接给予农民补贴的形式。在过去十年中，这种补贴平均每年已经超过了160亿美元。

问题：为什么说农民退出美国农业对于那些必须退出的农民来说是一件坏事，而对于那些得以留存下来的农民来说则是一件好事？

□ 7.6.4 成本固定行业的长期供给

我们已经说明了在完全竞争市场中，通过企业的进入与退出而导致的市场供给的变化将会重新建立长期均衡。尽管我们的分析针对的是长期，但还是能注意到图7.7（b）和图7.8（b）中的市场供给曲线是短期曲线。那么一个竞争性行业的**长期供给曲线（long-run supply curve）**有什么样的特征呢？前面的分析给我们指出了一个答案：这里的关键因素是行业中企业数量的变化对单个企业的成本所造成的影响。

在讨论长期均衡的时候，假设所讨论的行业是**成本固定行业（constant-cost industry）**。这意味着行业的扩张与收缩都不会影响资源价格，因而不会影响生产成本。从图形上看，这意味着企业的进入或退出不会使单个企业的长期平均总成本曲线发生移动。当该行业对某种资源的需求相对于该资源的总需求来说很小的时候，就是这样一种情况。此时，行业的扩张或者收缩不会对资源价格和生产成本产生显著的影响。

成本固定行业的长期供给曲线是什么样的呢？答案包括在了我们前面的分析中。我们已经看到，企业的进入与退出虽然改变了行业的产量，但总能使产品价格恢复到它最初的水平，即恰好等于固定不变的最小长期平均总成本。具体来说，我们发现该行业能够供给90 000单位、100 000单位、110 000单位的产品，并且都是在每单位50美元的价格下提供的。换句话说，成本固定行业的长期供给曲线是具有完全弹性的。

图7.9（a）将其表现了出来。假定最初行业需求为曲线D_1，行业产量为Q_1（100 000单位），产品价格为P_1（50美元）。从图7.7来看，这一状态是一个长期均衡。我们曾看到当需求曲线增加到D_2的时候，该均衡被打破，由此带来的经济利润吸引新的企业进入。由于这是一个成本固定的行业，企业会不断进入，行业产量会不断扩张，直到价格恢

复到固定不变的最小平均总成本为止。这时的价格为 P_2（50 美元），产量为 Q_2（110 000 单位）。

从图 7.8 中我们看到，市场需求从曲线 D_1 下降到曲线 D_3 会导致企业退出，并最终使行业在价格 P_3（50 美元）和产量 Q_3（90 000 单位）处恢复均衡。图 7.9（a）中的点 Z_1、点 Z_2 和点 Z_3 分别代表了这三个价格—产量组合。连接所有这些点的直线或曲线表示了当企业有足够的时间对需求变化作出所有想要的调整时，它们能够实现的各种价格—产量组合。这一直线或曲线就是行业的长期供给曲线。在一个成本固定的行业中，该曲线（直线）是水平的，如图 7.9（a）所示，这代表了供给具有完全弹性。

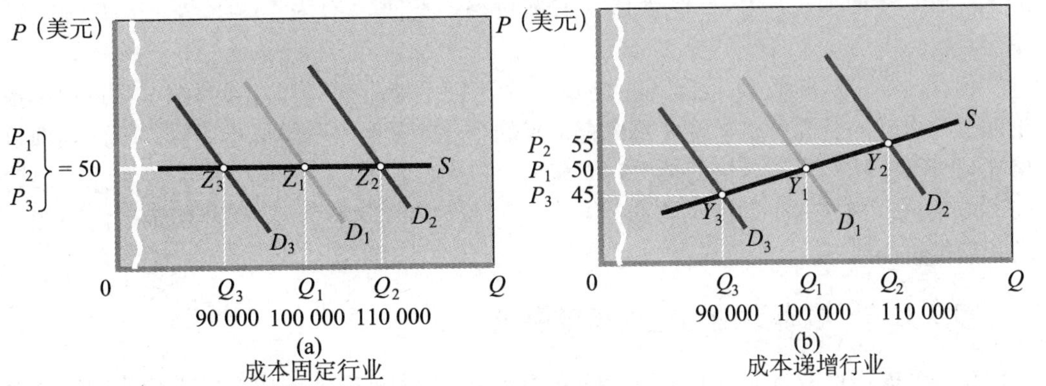

图 7.9　长期供给：成本固定行业和成本递增行业

注：图 7.9（a）表示，在成本固定的行业中，企业的进入不会影响资源价格，因而不会影响单位成本。因此，需求的增加（从曲线 D_1 移动到曲线 D_2）或需求的减少（从曲线 D_1 移动到曲线 D_3），会引起行业产量的改变（从 Q_1 变动到 Q_2 或从 Q_1 变动到 Q_3），但不会使价格（50 美元）发生改变。这就意味着长期行业供给曲线（S）是一条通过 Z_1、Z_2 和 Z_3 点的水平直线。图 7.9（b）表示，在成本递增的行业中，需求增加（从曲线 D_3 移动到曲线 D_1，再移动到曲线 D_2）导致新企业进入，并抬高资源价格，从而使单位成本增加。结果是，只有在更高的价格下（从 45 美元到 50 美元，再到 55 美元），才能得到更高的行业产量（从 Q_3 到 Q_1，再到 Q_2）。因此，长期行业供给曲线（S）是一条通过 Y_3、Y_1 和 Y_2 点的向上倾斜的曲线。

□ 7.6.5　成本递增行业的长期供给

成本固定行业只是一个特例。大多数行业是**成本递增行业**（**increasing-cost industry**）。当行业扩张的时候，企业的平均总成本曲线会向上移动；当行业收缩的时候，企业的平均总成本曲线会向下移动。

通常，新企业的进入会导致资源价格的增加，使用专用资源的行业尤为如此，因为专用资源的长期供给不容易随着资源需求的增加而增加。较高的资源价格导致行业中所有企业的长期平均总成本增加，而较高的成本会导致每家企业的长期平均总成本曲线向上移动。

因此，当产品需求的增加导致经济利润的增加，从而吸引新企业进入成本递增行业的时候，来自两个方面的挤压将使经济利润消失。如前所述，新企业的进入使市场供给增加，价格下降。但现在，每个企业的平均总成本曲线也发生了上移，总的结果是一个高于初始价格的均衡价格。因为行业的扩张使资源价格和最小平均总成本上升，所以行业会在一个更高的产品价格下生产更多的产量。

由于只有在更高的价格下才会有更多产量的供给，所以长期行业供给曲线是向上倾斜的。成本递增行业可能在价格为 45 美元时供给 90 000 单位产品，在 50 美元时供给 100 000 单位产品，在 55 美元时供给 110 000 单位产品，而不是以同样的 50 美元价格供给 90 000 单位、100 000 单位或者 110 000 单位产品。因为每单位产量的成本随着产量的增加而增加，所以要有更多的产量就需要更高的价格。

图 7.9（b）很好地说明了这个问题。最初的市场需求为曲线 D_1，在均衡点 Y_1 处，行业的价格和产量分别为 P_1（50 美元）和 Q_1（100 000 单位）。需求增加到曲线 D_2 打破了这一均衡，并带了经济利润。新企业进入该行业，使得市场供给和单个企业的生产成本都增加了。在点 Y_2 处建立的新价格，此时，P_2 为 55 美元，Q_2 为 110 000 单位。

相反，需求从曲线 D_1 下降到曲线 D_3，生产则不能带来利润，导致企业从行业中退出。由此引起的资源价格下降使得留存下来的企业的最小平均总成本下降。新的均衡价格在某个低于初始均衡价格的地方建立起来，比如说在 Y_3 点，此时 P_3 为 45 美元，Q_3 为 90 000 单位。把这三个均衡点连接起来，我们就得到了如图 7.9（b）所示的向上倾斜的长期供给曲线 S。

□ 7.6.6 成本递减行业的长期供给

在一个**成本递减行业（decreasing-cost industry）**中，企业的成本随着行业的扩张而降低。个人电脑行业就是这样一个例子。随着对个人电脑需求的增加，新的电脑制造商进入该行业，并大大增加了对生产电脑所用部件（例如，存储芯片、硬盘、显示器和操作软件）的资源的需求。这些部件生产规模的扩大使它们的生产者能够实现显著的规模经济。部件生产成本的减少使价格下降，这大大降低了电脑制造商的平均生产成本。个人电脑的供给比需求增加得更多，因而个人电脑的价格会下降，虽然没有在图 7.9 中画出来，但是成本递减行业的长期供给曲线向下倾斜的。

不幸的是，如果产量下降，成本递减的行业也会显示出成本递增的特性。需求的下降（比如来自国外的竞争）使生产不能带来利润，从而导致一些企业离开该行业。留存下来的企业面临着一个更高的最小平均总成本，这意味着一个更高的长期市场均衡价格。

7.7 完全竞争与效率

本章的最后目标是探讨完全竞争的效率。不论一个完全竞争的行业是属于成本固定行业还是成本递增行业，所有企业的最终长期均衡位置都有基本相同的效率特征。如图 7.10 所示，价格（边际收益）将决定它在哪里与最小平均总成本相等：P(和 MR)＝最小 ATC。此外，由于边际成本曲线穿过平均总成本曲线的最低点，所以边际成本和最低平均总成本相等：MC＝最小 ATC。这样，在长期均衡下存在着一个连等式：P（和

MR）＝MC＝最小 ATC。因此，在长期，每家企业的产量水平都与这一连等式相关。[①]

这一连等式告诉了我们关于长期均衡的两个重要方面。首先，它告诉我们，尽管在短期，一个竞争性企业可能会实现经济利润或出现亏损，但是在长期按照 MR(＝P)＝MC 规则进行生产,它只能赚取正常利润。其次，它还告诉我们，在长期均衡下，引导企业在 P＝MR 下进行生产的利润最大化准则也意味着企业将在相同的 ATC 曲线的最低点处进行生产。

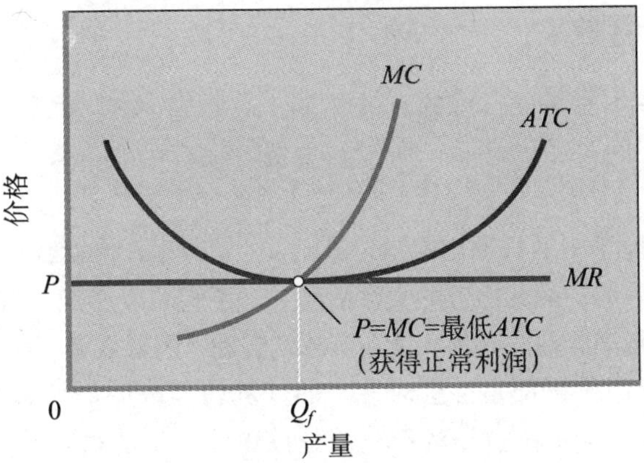

图 7.10　竞争性企业的长期均衡

注：价格（P）、边际成本（MC）和最小平均总成本（ATC）在产量为 Q_f 时相等意味着企业实现了生产效率和配置效率。它使用的是最有效率的技术、索要的是最低的价格，并生产了与成本一致的最大产量。它只获得了正常利润，这体现在了 ATC 曲线上。价格与边际成本相等说明稀缺资源是按照消费者的偏好在社会中进行配置的。

这一点非常重要，因为它意味着完全竞争能够尽可能高效地利用社会资源。实际上，根据第 5 章中有关公共产品和外部效应的限定条件，在一个由成本固定和成本递增行业组成的理想的完全竞争市场中，经济将实现生产和配置的最优效率。

生产效率要求以成本最低的方式生产产品。配置效率要求资源能够按照社会最需要的方式分配到企业和行业中（假设实现了最低生产成本）。当不可能通过改变所生产的产品组合来获得社会净收益的时候，配置效率就得到了实现。让我们来看一看在完全竞争条件下生产和配置效率是如何实现的。

□ 7.7.1　生产效率：　P＝最低 ATC

在长期中，完全竞争迫使企业在最小平均成本处进行生产，同时获得与成本恰好一致的价格。这必定是正确的，因为企业如果不以最优的（最低成本）生产方法和投入组合进行生产，它们将无法生存。

为什么这是正确的？我们假设图 7.10 显示的是一个完全竞争的黄瓜市场。在图 7.10 中最后的均衡位置上，黄瓜行业中的每个企业都使用价值 5 000 美元（＝50 美元的平均总成本×100 单位）的资源来生产 100 单位（比如，敞篷小型载货卡车）的产品。如果某家企业以 7 000 美元的总成本生产同样的产量，那么资源就没有得到有效的

① 这个连等式在成本递减行业中并不成立，因为如果平均成本下降的话，MC 总是低于 ATC。我们将在第 8 章的“自然垄断”中讨论这一情形。

利用，因为所有其他企业都能以 5 000 美元的资源生产同样多的产品。社会将面临着价值 2 000 美元的其他产品的净损失。不过这种情况在完全竞争条件下不可能发生，因为这家企业将遭受 2 000 美元的亏损，这就迫使它要么降低成本，要么退出该行业。

还要注意，通过支付在当前主要技术和成本条件下可能得到的最低产品价格，消费者从生产效率中获益。企业只获得了正常利润，正常利润是其经济成本的一部分，因此体现在其 ATC 曲线上。

□ 7.7.2 配置效率：$P=MC$

只有生产效率并不能保证资源的有效配置。最低成本的生产并不能保证生产出的产品是消费者想要购买的产品。就我们所知，消费者很有可能希望生产某种产品的资源被用来生产其他产品。

幸运的是，完全竞争中的长期均衡同时保证了配置效率，因此我们就能够确定社会资源被分配到了我们最需要的产品和服务的生产活动中。正式的表述是，当不能通过改变产品和服务的组合使社会获得净收益的时候，社会资源就实现了配置效率。这里有两个关键要素：

- 任何产品的货币价格都是社会对该产品（例如，黄瓜）每新增一单位的相对价值所进行的评估。所以，一单位黄瓜的价格就是该单位黄瓜的边际收益。
- 类似地，回忆一下机会成本的概念，我们可以看到一单位新增产品的边际成本度量了为获得它所牺牲的其他产品的价值或相对价值。为了生产黄瓜，资源就不能被用来生产其他产品。生产一单位黄瓜的边际成本度量了社会所损失的其他产品。

有效配置 在完全竞争条件下，追求利润的企业将在价格（边际收益）与边际成本相等的那一点处生产每种产品或服务，此时社会资源就得到了有效的配置。每种产品的生产都达到了这样一点，即最后一单位产品的价值等于所牺牲的其他产品的价值。改变黄瓜的生产点，会降低消费者的满意程度。黄瓜的生产如果超过了如图 7.10 所示的 $P=MC$ 的点，那么对于社会而言所牺牲的其他产品的价值将超过生产更多黄瓜的价值。而如果黄瓜的生产低于 $P=MC$ 那一点，对于社会而言，所牺牲的黄瓜的价值将超过其资源所能生产的其他产品的价值。

动态调整 完全竞争市场更进一步的特性是：当它被经济中的变动所扰乱的时候，有重新恢复效率的能力。消费者偏好、资源供给或者技术的变动都会自动地引发资源进行重新配置。例如，假设黄瓜和泡菜变得非常受欢迎。首先，黄瓜的价格会上升，因此，在当前的价格下，黄瓜的价格将超过其边际成本。在这个点上将出现效率损失，但是较高的价格将使黄瓜种植业出现经济利润，从而刺激行业扩张。种植黄瓜的高利润使该行业能够给出更高的资源价格，从而把资源从其他需求不那么紧迫的用途（比如，种植西瓜）中吸引过来。只有当黄瓜的价格和它们的边际成本相等时，黄瓜种植业的扩张才会停止，也就是当配置效率得以恢复时扩张才会停止。

类似地，某种特定资源的供给（例如，采摘黄瓜的田间劳工）或者生产技术的变动也会通过提高或降低边际成本而打破当前价格与边际成本的等号关系。不管是为了追求利润还是避免亏损，由此造成的价格与边际成本的不相等都会促使企业管理者进行资源的重新配置，直到价格再次与边际成本相等为止。这样，企业将矫正由于初始变动暂时给社会经济造成的资源配置的无效率。

再论“看不见的手” 最后，完全竞争经济之所以能促使资源高效率的配置，是因为企业和资源供给者都在努力增进他们自身的利益。对于不存在外部效应（本书第5章）的私人产品而言，这只“看不见的手”起着重要作用。竞争体系不仅使单个生产者的利润最大化，同时创造出了一种使消费者满意度最大化的资源配置模式。因此，“看不见的手”在有效利用稀缺资源方面把生产者的私人利益与社会利益完全一致地结合起来。

小结

1. 经济学家根据市场结构把行业划分为四种结构：(a) 完全竞争，(b) 垄断竞争，(c) 寡头垄断，(d) 完全垄断。

2. 完全竞争市场由大量生产标准化产品的相互独立的企业组成。完全竞争假设企业和资源可以在不同的行业之间自由流动。

3. 在一个竞争性行业中，没有一家企业能够影响市场价格。这就意味着企业的需求曲线是具有完全弹性的，而且价格同时等于边际收益和平均收益。

4. 在价格超过最小平均可变成本的条件下，竞争性企业在短期中通过生产使价格或边际收益等于边际成本的产量来使利润最大化或亏损最小化。

5. 如果价格低于最小平均可变成本，竞争性企业将通过停产来使亏损最小化。如果价格高于平均可变成本，但是低于最小平均总成本，那么企业将生产 $P=MC$ 的产量来使亏损最小化。如果价格超过了平均总成本，那么企业将生产 $P=MC$ 的产量来使经济利润最大化。

6. 把 $MR(=P)=MC$ 规则应用到各种不同的可能的市场价格水平上，可以得出的结论是：位于企业平均可变成本曲线之上的那一部分企业短期边际成本曲线就是企业的短期供给曲线。

7. 在长期，产品的市场价格将等于生产它的最小平均总成本。在更高的价格水平下，经济利润会吸引企业进入该行业，直到利润消失为止。在更低的价格水平下，亏损将迫使企业从该行业中退出，直到产品价格上升到与平均总成本相等为止。

8. 成本固定行业、成本递增行业和成本递减行业的长期供给曲线分别是水平的、向上倾斜的和向下倾斜的。

9. 在长期中，价格与最小平均总成本相等意味着竞争性企业将使用最有效率的技术，同时索要与其最低生产成本相一致的价格。也就是说，完全竞争企业会实现生产效率。

10. 在长期中，价格与边际成本相等意味着资源将按照消费者偏好进行配置。竞争性价格体系会根据消费者偏好、技术和资源供给等因素的变动对资源进行重新配置，从而随时维持资源的配置效率。

术语和概念

完全竞争	边际收益	成本固定行业
价格接受者	$MR=MC$ 原则	成本递增行业
平均收益	短期供给曲线	成本递减行业
总收益	长期供给曲线	

思考题

1. 简述完全竞争、完全垄断、垄断竞争和寡头垄断的基本特征。下面的每一个例子最适合哪一个市场类型？(a) 你家附近的超市，(b) 钢铁行业，(c) 堪萨斯的一家小麦农场，(d) 拥有你或者你家账户的商业银行，(e) 汽车行业。对于每一个例子，请说明你的分类理由。

2. 利用下面的需求计划表来确定每个可能销售水平的总收益和边际收益。

a. 关于这家企业所处的行业结构你能够得出什么结论？请说明原因。

b. 画出这家企业的需求曲线、总收益曲线和边际收益曲线。

c. 为什么需求曲线、边际收益曲线和平均收益曲线是重合的？

d. “边际收益是新增单位产量所带来的总收益的变动量。”使用表中的数据，用文字和图形的方式对这句话进行解释。

产品价格（美元）	需求量	总收益（美元）	边际收益（美元）
2	0	______	
2	1	______	______
2	2	______	______
2	3	______	______
2	4	______	______
2	5	______	______

3. “在短期，即使一家企业正处于亏损状态，它也最好继续经营。”这句话是对的吗？在哪些条件下它是成立的？

4. 为什么在所有的市场结构中，边际收益与边际成本相等是利润最大化的必要条件？请解释为什么在一个行业是完全竞争行业的时候，在 $MR=MC$ 规则中，价格可以代替边际收益？

5. “位于竞争性企业平均可变成本之上的那一部分边际成本曲线就是企业的短期供给曲线。”请用图形和文字对其进行解释。

6. 请解释：“营业或停业的短期规则是：$P>AVC$，营业；$P<AVC$，停业。继续经营或退出行业的长期规则是：$P\geqslant ATC$，继续经营；$P<ATC$，退出行业。”

7. 用图形表示出行业和代表性企业的竞争性长期均衡。假设成本固定，用这些图表示出 (a) 市场需求增加和 (b) 市场需求减少如何打破长期均衡。用图形描绘并用语言表达出使得长期均衡恢复的调整过程。现在对成本递增和成本递减行业进行分析，并比较这三条长期供给曲线。

8. 在长期均衡中，$P=$最低$ATC=MC$。P 与最低 ATC 相等对社会而言有何重要意义？P 与 MC 相等呢？请在你的回答中区分生产效率和配置效率。

9. 假设生产腰果的完全竞争企业发现 P 超过了 MC。它们总的腰果生产量就配置效率而言是过少了、过多了还是刚刚好？在长期，腰果的供给量和价格将发生怎样的变化？

计算题

1. 一个完全竞争企业发现其产品的市场价格是 20 美元。它的固定成本是 100 美元，前 50 单位产品每单位的可变成本是 10 美元，之后每单位的可变成本是 25 美元。就前 50 单位产品而言，价格超过了平均可变成本吗？那么前 100 单位呢？前 50 单位每单位的边际成本是多少？前 51 单位或更多单位的产品每单位的边际成本又是多少？就前 50 单位每单位产品而言，*MR* 超过了 *MC* 吗？那么前 51 单位或更多单位的产品情况又如何？对这家完全竞争企业而言，哪个产量水平将使其获得最大可能的利润？

2. 一个完全竞争小麦生产者可以 10 美元/蒲式耳的价格卖出其所生产的任何产量的小麦。他所拥有的 5 英亩的土地显示出收益递减的特性，因为部分土地适合小麦生产、部分不适合。第一英亩土地可以生产 1 000 蒲式耳的小麦，第二英亩生产 900 蒲式耳，第三英亩生产 800 蒲式耳，等等。请画一个表格来帮助你回答以下问题。该生产者的 5 英亩地将生产多少蒲式耳的小麦？每英亩土地将带来多大的收益？每英亩土地的总收益和边际收益分别是多少？如果耕种和收割每英亩土地的边际成本是 7 000 美元，那么该生产者应该耕种和收割多少英亩的土地？

3. Karen 经营一家印刷厂，为大企业制作海报。这是一个充满竞争的行业。目前，每张海报的市场价格是 1 美元。她的固定成本是 250 美元，最初 1 000 张海报的可变成本是 1 000 美元，第二个 1 000张海报的可变成本是 800 美元，之后新增 1 000 张海报的可变成本是 750 美元。如果她印制1 000 张海报，那么每张海报的 *AFC* 是多少（不是每 1 000 张）？印制 2 000 张呢？10 000 张呢？如果她印制 1 000 张、2 000张、10 000 张，那么每张海报的 *ATC* 分别是多少？如果每张海报的市场价格跌至 70 美分，会有 Karen 继续经营而不是立即停业的产量水平出现吗？

4. 假设下表是一个完全竞争性生产者的成本数据：

总产出	平均固定成本（美元）	平均可变成本（美元）	平均总成本（美元）	边际成本（美元）
0				45
1	60.00	45.00	105.50	40
2	30.00	42.50	72.50	35
3	20.00	40.00	60.00	30
4	15.00	37.50	52.50	35
5	12.00	37.00	49.00	40
6	10.00	37.50	47.50	45
7	8.57	38.57	47.14	55
8	7.50	40.63	48.13	65
9	6.67	43.33	50.00	75
10	6.00	46.50	52.50	

a. 在 56 美元的产品价格下，这家企业在短期中会生产吗？如果生产更为可取，那么利润最大化或亏损最小化的产量是多少？企业每单位产量所实现的经济利润或者亏损是多少？

b. 假设产品价格是 41 美元，请回答（a）中的问题。

c. 假设产品价格是 32 美元，请回答（a）中的问题。

d. 在下面的表格中，请完成企业的短期供给表（第（1）列和第（2）列），并指出每一产量水平下的利润或亏损（第（3）列）。

(1)	(2)	(3)	(4)
价格（美元）	单个企业的供给量	利润（+）或损失（−）	1 500 家企业的总供给量
26	________	________	________
32	________	________	________
38	________	________	________
41	________	________	________
46	________	________	________
56	________	________	________
66	________	________	________

e. 现在假设该竞争性行业中有 1 500 家完全相同的企业。也就是说，每家企业都有如上表所示的成本数据。请完成行业供给表（第（4）列）。

f. 假设该产品的市场需求数据如下所示：

价格（美元）	总需求量
26	17 000
32	15 000
38	13 500
41	12 000
46	10 500
56	9 500
66	8 000

市场均衡价格将是多少？行业的均衡产量是多少？每家企业的均衡产量呢？每单位产品的收益或亏损是多少？每家企业的收益或亏损是多少？在长期，该行业将会扩张还是收缩？

在 www. brue3e. com 中做进一步的测试

在本书的“在线学习中心”www. brue3e. com 中，你会找到一个或多个网络练习题，这些问题需要从网络上获取信息才能进行解答。我们强烈建议你完成这些问题，因为这些问题能够使你熟悉我们的网站，而我们的网站对你其他课程的学习，甚至你日后的事业都有帮助。“在线学习中心”提供了多项选择测试题，还能为你提供及时的反馈。该网站上还有许多有用的方法进一步测试你对本章知识的掌握情况。

第 8 章

完全垄断

学习完本章后，你应该能够：

1. 描述完全垄断的特征，及垄断的进入壁垒。
2. 解释完全垄断企业如何制定利润最大化的产出和价格水平。
3. 阐述垄断对经济的影响。
4. 描述为什么垄断企业倾向于对不同的市场收取不同的价格。
5. 叙述反垄断法如何规制垄断。

现在我们把目光从完全竞争转向完全垄断（即市场中只有一家企业）。你和垄断企业——或近乎垄断的企业——打交道的机会比你想象的要多。例如，当你打开电脑时，你会看到微软的商标出现在眼前，当你吃药时，你会发现药片是有专利权的，当你拨打一个本地电话，打开电灯，或者看电视时，你都可能是在向当地的或区域性的垄断企业付费，这取决于你住在什么样的地方。

"完全垄断"确切来说意味着什么？它存在和发展的条件是什么？完全垄断企业如何决定价格？完全垄断企业能够达到完全竞争情况下的效率吗？如果不能，政府应当对完全垄断企业采取什么样的规制措施？完全垄断模型将帮助我们回答这些问题。

8.1 完全垄断：引言

当一家企业是一种产品的唯一生产者，并且没有功能相近的替代品时，我们就认为存在完全垄断。以下是**完全垄断**（**pure monopoly**）的一些主要特征：

● **唯一的销售者** 完全垄断是指在一个行业内，一家企业是某种特定产品唯一的生产者或某种服务唯一的提供者；或者说，企业与行业是等同的。

● **没有相似的替代品** 完全垄断的产品是独一无二的，没有其他相似的替代品。对于垄断企业的产品而言，消费者要么购买，要么不购买。

● **价格制定者** 完全垄断企业控制着产量的供给，因而对价格有较大的控制能力；即它是**价格的制定者（price maker）**。（完全竞争企业则不同，它们没有这种控制价格的能力，因此是**价格的接受者（price taker）**）。完全垄断企业面临着正常的向下倾斜的需求曲线。它可以通过改变产品的供应量来调整产品的价格。只要这样做对完全垄断企业有利，它就会利用这种能力。

● **进入壁垒** 特定的进入壁垒可以阻挡潜在进入者进入该行业，因此完全垄断企业不会面临竞争威胁。进入壁垒可能是经济上的、技术上的、法律上的或其他形式的。总之，在完全垄断条件下，进入被完全阻断。

完全垄断的例子相对而言较为罕见，但是有典型的非完全垄断的例子。在很多城市，政府所有的或受政府管制的公共事业部门——天然气和电力公司，自来水公司，有线电视公司以及当地的电话公司——都是垄断企业或者是事实上的垄断企业。

现实中也有很多"近乎垄断的企业"，一家企业在某一特定的市场有巨大的销量。例如，个人电脑中的中央微处理器，有80%是由英特尔生产的。再如，第一数据公司通过其西部联合公司，占据了汇票转让业务80%的市场份额。Brannock器械公司占有鞋店常用的鞋码校正设施80%的市场份额。Wham-O凭借其Frisbee品牌拥有90%塑胶飞盘的销售量。钻石卡特尔戴比尔斯（De Beers）有效控制着全球55%的毛坯钻石量。

在某种意义上讲，职业运动团队也是垄断企业，这是因为它们在某一很大的地理范围内是特定服务的唯一供应者。除了少数情况外，美国每个大城市在每个运动项目上只有一支职业体协运动队。如果你想在圣路易斯或者西雅图观看一场现场的职业棒球赛，你必须向红雀队或水手队付费。此外，还有其他地域性垄断存在。例如，一个小城镇可能只有一条航线或一条公路。在一个很小、非常偏远的社区，当地的理发店、干洗店或杂货店也可能近似于垄断。

当然，竞争几乎总是无处不在的。卫星电视可以替代有线电视，业余垒球是职业棒球的替代品。Linux操作系统可以替代Windows系统，等等，但是这种替代品通常在某种程度上缺乏吸引力。

8.2 进入壁垒

阻碍企业进入某一行业的因素叫作**进入壁垒（barriers to entry）**。在完全垄断中，强大的进入壁垒能够有效阻挡潜在的竞争者进入。稍弱的进入壁垒可能会允许**寡头垄断（oligopoly）**存在，即几家企业支配一个市场。更弱的进入壁垒可能会允许相当数量的竞争企业存在，从而形成**垄断竞争（monopolistic competition）**。如果行业不存在有效的进入壁垒，则会有大量企业进入行业，这形成了完全竞争的基础。因此，进入壁垒不仅与完全垄断这种极端情况相关，也与其他有垄断特征或是垄断行为的市场结构相关。

我们现在将要讨论四种最主要的进入壁垒。

□ 8.2.1 规模经济

现代技术促进了一些行业规模经济的扩张（规模经济指平均总成本随着企业规模的扩大而下降）。在这种规模经济比较显著的情况下，企业长期平均成本随着产出的扩大而下降。在既定的市场需求下，只有少数几家大企业，更为极端的情况下，只有一家大企业能够达到较低的平均总成本。

如果一个行业存在完全垄断，则规模经济将会是一种保护完全垄断企业不受竞争威胁的进入壁垒。试图以小规模生产进入该行业的新企业没有能力获取垄断企业的成本优势。垄断企业即便以一个更低的价格出售产品和提供服务，也依然能够获取利润，这是因为规模经济能给垄断企业带来更低的单位成本，因此，这些新进入行业的小型企业在与垄断企业的竞争中处于劣势，被迫退出该行业。尽管新企业进入该行业时也可能一开始就试图大规模生产，以达到必要的规模经济，但是大量必备的生产设施的投资需要巨额资金，这往往是新企业很难办到的。在大多数情况下，这种融资困难和风险使很多有这类想法的企业望而却步。这也解释了为什么很少有新的企业进军汽车、计算机操作软件、商用飞机以及钢铁行业。

如果出现市场需求曲线在平均总成本仍呈降低态势的部分与长期平均成本曲线相交的极端情形，那么这样的企业称为**自然垄断（natural monopoly）**企业。从表面上看，更低的单位成本优势能够使自然垄断企业收取的价格比行业竞争更激烈时收取的价格更低，但是这种情况不是必然发生的。与其他垄断企业相比，自然垄断企业制定的价格可能会远高于平均总成本，以获取更大的经济利益。这时，自然垄断企业最低单位成本的优势只会给企业带来更多的利润，而不是给消费者提供更低的价格。

□ 8.2.2 法律性进入壁垒：专利和许可证

政府还通过批准专利和发放许可证的方式设置法律性进入壁垒。

专利 专利（patent）是专利发明者享有的自己使用，或许可他人使用其发明的一种特殊权利。专利和专利法是为了保护专利发明人，防止对专利的发明没有贡献或没有对该专利支付费用的竞争对手使用该专利。在专利期限内，专利为发明者提供了垄断地位。世界各国都赞同 20 年的专利期限。专利在现代商业巨头的成长中发挥了重要作用，例如，美国国际商用机器公司（IBM）、辉瑞（Pfizer）、柯达（Kodak）、施乐（Xerox）、英特尔（Intel）、通用电气（General Electric）和杜邦（DuPont）。

绝大多数专利产品是通过研究和开发（R&D）形成的。通过自主研发或购买他人专利的企业可以利用专利来巩固企业的垄断地位。专利所带来的收益又可以为新专利产品的研发提供资金支持。例如，在制药行业，药品的专利权带来了很大的垄断利润，这些利润又为新药物的研发提供了资金。因此，尽管在专利期限届满后，非专利药物可与原专利药物展开竞争，掌握原专利技术的垄断企业仍能够很好地维持市场地位。

许可证 政府也可能通过发放许可证的方式限制企业进入某行业。在国家层面上，联邦通信委员会给每个地区发放数量有限的广播电视台许可证。在很多大城市，开出租车必须拥有出租车执照，且这些执照数量是有限的，由此导致的有限的出租车供给为出租车所有者和司机带来了经济利益。没有执照的出租车没有办法进入该行业，从而无法降低行业的价格和利润。在少数情况下，政府也可能“许可”自己提供一些产品，从而形成公共部门垄断。例如，在一些州，酒类产品只有归州政府所有的零售店可以销售。同样，很多州政府“许可”自己经营福利彩票。

□ 8.2.3 关键资源的所有权或控制权

私人财产能被垄断企业用来阻挡潜在竞争对手进入。例如，一家企业可以通过拥有或控制生产过程的关键资源来阻碍竞争对手进入。例如，加拿大国际镍公司（现在叫 Inco）曾一度控制着世界上绝大部分的镍储量。一个当地的企业可能拥有附近的所有砂石。现存的职业体育团队与最优秀的运动员签约，同时还与主要的运动场和竞技场签订长期的租赁协议，因此新的职业体育团队很难发展。

□ 8.2.4 定价以及其他策略性进入壁垒

即使没有受到规模经济或对关键资源的所有权等进入壁垒的保护，垄断企业也可以通过对竞争对手进入作出反应的方式有效地阻碍他人进入。面对新进入者，垄断企业可以通过降低价格，加大广告宣传，或者其他策略行动“创造进入壁垒”，使得竞争对手的进入变得很困难。

这是一些阻碍进入的例子：在 2005 年，美国最大的假牙制造商 Dentsply（拥有 70%的市场份额）被查出非法限制独立的假牙经销商经销其他品牌的假牙，潜在的国外竞争者会因缺乏经销渠道而不能进入美国市场。另外一个例子就是，2001 年，美国上级法院通过了下级法院的裁决，该案件认为，微软公司在与英特尔浏览器兼容的个人计算机操作系统市场上（微软占 95%的市场份额）采取了一系列非法行为，来维持其垄断地位。微软的一种做法是向在 Windows 操作系统中安装网景企业 Navigator 浏览器的计算机制造商索要比安装微软英特尔浏览器的制造商更高的价格。

8.3 垄断企业的需求

到目前为止，我们已经分析了垄断的来源，我们将要建立一个完全垄断的模型来分析其价格和产出决策。首先我们设定以下三个假设：

- 专利权、规模经济，或对资源的所有权可以保护我们模型中企业的垄断地位。
- 该垄断企业不受政府的任何管制。
- 该企业是单一价格的垄断企业，即企业对所有的单位产出收取同样的价格。

完全垄断企业和完全竞争企业主要的区别在于它们所面对的市场需求。完全竞争企业面对的是由市场供给和市场需求决定的价格水平上的完全弹性的需求。完全竞争企业是价格的接受者，它可以在既定市场价格水平上出售它所愿意的任何数量的产品。额外销售一单位产品使企业总收入的增加数就是产品的不变价格。这意味着完全竞争企业的边际收益不变，该边际收益就是产品的价格。（回顾图 7.1 中完全竞争企业的价格、边际收益和总收益之间的关系。）

垄断企业（或寡头垄断，或垄断竞争）面对的需求曲线与完全竞争企业大不相同。因为完全垄断企业就是整个行业，垄断企业面对的需求曲线就是**市场需求曲线（market demand curve）**。由于市场需求不是完全弹性的，因此垄断企业的需求曲线是向下倾斜的。图 8.1 中表格的第（1）列、第（2）列描绘了这个事实。注意，需求量随着价格下降而增加。

在第 7 章中，我们分别绘制出完全竞争行业的需求曲线和该行业中的一家企业面对的需求曲线。但是完全垄断的情况下只有一条需求曲线，因为企业的需求曲线和行业的需求曲线是相同的。我们已经将图 8.1 表格中的部分需求数据绘制成图 8.1（a）中的需求曲线 D。这条需求曲线就是垄断企业面临的需求曲线，也是市场需求曲线。向下倾斜的需求曲线的两种含义对于理解垄断模型是很重要的。

□ 8.3.1 边际收益低于价格

给定向下倾斜的需求曲线，完全垄断企业只能通过降低价格来增加销售量。因此，除了第一件产品以外的每一单位产品的边际收益都低于价格（平均收益）。为什么会这样呢？这是因为降价意味着它销售的所有产量，而不仅仅是新增的产量，都要按较低的价格出售。如果企业不生产和销售额外的产出，它原本可以按更高的价格销售原先数量的产品。每增加销售一单位产品，总收益的增加额将相当于这个单位产品的价格减去所有先前产品降价额的总和。

图 8.1（a）证明了这个观点。在图中，我们从垄断企业的需求曲线上选取了两个价格—数量组合点。垄断企业在 132 美元的价格上比在 142 美元的价格上多销售一单位产品，同时获得了额外 132 美元的销售收入。但是为了以 132 美元的价格销售第 4 个单位的产品，垄断企业也必须以 132 美元的价格销售前 3 个产品，而不是以 142 美元的价格销售。前 3 个产品各减少 10 美元的收入，导致收入减少了 30 美元。销售第 4 个单位产品使总收入净增加 102 美元：第 4 个单位产品增加的收入 132 美元扣除前 3 个产品的收入减少额 30 美元。第 4 个产品带来的 102 美元的净增加额（边际收益）明显比第 4 个产品的 132 美元的价格要低。

收益数据			
（1）	（2）	（3）	（4）
产品数量	价格（平均收益，美元）	总收益（（1）×（2），美元）	边际收益（美元）
0	172	0	
1	162	162	162
2	152	304	142
3	142	426	122
4	132	528	102
5	122	610	82
6	112	672	62
7	102	714	42
8	92	736	22
9	82	738	2
10	72	720	−18

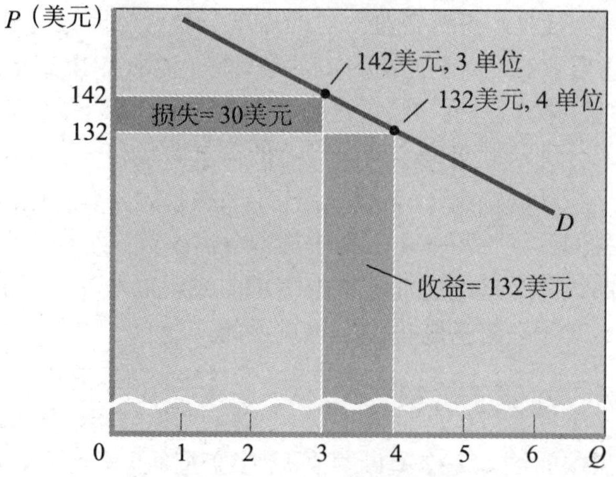

(a)
计算边际收益

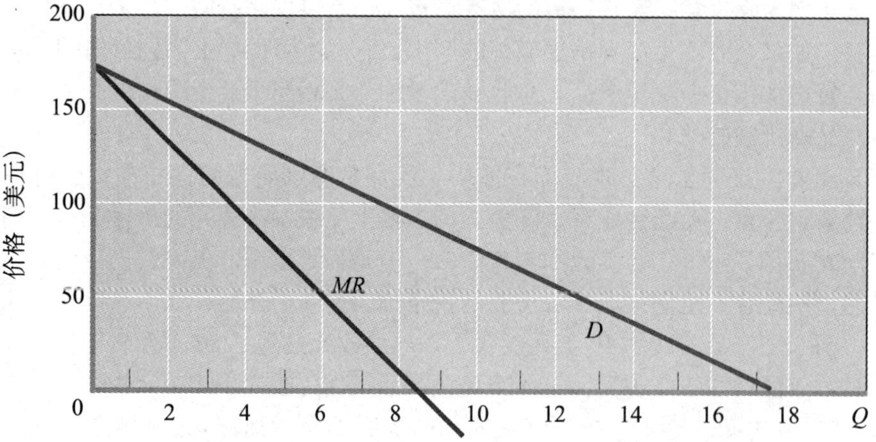

(b)
需求与边际收益曲线

图 8.1　完全垄断企业的需求、价格和边际收益

注：图 8.1（a）表示一家完全垄断企业（或不完全竞争企业）必须降低价格以销售更多的产品。在此例中，企业定价为 132 美元而非 142 美元。垄断企业增加一单位产品的销售（第 4 个单位产品）并因此得到 132 美元的收入。但是，净收入增加额需要扣除 30 美元，这减少的 30 美元反映前 3 件产品各自的收入减少 10 美元，因此，第 4 件产品的边际收益是 102 美元（=132－30），远低于 132 美元。图 8.1（b）表示如果垄断厂商想要出售更多的产品，它必须降低所有产品的价格，因此它的边际收益曲线（*MR*）位于需求曲线（*D*）的下方。

表中的第（4）列显示了边际收益总是比第（2）列对应的产品价格要低（第一件产品除外）。我们还在图 8.1（b）中展示了垄断企业面对的需求曲线和边际收益曲线之间的关系。在该图中，我们先假定每增加销售一单位产品，价格下降 10 美元，然后我们扩展了表中第（1）、（2）、（4）列中的需求和边际收益的数据，也就是企业以 62 美元的价格出售 11 单位产品，以 52 美元的价格出售 12 单位产品，依此类推。垄断企业边际收益曲线位于需求曲线下方，意味着除了第一件产品外，其余新增销售产品的边际收益总是低于价格。

□ 8.3.2 垄断企业是价格的制定者

所有不完全竞争企业，无论是完全垄断、寡头垄断或是垄断竞争，面对的都是向下倾斜的需求曲线。因此，产品数量的改变会引起价格—数量组合点沿着这些企业各自的需求曲线移动，从而引起产品价格的变动。经济学家将此归纳为，具有向下倾斜的需求曲线的企业是**价格的制定者**（**price maker**）。

这在完全垄断情况下最为明显，该行业中只有一家企业，因此，行业的总产出就是企业的总产出。正如我们刚刚提到的，垄断企业面临的是一条向下倾斜的需求曲线，每一产出水平对应一特定价格。因此，垄断企业在决定产量时，也间接决定了产品的价格。企业通过控制产量以"制定价格"。从图 8.1 表中的第（1）、第（2）列我们发现，如果垄断企业生产和销售 10 单位产品，它可以收取 72 美元的价格，如果销售 9 单位产品，它将收取 82 美元的价格，依此类推。

8.4 产量与价格决策

垄断企业选择哪种特定的价格—数量组合能够实现利润最大化呢？为回答这个问题，我们必须将生产成本纳入分析。

□ 8.4.1 成本数据

从成本方面看，尽管我们假设企业是一个产品市场的垄断企业，但是它也需要在完全竞争市场中购买资源，使用与完全竞争企业相同的技术，因此垄断企业也具有和我们在第 7 章学习的完全竞争企业相同的成本结构。我们通过使用在第 6 章中建立的成本数据并将其运用到第 7 章中的竞争性企业，就能够直接比较完全垄断和完全竞争企业的价格和产出决策。图 8.2 表格中第（5）～（7）列再次引用了图 7.2 表格中的相关成本数据。

□ 8.4.2 *MR*＝*MC* 法则

追求利润最大化的垄断企业会采取与竞争性行业中追求利润的企业相同的手段。如果生产比停止生产更有利，那么企业将会扩大生产直到边际收益等于边际成本（*MR*＝*MC*）。

图 8.2 表格中第（4）列、第（7）列的比较表明了利润最大化时的产出是 5 个单位产品，因为第 5 件产品是边际收益大于边际成本的最后一单位产出，那么垄断企业将收取哪个价格呢？表中第（1）列、第（2）列的需求显示了 5 个单位产品只有一个售价：122 美元。

这亦体现在图 8.2 的分析中，在图中，我们按照表格中的数据绘出需求曲线、边际收益曲线、平均总成本曲线和边际成本曲线。利润最大化的产出水平是 5 单位产品（Q_m），在该产出水平上，边际收益（*MR*）与边际成本（*MC*）曲线相交，*MR*＝*MC*。

为了找到垄断企业销售产品的价格，我们从 Q_m 点向上引垂线延长至需求曲线 *D*，

Q_m产出对应的特定价格是 P_m。122 美元就是利润最大化价格。因此，垄断企业生产并销售数量为 Q_m的产品，制定能使利润最大化的价格 122 美元。

收益数据				成本数据			
(1)	(2)	(3)	(4)	(5)	(6)	(7)	(8)
产品数量	价格（平均收益，美元）	总收益（(1)×(2)，美元）	边际收益（美元）	平均总成本（美元）	总成本（(1)×(5)，美元）	边际成本（美元）	利润（+）或亏损（−）（美元）
0	172	0			100		−100
1	162	162	162	190.00	190	90	−28
2	152	304	142	135.00	270	80	+34
3	142	426	122	113.33	340	70	+86
4	132	528	102	100.00	400	60	+128
5	122	610	82	94.00	470	70	+140
6	112	672	62	91.67	550	80	+122
7	102	714	42	91.43	640	90	+74
8	92	736	22	93.75	750	110	−14
9	82	738	2	97.78	880	130	−142
10	72	720	−18	103.00	1 030	150	−310

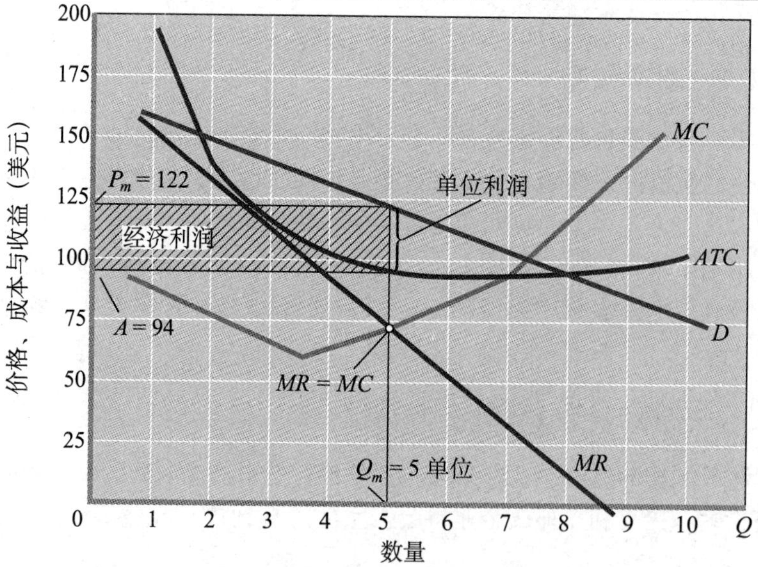

图 8.2　完全垄断企业利润最大化

注：完全垄断厂商使 $MR=MC$，从而实现了利润最大化，此时，$Q_m=5$。在需求曲线上，对应的价格为 122 美元，平均总成本 $A=94$ 美元。所以，单位利润为 P_m-A，总利润为 $5\times(P_m-A)=140$ 美元，如图 8.2 中阴影矩形部分所示。

表中的第（2）列、第（5）列显示了在 5 个单位的产量处，产品价格（122 美元）高于平均总成本（94 美元）。因此，垄断企业获得 28 美元的单位利润，总利润是 140 美元（$=5\times28$）。在图 8.2 中，单位利润是 P_m-A，A 是生产 Q_m单位产品的平均总成本。总利润是 140 美元，由单位利润与利润最大化的产量 Q_m相乘得出。

□ 8.4.3 与垄断定价有关的误解

我们的分析破除了与垄断行为相关的误解。

非最高价格 由于垄断企业可以控制产量和价格，人们往往认为它会“索要最高价格”。这并不正确。在图 8.2 中，虽然有很多价格高于 P_m，但是垄断企业并不采用这些高于 P_m 的价格，因为这些价格并不能带来最大化的总利润。垄断企业追求最大化的总利润，并非最大化的价格。企业可以收取高价格，但是这会使销售额和总收入的下降超过总成本的下降。

总利润而非单位利润 垄断企业追求**总**（**total**）利润最大化，并非**单位**（**unit**）利润最大化。对图 8.2 中不同产量水平下平均总成本与产品价格之间的垂直距离作仔细比较，我们就会发现，单位利润最大化时的产出点位于利润最大化产出点 Q_m 稍偏左的地方。这在表中也可以看出，销售 4 个产量时单位利润是 32 美元（=132−100），而利润最大化时 5 个产量的单位利润是 28 美元（=122−94）。在这里，垄断企业之所以接受低于最大值的单位利润，是因为在这一点上，额外的销售额在补偿较低的单位利润后还有剩余。追求利润的垄断企业更愿意以单位利润 28 美元销售 5 个产品（总利润为 140 美元），而不愿意以单位利润 32 美元销售 4 个产品（总利润只有 128 美元）。

亏损的可能性 完全垄断企业盈利的可能性比完全竞争企业要高。在长期中，完全竞争企业注定只能获得正常利润，然而进入壁垒的存在使得垄断企业可以维持任何它已经实现的收益水平。在完全垄断行业中，没有新进入者使供给增加，价格不会下降，经济利润也不会消除。

但是，完全垄断并不能保证一定能够获得利润。尽管垄断企业掌控市场（例如，一位家庭缝纫机的卖主），垄断企业也可能遭受需求疲软和高成本带来的损失。如果垄断企业面对的需求和成本状况变得比图 8.2 更不利，垄断企业将会面临损失。与完全竞争企业相同，垄断企业将不会在长期亏损的状态下继续经营。面对持续的亏损，企业的所有者会将其资源转移到其他可以带来更大收益机会的行业中。因此，与其他任何企业一样，垄断企业在长期必须达到一个最小标准收益水平，否则，它将退出该行业。

8.5 垄断的经济影响

现在我们从整个社会的角度来评价完全垄断。我们对其评估的参考标准是完全竞争市场的长期效率，即三重等式 $P=MC=$最低 ATC。

□ 8.5.1 价格、产出和效率

图 8.3 形象地对完全垄断行业和完全竞争行业的价格、产出和效率进行了对比。图 8.3（a）中的 $S=MC$ 曲线告诉我们，完全竞争行业的市场供给曲线 S 是行业内所有企业的边际成本曲线的水平加总。假设有 1 000 家企业，对比加总后的供给曲线 S 与市场需求曲线 D，我们可以看到完全竞争的价格和产出量分别是 P_c 和 Q_c。

这一完全竞争的价格—产出组合导致了生产和分配的有效性。企业之所以可以实现

生产效率（productive efficiency），是因为自由的进入和退出迫使企业在最低平均总成本处经营。1 000 家完全竞争企业的最小平均总成本的产出总和就是行业的产出，在这里是 Q_c。与最小平均总成本一致，产品价格也处在最低水平。完全竞争之所以能够导致**配置效率（allocative efficiency）**，是因为企业会增加产出至价格（产品价值或对社会的边际收益的度量）等于边际成本（社会为生产任一特定产品而放弃的其他产品的价值）时的水平。简言之，$P=MC=$最低 ATC。

现在我们假设该行业内一家企业并购了所有竞争对手，使这个完全竞争行业变成完全垄断行业（见图 8.3（b））。我们还假设行业结构的巨大变化对成本和市场需求没有影响。原先 1 000 家相互竞争的企业现在成为一家拥有 1 000 个非竞争分支机构的完全垄断企业。

完全竞争市场的供给曲线 S 变为垄断企业的边际成本曲线 MC，这是垄断企业的多家分支机构的边际成本曲线的加总。然而，重要的变化是需求。对每个独立的竞争性企业来说，需求是完全弹性的，因此边际收益等于市场均衡价格 P_c。这样一来，每一家企业为实现利润最大化，都使自己的边际收益等于边际成本。市场需求与自身面对的需求对垄断企业而言是相同的。垄断企业就是行业，因此垄断企业面对的是图 8.3（b）中向下倾斜的需求曲线 D。

这就意味着边际收益比价格低，在图中表示为 MR 曲线位于需求曲线 D 的下方。基于 $MR=MC$ 法则，垄断企业选择产出 Q_m，价格为 P_m。图 8.3（a）和图 8.3（b）的对比揭示了相对于竞争性企业，垄断企业以更高的价格销售更少的产品对其更有利。

垄断既没有生产效率，也没有配置效率。我们可以这样最直接地理解为什么垄断企

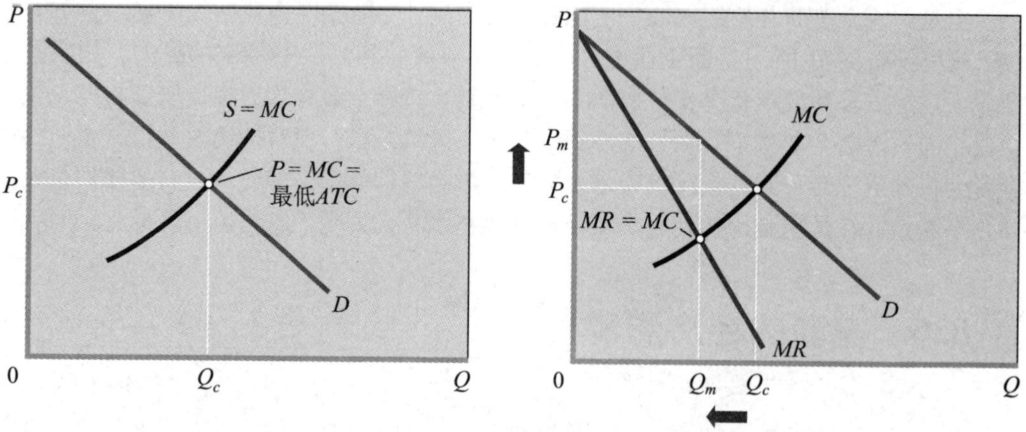

(a)
完全竞争行业

(b)
完全垄断行业

图 8.3　完全垄断相对于完全竞争行业的无效率

注：（a）在一个完全竞争行业中，企业的进入与退出确保了价格（P_c）等于边际成本（MC），产出是最低平均总成本的产出水平（Q_c）。生产效率（$P=$最低 ATC）与分配效率（$P=MC$）都实现了。（b）在完全垄断行业中，边际收益曲线位于需求曲线下方，垄断企业在产出 Q_m 处实现利润最大化，在此处 $MR=MC$，同时收取价格 P_m。因此，与完全竞争行业相比，垄断的产出更低（Q_m 比 Q_c 小），而价格更高（P_m 比 P_c 高）。由于完全垄断的产出比达到最低 ATC 要求的产出水平（Q_c）要低，并且垄断价格高于边际成本 MC，因此完全垄断是无效率的。

业没有实现生产效率，垄断企业的产出 Q_m 低于 Q_c，而 Q_c 处的平均总成本是最低的。不仅如此，垄断价格 P_m 高于竞争价格 P_c（P_c 是完全竞争市场的长期均衡价格，它与最低平均总成本相等）。因此，垄断价格高于最低平均总成本，换句话讲，垄断没有达到高效生产。

垄断企业的生产不足还意味着配置无效率。一种解释是，在垄断的产出水平 Q_m 处，人们愿意支付的垄断价格 P_m 高于边际成本。这表明消费者对额外一单位垄断产品的评价远远高于对生产其他产品的评价。

我们同样可以这样理解垄断的配置无效率，在 Q_m 和 Q_c 之间，每一单位产品的边际收益高于边际成本，这是因为对应的需求曲线位于供给曲线上方。垄断企业选择不生产这些单位产品，从而导致了配置效率的下降，因为本应用于生产这些单位产品的资源将被用于生产那些给社会带来更低净收益的产品。于是，在垄断行业中：

- $P>MC$。
- $P>$最小 ATC。

□ 8.5.2 收入转移

一般来说，垄断使得收入从消费者向垄断企业转移，这就是垄断的收益。因为垄断企业能够控制市场，它可以收取比完全竞争企业更高的价格而与完全竞争企业拥有同样的成本。垄断实际上向消费者征收了“个人税”。因为行业进入障碍，这种税通常能够产生可以持续的巨大的经济收益。由于垄断企业所有者比垄断产品购买者的收入高，所以垄断加剧了收入的不平等。

□ 8.5.3 成本的复杂性

我们可以得出这样的结论：给定相同的成本，与完全竞争行业相比，完全垄断行业的价格更高，产品更少，经济资源配置效率更低。这样的次优结果根植于垄断行业现存的进入壁垒。

现在，我们必须认识到完全竞争企业的成本可能与垄断企业的成本不相同。垄断企业的单位成本可能小于或大于完全竞争企业的成本。导致成本不同有以下 4 个原因：(1) 存在规模经济，(2) 存在“X-非效率”，(3) 维持垄断地位需要的支出，(4) 较长时期中存在技术进步。

再谈规模经济 在存在大范围的规模经济时，市场需求可能不足以支撑大量以最小有效规模（MES）进行生产的竞争性企业。在这种情况下，和由许多竞争性企业组成的行业比，只有一家或两家企业的行业平均总成本更低。最为极端的是，只有一家企业的行业——自然垄断——能够实现最低的长期平均总成本。

与现代信息技术相关的一些企业——例如，计算机软件、网络服务和无线通信——具有广泛的规模经济效应。由于专门的投入得到了更大程度的利用、产品研发成本得以分摊，以及干中学等原因，这些企业的长期平均总成本随着企业的不断发展而降低。此外，同时消费和网络效应也降低了成本。

同时消费（simultaneous consumption）是指一种产品能够同时满足多数消费者的需求。戴尔企业需要为每个消费者生产一台个人电脑，但是微软企业只需要生产一次

Windows 程序。这样，微软企业就可以以非常低的边际成本，将自己的程序通过磁盘或网络的方式传递给广大消费者。其他能够以低成本为额外消费者提供产品和服务的企业包括网络服务提供商、音乐提供商、无线通信企业。因为边际成本很低，因此随着消费者的增加，产出的平均总成本会大幅降低。

网络效应（network effects）是指产品对每一个用户（包括现有用户）的价值随着用户数量的增加而增加。网络效应很好的例子包括计算机软件、手机以及类似 Facebook 这样由用户提供信息的网站。如果其他人也拥有互联网接入服务和设备，一个人就可以很便捷地向其他人发送邮件信息。当他们使用相似软件的时候，文档、电子表格、图片就可以附在邮件中。与系统连接的人越多，产品给每个人带来的收益就越大。

这种网络效应可能会将一个市场推向垄断市场，因为消费者趋向于选择其他人都在使用的标准产品。这些产品的大量需求使得生产这些产品的企业迅速发展，从而能实现规模经济。规模小一些的企业，无论有成本更高的“正确”的产品，还是“错误”的产品，都会被并购或被挤出行业。

经济学家普遍认为，一些现代信息企业仍存在规模经济效应。但是绝大多数经济学家质疑这些企业是否真的是自然垄断者，因为大多数企业在达到完全的市场规模之前就达到了最小有效规模。

即使出现自然垄断，垄断企业也不太可能因为成本的下降而降低产品价格。因此，除少数情况外，规模经济并不改变这样的一般性结论，即垄断行业相对于竞争性行业是无效率的。

X-非效率　在建立本书中所有的平均总成本曲线时，我们假设企业使用的是当前最有效的技术，这是因为企业只有将成本降至最低才能最大化其利润。当一家企业的实际生产成本高于它必要的生产成本时，就出现了**X-非效率（X-inefficiency）**。例如，在图 8.2 中，平均总成本曲线和边际成本曲线就可以处于所示位置的上方，以表明每一个产量水平上的更高成本。

如果 X-非效率会减少利润，那么企业为什么还会允许其发生呢？答案回到我们之前讨论的委托—代理问题上。管理者的某些目标可能与成本最小化原则冲突，包括公司规模的扩张、更加轻松的工作、规避经营风险，或者把工作机会给予不能胜任的亲朋好友。出现 X-非效率的原因还可能是企业的员工缺乏有效的激励和监督，或者是企业变得慵懒迟钝，仅仅依靠经验规则而不是依靠相关的成本和收益制定决策。

因此，垄断企业很可能比竞争性企业更容易产生 X-非效率。在竞争性行业中，企业总是处于竞争对手的压力下，这就迫使它们为了生存而提高内部效率。而垄断企业在进入壁垒的保护下不受竞争的威胁，没有竞争的压力就导致了 X-非效率。

寻租费用　任何以他人或整个社会的利益为代价而将收入或财富转移到某个特定的企业或资源供应者的活动被经济学家称为**寻租行为（rent-seeking behavior）**。我们已经知道垄断企业在长期也能获得经济利润。因此，毫不奇怪，某些企业愿意不惜一切代价去获得或维持政府通过立法或发放独家许可证的方式给予的垄断地位。这样的寻租费用并不能增加企业的产出，却显然增加了企业的成本。寻租意味着垄断有比图 8.3（b）更高的成本和更低的效率。

技术进步　在很长的时期内，企业可以通过新技术的开发和应用来降低成本。如果垄断企业比竞争性企业更有可能开发出更为有效的生产技术，那么垄断的无效率可能就被高估了。经济学家一般认为完全垄断企业不具有技术进步性。尽管其经济利润为完全垄断企业提供了研发所需的充裕资金，但是完全垄断企业几乎没有使用这些新技术（产品）的动力。没有竞争者意味着在垄断市场中不存在促进技术进步的外在压力。因为完全垄断企业的市场地位受到保护，它能承担得起低效率和不思进取，且不会因为这样做而受到任何惩罚。

注意，新产品和新生产技术会通过创造性破坏而突然间取代现有垄断企业（参见第2章）。意识到这种威胁，垄断企业可能会不断致力于研发和追求技术进步，以免成为未来竞争者的猎物。在这种情况下，技术进步对维持垄断地位至关重要。实际上，是**潜在（potential）**的竞争而非垄断市场结构驱动着技术进步。从理论上讲，完全垄断不存在这样的竞争，这是因为进入被完全封锁了。

应用分析

戴比尔斯钻石的垄断恒久远？

戴比尔斯是一家由南非企业控股的总部设在瑞士的企业，戴比尔斯不仅占领全世界粗切割钻石生产45%的市场份额，还大量经销世界其他矿山生产的粗切割钻石。其结果是，世界上55%的钻石是经过戴比尔斯销售给其他钻石切割商和交易商的。这一比例已经不及20世纪80年代中期的80%了，并且还在继续下降。以下是这家企业的问题所在。

戴比尔斯过去的垄断行为堪称图8.2描述的垄断模型的一个经典例子。不管它开采或购买多少钻石，它仅销售能产生“合适”（垄断）价格的特定数量的钻石。其价格远高于生产成本，戴比尔斯和它的合作商都赚取了垄断利润。

当需求下降时，戴比尔斯会通过减少销售量来维持价格。超出销售量的剩余产量则作为其增长的钻石库存。此外，戴比尔斯还试图通过广告激发需求（“钻石恒久远”）。当需求旺盛时，它就通过减少钻石存货来增加销量。

戴比尔斯以几种不同的方式来控制其他矿山的生产。首先，它说服每个独立的生产商，只有通过戴比尔斯的“单一渠道”或垄断营销才能给它们带来最大利润。其次，那些试图绕过戴比尔斯的采矿者经常会发现钻石市场上突然充斥着来自戴比尔斯的相似的钻石，由此引起的价格下降和利润损失通常会使这些（不听话的）采矿者重新投入戴比尔斯门下。最后，戴比尔斯可以轻易地收购和贮存那些独立矿场生产的钻石，从而使供给的增加不至于对市场造成冲击。

然而，若干因素共同瓦解了戴比尔斯的垄断地位。新钻石矿的发现导致钻石超过戴比尔斯的控制范围不断流向世界市场。例如，在安哥拉出现了意义重大的钻石勘探和交易。最近，在加拿大西北地区发现的钻石矿也对戴比尔斯构成了新的威胁。尽管参与加拿大西北地区的开发，但是大量戴比尔斯无法控制的钻石不断涌现。现代技术的进步使化工企业能够生产完美的人工钻石，这也对戴比尔斯的垄断形成了另一个挑战。为了防止消费者转向消费人造钻石，戴比尔斯不得不开展昂贵的活动以促进“天然钻石”的销售。

另外，国际媒体开始密切关注钻石在非洲血腥的内战中融资的作用。由于担忧消费者抵制钻石，戴比尔斯声称其不会购买这些“冲突”钻石（血钻石），也不会与任何与

“血钻石”有染的企业进行交易。然而，这些钻石依然避开了戴比尔斯的控制，继续通过其他渠道流入市场。

在2000年中期，戴比尔斯放弃了控制钻石供给的企图。此后，戴比尔斯试图将自己从一个钻石卡特尔转变成一个销售具有戴比尔斯标志的“独特”钻石的现代国际企业。它逐渐降低40亿美元的库存钻石，并努力通过广告增加消费者对其“品牌”钻石的需求。戴比尔斯的这个新政策是为了使自己成为“可选择的钻石供应商”。

钻石可能是永恒的，但是戴比尔斯的钻石垄断未必是永恒的。尽管如此，凭借其高市场份额和控制生产水平的能力，戴比尔斯仍然对粗切割钻石的价格有着重大影响。

问题：戴比尔斯的广告试图建立“赠送周年钻戒”的传统。戴比尔斯这种努力的背后蕴含着怎样的逻辑？读者可借助图8.2来说明。

8.6 价格歧视

到目前为止，我们假设垄断企业对所有购买者收取相同的价格。但在某些特定情况下，为了增加利润，垄断企业会对不同的购买者收取不同的价格。垄断企业的这种做法被称为**价格歧视（price discrimination）**，即以不同价格销售某种特定产品，且这种价格的差异并不是由成本差异引起的。

价格歧视是一种普遍的商业行为，这种行为基本上不会降低竞争，因此很少受到政府的反对，但企业将价格歧视作为一种阻碍进入或者驱逐竞争者的策略这种情况例外。

□ 8.6.1 前提条件

并不是所有卖方都有机会从事价格歧视活动。只有满足以下条件，价格歧视才有可能实现。

- **垄断力量（monopoly power）** 卖方必须是垄断企业，或者至少拥有一定程度的垄断力量，即有一定的能力控制产量和价格。
- **市场分割（market segregation）** 卖方必须能以较低的成本将买方分割成不同的群体，每一群体的消费者对产品有着不同的支付意愿或能力。这种对买方的分割通常以不同的需求价格弹性为基础，下面的例子将对此予以明确的解释。
- **不能转卖（no resale）** 初始购买者不能将产品或服务转卖出去。若低价市场的买者能够轻易地在高价市场上转手卖出，那么垄断企业的价格歧视策略就会在高价市场中形成竞争。这种竞争会导致高价市场产品的价格下降，破坏垄断企业的价格歧视政策。这一条件意味着价格歧视最容易发生在转卖不易发生的服务行业，例如，运输、法律和医疗服务行业。

□ 8.6.2 案例

价格歧视在美国经济中被广泛应用。例如，航空公司向商务旅行者收取更高的票价，因为他们对商务旅行的需求是无弹性的，而为了吸引普通度假者和其他需求弹性较高的人，航空公司提供的机票通常不能退票。

电力企业经常按照最终用途来划分它们的市场，如照明和取暖。由于缺乏合适的照明替代品，照明用电的需求是无弹性的，照明用电的电费价格因此比较高。但是由于天然气和石油可以用来取暖，所以取暖用电的需求有一定的弹性，对应的价格就较低。

影院和高尔夫球场的票价会随着时间（例如，晚上和周末的票价更高）和消费者年龄（例如，儿童和老年人的价格更低）的不同而变化。铁路货运按照运送货物的市场价值来制定单位运价。运送 10 吨电视设备或冰箱要比运送 10 吨砂石煤炭的收费高。

发行折扣购物优惠券也是价格歧视的一种形式。企业可以给那些对价格最敏感（需求价格弹性大）的顾客价格折扣，而那些对价格不太敏感（需求价格弹性小）的顾客则不太可能花时间去收集、兑换优惠券。因此，与单一价格和无优惠券相比，企业发行折扣优惠券能够获得更大的利润。

最后，价格歧视常常发生在国际贸易中。例如，一家俄罗斯铝生产商在美国销售铝的数量比在俄罗斯少。在美国，这家企业面对的是有弹性的需求，因为市场上还有其他替代供应商。但是在俄罗斯，这家企业控制着市场并设置进入壁垒阻碍进口，消费者的选择更少，因此需求弹性小。

□ 8.6.3 图形分析

图 8.4 描绘了价格歧视。两幅图都描绘一个完全垄断企业在两个不同的市场中销售其产品（例如，软件）。假设一个市场的消费者是小企业，而另一个市场的消费者是学生。学生版本的软件和企业版本的软件是相同的，但是学生版本的软件仅供有学生身份的消费者使用（一人专用）。软件企业推测学生对软件的支付能力较低，因此对学生的售价也较低。

图 8.4（a）中的需求曲线 D_b 代表对产品需求弹性相对低的企业的消费者需求曲线。图 8.4（b）中的需求曲线 D_s 代表学生的弹性需求。边际收益曲线（MR_b 和 MR_s）位于它们分别对应的需求曲线的下方，反映的是前面介绍的需求与边际收益的关系。

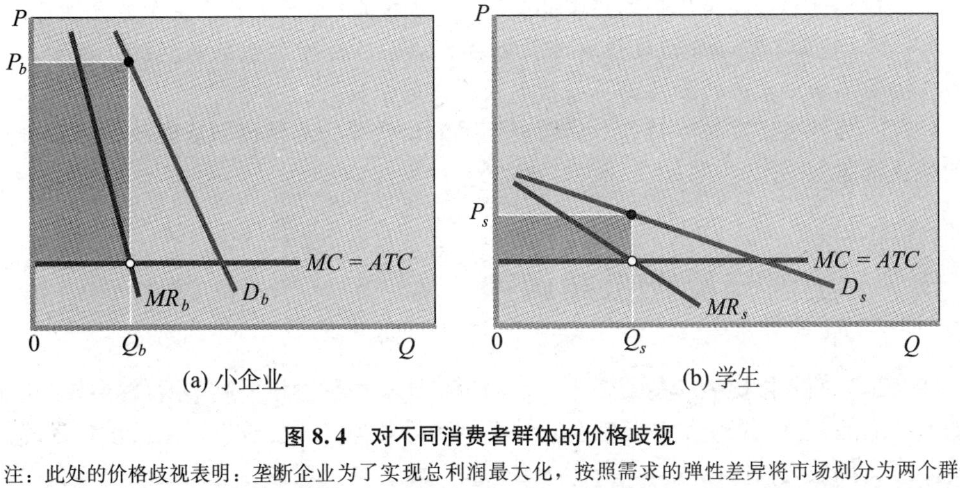

图 8.4　对不同消费者群体的价格歧视

注：此处的价格歧视表明：垄断企业为了实现总利润最大化，按照需求的弹性差异将市场划分为两个群体，然后企业在每一个细分市场都生产并销售 $MR=MC$ 的产出。（为了看起来更清晰，假设平均总成本（ATC）保持不变，因此，在所有产量水平上，$MC=ATC$。）在图 8.4（a）中，企业向需求弹性更低的消费者收取更高的价格（P_b）。在图 8.4（b）中，企业向需求弹性更大的消费者收取更低的价格（P_s）。与没有价格歧视的单一价格相比，价格歧视者获得的总利润更大。

为了看起来更清晰，我们假设平均总成本（ATC）不变。因此，在所有产量水平上，边际成本（MB）等于平均总成本（ATC）。这些成本对于软件的两种版本都是相同的，因此表现为 $MC=ATC$ 的单一水平直线。

完全垄断企业将对每一类消费者收取什么价格？通过应用使利润最大化的 $MR=MC$ 法则，垄断企业将提供 Q_b 数量的软件给小企业，并在此利润最大化的产量水平处收取 P_b 的价格。同样根据 $MR=MC$ 法则，垄断企业将提供 Q_s 的软件给学生。为了销售 Q_s 的产量，企业将向学生收取更低的价格 P_s。

企业从事价格歧视活动是因为这样做可以增加企业的总利润。图 8.4 中曲线背后的数量（未在图中显示）揭示了两个表示利润的矩形的总和大于企业收取单一垄断价格时的单一利润矩形。那么，消费者该如何付费呢？在这个例子中，学生因为支付比企业收取单一垄断价格更低的价格而受益；相反，价格歧视导致了企业消费者支付的价格更高。因此，与单一价格的情况相比，学生购买更多的软件，而小企业购买得更少。

应用分析

运动场里的价格歧视

职业棒球队通过门票销售获取大量收入。为了使利润最大化，他们为儿童（他们的需求有弹性）提供比成人（他们的需求无弹性）更低的票价，折扣高达 50%。如果这种类型的价格歧视会增加收入和利润，为什么他们不对赛场的小卖部也实行价格歧视呢？为什么他们不为儿童提供半价的热狗、饮料、花生米和饼干呢？答案是成功的价格歧视必须满足 3 个条件：(1) 球队有垄断力量；(2) 球队可以按照年龄来划分门票购买者，每一个年龄群体有着不同的需求弹性；(3) 儿童不能够将他们的折扣门票转卖给成人。

赛场小卖部的情况就不一样了。特别是第 3 个条件未能满足。如果球队对赛场小卖部提供的食品实行两种价格，它就不能防止儿童交换或“转卖”赛场食品给成人。很多成人会让他们的孩子去为他们购买食品和饮料：“比利，给你点钱，去帮我们买 10 份热狗吧。”在这种情况下，价格歧视就会被破坏，从而不会增加球队的利润。因此，儿童和成人购买赛场小卖部的食品都将被收取同样高的价格。

问题：为什么运动场中特许专卖店里产品的价格要比当地便利店里相同或相似产品的价格高得多？

8.7 垄断与反托拉斯政策

垄断是人们所担忧的。垄断企业收取的价格比竞争性价格要高，这就导致了用于生产垄断产品的资源配置不足。垄断企业缺乏创新的动力，而是从事寻租活动，还增加了 X-非效率。即便它们的低成本得益于规模经济，但是并不能保证它们的低成本会给消费者带来好处。这些节约下来的成本仅仅增加了垄断企业的经济利润。

□ 8.7.1 垄断并不普遍

然而，幸运的是，垄断在美国并不普遍。进入壁垒极少能够非常成功。尽管研究和技术的进步会强化垄断企业的市场地位，技术也可能会破坏垄断的力量。随着时间的推移，新技术的发明会破坏现有垄断企业的地位（创造性破坏）。例如，快递、传真机、邮件的发展已经在不断削弱美国邮政公司的垄断力量。有线电视的垄断正在受到卫星电视，以及能让音频和视频信号通过网络传输的新技术的挑战。

同样地，专利权终会到期；即使专利未到期，独特的新替代产品的发展通常也会威胁现有专利持有者。有时候人们会找到垄断资源的新来源，此外还有来自外国企业的竞争（参见全球快照 8.1）。最后，如果一家垄断企业非常担忧来自新产品的竞争，它可能会保持相对低的价格以阻碍竞争对手开发这些新产品。如果是这样，那么尽管当前市场缺少竞争，消费者也可能会支付近乎竞争性的价格。

□ 8.7.2 反托拉斯政策

当现实世界确实出现垄断并持续存在的话，政府应该对其采取什么样的措施呢？经济学家认为，政府需要逐个地对垄断企业进行仔细研究。如果垄断在一个较长的时期内是不可持续的（比如由于新技术的出现），社会只要忽略它就可以了。相反，如果垄断是通过反竞争的行为获得的，产生了很大的经济无效率，并表现为持久的存在，那么政府可能会根据反垄断法，要求垄断企业缴纳罚金（垄断企业曾经被称为“托拉斯”）。相关的反垄断法是 1890 年通过的《谢尔曼反托拉斯法》，该法有两条主要条款：

- **条款 1** “凡以托拉斯形式或其他形式订立的契约、联合体或试图在跨州或与外国进行的贸易和商业活动中施加限制的共谋集团，均属非法。”
- **条款 2** “任何人，只要他将要或试图实施垄断，或与其他任何个人或多个人联合或共谋来垄断州际间或国际间贸易，都将被视为重罪。”（后修正为“不轨行为”。）

全球快照 8.1 ☞

来自外国跨国企业的竞争

来自外国跨国企业的竞争削弱了美国企业的市场力量。在美国某些市场中，数千家外国跨国企业正在与美国企业展开激烈竞争，下表列出了其中几家。

企业（所属国家）	主要产品
拜耳（德国）	化学药品
英国石油阿莫科（英国）	汽油
米其林（法国）	轮胎
NEC（日本）	计算机
雀巢（瑞士）	食品
诺基亚（芬兰）	无线电话
皇家荷兰壳牌集团（荷兰）	汽油
皇家飞利浦电器（荷兰）	电子产品
索尼（日本）	电子产品
丰田（日本）	汽车
联合利华（荷兰）	食品

资料来源：Compiled from “ Global 500”, *Fortune*, July 26, 2010. © Time Inc., used under license.

在1911年的美国标准石油公司案中，美国联邦最高法院裁定标准石油公司犯有垄断石油行业罪，因为标准石油公司通过采取一系列滥用支配地位和其他反竞争的行为垄断石油行业。法院的解决方案是将标准石油公司拆分成若干家竞争性石油公司。但是标准石油公司案没有解决这样一个重要问题：是否所有垄断都违反《谢尔曼反托拉斯法》第2条规定？或者只是那些获取或维持垄断地位的反竞争行为才违反《谢尔曼反托拉斯法》第2条规定？

在1920年美国钢铁公司案中，美国法院建立了一个解释条款2的**合理原则（rule of reason）**，声称并非任何垄断都属违法，只有“不合理地”限制贸易的垄断才违反《谢尔曼反托拉斯法》第2条规定，并将受到反托拉斯法的处置。规模大本身并不触犯法律：虽然美国钢铁公司明显拥有垄断力量，但在“垄断”问题上它是无罪的，因为美国钢铁公司没有为获得垄断力量对竞争对手使用非法手段，并且它也没有不合理地利用其垄断力量。与被称为“恶意托拉斯”的美国标准石油公司不同，美国钢铁公司是“善意的托拉斯”，因此它没有触犯法律。

现在，美国司法部、联邦交易委员会、受害的私人部门以及各州律师，都可以向违反该法者提起反托拉斯诉讼。法院可以颁布禁令以禁止反竞争行为（行为性措施），或必要时将垄断企业拆分为几家相互竞争的企业（结构性措施）。法院还可以对违法者实施罚款和监禁。除此之外，受垄断伤害的一方可以对垄断者提起三倍损失（treble damages）赔偿诉讼——要求获得三倍于受损害货币金额的赔偿。在某些情况下，赔偿总额高达几百万甚至几十亿美元。

近来，最大的也是最重要的垄断案例就是微软案例，这是下面应用分析的主题。

应用分析

美国与微软

1998年5月，美国司法部、19个独立的州以及哥伦比亚特区（以下简称“政府”），依据《谢尔曼反托拉斯法》对微软提起了反托拉斯诉讼。政府指控微软违反了该法的第2条，因为微软采取了一系列旨在保持其Windows垄断地位的非法行为。政府还指控其违反了《谢尔曼反托拉斯法》第1条，因为第1条禁止采取限制商业贸易的行为。

微软否认指控，并认为自己的成功是通过产品创新以及合法的商业行为取得的。微软争辩道，自己不应该因为其超前的预见性、商业敏感性以及技术权威而受到惩罚。微软还强调，由于技术发展迅速，它的垄断是极其短暂的。

2000年6月，地方法院裁定相关市场为：用于运行与互联网兼容的个人计算机（PC）软件的市场。95%的市场份额显然给微软带来了垄断力量，然而，法院指出，垄断本身并不违法。微软之所以违反《谢尔曼反托拉斯法》，是因为微软运用反竞争手段来维持其垄断力量。

据法院说，微软害怕网景的Navigator获得成功，因为Navigator可以让人们浏览互联网，还能使网景对其软件进行扩展，其中可能包括一套竞争性的个人计算机操作系统，进而威胁到微软的垄断地位。微软还害怕太阳微系统企业将其Java程序语言运用到互联网当中，因为这最终可能会威胁到微软的垄断地位。

为了应对这些以及类似的威胁，微软与个人计算机制造商签订非法合同，要求制造商将微软的互联网浏览器安装在个人计算机桌面上，并对那些销售与微软产品竞争的其他软件产品的企业进行惩罚。此外，它还为合作企业提供代码，允许其将 Windows 连接到应用软件上，但不为那些安装了网景浏览器的企业提供这些代码。最终，在获得太阳微系统企业的许可后，微软开发了与 Windows 相关的 Java 软件，使得 Sun 微系统企业自己的软件无法与 Windows 兼容。

地方法院命令微软拆分为两家相互竞争的企业，一家企业销售 Windows 操作系统，而另一家企业销售微软的应用软件（例如，Word、Hotmail、MSN、PowerPoint 以及 Internet Explorer)。两家企业都可以自由开发相互竞争的新产品，而且两家企业都可以使用在拆分时就存在的共同产品的知识产权来开发各自的产品。

在 2000 年年末，微软将地方法院的决定上诉到美国上议院法院。2001 年，更高一级法院肯定了微软非法维持垄断的裁决，但是不同意地方法院拆分微软的决定。更高一级法院与微软一致认为在审判的量刑阶段，企业的正常活动被打乱了，并且更高一级法院认定地方法院法官在频繁召开记者招待会的过程中有偏袒的倾向。上议院法院将案件的补救阶段移交给另外一个地方法院法官，以确定恰当的补救措施。

在新的地方法院法官的强烈要求下，联邦政府和微软达成了一个合意的解决方案。稍作修改后，和解方案于 2002 年被确定为最终判决。拆分方案被否决了，代之以一个行为性补救措施。(1) 禁止微软对任何开发、销售或使用与微软 Windows 或 Internet Explorer 相互竞争的软件企业，或销售同时装载 Windows 和非微软操作系统的个人计算机企业采取报复行动；(2) 要求微软为那些想要在其 PC 上安装 Windows 的计算机制造商设立统一的特许或许可条款；(3) 要求微软准许制造商将微软图标从 Windows 桌面移走并使用其他图标来替代它们；(4) 要求微软为其他企业提供技术信息，以便这些企业能够开发与 Windows 兼容的程序，就像微软自己的产品一样。

微软的行为和判决间接导致微软支付了几十亿美元的罚款和赔款，包括对美国华纳企业（网景）赔款 7.5 亿美元、2004 年对欧盟委员会赔款 6 亿美元、2008 年又对欧盟赔款 13.5 亿美元、对太阳微系统公司赔款 16 亿美元、对 Novell 公司赔付 5.36 亿美元、对 Brust 公司赔款 6 000 万美元、对 Gateway 赔款 1.5 亿美元、对 interTrust 赔款 4.4 亿美元、对 RealNetworks 赔款 7.61 亿美元、对 IBM 赔款 8.5 亿美元。

问题：为什么 2002 年达成的微软解决方案是一种行为性补救措施，而不是结构性补救措施？

资料来源：*United States v. Microsoft* (District Court Conclusions of Law)，April 2000；*United States v. Microsoft* (court of appeals)，June 2001；*United States v. Microsoft* (Final Judgment)，November 2002；and Reuters and Associated Press news services.

小结

1. 完全垄断企业是一种产品或服务的唯一生产者，而这种产品或服务没有相似的替代品。
2. 进入壁垒可以解释完全垄断存在的原因，进入壁垒主要表现为 4 种形式：(a) 规模经济，

(b) 专利权和许可证，(c) 关键资源的所有权或控制权，(d) 定价和其他战略性行为。

3. 完全垄断企业的市场状况与竞争性企业的差异在于，垄断企业的需求曲线是向下倾斜的，从而导致边际收益曲线位于需求曲线下方。与竞争性企业一样，完全垄断企业按照边际收益等于边际成本的原则最大化利润。进入壁垒能够使垄断企业在长期也能获得经济利润。然而，(a) 垄断企业并不收取"可能的最高价"；(b) 能使垄断企业总利润最大化的价格并不与能使单位利润最大化的价格一致。(c) 高成本和疲软的需求会阻碍垄断企业获取利润。

4. 尽管成本相同，但完全垄断企业通过限制产出，并收取比完全竞争行业的企业更高的价格，可以实现经济利润。这种产出的限制会导致资源的错误配置，垄断市场的价格超出边际成本正是这种资源错误配置的证明。

5. 垄断使得收入从消费者手中转移到垄断企业，原因在于垄断企业与完全竞争企业成本相同，却收取比完全竞争企业更高的价格。因此，垄断企业事实上对消费者征收了"个人税"，并且如果需求很旺盛，那么垄断企业将获得巨大的经济利润。

6. 垄断企业和竞争性企业的成本未必都相同。一方面，规模经济使得垄断企业的单位成本相对于竞争对手更低。此外，垄断企业相对于完全竞争企业更有可能通过技术进步降低成本，因为垄断企业实现的经济利润能够为研发提供资金支持。另一方面，与竞争性企业相比，X-非效率（未能以资源组合的最小成本进行生产）在垄断企业更为常见。此外，垄断企业可能会花费高昂的支出以维持政府批准的垄断特权。最后，竞争对手进入的阻碍削弱了垄断企业技术创新的动力。

7. 企业可以通过价格歧视来增加利润，条件是它 (a) 有垄断定价的能力，(b) 能按照需求弹性划分消费者，(c) 能够防止它的产品或服务在被分隔的市场之间轻易地转售。

8. 1890 年通过的《谢尔曼反托拉斯法》是反垄断法律的里程碑，尤其是条款 2。根据合理性原则，拥有垄断力量是合法的，但是通过不合理的方式获得或维持垄断地位是违法的。

9. 如果一个企业被裁定为违反《谢尔曼反托拉斯法》，那么政府可以将垄断企业拆分为竞争性企业（结构性补救措施），也可以禁止垄断企业从事特定的反竞争商业行为（行为性补救措施）。

术语和概念

完全垄断	同时消费	寻租行为
进入壁垒	网络效应	价格歧视
自然垄断	X-非效率	合理性原则

思考题

1. "没有哪家企业可以因为受到保护而完全免遭竞争对手的威胁；所有企业都会为获得消费者的货币而竞争。如果真是这样，那么完全垄断就不存在。"你同意吗？请解释。

2. 请讨论某一行业主要的进入壁垒。请解释每一种壁垒如何助长垄断或寡头垄断。如果存在，从社会的角度看，你认为哪种壁垒能产生正当的垄断？

3. 相对于完全竞争企业而言，完全垄断企业面临的需求曲线有何不同？为什么不同？这种不同有什么意义？为什么完全垄断企业的需求曲线不是完全缺乏弹性的？

4. 请使用下表中的需求数据来计算每一产量水平的总收益和边际收益。请画出垄断企业面临的需求曲线和边际收益曲线，并解释它们之间的关系。请解释为什么第 4 个单位产出的边际收益是 3.5 美元，即使它的价格是 5 美元。对于垄断企业的需求和边际收益之间的关系，你能得出什么结论？假设其后每一单位产出的边际成本都为零，单一价格的垄断企业将生产多少产品？它制定的价格是多少？

价格（P，美元）	需求量（Q）
7.00	0
6.50	1
6.00	2
5.50	3
5.00	4
4.50	5
4.00	6
3.50	7
3.00	8
2.50	9

5. 假设一家垄断性出版商同意向作者支付教科书销售总收入的 10%。出版商对教科书索要的价格会与作者想要的价格一样吗？请解释。

6. 假设一家完全垄断企业和一家完全竞争企业有相同的单位成本。请比较这两家企业的（a）价格，（b）产出，（c）利润，（d）资源配置，（e）对收入分配的影响。鉴于这两家企业都按照 $MR=MC$ 原则追求最大化利润，你如何解释这两家企业不同的经济结果？为什么一家完全竞争企业与一家垄断企业的成本可能会不相同？这种成本的不同有什么含义？

7. 请批判性地评价和解释以下说法：

a. 由于可以控制产品的价格，垄断企业可以通过简单地索取消费者支付的最高价格来确保利润的实现。

b. 完全垄断企业追求的是能产生最大单位利润的产出。

c. 某种产品的价格超过边际成本是市场需要更多该产品的信号。

d. 企业的利润越大，垄断力量就越大。

e. 垄断企业有定价政策；竞争性企业没有。

f. 就资源配置而言，完全竞争市场卖方的利益与社会的利益相一致，但垄断市场卖方的利益与社会的利益相冲突。

8. 基于需求弹性和政府规定的最高限价，美国制药企业对不同国家的消费者索要的药品价格是不一样的。请解释为什么这些企业出于利润的考虑，反对允许这些药品重新进口至美国的法律？

9. 在过去几十年中，戴比尔斯企业如何控制了世界的钻石价格，即使它只生产了世界 45%的钻石？结束其垄断的因素有哪些？它的新利润策略是什么？

10. 联邦地方法院依据什么法律，并在什么基础上判定微软企业违反了《谢尔曼反托拉斯法》？地方法院最初的补救措施是什么？为什么微软进一步上诉到了联邦上诉法院？最终商定的补救措施是什么？

计算题

1. 假设生产维生素所使用的最有效的生产技术有着下表所示的成本结构。注意，产出以每天生产的维生素瓶子数量来衡量，成本包括正常利润。

产量	总成本（美元）	边际成本（美元）
25 000	100 000	0.50
50 000	150 000	1.00
75 000	187 500	2.50
100 000	275 500	3.00

a. 表中每一产出水平上单位产品的平均总成本是多少？

b. 这是一个成本递减型行业吗？（请回答是或否。）

c. 假设每瓶维生素的市场价格是 2.5 美元，且在此价格上的需求总量是 75 000 000 瓶维生素，那么这个行业将会有多少家企业？

d. 假设在 2.5 美元的价格上，市场需求总量仅为 75 000，你认为这个行业又会有多少家企业？

e. 回顾你对问题（b）、（c）和（d）的答案。需求水平会决定这个行业的市场结构吗？

2. 一位大学教授发明了一种维生素的新生产技术，而且他决定不申请专利。因此，任何人都可以复制和使用。每天不同产量对应的总成本由下表给出。

产量	总成本（美元）
25 000	50 000
50 000	70 000
75 000	75 000
100 000	80 000

a. 表中每一产出水平的平均总成本是多少？

b. 假设当每天的产量超过 100 000 瓶时，每天的产量新增加 25 000 瓶，总成本将增加 5 000 美元（例如，每天生产 125 000 瓶维生素的总成本为 85 000 美元，每天生产 150 000 瓶维生素的总成本为 90 000美元）。这是一个成本递减型行业吗？

c. 假设每瓶维生素的价格是 1.33 美元，在此价格上消费者的需求总量是 75 000 000 瓶。这个行业将会有多少家企业？

d. 如果在 1.33 美元的价格上，市场需求量仅为 75 000 000 瓶，那么你认为这个行业又会有多少家企业？

e. 回顾你对问题（b）、（c）和（d）的答案。需求水平会决定这个行业的市场结构吗？

f. 比较本小题问题（d）的答案与第 1 题问题（d）的答案。生产技术都显示的是规模报酬不变吗？

3. 假设一家完全垄断企业面临下面的需求表，同时面临与第 7 章末第 4 道计算题所讨论的竞争性生产商相同的成本数据。请计算总收入和边际收益额，并确定该垄断企业的利润最大化价格和产出。垄断企业的利润是多少？请利用图形并通过比较总收入和总成本来验证你的答案。

价格（美元）	需求数量	总收入（美元）	边际收益（美元）
115	0	____	
100	1	____	____
83	2	____	____
71	3	____	____
63	4	____	____
55	5	____	____
48	6	____	____
42	7	____	____
37	8	____	____
33	9	____	____
29	10	____	____

4. 假设一家实行价格歧视的垄断企业已经将它的市场分割为两组消费者集团，第1组的需求和收入数据如第3题所示，第2组的需求和收入数据如下表所示。假设两个市场的边际成本 MC 都是13美元，并且在所有产量水平上 $MC=ATC$。这家垄断企业将在每个市场上收取什么价格？请仅依据这两个价格说明哪个市场有更高的需求价格弹性？这家垄断企业的总利润是多少？

价格（美元）	需求数量	总收入（美元）	边际收益（美元）
71	0	0	
63	1	63	63
55	2	110	47
48	3	144	34
42	4	168	24
37	5	185	17
33	6	198	13
29	7	203	5

在 www. brue3e. com 中做进一步的测试

在本书的“在线学习中心”www. brue3e. com 中，你会找到一个或多个网络练习题，这些问题需要从网络上获取信息才能进行解答。我们强烈建议你完成这些问题，因为这些问题能够使你熟悉我们的网站，而我们的网站对你其他课程的学习，甚至你日后的事业都有帮助。“在线学习中心”提供了多项选择测试题，还能为你提供及时的反馈。该网站上还有许多有用的方法进一步测试你对本章知识的掌握情况。

第9章

垄断竞争与寡头垄断

学习完本章后，你应该能够：

1. 描述垄断竞争的特征。
2. 解释为什么在长期内垄断竞争企业只能赚取正常的利润。
3. 阐述寡头垄断的特征。
4. 讨论博弈论与寡头垄断有何关联。
5. 描述为什么寡头垄断企业的需求曲线可能呈弯折状。
6. 比较寡头垄断企业相互勾结的诱因和障碍。
7. 对比广告的积极影响和潜在的消极影响。

在美国，大多数行业介于完全竞争（第7章）与完全垄断（第8章）这两个极端之间。首先，现实世界中的大多数行业通常存在少于完全竞争所要求的成百上千家竞争性企业，但又远不止完全垄断所要求的唯一企业。其次，在多数行业里，大多数企业生产差异化产品，而非标准化产品，而且它们对价格拥有一定的自主权。结果是，竞争经常在价格、质量、地理位置、服务和广告等领域发生。最后，进入现实世界的大多数行业可能很容易，也可能非常困难，但完全被拒之门外的情况极为罕见。

本章研究了两个更接近上述这些普遍市场结构的模型。你将发现垄断竞争既包含少量的垄断，也包含大量的竞争。与之相反，寡头垄断行业则在大量的垄断力量中既混杂着现存企业的竞争，又有未来来自外国企业日益激烈的竞争和新技术的威胁。

9.1 垄断竞争

让我们首先来研究**垄断竞争（monopolistic competition）**，其特点是：（1）有数量相对较多的卖方，（2）生产差异化产品（通常伴有大量的广告宣传），（3）进入或退出行业均非常容易。第 1 个和第 3 个特点体现了垄断竞争的“竞争”性质；第 2 个特点则体现了其“垄断”的一面。总体来说，与垄断行业相比较，垄断竞争行业有着更强的竞争性。

□ 9.1.1 数量众多的卖方

垄断竞争的特点是市场上的企业相对较多，比如说，有 25、35、60 或者 70 家企业，而非完全竞争行业中有成百上千个竞争者。因此，垄断竞争将涉及：

- **小的市场份额** 每家企业在整个市场中仅拥有较少的市场份额，因而对市场价格的控制很有限。
- **没有共谋** 相对较多企业的存在可防止少数企业出于限制产出和控制价格的目的相互勾结。
- **独立行动** 由于行业内存在众多企业，它们之间无所谓相互依存；每家企业均可以确定自己的定价政策，不用考虑竞争对手可能出现的反应。一家企业也许可以通过降价来实现销售的稳定增长，但是此类降价行为对其他竞争者的销售影响几乎是微乎其微的，因此可能不会引起任何反应。

□ 9.1.2 差异化产品

在完全竞争行业中，产品均为标准化产品，相比之下，垄断竞争以**产品差异化（product differentiation）**为特征。垄断竞争企业生产某种特定产品的不同类型。这些企业生产物理属性略有不同的产品，提供程度各异的客户服务，服务于不同地理位置的客户，或者宣传其产品具有某些特质，不论这特质是真实的还是臆造的。

以下将更为详细地考察产品差异性。

产品属性 产品差异性可能源于产品自身的物理或质量的差异。功能特性、材料、设计和做工等方面的实质性差异是产品差异性至关重要的方面。例如，个人电脑有不同的存储容量、速度、显示器和软件。市场上有若干种相互竞争的经济学原理教科书，它们在内容、结构、表述、可读性、教辅材料以及图形和设计方面各不相同。在大多数城市中，出售男士和女士服装的零售店随处可见，它们在风格、材料和做工上有很大的差别。同样地，一家比萨店可能以那不勒斯风味的薄比萨为特色，而另外一家可能兜售其芝加哥风味的厚比萨。

服务 服务和围绕产品销售的相关条件也是产品差异化的表现形式。一家鞋店可能注重业务员的时尚感和乐于助人的品质，而它的竞争对手可能以价格低为特点，让顾客自主选购和试穿。当服装干洗的质量相同时，消费者可能更喜欢 1 天取件，而不是 3 天。产品服务的差异性还体现在商店的口碑、员工的素养和热情周到、企业的服务或退换货的声誉以及是否可以使用信用卡等。

地理位置 产品还可能因为销售它的商店的位置和便捷性不同而差异化。小的便利店也可以和大超市竞争，尽管这些小便利店的产品种类不多，价格更贵。它们的主要竞争力在于位置优势——更接近消费者或者坐落在繁华的街道。凭借其地理优势，靠近州际公路的汽车旅馆收取的住宿费可以比周围那些位置不理想的汽车旅馆高。

品牌和包装 产品差异化也可以通过品牌和商标的使用、包装、名人效应等造就。大多数阿司匹林药片都差不多，但是很多头疼患者认为某个品牌更好，因而其比普通的替代药品有更高的价格，例如，拜耳、阿纳辛或百服宁。把名人的名字与手表、香水或运动设备联系起来，可以增加这些产品对消费者的吸引力。很多消费者更倾向于购买一种特定样式的圆珠笔。包装上宣称是“天然泉水”的瓶装水会吸引更多的消费者。

对价格有一定的控制能力 尽管企业数量相对较多，垄断竞争企业仍可以凭借其产品的差异性对产品价格有一定的控制能力。如果喜欢某个特定卖家的产品，在一定的限度内，消费者将愿意支付更高的价格以满足自己的偏好。与完全竞争市场不同，垄断竞争市场的卖方与买方之间的联系并非偶然的。然而，垄断竞争企业对价格的控制相当有限，因为企业的产品有数量众多的潜在替代品。

□ 9.1.3 容易进入和退出

进入垄断竞争行业比进入完全垄断和寡头垄断行业更容易。因为垄断竞争企业不论从绝对量还是相对量来讲都是典型的小企业，规模经济效应小，资本要求也很低。另外，与完全竞争相比，垄断竞争的进入壁垒主要源于开发和宣传与竞争对手的产品有差异的产品的需要。某些企业拥有与其产品相关的商业秘密，或拥有品牌商标权，因此其他企业模仿它们不仅困难，而且代价很高。

从垄断竞争行业退出相对容易。什么也阻挡不了无利可图的垄断竞争企业清仓甩卖和停业关门。

□ 9.1.4 广告

如果消费者感觉不到产品的差异性，那么企业在产品差异化上所做的努力和付出都付诸东流了。所以，垄断竞争企业常常进行大量的广告宣传。产品差异化和广告宣传的目的——所谓的**非价格竞争**（**nonprice competition**）——是降低价格在消费者购买决策中的影响程度，并强化产品差异化在其中的影响。如果成功，消费者对企业产品的需求就会增加。企业面临的需求弹性也会减弱，因为消费者对企业产品的忠诚度提高了。

□ 9.1.5 垄断竞争行业

一些制造行业近似于垄断竞争行业。垄断竞争行业主要生产工业品，例如，珠宝、沥青、木托盘、皮革制品、塑料管、编织袋以及餐柜等。此外，大都市的很多零售商店都是垄断竞争性质的，比如杂货店、加油站、理发店、干洗店、服装店和餐馆等等。另外，很多专业服务（如医疗保健、法律援助、房地产销售和基本记账服务）的供应商，都是垄断竞争企业。

9.2 垄断竞争的价格与产出

一个垄断竞争企业如何决定产量和价格呢？首先，我们假设行业中的每一家企业均在生产某种差异化产品，并投入了一定数额的广告。随后，我们将考察产品和广告投入量的变化如何影响我们的结论。

□ 9.2.1 企业的需求曲线

我们的解释以图 9.1 为基础，该图展示了垄断竞争企业面对的需求曲线有很高的弹性，但并非完全弹性，正是这个特征使垄断竞争有别于完全垄断和完全竞争。垄断竞争企业面对的需求比完全垄断企业面对的需求更有弹性，这是因为垄断竞争企业有很多生产相似替代品的竞争对手，完全垄断企业根本没有竞争对手。然而，垄断竞争企业面对的需求也不像完全竞争企业的需求那样有完全弹性，这主要有两个原因，一是垄断竞争企业的竞争对手要少一些，二是垄断竞争企业的产品具有差异性，并非完全可以替代。

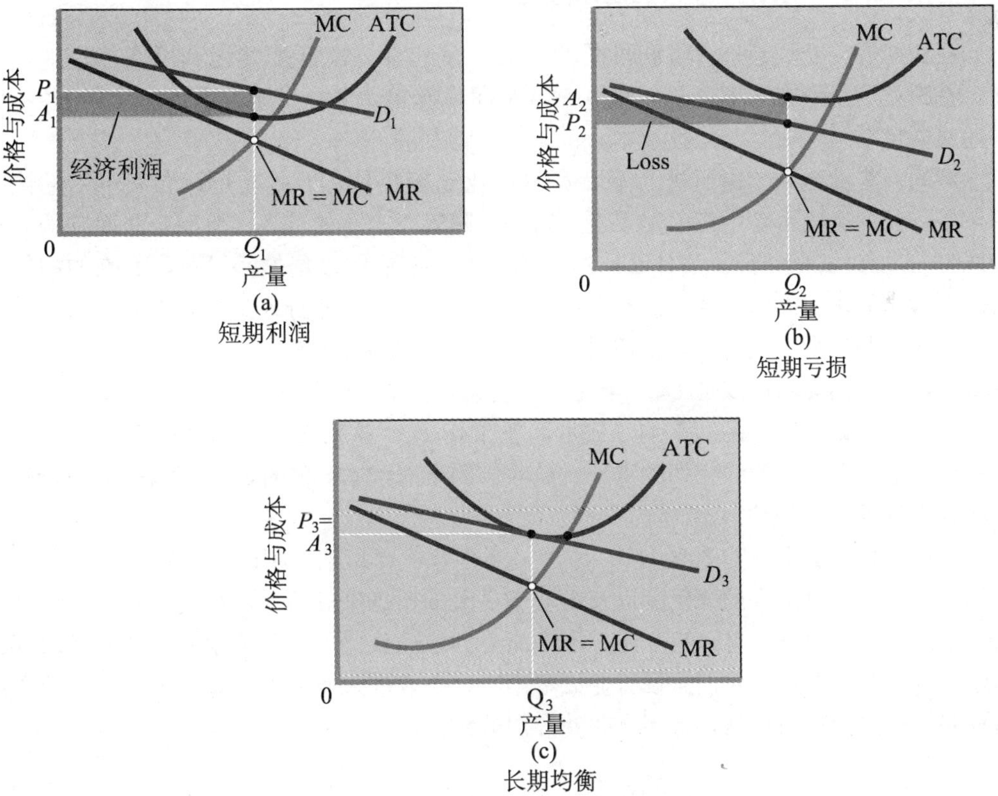

图 9.1 垄断竞争企业：短期和长期

注：垄断竞争企业通过生产 $MR=MC$ 的产出来最大化利润或最小化损失。图 9.1（a）显示的经济利润会吸引新企业进入，最终经济利润会消失。图 9.1（b）显示的损失会导致企业退出，直到恢复正常利润为止。经过上述的进入与退出，价格最终会固定在图 9.1（c）中 $MR=MC$ 的产量处，在该产量处，价格等于平均总成本。当价格为图中的 P_3 时，产量为 Q_3，垄断竞争企业仅能赚取正常利润，其所在行业处于长期均衡。

垄断竞争企业面对的需求价格弹性取决于竞争对手的数量以及产品差异程度。竞争对手数量越多以及产品差异性越小，每家企业面临的需求价格弹性就越大，也就是说，这样的垄断竞争更接近完全竞争。

□ 9.2.2 短期：利润或亏损

在短期中，垄断竞争企业和完全竞争企业以及垄断企业一样，都使用相同的政策来最大化利润或最小化损失：企业在边际收益等于边际成本（$MR=MC$）处生产。在图 9.1(a) 中，企业在 $MR=MC$ 处生产产量 Q_1。如需求曲线 D_1 所示，企业收取的价格为 P_1。企业实现的经济利润为矩形区域面积［$(P_1-A_1)\times Q_1$］。

但如果企业面临更为不利的需求或成本，企业可能在短期内遭受亏损。我们在图 9.1(b) 中展示了这种可能性，此时企业的最佳战略是使亏损最小化。通过生产 Q_2 的产量（$MR=MC$），收取由需求曲线 D_2 决定的价格 P_2，企业便可实现亏损最小化。因为价格 P_2 低于平均总成本 A_2，企业将遭受 A_2-P_2 的单位损失和由矩形区域代表的总损失［$(A_2-P_2)\times Q_2$］。

□ 9.2.3 长期：只有正常利润

在长期内，企业会进入有利可图的垄断竞争行业，离开那些无利可图的行业。因此，垄断竞争企业在长期内只能获取正常利润，换句话说，只能收支平衡。（记住，成本曲线既包括显性成本与隐性成本，也包括正常利润。）

利润：企业进入 由于进入垄断竞争行业比较容易，因此在短期有利可图的情况下，经济利润会吸引新的竞争对手进入行业。随着新企业的进入，典型企业面临的需求曲线将向左移动（下降）。为什么？这是因为每家企业的市场份额更小，面临的相似替代品更多。需求的下降使企业的经济利润减少。当新企业的进入使得需求曲线与平均总成本曲线在利润最大化产量点正切时，企业刚好能获得正常利润。图 9.1(c) 显示了这一情形，此时的需求曲线是 D_3，企业长期均衡产出是 Q_3。图 9.1(c) 表明，任何更多或更少的产出都会使产品的平均总成本高于价格 P_3，这对企业来说意味着亏损。在需求曲线与平均总成本曲线相切的点处，总收入等于总成本。随着经济利润的消失，新企业将丧失进入行业的动力。

亏损：企业退出 如图 9.1(b) 所示，当行业遭受短期亏损时，某些企业会在长期内退出行业。面对更少的替代品以及受益于更大的市场份额，幸存企业的需求曲线将向右移动到 D_3（上升）。它们的亏损将逐渐消失，取而代之的是正常利润（如图 9.1 (c) 所示）。（为简单起见，我们假设行业成本不变；企业进入或退出引起的成本曲线的变化将使我们的讨论略微复杂，但不会改变我们的结论。）

9.3 垄断竞争和效率

在第 7 章中，我们已经知道，要实现经济效率，需要企业生产 $P=MC=$ 最低 ATC 时的产量。当价格等于最小平均总成本时产生**生产效率（productive efficiency）**。企业以成本最低的方式生产产品，价格恰好等于包括正常利润在内的平均总成本。价格等于边际成本产生**配置效率**（**allocative efficiency**），企业生产恰当数量的产量，因此用于这一特定用途的社会稀缺资源的数量也是合适的。

如果用这三个等式衡量，垄断竞争的效率又将如何呢？特别地，垄断竞争企业是否按照 $P=MC=$最低 ATC 生产有效率的产出水平呢？

□ 9.3.1 既无生产效率，也无配置效率

在垄断竞争条件下，不论是生产效率还是配置效率，都无法在长期均衡中实现。由图 9.1(c) 的一部分放大而成的图 9.2 清晰地验证了上述论断。首先需要注意的是，利润最大化的价格 P_3 略高于最低平均总成本 A_4。这样，企业生产利润最大化的产量 Q_3 时所发生的平均总成本略高于社会最优水平——生产效率未能实现。还应注意的是，利润最大化时的价格 P_3 超过了边际成本（M_3），这说明垄断竞争造成了资源配置不充分。社会认为 Q_3 与 Q_4 之间的每一个单位产品的价值高于为生产这些单位产品而放弃的其他产品的价值。因此，垄断竞争在一定程度上也未能实现配置效率。消费者支付的金额高于竞争性价格，得到的产出却低于最优产出。事实上，为了能在长期中获得正常利润，垄断竞争企业在长期中必须索要一个高于竞争性价格的价格。

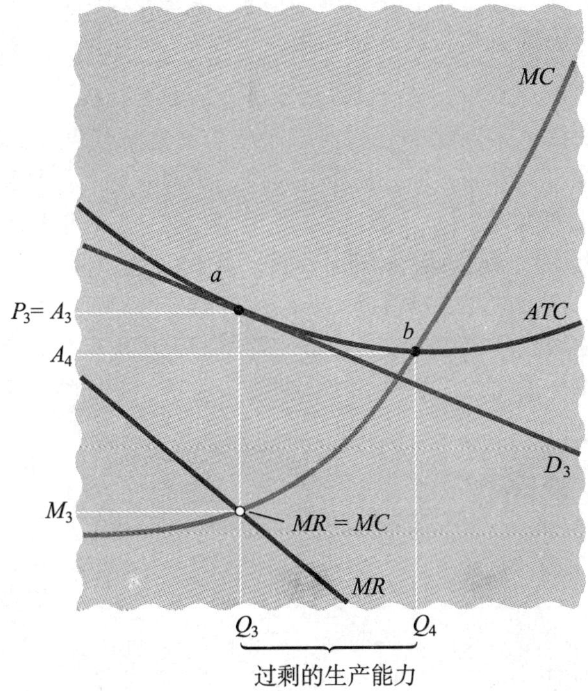

图 9.2 垄断竞争的无效率

注：在长期均衡中，垄断竞争既不能实现生产效率，也不能实现配置效率。之所以不能实现生产效率，是因为平均总成本 A_3 高于最小平均总成本 A_4。不能实现配置效率是因为产品价格 P_3 超过了边际成本 M_3。其结果是资源配置不充分以及 Q_4-Q_3 的过剩生产能力。

□ 9.3.2 过剩的生产能力

在垄断竞争中，最小平均总成本产量和利润最大化产量之间的缺口被称为**过剩的生产能力（excess capacity）**：企业的产量低于最低平均总成本下的产量造成厂房与设备未能充分利用。此缺口以图 9.2 中 Q_3 与 Q_4 之间的距离来表示。注意，在图 9.2 中，最小平均总成本在点 b 处。如果每家垄断竞争企业均能有利可图地生产最低平均总成本下的产量，那么更低的平均总成本会使得价格比 P_3 更低。更重要的是，如果每家企业均在点 b 处而非点 a 处生产，那么较少数量的企业就可以生产同样数量的总产量。但是，由于在长期均衡中，垄断竞争企业在点 a 处生产，垄断竞争行业中企业过多，因此每家企业均在其最优产能之下运作。许多类型的零售店都是这种情形下的典型例子。例如，在大多数城市中，存在着许多低于一半产能运营的小型汽车旅馆和餐馆。

□ 9.3.3 产品多样化与产品改善

但是，垄断竞争也有两个显著的优点。它促进了产品多样化和产品改善。一个垄断竞争企业很少满足于图 9.1(c) 描绘的情形，因为这对企业来说意味着它仅仅能获得正常利润。企业可能会通过深化产品差异化和更好的广告，力图再次增加它的经济利润。通过开发和改善其产品，企业至少可以在一段时间内重新创造图 9.1(a) 中的利润。

伴随着垄断竞争重获经济利润的激励所带来的产品多样化和产品改善将使社会受益——可能抵消与垄断竞争相关联的无效率成本。消费者有各种各样的偏好：有些人喜欢意大利沙拉酱，有的人喜欢法国沙拉酱；有些人喜欢现代家具，有些人喜欢传统家具。如果某种产品是有差异的，那么在任何时候，消费者均可在各种类型、风格、品牌和质量等级的产品之间进行选择。与完全竞争相比，这一点对消费者有利。消费者的选择范围扩大了，因此生产者更充分地满足了消费者偏好的多样化。

垄断竞争企业对产品的改进也将进一步深化产品的差异度，并扩大消费者的选择范围。另外，一家企业对产品成功的改善会迫使竞争对手对这家企业暂时的市场优势加以模仿或改进，否则将失去生意。这样，社会便能从更新、更好的产品中受益。

9.4 寡头垄断

市场结构依据竞争程度从高到低排序依次是：完全竞争、垄断竞争、寡头垄断、完全垄断。现在我们把注意力转向**寡头垄断（oligopoly）**，即由少数几个生产同质或有差异产品的大生产商支配的市场。由于是“少数几个”，所以寡头垄断企业对其产品的价格有很强的控制能力，但是每家寡头垄断企业必须考虑竞争对手对自己的价格、产量和广告决策的可能反应。

□ 9.4.1 少数大生产商

“少数大生产商”这一词语必然是含混不清的，因为寡头垄断市场模型涵盖范围甚广，从完全垄断到垄断竞争。寡头垄断包括了美国的铝产业，在这个行业中，三家巨型企业主宰着全国的市场。4～5家规模小得多的汽车零部件企业在某中等城市占据大致相等的市场份额的情况也属于寡头垄断。总体而言，当听到诸如“三巨头”、“四巨头”或者“六巨头”之类的字眼时，你可以肯定是在指某一寡头垄断行业。美国存在寡头垄断行业的例子包括轮胎、啤酒、香烟、铜、贺卡、电灯泡、飞机、汽车、石膏产品以及早餐麦片。

□ 9.4.2 同质产品或差异化产品

寡头垄断既可以是**同质性寡头垄断**（**homogeneous oligopoly**），也可以是**差异性寡头垄断**（**differentiated oligopoly**），这取决于寡头垄断企业是生产标准化（同质）产品还是差异化产品。许多工业产品（如钢铁、锌、铜、铝、铅、水泥、工业酒精）实际上是由寡头垄断企业生产的标准化产品。许多消费品行业（如汽车、轮胎、家用电器、电子设备、早餐麦片、香烟和许多体育用品）则是差异性寡头垄断。这些差异性寡头通常会进行由大量广告支持的非价格竞争。

□ 9.4.3 对价格有控制力，但又相互依赖

由于寡头垄断行业中的企业数量很少，因此每一家企业都是“价格制定者”；与垄断企业一样，寡头垄断企业也能够制定自己的价格和产出水平，以实现利润最大化。但是，与没有竞争对手的垄断企业不同的是，寡头垄断企业必须考虑竞争对手对自己价格、产量、产品特征和广告的变化将会作出怎样的反应。因此，寡头垄断有**策略性行为**（**strategic behavior**）和**相互依赖**（**interdependence**）的特征。策略性行为在此仅仅指考虑了他人反应的自利行为。企业制定并实施价格、质量、区域、服务和广告策略来“做大生意”并增加利润。但是由于竞争对手只有几个，它们又**相互依赖**（**mutual interdependence**）：在高度集中的产业中，每家企业的利润不仅取决于自己的价格和销售策略，还取决于竞争对手的价格和销售策略。因此，寡头垄断企业将其决策建立在自己认为竞争对手将作出何种反应的基础上。例如，在决定如何提高化妆品的售价时，欧莱雅试图预测其他主要生产商的反应，比如倩碧。又如，在决定广告策略时，汉堡王会考虑麦当劳可能的反应。

观点阐释

创造性的策略行为

下面这个故事不能当真，却描述了包括策略性行为在内的具有寡头垄断特征的地方市场。

特蕾西·马丁内斯（Tracy Martinez）的美国本土手工艺品商店坐落于一个与国家公园接壤的旅游小镇的中心。刚开始的时候，特蕾西的商店是一家小型垄断企业，生意红火，价格和利润都很高。

但令特蕾西烦恼的是，两家“模仿者”一左一右地在她商店附近也开张了。更糟糕的是，这两个竞争对手竟利用特蕾西的广告来为自己的商店命名。一个叫“本土手工艺品”；另一个叫“美国手工艺品”。这两个新卖家抢走了特蕾西商店的生意，特蕾西被迫降价。这三家并排而居的商店在这个闭塞的小镇构成了销售美国本土手工艺品的地方性

寡头垄断。

特蕾西开始思考一些策略来提高利润。她决定大量销售高质量、高价格产品，减少销售廉价的纪念品，以此将自己的商店与其他商店区别开。这个策略在一定时期内果然奏效了，但是另外两家商店最终还是模仿了她的产品组合策略。

后来，隔壁一个竞争对手亮出大标语宣称“低价促销!”进一步加剧了竞争。此后不久，另外一个竞争对手也亮出大标语宣称“市场最低价!”

为了不被打败，特蕾西为自己的商店绘制了一块彩色的标语，并挂在门口，上面写着“主要入口”。

问题：你认为这两个竞争对手将对特蕾西的策略作出何种反应?

□ 9.4.4 进入壁垒

造就完全垄断的进入壁垒同样造就了寡头垄断。在许多寡头垄断行业中，规模经济也是很重要的进入壁垒，例如，飞机、橡胶和炼铜业等。在这些行业中，有三四家企业能够达到足够的规模以实现规模经济，但是新企业因市场份额太小而无法实现规模经济。这样，新企业将成为高成本生产者，因此难以生存下去。另一个与寡头垄断密切相关的进入壁垒是巨额资本开支——获取必要厂房和设备的成本——这是进入某些行业的必要条件。例如，喷气式发动机、汽车、商用飞机和石油冶炼行业，均以需要投入大量资本为特征。

对原材料的所有权和控制权可以解释为什么在许多采矿业（包括金、银和铜）中存在寡头垄断，而在计算机、化学制品、电子和制药行业，专利则起着进入壁垒的作用。此外，寡头垄断企业还可以通过先发制人与报复性的定价和广告策略将新竞争对手拒之门外。

□ 9.4.5 并购

一些寡头垄断企业主要是由特定行业中具有支配性地位的企业成长起来的（例如，早餐麦片、口香糖、糖果等），但是，另一些行业中的寡头垄断则是通过并购来实现的（例如，早期的钢铁行业、现在的航空业、银行以及娱乐业等）。《克莱顿法》（1914 年）第七条规定，对竞争造成**实质性（substantially）**削弱的并购是非法的。但是，“合理原则”引发了相当多的解释，结果导致很多行业内兼并未被政府质疑。

同行业中的两家或更多企业的并购会大大提高它们的市场份额，这可能会使新企业实现更大的规模经济效应。通过更有力地控制市场供给，企业并购也会提高新企业的垄断力量（定价力量）。最终，由于新企业是一个较大的投入品购买者，它可能会以更低的价格（成本）获得其生产投入品。

9.5 寡头垄断行为：博弈论概述

寡头垄断定价行为具有某种策略博弈的特征，就像扑克牌、象棋或者桥牌一样。进行这类博弈的最佳方式取决于对手的博弈方式。玩家（和寡头垄断企业）必须根据对手的行动和预期反应来决定自己的行动方式。研究人们或企业在战略局势中如何行动的理论叫做**博弈论**（**game theory**）。

概念阐释

囚徒困境

一种常见的博弈类型是**囚徒困境**（**prisoner's dilemma game**）。囚徒困境类似于这样一种情形：合伙抢劫钻石的两个人，我们称为贝蒂（Betty）和艾尔（Al），他们已经被警方作为头号嫌疑犯拘留。他们两人并不知道警方的证据不充分，因此对警方而言，对两人定罪最好的方法就是让一人或两人主动认罪。警方将两个囚徒分别关在两个房间里单独审讯，并提供给他们相同的条件：主动认罪者将获得更轻的徒刑。

因此，每个囚徒都面临着一种困境。如果贝蒂保持沉默，而艾尔坦白，那么最终贝蒂将面临长期监禁。如果贝蒂坦白，而艾尔沉默，那么艾尔将面临长期监禁。会发生什么情况呢？由于担心同伙会坦白，两人最终也都坦白了，即使他们两人都守口如瓶时每个人的境况会更好。在商业领域，当两家寡头垄断企业逐步提高它们的广告预算时，“坦白—坦白”的结果就发生了，即使它们维持协议约定的更低水平的广告预算都能赚取更高的利润。在政治领域，当两个候选人都宣传对方的负面消息时，“坦白—坦白”的结果也会发生，尽管他们都声称自己原则上是反对这种行为的。

问题：如果监狱里其他囚徒有惩罚那些背叛自己同伙的囚徒的倾向，那么这会对囚徒的策略和决定产生什么影响?

现在我们来讨论一个更为具体的囚徒困境，运用博弈论来分析寡头垄断企业的定价行为。我们假设这是双寡头，或是由两家寡头垄断企业构成的生产运动鞋的行业。这两家企业——我们分别称为 RareAir 和 Uptown——均有两种定价策略可以选择：高价或低价。每家企业赚取的利润将取决于它选择的策略以及竞争对手选择的策略。

对这两家企业而言，存在四种可能的策略组合，图 9.3 中每一个标有字母的方格代表一个组合。例如，方格 C 代表 Uptown 企业选择低价策略而 RareAir 企业选择高价策略。图 9.3 被称为**收益矩阵**（**payoff matrix**），因为每个方格都显示了每家企业在每一种策略组合中获得的收益（利润）。方格 C 表明，若 Uptown 企业采用低价策略而 RareAir 企业采用高价策略，那么 Uptown 企业将获得 15 百万美元（浅色部分），RareAir 企业会获得 6 百万美元（深色部分）。

□ 9.5.1 再谈相互依赖

图 9.3 中的数据是假设的，但它们反映了现实世界的典型情况。如前所述，寡头垄断企业通过改变定价策略来提高其利润，并影响竞争对手的利润。每家企业的利润不仅取决于其自身的定价策略，也取决于竞争对手的定价策略。图 9.3 非常清晰地展示了寡头垄断企业的这种相互依赖。当 Uptown 企业采用高价策略时，若 RareAir 企业也采用高价策略，那么 Uptown 企业将获得 12 百万美元（方格 A）。但是如果 RareAir 企业采用低价策略来应对 Uptown 的高价策略（方格 B），RareAir 企业将增加其市场份额并使利润从 12 百万美元增加至 15 百万美元，RareAir 更高的利润将以 Uptown 的利润从 12 百万美元降至 6 百万美元为代价。仅在 RareAir 企业也选择高价策略时，Uptown 企业

的高价策略才算是明智的决策。

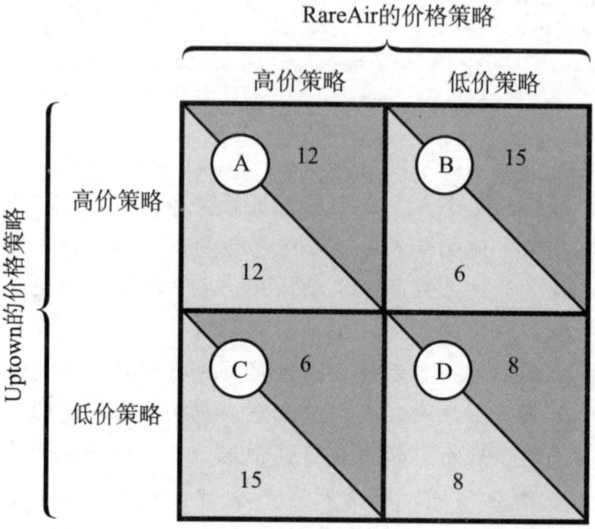

图 9.3　双寡头垄断企业的收益（单位：百万美元）

注：每家企业均有两种可能的定价策略。RareAir 企业的策略在上方显示，Uptown 企业的策略在左方显示。在这个有四个方格的收益矩阵中，每一个标有字母的方格均表示 RareAir 企业策略和 Uptown 企业策略的一个组合，并显示每一家企业从该组合中获得的收益。假设两家企业没有共谋，博弈的结果是方格 D，即两家企业都采用低价策略，均获得 8 百万美元的收益。

□ 9.5.2　共谋

图 9.3 也表明，寡头企业常常通过**共谋（collusion）**——与竞争对手合作——获取利润。当一个行业中的企业达成了一个固定价格、分割市场或者其他限制竞争的协议时，就达成了共谋。为了展示共谋带来的收益，我们首先假设图 9.3 中的两家企业都独立地行动，并都选择高价策略。每家企业都获得 12 百万美元的利润（方格 A）。

需要注意的是，不论是 RareAir 还是 Uptown 企业，都可以通过转向低价策略来增加利润（方格 B 或方格 C）。采用低价策略的企业的利润将增加至 15 百万美元，而采用高价策略的企业的利润将降至 6 百万美元。如果高价格的企业也采用低价策略，那么它的境况将得到改善，因为这将使它的利润从 6 百万美元升至 8 百万美元（方格 D）。所有这些独立行动的策略转变的结果是：两家企业的利润从 12 百万美元（方格 A）减少到 8 百万美元（方格 D）。

在现实生活中，寡头企业的独立行动可能导致相互"竞争"的低价策略：独立的寡头企业在价格上相互竞争，这必然导致更低的价格和更低的利润。这个结果显然对消费者有利，而不利于利润下降的寡头企业。

寡头企业如何才能避免出现方格 D 中的低利润结果呢？答案是它们可以共谋，而不是竞争性地或者独立地定价。在我们的例子中，两家企业可以就确定和维持高价策略达成协议，这样每家企业的利润将从 8 百万美元（方格 D）增加到 12 百万美元（方格 A）。

□ 9.5.3 欺骗的动机

收益矩阵还可以解释为什么寡头企业会在达成共谋协议后又有强烈的动机去作弊。假设 RareAir 企业和 Uptown 企业就维持高价策略达成协议，各自获得 12 百万美元的收益（A 方格）。此时，两家企业都企图背弃这个价格共谋协议，因为任何一家企业都可以通过降价使自己的利润增加至 15 百万美元。例如，如果 Uptown 企业秘密违反协议降低价格，而 RareAir 企业还维持高价格，那么收益将从 A 方格转移至 C 方格，因此 Uptown 企业的利润将增加至 15 百万美元，而 RareAir 企业的利润将降至 6 百万美元。如果 RareAir 企业违反协议降低价格，而 Uptown 企业仍遵守协议保持高价格，收益将从 A 方格转移至 B 方格，因此 RareAir 企业将获得 15 百万美元，而 Uptown 企业仅仅获得 6 百万美元。正如你所看到的，作弊对于作弊者而言是非常有利可图的，对于被骗的企业代价高昂。最终的结果是，两家企业都可能作弊，因此博弈回到 D 方格，即每家企业都采用低价策略。这是前面所述囚徒困境的另一个例子。

9.6 弯折的需求模型

我们的博弈论分析将有助于理解更为传统的、图形化的寡头垄断模型。我们首先分析这样一个模型，即竞争者并不公开地进行共谋以达成一个统一的价格。实际上，这种共谋在美国是非法的。特别是 1890 年《谢尔曼反托拉斯法》第 1 条规定，通过共谋限制贸易为非法行为。在反托拉斯法中，这种违法行为被称为**本身违法（per se violations）**；它们“本身”就是违法的，因此不适用合理原则（参见第 8 章）。为了给它们定罪，政府只需要说明存在固定价格、操纵价格或分割市场的共谋行为就可以了，而不需要证明共谋成功或对其他群体造成严重损失。

□ 9.6.1 弯折的需求曲线

设想一个寡头垄断行业由三家守法企业组成（Arch、King 和 Dave's），每家企业拥有某一差异性产品大约三分之一的市场份额。现在的问题是：“每家企业的需求曲线的形状是怎样的?”

我们重点研究 Arch 企业，研究时所采用的方法适用于每一家企业。假设 Arch 企业产品的现行价格是 P_0，目前的销售量是 Q_0，如图 9.4 所示。假设 Arch 企业正在考虑是否涨价。但是如果 Arch 企业将价格提高到 P_0 以上，而其竞争对手对其涨价行为视而不见，Arch 企业将损失大量销售量给两个低价销售的竞争对手。若果真如此，Arch 企业面对的需求和边际收益曲线将呈现出图 9.4 中直线 D_2 和 MR_2 所示的形状。这时的需求是相当有弹性的：Arch 企业的总收入将下降。然而产品存在差异性，当 Arch 企业提高产品价格时，它的销量和总收入不会下降到零；Arch 企业的一些消费者会支付更高的价格，因为他们对 Arch 企业的产品具有强烈的偏好。

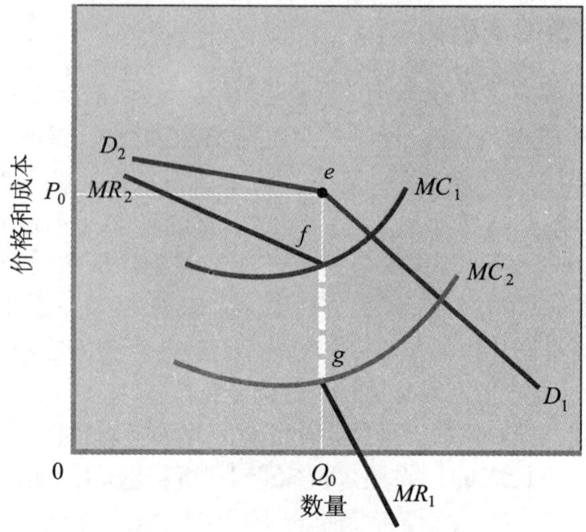

图 9.4　弯折的需求曲线

注：一家寡头企业的竞争对手很有可能对现行价格 P_0 的上涨视而不见，而对降价紧密跟进。这就导致寡头企业的需求曲线（D_2eD_1）在 e 点处弯折（价格 P_0），边际收益曲线出现垂直状间断，或缺口（fg）。企业将不会愿意改变价格。此外，边际成本在 MC_1 和 MC_2 之间的任何移动均与边际收益曲线的垂直（虚线）部分相交，因此边际成本曲线的任何这种变化都不会使价格 P_0 和产出 Q_0 发生变化。

那么当降价时会出现什么情况呢？我们有理由认为 King 企业和 Dave's 企业将会跟进 Arch 企业的任何降价行为，以防止 Arch 企业占它们的便宜。Arch 企业的销售量仅略有增加。Arch 企业（及其两个竞争对手）销售量微小的增加是以其他企业的利益为代价的；Arch 企业不会从 King 企业和 Dave's 企业"拐走消费者"。因此，Arch 企业面对的需求和边际收益曲线位于价格 P_0 以下的部分就如图 9.4 中的直线 D_1 和 MR_1 所示。

从图 9.4 中看，在 Arch 企业的需求曲线上，"竞争对手视而不见"的线段 D_2e 部分是与价格上涨相对应的，而需求曲线上"竞争对手跟进"的线段 D_1e 部分是与降价相对应的。因此，非共谋寡头企业面对**弯折的需求曲线（kinked-demand curve）** D_2eD_1（如图 9.4 所示）是符合逻辑的，至少是一个合理的假设。在现行价格 P_0 以上，需求是富有弹性的，但是在这个价格以下，需求弹性较低甚至是无弹性的。

还要注意的是，如果竞争对手忽视涨价而跟随降价，那么寡头企业的边际收益曲线也会出现奇怪的形状。它也将由两部分构成：图 9.4 中左边的边际收益曲线 MR_2f 和右边的边际收益曲线 MR_1g。由于现行价格以上和以下的需求弹性存在明显的差异，因此在边际收益曲线上有一个缺口，或者我们可以简单地将这一缺口视为一个垂直线段。在边际收益曲线 MR_2fgMR_1 上，我们用虚线 fg 表示这一缺口。

□ 9.6.2　价格刚性

以下分析有助于解释在没有共谋的寡头垄断行业中，为什么价格通常是稳定的？这里存在需求和成本两方面的原因。

就需求而言，弯折的需求曲线使每家寡头企业相信价格的任何变化都会使情况变得更糟。如果它提高价格，它的许多消费者将离它而去。如果它降低价格，由于竞争对手会跟随降价，所以它的销量也只能小幅增加。即使降价增加了寡头企业的总收入，但它的成本可能会增加得更多，这取决于需求的价格弹性。例如，如果在 Q_0 右边的需求是无弹性的，而且很可能是这样，那么企业的利润肯定会下降。在更多的产出增加了总成本的同时，它的总收入也会下降。

就成本而言，断开的边际收益曲线表明，即使寡头企业的成本发生显著变化，企业也可能没有理由改变价格。具体地说，在图 9.4 中，边际成本曲线在 MC_1 和 MC_2 之间的任何位置都将导致企业作出完全相同的价格和产出决策。在所有这些位置上，MR 与 MC 在产量 Q_0 处相等；企业在该产量处收取的价格是 P_0。

□ 9.6.3 价格领导

对寡头企业而言，竞争对手反应的不确定性会带来大问题。有时会出现这样的情况：工资和其他投入品价格的上涨超出了图 9.4 中 MC_1 对应的边际成本。如果寡头企业都不敢涨价，那么所有竞争对手的利润都将会被压缩。在很多行业中，出现了一种价格领导模式来处理这些情况。**价格领导（price leadership）**包含了一种心照不宣的理解，凭借这种理解，寡头企业无须通过正式协议或秘密会议就达成共谋，调整价格。通常由“主导企业”——通常是行业内最大的或最有效率的企业——首先改变价格，其他企业则不同程度地自动跟随降价。很多行业，包括农业机械、水泥、铜、新闻纸、玻璃容器、钢铁、啤酒、化肥、香烟和锡等，正在实施或在不久前就已经实施了价格领导。

对一系列行业价格领导的考察表明，价格领导者很可能采取以下策略：

- **不经常的价格变动** 鉴于价格的变动总伴随着竞争对手不跟随领导者的风险，企业并不经常调整价格。价格领导企业不对日常微小的成本和需求变化作出反应。只有当全行业的成本和需求条件发生了显著变化后，例如，行业的工资上涨、消费税上涨或者诸如能源之类的基本投入品的价格上涨，价格领导者才可能改变价格。在汽车行业中，传统上只有在每年秋季新车型面世的时候，价格才会有所调整。
- **沟通** 价格领导企业通常通过其主要执行官的演说、商业刊物采访或新闻发布会等方式，将即将进行的价格调整告知全行业。通过宣称“提高价格的需要”，价格领导者谋求在竞争者之间就实际涨价达成一致。
- **避免价格战** 价格领导者努力阻止价格战，因为价格战会损害整个行业的利润。当竞争对手都试图维持各自的市场份额时，价格战会导致一轮又一轮的降价行为。

应用分析

对价格领导的挑战

尽管都试图保持有序的价格领导，但是在寡头垄断行业偶尔还是会爆发价格战。有时候，价格战来源于建立新的价格领导者的企图，而有时候则来源于从竞争对手手中“盗取”生意的企图。

在谷物早餐行业，家乐氏（Kellogg）曾经是价格领导者。1995 年，通用磨坊企业（General Mills）通过将其麦片价格降低 11%来挑战家乐氏的领导地位。1996 年，另外一个竞争对手，宝氏企业（Post）通过降价 20%来应对通用磨坊企业的行为。然后，家乐氏降价 20%紧随其后。为了防止被别人战胜，宝氏又降价 11%。简言之，大规模的价格战在通用磨坊、宝氏和家乐氏之间爆发了。

再看另外一个例子，在 2009 年 10 月，正值圣诞购物季，沃尔玛（Walmart）将其 10 本备受期待的新书的价格降至 10 美元。在数小时内，亚马逊（Amazon. com）立即跟随降价。沃尔玛随后又将价格降至 9 美元进行反击。亚马逊进而又跟随降价——这时，沃尔玛把价格降至 8.99 美元！然后，亚马逊和沃尔玛紧接着都把目标价格定为 8.98 美元。在这个价格上，价格战才得以停歇——在这个如此低的价格水平上，每家企业销售的每本书都在亏钱。

大多数价格战到头来结局都相同。当所有企业经过一段时期的低利润或亏损后，它们再次向该行业中的支配性企业寻求价格领导。然后这家企业开始将价格提高到价格战之前的水平，而其他企业则自愿跟随定价。有序的定价得以恢复。

问题：低成本价格领导者如何通过对竞争对手造成潜在的威胁来“实施”其领导？

9.7 共谋

需求曲线弯折的寡头企业面临不利和不确定性，价格领导使得共谋具有吸引力。通过共谋来控制价格，寡头企业就能够降低不确定性、增加利润，甚至还有可能阻止新的竞争者进入。共谋有很多种表现形式。最广泛的形式就是**卡特尔（cartel）**，即对每个成员的产量和价格达成正式书面协议的一组生产商。卡特尔成员必须控制产量——分割市场——以维护协定的价格。这种共谋是公开的、看得见的，而且往往包含一些外国政府或外国生产商。共谋的更普遍形式是秘密的或隐蔽的，其中包括通过共谋来固定价格、操纵价格和瓜分市场。尽管这种共谋是非法的，但有时还是会发生。

□ 9.7.1 联合利润最大化

为了考察一个卡特尔组织或其他形式的共谋的利润情况，我们假设有三家寡头垄断企业（Gypsum、Sheetrock 和 GSR）在生产用于装饰内墙的石膏板。假设这三家企业都生产一种同质产品，并且有相同的成本、需求和边际收益曲线。图 9.5 显示了这三家寡头垄断企业所处的位置。

Gypsum 应该选择什么样的价格和产出组合呢？如果 Gypsum 企业是一家完全垄断企业，那么答案很清楚：生产 Q_0 的产量，在这一产量处边际收益等于边际成本；相应的价格是 P_0；赚取它能够获得的最大化利润。然而，Gypsum 却有两个生产相同产品的竞争对手，如果 Gypsum 对竞争者会跟进价格 P_0 的假设不正确，那么 Gypsum 企业的后果将是灾难性的。具体地说，如果 Sheetrock 和 GSR 实际收取的价格低于 P_0，Gypsum 企业的需求曲线 D 将大幅向左移动，因为潜在的消费者转向它的竞争对手，这些竞争对手正在以更低的价格销售同样的产品。当然，Gypsum 也可以通过降价来报复，但这会使三家企业的需求曲线向下移动，甚至有可能把它们推到平均总成本超过价格的点，从而导致亏损。

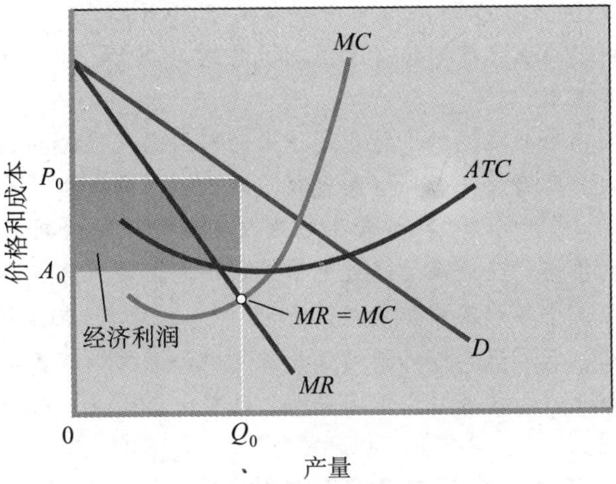

图 9.5　共谋和联合利润最大化倾向

注：如果寡头垄断企业面临着相同的或者高度相似的需求和成本条件，它们可能会联合起来限制它们的联合产量，并制定单一的价格。每家企业都像一个完全垄断企业那样行动，把产量定在 Q_0，并收取 P_0 的价格。这一价格和产量的组合使每家寡头企业的利润都最大化了，因而它们的联合利润也最大化了。

因此，问题变成"Sheetrock 和 GSR 将愿意收取低于 P_0 的价格吗?"在我们的假设条件下，并且认识到 Gypsum 必然会跟着降价，那么答案是否定的。由于 Sheetrock 和 GSR 也面临着相同的需求和成本条件，因此它们也会发现生产 Q_0 的产量并收取 P_0 的价格是符合自身利益的。这是一个有趣的局面：每家企业都发现收取同样的价格 P_0 是最有利可图的，但是只有当竞争对手都这么做的时候才有可能实现！那么这三家企业如何才能确保每家企业都对价格 P_0 和产量 Q_0 这个方案坚定不移呢？它们如何才能避免由于价格过高或过低而造成的不利结果呢？

答案很明显：它们可以共谋。它们可以聚在一起商讨并达成收取相同价格 P_0 的协议。这种方法除了能降低发生价格战的可能性之外，还可以最大化每家企业的利润。对于社会来说，这个结果与有三家相同工厂的完全垄断企业是一样的。

应用分析

卡特尔与共谋

毫无疑问，最重要的国际卡特尔是石油输出国组织（Organization of Petroleum Exporting Countries，OPEC），由 12 个石油生产国组成（沙特阿拉伯、伊朗、委内瑞拉、阿拉伯联合酋长国、尼日利亚、科威特、利比亚、阿尔及利亚、安哥拉、厄瓜多尔、卡塔尔以及伊拉克）。OPEC 占据世界石油产量的 41%，并提供国际石油贸易总量的 43%。在某些情况下，OPEC 能够通过增加或降低石油供应量来改变石油价格。例如，在 20 世纪 90 年代末，OPEC 的石油供给限制导致了在 15 个月的时间内，石油价格从每桶 11 美元涨到每桶 34 美元。

然而，大部分的石油价格上涨并不是 OPEC 引起的。例如，2005—2008 年间，石油价格从每桶 40 美元涨至每桶 140 美元正是源于中国大幅增加的需求以及中东地区武装冲突带来的供给不确定性。但是随着 2007 年 12 月份的经济萧条，需求大幅降低，石油价格跌回至每桶40美元。在这次石油价格波动中，OPEC并不是主要因素。但是在OPEC能够有效实施它的生产计划的情况下，很显然，OPEC有足够的力量将石油价格维持在边际生产成本之上。

在美国，由于国内企业之间的卡特尔是违法的，因而现存的共谋都是隐蔽的，或者是秘密的。然而，大量来自反托拉斯（反垄断）诉讼的证据表明，美国的共谋实例非常多。1993年，Borden，Pet以及Dean食品企业或被指控，或被判定操纵销售给学校和军事基地的奶制品的价格。企业高管通过电话或在午宴上事先达成协议，确定每个学校或军事基地由哪家企业中标以及中标价格。1996年，一家名为Archer Daniels Midland的美国农业商贸企业、三家日本和韩国的企业被发现合谋操纵家畜饲料添加剂的世界价格和销售量。这些企业的高管曾经在中国香港、巴黎、墨西哥、温哥华和苏黎世秘密会面，讨论他们的计划。

此外还有许多最近发生的固定价格的实例：ConAgra和Hormel同意支付超过2 100万美元的资金，确定对包括鲶鱼在内的多种产品在全国范围内的定价地位。美国司法部对联合碳化物企业碳素分部国际企业（UCAR）处以1.1亿美元的罚款，因为该企业与其竞争者曾就石墨电极的价格和各自的市场份额进行共谋。索斯比拍卖行（Sotheby）与佳士得拍卖行（Christy）被指控在过去6年内共谋，设定拍卖中对卖方有利的佣金率。德国拜耳企业（Bayer AG）被处以6 600万美元的罚款，因为其瓜分了用于橡胶生产的化学品市场，以及设定了该化学品的价格。

问题：在什么情况下，并购能成为非法共谋的一个替代方案？根据你的答案，为什么对大幅度降低竞争的非法并购加强立法是非常重要的？

□ 9.7.2 共谋的障碍

通常情况下，卡特尔和类似的共谋是难以建立和维持的。以下是建立反托拉斯法以外的共谋的一些障碍。

需求和成本的差异 当寡头企业面临不同的成本和需求曲线时，它们很难在价格上达成一致。在产品差异化和变化频繁的行业中尤为如此。即使产品是高度标准化的，企业通常也有着不同的市场份额，且以不同的生产效率运营。因此，甚至同质寡头企业也不太可能有相同的需求和成本曲线。

不管是哪种情况，成本和需求的差异意味着企业之间使利润最大化的价格是不同的；与我们在图9.5中所做的假设不同，不存在容易被所有企业接受的单一价格。因此，共谋取决于妥协和让步，而这些并不总是能轻易达成，因而就成为共谋的一种障碍。

企业的数量 在其他条件相同的情况下，企业的数量越多，建立卡特尔或其他形式的价格共谋就越困难。3家或4家控制整个市场的生产商达成价格协议要相对容易一些。但是，比如说，如果有10家企业，每家企业大约有10%的市场份额，或者最大的3家企业拥有70%的市场份额，其他7～10家较小的企业争夺剩余的市场份额，在这种场合，价格协议就很难达成。

欺骗 正如博弈论模型所示，为了增加利润和销量，共谋寡头企业很可能秘密降价。这样，为产品支付高价的消费者可能意识到有更低的价格并要求被同等对待。或者，已经从某个生产商处得到价格优惠的消费者可能会以这个优惠要求另外一个生产商降价。消费者利用一个生产商对付另一个生产商的做法可能会促成生产商之间的价格战。尽管私自降价十分有利可图，但它时时威胁着共谋的寡头企业。当欺骗很容易被发现并受到惩罚时，共谋更容易成功。这样，共谋的企业违反价格协议的可能性要小一些。

经济衰退 长期持续的经济衰退通常是共谋企业的敌人，这是因为萎缩的市场将使平均总成本增加。说得专业一些，在图 9.5 中，随着寡头企业的需求和边际收益曲线因经济衰退而向左移动，每家企业都会沿着其平均总成本曲线向左上方移动，到达一个更高的经营点。此时，企业将发现自己具有大量的剩余生产力，销量下降，单位成本上升，利润被压缩。在此危难之际，企业很可能认为，降价并抢夺竞争对手的生意可以避免严重的利润下降（甚至是亏损）。

潜在的进入者 共谋产生的更高价格和利润会吸引包括外国企业在内的新进入者。由于新企业进入将导致供给量增加，并使价格和利润下降，因此，成功的共谋寡头企业要求参与共谋的寡头企业将新生产商拒之门外。

9.8 寡头垄断与广告

我们已经看到，寡头企业并不想进行价格竞争，它们更愿意进行价格共谋。然而，每家企业的市场份额通常由产品研发与广告宣传决定。其原因是：

- 与降价相比，产品研发与广告营销不容易被复制。企业的竞争对手能够迅速且轻易地跟随降价，从而使任何因降价行为产生的潜在收益消失殆尽。但是，产品改善和成功的广告会产生更持久的市场份额方面的收益，因为它们不像降价那样能被迅速而完全地模仿。
- 寡头垄断企业有充足的财力进行产品研发和广告宣传。对大多数寡头垄断企业而言，过去赚取的利润可以为当前的广告和研发提供资金。

2011 年，美国企业的广告支出约为 1 440 亿美元。广告在垄断竞争和寡头垄断中都很流行。表 9.1 列出了 2011 年美国前十大广告用户。

广告对价格、竞争和效率的影响既可能是积极的，也可能是消极的，具体取决于环境。尽管我们在这里的关注点只是寡头垄断企业的广告活动，但这种分析同样适用于垄断竞争企业的广告活动。

表 9.1　　2011 年美国前十大广告用户

企业	广告支出（百万美元）
宝洁	2 949
美国电话电报公司	1 925
通用汽车	1 784
威瑞森	1 637
康卡斯特	1 577
巴黎欧莱雅	1 344
时代华纳	1 279

续前表

企业	广告支出（百万美元）
辉瑞企业	1 204
克莱斯勒企业	1 193
新闻集团	1 171

资料来源：Kantar Media，www.kantarmediana.com.

□ 9.8.1 广告的积极影响

为了作出理性的（有效的）决策，消费者需要获得有关产品特性和价格的信息。媒体广告可能是消费者获得这种信息的一种低成本途径。假设你想在市场上购买一台高质量的照相机，而报纸和杂志上都没有这样一种产品的广告。为了作出理性的选择，你可能需要花数天前往各家商店，以确定各种不同品牌照相机的货源、价格和特性。这样的搜寻将产生直接成本（油费和停车费）和间接成本（你花费的时间的价值）。通过提供各种可选择产品的信息，广告减少了你的搜寻时间并最小化了这些直接成本和间接成本。

通过提供各种相互竞争的产品的信息，广告削弱了垄断力量。事实上，广告常常旨在宣传与现存品牌相竞争的新产品。如果没有广告，丰田和本田能够如此强有力地挑战美国汽车制造商吗？如果没有广告，联邦快递（FedEx）能够从 UPS 和美国邮政那里抢走一部分市场份额吗？

从这个角度看，广告是一种提高效率的行为，是一种向消费者提供有效信息，从而降低他们的搜寻成本的相对便宜的手段。通过增强竞争，广告带来了更高的经济效率。通过促进新产品的推出，广告加速了技术进步。通过增加销量和产量，广告可以使企业获得规模经济，从而降低长期平均总成本。

□ 9.8.2 广告潜在的消极影响

当然，广告的影响并非都是积极的。许多广告仅仅是用来操纵或是说服消费者的，也就是说，为了使消费者更加偏好广告商的产品。一则宣称某名人爱喝某个品牌的软饮料的电视商业广告——因此你也应该喝这种饮料——很少或根本没有传递给消费者有关产品质量和价格的信息。此外，广告有时还会在误导和夸大其词的基础上，迷惑而不是引导消费者。事实上，有时候广告可能说服消费者支付高价购买大肆宣传的次等品，并放弃那些价格更低而品质较好但不做广告的产品。例如，《消费者报告》（*Consumer Reports*）曾发现，投入大量广告的高档机油和高档添加剂在改善发动机运转和延长发动机寿命方面并不比更便宜的品牌好。

企业常常通过广告建立起坚固的品牌忠诚度和强大的垄断力量（参见全球快照9.1）。这样它们就能够增加销量，扩大市场份额，并赚取更多的利润。更多的利润又使得它们可以投入更多的广告，进一步增大企业的市场份额和利润。消费者也许迟早会失去竞争性市场带来的好处而不得不面对垄断市场带来的坏处。不仅如此，行业中的新进入者为了建立其产品的市场地位，需要支付巨大的广告费用；因此，广告的成本可能成为进入障碍。

全球快照 9.1

世界十大品牌

以下是世界十大品牌，划分标准有四个：品牌在其领域内的市场份额、品牌在不同年龄群体和不同国家的世界影响力、消费者对品牌的忠诚度，以及品牌“延伸”至初始产品之外的能力。

世界十大品牌
可口可乐
IBM
微软
谷歌
通用电气
麦当劳
英特尔
苹果
迪士尼
惠普

资料来源：Interbrand's Top 100 Best Global Brands，2011，www. BestGlobalBrands. com. Used with permission of Interbrand.

广告的效应也可能相互抵消。一家快餐汉堡包连锁店的广告可能被其竞争对手发动的同样昂贵的广告所抵消，这样，每家企业面临的需求实际上保持不变。即使能多卖，额外增加的汉堡包销量也不会很多，所有企业的成本将会更高，要么它们的利润会下降，要么它们通过成功的价格领导而使产品价格上升。

当广告使垄断力量增强或广告效应相互抵消时，就会导致经济无效率。

9.9 寡头垄断与效率

从社会的角度看，寡头垄断是有效率的市场结构吗？寡头垄断企业的价格和产出决策是否符合完全竞争条件下的三重等式 $P=MC=$最低 ATC 呢？

□ 9.9.1 无效率

很多经济学家认为，一些寡头垄断市场的结果大致如图 9.5 所示。许多寡头企业能够年复一年地维持可观的经济利润的事实支持了这一观点。在这种情况下，寡头企业在价格超过边际成本和平均总成本处生产。而且，产出低于平均总成本最小时的产量水平。根据这一观点，寡头垄断既不太可能实现生产效率（$P=\min ATC$），也不太可能实现配置效率（$P=MC$）。一些观察员声称，寡头垄断比完全垄断更不可取，因为在美国，政府通常会对完全垄断企业进行管制，以防止其滥用垄断力量。而寡头垄断企业之间的非正式共谋也可能产生与完全垄断类似的价格和产出结果，但从表面上看却是几家独立的企业在相互竞争。

□ 9.9.2 局限性

然而，我们也应注意到上述观点的三个局限：

● **来自国外的竞争不断加剧** 在最近几十年中，来自国外的竞争加剧了许多寡头垄断行业（如钢铁、汽车、视频游戏、电动剃须刀、舷外发动机以及复印机）的竞争态势。这有助于打破诸如价格领导之类的勾结或共谋，并刺激更多的竞争性定价。

● **限制性定价** 回顾一下，有些寡头企业为了设置进入壁垒，故意把价格保持在短期最大化利润水平之下。本质上，这使消费者和社会获得一部分竞争的好处，即支付更接近边际成本和最小平均总成本的价格，即使没有自由进入所能提供的竞争。

● **技术进步** 随着时间的推移，寡头垄断行业可能比完全竞争企业更能促进产品研发和生产技术的改善。寡头垄断企业有丰厚的经济利润，以便用来为昂贵的研发提供资金。另外，进入壁垒的存在将给予寡头企业从成功的研发中获得回报的保证。在每年支出超过 2 000 亿美元研发费用的美国企业中，寡头企业占据大多数。因此，随着时间的推移，寡头垄断企业短期的经济无效率可能部分或全部被其对更好的产品、更低的价格和更低的成本所作的贡献所抵消。

应用分析

啤酒行业中的寡头垄断

啤酒行业是研究寡头垄断的一个好例子。这个行业曾经有上百家企业，品牌的数量甚至更多。但是，现在这个行业是被屈指可数的生产商主宰的寡头垄断行业。

自从第二次世界大战以来，巨大的变化提高了美国啤酒行业的集中程度。在 1947 年，美国有超过 400 家独立的酿酒企业。到 1967 年有 127 家，而到 1988 年仅有 33 家。1947 年，5 家最大的酿酒企业的销量只占全国啤酒量的 19%。2007 年，三大酿酒企业（Anheuser-Busch，SABMiller 以及 Molson/Coors）销售全美国啤酒的 76%。其中，Anheuser-Busch（48%）和 SABMiller（18%）占据了全行业 66%的销量。在 2007 年末，SABMiller 并购了 Molson/Coors 的美国运营部，创立了 MillerCoors，从而使三大巨头变为两大巨头。2008 年，比利时酿酒企业 InBev 收购了 Anheuser-Busch，成立了国际酿酒巨头 A-B。美国啤酒行业显然是一个寡头垄断行业。

市场需求的变化是小型酿酒企业被“排挤”出啤酒行业的原因。首先，消费者的偏好渐渐从小型酿酒企业生产的重口味啤酒转向大型酿酒企业生产的轻口味啤酒。其次，啤酒由在酒吧消费转向在家消费。在酒吧消费的啤酒主要是小桶装的“扎啤”或“生啤”，它们主要由本地和地区酿酒企业提供，因而可以以相对很低的运输成本及时运输。但是，家用啤酒需求的显著上涨为销售瓶装或罐装啤酒的大酿酒企业敞开了大门。大酿酒企业可以用卡车或火车长途运输啤酒，从而能直接与当地的酿酒企业竞争。

市场供给的发展意义更为深远。技术进步提高了瓶装和罐装啤酒的生产速度。如今，大酿酒企业每条生产线每分钟可以封装 2 000 罐啤酒。大型工厂还可以通过酿造和仓储的自动化来降低劳动力成本。不仅如此，一家年产 450 万桶啤酒的工厂的每桶建设成本比一家年产 150 万桶的工厂低三分之一。由于这些因素和其他一些因素的作用，酿酒的最小有效规模大约是年产 450 万桶。此外，研究表明，在不同地区拥有两个或两个以上大型酿酒工厂的酿酒企业能节约更多的成本。由于大型酿酒厂带来的规模经济和多个酿酒工厂带来的成本节约，成本因素成为啤酒行业的进入壁垒。

“蒙眼”偏好测试表明，大多数大批量生产的美国啤酒的口味几乎是一样的。为了建立品牌忠诚度，酿酒企业投入大量资金宣传自己品牌的差异性。销售全国性品牌产品的 Anheuser-Busch InBev 企业以及 MillerCoors 企业相对于 Pabst 这样有很多地区性品牌（如 Lonestar、Rainer、Schaefer 和 Schmidts）的生产商而言，拥有更大的成本优势。原因在于全国性电视广告的单位观众成本低于地区性电视广告。

尽管最近 Molson/Coors 与 SABMiller 并购，但并购并不是行业集中程度上升的基本原因。相反，并购大部分是经营失败的小酿酒企业（如 Heileman's）被出售的结果。行业内具有支配地位的企业的扩张主要是通过大力宣传自己的主要品牌以及创立新的品牌（如 Miller Lite、Bud Light、Genuine Draft、Keystone 以及 Icehouse），而不是并购其他酿酒企业。这就保证了显著的产品差异性，即使主要酿酒企业的数量在下降。

过去 30 年引人注目的是大规模扩张其市场份额的 Anheuser-Busch InBev（A-B）企业。A-B 企业现在拥有位居全国前两名的品牌：Bud Light 和 Budweiser，几乎占据全美啤酒销量的一半。A-B 企业的成功部分归因于地区性竞争者的消亡，但部分归因于其具有竞争力的策略。它建造了一流的酿酒厂，开展有效的广告活动，并与地区分销商建立了紧密的联系。其间，Miller 的市场份额在近几年略微下降。2002 年，Philip Morris 企业将 Miller 出售给总部在伦敦的 SAB 企业。并购后的企业更名为 SABMiller，企业重新设计了 Miller 的标志以增强其在国内和海外的影响力。SABMiller 对 Coors 的并购以及 MillerCoors 的成立很快便将企业在美国的市场份额从 18%扩张至 29%。MillerCoors 企业因此成为继 A-B 企业之后的美国第二大啤酒企业，而 A-B 企业占据 49%的市场份额。

尽管单个品牌的流行度阴晴不定，但 Heineken、Corona 以及 Guinness 等进口啤酒仍占据了大约 9%的市场份额。诸如 Samuel Adams 以及 Pyramid 等本地或地区性的小啤酒企业通过酿造“精品”或特色啤酒，并收取高价格，抢占了大啤酒企业的部分生意。尽管“精品”和特色啤酒仅占美国啤酒消费的 6%，但它们是美国啤酒行业中增长最快的。A-B 企业和 MillerCoors 企业已对此有所察觉，它们不仅推出自己的特色品牌（如 Red Wolf、Red Dog、Killarney's、Icehousc 以及 Bluc Moon）予以回应，而且购买了小型啤酒企业 Redhook Ale 和 Celis 的股份。

资料来源：Based on Kenneth G. Elzinga，“Beer,” in Walter Adams and James Brock（eds.）*The Structure of American Industry*，10th ed. （Upper Saddle River，N. J.：Prentice-Hall，2001），pp. 85-113；and Douglas F. Greer，“Beer：Causes of Structural Change,” in Larry Duetsch（ed.），*Industry* Studies，2d ed. （New York：M. E. Sharpe，1998），pp. 28-64. Updated data and information are mainly from *Beer Marketer's Insigbts*，www. beerinsights. com，and the Association of Brewers，www. beertown. com.

小结

1. 垄断竞争的显著特征是：(a) 行业中有足够多的企业，以确保每家企业对价格只有非常有限的控制能力，不存在企业之间的相互依赖，共谋几乎是不可能的。(b) 产品以真实的或感觉到的差异为特征，因此经济竞争既包含价格竞争，也包含非价格竞争。(c) 进入行业相对容易。零售业以及一些规模经济小的制造业在许多方面近似于垄断竞争。

2. 垄断竞争企业在短期既可能赚取经济利润，也可能亏损。企业能轻易地进入和退出行业使得企业在长期只能获得正常利润。

3. 垄断竞争生产商在长期均衡时的效率比完全竞争生产商低。在垄断竞争条件下，价格高于边际成本表明生产产品的资源未得到充分配置，价格高于最小平均总成本表明消费者没有在成本条件所允许的最低价格下得到该产品。

4. 非价格竞争为垄断竞争企业提供了能够抵消经济利润下降到零的长期趋势的一种方式。通过产品差异化、产品改善以及广告，企业可以努力增加市场对其产品的需求，使其足以弥补非价格竞争导致的成本增加。消费者将从垄断竞争企业提供的产品选择的多样性中获益。

5. 在实际生活中，垄断竞争企业寻求一个价格、产品和广告的特定组合来实现利润最大化。

6. 寡头垄断行业的特征是行业内只有少数几家企业，每家企业均占有很大一部分市场份额。因此，行业内的企业均采取策略行为并相互依赖：任何一家企业的行为将直接影响其竞争对手，同时受到其竞争对手行为的影响。产品既可能是统一的，也可能是有差异的。包含规模经济在内的各种进入壁垒是寡头垄断得以存在和维持的基础。

7. 博弈论 (a) 展示了寡头垄断企业定价策略的相互依赖性，(b) 揭示了寡头垄断企业共谋的倾向，(c) 解释了为什么寡头垄断企业有违反共谋协议的动机。

8. 非共谋寡头垄断企业可能面临一条弯折的需求曲线。这条需求曲线和对应的边际收益曲线有助于解释寡头垄断特征的价格刚性；但是它们不能解释产品的实际价格最初是如何确定的。

9. 价格领导是解决与弯折的需求曲线有关的问题的一种非正式方式，其中，由一家企业，通常是最大的或最有效率的企业，发起价格变动，行业内其他企业跟随这个领导者。

10. 诸如卡特尔之类的共谋寡头垄断企业最大化联合利润——它们像完全垄断企业一样行动。需求和成本的差异、“大量”企业的存在、秘密降价的欺骗行为、经济衰退和反托拉斯法都是共谋寡头垄断的障碍。

11. 寡头垄断行业的市场份额通常取决于产品的改善和广告。寡头企业很注重非价格竞争，这是因为 (a) 广告使产品多样化，不容易被竞争对手效仿，(b) 寡头企业通常具有充足的资源进行非价格竞争。

12. 广告对价格、竞争和效率的影响既可能是积极的，也可能是消极的。积极影响：广告可以为消费者提供有关各种相互竞争的产品的低成本信息，有助于向集中化的行业里引入新的竞争产品，而且通常可以降低垄断力量以及垄断产生的无效率。消极影响：广告能够通过说服消费者和创造进入壁垒而增加垄断力量。此外，当竞争对手也做广告时，广告的效果可能被抵消。此时，除了增加成本、产生无效率外，广告基本不会带来其他好处。

13. 寡头垄断市场既没有实现生产效率，也没有实现配置效率，但是在促进研发和技术进步方面，寡头垄断可能优于完全竞争。

术语和概念

垄断竞争	同质性寡头垄断	共谋
产品差异化	差异性寡头垄断	本身违法
非价格竞争	策略性行为	弯折的需求曲线
过剩的生产能力	相互依赖	价格领导
寡头垄断	博弈论	卡特尔

思考题

1. 垄断竞争的基本特征与完全竞争有什么不同？与完全垄断又有什么不同？完整地解释产品差异化包含什么内容。解释企业进入行业如何影响垄断竞争企业面临的需求曲线，以及如何影响企业的经济利润。

2. 请比较垄断竞争企业、完全竞争企业以及完全垄断企业的需求弹性。假设长期成本相同，请绘图比较完全竞争和垄断竞争在长期中的价格和产出。请比较完全竞争和垄断竞争这两个市场结构的生产效率和配置效率。请解释："垄断竞争行业的特征是有太多企业，但每家企业生产又太少。"

3. 请解释："垄断竞争的垄断只到消费者愿意购买相似替代品的那一点为止，超过该点便体现为竞争。"

4. "就消费者用同样多的钱购买更多的产品而言，质量和服务的竞争与价格竞争一样有效率。"你同意这个观点吗？为什么？请解释垄断竞争企业通常更偏好非价格竞争，而不是价格竞争。

5. 为什么会存在寡头垄断？请列举出五六家你拥有或经常购买其产品的寡头垄断企业。寡头垄断与垄断竞争之间有什么区别？

6. 以下是寡头垄断企业 X 与 Y 的收益矩阵，请解释其一般意义。所有利润均以千美元为单位。

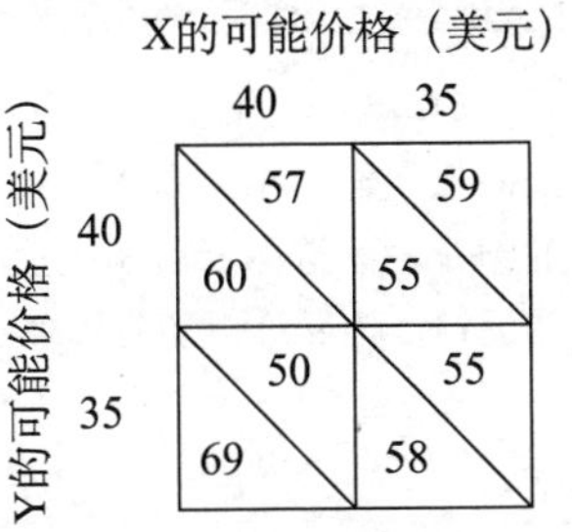

a. 请利用收益矩阵解释寡头垄断企业相互依赖的特征。

b. 假设 X 与 Y 之间没有共谋，可能的定价结果是什么？

c. 根据你对问题（b）的回答，解释为什么价格共谋是互利的？为什么寡头垄断企业有违反共谋协议的动力？

7. 建立一个关于两家企业的博弈矩阵，该矩阵包含两家企业的高广告预算和低广告预算决策，以及每种决策对利润的影响。设计这样一种情形，即使两家企业均选择低广告预算时都能获得更多利润，但它们仍然会选择高广告预算策略。为什么它们都不会单方面削减广告预算？请解释为什么这是一个囚徒困境的例子。

8. 有关竞争对手对价格变动的反应的何种假设是寡头垄断企业弯折需求曲线的基础？为什么在寡头垄断企业的边际收益曲线上有一个缺口？弯折需求曲线如何解释寡头垄断的价格刚性？

9. 为什么寡头垄断行业可能会发生价格共谋？评价共谋定价的经济可取性。共谋有哪些主要障碍？请思考为什么价格领导在美国是合法的，而固定价格是非法的。

10. 为什么在垄断竞争和寡头垄断中有如此多的广告？这些广告是如何帮助消费者以及提高效率的？为什么广告有时候过于泛滥？

11. 什么企业在主宰啤酒行业？哪些需求和供给因素有助于"减少"这个行业的企业数量？

计算题

1. 假设在短期均衡中，某一垄断竞争企业的产品单价是 12 美元，并且每天销售 52 单位的产品。

那么该企业每天获得多少收入？如果 52 单位产品的平均总成本每天是 10 美元，那么该企业将（a）获得短期经济利润，还是（b）仅仅获得正常利润，且收支平衡，或（c）遭受亏损？如果盈利或亏损，那么对应的数额是多少？下一步，假设行业存在进入与退出，且行业处于长期均衡。如果该企业每日产量仍保持 52 单位，那么该企业将收取什么样的价格？企业的经济利润是多少？

2. 假设行业内一寡头垄断餐馆目前每天提供 230 份餐饭（在该产量处，$MR=MC$）。在该产出水平处，每份餐饭的平均总成本是 10 美元，消费者愿意为每份餐饭支付 12 美元。那么该企业的利润或亏损额是多少？行业内会存在进入或退出吗？该餐馆的需求曲线将向左移动还是向右移动？在长期均衡中，假设这家餐馆对于 180 份餐饭的单位价格是 11 美元，且第 180 份餐饭的边际成本是 8 美元。那么该餐馆的利润额是多少？

3. 假设某寡头垄断企业单位产出的价格是 21 美元，且每日销售 31 单位产品。那么该企业每天的总收入是多少？假设该企业曾将价格从 21 美元降低至 19 美元，竞争对手也跟随降价，该企业的销量从 31 单位增加至 32 单位。该企业先前还将价格从 21 美元增加至 23 美元，而竞争对手未跟随涨价，该企业每天的总收入是 482 美元。以下结论哪个最符合逻辑？该企业的需求曲线（a）在 21 美元～23 美元的范围内是缺乏弹性的，（b）在 19 美元～21 美元的范围内是有弹性的，（c）是一条向下倾斜的直线，（d）是一条弯折的曲线。

在 www.brue3e.com 中做进一步的测试

在本书的“在线学习中心”www.brue3e.com 中，你会找到一个或多个网络练习题，这些问题需要从网络上获取信息才能进行解答。我们强烈建议你完成这些问题，因为这些问题能够使你熟悉我们的网站，而我们的网站对你其他课程的学习，甚至你日后的事业都有帮助。“在线学习中心”提供了多项选择测试题，还能为你提供及时的反馈。该网站上还有许多有用的方法进一步测试你对本章知识的掌握情况。

网络章节 A　工资决定

网络章节 A 是本书网站 www. brue3e. com 的赠送章节。通过运用相同的方法对劳动力市场进行研究，它拓展了第三部分“产品市场”的内容。您的老师可能会（也可能不会）讲解本章部分或全部内容。

网络章节 B　收入不平等与贫困

网络章节 B 是本书网站 www. brue3e. com 的赠送章节。通过运用相同的方法对劳动力市场进行研究，它拓展了第三部分“产品市场”的内容。您的老师可能会（也可能不会）讲解本章部分或全部内容。

第四部分

GDP、增长与波动

第 10 章

GDP 和经济增长

学习完本章后，你应该能够：

1. 解释国内生产总值（GDP）是如何定义和计算的。
2. 描述经济学家如何区分名义 GDP 和实际 GDP。
3. 列举衡量经济增长的两种方法。
4. 识别导致经济增长的供给、需求和效率因素。
5. 描述"增长核算"，以及引起美国经济增长的特定因素。
6. 请解释为什么在 1995 年后，美国的劳动生产率开始加速增长。
7. 讨论关于增长是否理想和是否可持续的各种不同观点。

正如你在第 2 章所学到的，经济学家把经济视为一个产出（产品和服务）、收入和支出（见图 2.2）的循环流动过程。在微观经济学的讨论中，我们考察了在任何时期，社会如何通过市场机制和政府决策来配置社会的有限资源，使其得到最优配置，从而实现产出和收入的最大化。

现在我们将目光转向宏观经济学：与整个经济体相关的经济学中的一部分。在本章中，我们将考察经济学家是如何衡量循环流向图中产品和服务的数量的，这种衡量既包括总量，也包括人均量。一旦建立起核算方法，我们就可以研究扩大产品和服务流量的因素，进而改善社会生活水平。这种经济增长的主要源泉是什么？这种经济增长是理想的吗？

10.1 国内生产总值

为了考察总产出、总收入和总支出，我们需要结合和衡量经济中所有参与者的产出、收入和支出。美国商务部下属机构经济分析局（Bureau of Economic Analysis，BEA）负责为美国经济编制**国民收入和生产账户（national income and product accounts，NIPA）**。BEA 通过人口普查局的调查和政府机构提供的信息得出 NIPA 数据。

经济运行状况主要是通过产品和服务的年总产量衡量的。此产出被称为**国内生产总值（gross domestic product，GDP）**：在某一特定时期内，通常为一年，在一国国界内所生产的所有产品和服务的市场价值总和。GDP 包括在一国范围内使用由其公民或外国提供的资源生产的所有产品和服务。如果某一最终产品或服务是在美国生产的，那么它就是美国 GDP 的一部分。①

□ 10.1.1 货币计量

如果某经济体在第一年生产了三张沙发和两台电脑，在第二年生产了两张沙发和三台电脑，哪一年的产出更大呢？只有当我们为每种产品贴上价格标签，以表示社会是如何评价它们的相对价值时，我们才能对此问题作出回答。

这就是 GDP 所要做的事情。它是一种货币计量方法。没有这种计量方法，我们就无法比较不同年份生产的大量产品和服务的相对价值。在表 10.1 中，沙发的单价是 500 美元，电脑的单价是 2 000 美元。以 GDP 计算出的第二年的产出（7 000 美元）比第一年的产出（5 500 美元）要大，因为社会赋予第二年的产出一个更高的货币价格。与第一年生产的产品组合相比，社会愿意为第二年生产的产品组合多支付 1 500 美元。

表 10.1 **用货币价格比较不同种类的产出**

年份	年产出	市场价值
1	三张沙发和两台电脑	3×500+2×2 000=5 500 美元
2	两张沙发和三台电脑	2×500+3×2 000=7 000 美元

□ 10.1.2 避免重复计算

为了精确计量总产出，某一特定年份所生产的所有产品和服务必须计算一次，且只能计算一次。因为大多数产品在进入市场之前会经历很多生产阶段，它们的零部件可能被多次买卖。为了避免每次都计算这些零部件，GDP 只包括**最终产品（final goods）**的市场价值，而所有**中间产品（intermediate goods）**则没有被计算在内。

中间产品（intermediate goods）是指那些为了再销售和进一步加工或生产而购买的产品和服务。**最终产品（final goods）**是指为了消费者最终使用而购买的产品和服务。

① 与 GDP 相比，美国的国民生产总值（GNP）包括用美国提供的资源所生产的所有最终产品和服务的价值，不论这些产品和服务是在美国境内生产的，还是在国外生产的。为了与世界上其他国家使用的核算方式相匹配，美国在 1992 年将 GNP 转换成 GDP。

原油是一种中间产品；用于个人交通的汽油是一种最终产品。钢梁是中间产品；已竣工的高层公寓是最终产品。餐馆沙拉中的生菜、胡萝卜和醋是中间产品；餐馆沙拉是最终产品。其他最终产品的例子还有消费者购买的太阳镜，商业企业购买的组装机械，政府购买的探测卫星以及外国消费者购买的智能手机。

将中间产品的价值计算在 GDP 内会导致**重复计算**（**multiple counting**），这将扭曲 GDP 的价值。例如，假设在其他投入品当中，一个汽车制造商用价值 4 000 美元的钢铁、2 000 美元的玻璃和 1 000 美元的轮胎生产了一辆新汽车，售价为 20 000 美元。这 20 000 美元的最终产品中已经包含了 7 000 美元的钢铁、玻璃和轮胎的价值。如果我们将这 7 000 美元零部件的价值加在 20 000 美元的汽车价值上，从而得出 27 000 美元的产出，就会大大高估 GDP。

□ 10.1.3 GDP 不包括二手产品的销售以及金融交易

二手产品销售并没有为当前的生产作出任何贡献，因此不能将其计入 GDP 中。假如你将一辆 1965 款的福特野马车卖给了一位朋友，此项交易将不会计入当年的 GDP，因为其在当年没有任何产出。如果你将一辆刚买一周的崭新的野马车销售给一位邻居，也是同样的道理，因为它已经被计算在 GDP 中了。

同样，纯粹的金融交易并没有为当前的生产作出任何贡献。这种交易包括公共转移支付（如社会保障和福利支出），也包括父母给孩子的礼金在内的私人转移支付。资金从一个人手中转移到另一人手中，并没有用于交换任何当前生产的产品。股票和债券交易也不计入 GDP，这是因为它们的交易仅仅代表企业所有权（股票）或贷款（债券）的转移。然而，应该注意的是，证券经纪人的服务应计入 GDP，因为证券经纪人促进了股票的交易，这种服务属于经济体当前产出的一部分。

10.2 计算 GDP

计算 GDP 最简单的方法是将某一年中用于购买总产出的所有支出都加总起来。经济学家明确地将支出项目分为四类。

□ 10.2.1 个人消费支出（C）

符号 C 代表 GDP 中的**个人消费支出**（**personal consumption expenditures**）。该支出项目包括家庭用于购买使用年限在 3 年以上的**耐用消费品**（**durable consumer goods**）（如汽车、冰箱和照相机等）的支出、**非耐用消费品**（**nondurable consumer goods**）（如面包、牛奶和牙刷等）的支出和服务（如律师、医生和机械工等）的消费支出。

□ 10.2.2 私人国内总投资（I_g）

私人国内总投资（**gross private domestic investment**）项目包括：（1）企业对机器、设备和工具的最终购买；（2）所有的建筑设施；（3）存货的变动。

值得注意的是，除了第一项外，私人国内总投资包含的内容比我们所说的“经济投资”要多。第二项包含了住宅建筑，也包含新工程、仓库和商店。为什么该项目将住宅建筑视为投资而不是消费呢？因为公寓建筑和房屋像工厂和商店一样，当出租出去时就能获得收入。所有者所占用的房屋也被视为投资品，因为它们在出租后可以获得收入回报。因此，所有的住宅建筑都被视为投资。最后，存货（未销售的产品）的增加也是一种投资，因为它们代表的是“未消费的产出”。对于经济学家而言，所有的新产出不是被消费了就是被投资了。存货的增加就是资本品存量的增加（即使是暂时的），而且这种增加恰恰符合我们对投资的定义。

存货的正向或负向的变动 我们需要更进一步研究存货的变动。在一段时期内，存货可能增加，也可能减少。假设从 2010 年 12 月 31 日至 2011 年 12 月 31 日，存货增加了 100 亿美元。这意味着经济体在 2011 年生产的产品比当年购买的产品要多 100 亿美元。即使某些产品在 2011 年末仍未售出，我们也必须将 2011 年的全部产出都计入该年的 GDP。通过将 100 亿美元的新增存货视为 2011 年的投资，我们可计算出 2011 年的 GDP。2011 年的总支出刚好等于当年的总产值。

相反，假设 2011 年存货减少了 100 亿美元，“存货的下降”意味着经济体在 2011 年出售的产品比当年生产的产品要多 100 亿美元。这是通过销售以前年度生产的产品实现的，这些产品已计入以前年度的 GDP。除非经过修正，否则 2011 年的总支出将高于 2011 年的 GDP。因此，在 2011 年，我们将这 100 亿美元存货的下降视为“负投资”，并将其从当前的总投资中扣减。这样，2011 年的总支出刚好等于当年的总产值。

非投资性交易 对于什么是投资，我们已经讲了很多。现在，你需要知道什么不是投资。对经济学家和 NIPA 会计师而言，投资不包括无形资产（股票、债券）的转让和有形资产（房屋、工厂）的再销售。因为这类交易仅仅是转移了现存资产的所有权。计入 GDP 账户的投资是经济投资——新的资本资产的创造。单纯转移（销售）现存资本品的要求权并不能创造新的资本。因此，这类交易（所谓的金融投资）并不计入 GDP 账户中的投资项目。

总投资 我们已经知道，“私人国内总投资”项目包括：(1) 对机器、设备和工具的所有最终购买；(2) 所有的建筑设施；(3) 存货的变动。“私人”和“国内”这些词意味着我们所说的是私人企业的支出，而不是政府（公共）部门的支出，并且投资是发生在国内而不是国外的。

“总”意味着我们指的是所有投资品，既包括那些用于补偿在生产当年的产出时所耗费的（消耗或废弃的）机器、设备和建筑的投资品，还包括经济体资本存量的增加。总投资包括对重置资本的投资，也包括追加资本的投资（与净投资相反，因为净投资是将重置资本（折旧）从总投资中扣减）。

符号 I 表示私人国内投资支出，加上下标 g 表示总投资。

□ 10.2.3 政府采购（G）

国民收入核算账户中的第三类支出项目是**政府采购（government purchases）**，官方称之为“政府消费支出和总投资”。这类支出由两部分组成：(1) 政府为提供公共服务而购买的产品和服务的支出，(2) 对诸如学校和高速路等有长期使用期限的**社会资本**

(**publicly owned capital**) 的支出。政府（联邦、州和地方）采购包括政府购买所有最终产品的支出以及政府直接购买劳动等资源的支出。政府采购不包括政府转移支付，如社会保障支出、失业补偿金和退伍津贴，因为它们只是将政府的收入转移给了某些家庭，并没有产生任何产出。符号 G 表示政府采购。

□ 10.2.4 净出口 (X_n)

国际贸易交易是国民收入核算账户里重要的一项。我们在计算美国的 GDP 时必须认识到，我们想要加总的仅仅是用于购买所有在**美国境内**（**within the borders of the United States**）生产的产品和服务的支出。因此，我们必须将出口产品的价值（X）计算在内，这是因为出口产品也属于在美国境内生产的产品和服务。请不要被是外国人花钱购买我们的出口产品这个事实困扰。GDP 的定义并不考虑是谁（who）花钱购买美国生产的产品和服务，而仅仅考虑他们购买的产品和服务是在美国境内生产的。因此，GDP 包括外国用于购买我们的出口产品的支出。

现在，你可能会误以为 GDP 应该等于 $C+I_g+G+X$，但是这四项的总和高估了 GDP。问题依旧在于我们必须仅仅考虑用于购买**国内生产**（**domestically produced**）的产品和服务的支出。C、I_g和G 计算的是用于消费、投资和政府采购的支出，并不考虑这些产品和服务是在哪里生产的。重点是，并不是所有的 C、I_g和G 都用于购买国内生产的产品和服务。一部分支出用于购买进口产品——在国外生产的产品和服务。因为既然我们希望仅仅计算用于购买国内生产的产品和服务的那部分 C、I_g和G，那么我们必须扣减用于购买进口产品的支出，M。这样我们才可以得出计算 GDP 的正确公式：

$$\text{GDP}=C+I_g+G+X-M$$

会计师通过定义**净出口**（**net exports**，X_n）来简化这个公式：

$$\text{净出口}(X_n)=\text{出口}(X)-\text{进口}(M)$$

根据净出口的定义，GDP 公式就简化为：

$$\text{GDP}=C+I_g+G+X_n$$

在 2011 年，与外国人购买美国出口产品的支出相比，美国人多花费了 5 790 亿美元购买进口产品。也就是说，2011 年美国的净出口为−5 790 亿美元。

□ 10.2.5 加总：GDP $= C + I_g + G + X_n$

将这四类支出加起来，就为计算某一给定年份总产出的市场价值——GDP 提供了一种方法。对 2011 年的美国而言，GDP＝107 260＋19 160＋30 310－5 790＝150 940 亿美元（或 15.094 万亿美元）。

全球快照 10.1 比较了美国与其他几个国家的 GDP。

全球快照 10.1 ☞

2011 年部分国家 GDP 的比较

美国、中国和日本的 GDP 为世界之最。以下 GDP 数据均已根据国际汇率换算成美元。

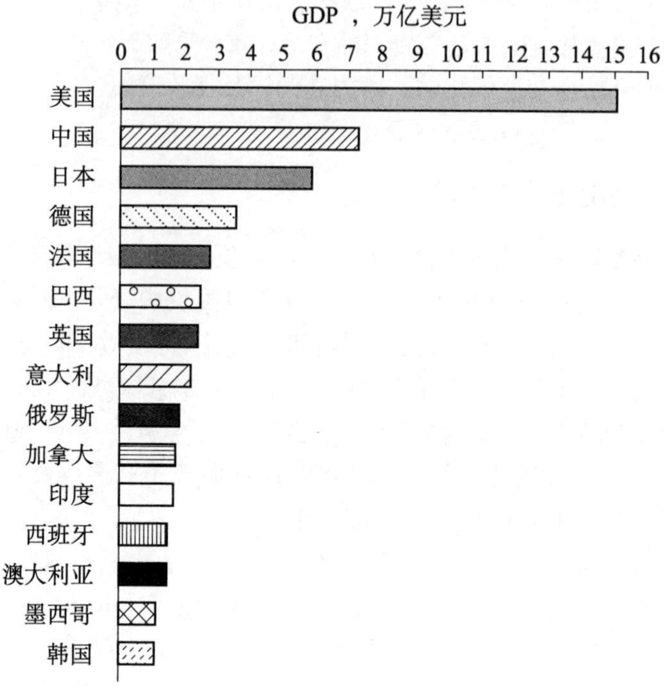

资料来源：International Monetary Fund，www. imf. org.

10.3 名义 GDP 与实际 GDP

回顾可知，GDP 衡量的是某经济体在某一年份所生产的所有最终产品和服务的市场或货币价值。为了把不同种类的产品加总为有意义的总值，我们使用货币价值或名义价值作为一个普遍的计算方式。但是这样做有一个问题：如果货币价值因通货膨胀或通货紧缩而变化，我们该如何比较不同年份 GDP 的市场价值呢？毕竟我们是用总产出乘以市场价格来计算 GDP 的。

无论是价格不变，产出增加 5%，还是产出不变，价格上升 5%，GDP 的变化量都是相同的。但是，影响我们生活水平的是生产出来并分配到各个家庭的产品的**数量（quantity）**，而不是产品的价格。2011 年售价为 99 美分的麦当劳汉堡包与 1967 年售价为 18 美分的麦当劳汉堡包带来的满足程度几乎是一样的。

解决这个问题的方法是当价格上涨时平减 GDP，当价格下降时调高 GDP。这种调整让我们能够衡量不同年份的 GDP，就好像美元的价值始终保持在某参照年份的水平一样。以产品生产时的价格计算出来的 GDP 称为未调整的 GDP，或**名义 GDP（nominal GDP）**。经过平减或调高以反映物价水平变化的 GDP 称为经调整的 GDP，或**实际 GDP（real GDP）**。

下面让我们来看看如何计算实际 GDP。为简单起见，假设经济体只生产一种产品，即比萨，其在第 1 年、第 2 年、第 3 年、第 4 年和第 5 年的产量如表 10.2 所示。假设我们直接从比萨行业中收集各个年份的产量和价格数据。我们分别收集它们的实际产量［第(1)列］和对应的价格［第(2)列］。

表 10.2　　计算实际 GDP（以第 1 年为基年）

年份	（1）产出单位	（2）比萨的价格（美元/单位）	（3）未调整的，或名义 GDP (1)×(2)（美元）	（4）调整后的，或实际 GDP（美元）
1	5	10	50	50
2	7	20	140	70
3	8	25	200	80
4	10	30	—	—
5	11	28	—	—

然后我们就可以用产量乘以单位价格来确定每一年未调整的 GDP，或名义 GDP。每一年的名义 GDP——在这个例子中是比萨的市场价值——都显示在第（3）列中。

我们还可以利用表 10.2 中的数据来确定调整后的或实际 GDP。如果基年的价格是 10 美元，我们想要知道连续几年产出的市场价值。在第 2 年，以第 1 年价格计算的 7 单位比萨的价值是 70 美元（=7×10）。正如第（4）列所示，此价值 70 美元的产出就是第 2 年的实际 GDP。同样地，用第 3 年 8 单位的产出乘以基年 10 美元的价格，我们就得到了第 3 年的实际 GDP。我们故意将第（3）列和第（4）列最后两行保持空白，目的是为了通过让你完成第（3）列和第（4）列来检验你对名义 GDP 和实际 GDP 的理解。

让我们回到实际经济中。正如前面计算过的，2011 年美国的名义 GDP 是 150 940 亿美元，那么 2011 年美国的实际 GDP 是多少呢？由于在基年 2005 年和 2011 年之间价格上涨了，结果 2011 年实际 GDP 为 133 150 亿美元。或者，用经济学的语言表示就是，“以 2005 年（基年）的价格计算的 2011 年的 GDP 为 133 150 亿美元。”

应用分析

地下经济

对于衡量经济运行状况的好坏，实际 GDP 是一个相当准确且非常有用的计算方法。但是某些生产活动并未反映在 GDP 中，GDP 衡量的只是产出的市场价值。在美国经济中，存在着一个繁荣的、生产能力很强的地下部门，在这个部门中，从事商业活动的一部分人其实是赌徒、走私犯、妓女、盗窃品的“藏匿者”、毒品生产者和毒品交易者。他们都有正当的理由来掩盖他们的经济活动。他们对于产出的“贡献”并没有体现在 GDP 中。

然而，大多数地下经济的参与者都从事合法的经济活动，却没有向美国国税局 (Internal Revenue Service，IRS) 申报其所有的收入。酒店的侍者领班可能只上报一部分顾客给予的小费。店主可能只上报其部分销售收入。那些想领取失业补偿金的工人可能会从事“无须登记”或“仅限现金交易”的工作。一个瓦匠可能同意将邻居的壁炉重新砌好，交换的条件是邻居为其修理小船发动机。这些交易的价值都没有反映在GDP中。

据估算，美国地下交易的价值约为已记录的GDP的8%。这意味着2011年的GDP被低估了1.21万亿美元。全球快照10.2显示了部分国家地下经济的相对规模。

问题：毒品合法化将如何立即提高美国的实际GDP？随着时间的推移，毒品合法化对实际GDP增长会带来哪些负面影响？

10.4 经济增长

NIPA的数据使得经济学家能够对经济增长率进行计算和分析。经济学家用下面两种方法来定义和衡量**经济增长（economic growth）**：某段时间内实际GDP的增长；某段时间内人均实际GDP的增长。**人均实际GDP（real GDP per capita，或人均产出）**等于实际GDP除以人口数量。无论是使用哪种定义方法，经济增长计算的都是每个季度（3个月的时期）或每年的百分率。

全球快照10.2 ☞

部分国家地下经济占GDP的比重

地下经济的规模在全球范围内是不同的。这些差异可以用三个因素来解释：(1) 管制的范围和复杂程度，(2) 税收的类型和强度，(3) 法律执行的效果。

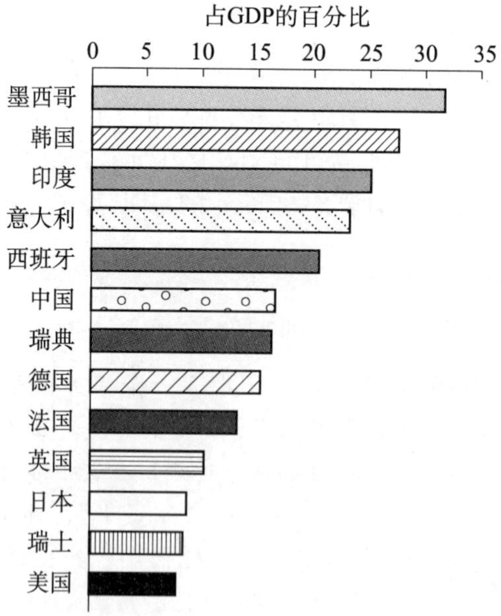

资料来源：Friedrich Schneider，“Shadow Economies and Corruption All over the World：New Estimates for 145 Countries”，*Economics：The Open Access-Open Assessment*，*E-Journal*，vol. 1，2007-9. Used with permission of Friedrich Schneider.

在衡量军事能力和政治优势的增加时，实际 GDP 的增长更有用。除非特别说明，新闻和国际机构所报告的增长率都采用的是经济增长的第一种定义方法。然而，在比较生活水平时，第二种定义方法即人均 GDP 更合适一些。2011 年，中国和丹麦的 GDP 分别为 72 980 亿美元和 3 330 亿美元，但丹麦的人均实际 GDP 为 59 928 美元，中国却只有 5 414 美元。

□ 10.4.1 作为目标之一的增长

增长是一个公认的经济目标。总产出相对于人口的增加使得实际工资和收入增加，因而生活水平提高。一个正在经历经济增长的经济体更能满足人们的需求，也更能解决各种社会经济问题。实际工资和收入的增长在不牺牲其他机会和效用的情况下，为个人和家庭提供了更多的机会——一次假期旅游、一台电脑以及更高的教育水平。一个不断增长的经济体可以在不损害现有消费、投资及公共产品生产水平的情况下，实施缓解贫困和保护环境的新计划。

简而言之，增长减轻了稀缺性的负担。与停滞不前的经济体不同，一个不断增长的经济体能够在提高未来生产能力的同时，使今天消费得更多。通过缓解稀缺性的负担（放松社会对生产的限制），经济增长使得一国能够更容易地实现经济目标，并作出那些需要投入产品和服务的新尝试。

□ 10.4.2 增长的计算方法

被称为 70 法则的数学近似法提供了衡量某特定时期内经济增长效应的方法。该法则告诉我们，只要确定了年度经济增长的百分比，然后用 70 除以该增长百分比，就可以知道某些指标翻一番需要多少年。

$$\text{实际 GDP 翻一番大约需要的年数}=\frac{70}{\text{年增长百分比}}$$

例如，年增长百分比为 3%时，实际 GDP 翻一番需要大概 23（=70/3）年。8%的年增长百分比将使实际 GDP 在大约 9（=70/8）年内翻一番。

观点阐释

增长率至关重要！

经济增长率微小的差异会引起实际 GDP 和生活水平产生巨大差异。假设有三个国家，名字分别是 Slogo、Sumgo 和 Speedo。假设在 2012 年，这些国家的实际 GDP（6 万亿美元）、人口数量（20 000 万人）和人均 GDP（30 000 美元）都相同。此外还假设实际 GDP 年增长率分别为：Slogo 为 2%，Sumgo 为 3%，Speedo 为 4%。

那么在较长时期内，例如，美国人平均寿命 70 年内，这些不同的增长率会如何影响实际 GDP 和人均实际 GDP？到 2082 年，2%、3%和 4%的增长率将会使 Slogo、Sumgo 和 Speedo 的实际 GDP 从 6 万亿美元分别增加至 24 万亿美元、47 万亿美元和 93 万亿美元。

为了便于说明，我们假设在 70 年中，每个国家的年平均人口增长率都是 1%。那么到 2082 年，三个国家的人均实际 GDP 分别为：Slogo 大约是 60 000 美元，Sumgo 大约是 118 000 美元，Speedo 大约是 233 000 美元。

难怪经济学家如此重视经济增长率的微小变化。对美国而言，在当前实际 GDP 约为 12 万亿美元的情况下，3%和 4%之间的增长率差距就会导致每年约 1 200 亿美元的产出差异。对于一个贫困国家而言，增长率半个百分点的差别意味着饿死与挨饿的差别。因此，经济增长率至关重要！

问题：如果 Slogo 的人口增长比 Speed 的快，那么 Slogo 与 Speedo 在人均 GDP 上的差距会更大，为什么？

□ 10.4.3 美国的经济增长

表 10.3 对美国过去的经济增长作了总结。第（2）列显示的是以实际 GDP 增长衡量的高速增长。请注意，在 1950—2010 年间，实际 GDP 增长了 6 倍多。但是在这些年中，美国人口数量也增长了。不过通过第（4）列我们发现，人均实际 GDP 增长了 3 倍多。

表 10.3　　1950—2010 年部分年份的实际 GDP 与人均实际 GDP

（1）年份	（2）以 2005 年价格表示的实际 GDP（10 亿美元）	（3）人口数量（百万人）	（4）以 2005 年价格表示的人均实际 GDP，(2)÷(3)（美元）
1950	2 006	152	13 197
1960	2 831	181	15 640
1970	4 270	205	20 829
1980	5 839	228	25 610
1990	8 034	250	32 136
2000	11 226	282	39 809
2010	13 248	309	43 456

资料来源：Bureau of Economic Analysis，www. bea. doc. gov，and U. S. Census Bureau，www. census. gov.

美国的增长率是多少？1950—2010 年间，实际 GDP 以每年大约 3.2%的速度增长。在此期间，人均实际 GDP 的年增长率约为 2%。

从 20 世纪后半期的角度看，美国的经济增长落后于日本、德国、意大利、加拿大和法国。实际上，日本的年增长率平均是美国的 2 倍。但是自 2000 年以来，经济增长又是另外一码事了。如全球快照 10.3 所示，在 2007 年之前，美国的增长率普遍领先于日本和其他主要工业化国家。

全球快照 10.3 ☞

2000—2011 年部分国家的年平均增长率

2000—2006 年间，美国的经济增长普遍高于其他几个主要国家。美国的经济增长率在 2001 年和 2002 年大幅下降，到 2003 年和 2004 年又开始回升。2007 年美国的经济增长率再次下降，同时，很多国家都经历了 2008 年和 2009 年的经济萧条。

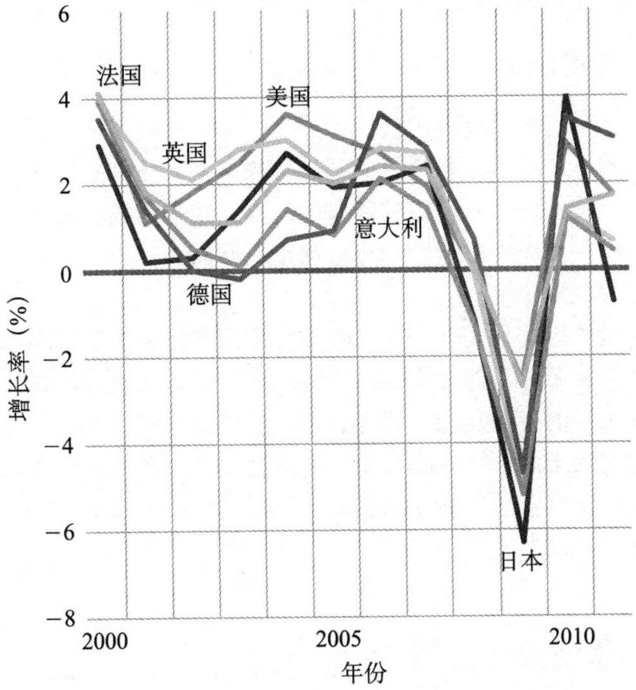

资料来源：Organization for Economic Cooperation and Development，stats. oecd. org.

10.5 增长的决定因素

经济增长有 6 个主要的决定因素。我们可以把它们归类为供给、需求和效率因素。

□ 10.5.1 供给因素

经济增长的 4 个因素与经济扩张的物质基础有关。它们是：

- 自然资源数量的增加和质量的提高；
- 人力资源数量的增加和质量的提高；
- 资本品的供给（或者存量）的增加；
- 技术的进步。

这些供给因素（生产中物质和技术方面的改变）使经济体能够提高其潜在的 GDP。

□ 10.5.2 需求因素

经济增长的第 5 个决定因素是需求因素：

● 为了实现由供给因素创造的更高的生产潜力，家庭、企业和政府必须购买经济不断扩张时生产的产品和服务。

当这一点得到满足时，就不存在计划外的存货增加，而且资源将保持充分利用状态。经济增长要求总支出增加，以实现生产能力提高所带来的产出增加。

□ 10.5.3 效率因素

经济增长的第 6 个因素是效率因素：

- 为了发挥全部生产潜力，经济体必须既实现经济效率，也实现充分就业。经济体必须以最低的成本（生产效率）利用其资源生产出能使人们福利最大化（配置效率）的特定产品和服务组合。扩大生产能力和充分利用资源尚不足以实现最大可能的增长，还需要有效率地利用这些资源。

经济增长中的供给因素、需求和效率因素是相互联系的。总支出（需求因素）不足所造成的失业可能会降低新资本的积累率（供给因素），并延缓研究（也是供给因素）的支出。相反，低水平的投资支出（供给因素）可能导致支出不足（需求因素）和失业。资源利用的普遍缺乏效率（效率因素）可能会演变成产品和服务成本的上升，进而减少利润，这反过来又将减缓创新并减少资本积累（供给因素）。经济增长是一个供给、需求和效率相互作用的动态进程。

10.6 生产可能性分析

为了从恰当的角度考察影响经济增长的 6 大因素，我们将运用第 1 章介绍过的生产可能性分析。

□ 10.6.1 增长和生产可能性

回顾可知，图 10.1 中的 AB 曲线即为生产可能性曲线。生产可能性曲线表示在自然、人力和资本资源的数量和质量以及技术知识存量都固定不变的情况下，一个经济体能够生产的各种最大化的产品组合。任何供给因素的改善都将推动生产可能性曲线向外移动，从 AB 移动到 CD。

但是需求因素提醒我们，要将经济体从 AB 曲线上的 a 点移动到 CD 曲线上的任意一点，总支出的增长必不可少。而效率因素提醒我们，为了使资源对总产出作出最大可能的价值贡献，我们需要以最低成本进行生产，并处于 CD 曲线的最优位置。如第 1 章所述，实现“最优配置”的条件是：持续扩大各种产品的生产，直至其边际收益等于边际成本。此处，我们假设资本品和消费品的最优组合点位于 b 点。

例子：近几年来美国劳动力规模的净增长大概是每年 150 万～200 万人，劳动力的增加提高了经济的生产能力。但是，实现这些新增劳动力的额外产出，则取决于他们能否成功地找到工作，还取决于这些工作岗位是否处于能使劳动者的能力得到完全和最优利用的企业和行业。社会并不希望新增的劳动力处于失业状态，也不希望儿科医生去干水管工的工作，也不希望儿科医生提供边际成本超过边际收益的服务。

一般而言，总支出的增长和生产能力的提高是相匹配的，经济体将从原来生产可能性曲线上的某一点移动到扩张曲线上的某一点。另外，竞争性市场机制倾向于将经济体推向具有生产和配置效率的方向。然而，经济体在向外移动的过程中，停留在图 10.1

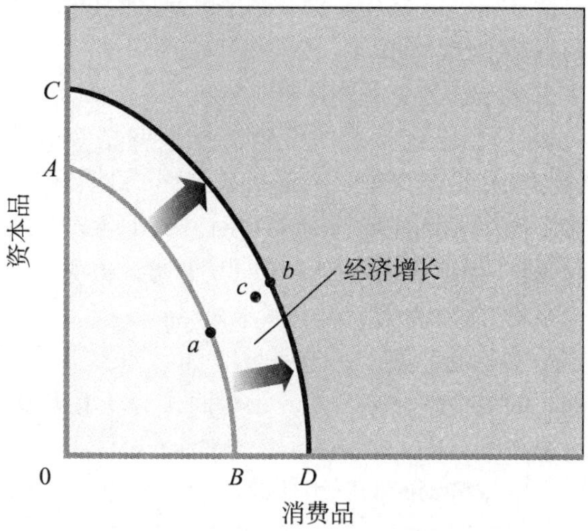

图 10.1　经济增长和生产可能性曲线

注：4 个供给因素推动生产可能性曲线向外移动，即从 AB 移动到 CD，经济增长就能实现。当需求因素和效率因素将经济体从 a 点移动到 b 点时，经济体就实现了经济增长。

中 c 点的现象时有发生。美国在 2007—2009 年的大萧条中也曾发生过这种情况。这时，经济体的实际产出远低于其在充分就业和生产可能性曲线上运作时原本可以达到的实际产出。

□ 10.6.2　投入品和生产率

社会能够通过两种主要的方式实现产出和收入的增加：(1) 增加资源的投入，(2) 提高这些投入的生产率。图 10.2 关注的是劳动力投入，并为考察供给因素在增长中的作用提供了一个有用的框架。一个国家在任何年份的实际 GDP 都取决于劳动力投入（以工作小时数衡量）与**劳动生产率（labor productivity）**的乘积。

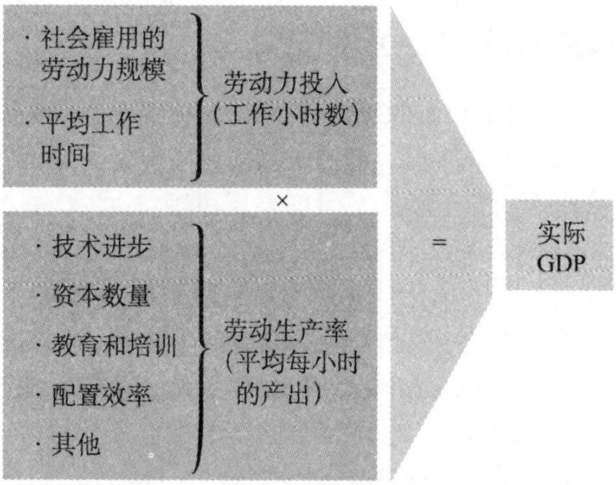

图 10.2　实际产出的供给决定因素

注：实际 GDP 可以看成是劳动力投入（工作小时数）与劳动生产率的乘积。

因此，这样考虑的话，一个国家从某一年到下一年的经济增长取决于劳动力投入的增加（如果有的话）和劳动生产率的提高（如果有的话）。

说明：假设一个叫 Rapland 的经济体在第 1 年有 10 个劳动者，每人每年工作 2 000 小时（50 周，每周 40 小时）。因此，总的劳动力投入就是 20 000 小时。如果生产率（每小时劳动的平均实际产出）是 10 美元，那么 Rapland 的实际 GDP 将是 200 000 美元（=20 000×10）。如果劳动时间增加到 20 200 小时，劳动生产率提高到 10.4 美元，那么 Rapland 的实际 GDP 将在第 2 年增加到 210 080 美元。Rapland 的经济增长率大约是 5% [=(210 080−200 000)/200 000]。

劳动小时数 决定每年劳动时间的因素是什么呢？如图 10.2 所示，劳动投入的小时数取决于被雇用劳动力的规模以及周平均劳动时间。劳动力规模取决于满足工作年龄的人口规模以及**劳动力参与率（labor-force participation rate）**——达到工作年龄的人口占劳动力人口的比例。周平均劳动时间则由法律、制度的因素以及集体谈判决定。

劳动生产率 图 10.2 告诉我们，劳动力生产率由技术进步、劳动者可利用的资本品的数量、劳动力本身的质量以及对投入品的配置、组织和管理的效率决定。当劳动者的健康、培训、教育和工作积极性有所改善时，当劳动者在工作中拥有更多更好的机器和自然资源时，当生产得到更好的组织和管理时，以及当劳动力从效率低的行业部门重新配置到效率高的行业部门时，劳动生产率就提高了。

10.7 对增长的解释

经济顾问委员会运用**增长核算（growth accounting）**来评价各种供给因素对实际 GDP 变化的贡献程度。这种计算方法将供给因素分为两类，正如我们刚刚讨论过的：

- 劳动小时数的增加；
- 劳动生产率的提高。

□ 10.7.1 劳动投入与劳动力生产率

表 10.4 提供了 4 个阶段的相关数据。符号"Q"在表中代表该年的"季度"。前 3 个阶段的起点为经济周期的波峰阶段，最后一个阶段则包含了经济顾问委员会对未来的预测。从表中可以清晰地看出，劳动力数量的增长和劳动力生产率的提高都是经济增长的重要源泉。在 1953—2011 年间，劳动力数量从 6 300 万增加到 15 400 万人。在此期间，周平均工作时间保持在相对稳定的水平上。出生率的下降减慢了国家人口的增长，但是外来移民的增加又部分抵消了这种影响。最为重要的是妇女加入劳动力大军，妇女就业比例从 1953 年的 34%增加到 2010 年的 59%。受此潮流的部分影响，美国的劳动者数量在过去 58 年中平均每年增加了 160 万人。

劳动生产率的提高对经济增长也很重要。实际上，除了 1973—1995 年间发生生产率大幅下降以外，生产率基本上都是增长的。例如，在 2001—2007 年间，2.6%的年平均经济增长率源于生产率的增长。在 2010—2021 年间，预计生产率的增长将会为实际 GDP 的增长作出 92%的贡献。

表 10.4　对美国 1953—2007 年间实际 GDP 增长的解释，包含对 2010—2021 年的预测（年平均百分比变化）

项目	实际				预测
	1953Q2—1973Q4	1973Q4—1995Q2	1995Q2—2001Q1	2001Q1—2007Q3	2010Q1—2021Q4
实际 GDP 的增长	3.6	2.8	3.8	2.6	2.5
劳动人口数量的增加	1.1	1.3	1.4	−0.1	0.2
劳动生产率的提高	2.5	1.5	2.4	2.7	2.3

资料来源：Derived from *Economic Report of the President*，*2008*，p. 45；and *Economic Report of the President*，*2011*，p. 52.

由于劳动生产率的增长对于经济增长非常重要，因此经济学家不厌其烦地调查和评估影响生产率增长的各种因素的重要性。有 5 个因素可以用来解释生产率的增长率的变化，它们分别是技术进步、每位劳动者工作所必需的资本数量、教育和培训、规模经济以及资源配置。我们将依次考察各个因素，并指出每个因素对生产率增长的贡献程度。

□ 10.7.2　技术进步

对生产率增长贡献最大的就是技术进步，据说它为生产率的增长作出了约 40%的贡献。正如经济学家 Paul Romer 所说，“人类的历史告诉我们，经济增长来源于更好的菜谱，而非仅仅来源于更多的烹煮。”

技术进步不仅包括生产技术的创新，还包括改善生产过程的新管理方法和新的企业组织形式。一般来说，技术进步来源于新知识的发现，这些新知识能够以经过改进的、能提高产出的新方式来配置资源。新知识一旦被发现和运用，企业很快就能以相对低的成本获取它们。因此，技术进步最终会扩展到整个经济，推动生产率的提高和经济的增长。

由于技术进步通常会促进对新机器和设备的投资，因此技术进步与资本形成（投资）密切相关。实际上，技术进步通常被物化到新资本中。例如，购置新计算机会为相关产业引入利用了新技术的更快、更强大的计算机。

技术进步既非常迅速，又影响深远。汽油和柴油发动机、传送带和流水线都是过去已取得的重大进展。节省燃油的商用飞机、集成微电路、个人计算机、数码照相、集装箱运输也是如此。近年来技术更是爆炸式发展，尤其是在计算机、无线通信和互联网等领域。其他近年来取得了技术革新的领域包括医药和生物技术领域。

□ 10.7.3　资本的数量

生产率提高的第二大推动力是资本的增加，它大约为生产率提高作出了 30%的贡献。更多、更好的工厂和设备能够提高工人的工作效率。通过存储部分收入并将其投资于工厂和设备，一个国家就可以获得更多的资本。

虽然资本可以替代劳动，但是大多数资本和劳动是互补的。决定劳动生产率的一个关键因素就是每个劳动者可以获得的资本品数量。在一定时期内，如果资本品的总量和劳动力的数量都增加，那么每个劳动者不一定会得到更好的装备，而生产率也不一定会提高。然而，随着时间的推移，美国劳动者的人均资本数量已经大大增加。(2008 年，大约是每个劳动者 18 200 美元。)

基础设施（infrastructure）投资是对私人资本的补充。美国对高速公路和桥梁、公共运输系统、污水处理系统、机场、工业园区、教育设备等的公共投资持续增长。这些公共资本是对私人资本的补充，对新高速公路的投资将带动私人对沿途新工厂和零售店的投资。地方政府开发的工业园区也将吸引制造企业和销售企业进入。

私人对基础设施领域的投资也在经济增长中扮演着重要角色。近年来与通信系统相关的私人资本的大幅增加就是一个例子。

□ 10.7.4 教育和培训

Ben Franklin 曾经说过，“拥有一技之长，就会拥有财富”，这句话说明教育和培训会增加劳动者的**人力资本（human capital）**。人力资本投资不仅包括正式教育，还包括在职培训。与实物资本投资一样，人力资本投资也是一种提高劳动生产率和增加收入的重要方法。约有 15%的生产率的提高要归功于对人们教育和技能的投资。

衡量一国劳动力质量的指标之一就是劳动力受教育的程度。图 10.3 显示，过去几十年教育程度大大提高。在 1960 年，美国 25 岁及以上人口中有 41%受过高中以上水平的教育；仅有 8%接受过大学以上水平的教育。到 2010 年，这两个数字分别上升到 85%和 28%。显然，近年来有更多的美国人接受教育。

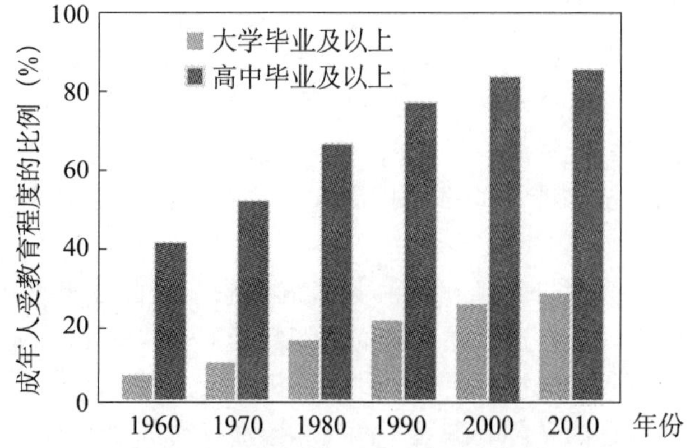

图 10.3 美国成年人口受教育程度的变化

注：在美国 25 岁及以上的成年人口中，完成中学和大学（学士及以上）教育的人口比例在最近几十年中不断上升。

资料来源：U. S. Census Bureau，www. census. gov.

不过，美国的教育状况并非完全令人乐观。许多观察员认为美国的教育质量已经出现下降了。例如，美国自然科学和数学专业的学生在专业测验中的表现还不如许多其他国家的学生。美国培养出来的本土工程师和科学家已经越来越少，这个问题也许得归咎于小学和中学阶段的数学和自然科学方面训练的欠缺。正是由于这些原因，近年来公共政策方面的议题和立法都是直接指向改善美国教育和培训体系的质量。

□ 10.7.5　规模经济和资源配置

规模经济与资源配置的改善是生产率提高的第 4 和第 5 个推动力，它们总共为生产率增长作出了约 15％的贡献。

规模经济　由产出水平提高所导致的单位产品平均成本的下降被称作**规模经济（economies of scale）**。市场随着时间的推移持续扩张，这就为企业增加产出以及获取与更大规模相关的生产优势创造了条件。由于企业扩大了规模和产量，企业可以使用更大型、更有效率的设备，并采用可以提高生产率的制造和运输方法。企业还更有能力支付研发新产品和生产方法所需的相当大规模的投资。例如，一家大型汽车制造商能够使用由计算机和机器人控制的精细流水线，而较小的生产商只能使用需要更多劳动力投入的比较落后的技术。随着药片生产数量的增加，大型制药企业可以极大地降低每片药所需的平均劳动投入（研究人员、生产工人）。因此，规模经济带来更高的实际 GDP，并推动经济增长。

资源配置的改善　资源配置的改善意味着，劳动者从低生产率的职业转移到高生产率的职业。历史上，大量劳动者从低生产率的农业部门转移到高生产率的制造行业。近年来，劳动力又从某些制造行业转移到具有更高生产率的行业，例如，计算机软件、商业咨询和制药行业。这种转移的结果就是美国劳动者的平均生产率提高了。

此外，关税、进口配额以及其他国际贸易壁垒倾向于把资源配置到生产率相对较低的地区。通过各种国际协定使国际贸易自由化的长期进程改善了资源的配置，提高了劳动生产率，并扩大了国内外的实际产出。

最后，历史上在教育和劳动力市场上存在的歧视阻碍了女性和少数民族从事高生产率的职业。随着此类歧视的减少，上述群体的许多成员也渐渐从低生产率的职业转向高生产率的职业。美国总体劳动生产率和实际 GDP 也因此提高。

□ 10.7.6　促进增长的制度结构

经济史学家已经发现促进并维持现代经济增长的制度结构因素。一些制度结构提高了建设所需的储蓄和投资，并维护了现代经济运行所必需的基础设施；一些制度结构也促进了新技术的发展；还有另外一些制度结构因素保证了资源能够有效地流入到它们最能被有效利用的领域。这些促进增长的制度结构因素包括：

- **强有力的财产权保护**　强有力的财产权保护对于经济的快速与可持续增长是完全必要的。如果人们认为自己的投资或预期收益将会被小偷、强盗或一个掠夺型和专制型的政府窃取，那么人们将不会投资。
- **专利和版权**　如果一个社会想要获得持续不断的新技术和新创意，那么专利和版权是必不可少的。在专利和版权首次被发布和实施前，发明家和作者通常发现，他们的创意在他们从中获利之前就已经被窃取了。因此，通过给予发明家与作者专有权利来销售他们的发明、专利和版权为发明和创造提供了一个强有力的激励。
- **高效的金融体系**　高效的金融机构对于将家庭储蓄转移到企业家、发明家当中是必不可少的，而这些人从事着社会绝大多数的投资和发明。股票与债券市场以及银行都是现代经济增长中至关重要的部分。

● **自由贸易** 自由贸易通过为国家之间的专业分工提供便利，使得不同类型的产品可以在那些它们最能被有效率生产的国家进行生产，从而促进了经济增长。此外，自由贸易还促进了新观念的广泛传播，因此，一个国家的革新很快就会传播到其他国家。

● **竞争性市场体系** 在市场体系中，价格和利润是引导企业生产什么以及生产多少的信号。就政府对市场的管制程度而言，富裕国家之间的差别很大，但是这些国家中的企业都有足够的自主性跟随市场信号作出决策，这种决策不仅仅包括当前的生产决策，还包含对企业认为在未来消费者会需求的产品的投资决策。

□ 10.7.7 其他因素

一些难以计量的因素也会影响一国的经济增长。例如，美国整体的社会、文化、政治环境就促进了经济增长。在美国，除了居于主导地位的市场体系推动着经济增长外，还拥有一个以民主原则、内部秩序、保护财产所有权、保护企业的合法地位以及保护契约的履行为特征的稳定的政治体系。经济自由和政治自由具有“增长友好性”。

此外，与部分国家不同，美国在生产和物质进步方面实际上并没有社会和道德的避讳。美国的社会哲学信奉物质进步，将其视为可实现的、理想的目标，发明家、创新者和企业家在美国社会被赋予很高的声誉和地位。

另外，美国人对于工作和风险有着积极的态度，因而美国具有很多愿意努力工作的劳动者和具有革新精神的企业家。充满活力的移民潮也在很大程度上增加了上述人群的数量。

10.8 平均生产率的增长

图 10.4 展示了 1973—2009 年间美国劳动生产率的增长（以所有企业部门的劳动生产率指数的变动衡量），以及 1973—1995 年间的趋势线和 1995—2009 年间的趋势线。1973—1995 年间，企业部门的劳动生产率平均每年只增长了 1.5%。而在 1995—2009 年间，生产率平均每年增长 2.8%。许多经济学家相信，这一较高的生产率增长源于全球竞争带来的技术进步新浪潮。一些经济学家认为，更高的生产率有在未来许多年一直持续下去的可能。

生产率的增长很重要，因为实际产出、实际收入和实际工资都是与劳动生产率相联系的。为了理解这一点，不妨假设你正独自一人身处一个无人居住的荒岛。你每小时能够捕获的鱼或者能够采摘的椰子数量——你的生产率——就是你每小时的实际工作量（或者是实际收入）。通过提高你的生产率，你可以改善自己的生活水平，因为每小时更大的产量意味着你可以得到更多的鱼以及椰子（产品）用于消费。

经济体也是如此：经济体的劳动生产率决定了其平均的实际小时工资，其中包括诸如健康保险和养老金的额外福利。经济体每小时的收入等于其每小时的产出。因此，生产率的增长是经济体提高人民生活水平的主要途径。

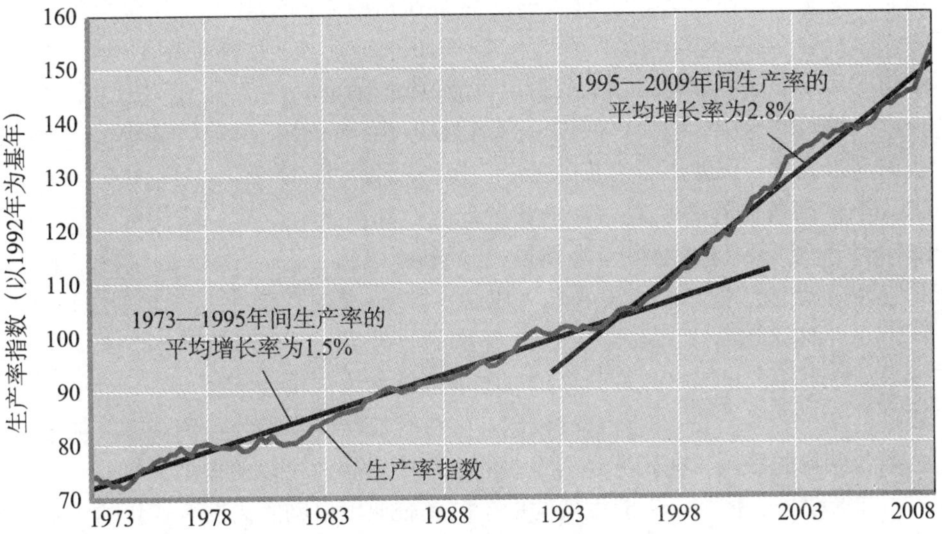

图 10.4　1973—2009 年间美国劳动生产率的增长

注：1973—1995 年间，美国劳动生产率（这里指商业部门）每年平均仅增长 1.5%。但是 1995—2009 年间，生产率增长加速，平均每年增长 2.8%。

资料来源：U. S. Bureau of Labor Statistics，www. bls. gov.

□ 10.8.1　生产率加速增长的原因

相对于早些时期，生产率的增长率为何提高了呢？

微型芯片和信息技术　生产率加速的核心因素是企业家才能和建立在微处理器或微型芯片基础上的创新的大爆发，这种微型芯片可以把众多晶体管集成在一片硅片上。许多观察员认为，微型芯片的发明在重要性和应用范围上不亚于电力、汽车、空中旅行、电话以及电视机的发明。

现在，微型芯片应用得非常广泛。它有助于创造出更多新的产品和服务以及新的商业经营方式。它直接促成了便携式计算机、条形码扫描仪、个人计算机、笔记本电脑以及功能更加强大的商务计算机的出现。此外，电路的微型化还推动了诸如手机、寻呼机、计算机控制的激光器、破译遗传密码、全球定位仪、节能系统、多普勒雷达以及数码相机的发展。

个人计算机与笔记本电脑的广泛应用极大地激发了人们将它们联结在一起的愿望。这种愿望促进了互联网及其许多功能的快速发展，如企业对家庭、企业对企业的电子商务（e-commerce）的快速发展。计算机、光纤电缆、无线技术以及互联网的结合构成了用于连接整个世界的**信息技术（information technology）**的巨大进步。

新企业与递增的收益　成百上千家**初创企业（start-up firms）**进军到新信息技术的各个领域。很多这类企业与其说是创造产品和服务，不如说是创造“天花乱坠的宣传”，因此很快就关门大吉了。但是也有很多企业发展起来了，并最终跻身于美国大型企业之列。这类企业包括英特尔（微型芯片）、苹果和戴尔（个人电脑）、微软和甲骨文（计算机软件）、思科系统（互联网交换系统）、雅虎与谷歌（互联网搜索引擎）、亚马逊（电子商务）等。成功的企业不胜枚举！30 年前，绝大多数这类成功的企业要么还没存在，要么只是崭露头角。而今天，它们每一个都拥有相当高的年收入，并雇用成千上万名员工。

成功的新企业通常拥有**递增的收益**（**increasing returns**），即企业产出增长的比例大于企业投入增长的比例。例如，假设一家名为 Techco 的企业决定将其经营规模扩大一倍，以满足市场对其服务不断增长的需求。在将厂房、设备和劳动力都扩大一倍后，如将员工从 100 人增加到 200 人后，企业发现总产出从 8 000 单位增加到 24 000 单位。Techco 企业实现了收益递增：因为其投入只增加了 100%，而其产出却增加了 200%。也就是说，劳动生产率从每人 80 单位产出（=8 000 单位/100 名员工）增加到每人 120 单位产出（=24 000 单位/200 名员工）。递增的收益提高了劳动生产率，并降低了单位生产成本。这种由产出水平提高带来的成本下降被称为规模经济。

新兴企业与老牌企业一样，都可以创造多种可以产生递增收益和规模经济的源泉：

- **更专业化的投入** 在扩大经营规模的过程中，企业可以使用更为专业、生产率更高的资本和劳动力。例如，不断发展的电子商务企业可以购买高度专业化的存货管理系统，雇用如会计师、市场营销经理以及系统维护专家等专业人员。
- **研发成本的分摊** 企业可以把高昂的产品研发成本分摊到更大的产出中。例如，假设一种新型软件产品的研发成本为 100 000 美元，而单位产品的制造和销售仅花费 2 美元。如果企业销售 1 000 单位的软件，则其单位成本为 102 美元［=(100 000 美元+2 000美元）/1 000］，但是如果企业销售 500 000 单位软件，那么单位成本将降至 2.2 美元［=(100 000 美元+1 000 000 美元）/500 000］。
- **同时消费** 许多近些年开发的产品和服务可以同时满足众多消费者的需求。与必须为每个购买者生产一加仑汽油不同，一个软件程序只需要生产一次，然后成千上万名购买者就可以非常低的成本获得该软件。通过电子阅读设备阅读的书籍、刻录在 DVD 上的电影、通过互联网传播的信息也都如此。
- **网络效应** 购买软件和互联网服务的家庭和企业的数量越多，这些软件和互联网服务带给每个购买者的收益就越多。当其他人也享有互联网服务的时候，你就可以给他们发电子邮件。如果他们还有可以打开文件和图片的软件，那么你就可以通过电子邮件传送文件和图片。这种系统的便利被称为**网络效应**（**network effects**），即随着用户数量的增加，产品对每一个用户（包括现有用户）的价值将随之增加。互联网在国内和全球的扩张就产生了网络效应，正如手机、寻呼机、掌上电脑和无线通信一样。网络效应使产出的价值大大超过了投入的成本。
- **“干中学”** 最后，生产新产品和开拓新经营方式的企业可以通过**干中学**（**learning by doing**）来实现收益递增。一旦方法得到完善，起初需要花几个小时才能完成的任务也许只需几分钟便可完成。

无论收益递增的源泉是什么，其结果都是提高了生产率，进而降低了单位产品的生产和运输成本。

全球竞争 当代经济不仅以信息技术和收益递增为标志，还存在着激烈的全球竞争。20 世纪 80 年代末和 90 年代初，随着社会主义经济的瓦解和市场经济的成功，资本主义在全世界重新觉醒。新的信息技术使得“世界变小”，并使得所有企业为了保持竞争力而必须降低成本和价格，并开拓创新。诸如北美自由贸易区和欧洲联盟这样的自由贸易区，以及世界贸易组织（WTO）推动的贸易自由化也通过取消本国企业享有的贸易保护而强化了国际竞争。反过来，更加广阔的地域市场和更低的关税又使新兴企业和成熟企业将业务范围扩展到国外。

□ 10.8.2 经济增长的启示

在其他条件不变的情况下，更强劲的生产率增长和激烈的全球竞争将使经济体实现更高的经济增长率。回顾图 10.1 有助于理解这一点。如果生产可能性曲线从 *AB* 到 *CD* 的移动反映了旧经济时期潜在产出水平的年度变化，那么，经济体的生产可能性曲线从 *AB* 移动至 *CD* 之外的曲线，就可以用来表示新经济中更高的增长率。如果经济效率和总支出也增加，那么经济体的实际 GDP 就会比图中所示上升更多。

注意两点：尽管生产率增长的趋势线看上去比过去更为陡峭，并且预示着长期的经济增长，但是经济增长率还是会发生波动。因为存在需求因素，实际产出仍可能周期性地低于或高于这条更为陡峭的增长趋势线——在 2007—2009 年的经济大萧条中就确实出现了低于增长趋势线的情况。除此之外，你还需要知道美国的劳动力增长也许在下降。劳动力增长的下降可能会抵消部分或全部由更高的生产率所带来的经济增长的额外潜能。

□ 10.8.3 对持久增长的怀疑

尽管大多数宏观经济学家已经，至少是较小程度地，修正了他们关于长期生产率向上增长的预期，但仍有人对其持怀疑态度并采取“观望”立场。怀疑者们承认经济体经历了新技术带来的快速进步，某些新企业实现了递增的收益，全球竞争也在加剧。但是，对于这些因素是否足以保证生产率和实际 GDP 在未来 15～20 年之内持续攀升，他们表示怀疑。

怀疑者们还指出，生产率曾经在 1975—1978 年和 1983—1986 年间急剧增长，但每一次都迅速回到较低的长期趋势线上。依据生产率的短期攀升推导出来的生产率递增的趋势线不过是幻象。只有认真研究过去的长周期，经济学家才能够从与经济周期和临时性因素相关的生产率的短期上升中分辨出新的长期趋势的开端。

□ 10.8.4 我们能得出什么结论?

对于近些年生产率加速增长的不同观点，我们可以得出什么结论？也许最可靠的结论是：

- 生产率的长期持续增长趋势前景光明（参见全球快照 10.4）。研究表明，与信息技术相关的生产率增长已经遍及很多行业，其中包括服务业。即使是在 2001 年和 2002 年的衰退期，经济体发展缓慢，生产率的增长仍然强劲。尤其是在这两年中，商业部门的平均增长率达到了 3.3%。随着经济的强劲扩张，生产率在 2003 年增长了 3.8%，在 2004 年增长了 2.9%，在 2005 年增长了 2%。
- 时间是试金石。生产率在 2008 年增长了 0.7%，在 2009 年增长了 2.5%，在 2010 年增长了 4.0%，在 2011 年增长了 1.1%。尽管上述这几年生产率的平均增长率低于图 10.4 中的趋势线预测的 2.8%的增长率，但是却高于 1973—1995 年间 1.5%的平均增长率。显然，经济学家还需要等待若干年才可以确定 1995 年之后的生产率加速增长趋势是否为长期的且可持续的。

全球快照 10.4

全球竞争力指数

世界经济论坛每年均发布用以衡量各国经济增长潜力的全球竞争力指数。该指数使用不同的指标（如创新性、技术在不同部门间转移的能力、金融系统的效率、投资率、与世界其他国家和地区的一体化程度）来衡量一国实现经济增长的能力。下面列出了 2010—2011 年排名前十的国家和地区。

全球竞争力排名，2010—2011 年

国家	排名
瑞士	1
新加坡	2
瑞典	3
芬兰	4
美国	5
德国	6
荷兰	7
丹麦	8
日本	9
英国	10

资料来源：Copyright World Economic Forum，The Global Competitiveness Report，2011—2012，www.weforum.org.

10.9 增长是理想的、可持续的吗？

经济学家通常认为经济增长是合意的和可持续的，但是并非所有人都同意这种观点。

□ 10.9.1 反增长论

增长的批判者认为，工业化与经济增长导致了污染、气候变化、臭氧层破坏以及其他环境问题。这些负外部成本的产生是因为生产过程中的投入品又会成为某种形式的废料而重新进入自然环境中。经济增长越快，人民生活水平越高，环境必须或努力吸收的废物就越多。在一个已经很富裕的社会中，进一步的经济增长意味着社会正在以让生态系统承受更大的负担作为代价来满足微不足道的需求。

增长的批判者还认为，基本没有有力的证据可以证明经济增长解决了诸如贫困、无家可归以及歧视等社会问题。以贫困为例，反增长论者认为，美国的贫困问题（而且这个问题也是世界性的贫困问题）是一个分配问题，而非生产问题。解决这个问题的前提条件是对财富和收入再分配的承诺和政治勇气，而不是产出的进一步增长。

反增长论者还认为，虽然增长可以使我们“生活得更好”，但是它却没有带给我们“美好的生活”。我们可能生产得越多，却享受得越少。增长意味着工作节奏加快、劳动者精疲力竭、被边缘化的员工很少有或根本没有对影响自己生活的决策的控制权。处于增长核心的不断变革的技术给劳动者带来了新的焦虑和不安定因素。无论是高层员工还是基层员工，都面临着这样一种可能性，那就是突飞猛进的技术进步将使他们辛苦获得的技能和经验变得过时。高增长的经济也是高压力的经济，它也许会损害我们的生理和心理健康。

最后，高增长率的批判者还对高增长的持续性表示怀疑。地球上可以获得的自然资源是有限的，而它们正在以令人担忧的速度被消耗。高速的经济增长只不过加快了地球资源的恶化和枯竭。按照这种观点，可持续的较慢的经济增长比快速的经济增长更可取。

□ 10.9.2 对经济增长的辩护

为增长辩护的主要理由是，增长是通往更大的物质财富和更高的生活水平的途径，而这是绝大多数人所渴求的。产出和收入的增加将可以使人们购买到更多的教育、娱乐和旅行、更好的医疗保健、更亲近的交流、更熟练的个人和专业服务以及更多精心设计的产品。经济增长还意味着人们可以享受到更多的艺术、音乐、诗歌、电影和戏剧。它甚至意味着人们可以将更多的时间和资源用于提高精神水平以及人类发展。①

增长还能使社会改善基础设施，增加对病人和老人的照顾，为残疾人提供更多的便利，以及提供更多的警察和消防保护。既然对收入进行的大规模再分配很难得到政治上的支持，那么经济增长也许是减少贫困的唯一现实途径。改善穷人经济地位的方法是通过更高的生产率和经济增长来增加家庭收入。另外，工业化国家的零增长政策可能会严重限制贫穷国家的增长，对这些国家的外国投资和发展援助将下降，从而使世界上的穷人仍停留在贫困水平。

经济增长并不会像批判者所说的那样会增加劳动者的忧虑和风险。新机器通常比被取代的旧机器的繁重程度和危险程度更低。装有空调的工作场所比闷热的工作场所更加舒适。另外，经济增长停滞为什么就会减少物质主义和冷漠呢？对物质主义最响亮的抗议声正来自那些享受着最高物质水平的国家和集团！增长所带来的高质量生活水平使我们能够享受更多的闲暇，给我们更多的时间反躬自省和实现自我。

增长会对环境造成威胁吗？增长的支持者认为，增长和环境之间的关系甚微。经济加速增长并不一定意味着污染会增加。污染并非增长的副产品，它其实是个“公共问题”。大部分环境——溪流、湖泊、海洋以及空气——被认为是公共财产，对它们的使用缺少限制或没有限制。这些公共财产变成了我们的垃圾场，我们过度使用了它们，贬低了它们。环境污染是溢出或外部成本的体现，纠正这个问题需要规范的法律监管、特别税（“排污费”），或是用以纠正环境污染的市场激励措施。

---

① Alice M. Rivlin, *Reviving the American Dream* (Washington, D. C.: Brookings Institution, 1992), p. 36.

支持增长的人们也承认，社会存在严重的环境问题，但是他们指出，因此而限制增长是错误的解决方法。增长可以使经济体在增加家庭收入的同时，减少污染、积极保护环境、退耕还林、创建国家公园和纪念馆，并清理有害废弃物。

增长是可持续的吗？增长的支持者的回答是肯定的。如果我们消耗自然资源的速度比我们开采它们的速度快，那么自然资源的价格就会上升。然而，大多数自然资源并不符合上述说法；事实上，大多数自然资源的价格都在下降。如果一种自然资源的价格太贵，那么另一种自然资源将会替代它。此外，经济学家还认为，与可以开采的自然资源相比，经济增长与人类知识和信息的扩张与应用的关系更为密切。按照这种观点，经济增长，以及任何经济增长带来的问题的解决方法，仅受限于人类的想象力。

小结

1. 国内生产总值（GDP）是指，在一年内，一国境内生产的所有最终产品和服务的市场价值总和。中间产品和二手产品的销售并不计入 GDP。

2. GDP 可以通过将消费者对产品和服务的购买支出、企业的总投资支出、政府采购以及净出口加总计算而得：$GDP=C+I_g+G+X_n$。

3. 名义（美元现价）GDP 衡量的是以当年价格计算的年产出。实际（不变美元价格）GDP 衡量的是以基期价格计算的年产出。由于实际 GDP 经过了价格变化的调整，因此实际 GDP 的变化就仅体现在产量的变化上。

4. 经济增长可以由两种方式体现：(a) 一段时期内实际 GDP 的增长，(b) 一段时间内人均实际 GDP 的增长。增长降低了稀缺性带来的问题，并促进了可以解决社会经济问题的实际 GDP 增长。

5. 经济增长的供给因素为：(a) 一国自然资源的数量和质量，(b) 一国人力资源的数量和质量，(c) 资本品的存量，(d) 一国的技术。另外两个因素——充足的总需求和经济效率——也是实现经济增长潜力所必需的。

6. 生产能力的提高在图形上表现为一国的生产可能性曲线向外移动。当总支出的增加足以与生产能力的提高相互匹配时，经济增长就得以实现。

7. 美国实际 GDP 的增长部分源于劳动力投入的增加，且主要是由于劳动生产率的提高。生产率的提高主要来自技术进步、劳动者人均资本数量的增加、劳动力素质的提高、规模经济以及劳动力资源配置的改善。

8. 在长期中，劳动生产率的提高是一个经济体实际工资和生活水平提高的基础。

9. 1995—2009 年间，美国生产率的年均增长率为 2.8%，而 1973—1995 年间，增长率只有 1.5%。一些经济学家认为，这种生产率的加速增长将长期持续，而且将使经济体经历更快的无通胀的经济增长。

10. 1995 年后生产率加速增长的基础是：(a) 以微型芯片和信息技术形式出现的技术变革，(b) 递增的收益和更低的单位成本，(c) 全球竞争的加剧。

11. 近年来收益递增的主要源泉是：(a) 随着企业成长而使用更为专业的投入品，(b) 研发成本的分摊，(c) 消费者的同时消费效应，(d) 网络效应，(e) 干中学。递增的收益意味着更高的生产率和更低的单位生产成本。

12. 一些经济学家对近年来生产率的加速增长是否可持续持怀疑和观望态度。他们指出，生产率和实际 GDP 的迅猛增长也曾出现过，但是不一定代表长期持久的趋势。

13. 加速增长的批判者认为，加速的经济增长加速了环境恶化，增加了人们的压力，以及消耗了地球有限的自然资源。而经济加速增长的支持者则认为，增长是几乎所有人都渴求的生活水平提高的主要途径，并且经济增长并不一定会导致环境恶化，也没有迹象表明我们正在耗尽资源。增长是建立在人类知识的扩展和应用基础上的，经济增长仅受限于人类的想象力。

术语和概念

国民收入和生产账户（NIPA）	国内生产总值（GDP）	中间产品
最终产品	个人消费支出（C）	私人国内总投资（I_g）
政府采购（G）	净出口（X_n）	名义 GDP
实际 GDP	经济增长	人均实际 GDP
劳动生产率	劳动力参与率	增长核算
基础设施	人力资本	规模经济
信息技术	初创企业	收益递增
网络效应	干中学	

思考题

1. 为什么国民收入会计核算人员比较的是不同年份总产出的市场价值，而不是生产的实物数量？将不同时期总产出的市场价值进行比较时会产生什么问题？这个问题是如何被解决的？

2. 为什么仅将最终产品纳入某一特定年份 GDP 的核算？为什么使用过的家具的价值不计入 GDP？

3. 消费支出主要有哪些类型？为什么新房屋的购买被视为投资支出，而非消费支出？

4. 为什么存货的变动被视为投资支出的一部分？假设 2012 年存货减少了 10 亿美元。这将如何影响 2012 年的私人国内总投资和国内生产总值？请解释。

5. 请定义净出口。请解释美国的出口和进口各自是如何影响国内生产的。如何决定净出口？解释为什么净出口可能为负。

6. 下列哪些项目计入 GDP？请分别解释你的答案。

a. 油漆匠粉刷家庭房屋的服务。

b. 汽车经销商向一位非商业的消费者销售一辆新车。

c. Smith 销售她的生物学课本给一位旧书收购者所得到的收入。

d. 一本崭新的经济学课本的出版和销售。

e. 企业存货增加 20 亿美元。

f. 政府对新生产的飞机的采购。

7. 经济增长的 4 个主要供给因素有哪些？需求因素都有哪些？效率因素是哪些？请用生产可能性曲线说明这些因素。

8. 美国实际 GDP 的增长在多大程度上来源于更多的劳动力投入？在多大程度上来源于更高的劳动生产率？在以下列举的促进实际 GDP 增长的因素中，请根据它们的贡献程度大小重新排列这些因素：规模经济、资本数量、资源配置的改善、教育与培训、技术进步。

9. 请判断以下叙述是正确还是错误的？如果是错误的，请解释原因。

a. 技术进步对美国经济的增长至今只发挥了较小的作用，但将来一定会发挥更大的作用。

b. 许多公共资本产品是私人资本产品的补充。

c. 移民降低了美国经济增长的速度。

10. 请解释为什么一国生产率增长的变化与其实际平均小时工资的变化有着密切的关系。

11. 请将以下因素与近些年生产率的加速增长相联系：

a. 信息技术。

b. 收益递增。

c. 网络效应。

d. 全球竞争。

12. 请提供 3 个能同时被许多人消费的产品或服务的实例。请解释为什么当企业销售更多的产品或服务时，劳动生产率会大大提高。请解释为什么更高的销售水平会降低产品的单位成本。

计算题

1. 假设一个仅生产 3 种产品的经济体在第 1 年的产出为 3 夸脱冰淇淋、1 瓶洗发水以及 3 罐花生酱。第 2 年，产出变为 5 夸脱冰淇淋、2 瓶洗发水以及 2 罐花生酱。如果在这两年中，每夸脱冰淇淋的价格均为 4 美元，每瓶洗发水均为 3 美元，每罐花生酱均为 2 美元，那么经济体第 1 年的 GDP 是多少？第 2 年的 GDP 又是多少？

2. 如果一国在某一特定年份中，个人消费支出为 500 亿美元，股票和债券的购买数量为 300 亿美元，净出口额为 100 亿美元，政府采购为 200 亿美元，二手产品的销售额为 80 亿美元，总投资为 250 亿美元，那么该年的 GDP 是多少？

3. 假设一个花卉种植者将其全年的花球茎以 70 000 美元的价格出售给一个互联网零售商。这位零售商反过来以 160 000 美元的价格又将花球茎直接出售给最终消费者。那么在这一年中，这两次交易增加了多少个人消费支出，进而增加了多少 GDP？

4. 利用以下的 NIPA 数据计算 GDP。所有数据均以 10 亿美元为单位。

个人消费支出	245
工资、薪金	223
进口	18
企业利润	42
折旧	28
私人国内总投资	86
政府采购	82
出口	9

5. 假设在 1984 年，一个仅生产一种产品的经济体的总产出为 7 000 桶鸡肉。同样还假设在 1984 年，每桶鸡肉的价格为 10 美元。最后假设在 2004 年，总产出为 22 000 桶鸡肉，每桶鸡肉的价格为 16 美元。请以 1984 年的价格为基准，分别确定 1984 年和 2004 年的实际 GDP。

6. 假设一个经济体在第 1 年的实际 GDP 为 30 000 美元，在第 2 年的实际 GDP 为 31 200 美元，那么该经济体实际 GDP 的增长率为多少？假设第 1 年的人口数量为 100 人，第 2 年的人口数量为 102 人，那么人均实际 GDP 的增长率为多少？

7. 一国在 7 年内将产出增加一倍所需的年增长率是多少？在 35 年内将产出增加一倍所需的年增长率又是多少？140 年呢？

8. 假设一个“领先”国家的人均实际 GDP 为 40 000 美元，一个“落后”国家的人均实际 GDP 为 20 000 美元。假设领先国家的人均实际 GDP 的增长率降至零，落后国家的人均实际 GDP 的增长率增至 7%。如果这些增长率持续很长一段时期，那么落后国家赶上领先国家的生活水平需要多长时间？

9. 假设在 New Zombie，第 1 年的工作时间为 200 小时，生产率为每小时 8 美元，那么 New Zombie 的实际 GDP 为多少？如果在第 2 年，工作时间提高到 200 小时，生产率提高到每小时 10 美元，那么 New Zombie 的经济增长率为多少？

在 www.brue3e.com 中做进一步的测试

在本书的“在线学习中心”www.brue3e.com 中，你会找到一个或多个网络练习题，这些问题需要从网络上获取信息才能进行解答。我们强烈建议你完成这些问题，因为这些问题能够使你熟悉我们的网站，而我们的网站对你其他课程的学习，甚至你日后的事业都有帮助。“在线学习中心”提供了多项选择测试题，还能为你提供及时的反馈。该网站上还有许多有用的方法进一步测试你对本章知识的掌握情况。

第 11 章 商业周期、失业和通货膨胀

学习完本章后，你应该能够：

1. 描述商业周期和它的主要阶段。
2. 阐述如何度量失业和通货膨胀。
3. 解释失业和通货膨胀的类型以及它们对经济产生的影响。

如第 10 章提到的，美国经济经历了一段显著增长的时期，但这种增长并不是平稳的，也不能被年复一年地预期。在一些时期，美国还经历了经济的衰退、高失业率或高通货膨胀率。比如，美国在大萧条时期，增加了 800 万名失业工人，失业率也从 4.7%攀升到 10.1%。其他国家有时也会经历高失业率。举一个例子，西班牙 2011 年的失业率超过了 21%，美国和其他国家偶尔也会发生通货膨胀现象。比如，1980 年美国的通货膨胀率为 13.5%，2007 年津巴布韦的通货膨胀率猛涨到 26 000%。

在这一章中，我们的目标是要理清这些概念、术语，以及与宏观经济波动相关的事实。其中，我们将重点讨论商业周期、失业和通货膨胀。这些概念对于理解接下来章节中的经济理论和经济政策极其重要。

11.1 商业周期

美国经济的长期增长趋势在图 11.1 中表示为标有“增长趋势”的上升线。但是，这种增长存在不稳定性，这种不稳定性常常与经济周期相关。**商业周期（business cycles）**是指经济运行中周期性出现的经济扩张与经济收缩交替更迭、循环往复的一种现

象。单个周期（一次“上升”之后发生一次“下降”）在持续时间和强度上都有显著的不同。

如图 11.1 所示，商业周期的两个主要阶段是衰退和扩张（“波峰”和“波谷”仅仅是两个转折点）。**衰退（recession）**是指总产出、收入、就业都下降的时期。图中所示的衰退至少持续 6 个月，表现为经济体中多个部门经济活动的普遍收缩。也就是说，随着实际 GDP 的下降，失业率明显增加。表 11.1 列出了美国自 20 世纪 50 年代以来的 10 次衰退。

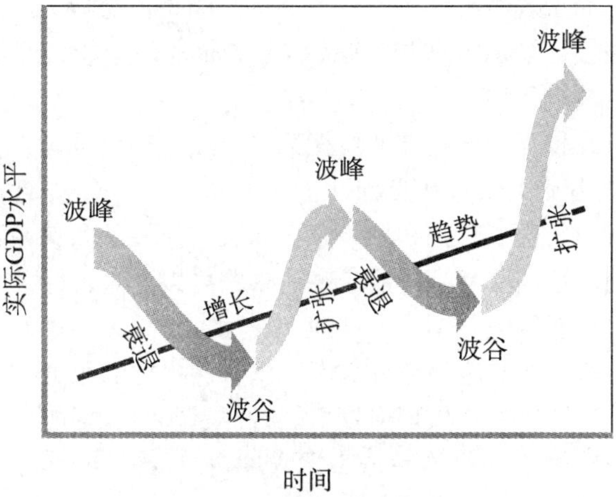

图 11.1　商业周期

注：经济学家将商业周期分为两个主要阶段（衰退和扩张）；且每个阶段的持续时间和强度都不相同。

表 11.1　　20 世纪 50 年代以来美国的经济衰退

时期	持续时间（月）	衰退程度（实际产出下降的百分比）
1953—1954 年	10	−3.7
1957—1958 年	8	−3.9
1960—1961 年	10	−1.6
1969—1970 年	11	−1.0
1973—1975 年	16	−4.9
1980 年	6	−2.3
1981—1982 年	16	−3.3
1990—1991 年	8	−1.8
2001 年	8	−0.5
2007—2009 年	18	−3.7

资料来源：National Bureau of Economic Research，www. nber. org，and Minneapolis Federal Reserve Bank，“The Recession and Recovery in Perspective，” www. minneapolis-fed. gov. Output data are in 2000 dollars.

一次经济衰退之后往往会出现一次经济的复苏和**扩张（expansion）**，在这一时期，实际 GDP、收入和就业率都会增加。当经济复苏到一定程度时，社会又一次实现充分就业。当人们的消费扩张速度超过社会生产能力的提高速度时，几乎所有产品和服务的价格都将上涨；也就是说，发生了通货膨胀。

美国国家经济研究局下属的商业周期测定委员会（The Business Cycle Dating Committee of the National Bureau of Economic Research（NBER））——一个非营利经济研

究机构——公布美国经济衰退的开始和结束。根据实际产出下滑和就业率下降的证据，美国国家经济研究局（NBER）正式宣布最近的一次经济衰退是始于2007年的经济大萧条。美国国家经济研究局随后宣布这次经济衰退结束于2009年6月，共计18个月。在公布这一结论时，美国国家经济研究局指出这并不是对未来经济形势的预测。

□ 11.1.1 商业周期的成因

美国经济呈长期扩张和增长趋势。这就是为什么在图11.1中，商业周期要被刻画为经济增长的趋势。而宏观经济学中的一个关键问题是，为什么经济体总是经历商业周期的波动，而不是缓慢、平稳地增长？就图11.1而言，为什么产出要上下波动，而不是只停留在平稳的增长趋势线上？

经济学家已提出几种对商业周期的可能解释。这些理论都建立在经济波动是由于受到了**冲击（shock）**的基础上——在受到冲击时，个人和企业预期的事情没有发生，而其他没有预料到的事情发生了。比如，一家企业决定修一条高速铁路以便乘客能够穿梭于华盛顿和纽约之间。他们非常期待这条高速铁路可以受到追捧并获得丰厚的利润。但如果这条高速铁路出乎意料地并不受人欢迎，还亏本了，那么这家企业就必须考虑如何去应对这种情况。这家企业是应该坐等倒闭，调整它提供的服务，还是花大价钱去开展大规模的广告活动？这些决定在处理突发事件时都是非常必要的。

经济体会受到需求冲击和供给冲击。**需求冲击（demand shocks）**是指产品和服务的需求发生了突然、毫无预料的改变。**供给冲击（supply shocks）**是指产品和服务的供给发生了突然、毫无预料的改变。请注意，冲击这个词只是告诉我们有出乎意料的事发生，而不是告诉我们所发生的事情是出乎意料地好，还是出乎意料地坏。为表明冲击的具体特征，经济学家常使用具体的词汇，如一次积极的需求冲击，指需求比预期更多的情况；相反，一次消极的需求冲击，指需求不及预期多的情况。

那些对经济体的冲击，尤其是那些带来巨大消极影响的冲击，会引致政府干预。可为什么冲击会成为一个如此大的问题而导致政府出面帮忙呢？为什么企业不能自己处理这些冲击呢？为什么产品和资源市场不能迅速作出反应从而纠正经济的失衡呢？

这是因为，很多产品和服务的价格在短期是不灵活的（价格的变动很慢，也称作**黏性价格，sticky price**）。这也就暗示着，价格的变动不能很快地使产品和服务的需求量与它们相应的供给量之间达到平衡。因此，由于价格是不灵活的，经济体在短期内应对需求冲击就主要通过产出和就业的变动，而不是通过价格的变动。如果冲击对产出和就业的消极影响是剧烈的或长期持续的，那么政府通常就需要采取行动来进行纠正了。在后面章节中我们会阐述政府的政策选择，现在我们只集中探讨商业周期。

经济学家列出了几种会引致商业周期的冲击的成因。

- **不规律的创新** 大量的新型产品或生产方式，例如，同铁路、移动电话、电脑和网络相关的产品或工艺，会通过经济体迅速传播开来，从而激发投资、消费、产出和就业大规模增长。在经济体大量吸收这些新的产品创新后，经济将会有一段时间减速发展，甚至还有可能出现下滑。因为这些创新的产生是不规律的、是预期之外的，因此它们可能会导致经济活动的变异。
- **生产率变动** 当生产率——每单位投入带来的产出——意外地提高时，经济迅速发展；当生产率意外降低时，经济后退。引起生产率改变的原因，可以是资源用途的意外变动（比如，石油或农产品用途的变化），或是一般技术进步率的意外变动。

● **货币因素** 一些经济学家把商业周期看作纯货币现象。他们认为，当一国中央银行发行的货币超过人们的预期时，经济将受到冲击，这将使通货膨胀与经济增长共同出现。相反，若印发的钞票少于人们的预期，将引发产出的下滑，最终带来价格水平的下降。

● **政治事件** 突如其来的政治事件，比如和平条约、新的战争或“9·11”恐怖袭击事件，会创造出经济机遇或者经济负担。为了适应这些冲击，经济体可能会经历增长或衰退。

● **金融的不稳定性** 出乎意料的金融泡沫（资产价格的迅速上涨）或泡沫破灭（资产价格的迅速下跌）会通过扩张和收缩信贷、增加或侵蚀消费者和商人的信心来影响一般经济部门。随之而来的将是其他经济部门的繁荣和萧条。

2007—2009年的经济大萧条是过度的货币发行和金融狂热促成的，而这些又带来了高估的房地产价格和不可持续的抵押贷款。金融机构将这些贷款打包，推出有价证券（“衍生品”），卖给金融投资者们。这些投资者反过来又买入保险，以防止这些有价证券可能带来的损失。当房地产价格骤然下跌、贷款意外违约时，证券化和保险机构联系在一起，几近崩溃。信贷市场冻结，悲观情绪盛行，企业和家庭的消费骤减。

无论经济冲击的源头是什么，大部分经济学家认为大多数实际产出和就业水平的周期性变化是由总支出的不可预期的变化引起的。如果人们的总支出意外地降低，而厂商又不能降低产品价格，那么厂商会发现它们产品的销量降低了（这是由于当价格固定时，支出的下降就意味着人们购买的产品变少了）。销售放缓会使厂商减少产品的生产，进而造成GDP的下降，并且，由于减少生产，需要的工人数量也会变少，就业率会降低。这样一来，经济会萎缩，然后进入衰退期。

相反地，如果支出水平意外地上升，那么产出、就业和收入会随之上升。因为价格具有黏性，支出的上升意味着消费者将购买更多的产品和服务（因为当价格固定时，更多的支出意味着可以购买更多的产品）。厂商为应对消费者的需求，会增加产出，这样一来，GDP就会增长。并且，为了生产出更多的产品，厂商就需要招聘更多的工人，从而带来就业率的上升。由此，经济会迅速发展，然后进入扩张期。最终，随着时间的流逝，当价格变得更加灵活时，价格可能也会随着消费者支出的增加而上涨。

□ 11.1.2 周期性影响：耐用品和非耐用品

尽管商业周期存在于经济的每一个角落，但它影响不同部门的方式和程度是不同的。

那些生产资本产品（比如，房屋、商业大厦、重型设备和农业用具）和消费者耐用品（比如，移动电话、电脑、冰箱）的厂商和行业受商业周期影响最大。在一定范围内，厂商可以延迟购买这些资本产品。例如，当经济进入衰退期时，生产者常常推迟购买新的设备和推迟建设新的工厂。商业前景无法解决资本存货的增加。在经济繁荣的时候，资本品会在彻底贬值前被更换。但当经济衰退来临时，厂商会修补旧的设备然后继续使用。结果，对资本品的投资大幅下降。拥有过剩生产能力的厂商可能也不会考虑更换所有正在贬值的设备，对它们来说，净投资可能为负。移动电话和家电这样的耐用消费品也是一样的。当经济衰退导致家庭必须削减其预算时，消费者会推迟购买这类产品。人们会选择修理旧汽车和旧家电，而不是购买新的，生产这些产品的厂商就会受到损害。（当然，生产这些资本品和耐用消费品的厂商在经济扩张时受益最大。）

相反，服务行业和生产非耐用消费品的厂商会一定程度地避免衰退带来的严重影响。比如，人们会发现要减少对药品和法务的需求是很困难的。并且，经济的衰退还帮助了一些服务性企业，比如，专门处理破产事务的典当行和律师事务所。同样，人们也不容易推迟购买许多如食品和衣服这样的非耐用产品。经济衰退会使非耐用品的消费量和质量降低，但不像资本品和耐用消费品那样下降很多。

应用分析

股票价格和宏观经济的不稳定

每天，股票市场会有成千上万只企业股票被买进和卖出（所有权分配）。企业股票的所有者收到红利——企业利润的一部分。股票市场的供需状况决定了每一只企业股票的价格，同时股票价格的上升或下降通常与人们对该企业的利润预期相一致。企业利润越高，则股东分得的红利就越多，在能获得高红利的预期下，人们愿意为该股票支付更高的价格。

媒体会密切监测和报道股票市场的平均价格水平，例如，道琼斯工业指数（DJIA）——30家美国主要工业企业股票的加权平均价格。这些平均价格一般会随着时间而变化，甚至会在一天之内急剧上升或下降。在1987年10月19日，历史上被称为“黑色星期一”的这一天，道琼斯工业指数下降了20%。相反地，在1998年和1999年这两年内，股票市场平均价格大幅度上涨，两年间的道琼斯工业指数分别上涨了16%和25%。然而，在2008年的最后三个月内，道琼斯工业指数骤然下跌34%，是自20世纪30年代以来下跌最厉害的一次。

股票市场的活跃度又引出了这样的问题：由股票平均价格变化引起的股市财富变化是否会导致宏观经济的不稳定？股票市场和经济的紧密联系会告诉我们答案，是的。若股票价格迅速上涨，股东会感觉自己更富有了，因此会增加支出（财富效应）。对企业而言，它们会增加对新的资本产品的购买，因为它们能够通过发行新的高价值股票来为投资行为融资（投资效应）。当然，股票价格的迅速下跌会造成相反的结果。

研究发现，股票价格的变动确实会影响消费和投资，但对这两项的影响是相对微弱的。比如，股票价格在一年内保持10%的增长率，会带来消费在之后3年内4%的增长。投资的反应更小，所以股票价格年复一年、日复一日的典型变化对宏观经济的影响是微弱的。

与此相反，股票市场泡沫对经济是不利的。这些泡沫使人们对股票市场过度乐观，从而疯狂买入股票，最终造成股票价格整体急速增长。不过，这些上升的股票价值缺乏实体经济的支撑，因为人们并没有对未来的经济增长潜力以及活跃在经济中的企业产生乐观预期。这些泡沫会破裂，而不是慢慢地消失，因此会对经济体造成损害。股票市场的崩溃又会带来人们对经济的悲观情绪，从而进一步削减社会中的消费和投资支出。无可否认，在2007年和2008年对股票市场的大量投入带来了2007—2009年的严重衰退，这是由于金融机构萎缩和在社会上制造对未来经济方向的悲观情绪造成的。

问题：假设你有一笔 100 000 美元的大学教育储蓄基金，你将它全部投入股票市场，由于一次股票市场的崩溃，储蓄基金的价值减少到了 25 000 美元。试解释这将如何影响你对大学的支出（包括你对学校的选择）以及你对其他产品和服务的支出。

11.2 失业

失业和通货膨胀是经济周期带来的两个问题。我们首先看一下失业。

□ 11.2.1 失业的衡量

美国劳工统计局（BLS）在全国范围内随机抽取约 60 000 个家庭进行调查，以确定就业人数和失业人数。设计的一系列问题包括家中哪位成员在工作、哪位失业了且正在找工作、哪位失业了但不打算找工作等等。从这些答案中，我们可以计算出整个国家的失业率。

图 11.2 可以帮助说明这一计算过程。它将美国的总人口分成三组。第一组由 16 岁以下的人和那些被收容的人构成。这些人都不能算做潜在**劳动力（labor force）**；第二组

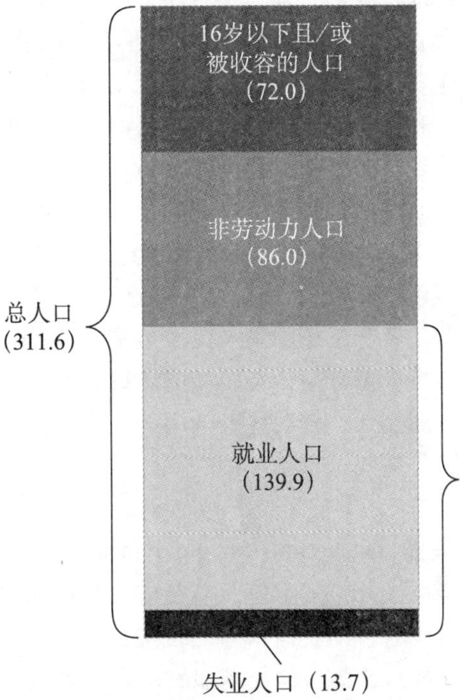

图 11.2　2011 年劳动力人数、就业人数和失业人数（百万）

注：劳动力人口包括年满 16 岁或以上且未被收容的人、那些正在就业的人，以及那些虽未就业但正在积极找工作的人。

资料来源：Bureau of Labor Statistics，www. bls. gov.

称作“不在劳动力之内的人”，由未被雇用的及没有找工作的那些潜在成年劳动者组成，比如，家庭主妇、全职学生或退休人员；第三组为劳动力，占 2011 年美国总人口的 49%，由那些能够工作且有意愿工作的人组成，其中包括那些全职和兼职的工作者以及那些没有被雇用，但仍在积极找工作的人。**失业率（unemployment rate）**是指失业人员在劳动力人口中所占的百分比：

$$失业率=\frac{失业人数}{劳动力人数}\times 100\%$$

通过图 11.2 中被取整的统计数据可以算出 2011 年的平均失业率：

$$\frac{13\ 747\ 000}{153\ 617\ 000}\times 100\%=8.9\%$$

□ 11.2.2 失业的类型

失业有三种类型：摩擦性失业、结构性失业和周期性失业。

1. 摩擦性失业

在任何时候，都有劳动者处于待业状态。他们中的一些人自愿从一份工作换到另一份工作，一些人被解雇后正在寻找另一份工作，还有一些人因为季节性需求而暂时被解雇。除了那些待业的人以外，还有许多年轻人正在寻找他们的第一份工作。

一旦这些失业者找到工作或被招回去重新工作，其他求职者和被解雇的人将代替他们在“失业人群”中的位置。所以，我们必须清楚一点，即便这个失业人群由于有新的失业者不断地补充进来而始终存在，但大多数的失业者不会长期处于失业状态。的确，当经济繁荣的时候，大多数失业者在几个月内就可以找到工作。因此，千万不要犯这样一个错误，认为失业人群不变就表明劳动者永久失业。另一方面，确实有些人一直长时间处于失业状态——有时候持续好几年。所以，需要注意，在我们提到的几种不同类型的失业中，有些失业是短暂的，而另一些失业是长期的。

经济学家们用**摩擦性失业（frictional unemployment）**——包括搜寻性失业和等待性失业——定义那些在找工作或者准备在近期内工作的劳动者。“摩擦”意味着劳动力市场的运行并不完美，无法使劳动者和工作瞬间（无摩擦地）匹配。

摩擦性失业是不可避免的，至少部分是社会合意的。许多摩擦性失业者正在从低收入、低生产效率的工作转移到较高收入、较高生产效率的工作中去，这意味着劳动者的收入增加了、劳动力资源的配置更高效了、经济中的实际 GDP 上升了。

2. 结构性失业

摩擦性失业容易和**结构性失业（structural unemployment）**相混淆。在这里，经济学家用“结构”一词来表示“组成成分”的意思。消费需求和技术随着时间而发生的变化会从工作性质和地理位置上改变对劳动者需求的“结构”。

从工作性质来看，对某些技能（比如，缝制衣服和从事农场劳作）的需求可能会下降甚至消失，对其他技能（比如，设计软件或维护计算机系统）的需求则有可能增加。由于劳动力无法迅速或完全地对工作机会的新结构作出反应，故导致了失业。那些拥有的技能或经验已经过时或不再被需要的劳动者会发现，他们的天赋已经没有市场了。在适应或掌握雇主所需要的技能之前，他们就处于结构性失业状态。

从地理位置来看，对劳动力的需求也会随着时间而发生变化。一个例子：在过去几个世纪里，产业从冰雪地带向阳光地带的转移，带来了就业机会的随之转移。另一个例子是工作机会从城市内的工厂转移到了郊区的产业园。最后一个例子是所谓的离岸工作，发生在对某种劳动力的需求从本国企业转移到外国企业的情况下。当工作机会从一个地方转移到另一个地方时，一些劳动者就成为结构性失业者。

3. 周期性失业

周期性失业（cyclical unemployment）是指由总支出的下降导致的失业，这种现象通常发生在商业周期的衰退阶段。当对产品和服务的需求下降时，就业量下降，失业量上升。1933 年大萧条时期 25%的失业率主要反映的就是周期性失业，1982 年 9.7%的失业率、1992 年 7.5%的失业率和 2011 年 8.9%的失业率中的大部分也都是周期性失业。

周期性失业一旦发生就会是一个非常严重的问题。要理解它的代价，我们首先要给“充分就业”下一个定义。

□ 11.2.3 充分就业的定义

由于在动态经济中，摩擦性失业和结构性失业在很大程度上是不可避免的，因此充分就业必定会小于 100%的劳动力就业水平。经济学家认为，当经济中只存在摩擦性失业和结构性失业时，该经济就实现了“充分就业”。也就是说，充分就业时，经济中不存在周期性失业。在今天，大多数经济学家相信，当失业率小于 5%时，经济就是充分就业的。我们把在“充分就业”时实现的实际 GDP 水平称为**潜在产出（potential output**，或者**潜在 GDP**）。

□ 11.2.4 失业的经济成本

失业时产生的基本经济成本是所损失的产出。当经济不能为所有具备技能且愿意工作的人提供足够的工作机会时，产品和服务的潜在产出就产生了无法挽回的损失。根据第 1 章的分析，周期性失业意味着社会处于生产可能性曲线以内的某一点。经济学家把这一产出损失称为 **GDP 缺口（GDP gap）**——实际 GDP 与潜在 GDP 之间的差额。

GDP 缺口＝实际 GDP－潜在 GDP

这个 GDP 缺口可能是负值（当实际 GDP 小于潜在 GDP 时），也可能是正值（当实际 GDP 大于潜在 GDP 时）。实际失业率和 GDP 缺口之间关系紧密：失业率越大，负的 GDP 缺口也就越大。

失业的社会成本——损失的产出——也可以用损失的个人收入来表示。这种收入损失生来是不平等的。某些人群的失业率比其他人群高，因此在经济衰退期间会承受失业率骤升的冲击。例如，从事较低技能工作的人（如体力劳动者）相对于从事较高技能工作的人（如专业人员）有着更高的失业率，且其结构性失业出现得更频繁、持续的时间更长。除此之外，相对于高技能劳动者而言，低技能劳动者自己经营的可能性更小，因此经济衰退时遭殃的往往是低技能劳动者，相反，企业会留住大多数高技能劳动者，因为在他们身上投入了培训成本。

同样，十几岁的青少年比成年人的失业率更高。因为青少年的技术水平更低、辞职的概率更高、“被解雇”的频率更高，并且，比起成年人，他们的地理流动性更差，许多青少年是初次进入劳动力市场的，正在寻找他们的第一份工作。尤其是十几岁的黑人青少年，他们的失业率非常高。

最后，黑人和西班牙人的总体失业率比白人和亚洲人的失业率高。导致高失业率的原因包括：这些人受教育程度低、更多集中在低技能的职业上及在劳动力市场上受到歧视。一般而言，黑人的失业率是白人的两倍。

□ 11.2.5 国际比较

在某些年份，各国之间的失业率有着明显的差别。一个原因是，各国在经济处于充分就业状态时失业率存在差异，另一个原因是，不同的国家所处的经济周期不同。全球快照 11.1 显示了 5 个发达国家在 2000—2011 年间的失业率。在大萧条期间，美国的失业率明显低于法国和德国的失业率。

全球快照 11.1 ☞

2000—2011 年 5 个工业化国家的失业率

同法国和德国相比，在 2007—2009 年发生严重衰退之前，美国有一个相对较低的失业率。多年来，日本在工业化国家中的失业率是最低的。

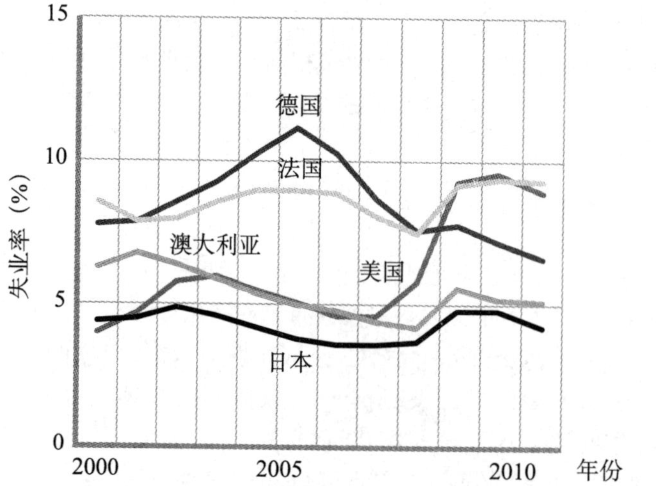

资料来源：Bureau of Labor Statistics，www. bls. gov. 基于美国的失业率概念。

11.3 通货膨胀

现在我们看一下通货膨胀——宏观经济不稳定性的另一个方面。通货膨胀带来的问题比失业带来的问题更难以察觉。

□ 11.3.1　通货膨胀的定义

通货膨胀（inflation）是指经济体中价格水平的普遍上涨。发生通货膨胀时，每一美元的收入相对以前来说，只能购买到更少的产品和服务。也就是说，通货膨胀削弱了货币的“购买力”，但通货膨胀并不代表所有价格都上涨。即便是在急剧通货膨胀时期，有些价格可能相对稳定，而有些价格可能不断下降。例如，虽然美国在20世纪70年代和80年代早期都经历了很高的通货膨胀率，但在这一期间，录像机、电子表及个人计算机的价格却下降了。

□ 11.3.2　通货膨胀的计算

在美国，通货膨胀的主要计算方法为**消费者价格指数（Consumer Price Index，CPI）**，由美国劳工统计局负责编制。政府用这个指数来汇报每月以及每年的通货膨胀率，同时还用CPI来调整社会保险费和所得税项目的计算。CPI计算的是一个普通城市消费者所购买的一个“市场篮子”的价格，这个“市场篮子”包含了约300种产品和服务。

在计算CPI时，这个市场篮子的组成是基于城市消费者在某一特定时期内（目前为2009—2010年）的消费支出确定的。美国劳工统计局每两年对市场篮子的组成进行一次更新，以便反映最近一段时期消费者的消费方式和消费者当前面临的通货膨胀程度。美国劳工统计局将1982—1984年间的CPI强制设定为100。因此，任一特定年份的CPI计算如下：

$$\text{CPI}=\frac{\text{某一特定年份最近的市场篮子价格}}{\text{1982—1984 年同样的市场篮子价格}}$$

某一特定年份的通货膨胀率等于该年物价指数与上一年物价指数之差和上一年物价指数的百分比。例如，CPI从2010年的218.1上涨到2011年的224.9，所以2011年的通货膨胀率为3.1%。

$$\text{通货膨胀率}=\frac{224.9-218.1}{218.1}\times 100\%=3.1\%$$

在极少数情况下，CPI会逐年下降。比如，CPI曾经从2008年的215.3下降到2009年的214.5，2009年的通货膨胀率就为－0.4%。像这样的物价水平下降被称为**通货紧缩（deflation）**。

从第10章我们讨论过的70法则的数学近似法可知，在给定的年增长率下，用70除以该增长率就可以算出在多少年内被测值可以翻一番。因此，在年通货膨胀率为3%的情况下，物价水平将在约23（=70/3）年内翻一番。

□ 11.3.3　通货膨胀的事实

图11.3显示了1960—2011年间美国的年通货膨胀率。我们可以发现，在20世纪70年代和80年代初期，通货膨胀率达到了两位数，但从那以后就下降了，而且近年来相当温和。

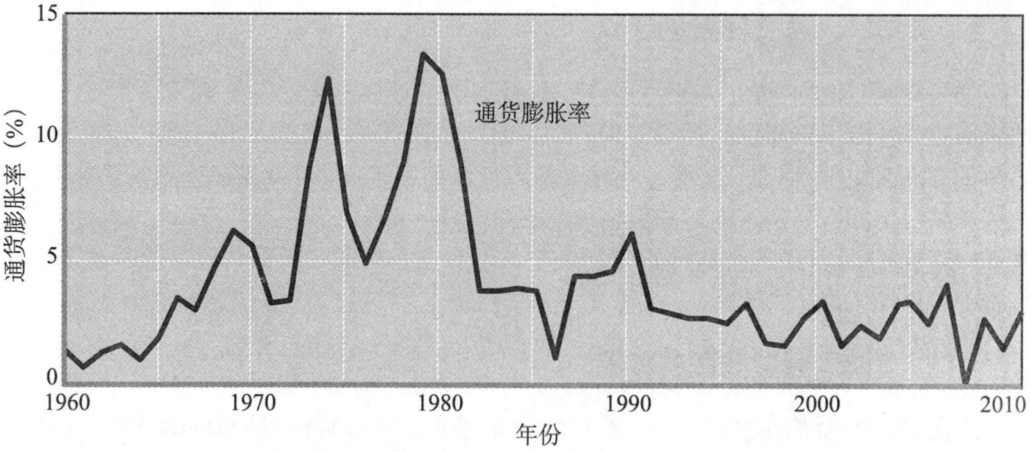

图 11.3　1960—2011 年间美国的年通货膨胀率（以上年 12 月至下年 12 月为基准的 CPI 变动）

注：在过去 50 年间，美国发生通货膨胀的主要时期为 20 世纪 70 年代和 80 年代。

资料来源：Bureau of Labor Statistics，www. bls. gov.

近年来，美国的通货膨胀相对于其他一些工业化国家的通货膨胀而言，既不是很高，也不是很低（参见全球快照 11.2）。一些国家（未列出）近年来曾出现了两位数或甚至更高的年通货膨胀率。比如在 2009 年，刚果民主共和国的年通货膨胀率为 46%，厄立特里亚为 35%，阿富汗为 31%，委内瑞拉为 27%；在取消使用其现有货币前，津巴布韦 2008 年的通货膨胀率为 149 000 000 000%。

全球快照 11.2

2000—2011 年 5 个工业化国家的通货膨胀率

相对其他工业化国家而言，近年来美国通货膨胀率并不是特别高，也不是特别低。

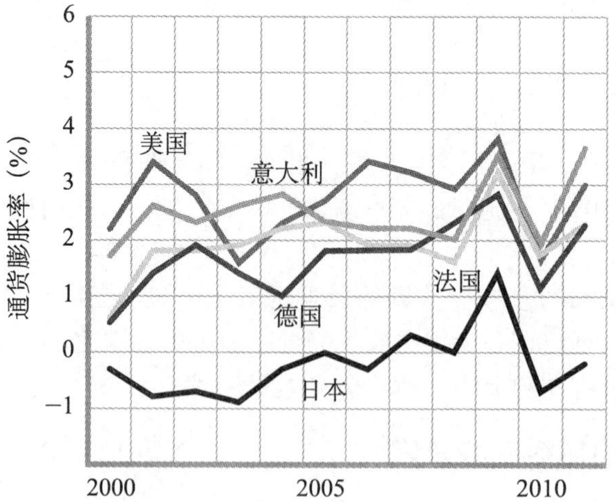

资料来源：Data from *IMF* World Economic Outlook Database，April 2012. International Monetary Fund，www. imf. org.

□ 11.3.4 通货膨胀的类型

经济体中几乎所有的价格都取决于供需状况。所以，如果一个经济体正在经历通货膨胀，并且整体价格水平在上涨，我们就需要从供需角度来解释这个现象。为了更好地反映这个现象，经济学家把通货膨胀分为两类：需求拉动型通货膨胀和成本推动型通货膨胀。

1. 需求拉动型通货膨胀

通常，价格水平的上涨是因为过度的总支出超过了经济体的生产能力而造成的。当发生了急剧且持续的通货膨胀时，其原因不外乎就是中央银行（美国联邦储备系统）发行的货币过多了。当所有的资源已得到充分利用时，企业部门无法通过扩张产出来回应过剩的需求。过剩的需求抬高了那些产出有限的产品的价格，引起了**需求拉动型通货膨胀（demand-pull inflation）**。这种通货膨胀的本质就是"过多的支出追逐较少的产品"。

概念阐释

剪切分割货币

早期一些关于需求拉动型通货膨胀的趣事发生在9世纪到15世纪封建主义的欧洲。在当时的经济机制下，地主（或君主）统治着各自的领地，他们的农奴（或农民）耕作土地。最初，农民将他们的部分收成作为税收支付给君主。后来，当君主开始发行"领地货币"时，农民开始用金币来支付他们的税收。

不久，某些君主就发现了一种不需要直接提高税收就能够将购买力从农奴手中转移到他们手中的途径。一旦金币收归国库，君主就将部分金币进行切割，把它们稍微变小。他们又用切割下来的金币铸造新的金币，并用新币来购买更多的产品和服务。

这种切割金币的做法属于一种隐性税收：经济体的产品数量没有改变，但金币的数量增加了。当"过多的货币追逐较少的产品时"，就发生了通货膨胀。这时，因为价格升高了，农民所挣的每一块金币的购买力就比以前降低了。货币供给的增加将购买力从农民手中转移到了君主手中，而这实际上等同于君主提高了对农民的税收。

最近几年来，某些统治者通过简单地印刷货币来为他们自己、他们的亲戚、他们的忠臣购买更多的产品。也就是说，这些统治者通过制造通货膨胀来向老百姓征收隐形税收。

这个故事的道理非常简单：一个社会若重视物价的稳定，就不应该将其货币供给的控制权交托给那些希望通过通货膨胀来获益的人。

问题：为什么背负巨额外债的政府更倾向于增加其国内货币的供给并引发通货膨胀？

2. 成本推动型通货膨胀

通货膨胀也有可能是由经济的供给方或成本引起的。在美国经济历史上的某些时期，包括20世纪70年代中期在内，即使不存在超额总支出，但物价水平还是上涨了。在这些时期，当物价水平普遍上涨时，产出和就业却在下降（证明总支出并不过剩）。

成本推动型通货膨胀（cost-pull inflation）理论从某一特定产出水平上导致平均成本提高的各因素出发，来解释物价的上涨。平均生产成本的提高将削弱企业的利润，并减少经济体对产品和服务的供给。在这种情况下，成本推动物价水平上涨，然而需求拉动型通货膨胀是需求在拉动物价水平上涨。

成本推动型通货膨胀的主要来源就是所谓的供给冲击，特别是原材料或能源等投入品成本的突然增加会推动单位生产成本及产品价格上涨。1973—1974 年和 1979—1980 年发生的进口石油价格飙升就是很好的例子。在这些时期，当能源价格上涨时，经济体中几乎每种产品的生产和运输成本都增加了，继而发生了成本推动型通货膨胀。

11.4 通货膨胀的再分配效应

通货膨胀会对实际收入进行再分配。这样的再分配会使一部分人受益，而使另一部分人受损，但大部分人是不受影响的。那么谁受损？谁受益了呢？在我们回答这些问题之前，我们还需要了解几个术语。货币（或名义）收入与实际收入之间是有区别的。**名义收入（nominal income）**是指以工资、租金、利息或利润的形式获得的美元数量。**实际收入（real income）**是指能够用名义收入购买到的产品和服务的数量；这相当于名义收入的购买力，或者剔除通货膨胀影响后的收入。即：

$$实际收入=\frac{名义收入}{价格指数（用百分数表示）}$$

通货膨胀不一定会改变经济体的总体实际收入——总的购买力。从以上等式可以明显看出，当名义收入和物价指数同比增加时，实际收入将保持不变。

但当通货膨胀发生时，并不是每个人的名义收入都与价格水平同步上涨，因而就有实际收入从某些人重新分配到其他人的可能性。如果物价水平的变动和个人名义收入的变动不同，那么他或她的实际收入就会受到影响。以下约等式（符号为≌）可以粗略地告诉我们实际收入变化了多少：

$$实际收入变化的百分比\cong名义收入变化的百分比-物价变化的百分比$$

例如，假设物价水平在一段时期内上涨了 6%。如果鲍勃的名义收入也上涨了 6%，他的实际收入将保持不变。但如果他的名义收入上涨了 10%，实际收入将上涨约 4%。如果鲍勃的名义收入只上涨了 2%，他的实际收入将下降约 4%。

通货膨胀的分配效应取决于它能否被预期。在完全预期或预期通货膨胀下，一个有收入的人就能够避免或减少通货膨胀对实际收入产生的反作用。下面的结论是以通货膨胀不可预期（通货膨胀的程度无法预期）为假设条件的。

□ 11.4.1 谁在通货膨胀中受损

不可预期的通货膨胀会损害固定收入者、储蓄者和债权人的利益。通货膨胀把这些人的实际收入转移给了其他人。

1. 固定收入者

当通货膨胀发生时，那些收入固定的人发现其实际收入下降了。典型的例子是每月依靠领取私人年金或养老金这一固定名义收入来生活的老年夫妇。他们退休时拿到的养老金还算令人满意，然而若干年后，他们发现通货膨胀已经严重削弱了该养老金（他们的实际收入）的购买力。

同样，对于收取固定数量租金的房东来说，当其获得的美元的价值由于通货膨胀而不断下降时，他们的利益就会受损。类似地，公务员的收入是由固定的工资表规定的，他们也会从通货膨胀中受损，因为他们的工资表所规定的增长“步调”（年增长率）有可能跟不上通货膨胀的速度。领取最低工资的劳动者和依靠固定养老金生活的家庭也会从通货膨胀中受损。

2. 储蓄者

不可预期的通货膨胀会使储蓄者受损。当物价上涨时，一笔存款储蓄的实际价值或购买力会下降。在通货膨胀期间，那些曾经可以用来应付突发状况或者能提供一个舒适的退休生活的纸面资产，比如储蓄账户、保险单和养老金的实际价值都会下降。

3. 债权人

不可预期的通货膨胀还会损害债权人（贷方）的利益。假设大通银行（Chase Bank）借给鲍勃 1 000 美元，2 年后偿还。如果在这期间物价水平上涨了一倍，那么鲍勃偿还的 1 000 美元的购买力将只是他借入的 1 000 美元购买力的一半。确切地说，如果我们将利息费用忽略不计，我们所偿还的美元数量应该与所借入的数量相等。但由于通货膨胀的存在，这其中的每一美元的购买力都只有贷款协议签订时的一半。当物价上涨时，美元的价值就会下降。所以，借款人偿还的美元价值要少于贷款人收到的美元价值。大通银行（Chase Bank）的所有者就蒙受了实际收入的损失。

□ 11.4.2 谁不会受通货膨胀的影响或谁会从中受益？

某些人不会受到通货膨胀的影响，而有些人还能够从中受益。对受益的人来说，通货膨胀是将实际收入从别人手中重新分配到了他们手中。

1. 弹性收入者

收入具有弹性的人可能会避过通货膨胀的危害，甚至从中获益。例如，依赖社会保障金生活的那些人在很大程度上就不会受通货膨胀的影响，因为社会保障金会按照 CPI 进行调整。当 CPI 增加时，社会保障金也会自动增加，以避免其从通货膨胀中受损。某些受工会保护的工人的工资也会在 CPI 上涨时得到自动的生活费调整（cost-of-living adjustment，COLAs），即便增加的幅度很少会完全等于通货膨胀上涨的百分比。

某些弹性收入者会从不可预期的通货膨胀中受益。需求拉动型通货膨胀意味着强烈的产品需求及劳动力短缺，这会使实际收入增加。例如，房产所有者在面临通货膨胀引起的房地产价格暴涨时，可以使房租提高的程度超过通货膨胀率，并从中获益。同样，一些商人也会从通货膨胀中受益。如果他们的产品价格上涨速度快于生产资料价格的上涨，那么商人的收入上涨会超过成本的上涨。在这些情况下，利润收入的增长率将超过通货膨胀的增长率。

2. 债务人

不可预期的通货膨胀会使债务人（借方）从中受益。在我们之前举的例子中，大通银行从通货膨胀中遭受的实际收入的损失造就了鲍勃的实际收入增加。借款人鲍勃借入了“昂贵的”美元，但是由于通货膨胀，偿还的是购买力已经受到通货膨胀侵蚀的“廉价的”美元本金和利息。实际收入从大通银行所有者手中重新分配给了像鲍勃这样的借款者。

□ 11.4.3 预期的通货膨胀

如果人们预期到会发生通货膨胀，并且能够对预期的物价水平上涨作出反应而调整其名义收入，通货膨胀的再分配效应就不会那么严重，且有可能被完全消除。始于 20 世纪 60 年代末期的长期通货膨胀促使许多劳动者在 20 世纪 70 年代坚持要求提高工资，以使他们免受通货膨胀的影响。

相似地，如果通货膨胀能被预期，那么收入从贷款人向借款人的再分配也有可能被改变。假设一个贷款人（可能是一家银行）和一个借款人（可能是一个家庭）都认为，在物价稳定的情况下，1 年期的贷款利率为 5%。但是假设正在发生通货膨胀，并且下一年的通货膨胀率会达到 6%，那么贷款人将通过收取 6%的通货膨胀溢价（通货膨胀的预期值）来抵消通货膨胀带来的影响。

我们的实例揭示了实际利率与名义利率之间的区别。**实际利率（real interest rate）**是借款人支付给贷款人的购买力的增长率。在我们的例子中，实际利率为 5%。**名义利率（nominal interest rate）**是借款人支付给贷款人的货币增加的百分比，其中包括了固定的通货膨胀预期（如果有的话）。用公式表示为：

名义利率＝实际利率＋通货膨胀溢价（预期通货膨胀率）

如图 11.4 所示，名义利率是 11%。

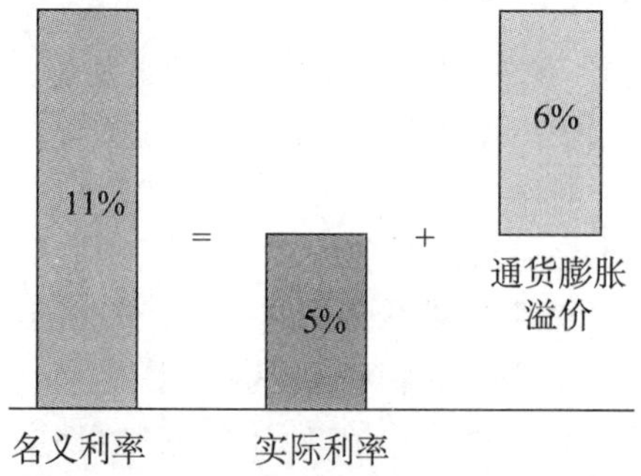

图 11.4 通货膨胀溢价及名义利率和实际利率

注：通货膨胀溢价（预期的通货膨胀率）包括在名义利率中。在此图中，11%的名义利率包括了 5%的实际利率和 6%的通货膨胀溢价。

11.5 通货膨胀影响产出吗?

到目前为止，我们主要讨论通货膨胀是如何在一个给定的实际总收入中进行收入再分配的。通货膨胀可能也会影响一个经济体的实际产出水平（从而影响实际收入水平）。通货膨胀影响产出的方向和重要性取决于通货膨胀的类型和它的严重程度。

□ 11.5.1 成本推动型通货膨胀和实际产出

回顾可知，当诸如石油这样的重要资源的价格急剧和意外上涨时，总的生产成本会随之上涨，从而引发成本推动型通货膨胀。当物价上涨时，产品和服务的需求会下降，这时，厂商会减少产出，从而导致失业增加。所以，在短期内，成本推动型通货膨胀会减少实际产出，也就是说，它的再分配减少了实际收入。

□ 11.5.2 需求拉动型通货膨胀和实际产出

经济学家并不都认为温和的通货膨胀（通胀率低于3%）会对实际产出产生影响。一种观点认为，即便是很低的通货膨胀水平也会减少实际产出，因为通货膨胀改变了为防止通货膨胀而采取的各种行动的时间和成效。例如，为了单纯地应对通货膨胀，商家必须对货架上和电脑里那成千上万个价格的变化支付成本。同样，为了区分物价、工资和利率的实际值和名义值，家庭和企业都会耗费大量的时间和努力来获取他们需要的信息。进一步看来，要限制通货膨胀导致的购买力损失，人们需要控制其现金和支票的数量，并将更多的钱放到有息存款账户、股票及债券基金中。但是在购买较高价格的产品和服务时，就需要更多的现金和支票存款，所以，人们必须更频繁地通过电话、互联网或直接去金融机构，把他们的这些资产兑换成需要的支票或现金。从这个角度讲，即使温和的通货膨胀也会减少总产出。

反之，其他经济学家指出，充分就业和经济增长依赖于高水平的总支出。高水平的支出创造高的利润、对劳动力的强烈需求以及刺激厂家扩大厂房和增加对设备的投入。按照这个观点，温和的通货膨胀是由高支出水平引发的，这相当于是为充分就业和持续的经济增长付出的微薄代价。那些温和通货膨胀的辩护者声称，一个经济体出现高支出、充分就业、经济增长和温和通货膨胀，要比出现低支出、失业、经济衰退和通货紧缩好。

应用分析

恶性通货膨胀

所有经济学家都认为恶性通货膨胀（极其剧烈的通货膨胀）会给实际产出和就业带来毁灭性影响。

当物价在恶性通货膨胀期间急速且不均衡上涨时，正常的经济就会被干扰，企业所有者不知道该如何为他们的产品定价，消费者也不知道该为这些产品支付多少，资源供给者希望购买方用实际产出而不是迅速贬值的货币来支付。货币最终变得一文不值，然后停止其作为交易媒介的功能。经济可能会陷入易货贸易的混乱中，生产和交易会急剧下降，其最终结果是经济、社会甚至政治的混乱。

例如，德国在第一次世界大战之后、日本在第二次世界大战之后都发生了恶性通货膨胀。在德国，“价格上涨太快以至于在一顿午饭的时间里，菜单上的价格可以被修改若干次。有时候，顾客支付的价格变成了点菜时的两倍”。在1947年的日本，“渔民和农民实在懒得数钱了，就用磅秤来称量货币并进行交换”。

近些年也发生过这样的例子：1987年6月—1991年3月期间，尼加拉瓜发生的累计通货膨胀率为11 895 866 143%。1993年11月—1994年12月期间，刚果民主共和国发生的累计通货膨胀率为 69 502%。1993 年 2 月—1994 年 1 月期间，塞尔维亚发生的累计通货膨胀率为 156 312 790%。

如此剧烈的恶性通货膨胀几乎无一例外都是政府草率地扩张货币供给的结果。货币供给的飞速增加会带来疯涨的总支出和剧烈的需求拉动型通货膨胀。最近的一个例子是，津巴布韦在 2008 年的通货膨胀率达到了 149 000 000 000%。

问题：如果你坚信下周每样东西的价格都将翻倍，那么你将怎样调整你当前的支出计划？

小结

1. 商业周期是经济活动水平的循环增长和下降。其两个主要阶段分别是扩张和衰退。

2. 经济学家把失业分为摩擦性、结构性和周期性失业。充分就业时的失业率包括了摩擦性失业和结构性失业，目前约为 5%。

3. 失业的经济成本用负的 GDP 缺口来衡量，它是指资源处于非意愿闲置的情况下，社会所损失的产品和劳务。

4. 通货膨胀是物价水平的普遍上涨，在美国用消费者价格指数（CPI）来衡量。发生通货膨胀时，每一美元的收入相对于以前来讲，将购买到更少的产品和服务。通货膨胀降低了货币的购买力。

5. 经济学家将通货膨胀区分为需求拉动型和成本推动型。需求拉动型通货膨胀是由总支出超过经济生产能力引起的。成本推动型通货膨胀是由重要资源价格突然急速上升引起的。这些供给冲击推动每单位生产成本上涨，最终使消费品价格上涨。

6. 不可预期的通货膨胀以固定收入者、债权人及储蓄者的利益为代价，将实际收入进行任意地再分配。如果通货膨胀能够被预期，那么个人和企业就能采取行动以减少或消除由通货膨胀带来的负的再分配效应。

7. 成本推动型通货膨胀导致了实际产出和就业的下降。支持零通货膨胀的学者认为，即使是温和的需求拉动型通货膨胀（1%～3%），也会减少经济的实际产出。其他经济学家认为，温和的通货膨胀可能是由不断增长的高支出带来的副产品，而不断增加的高水平支出又会带来高产出、充分就业和经济增长。

8. 草率地扩张货币供给引起的恶性通货膨胀可能会破坏货币系统，并造成实际产出的剧烈下降。

术语和概念

商业周期
衰退
扩张
冲击
需求冲击
供给冲击
黏性价格
劳动力
失业率
摩擦性失业
结构性失业
周期性失业
潜在产出
GDP 缺口
通货膨胀
消费者价格指数（CPI）
通货紧缩
需求拉动型通货膨胀
成本推动型通货膨胀
名义收入
实际收入
实际利率
名义利率

思考题

1. 商业周期的两个主要阶段是什么？在这些阶段，实际 GDP、失业和通货膨胀会发生什么变化？

2. 美国从 1950 年开始发生了多少次经济衰退？哪几次持续的时间最长？哪几次实际产出下降的最严重？

3. 既然美国实行失业补偿计划来为失业的人提供收入，我们为何还要担心失业的问题？

4. 失业有哪三种类型？有些人认为失业是一件不好的事情，那么这三种类型的失业都是令人不快的吗？请解释。

5. 什么是消费者价格指数（CPI）？每个月的 CPI 是如何决定的？通货膨胀对每一美元的购买力有何影响？CPI 又是如何解释名义利率和实际利率之间的区别的？通货膨胀和通货紧缩有什么区别？

6. 简要地解释需求拉动型和成本推动型通货膨胀之间的区别。

7. 不可预期的通货膨胀是如何在损害债权人利益的同时帮助债务人的？对通货膨胀的预期又是怎样削弱这种影响的？

8. 试解释恶性通货膨胀是怎么导致总产出剧烈下滑的？

计算题

1. 假设一个国家在 10 年间的年增长率各为 5%、3%、4%、−1%、−2%、2%、3%、4%、6%、3%，那么这个国家在这一时期的长期增长率为多少？哪些年份最能代表商业周期的扩张阶段？哪些年份最能诠释商业周期的衰退阶段？

2. 假设一个国家有如下数据：总人口：500；16 岁以下或被收容的人口：120；不在劳动力范围内的人口：150；失业人口：23；兼职并在寻找全职工作的人口：10。那么这个国家劳动力的规模有多大？官方的失业率为多少？

3. 如果去年的 CPI 为 110，今年的为 121，那么今年的通货膨胀率为多少？相反，假设去年的 CPI 是 110，今年为 108，那么今年的通货膨胀率又是多少？经济学家用什么术语来描述第二种情况？

4. 如果通货膨胀率保持（a）每年 2%、（b）每年 5%、（c）每年 10%，那么要使物价水平翻倍分别需要多少年？

5. 如果你的名义收入在某一年上涨了 5.3%，物价水平上涨了 3.8%，那么你的实际收入最多上涨了多少？如果在某一年，你的名义收入上涨了 2.8%，实际收入上涨了 1.1%，那么通货膨胀率最多为多少？

6. 假设名义利率为 4%，通货膨胀溢价为 2%，那么实际利率为多少？反过来，假设实际利率为 1%，名义利率为 6%，那么通货膨胀溢价为多少？

在 www.brue3e.com 中做进一步的测试

在本书的“在线学习中心”www.brue3e.com 中，你会找到一个或多个网络练习题，这些问题需要从网络上获取信息才能进行解答。我们强烈建议你完成这些问题，因为这些问题能够使你熟悉我们的网站，而我们的网站对你其他课程的学习，甚至你日后的事业都有帮助。“在线学习中心”提供了多项选择测试题，还能为你提供及时的反馈。该网站上还有许多有用的方法进一步测试你对本章知识的掌握情况。

第 12 章

总需求和总供给

学习完本章后，你应该能够：

1. 定义总需求（*AD*）及引起其变化的几个因素。

2. 定义总供给（*AS*）及引起其变化的几个因素。

3. 讨论总需求和总供给是如何决定一个经济体的均衡物价水平和实际 GDP 水平的。

4. 描述 *AD*-*AS* 模型是如何解释需求拉动型通货膨胀、成本推动型通货膨胀和衰退这几个概念的。

在 2007—2009 年这段衰退期，总需求和总供给这两个经济学术语从经济期刊和教材这些不太显眼的地方被移到了报纸、网站、广播和电视等显眼之处。

媒体和公众们问：为什么总需求会下降，并造成了自 1982 年以来最严重的一次经济衰退和最高失业率？联邦政府的 7 870 亿美元能否按预期目标刺激总需求的增长并降低失业？石油价格和其他能源价格的飙升能否降低总供给，从而阻止经济的再度扩张？

总需求和总供给是**总需求—总供给模型（*AD-AS* 模型）**的两个特色元素，也是本章的重点。*AD-AS* 模型使我们能够分析实际 GDP 的变化以及物价水平的同时变化。所以，这个模型使我们能敏锐地察觉到通货膨胀、衰退、失业和经济增长。在后面几章，我们将看到 *AD-AS* 模型是如何简单地描述财政政策和货币政策的。在 2008 年和 2009 年，美国实施了相关的财政政策和货币政策，以阻止经济的下滑和促进经济的复苏。

12.1 总需求

总需求（aggregate demand）表示的是在每一个可能的物价水平上，全部购买者愿意购买的国内产出（实际 GDP）数量的计划表或者曲线。这些购买者包括国内的家庭、企业和政府，以及国外的消费者（家庭、企业和其他国家的政府）。物价水平（用 GDP 价格指数来衡量）和需要的实际产出之间要么正相关，要么负相关：当物价水平上涨时，实际 GDP 的需求量下降；当物价水平下降时，实际 GDP 的需求量上升。

图 12.1 显示了物价水平和实际 GDP 之间的负相关关系。*AD* 曲线呈向下倾斜状，反映了美国较高的物价水平会打击国内消费者（家庭和企业）和外国消费者在美国购买产品的动机。较低的物价水平会鼓励他们购买更多的美国产品。

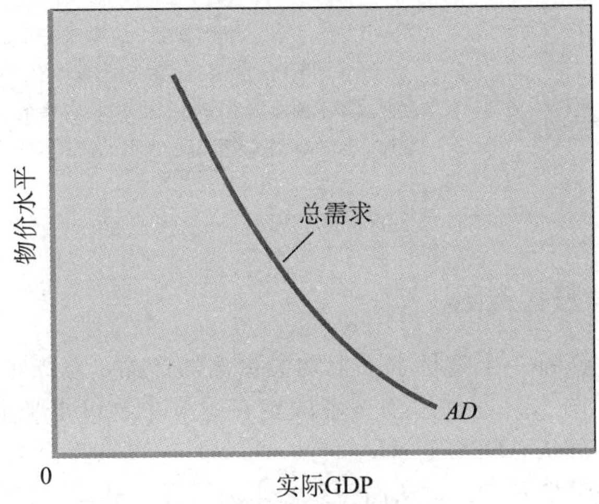

图 12.1　总需求曲线

注：向下倾斜的总需求曲线 *AD* 显示了物价水平和实际产出的需求量之间呈反相关（负相关）关系。

12.2 总需求的变化

在其他条件不变的情况下，物价水平的变化会使总支出的数量发生变化，因而也就改变了经济体所需要的实际 GDP 的数量。实际 GDP 的这些变化表现为沿着这条固定的总需求曲线上的点的移动。然而，一旦“其他条件”中的一个和几个发生改变，整条总需求曲线将会发生移动，我们称这些其他的条件为**总需求的决定因素（determinants of aggregate demand）**。当它们发生改变时，*AD* 曲线发生移动。这些导致 *AD* 曲线移动的因素被列在图 12.2 中，曲线从 AD_1 右移至 AD_2 表示总需求的增加，曲线从 AD_1 左移至 AD_3 表示总需求的减少。我们注意到，表中所列支出的类别与国民收入和产品账户（第 10 章）中的相同，为了清晰地阐释这些导致 *AD* 曲线移动的因素，我们需要对它们进行详细说明。

总需求的决定因素：使得总需求曲线发生移动的因素

1. 消费支出的改变
   a. 消费者财富
   b. 家庭借款
   c. 消费者预期
   d. 个人所得税
2. 投资支出的改变
   a. 利率
   b. 预期收益
      · 预期未来的经营状况
      · 技术
      · 过剩生产力程度
      · 营业税
3. 政府支出的改变
4. 净出口的改变
   a. 其他国家的国民收入
   b. 汇率

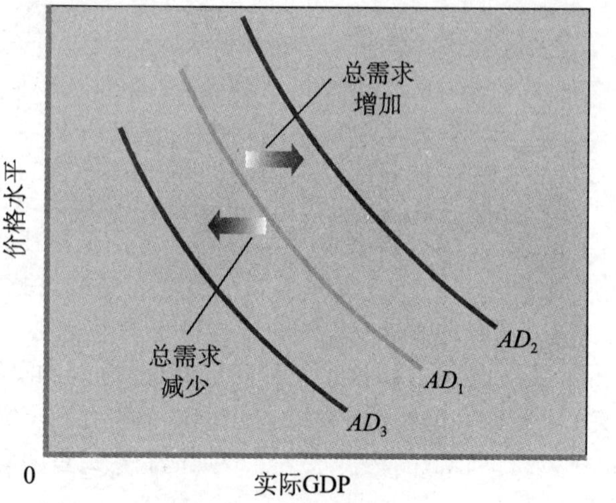

图 12.2 总需求的变动

注：本图所列的总需求决定因素中有一个或多个发生变化将会使总需求曲线发生移动。从 AD_1 右移至 AD_2 表示了总需求的增加；从 AD_1 左移至 AD_3 表示了总需求的减少。

□ 12.2.1 消费者支出

如果消费者决定在每一个物价水平上购买更多的产品，总需求曲线将右移，如从 AD_1 移动至 AD_2，见图 12.2。如果消费者决定在每一个物价水平上购买更少的产品，总需求曲线将左移，如从 AD_1 移至 AD_3。

一些因素会改变消费者支出，从而使总需求曲线发生移动。如图 12.2 中的列表所示，这些因素包括消费者的实际财富、家庭负债、消费者预期和个人所得税。

1. 消费者财富

消费者财富是消费者所拥有的所有资产的美元价值减去他们负债（债务）的美元价值。资产包括股票、债券和不动产。负债包括抵押贷款、汽车贷款和信用卡欠款。

消费者财富有时候会因为资产价值的突然改变而发生意外变化。股票市场中不可预期的增长就是一个很好的例子。消费者财富实际价值的急剧增加（由股票市场价值的增加引起）会促使人们将当前收入中较少的一部分用于储蓄，然后购买更多超出他们之前计划的产品。这种消费支出的增长——被称为财富效应——使总需求曲线向右移动。相反，资产价值的意外下跌会引起每一价格水平上消费者财富的减少。当消费者为应对这样的坏消息而节省开支时，一种“反财富效应”就会发生，这些受到影响的消费者会增加储蓄和减少消费，从而使总需求曲线左移。

2. 家庭负债

消费者可以通过借款来增加他们的消费，这样做会使总需求曲线右移。相反，当消费者减少用于消费的借款时，总需求曲线会左移。如果消费者为了偿还他们的债务而增加储蓄率，那么总需求曲线也会左移。随着更多的钱用于偿还债务，消费支出就会减少，从而 AD 曲线左移。

3. 消费者预期

对未来预期的改变会改变消费者支出。当人们预期自己未来的实际收入会上涨时，他们就会将更多的当前收入用于支出。所以，当前的消费支出就会增加（当前的储蓄减少），总需求曲线右移。同样地，当人们普遍持有近期会发生通货膨胀的预期时，人们会想在物价上涨前买到产品，从而当期的总需求会增加。相反，当人们预期未来收入会减少或未来物价会下跌时，当前的消费会减少，总需求曲线会左移。

4. 个人所得税

个人所得税税率的降低会增加人们的实际收入，从而增加消费者在每一个可能物价上的消费。减税会使总需求曲线右移，增税会减少消费支出，从而使曲线左移。

应用分析

财富带来什么效应？

总需求的消费部分总是相对稳定的，即使在某些相当特殊的时期也是如此。2000年3月—2002年7月，美国股票市场损失了3.7万亿美元（是的，单位是万亿）。然而，这段时期末的消费支出比期初时还要高。这是为什么呢？为什么负的财富效应不能够减少消费呢？

原因有很多，首先，经济体的消费支出主要取决于收入流，而非财富的存量。在美国，每年的可支配收入（税后收入）将近9万亿美元，并且大部分都用于消费。即便在2001年有轻微的衰退，2002年7月的可支配收入和消费支出都比2000年3月时要高。其次，联邦政府在这一时期降低了个人所得税税率，这也刺激了消费支出。再次，家庭财富并没有因为3.7万亿美元的股票市场损失而减少，因为在这一时期，房价迅猛攀升。最后，这一时期较低的利率使很多家庭能够进行按揭处理、降低每月的贷款支付，从而提高他们的当前消费。所有这些原因抵消了财富的部分效应，使得在面临股票市场价值的巨额损失时，总需求中的消费部分仍然能居高不下。

2007—2009年衰退时的情况与以上描述的情况不同，在这一时期，消费在下降，但最终并没有产生财富效应。在房价和股票市场同时下跌的情况下，美国家庭的财富从2007年6月到2009年3月减少了约14万亿美元，经济从2007年12月开始萎缩。然而，因为联邦政府采取了相应的政策来刺激消费，因此，在2008年上半年，家庭的可支配收入并没有下降，自2008年下半年开始，家庭可支配收入逐步减少，到2009年初达到最低点，然后可支配收入开始缓慢并稳定地增长。消费支出的发展趋势同可支配收入相似，在2008年末期下降，在2009年第一季度时达到最低。虽然大多数经济学家都认为房地产和金融市场的危机造成了消费下降（或者说，至少消费支出的增长放缓了），家庭支出的减少却不如人们预期的显著。

问题：你认为哪一个更容易引起消费的减少：税后收入减少10%，还是股票市场价值减少10%？

□ 12.2.2 投资支出

投资支出（资本品的购买）是总需求的另一个决定因素。在每一个物价水平上，投资支出的增加会提高总需求，投资支出的减少会降低总需求。

投资决策是一个边际收益—边际成本决策。投资的边际收益是指预期从投资中获得的一组较高的利润。用百分比形式表示时，经济学家把这些较高的利润（新业务支出的净利润）称作预期投资收益率，表示为 r。例如，假设某家小店的老板正在考虑是否投资购买一台新的价值 1 000 美元的砂纸打磨机，这个打磨机能够增加产出，但使用期只有 1 年（如果假设该机器的使用寿命大于 1 年，那么经济核算会变得更加复杂，但是不会改变基本的分析结果）。假设这台机器可以产生 1 100 美元的预期净收益（扣除电力、木材、劳动力及相关税收等生产费用后），那么预期净收益足以弥补最初1 000美元的机器成本，并还留有 100 美元的利润。将这 100 美元的利润与1 000 美元的机器成本相除，我们得知该投资的预期收益率 r 为 10%（=100 美元/1 000 美元）。

应该注意的重要一点是，我们以上讨论的收益是预期收益率，并不是能够保证的回报率。投资存在风险，因此投资可能比预期盈利更高，也可能比预期盈利更低。投资面临着递减的收益。当收益递减产生更大影响时，最佳投资项目就会结束，随后的项目只能带来较低的收益率。所以，预期收益率 r 将会随着企业投资的增加而逐步下降。

一家企业进行投资的边际成本要么反映在从其他人手中借款的显性成本上，要么反映在使用自有收入进行投资的隐性成本上。在按照预期通货膨胀率进行调整后，用百分比的形式表示出来，此成本就是实际利率 i。

一家企业会将实际利率（边际成本）同预期投资收益率（边际收益）进行比较。如果预期收益率（假设为 6%）大于利率（假设为 5%），那么就进行该项投资。但是如果利率（比如为 7%）大于预期收益率（6%），那么就放弃该项投资，因为企业预期此项投资是不产生利润的，追求利润最大化的企业将对其认为有利可图的项目进行投资。这就意味着企业将持续进行投资，直到 $r=i$ 那一点为止，这样企业就可以获得 r 大于 i 时的利润。

所以，实际利率和预期收益率是投资支出的两个主要决定因素。

1. 实际利率

我们将发现，一个国家的中央银行——美国联邦储备系统——能够实施货币政策来提高和降低利率。当它采取某种货币政策时，国家的总需求曲线将会发生移动。在其他条件不变的情况下，实际利率的提高会增加借款成本，从而投资支出减少，总需求降低。反之，利率的降低将会产生相反的效果。

2. 预期收益

有较高预期收益的投资项目会增加人们对资本品的需求，从而使总需求曲线右移。相反，预期收益的下跌会促使人们减少投资，从而曲线向左移动。预期收益又受以下因素的影响：

- **对未来经营状况的预期** 如果企业对未来的经营状况普遍乐观，它们将更可能预期当前投资将获得高的收益率，从而当前的投资会增加。相反，如果它们认为经济在未来会恶化，那么它们将预期更低的收益率，也就可能减少当前的投资。

- **技术** 创新的和更先进的技术会使投资的预期收益率升高，从而使总需求增加。例如，近年来微生物学的发展就促使许多制药企业新设了实验室并购买了相关生产设备。

● **过剩的生产能力** 过剩生产能力的攀升——未被使用的资本——将减少新投资的预期收益，从而减少总需求。在其他条件不变的情况下，企业开工不足，就没有动力去建设新的工厂。但当企业意识到它们的过剩生产能力越来越小，或者已经完全不存在生产能力过剩时，其对新工厂和资本设备投资的预期收益就会增加。所以，它们会增加投资支出，总需求曲线会右移。

● **营业税** 营业税的提高会减少资本投资带来的税后收益和预期收益，所以投资和总需求将减少。营业税的降低会产生相反的效果。

利率和投资预期的波动使投资相当不稳定。与消费不同，投资支出的增加和减少非常频繁，并且与总收入的变动无关。投资，实际上是总需求中最不稳定的一部分。

全球快照 12.1 比较了一些国家在 2011 年投资支出占 GDP 的百分比。

全球快照 12.1 ☞

部分国家总投资支出占 GDP 的百分比

投资占 GDP 的百分比在国家之间的差别非常大。当然，这些差别也会随着不同的年份而变化。

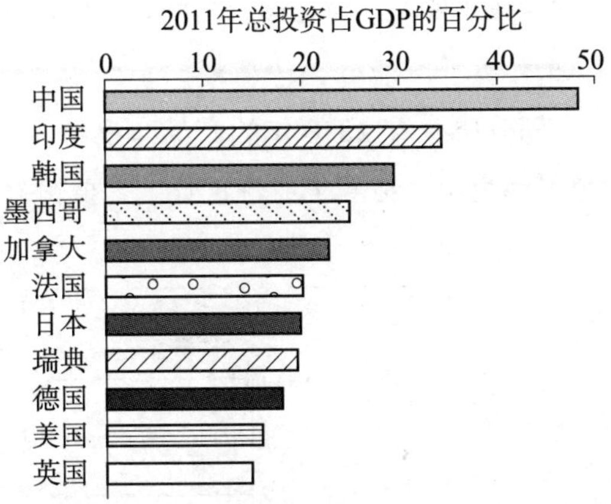

资料来源：*International Financial Statistics*，International Monetary Fund，www.imf.org.

□ 12.2.3 政府支出

政府购买是总需求的第三大决定因素。政府购买的增加（比如，加大对交通项目的投入）将使总需求曲线右移，前提是税收和利率不会改变。相反，政府支出的减少（比如，减少军事设备的投入）将使曲线向左移动。

□ 12.2.4 净出口支出

总需求的最后一个决定因素就是净出口支出。在其他条件不变的情况下，美国较高的出口意味着国外消费者对美国产品的需求增加了，所以净出口（出口是大于进口的）的增加会使总需求曲线右移。相反，美国净出口的减少会使总需求曲线向左移动。

除了价格水平外，还有什么会导致净出口改变呢？有两个可能因素：其他国家国民收入的变化和汇率的变化。

1. 其他国家的国民收入

其他国家国民收入的增长会鼓励外国消费者购买更多的产品，其中有一部分产品是美国生产的，所以美国的净出口会增加，总需求曲线会右移。其他国家国民收入下降时的情况正好相反：美国净出口减少，总需求曲线会左移。

2. 汇率

汇率（exchange rate）——以本国货币表示的外国货币的价格——的改变可能会影响美国净出口，从而影响总需求。当美元相对于外国货币贬值（价值降低）时，购买外国产品就需要更多的美元。外国产品在以美元计价的情况下变得更贵了，因此美国人会减少他们的进口。另一方面，美元的贬值意味着其他国家的货币相对于美元而言升值（价值升高）了，也就是说，在国外，同样的外国货币可以购买到更多的美国产品，这时美国的出口会增加。结论：美元贬值增加净出口（进口减少；出口增加），从而增加总需求；美元升值的效果相反：净出口下降（进口增加；出口减少），从而减少总需求。

如全球快照 12.2 所示，在主要的工业化国家之间，净出口的差别很大。

全球快照 12.2

部分国家在 2010 年的产品净出口

一些国家，例如，德国和中国，拥有正的净出口；其他国家，例如，美国和英国，都是负的净出口。

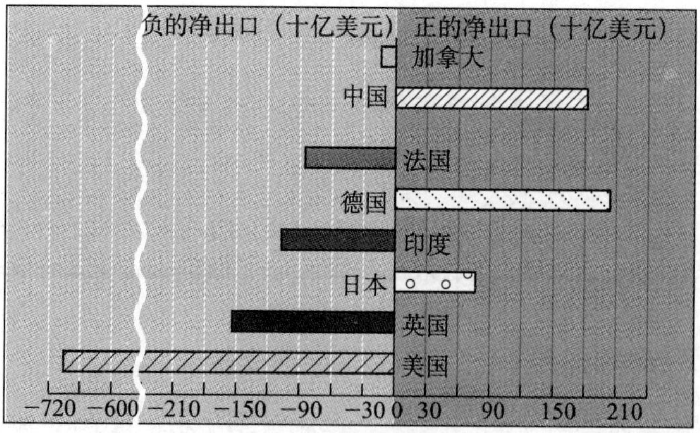

资料来源：World Trade Organization，WTO Statistics Database，stat. wto. org. Used with permission.

12.3 总供给

总供给（aggregate supply）是反映一国价格水平和该经济体中企业生产的实际国内

产出之间关系的计划表或曲线。这种关系会随着时间长短和投入品价格及产出品价格的变化速度不同而不同。我们将时间范围分为以下三种：

- 在瞬时期，投入品价格和产出品价格都是不变的。
- 在短期，投入品价格是不变的，但产出品价格会变。
- 在长期，投入品价格和产出品价格都会改变。

在第 11 章中，我们介绍了不灵活（或“黏性”）价格的概念。现在我们通过考虑不同程度的黏性来分别探讨在瞬时期内、短期内和长期内，总产出是如何随着物价水平而发生变化的。你将发现，物价水平和总产出的关系在这三个时间范围内都是不同的，因为投入品价格比产出品价格更具黏性。虽然说随着时间的流逝，这两个价格都变得更灵活，但产出品价格调整得更迅速。

□ 12.3.1 瞬时期内的总供给

取决于企业的类型，瞬时期可以是几天，也可以是几个月。在这一时期内，投入品价格和产出品价格保持不变。投入品价格在瞬时期和合同规定的短期内都是不变的。因为 75%的企业平均成本是工资——这一部分的月投入或年投入都是在劳务合同中被一次性固定下来的。因此，投入品价格比产出品价格能在更长时期内保持不变，这一价格会在几天内还是几个月内发生变化取决于这个企业的类型。

有一种说法是，产出品价格在瞬时期内也是普遍固定的。这是因为企业为其顾客固定了产品价格并保证在固定价格下为顾客提供他们所需要的任何数量的产品。比如，一旦某家家电制造商设定了其每年生产的冰箱、烤箱、微波炉的价格，它就有责任为愿意接受该价格的顾客提供他们所需的家电数量，无论这个数量是多是少。相似地，一家专卖店如果在目录里列出各种产品的价格，则它必须按此价格销售顾客所需的任意数量产品，直到推出下一个价格目录。

在产品价格固定，且企业能够提供给顾客所需的产品数量的前提下，**瞬时期总供给曲线（immediate-short-run aggregate supply curve）**AS_{ISR} 为一条水平线，如图 12.3 所示。AS_{ISR} 曲线是整体物价水平为 P_1 时的一条水平线，其中，该物价水平是通过经济体中若干家企业设定的单独价格计算出的。这条曲线的形状意味着，经济体提供的产出总量直接依赖于在物价水平 P_1 上人们支出的量，在较低的支出水平上，企业提供的产出也会较少。如果在物价水平 P_1 上，总支出较高，那么企业将提供较多的产出以适应较高水平的支出。结果，产出的量可能会低于或高于经济体充分就业时的产出 Q_f。

然而，我们注意到，只要产出品价格固定，企业就会通过调整产出量来应对总支出的改变。只要企业可以调整产品的价格，在面对总支出的改变时，它们就可以不只通过增加或减少产出的方式，还可以通过提高或降低价格的方式来应对。这样就形成了一条向上倾斜的短期供给曲线，这也是我们接下来要讨论的内容。

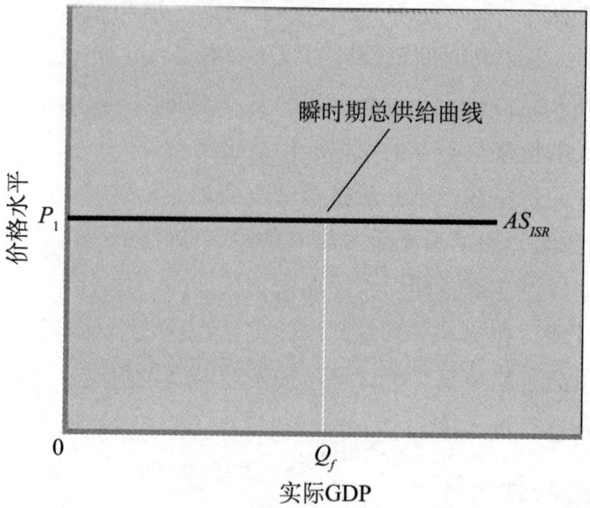

图 12.3 瞬时期的总供给

注：在瞬时期，总供给曲线 AS_{ISR} 在当前物价水平为 P_1 时是水平的。当产出品价格固定时，企业要在这些价格水平上提供顾客所需要的产出水平。

□ 12.3.2 短期内的总供给

短期从瞬时期结束时开始。从宏观经济来看，在短期中，产出品价格是灵活的，但投入品价格要么完全固定，要么非常不灵活。

对于产出品和投入品的价格一般都有这样的假设——它们在总体上与经济体相关。自然而然地，某些投入品价格可能比其他投入品价格更灵活。例如，由于汽油的价格非常灵活，因此像 UPS 这样把汽油作为一种投入品的物流企业，就会面临至少一种非常灵活的投入品价格。另一方面，UPS 的工资是通过 5 年期劳务合同定下来的，这个合同是与它的司机工会——卡车驾驶员工会——协商签订的，具有短期内不变的性质。因为工资是 UPS 最大也是最重要的一部分投入成本，所以 UPS 在几年内的投入成本是不灵活的。所以，它在"短期"——其实是很长的一段时期——可以调整向顾客收取的运送费，但必须面临固定的投入品价格。在我们追溯整个经济体中的短期总供给时，必须牢记这一点。短期总供给并不依赖于所定义的"短期"的长短，而是取决于在多长时期内，产出品价格是灵活的，而投入品价格是固定或几乎不变的。

如图 12.4 所示，**短期总供给曲线（short-run aggregate supply curve）** *AS* 向上倾斜，这是因为在投入品价格固定时，物价水平的变动会增加或减少企业的真实利润。要知道这是如何发生的，我们假设经济体中只有一家企业，它提供多类产品，叫作 Mega Buzzer。为了生产出满足充分就业条件的产出量——100 个单位产品，企业所有者必须获得 20 美元的真实利润。假设企业所有者的唯一投入（除了企业家才能以外）是 10 单位的雇佣劳动力，每个工人 8 美元，总的工资成本是 80 美元，同样假设 100 单位的产出按照 1 美元/单位的价格出售，所以总的收入是 100 美元。这家企业的名义利润就是 20 美元（=100−80），用这 1 美元的价格代表基期物价指数 100，那么这家企业的实际利润就是 20 美元（=20/1.00）。这样的话，充分就业产出就可以实现了。

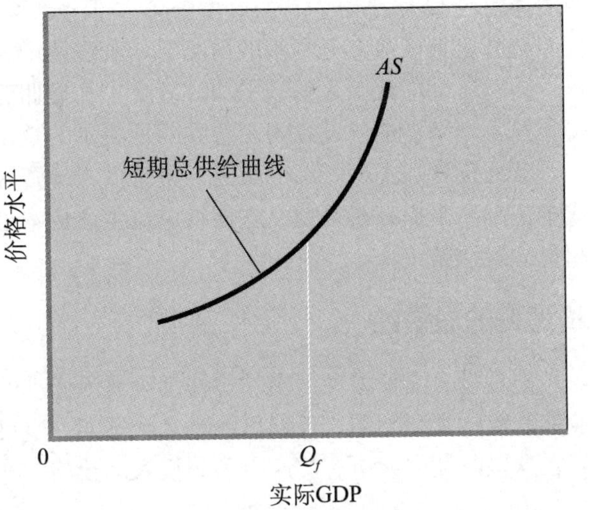

图 12.4　短期总供给曲线

注：向上倾斜的总供给曲线 AS 表示物价水平与企业提供的实际产出之间是正相关关系（正向关系）。在实现充分就业产出 Q_f 以前，AS 曲线相对平缓，因为在资源和生产力未被充分利用的情况下，企业可以通过增加实际产出来应对物价的上涨。在充分就业产出 Q_f 以后，曲线相对陡峭，因为资源短缺和生产力的局限导致企业在面临物价上涨时，要扩张实际产出是非常困难的。

接下来，我们考虑如果 Mega Buzzer 的产出价格翻倍了，将发生什么情况。物价水平的翻倍将使总收入从 100 美元增加到 200 美元，但既然我们所讨论的是短期，投入品价格是固定的，那么 10 位工人每人 8 美元的名义工资仍然保持不变，所以这部分总成本维持在 80 美元。名义利润从 20 美元（＝100－80）增加到 120 美元（＝200－80）。将 120 美元的利润除以新的物价指数 200%，我们发现 Mega Buzzer 的实际利润现在是 60 美元。实际利润从 20 美元增长到 60 美元促使企业（经济）生产了更多产品。相反地，物价下降会减少企业实际利润并导致企业（经济）减少它的产出。当物价上涨时，实际产出增加，当物价下跌时，实际产出减少。这样就形成了一条向上倾斜的短期总供给曲线。

但是，短期总供给曲线向上倾斜的部分并不是一直很陡峭。在产量低于充分就业总产出水平 Q_f 时，曲线较平缓，在产量高于充分就业总产出水平 Q_f 时，曲线较陡峭。这是由于短期内的单位生产成本是构成短期总供给曲线的基础。以等式的形式表示是：

$$每单位生产成本=\frac{总投入成本}{产出单位数}$$

任何特定产出水平下的单位生产成本确定了该产出下的价格水平，因为相关的价格水平必须包含生产中的所有成本，包括利润“成本”。

当经济在短期内扩张时，单位生产成本一般会增加，因为生产效率下降了。但经济扩张的幅度取决于经济体处于哪一点，以及这一点所对应的生产能力。当经济体处于充分就业的产出水平 Q_f 以下时，存在很大一部分闲置的机器和设备以及失业工人，企业只需增加少许的单位生产成本就可以将这些闲置的工人和合适的资源重新投入生产。随着产出的扩张，当投入品发生短缺或生产遇到瓶颈时，单位生产成本的增长会变得很慢。这就是短期总供给曲线的斜率在达到充分就业产出水平 Q_f 之前增长缓慢的原因。

另一方面，当经济体超过 Q_f 水平时，它的可用资源大部分已得到了使用。在工厂、设备这些资源的数量相对固定且已被充分利用的情况下，若继续增加工人的数量，则会造成工作场地的拥挤，同时还会降低工人的（平均）效率。在雇佣劳动力数量有限的情况下，若继续追加资本投入，则会造成设备的闲置并降低资本的效率。在资本和劳动力都高度饱和的情况下，若继续增加土地资源的投入，将降低土地资源的使用效率。在这些情况下，总投入成本比总产出提高得更快，就使得单位生产成本迅速增加，短期总供给曲线在产出水平超过 Q_f 后更陡峭。

□ 12.3.3 长期内的总供给

在宏观经济中，长期是投入品价格和产出品价格都可灵活变动的一段时期，在短期之后发生。因为企业和产业的类型不同，长期可能是几个星期，也可能是未来几年。但对整个经济体而言，在这段时期内，所有的产出品和投入品价格——包括工资率——都完全灵活。

长期总供给曲线（long-run aggregate supply curve） AS_{LR} 在经济充分就业时的产出 Q_f 处是一条垂直线，如图 12.5 所示。这条垂直线意味着在长期，无论物价水平如何，经济都将生产充分就业时的产出水平。这是为什么呢？为什么更高的价格不能使企业增加产出呢？这是因为在长期，投入品价格和产出品价格都是灵活的，为了给企业适当的利润刺激以生产出充分就业时的产出 Q_f，利润水平会经常调整。

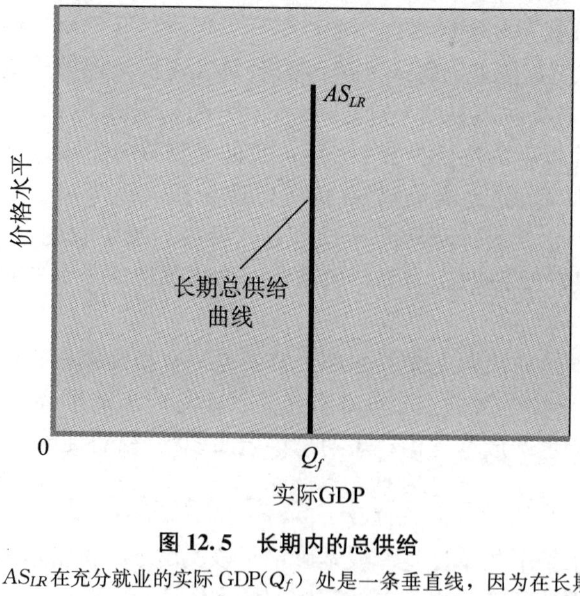

图 12.5 长期内的总供给

注：长期总供给曲线 AS_{LR} 在充分就业的实际 GDP(Q_f) 处是一条垂直线，因为在长期，工资和其他投入品价格会伴随物价水平的改变而上升或下降。所以物价的变动不会影响企业利润，也不会为企业创造改变其产出的动力。

要知道这个解释为何正确，可以回顾一下图 12.4 中的短期总供给曲线 AS。假设经济体开始生产充分就业时的产出水平 Q_f，并且这时的物价水平指数 $P=100$。现在假设产出品价格翻倍，物价指数变成了 $P=200$。我们之前证明了当经济体中只有一家企业时，物价水平的翻倍会造成利润在短期内上涨，上涨的利润还会刺激企业增加产出。

然而，这种结果只依赖于短期内投入品价格固定的情况。现在我们要考虑长期中当这两种价格都能够自由改变时，又将发生什么情况。要实现超过充分就业水平的产出，只有通过工厂和企业高速运作，这对于经济体中有限的生产资源而言，将会造成大量的需求，尤其是对劳动力的需求会增大，因为要生产超过充分就业水平的产出，只能通过延长工人的工作时间来实现。

当投入品价格变得灵活、可变时，高需求会提高投入品价格。尤其是当经济体生产超过充分就业的产出水平时，企业会受到劳动力短缺的困扰，工作过度的员工会要求加薪。当投入品价格增加时，企业利润开始下跌，企业继续生产超过充分就业产出水平的动力也会减少。这个投入品价格增高和利润降低的过程将一直持续到增加的投入品价格和初始的产出品价格变化量相等为止（在我们的例子中，它们都翻倍了）。当这种情况发生时，企业的实际利润将回到它最初的水平，这样一来，企业又有动力去生产充分就业时的产出水平了。这个调整过程意味着在长期，经济体将忽略物价水平（在我们的例子中，无论 $P=100$ 还是 $P=200$）的变动，坚持生产 Q_f。这就是长期总供给曲线 AS_{LR} 在充分就业产出水平时是垂直的原因。纵轴上的每一个价格水平都与生产充分就业产出的经济活动相对应，因为在长期，投入品价格变化要调整与产出品价格变化相同的幅度。

□ 12.3.4 聚焦短期

瞬时期总供给曲线、短期总供给曲线、长期总供给曲线都很重要。每一条曲线的情况都与它们对投入品价格和产出品价格的弹性假设相匹配，但本章后半部分及随后章节的重心都将在短期总供给曲线（如图 12.4 所示的 AS 曲线）上。除非有明确规定，否则，“总供给”都是指短期的总供给。

我们对短期总供给曲线的强调源于我们对商业周期最简单的理解。在现实情景中，经济体通常都显示出物价水平和实际产出水平的同时变化。向上倾斜的短期 AS 曲线是可以反映这两个变量同步变动的唯一总供给曲线，因为在瞬时期总供给曲线中，物价被假设是固定的（见图 12.3），而在长期，经济体的产出始终等于充分就业情况下的产出水平（见图 12.5）。所以，在分析商业周期和阐释政府应对商业周期所采取的短期政策时，这些形状的总供给曲线对这个核心模型而言就不太有用了。

12.4 总供给的变动

在其他条件不变的情况下，现有的总供给曲线说明的都是物价水平和实际产出之间的关系。但是，当其他条件发生变化时，曲线会发生移动。在图 12.6 中，曲线从 AS_1 右移至 AS_2 代表了总供给的增加，表明在每一物价水平上，企业愿意生产和销售更多的实际产出。曲线从 AS_1 左移至 AS_3 代表了总供给的下降，也就是在每一价格水平上，企业愿意生产的产出较之前下降了。

图 12.6 中的表格列出了决定总供给曲线位置的各个因素，它们被称为**总供给决定因素（determinants of aggregate supply）**，当这些因素发生改变时，供给曲线将会发生移

动。这些因素的变化引起在每一物价水平上（或每一产出水平上）单位生产成本的上升或下降。单位生产成本的变动会影响利润，从而导致企业改变其每一价格水平上愿意生产的产出量。例如，在 1.0（以指数价值表示，=100）的物价水平上，企业总共将提供 7 万亿美元（而不是 6.8 万亿美元）实际产出，或者它们会提供 6.5 万亿美元（而不是 7 万亿美元）的产出。关键在于，当图 12.6 中所列的决定因素中有一个发生变化时，总供给曲线就会从右向左移动。当这些因素的变化导致单位生产成本减少时，总供给曲线就会从 AS_1 右移至 AS_2。当这些因素的变化导致单位生产成本增加时，总供给曲线就会从 AS_1 左移至 AS_3。当单位生产成本因为实际产出变化以外的其他原因而发生改变时，总供给曲线也会移动。

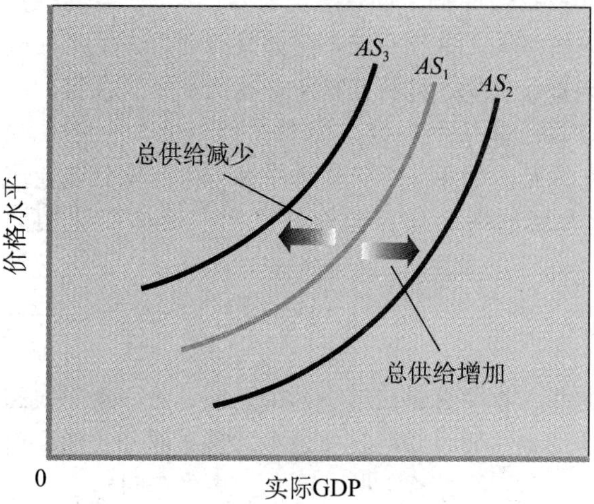

总供给的决定因素：使得总供给曲线发生移动的因素

1. 投入品价格的变化
   a. 国内资源的价格
   b. 进口资源的价格
2. 生产率的变化
3. 法律制度环境的变化
   a. 营业税
   b. 政府法规

图 12.6　总供给的变动

注：图中所列出的总供给的决定因素中有一个或几个发生变化将使得总供给曲线发生移动。总供给曲线从 AS_1 右移至 AS_2，代表总供给的增加；总供给曲线从 AS_1 左移至 AS_3，则代表总供给的减少。

□ 12.4.1　投入品价格

与构成物价水平的产出品价格不同，投入品或资料的价格是单位生产成本的一个重要组成因素，因此也是总供给的一个重要决定因素。这些资源或来自国内，或进口而来。

1. 国内资源的价格

如之前说过的，工资和薪水在所有企业的成本中都占了 75%。在其他条件不变的情况下，工资的降低会减少单位生产成本，因此总供给曲线向右移动。工资的提高引起曲线左移。例如：

- 由于大量外来移民，劳动供给增加，因此工资和单位生产成本下降，*AS* 曲线向右移动。
- 由于养老金快速提高，许多老员工都选择提前退休，因此劳动供给减少，工资率和单位生产成本增加，*AS* 曲线向左移动。

同样地，当土地价格和资本投入品价格改变时，总需求曲线也会发生移动。例如：

● 由于钢铁和电子元器件的价格下降，机器设备的价格降低，单位生产成本减少，从而 *AS* 曲线向右移动。

● 由于发现新的矿床、土地灌溉或通过技术创新将“非资源”（比如，大片荒漠土地）改造成有价值的生产要素（有生产能力的土地），可用土地资源的供给会增加，导致土地价格下跌，单位生产成本下降，从而 *AS* 曲线向右移动。

2. 进口资源的价格

正如外国对美国产品的需求也构成美国的总需求一样，从国外进口的资源（如石油、锡和铜）也增加了美国的总供给。无论是国内的还是进口的，资源供给的增加往往会降低单位生产成本。进口资源价格的下降会使美国的总供给增加，而其价格上升则会使美国的总供给减少。

有一个关于资源价格的变动对总供给产生重要影响的很好的例子是，20 世纪 70 年代的石油价格暴涨，因为在那个时候，一个石油生产国组织——石油输出国组织（OPEC）通过减少石油的产出来提高石油价格。OPEC 在 20 世纪 70 年代将石油价格成功提高了 10 倍，迫使单位生产成本增加，使得美国的总供给曲线向左移动。相反地，20 世纪 80 年代中期，OPEC 的市场力量陡转直下，石油价格骤降，使得美国的总供给曲线右移。1999 年，OPEC 再一次强化自己的地位，提高了石油价格和一些美国生产者（包括航空公司和 FedEx、UPS 这样的物流企业）的单位生产成本。2008 年，石油价格急速上升，但这次增长是因为需求增加了，而不是因为 OPEC 降低了石油供给。应记住，无论是什么原因，石油和其他资源价格的上涨必然会提高生产成本并降低总供给。

汇率的波动是另一个改变进口资源价格的因素。假设美元升值了，从而美国企业能够用一美元兑换更多的外国货币，这就意味着，国内生产者将面临较低美元价格的进口资源，因此就可以在每一产出水平上降低它们的单位生产成本。单位生产成本的降低会使美国的总供给曲线向右移动。

美元的贬值将产生相反的效果，并使总供给曲线向左移动。

□ 12.4.2 生产率

总供给的第二个主要的决定因素是**生产率（productivity）**，即衡量一国实际产出水平和生产这些产出所用的资源量之间的关系的一种方法。生产率是用平均实际产出或者单位投入的实际产出来衡量的：

$$生产率=\frac{总产出}{总投入}$$

在资源价格不变的条件下，生产率的提高将降低产出的单位生产成本。回顾可知，单位生产成本是通过生产总成本除以产出的美元总值决定的。例如，如果生产总成本为 200 亿美元，而总产出为 400 亿美元，那么单位生产成本为 0.50 美元。如果生产率提高了，产出从 400 亿美元提高到 600 亿美元，那么单位生产成本从 0.50 美元（=20/40）下降到 0.33 美元（=20/60）。

一般性结论是：通过降低单位生产成本，生产率的提高会使总供给曲线右移。生产率的提高主要是由生产技术的进步引起的，而生产技术的提高通常物化在那些代替了旧厂房和设备的新厂房和设备当中。生产率提高还有可能是因为劳动力接受了更多教育和培训、企业经营形式的改进以及劳动力资源从生产率较低的部门转向了生产率较高的部门。

生产率的下降将提高单位生产成本，因而导致总供给下降（使 *AS* 曲线左移），但是这种情形比较罕见。

□ 12.4.3 法律制度环境

企业运行的法律制度环境的变化是总供给的最后一个决定因素。这些变化可能会影响单位生产成本，而且可能使得总供给曲线发生移动。其中的两种变化是：(1) 营业税的变化；(2) 规制程度的变化。

1. 营业税

与工资提高的作用类似，营业税（如销售税、特许权税和工资税）的提高会使单位产出成本提高，短期总供给减少。企业所付的这些税收的提高会增加单位生产成本，使得总供给曲线左移。

2. 政府规制

遵守政府的法律法规通常要付出很高的成本。因此规制越多，单位生产成本就可能越高，使得总供给曲线左移。提倡减少对经济进行干预的“供给学派”的拥护者们曾提出强有力的论断，通过减少与复杂规制密切相关的繁文缛节或提高法规实施的效率，减少国家对经济的干预范围，使单位生产成本降低，总供给曲线右移。而另一些经济学家并不这么认为，他们认为解除规制可能造成会计操纵、垄断和企业破产，并将 *AS* 曲线向左移动，而非向右移动。

12.5 均衡的物价水平和实际产出

在所有物价水平和实际产出水平的可能组合中，经济（至少在短期内）将倾向于哪一个组合呢？图 12.7 及其相应表格给出了答案。均衡发生在使需求和供给的实际产出量相等的价格水平上。总需求曲线 *AD* 和总供给曲线 *AS* 的交点决定了经济的**均衡物价水平（equilibrium price level）**和**均衡实际产出（equilibrium real output）**。因此，总需求和总供给共同决定了物价水平和实际 GDP 水平。

在图 12.7 中，均衡的物价水平和实际产出水平分别为 1 000 亿美元和 5 100 亿美元。为了说明为何是这两个数值，我们假设物价水平是 92 而非 100。从表中我们可以看到，较低的物价水平将鼓励企业生产 5 020 亿美元的实际产出，如图中 *AS* 曲线上的 *a* 点所示。但是，如图中表格和总需求曲线上的 *b* 点所示的，在 92 的物价水平上，买者将愿意购买 5 140 亿美元的实际产出。为了在较低的价格上购买 5 020 亿的实际产出，消费者会相互竞争，从而使这 120 亿美元（=5 140－5 020）的短缺消失，拉动物价上涨到 100 的水平。

如图和表所示，物价水平从 92 上涨到 100 会鼓励生产者将它们的实际产出从5 020 亿美元提高到 5 100 亿美元，同时使消费者将其购买量从 5 140 亿美元降至 5 100 亿美元。当实际产出量和购买量相等时，经济就达到了均衡。如在 100 的物价水平上，当实际 GDP 为 5 100 亿美元时，经济就达到了均衡。虽然在我们的例子中，均衡的物价水平是 100，但其实每一种物价水平都可以成为一个均衡物价水平。

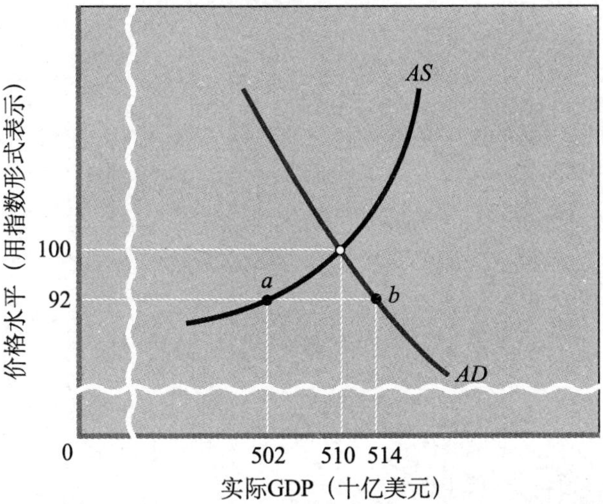

实际产出的需求量（十亿美元）	价格水平（以指数形式表示）	实际产出的供给量（十亿美元）
506	108	513
508	104	512
510	**100**	**510**
512	96	507
514	92	502

图 12.7　均衡物价水平和均衡实际 GDP

注：总需求曲线和总供给曲线的交点决定了经济体的均衡物价水平。当均衡物价水平为 100（以指数价值表示）时，需求量为 5 100 亿美元的实际产出，供给量也是 5 100 亿美元的实际产出。因此，均衡的实际 GDP 为 5 100 亿美元。

□ 12.5.1　物价水平和实际 GDP 的变动

总需求和总供给往往会随着时间的变化而变化。如果随着时间的推移，总需求和总供给提高了相同比例，那么实际 GDP 将提高，而且既不会发生需求拉动型通货膨胀，也不会发生周期性失业。在讨论商业周期时，我们已经知道宏观经济并不总是保持稳定的，因为经济体常常会面临一些意外的情况。让我们将这个模型应用到几种这样的情形中去。为简单起见，我们将使用 P 和 Q 等符号，而不是实际数字，来代表物价指数值和实际 GDP 值。

应用分析

需求拉动型通货膨胀

假设经济体在其充分就业的产出水平上运行，且企业和政府都增加了支出，采取了引起总需求曲线右移的行为。我们关于总需求决定因素的列表（见图 12.2）提供了若干产生这种移动的原因：可能是因为企业预期到了未来投资收益的增加，因此增加了新的投资（企业预期使用了新技术的新设备和设施会产生更高的利润），另外也可能是政府增加了对国防建设的支出。

如图 12.8 所示，物价水平从 P_1 提高到 P_2，总需求的增加超出了产出的充分就业水平，使得经济从 a 点移动到 b 点，并引起了通货膨胀。因为物价水平是由总需求增长而拉高的，所以这种通货膨胀被称做需求拉动型通货膨胀。而且我们发现，需求的增长还将实际产出从 Q_f 扩张到 Q_1。Q_1 和 Q_f 之间的距离是一个正的 GDP 缺口：实际 GDP 大于潜在 GDP。*

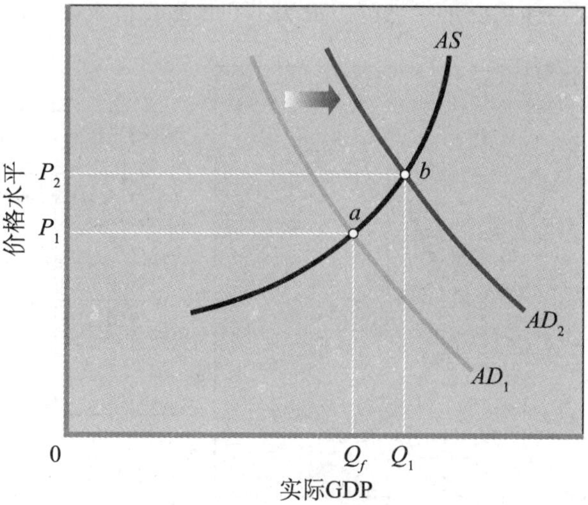

图 12.8　需求拉动型通货膨胀

注：总需求从 AD_1 提高到 AD_2 使得经济从 a 点移动到 b 点，引发了物价水平从 P_1 增长到 P_2 的需求拉动型通货膨胀，也产生了（Q_1-Q_f 的）正的 GDP 缺口。

一个美国出现需求拉动型通货膨胀的经典例子发生在 20 世纪 60 年代末。越南战争的升级导致国防支出在 1965—1967 年间增长了 40%，且在 1968 年再次增加了 15%。政府支出的增加给已处在增长阶段的经济施以压力，使总需求曲线右移，导致了 20 年里最剧烈的通货膨胀。当实际 GDP 超过了潜在 GDP 时，通货膨胀率从 1965 年的 1.6% 飙升至 1970 年的 5.7%。

近年来有关需求拉动型通货膨胀的例子发生在 20 世纪 80 年代末。总需求在 1986—1990 年间扩张至超过其充分就业的水平，物价水平以不断增加的速率上涨。具体来看，年通货膨胀率逐年提高，1986 年为 1.9%，1987 年则为 3.6%，1988 年升至 4.1%，1989 年更是达到了 4.8%。根据图 12.8 可知，总需求曲线逐年右移，提高了物价水平和正的 GDP 缺口的规模。当 1990—1991 年间的经济转而衰退时，GDP 缺口缩小且通货膨胀率下降。

* 因为劳动力和其他投入品的价格最终都会增长，从而使短期 AS 曲线左移，所以这一正的 GDP 缺口不会永远存在下去。经济体最终又会回到充分就业的产出水平 Q_f，其垂直的长期总供给曲线（未表示出来）就位于此处。

问题：在解释需求拉动型通货膨胀时，向上倾斜的总供给曲线的重要性体现在什么方面？

应用分析

成本推动型通货膨胀

通货膨胀也可能是由经济的总供给方面引起的。假设中东地区的战争严重地影响了世界石油的供给，且导致石油价格大幅度上升，如300%。较高的能源价格将在整个经济中传播开来，导致很多产品的生产和运输成本上涨。美国的总供给曲线将向左移动，表现在图12.9中，总供给曲线从AS_1左移至AS_2，其所引起的物价上涨属于成本推动型通货膨胀。

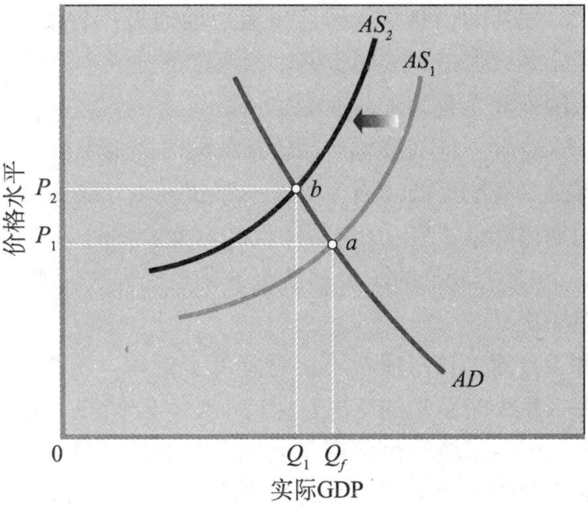

图12.9　成本推动型通货膨胀

注：总供给从AS_1提高到AS_2使得经济从a点移动到b点，引发了物价水平从P_1增长到P_2的成本推动型通货膨胀，也产生了负的GDP缺口（数量为Q_1-Q_f）。

总供给曲线左移的效果更糟糕。当总供给曲线从AS_1移动到AS_2时，经济就从a点移动到b点。物价水平从P_1上涨到P_2，实际产出从Q_f下降到Q_1。伴随着成本推动型通货膨胀，衰退（和负的GDP缺口）出现。这就是20世纪70年代，当石油价格飙升时美国发生的一幕。

今天，石油价格对美国经济的影响相对于早些时候而言已经小多了。20世纪70年代中期，石油支出占美国GDP的10%，而今天只有3%。因此，现在的美国经济不那么容易受到和石油有关的“总供给冲击”带来的成本推动型通货膨胀的影响了。

问题：就损失的实际产出而言，同等程度的需求拉动型通货膨胀和成本推动型通货膨胀中，哪一个对经济体造成的损失更大？

□ 12.5.2　物价水平向下的刚性

我们刚刚已经知道，物价水平是很容易向上调整的。但在美国经济中，即使通货膨胀率上下波动，通货紧缩（物价水平的降低）也很少发生。为什么物价水平具有“黏性”或刚性呢（尤其是在下降阶段）？经济学家提供了几种可能的解释：

● **对价格战的恐惧**　某些垄断企业可能会担心，如果它们降低价格，对手不仅会作出降价的竞争性举措，而且会通过把价格降得更低来进行报复。初始的降价有可能会触发一场不必要的价格战——连续一轮又一轮愈演愈烈的降价行为。在这样的情况下，所有企业最后获得的利润都将远远低于保持原有价格下的利润水平，甚至会造成更大的损失。由于这个原因，每家企业可能会抵制降价，选择坚持减少产出或者辞退工人。

● **菜单成本** 当企业认为衰退只会持续相当短一段时间时，它们就不愿意降低其价格。其中一个原因是经济学家所谓的菜单成本，这个比喻来源于一个最明显的例子：当餐馆决定降低价格时，需要支付印刷新菜单的成本。这些成本包括：（1）估计需求变动的大小和持续时间，以确定价格是否会下降；（2）对存货产品重新定价；（3）印刷新价目表并邮寄出去；（4）把新的价格告知顾客（有可能通过广告的方式）。当面临菜单成本的时候，企业可能会继续保持当前的价格以回避这部分成本。也就是说，它们将会静观其变，看看总需求的下降是否为永久性的。

● **工资合同** 如果企业不能在降低产品价格的同时降低工资率，那么就没有利润可赚，但往往工资下降是具有刚性的，因为很大一部分劳动力都签订了劳动合同，而劳动合同规定禁止在合同期内降低工资。（在某些大的行业，签订 3 年的集体性劳动协议是很正常的。）同样地，非工会成员的工资和薪金通常也是每一年调整一次，而不是一个季度或者一个月调整一次。

● **士气、道德和生产率** 许多雇员不愿意降低工资率，更强化了工资下降的刚性。如果劳动者的生产率（每小时劳动的产出）保持不变，较低的工资确实会减少每单位产出的劳动力成本。但较低的工资会削弱劳动者的士气和工作热情，从而使生产率下降。单独考虑时，较低的生产率会增加单位产出的劳动成本，因为同等条件下生产出来的产出下降了。如果由于生产率下降所造成的劳动力成本的升高超过了降低工资带来的成本的减少，那么削减工资将会增加而不是减少每单位产出的劳动力成本。在这种情况下，当企业面临总需求的减少时，将不会降低工资。

● **最低工资** 最低工资为最不熟练劳动者的工资水平提供了法律保障。当总需求减少时，支付最低工资的企业不能降低最低工资率。

结论：在美国，物价水平容易上涨但不容易下降。

应用分析

棘轮效应

用棘轮来比喻价格水平变化的不对称性是一个好方法。棘轮是一种工具或机械装置，如绞盘、汽车千斤顶或管钳，它推动轮子向前转，但不允许它向后转。如果设置适当，每一种棘轮都使操作者向一个方向移动目标（船只、汽车或螺母），但却不能向反方向移动。

当总需求增加时，物价水平、工资率和单位生产成本很容易随之上涨。在美国，自 1950 年以来，除了一年之外，其他每年物价水平都在上涨。

但当总需求下降时，物价水平、工资率和单位生产成本却具有向下的刚性。即使总需求和实际产出在很多年份都下降了，但是美国物价水平自 1950 年来只有 1955 年这一年下滑了。

根据我们所做的比喻，总需求增加推动美国物价水平单向上涨。一旦到达某一程度，较高的物价水平会一直保持下去，直到它再次被单向推动上涨。美国的通胀率不断地升降，但是物价水平则基本保持着上涨的趋势。

问题：棘轮的比喻同样适用于实际 GDP 的变化吗？为什么？

◆ 应用分析

衰退和周期性失业

在总需求下降和价格水平具有向下刚性的共同作用下，会产生经济的衰退。例如，假设由于某些原因，投资支出急剧下降。在图 12.10 中，我们将总需求的下降表示为曲线 AD_1 左移至曲线 AD_2。

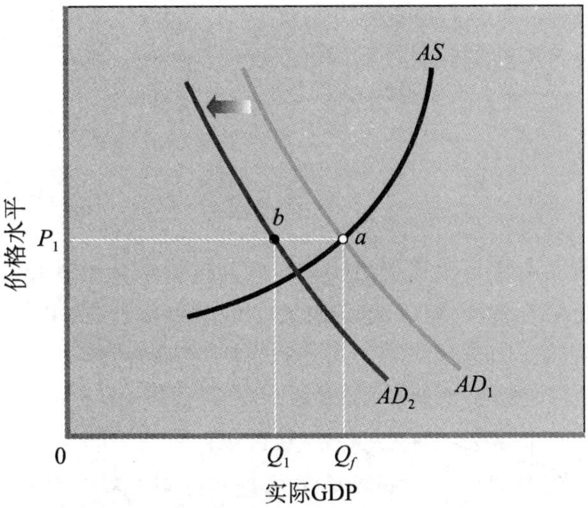

图 12.10 衰退

注：如果物价水平向下具有刚性，那么总需求从 AD_1 下降到 AD_2 将会使经济体从 a 点移向 b 点，并使实际 GDP 从 Q_f 减少到 Q_1，由此就产生了闲置的生产力、周期性失业和负的 GDP 缺口（Q_1-Q_f）。

由于物价水平在 P_1 上具有向下的刚性，总需求的下降使得经济从 a 点移动到 b 点，实际产出从 Q_f 下降到 Q_1。Q_1 和 Q_f 之间的距离表示的是负 GDP 缺口——实际产出低于潜在产出的数量。因为生产此较低产量只需要较少的工人，所以就发生了周期性失业。

美国近年来所有因需求引起的衰退都出现了图 12.10 中所示的有 GDP 缺口但无通货紧缩的情景。考虑自 2007 年 12 月开始的衰退，在 2008 年，由于无力偿还贷款而导致房产抵押拍卖的比例飙升，几家重要金融机构破产，信贷变得十分紧张。新的建设投资和其他投资支出骤然下降。正是由于投资减少带来了总需求的减少，GDP 降低到潜在产出水平之下。美国的失业率从 2007 年 12 月的 4.7% 上升到 2009 年 10 月的 10.1%，虽然物价水平在其中几个月有所下跌，且通胀率降低了（这种情况被称作通货紧缩），但从整个时期来看，通货紧缩并没有出现。

问题：建设新的住房、公寓和办公楼所产生的预期投资回报的下降是如何造成衰退的?

□ 12.5.3 乘数效应

在结束总需求和总供给的话题之前，我们需要阐述另外两个经济学观点。第一，总需求的变动（如图 12.8 和图 12.10 所示）体现了支出上的“初始变化”，例如，投资的增加将使得接受初始投资支出的企业和家庭开始连续进行一轮又一轮的额外投资。我们

所说的某一 AD 曲线移向另一 AD 曲线只是简单地表现了最终结果。

假设一个经济体尚有扩张的空间，投资支出的初始变化将使总需求和 GDP 发生改变（从而改变收入），并超过初始的支出改变。这种惊人的结果被称作乘数效应。乘数用来度量最终 GDP 的改变有多大。它是实际 GDP 的变动与支出（在这个例子中，是投资）的初始变动之间的比率。一般情况下，表示为：

$$乘数=\frac{实际\ GDP\ 的变化量}{支出的初始变化}$$

把这个等式进行重新整理以后，我们可以看到：

实际 GDP 的变化量＝乘数×支出的初始变化量

所以，如果经济体中的投资上升了 300 亿美元，最终导致总需求和实际 GDP 将上涨 900 亿美元，那么我们就可以从第一个等式中得知，乘数为 3（＝900/300）。

对于这个乘数，应该注意的两点是：

- 支出的初始改变通常与投资支出相关，因为投资具有易变的特性，但是消费支出的改变（与收入的变化无关）、政府购买的改变和净出口的改变也会引发乘数效应。
- 这种乘数效应的作用是双向的。初始投资的增加会造成 GDP 的成倍增加，投资的减少也会在乘数效应的作用下使得 GDP 减少更多。

乘数效应依赖于一个事实，就是经济体支持重复且连续的支出和收入，就像我们在第 2 章看到的循环流动模型一样。通过这个过程，Smith 支出的美元被 Chin 作为收入纳入囊中，Chin 又将一部分钱支出，这部分支出的钱被 Gonzales 作为收入接收，依此类推。因为新的收入有一部分被储蓄起来了（没有花掉），所以在每一轮新的支出中，支出量都在减少，直到最后，乘数效应的过程结束。

□ 12.5.4 自我修正?

第二个观点是一个提醒：有一些证据显示，美国的物价水平和平均工资水平在下降时变得更灵活了。在美国，激烈的国际竞争和变弱的工会力量似乎在面对下降的总需求时削弱了企业和工人抵抗物价下跌和工资削减的能力。一些价格和工资逐渐变得灵活可能就是 2001 年的衰退会相对温和的原因之一。比如，美国的汽车制造业在面临需求下降时用提供零利率购车贷款的方式来维持产出。这种方式实际上是一种变相降价。

从理论上讲，向下时完全灵活变动的价格和工资将对衰退进行“自我修正”。伴随着负的 GDP 缺口和更多的失业，下降的总需求将降低物价水平和（名义）工资水平。在图 12.10 中，较低的工资会降低单位生产成本并将 AS 曲线右移。最终，经济体会回到它充分就业时的产出，但这时的物价水平比之前要低很多。也就是说，经济体将回归它的长期供给曲线，如图 12.5 所示。

现实中，政府和货币当局并没打算等待经济体缓慢且不确定地“修正”。相反，它们把重点放在试图将总需求曲线拉回衰退前的位置。例如，在 2001 年中，联邦储备系统降低了利率，试图阻止经济衰退并加速经济的恢复。随着联邦税的大量削减、军事支出的扩张、人们对新住房需求的增加，联邦储备系统所采取的这些行动帮助了总需求提高，刺激了经济恢复。经济在 2002 年和 2003 年缓慢地恢复了增长，并在 2004 年和 2005 年迅速扩张。有利的经济增长一直持续到 2006 年和 2007 年前三个季度。

但是，直到2007年末，房地产和信贷市场的危机造成了新的衰退，促使联邦政府开始实施一系列降低利率的措施来刺激支出。在2008年2月，联邦政府推出了一项退税政策，在随后的2009年2月份，实施了7 870亿美元的支出增长和税收减免政策，试图维持总供给和减缓衰退。在接下来的章节中，我们将对包含上述政策在内的稳定政策的效果进行检验。

小结

1. 总需求—总供给模型（*AD-AS* 模型）使得我们能够对实际GDP和物价水平的同时变化进行分析。

2. 总需求曲线表示的是在每一个价格水平上，某经济体所购买的实际产出的数量。由于较高的物价水平使得美国企业和家庭以及外国购买者的购买量较之前下降，因此总需求曲线是向下倾斜的。

3. 总需求的决定因素包括国内消费者、企业、政府以及外国购买者的支出。图12.2中所列出的各个因素的变化改变了这些团体的支出，并使得总需求曲线发生移动。

4. 总供给曲线表示在各个可能的物价水平上，企业所生产的实际产出水平。总供给曲线的斜率依赖于投入品和产出品价格的弹性。因为这两种价格总是随着时间变动的，因此总供给曲线分别对应三个时间段，每一个时间段中对投入品和产出品的价格弹性假设都不同。

5. 瞬时期内的总供给曲线假设投入品价格和产出品价格都不变。在产出品价格不变的情况下，总供给曲线在当前物价水平上是一条水平直线；短期内的总供给曲线假设名义工资和其他投入品价格保持不变，而产出品价格会改变。在这种情况下，总供给曲线一般是向上倾斜的，因为随着实际产出的扩大，单位生产成本上涨，产品价格也随之上涨。总供给曲线在充分就业产出水平的右边部分相对陡峭，在其左边部分相对平缓；长期总供给曲线假设名义工资和其他投入品价格能够完全随着物价水平的改变而发生相应的改变，因此这条曲线在超过充分就业水平后呈垂线状。

6. 因为短期总供给曲线是能够反映物价水平和实际产出同时变化的唯一一条总供给曲线，所以在分析商业周期和经济政策时，短期总供给曲线是关键。除非是明确规定的，“总供给”都是指短期的总供给。

7. 图12.6列出了总供给的决定因素：投入品价格、生产率、法制环境。这些因素中的任何一个发生改变都将改变每一产出水平上的单位生产成本，并使得总供给曲线发生移动。

8. 总需求曲线和总供给曲线的交点决定了一个经济体的均衡物价水平和均衡的实际GDP。在交点处，所需的实际GDP等于所供给的实际GDP。

9. 总供给增加到超过充分就业的产出水平时，将发生通货膨胀和正的GDP缺口（实际GDP大于潜在GDP）。当工资和其他投入品价格与物价水平的上涨相适应时，此缺口就会消失。

10. 总供给曲线的左移反映了在每一个产出水平上单位生产成本的增加，引起成本推动型通货膨胀，同时带来负的GDP缺口。

11. 总需求曲线移至充分就业产出水平左侧时，会引起衰退、负的GDP缺口和周期性失业。由于物价和工资具有向下的刚性，所以在发生衰退的时候，物价水平往往并不会下降。这种刚性是由对价格战的恐惧、菜单成本、工资合同、对劳动者士气的担心和最低工资引起的。

12. 理论上，物价和工资的弹性将使得经济自动地在衰退时实现自我矫正。实际上，物价和工资向下调整的弹性导致了这个过程的缓慢和不确定性。衰退往往会促使中央政府和中央银行采取行动，以努力提高总需求。

13. 支出（消费、投资、政府购买和净出口）的变化将在乘数效应的作用下，导致 GDP 更大的变化。

术语和概念

总需求—总供给模型（*AD-AS* 模型）

总需求

总需求决定因素

汇率

乘数

总供给

瞬时期总供给曲线

短期总供给曲线

长期总供给曲线

总供给决定因素

生产率

均衡物价水平

均衡实际产出

思考题

1. 一个国家的物价水平及其国内产出（实际 GDP）需求量之间存在何种普遍关系？美国实际 GDP 的购买者都有哪些？

2. 什么样的假设使得瞬时期总供给曲线是一条水平线？为什么长期总供给曲线是垂直的？解释短期总供给曲线的形状。为什么短期曲线在充分就业产出的左侧相对平缓，在其右侧相对陡峭？

3. 在其他条件不变的情况下，以下几种情况将对总需求或总供给产生何种影响？用图来表示每种情况下均衡时的物价水平和实际产出水平。

a. 经济中的实际利率降低了。

b. 政府增加了对社会保障的支出（税收没有增加）。

c. OPEC 的完全解体使石油价格降低了一半。

d. 个人所得税税率降低 10%（政府支出没有改变）。

e. 劳动生产率大幅提高（名义工资没有改变）。

f. 名义工资增加了 12%（生产率没有改变）。

g. 美元大幅度贬值。

4. 在其他条件不变的情况下，以下几种情况对均衡时的物价水平和实际产出水平有何影响？

a. 在总供给曲线陡峭的部分，总需求增加了。

b. 总供给增加，但总需求没变（假设物价和工资都有向上和向下的弹性）。

c. 总需求和总供给等量增加。

d. 在总供给曲线相对平缓部分，总需求减少了。

e. 总需求增加，但总供给减少了。

5. 为什么总需求的减少会减少实际产出，而不是降低物价水平？

6. 解释："失业可能是由总需求的减少或总供给的减少引起的"。在每一种情况下，列举价格水平。

7. 在 2001 年早期，美国的投资支出迅速下降，自 2001 年 9 月 11 日起的两个月内，由于美国遭遇恐怖袭击，消费也随之下降。用 *AD-AS* 模型分析这两个方面是如何影响实际 GDP 的。

8. 用乘数的概念解释像波音或通用汽车这样的大企业开始大批裁员时，为什么当地居民和政府会担忧。

计算题

1. 假设每增加 1%的家庭财富，初始消费者支出将增加 50 亿美元，每减少 1%的实际利率，将使初始投资支出增加 200 亿美元。并且，假设经济的乘数为 4。如果家庭财富因房产价值降低而减少了 5%，且实际利率下降了 2%，那么总需求曲线最初在各自的物价水平上将向什么方向移动？移动多少？最终向什么方向移动？移动多少？

2. 用以下 North Vaudeville 的三组数据来回答下面的问题。

a. 哪一组数据显示了 North Vaudeville 的瞬时期总供给曲线？哪一组显示了短期总供给曲线？哪一组显示了长期总供给曲线？

b. 假设工作时间没有改变，如果每小时劳动的实际产出增加了 10%，那么 A 组右边一列的新实际 GDP 水平是多少？这个新的数据反映了总供给的增加，还是显示了总供给的减少？

(A)		(B)		(C)	
物价水平	实际 GDP	物价水平	实际 GDP	物价水平	实际 GDP
110	275	100	200	110	225
100	250	100	225	100	225
95	225	100	250	95	225
90	200	100	275	90	225

3. 某个假设的经济体的总需求和总供给如下表所示：

所需求的实际 GDP 量（十亿美元）	物价水平（价格指数）	所供给的实际 GDP 量（十亿美元）
100	300	450
200	250	400
300	200	300
400	150	200
500	100	100

a. 用以上数据画出总需求曲线和总供给曲线。在这个假设的经济体中，均衡时的物价水平和实际产出水平是多少？均衡实际产出是否为充分就业时的实际产出？

b. 如果这个经济体的物价水平是 150，那么所需的实际 GDP 是等于、大于还是小于所供给的实际 GDP？两者间相差多少？如果物价水平是 250，那么所需的实际 GDP 是等于、大于还是小于所供给的实际 GDP？两者间相差多少？

c. 假设在每一物价水平上，消费者希望多购买 2 000 亿美元的实际产出，画出新的总需求曲线 AD_1，那么新的均衡物价水平和均衡实际产出是多少？

4. 假设下表列出了一个经济体中实际产出和生产所需的投入品数量之间的关系：

投入量	实际 GDP（美元）
150.0	400
112.5	300
75.00	200

a. 这个经济体的生产率是多少？

b. 如果每单位投入品的价格为 2 美元，那么单位生产成本是多少？

c. 假设投入品价格从 2 美元上涨为 3 美元，且生产率没有改变，那么新的单位生产成本为多少？投入品价格增加的这 1 美元会导致总供给曲线向什么方向移动？曲线的移动会对物价水平和实际产出水平造成什么影响？

d. 假设投入品价格没有变化，而生产率增加了 100%，那么新的单位生产成本是多少？生产率的改变会给总供给曲线带来什么影响？总供给曲线的移动又会给物价水平和实际产出水平带来什么影响？

5. 参考表中的数据和第 2 题的信息，假设现在的均衡物价水平和实际 GDP 水平分别为 100 和 225 美元，B 组数据显示了经济体中相关总供给的情况。

a. 在物价水平为 100 时，所需的实际产出为多少？

b. 在物价水平为 100 时，B 组中的实际产出减少了 25 美元，那么新的均衡实际 GDP 为多少？在商业周期中，经济学家把这种实际 GDP 的变化称作什么？

在 www. brue3e. com 中做进一步的测试

在本书的“在线学习中心”www. brue3e. com 中，你会找到一个或多个网络练习题，这些问题需要从网络上获取信息才能解答。我们强烈建议你完成这些问题，因为这些问题能够使你熟悉我们的网站，而我们的网站对你其他课程的学习，甚至你日后的事业都有帮助。“在线学习中心”提供了多项选择测试题，还能为你提供及时的反馈。该网站上还有许多有用的方法进一步测试你对本章知识的掌握情况。

第 13 章

财政政策、赤字和负债

学习完本章后，你应该能够：

1. 识别和阐述财政政策的目的、工具和局限性。
2. 解释内在稳定器在抑制经济周期时的作用。
3. 阐述周期性调整的预算如何揭示美国财政政策的现状。
4. 讨论美国公债的规模、构成和结果。
5. 解释为什么社会保障体系中存在着长期的财政失衡。

在前一章中，我们看到总需求的过度增长会引起需求拉动型通货膨胀，并且总需求的大幅下降会引发衰退和周期性失业。由于这些原因，中央政府有时候会通过预算行为来“刺激经济”或者“控制通货膨胀”。这种反周期的**财政政策（fiscal policy）**是通过有目的地变动政府支出和税收，来实现充分就业、控制通货膨胀和鼓励经济增长等目标的（“财政”这个词简单地表达出了“金融的”意思）。

本章内容是从检验财政政策的逻辑性、现状和局限性开始的，然后研究两个相关的话题：美国公债和社会保障资金的问题。

我们对财政政策和公债的讨论具有很强的时效性。在 2009 年，国会和奥巴马政府启动了 7 870 亿美元的刺激项目，以振兴衰退中的美国经济。这一财政政策造成了 2009 年 1.4 万亿美元的财政预算赤字，将美国公债规模扩张到了 11.9 万亿美元。2012 年 4 月，持续的赤字使公债上涨到了 15.6 万亿美元，成为一个重要的政治事件。

13.1 财政政策和 *AD-AS* 模型

我们所描述的是相机抉择（或“积极的”）财政政策，通常以总统**经济顾问委员会（Council of Economic Advisers，CEA）**提出的建议为根据（这个委员会是由总统任命的三名经济学家组成的一个小组，负责为经济事务提供专家意见和援助）。政府支出和税收的变化是由美国联邦政府选择实施的，虽然与国会的行为无关，但它们也并非自动发生的。国会行为的变化是非权衡性的（或“消极的”或“机械的”），稍后我们将在本章中对其进行研究。

□ 13.1.1 扩张性财政政策

当发生衰退时，通常采用**扩张性财政政策（expansionary fiscal policy）**。这种财政政策包括增加政府购买、减免税收或两者同时采用，目的在于增加总需求，从而提高实际 GDP。在图 13.1 中，我们假设投资支出的急剧减少推动经济总需求曲线由 AD_1 左移至 AD_2（目前先不考虑箭头记号）。衰退可能是由对投资项目的利润预期悲观所致，使得投资支出减少，总需求下降。

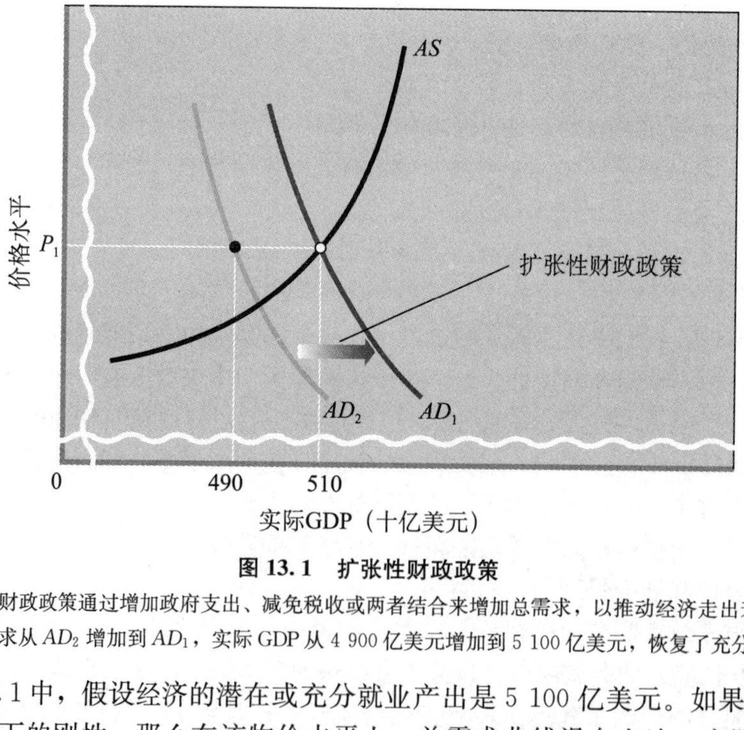

图 13.1 扩张性财政政策

注：扩张性财政政策通过增加政府支出、减免税收或两者结合来增加总需求，以推动经济走出衰退。本图中这一政策促使总需求从 AD_2 增加到 AD_1，实际 GDP 从 4 900 亿美元增加到 5 100 亿美元，恢复了充分就业水平。

在图 13.1 中，假设经济的潜在或充分就业产出是 5 100 亿美元。如果物价水平在 P_1 点具有向下的刚性，那么在该物价水平上，总需求曲线滑向左边，实际 GDP 降至 4 900 亿美元，产生了负的 GDP 缺口 200 亿美元（=4 900 美元−5 100 美元）。伴随着此负 GDP 缺口，失业也会增加，因为较少的产出所需要的劳动者数量也减少了。简而言之，经济正在经历着衰退和周期性失业。

联邦政府应该采取何种财政政策来努力补救这一情况呢？它有三种主要选择：(1) 增加政府支出，(2) 减免税收，(3) 两者结合起来使用。如果中央预算最初是平衡的，扩张性财政政策将带来政府**预算赤字（budget deficit）**。

1. 增加政府支出

要增加总需求，中央政府可以通过增加政府支出来实现。比如，政府可以加大高速公路、教育和卫生保健方面的支出。在其他条件不变的情况下，政府支出增加达到一定程度后，会引起经济体的总需求曲线右移，在图 13.1 中表现为曲线 AD_2 移向 AD_1。我们发现，实际 GDP 增加至 5 100 亿美元，比其衰退时的 4 900 亿美元多了 200 亿美元。企业将其雇佣工人数量增加至充分就业水平，直至产出增加、负 GDP 缺口消失。

2. 减免税收

同样，政府可以通过减税将总需求曲线右移，在图 13.1 中，曲线 AD_2 移向曲线 AD_1。假设政府减征了个人所得税，使得人们的可支配收入增加了，这时，家庭就会将大部分收入用于支出，将剩下的较少部分用于储蓄。支出的那部分——新的消费支出——将增加总需求。在图 13.1 中，总需求的增加使曲线 AD_2 移向曲线 AD_1，增加了 200 亿美元的实际 GDP，并消除了负的 GDP 缺口。就业也相应地增加，失业率下降。

若要使通过减税所产生的总需求曲线右移的距离和增加政府支出所产生的距离相等，则要使税收减免额大于政府支出的增加额，因为家庭在接受减税后，会将变高的税后收入中的一部分用于储蓄。也就是说，在税收减免额中，只有提高了消费支出的那部分才会引起总需求曲线右移。

3. 将增加政府支出和减税结合起来

要想使初始支出增加某一特定的数额，并最终带来总需求和实际 GDP 的增加，政府可能会同时增加支出和减免税收。在图 13.1 所描述的经济体中，存在着增加政府支出和减税的某一组合，可以使总需求曲线从 AD_2 移至 AD_1，消除负的 GDP 缺口。

□ 13.1.2 紧缩性财政政策

当发生需求拉动型通货膨胀时，**限制性或紧缩性财政政策（contractionary fiscal policy）**有助于对其进行控制。这类政策包括了减少政府支出、增税或两者结合使用。在图 13.2 中，其充分就业的实际 GDP 水平为 5 100 亿美元。假设投资和净出口支出的急剧增加使得总需求曲线从 AD_3 移至 AD_4，结果导致了需求拉动型通货膨胀。在图 13.2 中，价格水平从 P_1 上涨至 P_2，产生了 120 亿美元（=5 220−5 100）的正 GDP 缺口。

如果政府决定通过财政政策来控制这一通货膨胀，那么其所做的选择与那些用于抵挡衰退的选择恰好相反。它可以通过（1）减少政府支出、（2）增税、（3）两个政策结合使用来实现此目标。当经济面临需求拉动型通货膨胀时，财政政策应当向政府**预算盈余（budget surplus）**的方向努力。

1. 减少政府支出

政府支出的减少将使总需求曲线向左移动，以控制需求拉动型通货膨胀。在图 13.2 中，削减支出使得总需求曲线从 AD_4 左移至 AD_3。如果价格水平向下具有弹性，那么价格水平将恢复到 P_1，即发生需求拉动型通货膨胀前的水平。也就是说，发生了通货紧缩。

不幸的是，现实经济并非图 13.2 所描述的那样简单、有规律。总需求的增加会推动价格水平上涨，但是总需求的下降却似乎不会带动价格水平下降。所以，抑制通货膨胀是一个制止价格水平上涨的问题，而不是试图使其降低到从前水平的问题。需求拉动型通货膨胀通常表现为总需求曲线的不断右移。紧缩性财政政策是用来阻止其进一步移动的，而不是用来使其恢复到一个较低的物价水平上的。成功的财政政策消除了持续的正（也就是具有通胀倾向的）GDP 缺口，并阻止物价水平继续朝着通货膨胀的方向上涨。然而，图 13.2 说明了一个基本原理：减少政府支出可以作为一种制服需求拉动型通货膨胀的财政政策。

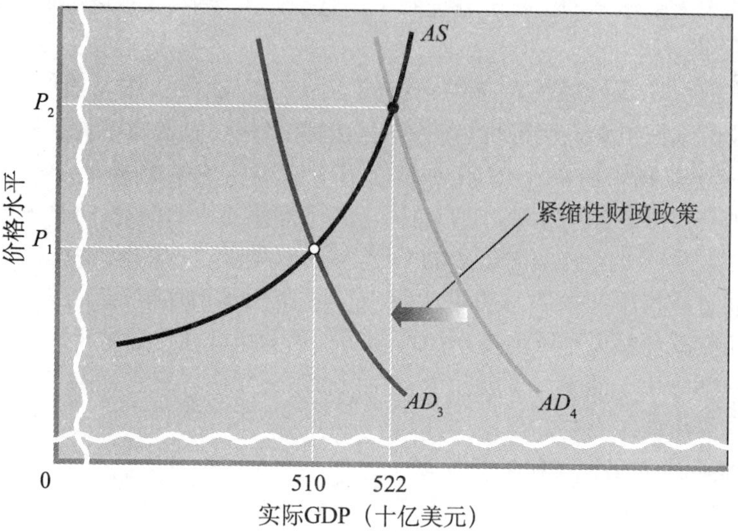

图 13.2　紧缩性财政政策

注：紧缩性财政政策通过降低政府支出、增加税收或两者同时使用来降低总需求，并减缓或消除需求拉动型通货膨胀。在这里，这个政策将使得总需求曲线从 AD_4 移至 AD_3，消除物价上涨的压力，并阻止需求拉动型通货膨胀。然而，需要注意的是，即使通货膨胀被阻止了，刚性（"黏性"）价格的存在会阻碍物价水平回落至 P_1 水平。

2. 增加税收

正如政府能够通过减免税收来增加消费支出一样，它也可以通过增加税收来降低消费支出。在图 13.2 所示的经济体中，政府必须将税收提高到足够高的程度，才能使消费降低到能够使总需求曲线从 AD_4 左移到 AD_3 的程度。通过这个途径，需求拉动型通货膨胀被控制住了。

因为无论如何增税，其中总有一部分导致了储蓄减少，而不是消费减少，所以要使得增税和减少政府支出所带来的总需求曲线左移的距离相等，税收的增加额必须大于政府支出的减少额。也就是说，增税时，只有降低了消费支出的那部分才能够带来总需求的下降。

3. 减少政府支出和增税结合起来

政府要减少总需求并控制通货膨胀，可以将减少支出和增加税收结合起来运用。从图 13.2 中可见，减少政府支出和增税的某一组合将使得总需求曲线从曲线 AD_4 移至曲线 AD_3。

13.2 内在稳定性

在某种程度上，政府税收收入会随着经济周期的变化而自动变化，并促进经济的稳定。这种自动的反应或内在的稳定性构成了非权衡性（或“消极的”，或“自动的”）预算政策，它是大多数税收体制结构带来的结果。我们之所以没有将这种内在稳定性包括在我们对财政政策的讨论中，是因为我们的分析中隐含着这样一个假定：在每一个GDP水平上都征收同等数额的税收收入。但是实际上，美国实行的是净税收收入直接随着GDP的变化而变化的一种税制。（净税收等于税收收入减去转移支付和补贴。从现在起，我们将用较简单的“税收”来表示“净税收”。）

当GDP增加时（总收入因此增加），几乎每一种税都会有更多的税收收入。特别是个人所得税采用累进的税率，因而当GDP增加时，它带来的税收收入要大于比例税制下的增加额。而且随着GDP的增加，人们会购买更多的产品和劳务，政府来自企业所得税、销售税和特许权税的收入也会增加。同样地，当经济扩张创造了更多的工作机会和收入时，来自工资税的收入也相应增加。反之，当GDP下降时，从以上来源获得的税收收入也会跟着下降。

转移支付（或“负税收”）与税收收入的作用方式恰好相反。例如，福利金和失业补偿金在经济扩张期间下降，而在经济收缩期间则上升。

□ 13.2.1 自动的或内在的稳定器

任何不需要政策制定者采取措施就能在衰退期间增加预算赤字（或减少其预算盈余），而在通货膨胀期间增加预算盈余（或减少其预算赤字）的事物都可以称为**内在稳定器（built-in stabilizer）**。图13.3所示的就是美国税收体制对经济的内在稳定作用。假定政府支出G是固定的，且它与GDP水平无关。国会确定了某一具体的支出水平，但是它没有确定税收收入的规模，只是确定了税率，然后税收收入直接随着经济所实现的GDP水平的变动而变动。直线T表示税收收入和GDP之间的直接关系。

□ 13.2.2 经济意义

当我们考虑下面两点时，税收收入和GDP直接相关的经济意义就体现出来了：

- 税收使得支出和总需求下降。
- 当经济正趋向通货膨胀时，减少支出就是合意的；而当经济正趋向衰退时，增加支出则是合意的。

如图13.3所示，当GDP在繁荣期间增加时，税收收入也自动增加，因为税收会使家庭和企业的支出下降，所以它们也就限制了经济的扩张；当经济向着较高的GDP发展时，税收收入会自动增加，而且使预算从赤字向盈余发展。在图13.3中，我们发现高收入水平（有可能是具有通货膨胀倾向的收入水平GDP_3）会自动地创造出一个紧缩性预算盈余。

相反，当衰退期间产出和收入下滑时，税收收入会自动减少，从而增加家庭和企业

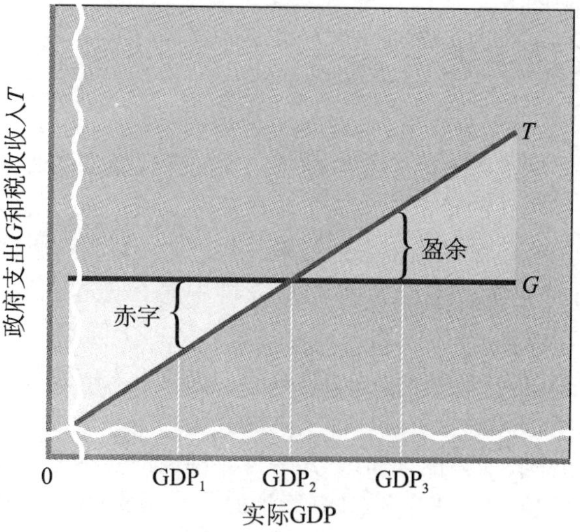

图 13.3　内在稳定性

注：税收收入 T 直接随着 GDP 的变化而变化，且假设政府支出 G 与 GDP 无关。当 GDP 在衰退期间下降时，赤字自动发生，有助于缓解衰退。当 GDP 在扩张期间增加时，盈余自动产生，有助于抵消可能发生的通货膨胀。

的支出，缓解了经济收缩的压力。伴随着下降的 GDP，税收收入降低并将财政预算从盈余转向赤字。在图 13.3 中，低收入水平 GDP_1[①] 将自动产生扩张性预算赤字。

内在稳定器减缓了美国经济波动的剧烈程度，否则，GDP 的变化幅度还要增加 8%～10%。例如，在衰退的 2009 年中，个人所得税收入减少了 22%，该项减少有助于防止家庭支出和实际 GDP 下降幅度超过以往。但是内在稳定器仅仅能抑制，不能抵消实际 GDP 的波动。在面对可以测量的衰退或通货膨胀时，就需要采用相机抉择的财政政策（改变税率和政府支出）或货币政策（中央银行调整利率）来对经济进行矫正。

13.3　对财政政策的评价

我们如何判断一个政府的财政政策是扩张性、中性还是紧缩性的呢？我们不能简单地从实际预算赤字和盈余的变化得出答案，因为这些变化包括了随 GDP 变化而产生的税收收入的自动变化，并且财政政策扩张或紧缩的力度并不取决于政策规模的大小，而是取决于其相对经济规模的大小。所以，要对财政政策的状况加以评价，我们必须对赤字或盈余进行调整，以消除税收收入的自动变化，并且要将调整后的预算赤字或盈余与潜在 GDP 水平进行比较。

经济学家用**周期性调整的预算（cyclically adjusted budget，或充分就业的预算）**将 GDP 变化引起的税收自动变化纳入考虑范围，重新调整实际财政预算赤字和盈余。周期性调整的预算衡量的是：在每一年，如果某经济体已经实现了其充分就业的 GDP

① Alan J. Auerbach and Daniel Feenberg, "The Significance of Federal Taxes as Automatic Stabilizers," *Journal of Economic Perspectives*, Summer 2000, p. 54.

（其潜在产出），那么在现有的税率和政府支出水平上，政府赤字或盈余为多少。该概念就是要将每年的实际政府支出与经济体实现充分就业 GDP 时产生的税收收入进行比较。这个处理过程剔除了由 GDP 的周期性变化引发的财政赤字和盈余，所以周期性调整的预算并没有告知我们政府采用的财政政策是扩张性的、紧缩性的还是中性的。

如图 13.4 所示，直线 G 代表政府支出，直线 T 代表税收收入。在充分就业的第一年，政府支出的 5 000 亿美元等于税收收入 5 000 亿美元，在图中表示为 G 线与 T 线的交点 a。在第一年，实际预算赤字和周期性调整的预算赤字为 0——政府支出等于税收收入，且政府支出等于在充分就业的产出水平 GDP_1 上征得的税收收入。显然，作为潜在 GDP 中的一部分，周期性调整的预算赤字也为 0。因此，政府的财政政策为中性的。

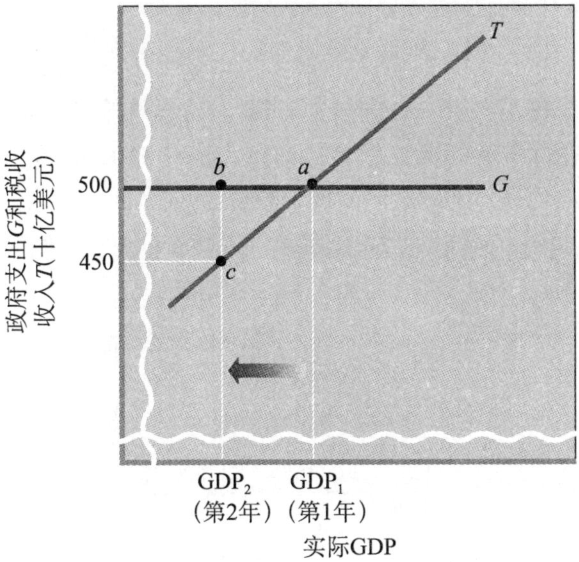

图 13.4　周期性调整的预算赤字

注：在充分就业的产出 GDP_1 上，周期性调整的预算赤字为零。但在衰退的产出 GDP_2 上，它仍然为零，因为在 GDP_2 上，5 000 亿美元的财政支出等于充分就业 GDP_1 上所能征得的 5 000 亿美元的税收收入。因而，在经济滑向衰退时，财政政策没有发生任何变化。所产生的赤字只是周期性赤字。

现在假设发生了衰退，GDP 从 GDP_1 下降到 GDP_2，如图 13.4 所示。我们还假设政府没有采取任何相机决策的行为，所以直线 G 和直线 T 仍保持在图中所示的位置上。在 GDP_2 上，税收收入自动降到 4 500 亿美元（c 点），而（我们假设）政府支出仍然保持在 5 000 亿美元（b 点）上不变，因而产生了 500 亿美元的预算赤字（由距离 bc 表示）。但是这一**周期性赤字（cyclical deficit）**只是经济滑入衰退的一个副产品，而不是政府实行财政政策的结果。如果我们从这一赤字得出政府实行了扩张性财政政策的结论，那就错了。实际上，政府的财政政策并没有改变，仍然是中性的。

当我们考察图 13.4 中第 2 年的周期性调整的预算赤字时，一切就很清楚了。第 2 年的政府支出为 5 000 亿美元，由直线 G 上的 b 点表示。而且如直线 T 上的 a 点所示，如果经济已经实现了充分就业的 GDP，就会有 5 000 亿美元的税收收入。因为 b 点和 a 点所代表的都是 5 000 亿美元，第 2 年的周期性调整的预算赤字就为 0，占潜在 GDP 的百分比也为 0。既然两年的充分就业赤字都是 0，我们就得出了一个结论：虽然发生了衰退且引发了500亿美元的实际赤字，但是政府并没有改变其相机抉择的财政政策。

反之，如果我们发现某一年周期性调整的预算赤字为0，而下一年经过周期性调整后，预算出现了赤字，我们就能得出这个财政政策是扩张性的。因为周期性调整的预算赤字已经对税收收入的自动变化进行了调整，所以该预算赤字的增加就表明政府或者增加了支出（G），或者减少了税率，从而引起税收收入（T）减少。在图13.4中，政府要么将直线G向上移动，要么将直线T向下移动。直线G和直线T的这些变化恰恰是扩张性财政政策的相机决策行为。同样地，如果我们发现某一年的周期性调整预算赤字为零，而下一年经过周期性调整，预算出现了盈余，我们就能够得知这个财政政策为紧缩性的。政府要么减少它的支出（G），要么增加税率，从而提高税收收入（T）。我们知道，G和T的这些变化是紧缩性财政政策的特征。

全球快照13.1给出了2010年部分国家周期性调整的预算赤字或盈余的规模。

全球快照13.1

周期性调整的预算赤字或盈余占潜在GDP的百分比

由于全球性的衰退，2010年除了世界上少数几个国家外，其他国家都产生了周期性调整的预算赤字，赤字的程度根据它占潜在GDP百分比的不同而不同，但它们都在一定程度上反映了扩张性财政政策。

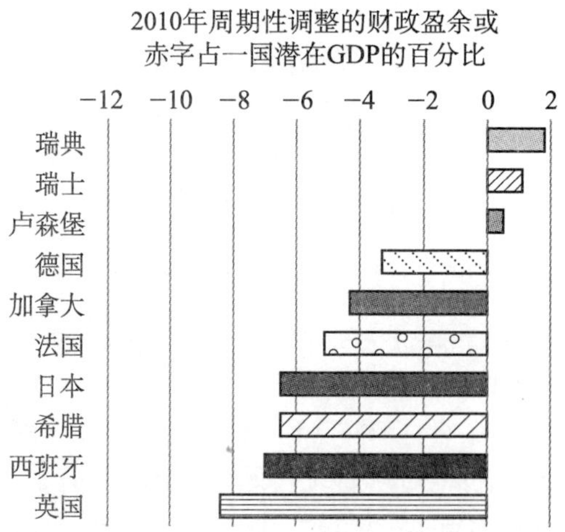

资料来源：Organization for Economic Cooperation and Development，*OECD Economic Outlook*，November 2011，www.oecd.org. Accessed April 22，2012.

应用分析

美国近年来的财政政策

表13.1列出了2000—2010年美国实际的预算赤字或盈余（第（2）列）以及周期性调整的赤字或盈余（第（3）列）分别占实际GDP和潜在GDP的百分比。可以观察到，周期性调整的预算赤字往往比实际赤字小，这是因为实际赤字包括了周期性赤字，但通过周期性调整，这一部分赤字被剔除了。只有周期性调整的预算盈余或赤字占潜在

GDP的百分比（第（3）列）才能用来判断政府使用的相机抉择的财政政策是扩张性的、紧缩性的，还是中性的。

例如，2000年的数据显示，这一年使用的财政政策是紧缩性的。可以看到，2000年实际预算盈余占GDP的2.5%，周期性调整的预算盈余占潜在GDP的1%。由于经济是充分就业的，企业利润是丰厚的，所以大量的税收收入流入中央政府使得税收收入超过政府支出。

但不是所有国家的状况在2000年都是好的，尤其是，所谓的网络公司股票市场泡沫在这一年破灭了，导致美国经济在下半年大幅下滑。在2001年3月，经济滑入衰退期。2001年国会和布什政府减收了440亿美元的税收，并计划在2002年再多减收520亿美元。这些刺激政策促进了经济增长，抵消了衰退和“9·11”恐怖袭击事件带来的经济冲击。在2002年3月，国会通过了在随后两年进一步减税1 220亿美元，并加大失业补贴的计划。

如表13.1所示，周期性调整的预算从2000年占潜在GDP 1%的盈余，变为了两年后，也就是2002年占潜在GDP－1.3%的赤字。财政政策毫无疑问转向了扩张性的。然而，经济在2002年和2003年依旧萧条。在2003年6月，国会再次削减税收，这一次的减税程度比往年高，减收了3 500亿美元，尤其是，税法加速调低了未来数年已计划好的边际税率，并大量削减了对股息和资本收益征收的税率。它还提高了对家庭和小企业的减税额。这一套税收减免计划将2003年周期性调整的预算赤字占GDP的百分比提高到－2.8%。经济在2003—2007年实现了增长，同时实际产出和就业也增长了。到2007年，经济恢复了充分就业水平，虽然仍有－1.3%的周期性调整的预算赤字存在。

表13.1　　2000—2010年财政赤字（－）和盈余（＋）占GDP的百分比

(1) 年份	(2) 实际赤字（－）或盈余（＋）	(3) 周期性调整的赤字（－）或盈余（＋）*
2000	＋2.5	＋1.0
2001	＋1.3	＋0.5
2002	－1.5	－1.3
2003	－3.4	－2.8
2004	－3.5	－3.3
2005	－2.6	－2.7
2006	－1.9	－2.2
2007	－1.2	－1.3
2008	－3.2	－2.9
2009	－9.4	－7.3
2010	－8.4	－6.1

* 占潜在GDP的百分比。

资料来源：Congressional Budget Office，www. cbo. gov.

正如前面章节提到的，2007年爆发了严重的经济问题。在2007年的夏天，抵押贷款市场突然爆发危机。在2007年末期，危机迅速传播到了其他金融市场，威胁了美国几家主要金融机构的生存，并严重破坏了整个金融系统。当信贷市场开始冻结时，从金融市场到整个经济体都充斥着悲观情绪。企业和家庭削减了借款和支出，在2007年12

月，经济进入了衰退——这是自 20 世纪 30 年代以来最严重也是时间最长的一次经济下滑。

在 2008 年，国会迅速作出反应，实施了一系列经济刺激计划。这项措施共提供了 1 520亿美元用于刺激经济，其中包括对企业的一些税收减免，但更多的是通过最高 600 美元支票的形式将这些钱交给纳税人、退伍军人和社保受益人。

按照占 GDP 的百分比，实际财政预算赤字从 2007 年的－1.2%增长到 2008 年的－3.2%。这一次增长源于衰退时期税收收入的自动下降和 2008 年付出的税收回馈（财政刺激支票）。如表 13.1 所示，周期性调整的预算赤字从 2007 年占潜在 GDP 的－1.3%变为 2008 年的－2.9%。这个周期性调整的预算增长揭示了 2008 年实施的财政政策是扩张性的。

政府希望收到这些支票的家庭或企业能够把钱用掉，这样就可以增加消费和总需求，但是家庭反而将大量的钱用于储蓄或者用一些钱来偿付信用卡。即便刺激计划在 2008 年中期增加了一定的产出，但它的扩张性效果和持久性并不如政策制定者预期的那样好。大萧条的持续力量似乎压过了该政策的效果。

随着经济持续剧烈地下滑，奥巴马政府和国会实施了《2009 年美国复苏和再投资法案》。这庞大的 7 870 亿美元项目——紧接着是 7 000 亿美元拯救金融机构项目——包括了对低收入和中等收入人群的所得税回馈，加上对基础设施、教育、医疗卫生大幅度增加支出。这个计划的目的在于用大量的支出来挽救经济，从而促进总需求的增加，使人们回归工作岗位。

这个项目中的减税部分是针对低收入和中等收入的个人和家庭的，这些人被认为比高收入者更能将税收回馈的多余收入用于消费（而不是储蓄）。不同于 2008 年将全部刺激支票一次性送出，新的税收回馈增加在工人每个月的工资单里。由于每个月都是小额的返款，而不是一次性的大额支票，政府希望人们能够将他们增长收入中的大部分都用掉——而不是像 2008 年一次性收到全部支票时将钱储蓄起来。这个财政政策的第二部分（60%的资金）包括了政府在各式各样的项目上支出的增加，其中包括交通、教育和对州政府提供援助。2009 年的高强度刺激政策反映在表 13.1 的第（3）列中，周期性调整的预算赤字占潜在 GDP 的百分比从 2008 年的－2.9%增加到 2009 年的－7.3%。

图 13.5 显示了 1994—2011 年美国实际（不是周期性调整的）预算赤字和盈余的程度。该图还显示了由国会预算办公室预测的 2014 年的赤字。在 2009 年这一经济衰退年份，财政预算赤字达到了 14 130 亿美元，主要原因（不是全部的原因）是从低收入者处征得的税收收入的减少和大量的刺激性支出。国会预算办公室预测在未来几年将出现高赤字，但这些预测的赤字和盈余会随着政府改变它的财政政策和 GDP 加速或减速增长而改变，所以我们建议你根据国会预算办公室的网站 www.cbo.gov 随时更新数据，并选择“预算和经济展望”：2012—2022（或更近期的）财政年度和预算预测。相关数字列在表 1—1 中标有“总赤字”的行里。

问题：用图 13.5 来证明以下几种情况是如何导致近年来实际预算赤字的增加的：(a) 2007—2009 年的衰退；(b) 美国和其他国家的恐怖袭击事件；(c) 布什政府的减税政策。

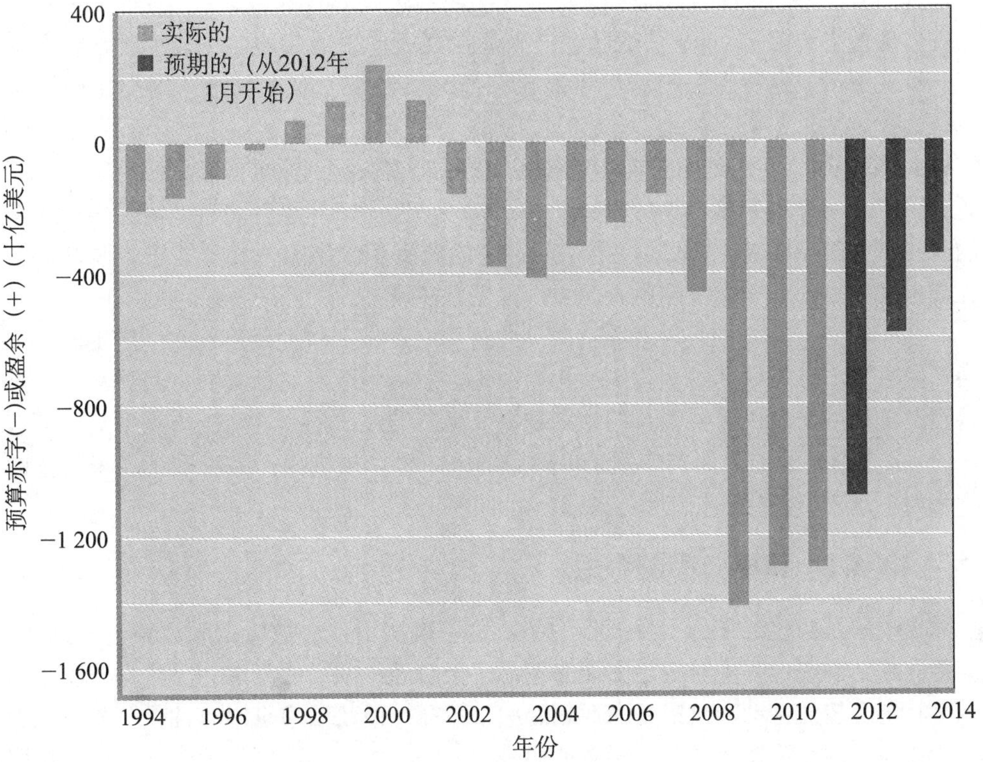

图 13.5　1994—2014 财政年度，实际和预测的财政预算赤字和盈余

注：1992—1997 年每年的预算都是赤字，1998—2001 年变为预算盈余。2002 年再次出现了赤字并在 2007 年赤字减少。在 2008—2009 年衰退时期，预算赤字飞速上涨，预测在未来几年都将保持较高的赤字。

资料来源：图 13.5 说明了最近几年以下几个因素是怎样增加实际预算赤字的：(a) 2007—2009 年的经济衰退；(b) 美国及其他国家进行的反恐战争；(c) 布什政府对税收的削减。

13.4　问题、批判和复杂性

经济学家认为，政府在制定和实施财政政策的时候会遇到许多重要的问题。

□ 13.4.1　时间选择的问题

有关财政政策会产生几个有关时间选择的问题：

- **认识时滞**　认识时滞是指从衰退或通货膨胀开始，到意识到其真正发生之间的这段时间。这一现象的产生是由于经济并不是按照经济周期来缓慢运行的。甚至在经济运行良好的时候，在经济迅速增长和扩张的几个月中也会穿插着经济放缓的几个月。这就给人们识别经济的衰退带来了困难，因为经济放缓的几个月是连续发生的，导致人们认定好的经济时期已经结束，衰退时期已经到来了。

面对通货膨胀的时候也一样。若要使人们能确定通货膨胀已经达到了一个更高的水平，高通货膨胀必定已连续存在几个月了。

通过预测经济的未来发展途径来缩减认识时滞也是非常困难的。因此，经济通常会在相关数据报告的前 4～6 个月就已经进入衰退期或产生通货膨胀了。由于认识时滞的存在，经济下滑或通货膨胀的程度可能比该情况已经被发现且采取应对措施时更加严重了。

● **实施时滞** 民主政府的车轮转得相当缓慢，在认识到需要采取财政行动到此行动真正被采取之间存在着相当长的时滞。在 2001 年“9·11”事件之后，国会僵持了 5 个月的时间，才于 2002 年 3 月通过了一项折中的经济刺激法案（相比之下，联邦储备系统在袭击发生后的下一个星期就开始着手降低汇率了。）

● **执行时滞** 在采取某种政策行动到此行动对产出、就业或物价水平产生影响之间也会产生时滞。虽然税率的变化能够相当快地生效，但政府对新堤坝、州际高速公路等公共建设工程的支出仍需要很长的计划期以及更长的建设期。这些支出在抵消短期（例如，6～12 个月）衰退方面的作用是不确定的。结果，相机抉择财政政策越来越依赖税收变化而不是支出变化来作为其主要工具。

□ 13.4.2 政治方面的考虑

财政政策是在政治舞台上发挥作用的，这一事实不仅会放慢财政政策制定的速度，还会造成在其制定过程中对政治方面的考虑多于对经济方面的考虑。以自身的利益为出发点来制定合理的行动和政策是人性化的一个特征。而政治家也很人性化——他们想要连任。任职期间经济发展强劲无疑对他们是有利的。所以，即便从经济方面考虑扩张性财政政策是不合适的，他们也会赞同扩张性财政政策所支持的大幅减税。同样地，他们也会证明在诸如农业补贴、卫生保健、教育和国防等受欢迎的项目上增加政府支出是合理的。

极端的情况是，被选举的官员和政党可能会出于政治目的集体“控制”财政政策，导致总需求不适当地变化，进而引起（而不是抑制）经济波动。例如，他们会在选举前运用扩张性财政政策来刺激经济，而在选举之后采取紧缩性财政政策来抑制过度的总需求。这种**政治商业周期（political business cycle）**——整个经济活动和实际 GDP 的波动都源于以选举为目的的财政政策的实施，而不是由私人部门内在的不稳定性导致的——实际上很难证明和证实，但毫无疑问的是，政治方面的考虑在财政政策的制定过程中占有非常重要的地位。问题是这些政治上的考虑与“良好经济”相互碰撞的频率有多大。

一个关于政治因素和经济因素相结合的案例——也是上面所提到的实施时滞的一个例外——就是 2008 年的经济刺激法案。这一提案在 2008 年 1 月 28 日被布什总统公布；在之后的两个星期内被国会通过；并于 2008 年 2 月 14 日写入法律。虽然美国的法律制定者一致认为经济需要一次增长，而另一些人认为，正在逼近的 2008 年选举为这次政策的迅速推出提供了动力。

□ 13.4.3 未来的政策转向

如果家庭预期到了政策在未来会转向，那么财政政策可能无法达到预期的效果，比如，政府的一次减税行为。如果纳税人相信税收减免只是暂时性的，他们会将“节省”

出来的税收的一大部分储蓄起来，因为税率将来还会恢复到以前的水平。到那时，他们再将这些额外的储蓄提取出来，用于维持其消费支出。所以，如果人们认为减税只是暂时性的，那么减税的举措就不会使当前的消费支出和总需求增加如我们的简单模型（见图 13.1）所示的那么大。

增税的作用方向相反。如果纳税人认为增税只是暂时性的，他们就会减少他们的储蓄来缴税，而保持其当前的消费水平不变。他们会这样打算：当税率再次下降时，他们可以增加储蓄额从而使其恢复。所以，增税的举措不会像政策制定者渴望的那样，能减少当前的消费和总需求。

当这种所谓的消费平滑随着时间的推移而发生时，财政政策就会丧失其部分效力。教训如下：家庭视为永久性的税率变化，较之其视为暂时性的税率变化，更有可能改变消费和总需求。

□ 13.4.4 州及地方财政的抵消作用

州及地方政府的财政政策通常是顺周期的，这就意味着它们会加剧衰退或通货膨胀，而不是起到矫正的作用。和联邦政府不同，州及地方政府在平衡其预算时面临着宪法和其他法律的要求。同家庭和私营企业一样，州及地方政府也会在繁荣期间增加支出，而在衰退期间削减支出。

在 20 世纪 30 年代大萧条时期，中央财政支出所增加的大部分都被州和地方政府财政支出的减少所抵消了。在 2001 年衰退期以及其刚刚结束的那段时间，为了抵消由于个人收入及其公民支出的减少所带来的税收收入的不断下降，许多州和地方政府不得不提高税率，加征新税，并减少支出。

就过去这些经验来看，2009 年，中央政府通过 7 870 亿美元的财政计划给予州政府可观的救助资金，为解决当时的问题作出了特别的努力。正是由于大规模的中央救助，这些州并没有增加税收和减少支出。相比中央政府希望通过减税和增加支出来增加总需求而言，各州政府选择的财政政策并没有对总需求增加产生多少负作用。

□ 13.4.5 挤出效应

财政政策的另一个缺陷是所谓的**挤出效应**（**crowding-out effect**）：扩张性财政政策（赤字支出）将使利率上升，导致私人投资减少，从而削弱或消除扩张性政策的刺激作用。上涨的利率还可能会挤出那些对利率敏感的消费支出，比如，用信用卡购买汽车。由于投资是 GDP 中最不稳定的一个部分，所以挤出效应主要发生在投资上，且需集中考虑赤字支出带来的刺激效果是否会部分或完全地被投资支出的减少中和。

看到潜在的问题，就应该意识到，无论政府何时借款（如果是赤字支出就必然会发生），它都会增加对货币的总需求。如果货币当局保持货币供给不变，那么总需求的增加会抬高借款的成本——利率。因为投资支出会根据利率的变化而变化，因此一些支出就将被阻止或被“挤出”。

经济学家对于挤出效应的强度持有不同的观点。但应该牢记的一点是，当经济处于衰退期时，挤出效应就不再是个大问题了，因为此时的投资需求将会变低。为什么呢？因为在衰退期间，产品的销量减少，以至于大多数企业到最后拥有大量的过剩生产能力。所以，它们不再有动力去添置新的机器或建造新的工厂了。既然已经有一些生产力被闲置了，为什么这些企业还要增加生产力呢？

由于在衰退期间投资需求低，挤出效应就会非常小。简而言之，没有过多的投资来让政府挤出了。即便赤字支出增加了利率，投资支出也不会下降太多，原因很简单：进入衰退期后投资需求非常低。

相反，当经济在生产力充分配置点上或在接近这个点运行时，投资需求会非常高，以至于挤出效应可能会成为一个非常严重的问题。当经济繁荣时，工厂将会开足马力运行，且投资需求会因为两方面的原因而增加。一方面，设备在开足马力的情况下容易报废，所以企业会在更换报废或贬值的机器上加大投资。另一方面，经济会整体增长，所以企业会大力投资于它们的生产能力以满足预期的需求。

□ 13.4.6 有关财政政策的最新观点

当涉及相机抉择财政政策的可取之处和效果时，它们的复杂性会为我们带来哪些影响？考虑到财政政策的复杂性以及结果的不确定性，某些经济学家认为最好不要采用任何财政政策。他们或高度肯定将货币政策（中央银行所制定的利率的变化）作为一种稳定机制，或认为大部分经济波动都是温和的，能够自我矫正。

但是，大部分经济学家都认为财政政策在政府的宏观经济工具箱内，仍然是一个重要的、有用的政策杠杆。当前的主流观点认为，财政政策有助于“推动经济”向一个既定的方向前进，但是不能将其“微调”到一个精确的宏观经济指标上来。主流经济学家普遍认为，对于美国经济而言，货币政策是最好的按月调整的稳定工具。如果货币政策已经发挥作用了，那么政府就应该维持一个相对中性的财政政策，使调整后的预算赤字或盈余保持在潜在 GDP 的 2%之内。它应该采取一些主要的反向的相机抉择的财政政策，以帮助对抗如下情况：无论中央银行尝试了何种稳定经济的努力，衰退仍然面临着进一步深化和长时间持续存在的可能（如 2008 年和 2009 年的情况）；或总需求的急剧减少可能帮助联邦储备系统抑制大部分的通货膨胀。

最后，存在着一种普遍观点，认为应该对所提出的财政政策对长期生产率增长的积极和消极影响进行评估。用于实施积极财政政策的短期政策工具往往有长期的效果。应该完善反周期的财政政策，以便促进（至少不阻止）长期总供给的增长（在图 12.5 中表现为长期总供给曲线的右移）。例如，减税可以用来促进工作积极性、刺激投资和鼓励创新。或者，采取增加政府支出政策的时候，其核心应该放在能够对私人投资起到补充作用的有关“公共资本”（如高速公路、公共交通、机场）的预案上面，这样有利于长期的经济增长。

13.5 公债

公债或国债（public debt）本质上讲是联邦政府以往赤字（减去盈余）的总累计数额。这些超过盈余的赤字主要是由战争借款、衰退和财政政策导致的。2011 年的公债总额为 148 000 亿美元——其中，85 000 亿美元为公众持有，63 000 亿美元为联邦机构和联邦储备系统持有。在2007—2009年期间，公债规模增加了29 000亿美元。在大萧条期间，由于个人收入和企业利润的下降，联邦税收收入缩水，且由于政府花巨资拯救破产的金融机构以刺激萎缩的经济，导致政府支出急剧增加。

你可以在财政部、公债局的网站（www.treasurydirect.gov/NP/BPDLogin?application=np.）上找到当前公债的规模。在这个网站上，你将看到美国财政部对"公众"的定义包含了联邦储备系统。但因为联邦储备系统是国家中央银行，所以经济学家把它实质上看做联邦政府的一部分，而不是公众的一部分。经济学家往往将重心放在没有被联邦政府和联邦储备系统持有的那部分公债上。

□ 13.5.1 持有人

148 000亿美元的公债总额代表了联邦政府欠**美国证券（U.S. securities）**持有人的总额。这些美国证券（贷款工具）有四种类型：短期国库券（短期证券）、中期国库券（中期证券）、美国国库券（长期证券）和美国储蓄公债（长期、不可流通的债券）。

图13.6显示了2011年联邦储备系统之外的公众持有57%的联邦债务，联邦政府机构和联邦储备系统持有剩余的43%。可以观察到，饼图中的"公众"部分包括国内及国外的个人、州政府和地方政府，以及美国金融机构。2011年，外国人持有大约32%的美国总公债，意味着美国公债的大部分是内部持有的，而非外部持有的。美国人持有68%的美国公债。

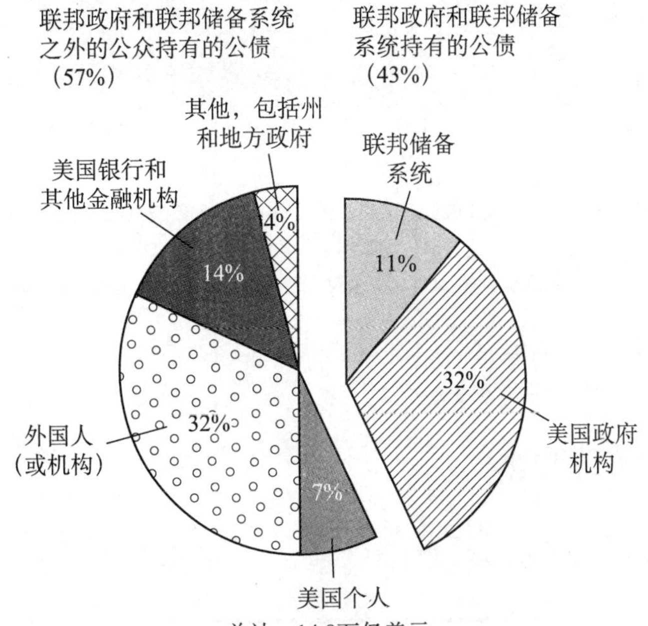

图13.6 2011年美国公债的所有持有人

注：148 000亿美元的公债可以分成以下几部分：除联邦储备系统外被公众持有的部分（57%）；联邦机构和联邦储备系统所持有的部分（43%）；在所有的公债中，有32%为外国人持有。

资料来源：*Economic Report of the President*, *2012*, www.white-house.gov/administration/eop/cea/economic-report-of-the-president; authors' derivation from Tables B-81 and B-89, September 2011 data.

□ 13.5.2 负债和 GDP

对于负债绝对规模的简单说明忽略了美国经济中的财富和生产能力也很巨大这一事实。一个富有的、具有高生产能力的国家比穷国更容易发行和维持大量的公债。将公债和一个经济体的 GDP 联系起来进行衡量更有意义。图 13.7 给出了随着时间的推移，公众（联邦储备系统和联邦政府之外的个人和机构）所持有的联邦负债的相对规模。在 2011 年，这个比例是 57%。最值得注意的是，2008—2011 年这个百分比剧烈增长，因为在 2008 年和 2009 年，随着实际 GDP 的下跌，产生了巨大的预算赤字。

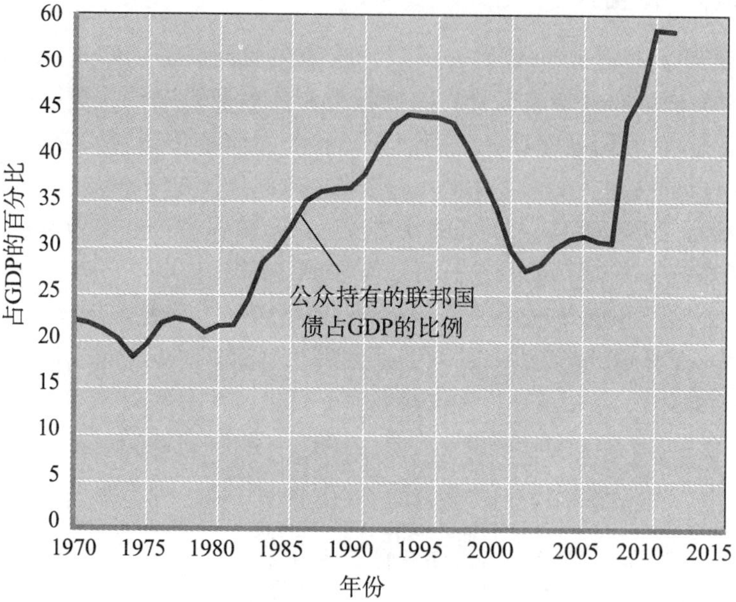

图 13.7 1970—2011 年，除联邦储备系统外，由公众持有的联邦债务占 GDP 的百分比

注：就所占 GDP 的百分比而言，公众持有（除联邦储备系统和联邦政府机构外）的联邦债务在 1980—1995 年间大幅上涨，在 1995—2001 年间急速下跌。自 2001 年起，这个百分比再一次上升，在 2008—2010 年间经历了突然急速地飙升。

资料来源：*Economic Report of the President*，*2012*，www. white house. gov/administration/eop/cea/economic-report-of-the-President，from Tables B-78 and B-81.

□ 13.5.3 国际对比

对国家来说，有规模巨大的公债并不常见。如全球快照 13.2 所示，与其他发达工业化国家相比，美国的公债占实际 GDP 的百分比并不特别高，也不低。

全球快照 13.2 ☞

公众持有的债务：国际比较

虽然美国拥有全世界最大规模的公债，但其他国家的公债占 GDP 的百分比却比美国大。

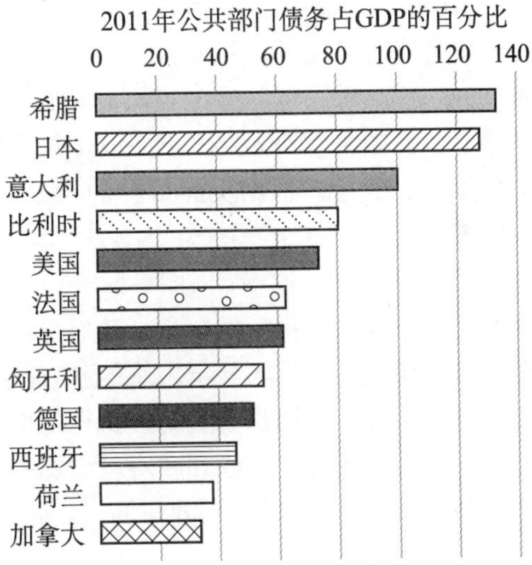

资料来源：Organization for Economic Cooperation and Development，OECD Economic Outlook，November 2011，www.oecd.org，选自2012年4月22日的数据。这些债务计算包括了联邦债务、州债务和地方债务，也包括了政府所有的企业债务（不止图13.7所示的联邦债务）。

□ 13.5.4　利息费用

很多经济学家断定，债务的主要负担是每年给债务融资而增加到售出债券上的应计利息费用。2011年总公债的利息为2 300亿美元。虽然这个数量的绝对值很大，但只占2011年GDP的1.5%。所以，联邦政府必须征收相当于GDP 1.5%的税收来支付公债利息。这个百分比从1990年的3.2%下降到2000年的2.3%，主要是因为2011年的利率非常低。

13.6　错误的担忧

你可能会担心如此庞大的公债也许会让美国破产，或者至少会给美国人的子孙施加沉重的负担。不过幸运的是，这些都是错误的担忧。倒退50年，人们也会担心同样的问题！

□ 13.6.1　破产

庞大的美国公债并不会给联邦政府造成破产——不能履行还款义务——的威胁，有两个主要原因：再融资和税收。

1. 再融资

只要出借人认为美国公债是可管理、可持续的，那么公债就能很容易地进行再融资。每个月都有一部分短期、中期和长期的国库券到期，可政府并不会通过削减支出或增加税收来提供所需的资金。相反，政府可以出售新债券，并用所得款项偿付到期债券的持有者，从而对债务进行再融资。对新债券的需求是强劲的，这是因为债权人能够获得相对较好的、不存在联邦政府违约风险的利息回报。

当然，当债务占 GDP 的比率高到一定程度时，再融资就会成为问题。一些国家，像希腊，已经面临这个问题了。美国持续高涨的债务占 GDP 的比率也让人们担心美国政府是否会无法偿付到期的债务。但是，根据美国目前的债务占 GDP 的比率和长期经济增长的前景，这个担心是多余的。

2. 税收

联邦政府拥有宪法赋予的开征和收缴税款的权力。政府可以选择增加税收来获取足够多的收益，以支付公债的利息和本金。陷入经济困难的私人家庭和企业不可能通过向公众征税来摆脱困境。如果他们的收入或销售收益无法抵补他们的开支，那么他们真的可能会破产。然而，如果有必要给债务融资，联邦政府可以选择开征新的税种，或者提高现有税种的税率。如此提高税收在政策上是不讨喜的，还可能削弱工作和投资的动力，但它们是为债务融资的一种方式。

□ 13.6.2 给后代增加负担

2011 年人均公债是 47 428 美元。那么是不是每个在 2011 年出生的孩子都从联邦政府手里拿到了一张 47 428 美元的债券呢？并不真是这样。公债并不像普遍认为的那样给后代施加了那么多负担。

美国绝大部分公债的债主是它自己。美国公民和机构（银行、企业、保险公司、政府机构和信托基金）拥有美国政府债券的约 68%。虽然这一部分公债是美国人（作为纳税人）的一项债务，但它同样是美国人（作为短期国库券、中期国库券、长期国库券和美国储蓄债券的持有者）的一项资产。

如果要消除美国人所拥有的那一部分公债，就需要进行一项从一些美国人到另一些美国人的巨大转移支付。纳税人将支付更高的税款，而公债持有人将凭借他们持有的美国证券取得等量的款项。美国的购买力不会改变，只有偿付给外国人持有的那 32%的公债才会削弱美国的购买力。

公债在第二次世界大战期间急剧增长。然而，通过出售政府债券来为军事采购融资的决策并没有把战争造成的经济负担转嫁给美国人的后代。构成第二次世界大战经济成本的是社会为了把稀缺的资源转向战时物资生产而不得不放弃的那些民用产品（回忆一下生产可能性分析）。不论社会是通过提高税收，还是通过借债来为这一资源的重新配置进行融资，战争所造成的实际经济负担都是一样的。这一负担几乎全部由那些生活在战争年代的人们所承受。正是他们放弃了大量的消费品，使美国能够武装自己及其盟国。

而下一代在继承了战争债务的同时，也继承了在未来几年会偿付给他们的等量的政府债券。同时，他们也继承了战争胜利所带来的巨大收益，保存了本国的政治和经济体制，并将这些体制“出口”到德国、意大利、日本。结果提高了战后美国经济的增长速度，并有助于提高美国未来几代人的生活水平。

13.7 真实存在的问题

尽管上面那些关于公债的问题都是错误的担忧，但是确实有许多真实存在的问题与公债有关。然而，经济学家对这些问题的重要程度看法不一致。

□ 13.7.1 收入分配

政府证券所有权的分布是高度不均匀的。一些人拥有的公债规模超过人均 47 428 美元，而其他人拥有较少，甚至根本没有政府证券。大体上讲，公债的所有权集中于较富有的群体，他们拥有全部股票和债券的大部分。因为从整体上看，联邦税制只是温和的累进制，所以对公债利息的支付可能会增加收入的不均等。总体来看，收入会从那些收入较低的人转移到那些收入较高的债券持有者手中。如果收入公平程度较高是社会的一个目标，那么这种再分配是不合意的。

□ 13.7.2 激励

目前，公债每年需要支付利息 2 300 亿美元。在公债规模不增长的前提下，必须从税收收入中支付利息。较高的税收将打击人们承担风险、创新、投资和工作的动力。这样一来，庞大的公债可能会间接地阻碍经济的增长。

□ 13.7.3 外国人持有的公债

美国债务的 32%由外国的公民和机构持有，这对美国人来说是一种经济负担。因为这部分债务并不是美国人“自己欠自己”的，所以，向这些**外债**（**external public debt**）支付的利息和本金使得外国人能够购买美国的一部分产品。作为从借入资金中所获利益的回报，美国人把产品和服务转让给外国债权人。当然，美国人也拥有外国政府所发行的债券，由那些政府支付的利息和本金也把他们的一部分产品和服务转移给了美国人。

□ 13.7.4 再论挤出效应

还有一个可能的更加严重的问题：给庞大的公债融资（和不断地再融资）可能会向后代转嫁一项真实的经济负担，这就使他们继承的资本品存量变小。这就可能涉及前面提过的挤出效应：其原理是庞大的公债会导致较高的实际利率，从而降低了私人的投资支出。如果公债只在经济衰退期间发生，那么挤出效应不会成为一个问题。因为在经济衰退期间，私人投资需求小，由公债导致的利率上涨最多只会造成投资支出的微弱减少。

相反，为庞大的公债进行持续融资的需要可能更容易带来麻烦。当经济处于充分就业产出水平或接近这个水平时，为公债进行融资往往需要借入庞大的金额。因为这个时候私人需求通常也很大，为债务再融资导致的利率上涨可能会使投资支出大幅下降。如果当前挤出的投资很多，后代将面临一个生产能力较小的经济体，而在其他条件相同的情况下，他们的生活水平会降低。

1. 挤出效应的图形表示

我们从第12章中可知，实际利率和投资支出之间存在着反向关系。在图中，这种关系就表示为一条向下倾斜的**投资需求曲线（investment demand curve）**，如图13.8中的 ID_1 和 ID_2 所示。让我们来看一看曲线 ID_1（暂时不考虑 ID_2）。假设政府借款使实际利率从6%上升到10%。投资支出就会从250亿美元下降到150亿美元，以该经济从 a 点移动到 b 点表示；也就是说，为债务融资将与私人项目投资进行竞争，并挤出100亿美元的私人投资，所以遗传给后代的私有资本存量将比不需要为公债融资的情况少100亿美元。

2. 公共投资和公共—私有的互补性

不过，即使在挤出的情况下，仍然有两个因素可以减轻转嫁给后代的经济负担。首先，正如私人产品可能既包括消费又包括投资一样，公共产品也是如此。通过公债融资的部分政府支出用于公共投资支出（例如，高速公路、公共交通系统和电力设施）和“人力资本支出”（例如，投资于教育、岗位培训和卫生保健）。像投资于机器设备的私人支出一样，这些**公共投资（public investment）**提高了经济未来的生产能力。由于通过负债进行融资，遗传给后代的公共资本存量可能会更大，而较多的公共资本存量可能抵消了由挤出效应造成的私人资本存量的减少，从而使整体生产能力不受影响。

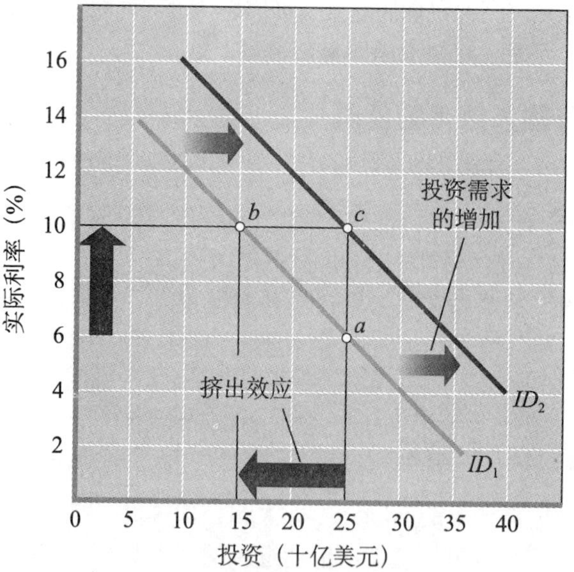

图13.8 投资需求曲线和挤出效应

注：如果投资需求曲线（ID_1）是固定的，那么由于给公债融资使利率从6%增长到10%，会导致经济从 a 点移动到 b 点，挤出100亿美元的私人投资，并减小后代所继承的资本存量规模。然而，如果公债带来的公共产品提高了企业的利润预期，那么私人投资需求曲线将向右移动，例如从曲线 ID_1 移至曲线 ID_2。这一移动可能会全部或部分抵消挤出效应。在这种情况下，它使经济从 a 点移动到 c 点。

所谓的公共—私有互补性是能够减少挤出效应的第二个因素。某些公共投资和私人投资是互补的。这样，通过债务融资的公共投资可能会由于提高了预期回报率而刺激某些私人部门的投资。例如，一座城市里的一栋联邦建筑也许会鼓励私人在它附近投资建设办公楼、商店和餐馆。通过其互补效应，对公共资本的支出可能会使私人投资需求曲线向右移动，例如，在图 13.8 中从曲线 ID_1 移到 ID_2。即便政府的借款行为把利率从6%推高到了 10%，总的私人投资也不必然下降。在图 13.8 中所示的从 a 点移动到 c 点的情形中，私人投资保持在了 250 亿美元。当然，投资需求的增加可能会比图中所示的小。而如果确实较小的话，挤出效应就不会被完全抵消。不过，关键在于私人投资需求的增加可能会与较高利率所导致的投资下降相抗衡。

13.8 长期的财政不均衡：社会保障

美国最重要的财政问题不是预算赤字或公债的问题，而是社会保障和医疗保险项目中的长期资金不均衡问题。再过 75 年，社会保障和医疗保险的受益人所得到的收益将超出这些项目收益几万亿美元。我们将注意力集中在社会保障上。

□ 13.8.1 未来的资金不足

社会保障项目（不包括医疗保险）已经从 1950 年占美国 GDP 不到 1%的水平上涨到了 2011 年占 GDP 4.9%的水平。这一百分比预计在 2035 年达到 6.2%，到 2050 年，这一比例会维持在 6.0%左右。由于支付给即将退休的生育高峰期出生人群的金额在增长，社会保障融资面临着严重的长期短缺问题。

社会保障项目在很大程度上是一种“量入为出”的计划，意味着来自 12.4%的社会保险税（这是去除了 2.9%的医疗保险税之后的税率）的大部分当前收益都支付给了当前享受社会保障的退休者。然而，在预期到将要支付给生育高峰期出生人群退休之后的巨额退休金时，社会保障管理局已经将当前收益减去当前支出所剩余的金额置于**社会保障信托基金（social security trust fund）**当中，这构成了美国财政债券的一部分，但是信托基金中的累积金额远远不足以支付应该支付给所有未来退休人员的退休金。

在 2010 年，因为经济疲软，工资税收入的减少导致社会保障项目支出短缺 490 亿美元。因为信托资产的利息所得足以弥补这一赤字，所以信托持续增长，但相对于经济强健时期放慢了许多。到 2022 年，社会保障退休收入（包括利息所得）将低于社会保障退休金，该体制将开始通过信托基金来弥补差额。到 2036 年，信托基金将被用尽，自此以后，每年的税收收入只能支付政府所承诺的退休金的 75%。联邦政府面临着几万亿美元的社会保障金收入的长期短缺。

如图 13.9 所示，这是人口统计学的一个问题。在未来几年中，美国人口中达到或超过 62 岁的人口将大幅度增加，而达到或超过 75 岁的人口增加的幅度最大。生育高峰期（1946—1964 年）的高生育率、之后生育率的下降以及平均寿命的延长一起导致了人口老龄化问题。未来，更多人将在更长的时期内领取社会保障金，而为个人支付退休金的劳动者数量下降了。在 1960 年，劳动者与社会保障金受益者的比例为5∶1，目前这个比例为 3∶1，到 2040 年将降至 2∶1。

没有一个简便的途径使社会保障融资实现长期均衡，或者是退休金必须降低，或者

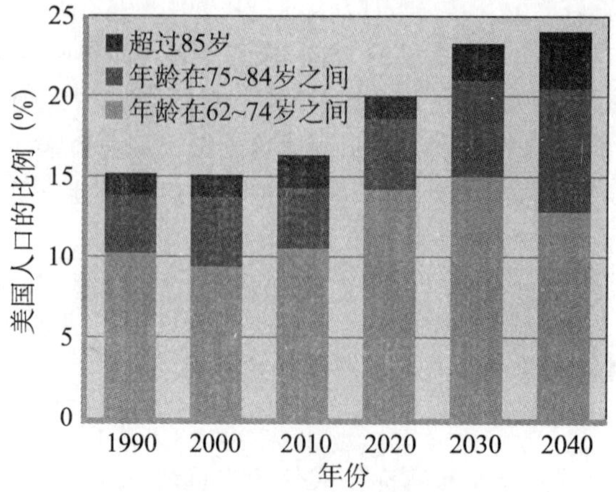

图 13.9　美国人口老龄化

注：美国达到和超过 62 岁的人口比例正在快速增长。这与政策反应有关，在未来几十年内，将导致社会保障出现严重的融资困难。

是收入必须增加。社会保障机构得出结论：如果要在未来 75 年内使社会保障收益和支出实现平衡，就需要将社会保障金永久地降低 14%，将税收收入永久地提高 17%，或者选择二者的某一个组合。①

□ 13.8.2　政策选择

有人为帮助社会保障解决融资问题提供了一些建议。这些建议包括延长退休年龄、增加总收入中缴纳社会保障税的份额，以及降低富有退休者的退休金。

其他的建议更加新奇。比如，一个建议是将信托基金全部或部分地投资于企业股票和债券，以增加信托基金的数额。由联邦政府拥有此股票投资，并成立一个专门小组负责监督这些投资的方向。相对于具有较低回报的美国证券而言，预计较高的投资回报率将延长信托基金的寿命。然而，还是要大量增加工资税，才能在信托基金耗尽之后解决以后的资金短缺问题。

另一个建议是立即提高工资税税率——可能提高 1.5%——并把新的收入分配到个人账户中。政府将拥有这些账户中的累计金额，但是个人可以将他们的投资分配到一张设置了限制性规定的股票或证券基金的列表中去。当他们退休时，领受人可以将个人账户中的这部分余额转移到其年金——终生按月进行支付的债券——中去。当信托基金耗尽时，年金收入将对“量入为出”机制中减少了的月退休金进行补充。

还有一个不同的方法是将工资税的一半放到由个人（而不是政府）拥有、维持和遗赠给后代的账户中去。个人可以将这些资金投资到银行存款单或经核准的股票和证券中，当他们达到退休年龄的时候再将这些钱取出来。平稳的月福利金将对个人账户中的存款额进行补充。随着时间的推移，将逐步采用个人保险账户，所以那些现在正在领取或即将领取社会保障退休金的人们将继续领取退休金。

① Social Security Board of Trustees，“Status of the Social Security and Medicare Programs：A Summary of the 2011 Annual Reports，” www. ssa. gov.

既然每一个计划的可变性都是无限的，那么这些一般性的观点并不会使现有的改革失效。因为每一个公民的经济利益都和结果直接相关，所以就社会保障改革达成一致是很困难的。然而，社会最终还是要面对数万亿美元社会保障负债无法融资的问题。

小结

1. 财政政策由政府支出、税收或这二者的某一组合有目的的变化构成，目标是促进充分就业、价格稳定和经济增长。财政政策需要增加政府支出、减税或二者共同实施（预算赤字）来增加总需求，并推动经济摆脱衰退。减少政府支出、减税或二者共同实施（预算盈余）是用于应对需求拉动型通货膨胀的恰当的财政政策。

2. 内在稳定性来自随 GDP 直接变动的净税收收入。在衰退期间，联邦预算自动向促进稳定的赤字方向变动；在扩张期间，预算自动向反通货膨胀的盈余方向变动。内在稳定性减少了不受欢迎的实际 GDP 的变化，但是不能完全地对其进行矫正。

3. 实际财政预算赤字可能因为 GDP、财政政策或二者的同时变化而上升或下降。由 GDP 变化导致的赤字被称作周期性赤字。周期性调整后的预算消除了预算中的周期性赤字部分，因此能够测量在整个一年中若经济保持充分就业产出水平，会产生的赤字或盈余。

4. 在 2001 年，布什政府和国会选择减少边际税率并逐步停止征收联邦遗产税。在 2001 年，发生了衰退，股票市场崩溃，联邦支出被用于对抗恐怖分子的战争中。联邦预算从 2001 年的 1 270 亿美元盈余变成了 2002 年的 1 580 亿美元赤字。在 2003 年，布什政府和国会在《2001 年税收法案》的支持下，加速了减税的日程，且削减了资本收益和股息的税率，目的是刺激萧条的经济。到 2007 年，经济已经达到了充分就业的产出水平。

5. 在应对 2007—2009 年的大萧条时，联邦政府采取了高强度的扩张性财政政策。在 2008 年，联邦政府通过了退税项目，将 600 美元的支票返给符合条件的个人。在这一年的下半年，形成了 7 000 亿美元的应急基金来防止金融机构破产。这些项目增加了周期性调整的预算赤字，从 2007 年占潜在 GDP 的－1.3％到 2008 年的－2.9％。当经济持续下降时，奥巴马政府和国会实施了为期 2 年以上的 7 870亿美元的刺激计划。周期性调整后的预算赤字从 2008 年占潜在 GDP 的－2.9％增加到了 2009 年的－7.3％。

6. 某些问题的存在使得财政政策的制定和实施变得复杂。这些问题包括：(a) 与认识时滞、实施时滞和执行时滞有关的时机选择问题；(b) 出于政治目的而不是经济目的而滥用财政政策的可能性；(c) 州及政府倾向于顺周期这一事实；(d) 如果家庭预期未来将出现政策逆转，政策就可能失效；(e) 财政政策挤出私人投资的可能性。

7. 大多数经济学家都认为，财政政策有助于推动经济向一个合意的方向发展，但是不能用来对经济进行精确调整，以实现价格稳定和充分就业。然而，在帮助货币政策战胜恶性衰退和通货膨胀时，财政政策是一个很有意义的支持性工具。

8. 国债或公债是联邦政府以往赤字（减去盈余）的总积累数额，它由短期国库券、中期国库券、长期国库券和储蓄债券构成。2011 年，美国公债为 148 000 亿美元或人均 47 428 美元。公众（这里包括了银行、州及地方政府）持有了 57％的联邦债务。联邦储备系统和联邦机构持有了剩下的 43％的联邦债务。外国人持有 32％的联邦债务。在 2011 年，利息支付相当于 GDP 的 1.5％，相比 1990 年的 3.2％有所下降。

9. 对公债可能使政府破产的关注是一个错误的担忧，其原因在于：只需要对债务进行再融资而不必偿还，且联邦政府有权增税以应对债务的利息支付。

10. 总体来说，公债并不是一种将经济负担转嫁给后代的手段。美国人不仅继承了公债（一项债务），同时继承了为债务融资的美国证券（一项资产）。

11. 与公债相联系的更真实的问题还包括以下几项：(a) 债务利息的支付可能加剧了收入的不平等；(b) 支付债务利息要求较高的税收，这可能会削弱激励效应；(c) 向外国人持有的那部分公债支付利息或本金意味着实际产出向国外转移；(d) 政府为了给债务融资或支付利息而进行借款可能会提高实际利率，从而挤出私人的投资支出，使后代得到的资本存量较少。

12. 公债融资可能会引起对公共资本投资的增加，这可能会部分或全部地抵消公债对私人投资的挤出效应。而且如果两者互补的话，公共投资的增加可能会刺激私人投资。

13. 社会保障机制存在着一个重要的长期资金问题。预计在未来的若干年中，社会保障受益人的数量会大幅增加，而且平均而言，这些退休人员将比从前的退休人员有更长的预期寿命。相对而言，其间支付社会保险税的劳动者数量的增加速度较慢。所以，在社会保障收益和支出之间将出现巨额缺口。这一问题需要通过各种类型的社会保障改革来解决。

术语和概念

财政政策
经济顾问委员会（CEA）
扩张性财政政策
预算赤字
紧缩性财政政策
挤出效应
预算盈余
内在稳定器
周期性调整的预算
周期性赤字
政治商业周期
社会保障信托基金
公债
美国证券
外债
投资需求曲线
公共投资

思考题

1. 联邦政府制定预算来决定提供哪些项目以及如何为它们融资。财政政策与这种一般性的财政预算行为有何差别？

2. 政府为推动经济走出衰退会选择何种财政政策？推测一下以下这些人会赞同实施哪种财政选择：(a) 一个想要保持政府规模的人；(b) 一个认为公共部门过于臃肿的人。

3. 请解释内在（和自动的）稳定器是如何发挥作用的。当与某经济的内在稳定性相联系时，比例、累进和累退的税收体制之间存在什么区别？

4. 请简要说明制定和实施财政政策时的时滞问题，并对其进行评价。为什么说“政治”会使财政政策变得更加复杂？对近期政策将出现逆转的预期将如何削弱基于税率变化的财政政策的效果？什么是挤出效应？它为什么会与财政政策有关？

5. 请定义周期性调整后的预算，解释它的重要性并说明为什么它和实际预算不同。假设在图 13.3 所描述的经济体中，无通货膨胀的充分就业实际产出水平为 GDP_3（而不是 GDP_2）。如果该经济体在 GDP_2 而不是 GDP_3 上运行，其周期性调整后的预算状况如何？在其当前的财政政策下呢？你会建议如何改变财政政策？根据图中的 G 曲线和 T 曲线，你将如何实现它呢？

6. 用图 13.4 来解释：当财政政策成功地将经济推动到 GDP_1 的充分就业水平上时，充分就业预算有目的的增加（由税收减免引起）为什么会降低实际预算赤字的规模？20 世纪 60 年代初，在请求减税时，肯尼迪总统说：“今天的税率太高而税收收入太低是一个矛盾的事实，长远来看，增加税收收入最好的办法就是现在降低税率。”将这句话和你在本题前面的回答联系起来。

7. 为什么 2000 年和 2001 年的预算盈余在 2002 年初变成了一系列的预算赤字？为什么在 2008 年初，这些赤字显著增加了？

8. 美国的总负债和公众持有的负债之间有何区别？为什么负债占 GDP 的百分比比占总负债的百分比更重要？将偿还外债和偿还内债的影响加以比较。

9. 判断如下说法的对错。如果说法错误，请说明原因：

a. 内债就像左手欠右手的债一样。

b. 联邦储备系统和联邦政府机构持有超过一半的公债。

c. 由公众持有的联邦负债占 GDP 的百分比在 2011 年的时候比在 1990 年的时候规模小。

d. 美国公债占 GDP 的百分比是世界上所有发达工业化国家中最高的。

10. 为什么当公债的年度利息支付占 GDP 的比例急剧增加时，经济学家会十分关注？

11. 描绘一下公债融资和再融资对实际利率、私人投资、资本存量和经济增长产生影响的路径。对公共资本的投资，以及公共资本与私有资本之间的互补性是如何改变这一因果关系的？

12. 当经济学家说社会保障是一个“量入为出”的计划时，他们想要表达的是什么意思？什么是社会保障信托基金？社会保障退休机制长期财政失衡的本质何在？解决这些长期问题的主要选择有哪些？

计算题

1. 参照上一章的图 12.7，假设总需求增加，每一价格水平对实际产出的需求增加 70 亿美元，那么物价水平会增加百分之多少？这一通货膨胀是需求拉动型通货膨胀还是成本推动型通货膨胀呢？如果潜在实际 GDP（就是充分就业的 GDP）是 5 100 亿美元，那么在总需求改变之后，正的 GDP 缺口有多大？如果政府想要用财政政策在不改变税率的情况下抵制通货膨胀，这样会增加政府的支出还是会减少政府的支出？

2. 参照下表中关于瓦克斯瓦尼亚的数据：

单位：美元

政府支出（G）	税收收入（T）	实际 GDP
160	100	500
160	120	600
160	140	700
160	160	800
160	180	900

a. 瓦克斯瓦尼亚的边际税率是多少？平均税率是多少？它的税制是以下哪一种：比例、累进、累退？

b. 假设瓦克斯瓦尼亚的实际 GDP 是 600 美元，但潜在实际 GDP（或者说充分就业的实际 GDP）是 700 美元。那么预算赤字为多少？周期性调整后的预算赤字是多少？周期性调整后的预算赤字占潜在实际 GDP 的百分比是多少？瓦克斯瓦尼亚的财政政策是扩张性的还是紧缩性的？

3. 假设一个国家在第一年没有公债，第二年的预算赤字为 400 亿美元，第三年的预算赤字为 200 亿美元，第四年的预算赤字为 100 亿美元，第五年的预算赤字为 20 亿美元。在第五年，公债规模有多大？如果第五年的实际 GDP 为 1 040 亿美元，那么在第五年，这个国家的公债占实际 GDP 的百分比为多少？

4. 假设在某一经济体中，投资需求曲线显示实际利率每增加 1%，投资减少 1 000 亿美元；且假设期望的投资收益率每增加 1%，投资需求曲线就会向右移动，使得在原实际利率上，投资增加 1 500 亿美元。如果政府刺激支出的财政政策（扩张性财政政策）导致实际利率增加 2%，同时将预期投资回报率增加 1%，那么有多少投资将被挤出？

在 www. brue3e. com 中做进一步的测试

在本书的"在线学习中心" www. brue3e. com 中，你会找到一个或多个网络练习题，这些问题需要从网络上获取信息才能进行解答。我们强烈建议你完成这些问题，因为这些问题能够使你熟悉我们的网站，而我们的网站对你其他课程的学习，甚至你日后的事业都有帮助。"在线学习中心"提供了多项选择测试题，还能为你提供及时的反馈。该网站上还有许多有用的方法进一步测试你对本章知识的掌握情况。

第五部分

货币、银行和货币政策

第 14 章

货币、银行和金融机构

学习完本章后，你应该能够：

1. 认识和阐释货币的职能以及美国货币供给的构成。
2. 描述货币供给背后的“支持力量”，以及人们愿意接受货币作为支付手段的原因。
3. 讨论美联储的构成和美国的银行制度。
4. 认识美联储的作用和职责。
5. 认识和解释造成 2007—2008 年金融危机的主要原因。
6. 讨论美国财政部如何采取措施避免 2007—2008 年银行与金融机构的危机深化。
7. 阐述美国金融服务业的主要类型，并举出每种类型的一些企业作为例子。
8. 描述在银行制度中，银行如何通过部分存款准备金制度创造货币，制造货币供给的多倍扩张。

货币是经济活动中一个吸引人的方面：

> 货币吸引着人们。人们为它焦急烦恼，为它辛苦劳作。有人绞尽脑汁想出许多方法去得到它，又有人想出许多方法去花掉它。货币作为一种特殊的产品，除了被花掉之外别无用处。除非人们使用货币进行消费或投资，否则它无法给人们提供食物、衣服、住所或娱乐服务。货币只有从普通产品中分离出来才能被赋予价值。为了钱，人们几乎无所不做，而且钱几乎可以为人们做到任何事。货币是一个有魅力的、流通的、戴着面具的谜题。[①]

① Federal Reserve Bank of Philadelphia，“Creeping Inflation，” *Business Review*，August 1957，p. 3. Used with permission.

在本章和下一章，我们将要探讨货币以及货币体系在经济活动中的重要作用。如果货币制度能够正常地运转，它可以为收入和支出循环运动提供生命根源。一个良好运转的货币制度能够帮助经济达到两个目标：充分就业和资源的有效利用。相反，一个失灵的货币制度将会扭曲资源的配置，并且造成经济活动中产出、就业以及价格水平的剧烈波动。

14.1 货币的职能

有句谚语曾经说过："货币之所以成为货币，是因为货币的职能。"从这个概念意义上讲，任何能够执行货币职能的产品都可以成为货币。以下是货币的具体职能：

交换媒介（medium of exchange） 货币的第一个和最重要的职能是作为交换媒介。货币作为交换媒介可用于买卖产品和服务。一个面包店的打工者并不希望每周只获得200个百吉饼作为工资。同样，面包店的店主也不希望收到，比如说大比目鱼，来交换百吉饼。然而，货币却可以作为支付手段被人们高兴地接受。正如我们在第2章中看到的，货币作为社会活动的一个产物，可以被支付给资源的提供者和生产者，也可以用来购买市场能够提供的所有物品。作为交换媒介，货币能够让社会避免物物交换方式的缺陷。并且，由于它为人类交换产品提供了一个便捷的方式，货币能够让不同地区和种族的人群都获得便利。

记账单位（unit of account） 货币通常也作为记账单位。人们通常使用货币单位——美国社会中使用美元——作为一种标准单位，来衡量社会中各种各样的产品、服务以及资源的相对价值。正如我们使用英里或公里来测量距离，我们通过美元来衡量产品的价值。由于货币是一种被广泛接受的记账单位，因此，每种物品的价格只需要通过货币单位来表述。我们不需要通过玉米、蜡笔或者蔓越莓等物品来表述牛的价格。货币能够让买卖双方轻易地比较各种各样的产品、服务以及资源的价格，从而帮助他们作出理性的决策。它也能够帮助我们明确债务，确定所欠税费，以及计算国内生产总值（GDP）。

价值储藏（store of value） 货币也可以作为一种价值储藏手段，它允许人们将目前的购买力转移到未来。人们通常不会将他们在白天获得的所有收入花光。为了能够在未来购买产品，他们将会以货币形式储藏他们的一部分财富。如果你将货币放在一个支票账户（safe or checking account），在几个星期或几个月后你仍然可以使用。当不存在或只有轻微的通货膨胀时，持有货币是一种持有未来使用的财富的相对无风险的方式。

当然，人们也可以选择持有除货币以外的各种资产作为他们财富的一部分或全部。这些资产包括房地产、股票、债券、像黄金一样的贵金属，甚至还有具有收藏价值的物品，例如，精细工艺品或者连环画等。但是，货币具有一个优于其他所有资产的关键特点，那就是，它具有最强的流动性。

资产**流动性（liquidity）**的含义是，以购买力的较小损失或没有损失为条件，将一种资产迅速转变为最被广泛接受和容易使用的货币或现金形式的难易程度。资产的流动性越高，它转变为现金的速度越快，并且它用于购买产品、服务或者是其他资产的速度也越快。

不同资产的流动性水平差异巨大。很显然，现金具有完全流动性。相反，由于两方面的原因，一套住房具有高度的非流动性。首先，将房屋的价值转变为现金时，我们可能需要花费几个月的时间来找到一个有意愿的买方，并达成一项销售协议。其次，当房屋出售后会损失一部分的购买力，这是由于为了完成这笔销售，人们不得不支付给房屋代理商和其他一些人大量的费用。

正如我们将要讨论的，我们在经济活动中使用了几种不同形式的货币，包括现金、硬币、支票账户存款、储蓄账户存款，甚至还有更多的外来货币，例如，货币市场共同基金存款。我们详细描述了货币的各种不同形式，比较它们流动性的相对水平，不仅对它们进行相互比较，还将它们与其他资产，如股票、债券、房地产等相比较。我们发现，现金具有完全流动性。并且，其他形式的货币虽然也具有很高的流动性，但是比现金的流动性差。

14.2 货币供给的构成

货币是由一些物品或物品的组合构成的一种“存量”（举例而言，和收入不同，它是一种“流量”）。社会中已经使用过很多物品作为货币，包括鲸鱼的牙齿、圆形的骨头、大象尾巴的鬃毛、金币、毛皮、还有纸张。任何可以被广泛接受作为交换媒介的物品都可以充当货币。在美国，通货并不是货币的唯一形式。正如你们看到的，某些政府债券和金融机构债券也通常被当成货币使用。

□ 14.2.1 货币的定义：M1

M1 是最狭义的美国货币供给的定义。它由以下两部分构成：

- 银行系统以外的公众手中的通货（硬币和纸币）。
- 所有的支票存款（在商业银行和存款机构中，可以用来签发任何规模的支票的所有存款）。①

政府和政府机构供给硬币和纸币。商业银行和存款机构提供支票存款。

1. 通货：硬币+纸币

美国社会中的通货包括金属性硬币和纸币。硬币由美国财政部发行，而纸币中的**联邦储备券（Federal Reserve Note）**由联邦储备系统（美国的中央银行）发行。硬币由美国铸币局铸造，而纸币由印钞局印刷。美国铸币局和印钞局都是美国财政部的一部分。

和其他国家的通货一样，美国的通货也是**符号货币（token money）**。这意味着任何通货的面值都与它的内在价值——制造通货的物理材料（金属或者纸张和油墨）的价值——不相关；若一致，人们为了重新销售制造硬币和纸币的材料，就会破坏硬币和纸

① 为了在接下来的讨论中避免错综复杂的细节，我们并没有讨论货币定义中从分量上看不是很重要的几种构成。例如，旅游支票也包含在货币供给 M1 中。《美联储公报》（*Federal Reserve Bulletin*）任何最近的统计附录都提供了更为全面的定义。

币。为了阻止这种行为，政府必须确保它们的面值超过内在价值。例如，如果每个50美分的硬币包含了价值75美分的金属，那么熔化这些硬币并卖出这些金属将会变得有利可图。50美分的硬币将会从流通领域迅速地消失！

图14.1显示了硬币和纸币（通货）构成了美国经济货币供给M1的一半。

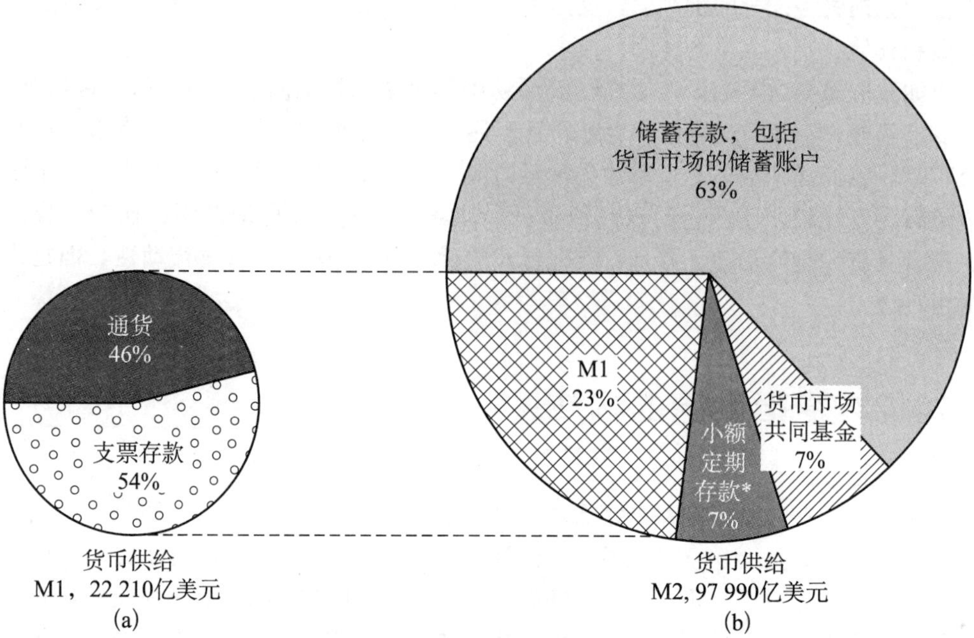

图14.1　美国货币供给M1和货币供给M2的构成情况

注：M1是货币供给最狭隘的定义，包括（在流通领域中的）通货和支票存款。M2是一个更广泛的定义，包含M1中的全部，以及其他几种流动性相对较高的账户余额。

*这些分类包含了其他几种数量较小的货币构成，例如，旅行支票。

资料来源：Federal Reserve System，www.federalreserve.gov. Data are for March 2012.

2. 支票存款

支票的安全性和便捷性使得支票存款构成了货币供给M1中的大部分。你无法想象在信封中塞满4 896美元的纸币，通过邮寄来支付一笔债务。但是，签发和邮寄一张大额支票却是一件平常的事。兑现支票的人必须背书（在支票的背面签字）这张支票；接下来，支票的签发者会收到已经兑现的支票的一张记录作为收据，以此来证明他已经履行了债务。同样地，由于签发每张支票都需要一个签名，因此，偷窃或丢失你的支票簿和丢失相同数量的通货所造成的损失是不一样的。最后，签发支票比运送和清点一大笔通货更为方便。由于以上原因，**支票存款（checkable deposits）**构成了美国货币存量的大部分。M1中几乎一半是以支票存款的形式存在的，这些存款可用于签发支票。

似乎很奇怪，支票账户余额被认为是货币供给的一部分。但是原因很清楚：支票仅仅是转移银行和其他金融机构的存款所有权的一种方式，并且，在一般情况下也被认为是交换媒介。虽然在小额交易中，支票的接受程度一般比通货低，但是，在大宗购买中，大多数卖家愿意接受支票作为付款方式。此外，人们可以将支票存款快捷地转变为纸币和硬币；因而，根据这些存款签发的支票等同于通货。

总结如下：

货币 M1＝通货＋支票存款

3. 提供支票存款的机构

在美国，各类金融机构允许消费者使用他们已经存储的资金签发任何金额（不超过存款限额）的支票。**商业银行（commercial banks）**是最主要的存款机构。它们接受家庭和企业的存款，在所有人签发支票前确保货币的安全，与此同时，还使用存款发放各种各样有效的贷款。商业银行贷款可以为企业提供短期金融资本，还可以为消费者购买汽车或其他耐用产品融资。

储蓄贷款协会（saving and loan associations，S&Ls）、互助储蓄银行（mutual saving banks），以及信用联盟（credit unions）作为商业银行的补充，被统称为**储蓄机构（savings，thrift institutions，or thrifts）**。储蓄贷款协会和互助储蓄银行接受家庭和企业的存款，然后使用这些资金为住房抵押贷款提供融资，以及提供其他贷款。信用联盟接受成员的存款，并发放借款给这些成员。这些成员通常是在同一家企业上班的一群人。

各种为人们所熟知的银行和储蓄机构的支票存款有：活期存款，可转让支付命令的活期存款（negotiable order of withdrawal，NOW）账户，个人自动转账（automatic transfer service，ATS）账户，以及股金提款账户。它们的共性是存款人可以选择在任何时候签发以这些存款为依托的任何金额的支票。

4. 两条限制

我们必须讨论两个重要的限制。首先，在美国，财政部、美联储银行、商业银行以及储蓄机构持有的通货是被排除在货币供给 M1 以及其他货币供给计算方法之外的。例如，在艾玛的皮夹里有 1 美元的纸币或者是四枚 25 美分的硬币，显然这些钱仅仅构成了货币供给中的 1 美元。但是，如果我们将银行中的通货作为货币供给的一部分计算在内，那么当艾玛将这些通货存在她银行的支票账户中时，同样的 1 美元就会算作 2 美元的货币供给。这是因为，货币供给在计算时除了会计算属于艾玛支票存款中的 1 美元外，还会计算银行收银箱或现金库中的 1 美元。当确定货币的总供给量时，通过排除银行中的通货，我们避免了双重计算问题。

其次，货币供给中还要排除的是，任何在商业银行或储蓄机构中政府（特别是美国财政部）和美联储的支票存款，之所以这样做是为了能够更好地估计可用于私人部门潜在消费的货币数量。对美联储而言，在管理它的货币政策（在接下来的章节里我们将要讨论的话题）时，可用于家庭和企业的货币具有灵敏的利率。

□ 14.2.2 货币定义：M2

第二种和更广泛的货币定义 M2 包含 M1 和几种准货币。**准货币（near-money）**是某种具有高度流动性的金融资产，这种金融资产不能够直接或完全履行交换媒介的职能，但是可以很容易地转变为通货或是支票存款。货币定义 **M2**（更广泛的货币供给定义，等于 M1 加上非支票储蓄账户（包含货币市场存款账户）、少于 100 000 美元的定期存款，以及货币市场共同基金余额）包含了三种个人所有的准货币：

- **储蓄存款，包含货币市场储蓄账户**

存款人可以从银行或储蓄机构中的一个生息**储蓄账户（savings account）**中提款，

或者只是要求将这些资金转移到支票账户中。个人也可以从**货币市场储蓄账户（moncy market deposit account，MMDA）**中提款，这是一种包含短期有息证券的生息账户。然而，货币市场储蓄账户有一个最低余额要求和能够提款次数的限制。

- **小额（少于 100 000 美元）定期存款**

定期存款（time deposits），例如，定期存单（certificates of deposit，CD），其资金只有到期才能提取。例如，当存款存放 6 个月或更长时间后，人们就可以将 6 个月的定期存款转为通货，而不需要缴纳任何罚金。作为对这种提款限制的回报，金融机构为这类存款支付一个比货币市场储蓄账户更高的利率。另外，人们可以在定期存款到期前随时将其“兑换为现金”，但是必须缴纳很高的罚金。

- **货币市场共同基金**

通过打电话、上网，或者是签发一张 500 美元或更大面额的支票，存款人就可以从某个共同基金公司提供的**货币市场共同基金（money market mutual fund，MMMF）**中兑换股份。这类公司集中个人股东的资金，以此来购买生息的短期信用工具，比如定期存单和美国政府债券（government securities）。然后，它们可以为共同持有这些金融资产的股东（存款人）的货币市场共同基金账户提供利息。

所有这三类准货币都具有相当高的流动性。总体来说，M2 包括构成 M1 的可以立即作为交换媒介的项目（通货和支票存款），以及某些可以便捷地转化为通货和支票存款的准货币。在图 14.1 中，我们看到，所有这些项目加起来就构成了货币供给 M2，使得货币供给 M2 几乎比狭隘的货币供给 M1 大了 5 倍。因此，总结为公式形式是：

货币供给 M2＝M1＋储蓄存款（包含货币市场储蓄账户）＋小额（少于 100 000美元）定期存款＋货币市场共同基金

实际上，就流动性或“货币性”而言，还有很多差别轻微的资产没有包含在 M1 或 M2 中。由于简单的 M1 定义中只包括了能够直接和立即用作交换媒介的项目，因此在货币供给的讨论中通常引用这个定义。但是，出于某种需要，经济学家更喜欢广义的货币定义 M2。例如，在先行性指标总指数（一种经济预测工具）中，M2 是 10 大趋势变量之一。更广泛的货币定义包含的内容太多，所以用途有限。

除非特别说明，在我们的讨论和分析中，我们将使用狭隘的货币供给定义 M1。我们所提出的与 M1 有关的重要原理，也适用于 M2，因为 M1 被包含在 M2 中。

14.3 货币供给的“支持力量”

本质上，美国货币供给的“支持力量”来源于政府保持货币价值相对稳定的能力。仅此而已！纸币和支票存款没有内在价值。一张 5 美元的钞票仅仅是一片做了记号的纸张。支票存款也仅仅是一种簿式记账。我们还知道，硬币的内在价值小于它的面值。政府不会给你任何实物，例如，黄金等，来购回你手中持有的货币。

对许多人而言，政府没有用任何有形的物品来支持货币的事实是难以置信的和危险的。但是，作出不用任何有形实物支持货币的决定是因为一个充足的理由。如果政府用某种有形的实物如黄金来支持货币，那么货币供给量就会随着可得到的黄金量的变化而变化。通过采取不用任何有形实物支持货币的措施，政府可以绕过这种限制，并获得一种至关重要的自主权——提供能够保持货币价值以及能最好地适应国家经济需要的货币供给量的能力。实际上，通过选择不用任何有形实物支持货币的做法，政府已经给了它自己一个自由管理全国货币供给量的能力。它的货币管理机构试图提供特定经济活动所需要的货币数量，从而促进充分就业、价格稳定以及经济增长。

目前，几乎所有的经济学家都同意一种观点，认为管理货币供给比将货币与黄金或其他某种物品联系在一起更为明智，因为这些物品的供给可能会随时变化。例如，如果我们使用黄金作为货币供给的支持力量，那么黄金就可以兑换为货币，**反之亦然**。由于发现一批新的黄金而导致国家黄金存储量大量增加，这可能会使货币供给非常迅速地增加，从而引发急剧的通货膨胀；或者，黄金产量长时间持续降低，这可能会减少货币供给到造成经济萧条和失业的地步。

简而言之，人们不能将纸币转变为一个固定数量的黄金或者是其他贵重产品。货币只能够和纸币交换。如果你要求政府买回你的 5 美元纸币，它将把这 5 美元兑换成另一张钞票，只是序列号码不同，仅此而已。类似地，支票账户只能换成纸币，也不能够和黄金兑换。正如我们刚才所讲的，政府不会用任何实物来购回纸币。

□ 14.3.1 货币的价值

那么为什么通货和支票存款就是货币，然而，比如说大富翁（一种游戏）里的货币就不是货币呢？是什么赋予了一张 20 美元的纸币或一个 100 美元的支票存款账户价值呢？这些问题的答案包括以下三方面：

1. 可接受性

通货和支票存款之所以是货币，是因为人们接受它们为货币。由于在经年累月的商业活动中，通货和支票存款履行着货币的基本职能，因此人们可以接受它们作为交换媒介。在交易时我们接受纸币是因为我们相信能够用它们换回真实的产品、服务以及资源。

2. 法定货币

由于政府已经指定通货作为**法定货币（legal tender）**，所以我们更增强了对纸币可接受性的信心。具体而言，每张钞票上都有这样的声明："这张票据是偿付公共和私人的所有债务的法定货币。"这意味着纸币是一种有效的、合法的支付手段，用于偿付任何使用美元订立契约的债务。（但是，私人企业和政府并不会被强制接受现金。对它们而言，指定非现金方式（例如，支票、银行本票、邮政汇票或者信用卡）作为支付手段不是违法行为。）

然而，纸币在交易中被普遍接受为货币，比政府宣布它是法定货币更加重要。政府从未在法律中规定支票为法定货币，但它们在大宗的商品、服务以及资源的经济交易中却起到了法定货币的作用。但是，政府的直属机构——联邦存款保险公司（the Federal Deposit Insurance Corporation，FDIC）和国家信用合作社管理局（the National Credit Union Administration，NCUA）——确实只对商业银行和储蓄机构里最高达250 000美元的个人存款提供保险。这个事实无疑使我们更加愿意使用支票存款作为交易媒介，然后使用支票账户签发支票来购买产品、服务和资源。

概念阐释

信用卡是货币吗？

在货币供给的讨论中，你也许想知道我们为什么没有提到像维萨（Visa）和万事达（Master card）这样的信用卡。毕竟，信用卡是一种便捷的购物方式，并且占到了美国所有交易金额的大约25%。没有提到信用卡的原因是：信用卡不是真正意义上的货币。更确切地说，信用卡是一种从签发该卡的金融机构那里便捷地获得一笔短期贷款的方式。

当你用信用卡购买一件物品时发生了什么事情呢？签发这张卡的银行将付款给商店，向其收取一笔交易费，然后你再还款给银行。银行不会在你每次购物后立即减少你的现金或支票存款，而是集中一个月的所有购物款项进行一次性清算。你可能会对银行提供的这些服务支付一笔年费，并且，如果你以分期付款方式付款给银行，你将支付相当大的一笔利息。信用卡仅仅是一种短期推迟或延期付款的方式。你用来偿还每月信用卡账单的支票账户余额**是**货币；信用卡却**不是**货币。*

虽然信用卡不是货币，但它们为个人或企业提供了“节约”用钱的机会。信用卡能够让人们在他们的皮夹里放更少的货币，（在偿还信用卡账单截止日期之前）减少人们在银行账户里存储的支票存款余额。信用卡还能够帮助人们解决支出和收入的时间不一致问题。

问题：如果信用卡不是货币，那为什么它们如此受欢迎呢？

* 然而，银行的借记卡和你支票簿中的空白支票非常类似。和用信用卡购买东西不同，用借记卡购买东西直接减少你的支票账户的余额。支票账户余额是货币——它是M1的一部分。

3. 相对稀缺性

和任何其他物品的经济价值一样，货币的价值取决于它的供给和需求。相对于货币的效用（它满足需求的能力）而言，货币的价值源于它的稀缺性。货币的效用在于，无论是现在还是未来，它都能够用来交换产品和服务。因此，货币的经济需求取决于在任何时间段所有交易的货币总量，加上个人和企业在未来交易中希望持有的货币数量。货币管理机构供应的货币量与一个合理稳定的货币需求一起，共同决定了货币单位（美元、日元、比索等）的价值或“购买力”。

□ 14.3.2 货币和价格

货币的购买力是指一单位货币能够购买的产品和服务产品和服务的数量。当货币迅速失去它的购买力时，它也失去了作为货币的职能。

美元的购买力 一美元可以购买的产品和服务数量与价格水平的变化方向相反，意味着一般的价格水平和美元的购买力之间存在一种反向关系。当消费者价格指数（Consumer Price Index，CPI）或生活成本指数（“cost-of-living” index）上升时，美元的购买力下降，反之亦然。更高的价格降低了美元的购买力，因为购买特定数量的产品、服务或资源需要更多的美元。例如，如果价格水平翻倍，那么美元的购买力下降了一半，或50%。

相反地，更低的价格增加了美元的购买力，因为购买特定数量的产品和服务需要更少的美元。例如，如果价格水平下降了一半，或50%，那么美元的购买力翻倍。

通货膨胀和可接受性 在第11章中我们提到，一个国家的货币可能在交易中变得没有价值，因此不再被接受。发生这种**恶性通货膨胀**（**runaway inflation，or hyperinflation**）的原因是政府发行的纸币太多了，以致几乎完全破坏了每一单位货币的购买能力。第一次世界大战之后，德国就曾发生过恶名昭彰的恶性通货膨胀。在1919年的12月，大约有500亿马克在市场上流通。4年之后，流通中的货币大约为4 965 853 459 000亿马克！结果会怎样呢？到1923年，德国马克的价值只有1919年马克价值的极小一部分。①

恶性通货膨胀导致货币的购买力在人们拿到它的那一刻到花掉它的那一刻这段时间里急剧地下降。货币的购买力急剧下降，可能导致的后果是，终止货币作为交换媒介的职能。在交易中，企业和家庭可能会拒绝接受纸币，因为他们不希望承担纸币价值的损失。但是，如果当纸币为他们所拥有时，由他们承担纸币价值损失的事情必然发生。（尽管政府宣称纸币是法定货币，这一切依然会发生。）如果在国内没有一种可接受的交换媒介，那么经济可能会重新恢复到物物交换阶段。作为一种备择选择，人们可能广泛地使用具有内在稳定性的国际货币，如美国的美元。

同样地，只要没有因为通货膨胀而造成货币价值大幅度恶化，人们都会使用货币作为一种储藏价值的手段。并且，只有当货币的购买力处于相对稳定的状态时，经济才能有效地使用货币作为记账单位。如果没有一个衡量货币价值（以购买力来衡量）的标准，买卖双方就无法达成交易。当美元的价值正在急剧地下降时，卖方不知道应该对商品或服务索要什么样的价格，买方也不知道应该支付什么样的价格。

14.4 联邦储备系统和银行体系

美国银行体系的一个重要组成部分是**联邦储备系统**（简称"美联储"）。如图14.2所示，联邦储备委员会管理12家联邦储备银行的活动，进而控制整个国家的银行和储蓄机构的借贷活动。联邦储备系统的主要职责是管理货币供给。但是，自从银行中的支票存款占了货币供给的很大一部分后，联邦储备系统的一个重要目标就是确保银行制度的稳定性。

□ 14.4.1 联邦储备委员会

美国货币和银行体系的核心机构是**联邦储备管理委员会**（**Board of Governors**），其7名委员由美国总统提名，经参议院同意后任命。每一名委员的任期是14年，且任期交错安排，因此每隔2年就有一名委员任期届满。此外，若有委员辞职，也会任命新委员。总统从7名委员中选出委员会的主席和副主席。主席和副主席的任期是4年，并且可被总统任命再连任4年。较长的任期可以给管理委员会提供连续的、富有经验的委员，且不受有可能导致通货膨胀的政治压力的影响。

---

① Frank G. Graham，*Exchange，Prices and Production in Hyperinflation Germany，1920—1923*（Princeton，N. J.：Princeton University Press，1930），p. 13.

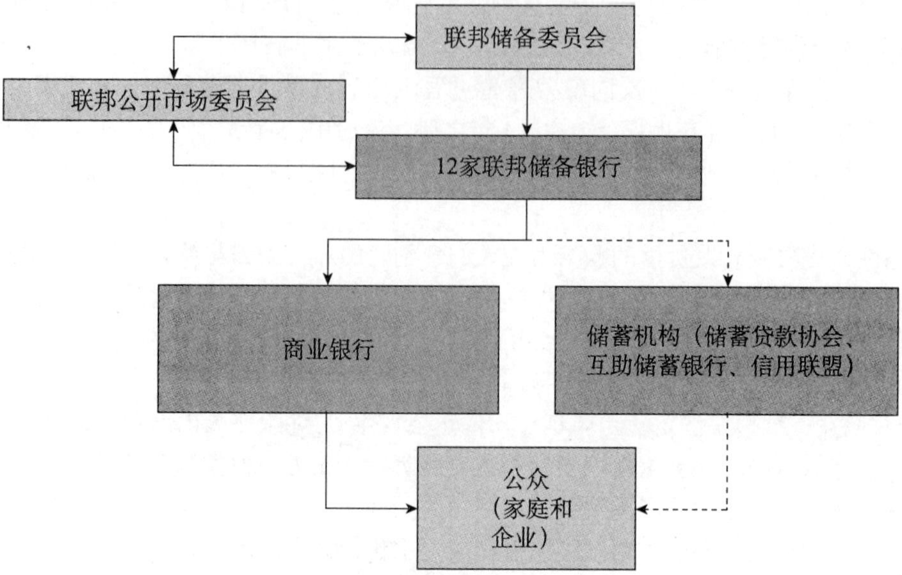

图 14.2 联邦储备系统的构成及其与非银行公众的关系

注：联邦储备委员会作出基本的政策决策，规定美国货币与银行体系的货币控制目标。12 家联邦储备银行实施这些决策。联邦公开市场委员会（Federal Open Market Committee，FOMC）协助联邦储备委员会和 12 家联邦储备银行工作。

□ 14.4.2 12 家联邦储备银行

12 家**联邦储备银行（Federal Reserve Banks）**集私有制和公有制于一身，共同构成美国的“中央银行”。这些银行也担任银行的银行职责。

1. 中央银行

大多数国家都只有一家中央银行，例如，英格兰的英国银行，日本的日本银行。美国的中央银行由 12 家银行构成，它们的政策由联邦储备委员会统一进行协调。12 家联邦储备银行适合美国这样一个国土面积大、经济多样化且有很多商业银行和储蓄机构的国家。

图 14.3 标注了 12 家联邦储备银行的位置，并指明每家银行所服务的区域。这些银行实施联邦储备委员会的基本政策。

2. 准公共银行

这 12 家联邦储备银行也是准公共银行，它们融私有制和公有制于一身。每家联邦储备银行都归其所在区域的私人商业银行所有。（联邦特许的商业银行必须购买其所在区域的联邦储备银行的股票。）但是，联邦储备委员会是一个独立的、准政府性质的机构，它制定基本的政策来实现联邦储备银行的目标。

尽管联邦储备银行归私人所有，但实际上，它们是一种公共机构。首先，和私人企业不同，它们的动机不是赚取利润。它们所遵从的政策由联邦储备委员会制定，以此来促进整体经济福利的上升。其次，联邦储备银行不会和商业银行进行竞争。在通常情况下，它们不会和公众直接进行交易；相反，它们与政府、商业银行以及储蓄机构打交道。

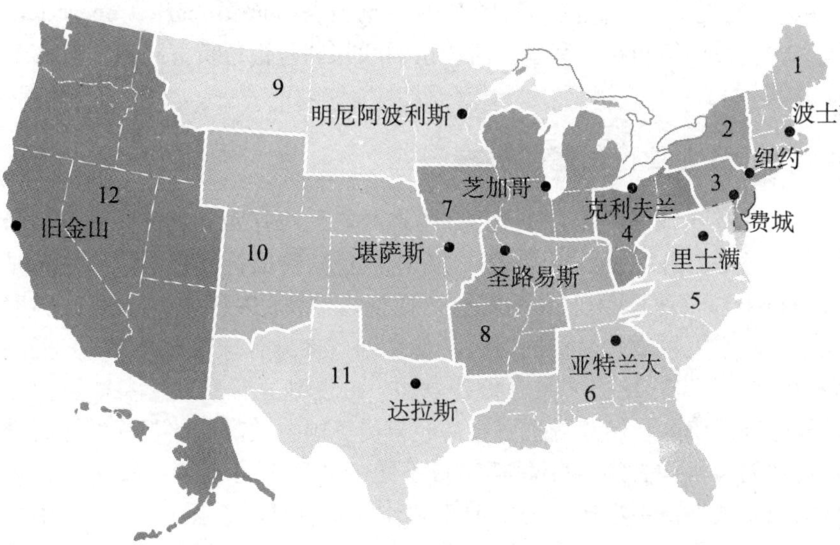

图 14.3　12 个联邦储备区域

注：联邦储备系统将美国分为 12 个区域，每个区域拥有一家中央银行，且在某些情况下，还会有一家或更多家中央银行的分支机构。夏威夷和阿拉斯加属于第 12 个区。

资料来源：*Federal Reserve Bulletin*，www.federalreserve.gov/pubs/bulletin.

3. 银行的银行

联邦储备银行是“银行的银行”。本质上，它们为商业银行和储蓄机构履行的职能，与商业银行和储蓄机构为公众履行的职能是一样的。正如商业银行和储蓄机构接受公众的存款并贷款给公众一样，中央银行接受商业银行和储蓄机构的存款并贷款给这些机构。通常情况下，这些贷款平均每天大约只有 1.5 亿美元。但是在紧急情况下，联邦储备银行变为银行体系的“最后贷款人”，能够借出银行体系所需的足够多的货币，以此来保证商业银行和储蓄机构有充足的现金偿还债务。在 2007—2008 年的抵押债务危机中，联邦储备系统为商业银行和储蓄机构提供了数十亿美元的贷款，并且贷款给其他深陷金融危机的金融机构。在本章的后面，我们将会讨论这场危机的情况，以及联邦储备系统的应急措施。

但联邦储备银行还拥有第三个商业银行和储蓄机构无法履行的职能：联邦储备银行能够发行货币。美国国会授权联邦储备银行发行可以流通的联邦储备券，这就是货币供给中的纸币。

□ 14.4.3　联邦公开市场委员会

联邦公开市场委员会（Federal Open Market Committee，FOMC）协助联邦储备委员会制定货币政策。联邦公开市场委员会由 12 个人组成：

- 联邦储备委员会的 7 名委员。
- 纽约联邦储备银行的行长。
- 其他联邦储备银行的 4 名行长，这 4 名行长每年通过轮岗的方式确定。

联邦公开市场委员会定期召集会议，指导公开市场上政府债券（短期债券、中期债券、长期债券）的购买和销售。公开市场是指能够每天购买和出售这些债券的地方。我们会在第 15 章中发现，这些名副其实的**公开市场业务**（**open-market operations**）的目标是控制国家的货币供给和影响利率。纽约市的联邦储备银行负责经营美联储的大部分公开市场业务。

□ 14.4.4 商业银行和储蓄机构

在美国，大约有 6 200 家商业银行。总体来看，大约有四分之三是**州立银行**（**state banks**），州立银行是指由每个州特许设立的在本州经营的银行。其余四分之一是**国家银行**（**national banks**），它们是由联邦政府特许在国内经营的银行。美国某些国家银行的规模非常大，排名于世界最大金融机构的名单之列（参见全球快照 14.1）。美国一共有 8 700 家储蓄机构——其中绝大多数是信贷联盟——受独立于联邦储备委员会和联邦储备银行的机构管理。例如，储蓄贷款协会的经营受美国财政部的储蓄管理局的管理和监督。但是，这些储蓄机构必须遵守联邦储备系统的货币管理政策。特别地，和银行一样，储蓄机构也必须保留一定比例的支票存款作为存款准备金。在图 14.2 中，我们使用虚线来表明储蓄机构的部分管理由联邦储备委员会和中央银行负责。货币政策方面的决策既影响储蓄机构，也影响商业银行。

□ 14.4.5 联邦储备系统的职能和职责

联邦储备系统履行几种职能，其中一些我们已经提过。有必要对已经提到的和未提到的职能进行总结：

- **发行货币** 联邦储备银行发行联邦储备票据，即美国货币体系中使用的纸币。（在每张新版美元正面的左上角位置，有发行这张特定钞票的联邦储备银行的黑体字标记。例如，“A1”表明是波士顿银行；“B2”表明是纽约银行等。）
- **设置法定存款准备金率并持有准备金** 联邦储备系统设置法定存款准备金率。法定存款准备金率是指支票账户余额中银行必须保留为货币储备的比率。银行和储蓄机构按照法定存款准备金率的要求，将相应比例的准备金存入中央银行指定账户。
- **贷款给金融机构** 通常情况下，联邦储备系统会贷款给银行和储蓄机构。此外，在国家发生紧急事件的时候，联邦储备系统不仅对银行和储蓄机构，还对金融业中的其他重要机构担当最后贷款人的角色。

全球快照 14.1 ☞

世界 12 大金融机构

世界 12 大私有金融机构的总部主要位于欧洲、中国、日本和美国（2012 年数据）。

资 产	单位：十亿美元
德意志银行（德国）	2 809
汇丰控股（英国）	2 550
巴黎银行（法国）	2 539
三菱集团（日本）	2 479
巴克莱（英国）	2 425
苏格兰皇家银行（英国）	2 336

摩根大通（美国）	2 266
农业贷款银行（法国）	2 238
美洲银行（美国）	2 129
中国工商银行（中国）	2 039
花旗银行（美国）	1 974
瑞穗金融集团（日本）	1 934

资料来源：Forbes Global 2000，www. forbes. com. Used with permission of Forbes Media LLC2012.

● **提供支票结算** 联邦储备系统为银行体系提供了一种支票结算手段。如果苏从迈阿密的银行或储蓄机构签发了一张支票给乔，而乔将支票存到了位于达拉斯的银行或储蓄机构，那么达拉斯银行是如何结算迈阿密银行签发的支票上所代表的货币的呢？答案是：在 2～3 天的时间内，联邦储备系统通过调整这两家银行的存款准备金（存款）来处理这件事。

● **担当财政机构** 联邦储备系统为联邦政府担当财政机构（金融服务的提供者）。政府有巨额的税收收益以及同样巨额的支出，而且还回购和出售债券。为了实现这些目标，政府必须利用联邦储备系统提供的便利条件，因为美联储是政府的银行。

● **监督银行** 联邦储备系统监督管理银行的业务运作。它通过定期对银行进行审查，评估银行的盈利状况；确保银行遵守有关规定；监控并调查银行的任何可疑操作和欺诈行为。[1]

● **管理货币供给** 最后，联邦储备系统的一个重要任务是，根据经济的需要来管理国家的货币供给，进而间接地控制利率，亦即发行一定数量的货币，适应高产出、高就业水平及其不断增长，并保持价格水平的相对稳定。虽然联邦储备系统的所有其他职能是一种常规性活动或者带有一种服务性质，但是管理国家的货币供给需要作出根本性的、独一无二的政策决策。（我们将在第 15 章中详细讨论这些决策。）

□ 14. 4. 6 美联储的独立性

国会特意将联邦储备系统建成政府的独立直属机构。它的目的是保护联邦储备系统不受政治压力，以便能够有效地管理货币供给和利率以保持价格水平的稳定性。有时，来自国会和政府部门的政治压力可能导致具有通货膨胀倾向的财政政策，包括减少税收和特殊利益支出。如果国会和政府部门也参与国家货币政策的管理，毋庸置疑，市民和院外集团将会向当选的官员施加压力以保持低水平的利率，即使有时需要高水平利率来减少总需求，控制通货膨胀。一个独立的货币管理机构（联邦储备系统）在需要更高的利率来阻止通货膨胀时，能够采取措施提高利率。研究表明，平均来说，拥有如联邦储备系统这样独立的中央银行的国家比只有很少或没有中央银行独立性的国家有一个更低的通货膨胀率。

① 在这项监督管理任务中，联邦储备系统不是单独起作用的。每个州监督管理它们所特许的银行；货币监理署（the Comptroller of the Currency）监督管理国家银行；储蓄管理局监督管理储蓄机构。并且，联邦存款保险公司监督管理其提供了存款保险服务的银行和储蓄机构。

14.5 2007—2008 年的金融危机

一个能够正常运行的货币制度支持经济体中收入和支出的持续循环流动。相反，一个失灵的货币制度将会在信贷市场上造成重要的问题，并造成经济体的产出、就业以及价格水平的剧烈波动。

就 2007 年后期以及 2008 年美国货币体系遭遇的危机来说，“失灵”一词实在是太温和了。在那段时间里，美国的金融系统面临着自 19 世纪 30 年代大萧条以来最严重的危机。这场金融危机迅速蔓延至整个经济，在 2007—2009 年的严重衰退中达到高潮。我们在先前的章节中详细讨论了这场经济衰退，我们现在想考察导致经济衰退的金融危机的本质。是什么引发了这场危机？它是如何改变美国金融服务业的结构的？

□ 14.5.1 抵押贷款违约危机

在 2007 年，一大波房屋抵押贷款违约浪潮不仅威胁到了最初的抵押贷款人的健康，还威胁到了任何不论是直接还是间接发放或投资这种贷款的金融机构的健康。大多数抵押贷款违约是关于**次级抵押贷款（subprime mortgage loans）**的——对高于平均信用风险的房屋购买者提供的一种高利率贷款。间接投资于这些次级贷款的几家规模最大的机构是银行。这些银行贷款给投资企业，而这些投资企业已经从抵押贷款人那里购买了许多抵押物。当这些抵押物开始出现问题时，许多投资基金也开始“崩盘”，并且无法偿还银行提供给它们的贷款。因此，这些银行不得不“勾销”（无法收回的声明）它们发放给那些投资企业的贷款，但这样做意味着减少了这些银行的存款准备金并限制了它们发放新贷款的能力。这就极大地威胁到了经济活动，因为消费者和企业都依靠贷款来对消费和投资进行融资。

关于这场危机所发生的一件奇怪的事情是：在危机发生之前，银行和政府的监管者错误地相信，一种被称为**“抵押贷款证券”（mortgage-backed security）**的新发明会消除大多数银行所承担的抵押贷款违约风险。抵押贷款证券是指以抵押贷款作为基础资产的一种债券。它是一种表明对每个月全部或部分抵押付款有要求权的债券，而每个月的抵押付款来自借款人向帮助他们购买住宅财产的借款人偿还的抵押贷款共同资金池（pools of mortgage loans）。为了创造抵押贷款证券，银行和其他抵押贷款人首先发放抵押贷款。接着，这些银行和其他抵押贷款人不是将所有这些贷款作为它们资产负债表中的资产，并收取每个月的抵押付款，而是将数以百计或数以千计的抵押贷款捆绑在一起，并将它们作为债券销售出去——在本质上，是出售收取所有未来抵押付款的权利。从而，这些银行得到了一笔提前一次性支付给这种债权的现金付款，而这种债权的购买者则开始收取抵押付款，作为这笔投资的回报。

就银行的角度而言，这看起来似乎是一个聪明的商业决策，因为它将这些抵押物所带来的任何未来违约风险转移到债券购买者身上了。首先，这些银行认为它们与抵押物已经脱离了关联。然而，对它们而言不幸的是，它们将出售这些债券所得到的大部分钱借给了投资于抵押贷款证券的投资基金。它们还购买了大量的抵押贷款证券作为金融工具，帮助满足监管机构对银行制定的资本金要求。因此，银行即使不再直接承担绝大部分的抵押贷款违约风险，但仍然间接地承担着这些风险。当大多数的房屋购买者对他们的抵押物开始违约时，银行持有的抵押物开始贬值。其次，由于银行曾发放贷款给购买抵押贷款证券的投资者，投资者出现损失将会影响他们向银行的还款，因而给银行造成损失。最后，银行本身也从投资公司处购买抵押贷款证券，购房者违约导致银行持有的证券贬值。

但是，最初是什么导致抵押贷款违约率火箭式飙升呢？有许多原因，首先，是某个极力鼓励和资助前任承租人购买房屋所有权的政府项目。其次，在房屋价格已经极大上升之后，房地产价值到达了一个长期繁荣的终结阶段，房地产价值的降低也是一个原因。但是，一个同样重要的原因是先前讨论的抵押贷款证券所提供的负面激励。因为这些银行和其他抵押贷款人认为他们不再面临大部分抵押贷款违约风险，所以他们在如此繁多的贷款业务中变得松懈起来，以致银行甚至允许发放次级抵押贷款给不可能有能力偿还的人。一些抵押贷款人非常随便地签约新的房屋（目的是将他们的贷款捆绑打包在一起，出售债券），连信用调查也懒得做，甚至为了使申请人有资格获得更大金额的贷款，允许申请人虚报一个高于他们实际所赚取的收入。自然而然，这样做的结果是许多人承担了“过多的抵押贷款”，并且很快就进入无法偿还自己每个月抵押贷款的境地。

□ 14.5.2 资产证券化

刚刚描述的问题与**资产证券化（securitization）**有关——资产证券化是指将贷款、抵押贷款、企业债券或者是其他金融负债的组合进行切分和重新打包，从而创造出一种截然不同的新证券的过程。这个过程并不新奇，并被政府监管者看好。他们认为资产证券化允许银行分散风险，从而使得银行系统更加安全。正如我们在抵押贷款的讨论中所提到的，这些证券出售给了金融投资者。而金融投资者购买它们的目的是获取利息支付和标的证券的基础资产的本金支付。例如，将提供给次级借款人的抵押贷款捆绑打包为抵押贷款证券，并出售给私人投资者、共同基金、养老基金。这些证券吸引了许多类似的私人投资者和金融机构。这是因为，和由较低风险的抵押贷款或者其他更为安全的投资作为基础资产的证券相比，它们提供了一个更高的利率回报。

一旦创造出来，抵押贷款证券和其他股票、债券等证券一样，也通过金融市场出售和购买。因此，这些证券最终能够进入全球各大银行、储蓄机构、保险公司以及养老基金的证券投资账户，同时进入个人的证券投资账户。

为了降低这些证券持有者的风险，几家大型保险公司研发了其他证券。这些抵押贷款证券的持有者可以通过购买保险公司的证券来转移违约风险。特别地，美国国际集团（American International Group，AIG）发行了几十亿美元的**抵押违约互换协议（collateralized default swaps）**——本质上，它是一种保单。设计这种抵押违约互换协议的目的是，如果这些投资的原始贷款发生违约，不能够付清贷款，它可以赔偿抵押贷款证券的持有人。因此，抵押违约互换协议还是变成了另外一种面临着高度抵押贷款违约风险的投资证券。

资产证券化的传播如此广泛，对现代金融系统而言是如此重要，以致经济学家有时称它为**影子银行系统（shadow banking system）**。该系统每天按照一定流程来发行、购买、出售以及再出售各类以贷款或者是其他证券作为基础资产的证券。这个流程有助于确保贷款流向家庭和企业，满足后者的需要。因此，在通常情况下，资产证券化是一种积极的、正面的金融创新。但是，特别是抵押贷款证券却被证明包含了超过大多数人想象的更大风险。

投资者和政府监管者从未询问过关于抵押贷款证券的三个相关问题：如果支持资产证券化过程的某种类型的贷款（比如说，抵押贷款）的价值出人意料地下跌了，那么将会发生什么呢？如果几家大型的抵押贷款证券持有者是美国主要的金融机构，并且它们对日常的信贷融资活动非常重要，而我们需要这些日常信贷融资活动来确保美国经济的顺利运行，那么接下来将会发生什么呢？如果这些证券的主要承保人不仅是美国的大型保险公司，而且是世界范围内的大型保险公司，那么在这之后将会发生什么呢？

三个看似不可能的“如果……将会……”问题竟然都发生了！正如先前所阐述的，抵押贷款的浮动利率上升了，并且房价下跌了。在购买房屋的时候，借款人已经通过分期付款方式支付了金额较小的首期，或者通过再融资的方式获得了房屋净值贷款。但是，这些借款人发现他们在抵押物上的欠债超过了抵押物的价值。这样的贷款被称为“贴水”。由于利率向上调整，而经济下滑，借款人开始延迟偿还每月的抵押付款。当其他借款人逐渐上交他们房屋的钥匙，转身离开的时候，贷款人开始取消许多房屋的赎回权。

□ 14.5.3 破产以及接近破产的金融机构

当支撑抵押贷款证券化的“基础层”抵押贷款垮塌时，“上层证券化”就会像纸牌做的房子那样塌陷。那些大型的抵押贷款机构将面临破产，因为它们仍然持有大量的坏账。三家巨型抵押贷款机构破产或者接近破产。从全国范围来看，第二大的抵押贷款机构由于美洲银行（Bank of America）的帮助而免于破产遭遇。监管者还查封了美国最大的抵押贷款机构——华盛顿互惠银行（Washington Mutual bank），并且安排摩根大通公司（JP Morgan Chase）立即接管它。美联银行（Wachovia bank）由于西金区的子公司而面临严重的抵押贷款风险，这导致它几近破产，最终它通过和美国富国银行集团（Wells Fargo）兼并而获得解救。

贷款违约问题逐渐升级，它所暴露出来的风险迅速从直接抵押贷款机构蔓延到其他金融机构。持有大量抵押贷款证券的证券公司和投资银行开始遭受巨额损失。美林证券（Merrill Lynch）在两年内的损失比它在前十年所赚的还多，并且它被美国银行低价收购了。抵押贷款证券的一个主要持有者，雷曼兄弟（Lehman Brothers）宣布破产。高盛投资公司（Goldman Sachs）、摩根士丹利（Morgan Stanley）以及其他金融公司由于抵押贷款证券和抵押违约互换而担负着大量的风险，它们迅速变为银行控股企业。因此，它们有资格获得美联储为银行以及银行控股企业发放的大量紧急贷款。花旗银行（Citibank）由于联邦政府贷款的注入而幸存下来。美国国际集团（AIG）保险公司遭受了巨额损失，因为它没有充足的储备金来支付意想不到的巨额损失。这些损失都是由出售给抵押贷款证券持有者的保单积累而成的。美国金融体系全面崩溃，这个噩梦般的想法突然变为一种现实的可能性。

□ 14.5.4 财政部紧急贷款：问题资产救助计划

在 2008 年后期，国会通过了**问题资产救助计划（Troubled Asset Relief Program，TARP）**，该计划授权美国财政部向重要的金融机构和其他一些美国公司提供高达 7 000 亿美元的紧急贷款。在这 7 000 亿美元中，4 150 亿美元在 2010 年 10 月 TARP 贷款计划结束之前贷出。到 2012 年 3 月，大约有 2 930 亿美元的贷款已经偿还。美国财政部估计 TARP 的最终成本将会少于 500 亿美元（甚至可能产生一个积极的回报）。仅仅为了帮助保险公司 AIG 解决经济困难，联邦政府和美联储就花费了 1 820 亿美元。TARP 基金的其他主要接受者包括花旗银行、美洲银行、摩根大通公司、高盛投资公司等。随后，诸如通用汽车公司（General Motors）和克莱斯勒汽车公司（Chrysler）等非金融类机构也接受了 TARP 计划中数十亿美元的贷款。

TARP 计划确实挽救了好几家金融机构。若它们破产，可能会导致一场金融海啸，不仅可能打击到其他金融机构，甚至可能冻结整个经济的信用。但是，救助事实证明了**道德风险（moral hazard）**的问题。道德风险是指签署合同或协定后，个人或机构将会改变行为的可能性。就金融投资来说，道德风险是指金融投资者和金融服务机构由于认为自己的风险至少得到部分保障，因而愿意承担更多风险的一种倾向。如果没有 TARP 计划，好几家公司都可能破产，并且它们的股票持有者、债券持有者和管理人员都可能遭受巨额的个人损失。由于 TARP 计划，那些后果至少部分避免了。TARP 计划和类似的政府紧急救助从本质上讲是政府为金融机构提供了一大笔保险费，金融机构却不必为挽救它们的巨额紧急救助支付任何保险费。

对政府而言，一些大型机构仅仅是因为过于庞大而不能使它们破产。与如果没有政府紧急救助而可能出现的后果相比，这些大型企业作出的“正确”假定可能会给它们一种进行更具风险投资的激励。

14.6 危机后美国的金融服务业

表 14.1 列出了美国金融服务业中不同类型的机构，并且每类机构都列举了一些公司作为例子。从中可以看出，**金融服务业（financial services industry）**主要包括商业银行、储蓄机构、保险公司、共同基金、养老基金、证券公司、投资银行。甚至在 2007—2008 年金融危机之前，金融服务业就已经整合为少数更大的公司了，每家公司提供范围更广泛的服务。在 1999 年，国会结束了大萧条时期的禁令，解禁后银行可以出售股票、债券和共同基金。因此，金融服务业不同类型的业务之间的界限开始变得模糊不清了。许多银行收购了证券经纪公司，并且在一小部分案例中，银行还收购了保险公司。例如，曾经仅仅进军银行业的花旗集团，现在拥有了一家大型证券公司美邦。许多大型银行（例如，美国富国银行集团）和养老基金（例如，美国教师退休基金会，TIAA-CREF）目前也提供共同基金，包括支付相对较高利息的货币市场共同基金，以及以此为基础签发的 500 美元及更大面额的支票。

在金融市场上，由 2007—2008 年金融危机引发的剧烈变革进一步整合了金融服务业，并且进一步模糊了各部门之间的界限。在2007年9月到2012年4月这段时间里，联邦存款保险公司关闭了超过430家美国银行，并且将它们的银行存款转移到其他公司，通常是规模更大的银行。在2010年，三家规模最大的美国银行（摩根大通公司、美国银行和美国富国银行集团）大约持有美国存款的十分之三。

表14.1　　美国金融服务业中金融机构的主要分类

机构	描述	案例
商业银行	州立银行和国家银行，它们提供支票和储蓄账户，出售存款单，以及发放贷款。联邦存款保险公司为支票和储蓄账户存款提供高达250 000美元的保险。	摩根大通公司，美国银行，花旗银行，美国富国银行集团
储蓄机构	储蓄贷款协会、共同储蓄银行，以及信贷联盟，它们提供支票和储蓄账户，以及发放贷款。历史上，储蓄贷款协会为房屋发放抵押贷款，而共同储蓄银行和信贷联盟发放小量的个人贷款，诸如汽车贷款。如今，主要的储蓄机构提供和商业银行同样的银行服务。联邦存款保险公司和国家信用合作管理局（National Credit Union Administration，NCUA）为支票和储蓄账户存款提供高达250 000美元的保险。	渣打第一银行，纽约社区银行，五角大楼联邦信用合作社，波音员工信用联盟
保险公司	提供保单的公司，这些保单通过个人支付保险费来投保一些损失，如残疾或者死亡。在一些人寿保险和年金保险中，客户将这些基金投资于股票和债券中，经过特定的年限后，再进行偿付。因此，保险有时也具有一些储蓄或金融投资的特征。	保诚集团，纽约人寿，西北互助人寿保险公司，哈特福德金融服务公司，大都会保险公司
共同基金	将客户的存款集中起来购买股票或者债券（或者两者均有）的公司。客户因此间接地拥有了一个特定的股票或债券组合中的一部分，例如，预期快速增长的公司股票（一种增长型基金），或者州政府发行的债券（一种市政债券基金）。	富达，华润万家，帕特南，杰纳斯公司，T. Rowe Price公司
养老基金	在工人的整个工作年限中，从工人（或者从以他们为代表的雇员）那里获取储蓄，然后购买有收益的股票和债券，并且每月支付退休金的营利或者非营利机构。	TIAA-CREF，Teamsters' Union，Calpers
证券公司	提供证券服务，并且为客户购买、出售股票和债券的公司，普遍被称为股票经纪公司。	美林证券，美邦，嘉信理财
投资银行	通过出售股票和债券来帮助公司和政府筹集款项的公司。典型地，它们也为公司并购与重组提供咨询服务，以及经纪服务和经纪咨询。	高盛投资公司，摩根士丹利，德意志银行，野村证券

其次，在2007—2008年的金融危机中，主要投资银行高盛投资公司和摩根士丹利选择变为商业银行，从而有机会获得美联储紧急贷款（我们将在第15章中讨论这些紧急贷款）。美国最大的储蓄机构华盛顿互惠银行被商业银行摩根大通收购了。但是，即使有了这些兼并重组带来的变化，表14.1中的分类仍然可行。一家公司的主营业务常常隶属一种或几种类型。例如，即使高盛投资公司被批准成为一家银行，也如同银行一样受到管制，但它首先是并且最重要的是一家投资公司。保险公司和养老基金同样如此来做大量的业务。

2007—2008 年的金融危机引人深思，包括什么地方出了错，以及怎样阻止类似的事情再次发生。政治家和金融监管者收紧贷款条件，以此来打击由抵押贷款证券引发的“推卸责任”的动机，并阻止发放贷款给没有能力偿还月供的个人。他们还通过立法来帮助抵押贷款“贴水”的房屋拥有者继续住在房子里。

在 2010 年中期，国会通过且经总统签署出台了**《华尔街改革和消费者保护法案》**（Wall Street Reform and Consumer Protection Act）（该法律授权美联储规制一切大型的金融机构，创立一个监督委员会监测金融系统不断增加的风险，规定联邦政府出售大型破产金融机构资产的程序，批准联邦政府对抵押债券的监管权限和在联邦政府设立金融消费者保护局来保障金融消费者的合法权益）。这个全面的法律包含了以下条款：

- 取消美国储蓄机构管理局，授予美联储更广泛的权力来监管所有大型金融机构；
- 建立金融稳定监督委员会，时刻警戒金融系统的风险；
- 为联邦政府建立一套程序，以此来清算大型破产金融机构的资产，类似联邦存款保险企业对破产银行的做法；
- 为联邦政府监督管理抵押贷款证券和其他衍生工具，要求它们必须在公开交易场所中进行交易；
- 要求出售资产抵押证券的公司保留一定数量的资产抵押证券，因此公司承担了一部分风险；并且
- 通过成立消费者金融保护局，为美联储确立一个更强大的消费者金融保护角色。

新法律的支持者认为这将有助于阻止许多导致 2007—2008 年金融危机的做法。他们也声称，该法律将会给股票持有者、债券持有者、大型金融公司的管理人员传递一个很强的信号，即如果他们以后再次令其公司陷入严重的金融困境，他们将会遭受无法避免的并且极度高昂的个人金融损失。

新法律的怀疑者认为监管者已经拥有他们所需要的所有工具来阻止金融危机。他们也指出，通过收购本次金融危机的罪魁祸首——购入抵押贷款证券的准政府机构，政府一厢情愿地想要促进人们购房。新法律的批评者认为，它仅仅是加重了金融业的监管成本，却几乎无力阻止未来的政府紧急救助。

14.7 部分准备金制度

我们已经知道，货币供给 M1 是由通货（硬币和联邦储备券）和支票存款构成的。美国造币厂制造硬币，而美国货币局印刷联邦储备券，那么组成国家货币供给 M1 近一半的支票存款是由谁来制造的呢？令人惊奇的是，这些支票存款竟然是由银行和储蓄机构的信贷人员制造的。

现在，和许多其他国家一样，美国也实行**部分准备金银行制度（fractional reserve banking system）**，即货币供给中只有一部分是以通货的形式保存为准备金的。我们的目的是说明商业银行和储蓄机构是如何通过发放贷款来创造支票存款的。我们将以商业银行作为案例，但是，我们应该记住，储蓄机构也会提供支票存款。因此，适用于银行的分析同样适用于储蓄机构。

金 匠

下面是部分存款准备金制度背后的历史背景。

当早期的商人开始使用黄金进行交易时，不久他们就发现使用黄金既不安全，又不便于携带，而且每次交易时都要称重，还要鉴定成色（鉴别其纯度）。因此，到了16世纪，他们开始将黄金寄放在金匠那里，而金匠把黄金储存在金库里并收取一定的费用。一收到寄放的黄金，金匠就会给寄存者签署一张收据。不久后，人们购买产品时就纷纷使用金匠开具的收据来付款，这就是最早的纸币。

这时，金匠——初期的银行家——采取的是100%的准备金制度；他们用“以准备金形式”保存在金库里的全部黄金来支撑流通中的收据。由于公众接受金匠的收据作为纸币，不久后金匠就发现，黄金的所有者很少赎回他们储存的黄金。事实上，金匠注意到在任何一周或者任何一月里，储存在他们那里的黄金数量有可能超过所提取的黄金数量。

因此，某些精明的金匠想到一个主意：纸“收据”的发行量可以超过其持有的黄金数量。通过向商人、生产商和消费者提供有息贷款，金匠把这些能够兑换为黄金的收据投入到流通中。例如，一个贷款者可能在今天借入价值10 000美元的黄金收据，并承诺在一年内偿还价值10 500美元的黄金收据（利率为5%）。贷款者愿意接受黄金收据形式的贷款是因为这些收据是市场上公认的交换媒介。

这就是银行业部分准备金制度的开端，银行中的库存准备金是货币总供给量的一部分。例如，如果金匠为其实际储备的黄金发行了100万美元的“收据”，同时以贷款的形式发行了另外100万美元的“收据”，那么流通中纸币的总价值就是200万美元——黄金价值的两倍。黄金储备是发行在外的纸币的一部分（一半）。

问题：解释金匠开具的“收据”是如何执行货币的三个主要职能的。

金匠的故事强调了银行部分准备金制度的两个重要特点。一个事实是，银行可以通过贷款来创造货币。实际上，金匠在以纸币形式向借款者发放贷款的同时创造了货币，但这些纸币并未全部用黄金储备作为支撑。金匠能够发行的纸币数量依赖于他们认为可以保证审慎经营所需要的准备金数量。金匠认为所需的准备金数量越少，其所能创造的货币数量就越多。时至今日，黄金已经不再用作银行准备金。取而代之的是，通货自身充当了银行准备金，因此，银行（通过其贷款）创造支票存款货币的数量受到银行认为其必须保留或者法律规定其必须保留的“通货储备”数量的制约。

另一个事实是，在部分准备金制度基础上进行营运的银行容易遭受“恐慌”或者“挤兑”的冲击。当所有纸币持有者同时出现在金匠门口要求其兑换黄金时，发行纸币数量是黄金储备量两倍的金匠无法将所有的纸币都兑换为黄金。事实上，许多欧洲和美国的银行就曾被这种不幸的情况毁掉了。然而，如果银行的准备金和贷款政策遵循审慎性原则，那么银行出现恐慌的可能性是相当小的。实际上，银行系统实行严格管理的原因之一就是防止向银行挤提存款。这也是美国实行存款保险制度的原因。

14.8 单家商业银行

要说明现代银行部分准备金制度的运行原理，我们需要研究一家商业银行的资产负债表。

一家商业银行（或储蓄机构）的**资产负债表（balance sheet）**是一张资产——银行所拥有的或欠银行的所有项目——以及对这些资产求偿权的报表。银行的资产负债表是对某一特定时刻银行财务状况所做的总结。每张资产负债表都必须是平衡的；这意味着**资产（assets）**的价值必须等同于对这些资产求偿权的数额。资产负债表上所显示的求偿权分为两个部分：非银行所有者对企业资产的求偿权，称为**负债（liabilities）**，银行所有者对企业资产的求偿权，称为**净值（net worth）**。负债是银行欠存款人或其他人的项目。资产负债表平衡的原因是：

资产＝负债＋净值

当资产发生1美元的变化时，负债＋净值必然要相应发生1美元的变化。当负债＋净值发生1美元的变化时，资产必然要相应发生1美元的变化。

现在，让我们通过一系列有关资产负债表的银行业务来说明单家银行是如何创造货币的。

14.8.1 业务1：新建一家银行

假设S城某些有远见的公民认为他们的城市需要一家新的商业银行为当地社会的持续发展提供银行服务。一旦他们的银行获得了州或国家的特许，他们就开始转向销售工作，比如，出售价值250 000美元的股票凭证（普通股）给买方，包括本地区以及本地区以外的人。他们的努力获得了成功，S银行成立了，至少名义上是这样。此时，它的资产负债表是怎样的呢?

银行的创建人已经出售了该银行价值250 000美元的股份——自己购买了一部分，其他人也购买了一部分。因此，现在银行手中有250 000美元的现金，以及公开发行在外的价值250 000美元的股票凭证。现金属于银行的资产。一家银行持有的现金有时也称作**库存现金（vault cash or till money）**。公开发行在外的股份构成了所有者对银行资产的等量求偿权。这些股份构成了银行的净值。银行的资产负债表如下所示：

新建一家银行

资产负债表1：S银行

资产		负债和净值	
现金	250 000美元	股份	250 000美元

资产负债表中所列的每一项都称为一个**账户（account）**。

14.8.2 业务2：购置房产和设备

现在，董事会（代表银行所有者）必须使这家新银行从筹划阶段变为现实。首先，必须购置房产和设备。假设董事们对他们的事业充满了信心，于是购置了一幢 220 000 美元的大楼，以及 20 000 美元的办公设备。这一简单的交易改变了银行的资产结构。现在，银行的现金减少了 240 000 美元，但是新增了 240 000 美元的不动产。我们发现在业务 2 结束后，该银行的资产负债表如下所示：

购置房产和设备

资产负债表 2：S 银行

资产		负债和净值	
现金	10 000 美元	股份	250 000 美元
不动产	240 000 美元		

请注意，资产负债表仍然是平衡的，并且它必须是平衡的。

□ 14.8.3 业务 3：吸收存款

商业银行有两个基本职能：吸收货币存款和发放贷款。既然现在该银行已经开始营业了，假设 S 市的公民和企业决定在 S 银行存款 100 000 美元，其资产负债表将会发生怎样的变化呢？

银行收到一笔现金，这笔现金对银行来说就是一项资产。假设这些钱是以支票存款（支票存款账户项目）的形式存入银行的，而不是储蓄存款或者定期存款。这些新增的支票存款构成了存款人对 S 银行资产的求偿权，因此它属于新增的负债账户。此时，该银行的资产负债表如下所示：

吸收存款

资产负债表 3：S 银行

资产		负债和净值	
现金	110 000 美元	支票存款	100 000 美元
不动产	240 000 美元	股份	250 000 美元

业务 3 发生的结果并没有改变经济中总的货币供给量，但是货币供给的结构发生了变化。银行的现金或支票存款增加了 100 000 美元，而公众持有的通货减少了 100 000 美元。回顾可知，银行持有的通货不属于经济的货币供给。

现金的提取将减少银行的支票存款负债，其持有现金的减少量等于提款的数量。这也改变了经济中货币总供给的构成，但是不会改变其总量。

□ 14.8.4 业务 4：将准备金存入联邦储备银行

所有提供支票存款的银行和储蓄机构都必须依法保存一定的**法定存款准备金**（required reserve）。法定存款准备金是指银行自有存款负债中一定比例的资金数额。银行必须将这部分准备金以存款形式保存在联邦储备银行中，或者以现金形式保存在银行的金库中。为了简化问题，我们假设 S 银行将其准备金全部以存款形式保存在联邦储备银行中。但是，我们要记住，库存现金也属于存款准备金，而且在现实世界中，银行将其很大一部分准备金保存在自己的金库中。

商业银行必须持有一定比例的支票存款负债，即准备金。其中，“一定比例”就是所谓的**存款准备金率**（**reserve ratio**）——商业银行必须为其发行在外的支票存款负债保留的法定存款准备金的比例为：

$$存款准备金率=\frac{商业银行法定存款准备金}{商业银行支票存款债务}$$

如果法定存款准备金率为 10%，那么吸收了 100 000 美元公众存款的 S 银行就必须保存 10 000 美元的准备金。如果准备金率为 20%，则需要保存 20 000 美元的准备金。如果准备金率为 50%，则需要保存 50 000 美元的准备金。

美国国会立法规定，联邦储备银行有权在一定范围内设立和改变存款准备金率。虽然联邦储备银行能够在 8%～14%之间变动准备金率，但是超过 5 520 万美元的支票存款则必须保持 10%的准备金。并且，在与相关国会委员协商之后，联邦储备银行可以临时将准备金率设置在 8%～14%的范围之外，但期限不超过 180 天。从 2008 年后期开始，联邦储备银行开始为持有在联邦储备银行中的法定准备金和超额准备金支付银行利息。

为了简化问题，我们假设商业银行的支票存款准备金率为 20%。虽然 20%显然高于实际的存款准备金率，但是这个数值便于计算。关键在于存款准备金率是一个小数，也就是说它们小于 100%。

通过在联邦储备银行中存入 20 000 美元，S 银行刚刚达到其准备金和其自有存款负债之间 20%的比例要求。我们用“准备金”表示商业银行存入联邦储备银行的资金，以区别于公众存入商业银行的资金。

但是，假设 S 银行预计其未来持有的支票存款将会增加，那么，它不仅在联邦储备银行中存入了最低准备金要求的 20 000 美元，还额外存入了 90 000 美元，共计 110 000 美元。该银行这样做是为了避免每次其支票存款负债增加时都必须将额外的准备金存入联邦储备银行所带来的不便。并且，正如你将要看到的，正是这些额外的准备金使银行能够贷出货币并获得利息收入。

事实上，现实生活中的银行并不会将其所有的现金都存入联邦储备银行。然而，按照惯例，银行所持有的库存现金数量只占其总资产的 1.5%或 2%，而库存现金也可以计算为准备金。因此，为了简化问题，我们可以假设 S 银行的所有现金都储存在联邦储备银行中，从而构成了商业银行的实际准备金。通过这个简化假设，我们就免去了将两种资产（“现金”和“在联邦储备银行中的存款”）加总来确定准备金的麻烦。

S 银行在美联储中存入 110 000 美元的准备金后，其资产负债表如下所示：

在美联储中存入准备金

资产负债表 4：S 银行

资产		负债和净值	
现金	0 美元	支票存款	100 000 美元
准备金	110 000 美元	股份	250 000 美元
不动产	240 000 美元		

关于这笔业务，有两点需要说明。

超额准备金　一个银行的**超额准备金**（**excess reserve**）等于其**实际准备金**（**actual reserve**）减去其法定准备金：

超额准备金=实际准备金－法定准备金

在这个案例中：

实际准备金	110 000
法定准备金	−20 000
超额准备金	90 000

计算超额准备金的唯一可靠方法是用银行的支票存款乘以准备金率，得到法定准备金（100 000×20%=20 000 美元），然后用银行资产负债表中资产一边所列的实际准备金减去法定准备金。

为了检验你的理解程度，假设准备金率分别为 10%、33.33%和 50%，用资产负债表 4 分别计算该银行的超额准备金。

随后我们将证明商业银行发放贷款的能力取决于超额准备金的存在。理解这个概念对于研究商业银行如何创造货币是至关重要的。

控制 你可能会认为保留准备金的主要目的是加强银行的流动性，并保护银行的存款免受损失。准备金构成了现成的资金来源，以便商业银行能够应付预料之外的存款者大额提款行为。

但是这个理由经不住仔细推敲。虽然以前准备金曾被视为流动性的来源，从而作为对存款者的保护措施，但是银行的法定准备金不足以满足突然出现的大量现金提取。如果银行业最可怕的事情出现了——各支票存款者同时出现并要求将这些存款兑换为现金，我们可以看出银行以现金形式持有的以及保存在联邦储备银行中的法定准备金是不够的。银行家根本无法应付“银行恐慌”。因为准备金只是支票存款的一部分，支票存款比银行的法定准备金要多得多。

所以必须用其他方法来保护商业银行的存款。定期对银行进行检查是促使银行审慎经营的一个方法。再者，正如我们在前面已经提过的，由政府发起的存款保险基金为银行和储蓄机构中高达 250 000 美元的个人存款提供保险。这也是保护商业银行存款的方法之一。

如果保留准备金的目的不是给商业银行提供流动性，那么它的作用是什么呢？答案是控制。法定准备金有助于美联储控制商业银行的贷款能力。美联储可以采取一定的措施提高或者降低商业银行的准备金，从而影响银行的贷款能力。其目的是防止银行信用的过度扩张或紧缩。这些政策如果能够成功地影响商业银行的贷款规模，那么美联储就能帮助经济免于波动。准备金的另一个作用是便于支票的托收或“清算”。

□ 14.8.5 业务 5：清算银行开具的支票

假设 S 市的一位农场主费雷德·布拉德肖在 S 银行存入了一笔 100 000 美元的支票存款，即 S 银行在业务 3 中收到的那笔钱。现在假设布拉德肖从 E 市的 A 农场设备企业购买了 50 000 美元的农业机械。布拉德肖开具了一张 50 000 美元的支票来购买这台机器，以支取其在 S 银行的支票存款。他把支票付给了 A 农场设备企业，那么，结果如何呢？

A 将这张支票存到其在 E 银行的账户上。当支票存进来之后，E 银行就在 A 的支票存款账户中增加 50 000 美元的存款。A 得到了全额付款。与此同时，布拉德肖对他的新机器也很满意。

现在，E银行拿到了布拉德肖的支票。这张支票只是对S银行资产的一个求偿权。E银行通过将这张支票（连同其他银行开具的支票）送到本地区联邦储备银行来收取这笔钱。此时，一个职员通过将E银行在联邦储备银行的准备金提高50 000美元，同时将S银行在联邦储备银行的准备金减少同样的数额，来帮助E银行收回或清算这张支票。这张支票的“清算”仅仅通过簿记账号将S银行对联邦储备银行的求偿权减少50 000美元，同时将E银行的求偿权增加50 000美元。

最后，联邦储备银行将已清算的支票返还给S银行。此时，S银行才发现它的一位存款者从其支票账户中开具了一张50 000美元的支票。相应地，S银行将布拉德肖的支票存款减少50 000美元，并注意到这张支票的清算使得其在联邦储备银行的准备金减少了50 000美元。所有的资产负债表都是平衡的：S银行的资产（准备金）和负债（支票存款）都减少了50 000美元；E银行的资产（准备金）和负债（支票存款）都增加了50 000美元。在联邦储备银行中拥有的准备金数额也发生了变化——S银行的准备金减少了50 000美元，E银行的准备金增加了50 000美元——但是，联邦储备银行的准备金总量保持不变。

只要开具一张支票支取在某银行的存款并将该支票存入另一家银行，对该支票的清算将减少开票银行的准备金和支票存款。反之，如果一家银行收到了一张支取另外一家银行的存款支票，在托收过程中，收到这张支票的银行的准备金和支票存款都将增加支票上所列的金额。在我们的例子中，S银行损失了50 000美元的准备金和支票存款，并把损失的50 000美元给了E银行。但是就整个银行系统而言，准备金和支票存款没有任何损失。一家银行的损失就是另一家银行的所得。

如果我们将所有其他资产和负债都放回表中，那么在业务5结束后，S银行的资产负债表如下所示：

清算支票

资产负债表5：S银行

资产		负债和净值	
准备金	60 000美元	支票存款	50 000美元
不动产	240 000美元	股份	250 000美元

请证明当法定准备金率为20%时，银行现在的超额准备金为50 000美元。

□ 14.8.6 业务6：发放贷款（创造货币）

除了吸收存款以外，商业银行还向借款者发放贷款。商业银行的贷款行为对其资产负债表有哪些影响呢？

假设S市的肉类包装企业G认为自己应该增添一些设备了，并假设该企业恰好需要50 000美元——若S银行为该项目融资，该数额刚好与S银行的超额准备金数量相等。

G到S银行，并提出了这个数额的贷款请求。S银行知道G企业有良好的信誉和可靠的经济实力，确信它有偿还贷款的实力，因此就将款项贷放给了G。作为回应，G的负责人把一张本票（一种特制的借据）交给了S银行。G也希望通过支票取得这笔贷款，因为这样既方便又安全。因此，G 并没有从 S 银行取得一大篮子的货币，而是在 S 银行的支票存款账户中增加了 50 000 美元。

S 银行得到了一笔有息资产（归入“贷款”项目下的本票），且产生了支票存款（一种负债）来和这笔资产“相对应”。G 用一张借据换来了在 S 银行支票存款账户上增开 50 000 美元支票的权利。双方都很满意。

此时，这笔贷款完成了，S 银行的状况如资产负债表 6a 所示：

当议付一笔贷款时

资产负债表 6a：S 银行

资产		负债和净值	
准备金	60 000 美元	支票存款	100 000 美元
贷款	50 000 美元		
不动产	240 000 美元	股份	250 000 美元

所有这些看起来简单极了。但是仔细观察 S 银行的资产负债表，我们发现了一个惊人的事实：**银行发放贷款的同时创造了货币。**G 的负责人去银行的时候，带去的东西并不是货币，而是一张借据，但是他离开的时候拿走的却是货币——一笔支票存款。

将业务 6 和仅是由于货币脱离流通领域而创造了支票存款的业务 3 相比较，我们发现，业务 3 发生后，只是改变了货币的构成，但是货币总量没有发生变化。但是当银行发放贷款的时候，它们创造的支票存款属于货币。通过扩张信用，S 银行将一张借据“货币化”了。G 企业和 S 银行先是创造，之后又互换了债权。G 企业创造并给予 S 银行的债权不是货币，某个人的借据不被接受为交易媒介，但是银行创造并给予 G 企业的却是货币，依据支票存款开具的支票被公认为交易媒介。类似这样的支票存款货币构成了美国大约一半的 M1 货币总量，以及大约 10%的 M2 货币总量。

在美国经济中大量使用的货币就是通过商业银行的信用扩张创造出来的。这种支票存款货币可以看做是商业银行和储蓄机构的“债务”。支票是对银行和储蓄机构“一经要求”就承诺付款的求偿权，因此，从这个意义上讲它是银行的债务。

但是某些因素制约着商业银行通过贷款创造支票存款（“银行货币”）的能力。S 银行可以期望新创造的这 50 000 美元的支票存款成为一个收支频繁的账户。虽然知道只要有需要就有资金可用，G 企业也不会单纯为了这点便利而以 7%、10%或 12%的利率借入 50 000 美元。

假设 G 企业将一份 50 000 美元的建筑合同给了 Q 建筑企业。Q 企业果然名不虚传，很快就完成了扩建工作，并收到了 G 支付的从其在 S 银行的支票存款账户中开具的 50 000 美元的支票。Q 企业没有将这张支票存入 S 银行，而是存到了 E 银行。E 银行现在对 S 银行有 50 000 美元的债权。这张支票按照业务 5 中所叙述的方式清算。结果，S 银行的准备金和存款都减少了与支票金额相等的数额；E 银行的准备金和支票存款则增加了 50 000 美元。

总之，如果借款者开出的支票金额等于其贷款金额（50 000 美元），并将这张支票支付给了一家企业，而这家企业又将该支票存入了另一家银行，那么在对该支票进行清算后，S 银行的资产负债表如下所示：

用贷款开出一张支票后

资产负债表 6b：S银行

资产		负债和净值	
准备金	10 000 美元	支票存款	50 000 美元
贷款	50 000 美元		
不动产	240 000 美元	股份	250 000 美元

支票托收之后，S银行刚好满足 20%（=10 000 美元/50 000 美元）的法定存款准备金率。该银行没有了超额准备金，这就提出了一个问题：S银行的贷款额能否大于 50 000 美元，即大于其超额准备金，且在对其支票清算完毕后还能够达到 20%的法定准备金率要求？答案是否定的；该银行被“完全贷空”了。

这里来说明一下理由：假设S银行要借给G企业 55 000 美元，并假设G企业通过开具一张 55 000 美元的支票支付给Q建筑企业而花光了所有的贷款。对S银行的支票托收将使其准备金降至 5 000 美元（=60 000 美元−55 000 美元），而且支票存款又一次变为 50 000 美元（=105 000 美元−55 000 美元）。那么，支票存款的实际准备金率为 5 000 美元/50 000 美元，即只有 10%，而不是法定要求的 20%。因此，S银行不可能贷出 55 000 美元。

通过用其他大于 50 000 美元的数额进行检测之后，你会发现业务 6 在一开始的时候，S银行所能发放的最大贷款额就为 50 000 美元。此数额等于议付该笔贷款时，银行所保留的超额准备金数额。**多银行系统中的某单一商业银行所能提供的贷款额只能等于其初始的预备贷出的超额准备金的数额。**当银行放贷时，它面临着整笔贷款都以支票的形式提取且清算的可能性。如果这种情况发生了，放贷的银行将会损失（给其他银行）相当于其贷款总量的准备金。所以，为了保险起见，它将贷款数量限制在超额准备金的额度之内。

银行创造货币的过程提出了一个有意思的问题：如果银行贷出它们的超额准备金创造了支票存款货币，那么当借款人偿还他们的贷款时货币减少了吗？答案是肯定的。当偿还贷款时，就按照刚才所描述的过程进行相反的工作。支票存款减少了所偿还的贷款数额。

14.9 银行系统：货币供给的多倍扩张

至此，我们已经知道银行系统中的某一个银行有 1 美元的超额准备金，就能够发放 1 美元的贷款。但对于作为整体的所有商业银行而言，情况就有所不同了。我们将发现商业银行系统能够发放的贷款额，也就是所能创造的货币额，是其超额准备金的若干倍。即使该体系中的每一家银行都只能将其准备金“一对一”地贷放出去，这种多倍贷放也能实现。

这些看起来相互矛盾的结论是怎么得出来的呢？要简明地回答这个问题，我们必须建立三个简化的假设：

- 所有银行的准备金率都为 20%。
- 最初，所有银行的存款准备金率刚好都达到 20%，不存在超额准备金；或者按照银行业的说法，从准备金的角度讲，它们“被贷空了”。

● 如果超额准备金增加的结果可以使银行增加其贷款量，那么相当于超额准备金数量的资金就可以贷给某个借款者，借款者将以此总贷款额开具一张支票并支付给其他人，而收到支票的这个人将会把这张支票存到另一家银行。第三个假设意味着对于每一家贷款银行来说，最糟糕的事情发生了：其全部贷款以支票形式开给了另一家银行，并以另一家银行为受益人得到了清算。

□ 14.9.1 银行系统的贷款能力

假如某废旧汽车回收站的业主在分解一辆丢弃在那里多年的汽车时，发现了一张100美元的钞票。他将这100美元存入了银行A，这样该银行的准备金增加了100美元。这里我们只记录各商业银行资产负债表上发生变化的科目。此存款改变了银行A资产负债表上所示的a_1科目，如下所示：

货币供给的多倍扩张过程

资产负债表：商业银行 A

资产		负债和净值	
准备金	+100美元（a_1）	支票存款	+100美元（a_1）
	−80美元（a_3）		+80美元（a_2）
贷款	+80美元（a_2）		−80美元（a_3）

回顾一下业务3我们知道，这100美元的纸币存款没有改变货币供给，却产生了100美元的支票存款货币。它抵消了这100美元的纸币货币，因为该100美元的货币不再为非银行公众（废旧汽车回收站的业主）所持有了，但是银行A却增加了80美元的超额准备金。对于这新增的100美元货币，其中20%或者20美元必须留作新增100美元支票存款的法定准备金，剩下的80美元成了超额准备金。请记住某一商业银行只能贷出相当于其超额准备金数额的贷款，由此我们可以得出银行A最多能提供80美元的贷款。如果银行A发放了这笔80美元的贷款，那么它的贷款增加了80美元，且借款者增加了80美元的支票存款。我们将这个数额，即科目a_2加到银行A的资产负债表上。

现在我们就要用到第三个假设了：借款者以此总贷款额开具了一张支票（80美元）并支付给了某人，此人将支票存到了另一家银行，即银行B。正如我们在业务6中看到的，银行A的准备金和存款都减少了，其数额等于贷款额，如表中科目a_3所示。这些业务的最终结果为：银行A的准备金现在为+20美元（=100美元−80美元），贷款额为+80美元，支票存款为+100美元（=100美元+80美元−80美元）。当这些款项都定下来之后，银行A刚好达到20%的存款准备金率。

回顾一下以前的讨论我们知道，银行B得到了银行A所损失的准备金和存款。银行B资产负债表的变化如下表中的科目b_1所示：

货币供给的多倍扩张过程

资产负债表：商业银行 B

资产		负债和净值	
准备金	+80美元（b_1）	支票存款	+80美元（b_1）
	−64美元（b_3）		+64美元（b_2）
贷款	+64美元（b_2）		−64美元（b_3）

借款者的支票一经开出且得到清算，银行A就损失了80美元的准备金和存款，且银行B得到了80美元的准备金和存款。但是银行B必须留存20%或者16美元的准备金，即新增80美元支票存款的法定准备金。这就意味着银行B有了64美元（=80美元−16美元）的超额准备金，因此它可以贷出64美元（见科目 b_2）。当新借款者以贷款总额（64美元）开出一张支票来购买产品，卖方将这张支票存到了银行C时，银行B的准备金和存款都减少了64美元（见科目 b_3）。这些业务的结果是，银行B的准备金现在为+16美元（=80美元−64美元），贷款额为+64美元，支票存款为+80美元（=80美元+64美元−64美元）。此时，银行B恰好达到了20%的准备金率要求。

我们可以沿着这个过程继续，将银行C，D，E，F，G，H……N都纳入分析中来。实际上，这个过程将近乎无限地进行下去，只要银行沿着借贷链条，收到至少1便士的新增准备金，就可以用来支撑新一轮的放贷和货币创造。但是，那样做实在太麻烦了！取而代之，我们将所有的分析都总结在表14.2中。我们的结论是令人吃惊的：在只有80美元（当某人将100美元的货币存入银行A的时候，整个银行系统所获得的准备金）超额准备金的基础上，整个商业银行系统的贷款总额为400美元，即第（4）列中所列的各金额的总和。当法定准备金率为20%的时候，整个银行系统所能贷出的金额为超额准备金的5（=400美元/80美元）倍。然而，这个银行系统中的每家银行贷出的金额仅仅是其超额准备金数额。我们对此作何解释呢？当每家银行只能将其超额准备金一对一地贷放出去，整个银行系统如何贷放出数倍于其超额准备金的贷款呢？

表14.2　　商业银行系统的货币供给扩张　　单位：美元

银行	(1) 获得的准备金和存款	(2) 法定准备金 (准备金率=0.2)	(3) 超额准备金 (1)−(2)	(4) 银行能够发放的贷款； 新创造的货币=(3)
银行A	100.00 (a_1)	20.00	80.00	80.00 (a_2)
银行B	80.00 (a_3, b_1)	16.00	64.00	64.00 (b_2)
银行C	64.00	12.80	51.20	51.20
银行D	51.20	10.24	40.96	40.96
银行E	40.96	8.19	32.77	32.77
银行F	32.77	6.55	26.21	26.21
银行G	26.21	5.24	20.97	20.97
银行H	20.97	4.20	16.78	16.78
银行I	16.78	3.36	13.42	13.42
银行J	13.42	2.68	10.74	10.74
银行K	10.74	2.15	8.59	8.59
银行L	8.59	1.72	6.87	6.87
银行M	6.87	1.37	5.50	5.50
银行N	5.50	1.10	4.40	4.40
其他银行	21.99	4.40	17.59	17.59
创造的货币总量［第（4）列中各数额的总和］			→	400.00美元

答案是虽然每家银行损失了准备金，但是对于作为整体的银行系统来说却没有任何损失。银行A损失的准备金都被银行B得到了；银行B的损失被银行C得到了；银行

C的损失被银行D得到了；银行D的损失被银行E得到了；银行E的损失被银行F得到了，如此等等。虽然（也确实是）银行系统中的某家银行会损失准备金，但是对于整个银行系统来说，准备金并没有任何损失。

某单家银行只能安全贷出相当于其超额准备金的数额，**但是整个商业银行系统能够贷出的货币总额为超额准备金的数倍**。商业银行作为一个整体能够创造货币，因为与整体中的某一家银行相比，其贷款方式大不相同。

□ 14.9.2 货币乘数

货币乘数（monetary multiplier）是指银行系统任何新增的超额准备金和所有银行作为一个整体所创造的支票存款货币供给扩张之间的关系。货币乘数之所以存在是因为某一银行所损失的准备金和存款为另一家银行所获得。它将超额准备金放大为更大的支票存款货币的创造。货币乘数 m 为法定存款准备金率 R 的倒数（发生在贷款过程中的每一次准备金漏出）。简而言之：

$$货币乘数=\frac{1}{法定存款准备金率}$$

或者用符号表示为：

$$m=\frac{1}{R}$$

在此公式中，m 表示在 R 值给定时，每一美元超额准备金所创造出来的新增支票存款货币的最大额。用 m 乘以超额准备金 E，我们得出了能被银行系统创造出来的新增支票存款货币 D 的最大数额，也就是：

最大的支票存款创造额＝超额准备金×货币乘数

或者更简单地表示为：

$$D=E\times m$$

在表14.2所示的案例中，R 为0.20，所以 m 为5（＝1/0.20），那么：

$$D=80\times 5=400 美元$$

□ 14.9.3 可逆性：货币的成倍性毁灭

我们所讨论的过程具有可逆性。正如银行发放贷款能创造出货币一样，当贷款得到偿还时，货币也会遭遇毁灭。实际上，与倍数扩张过程类似，偿还贷款是货币的倍数性毁灭过程。因为在任何一段时期内，既有新贷出的贷款，也有到期偿还的贷款，某一特定时期内，货币供给的方向将取决于这两个过程的总结果。如果某一段时期内贷出的贷款数额大于偿还的贷款数额，那么支票存款和货币供给都会增加；反之，如果某一段时期内贷出的贷款数额小于偿还的贷款数额，那么支票存款和货币供给就都会减少。

◆ **应用分析**

1930—1933年间的银行恐慌

在大萧条早期，那时还没有存款保险，一些经济实力较弱的银行纷纷破产。社会上流传着这些银行的顾客损失了存款的消息，因此人们普遍认为同样的事情也会在其他银行中发生。实际上，存款者担心他们的存款银行已经没有他们所存的那么多钱了。当然，在部分准备金制度下，事实上也确实如此。忧心忡忡的存款者开始行动，纷纷要求从他们的银行存款账户中提取现金，即“挤提”存款，他们都想在银行的现金耗尽之前拿到自己的存款。这次“银行挤兑”导致当时许多信誉良好的银行宣布破产。在 3 年的时间内，9 000 多家银行倒闭了。

1930—1933 年间所发生的大规模将支票存款兑换为现金的行为减少了国家的货币供给。这看起来似乎很奇怪，因为开具一张支票兑换“现金”虽然减少了支票存款货币，但是公众手中持有的货币量却增加了相同的数额。那么货币供给为什么会下降呢？我们讨论过的货币创造过程为这个问题提供了答案，只不过现在讲的是货币毁灭的问题。

假设人们一共从其支票账户中提取了 100 亿美元的现金。此行动的直接后果是支票存款货币减少了 100 亿美元，而公众手中持有的货币增加了 100 亿美元。但是这里又有一个陷阱：假设存款准备金率为 20%，银行手中 100 亿美元的货币支撑着 500 亿美元的存款货币，即这 100 亿美元存款加上通过贷款创造的 400 亿美元。这 100 亿美元的货币提取行为迫使银行减少 400 亿美元的贷款（因为支票存款减少了）才能继续满足存款准备金要求。简而言之，发生了 400 亿美元的存款货币毁灭。这就是在 20 世纪 30 年代早期的一幕。

伴随支票存款成倍性缩减现象的是银行“争抢流动性”以满足进一步的提款行为。为了得到更多的货币，它们向公众大量出售其持有的政府债券。类似于减少贷款，银行出售政府债券给公众也减少了货币供给。人们开具支票购买债券，减少了他们的支票存款，银行用到手的通货应付不断增加的银行挤兑行为。简而言之，银行系统准备金的下降以及争抢安全性的行为减少了支票存款货币数量，且减少的速度远远大于公众手中现金增加的速度。因此，货币供给量直线下降。

1933 年，总统富兰克林·罗斯福（Franklin Roosevelt）通过宣布“全国银行休假”结束了银行恐慌。在这段时间内，全国所有的银行停业 1 周，因此，政府调查员能够有时间检查每家银行的会计记录。只有拥有充足准备金的健康银行被允许重新开业。这意味着“假期”结束后，人们能够信任任何一家被许可重新开业的银行。健康银行的确认以及联邦存款保险计划的启动使存款者得到保障并结束了银行恐慌。

但是在这些政策能够开始扭转恐慌之前，国家的货币供给量骤降。根据货币供给定义的宽窄，本次货币供给降幅达到 25%～33%。这是美国历史上下降幅度最大的一次。此次货币供给的下降导致了美国影响最大且持续时间最长的大萧条。简单地说，越少的货币意味着人们将会减少对产品和服务的消费，企业将会减少贷款。两方面的影响使大萧条进一步恶化。

今天，我们实在难以想象 1930—1933 年间巨大的货币供给成倍缩减是怎样一幅景象。联邦存款保险公司（FDIC）的存款保险确保银行系统不会因为单家银行的破产而引发普遍恐慌。举例而言，在 2007—2008 年的金融危机期间，FDIC 将每个账户的存款保险从 100 000 美元增加到了 250 000 美元，并且联邦政府还保证货币市场共同基金账户所有余额的安全。除此之外，美联储会立即采取有力的行动以保护银行的准备金和国家的货币供给，而不会像在 1930—1933 年银行恐慌期间那样袖手旁观了。我们以前就讨论过这些最后贷款人的行为。在第 15 章我们将会讨论在危机期间美联储采取的利率政策。

问题：为什么说在现代银行系统中，银行部分准备金制度和存款保险是紧密相关的？

小结

1. 从概念上讲，任何被社会接受为交易媒介、记账单位和价值储藏手段的物品都可以作为货币。

2. 在美国，货币的两个“官方”定义为 M1——由通货（发行在银行之外的货币）和支票存款构成，及 M2——由 M1 加上储蓄存款构成，储蓄存款包括货币市场存款账户、小额（小于 100 000 美元）定期存款和货币市场共同基金账户。

3. 货币之所以有价值，是因为它能够在市场上换回有价值的产品、服务和资源。保持货币的购买力在很大程度上取决于政府在管理货币供给以制止通货膨胀方面是否取得了预期效果。

4. 美国的银行系统由以下几部分组成：联邦储备系统管理委员会、12 家联邦储备银行和约 6 200 家商业银行与 8 700 家储蓄机构（主要是信用合作社）。联邦储备委员会和联邦公开市场委员会的指令通过 12 家联邦储备银行发挥作用，这些联邦储备银行同时具有中央银行、准公共银行和银行的银行三大职能。

5. 美联储的主要职能为：发行联邦储备券；设定法定准备金率，并保存银行和储蓄机构的准备金；借款给金融机构，并在发生国家金融危机时充当最后贷款人；提供快速的支票清算服务；作为联邦政府的财务代理人；监督银行的运营；管理货币供给，最大化地服务于经济目标。

6. 美联储本质上是一个独立的机构，既不受美国总统的控制，也不受国会的控制。这种独立性使美联储免受政治压力，能够通过提高或者降低（通过货币供给的变化）利率来满足充分就业、价格稳定和经济增长的目标。

7. 2007—2008 年间的金融危机造成了抵押贷款违约的空前上升，几家大型金融机构破产或几近破产，信贷投放普遍冻结。这场危机产生的缘由是次级抵押贷款和房地产价格下降。它的缘由还包括抵押贷款证券持有者对风险的低估以及所设计的用以保护抵押贷款证券持有者免受违约风险的错误保险证券。

8. 在 2008 年，国会通过了问题资产救助计划（TARP），该计划授权美国财政部花费高达 7 000 亿美元的资金来提供紧急贷款和保全将要破产的金融机构。

9. 问题资产救助计划贷款加剧了道德风险问题。当金融投资者和金融企业认为他们至少获得了部分保险来应对损失时，他们就会产生一种承担更大风险的倾向。

10. 美国金融服务业的主要分类为：商业银行，储蓄机构，保险公司，共同基金公司以及投资银行。重组 2007—2008 年金融危机后剩下的金融机构进一步整合了早已整合过的金融服务业，并进一步模糊了金融服务业不同业务之间的界限。

11. 为了回应金融危机，国会通过了《华尔街改革和消费者保护法案》。

12. 现代银行系统实行的是部分准备金制度：支票存款只有一部分以通货的形式保留起来。商业银行的存款准备金或者保存在联邦储备银行里，或者以库存现金的形式留存。存款准备金为商业银行的支票存款类负债的一定比例。超额准备金等于实际准备金减去法定准备金。

13. 商业银行通过发放贷款创造了货币—支票存款或支票存款货币。某单家银行通过贷款创造货币的能力取决于其超额准备金的多少。一般而言，商业银行只能贷出其超额准备金。货币创造之所以是有限的，是因为在所有可能的情况下，借款者开出的支票会存入其他银行，导致放贷银行的准备金和存款减少，减少的数额等于其所提供的贷款的数额。

14. 作为一个整体的商业银行系统能够发放数倍于其超额准备金的贷款，是因为就该系统整体而言，准备金并不会减少。然而，某单个银行有可能损失准备金，损失的准备金转移到其他银行手中。银行系统在每一美元超额准备金的基础上所能提供贷款的倍数等于法定准备金率的倒数。

15. 1930—1933 年间的银行恐慌导致了美国货币供给的巨额缩减，引发了大萧条，并催生了联邦存款保险。

术语和概念

交换媒介
记账单位
价值储藏
流动性
M1
联邦储备券
符号货币
支票存款
商业银行
储蓄机构
准货币
M2
储蓄账户
货币市场储蓄账户（MMDA）
定期存款
货币市场共同基金（MMMF）
法定货币
联邦储备系统
联邦储备委员会
联邦储备银行
联邦公开市场委员会（FOMC）
次级抵押贷款
抵押贷款证券
资产证券化
问题资产救助计划（TARP）
道德风险
金融服务业
《华尔街改革和消费者保护法案》
部分准备金银行制度
资产负债表
法定准备金
存款准备金率
超额准备金
实际准备金
货币乘数

思考题

1. 货币的三大基本职能是什么？说明急剧通货膨胀是如何削弱货币所执行的三大职能的。

2. 下面的金融机构中，哪两个提供了组成货币供给 M1 的支票存款：共同基金公司、保险公司、商业银行、证券公司、储蓄机构？下面几项中，有哪些既不属于 M1 也不属于 M2：公众持有的通货、支票存款、货币市场共同基金账户、小额（小于 100 000 美元）定期存款、银行持有的通货、储蓄存款？

3. 货币供给 M1 由哪些部分组成？其中最大的是哪一部分？M1 中哪些部分是法定货币？为什么一枚硬币的面值大于其内在价值？货币供给 M2 中哪些是准货币？

4. 货币的购买力与国家的价格水平有何联系？

5. 联邦储备系统的主席是如何选举出来的？请说明联邦储备委员会和 12 家联邦储备银行之间的关系。联邦公开市场委员会是如何构成的？其目的是什么？

6. 当经济学家说联邦储备银行是中央银行、准公共银行和银行的银行时，他们要表达的意思是什么？联邦储备银行的七大职能是什么？

7. 下面几项与 2007—2008 年间的金融危机有何联系：房地产价值的下降、次级抵押贷款、抵押贷款证券、保险公司 AIG？

8. 问题资产救助计划（TARP）是什么？它是怎样成立的？政府贷款与道德风险概念有何联系？

9. 组成美国金融服务业的机构有哪些主要类型？目前与 2007—2008 年金融危机开始之前相比，银行的数量是增加了还是减少了？为什么不同类型的金融公司之间的界限比金融危机之前更加模糊了？《华尔街改革和消费者保护法案》是如何试图解决引起金融危机的部分难题的？

10. 银行资产负债表上的资产和负债之间有何区别？净值与它们分别有何联系？为什么资产负债表必须总是保持平衡的？商业银行资产负债表中的主要资产和负债是什么？

11. 联邦储备系统为什么要求商业银行保留准备金？何为超额准备金？你是怎样计算银行所持有的超额准备金数量的？超额准备金的意义何在？

12. “通货一旦被存入银行，现金就退出了流通领域，因此，货币供给 M1 就减少了。”你同意这种说法吗？请说明原因。

13. 请说明为什么单个商业银行只能安全地将其超额准备金贷出，而作为整体的商业银行系统却能发放数倍于超额准备金的贷款。什么是货币乘数？它与准备金率有何联系？

计算题

1. 假设在 I 地存在下列资产价值（单位以百万美元计）：流通中的联邦储备券＝700 美元；个人持有的货币市场共同基金（MMMF）＝400 美元；企业债券＝300 美元；铁矿存款＝50 美元；商业银行持有的通货＝100 美元；包含货币市场存款账户（MMDA）的储蓄账户＝140 美元；支票存款＝1 500 美元；小额（少于 100 000 美元）定期存款＝100 美元；流通中的硬币＝40 美元。

a. I 地的货币供给 M1 是什么？

b. I 地的货币供给 M2 是什么？

2. 假设吉米·凯西在他的佛森银行支票账户中存有 2 000 美元，并使用他的支票账户信用卡从银行的自动提款机（ATM）中提取了 200 美元的现金，那么，这笔单独的业务交易给货币供给 M1 的数量造成了什么影响呢？

3. 假设第 1 年的价格水平和美元价值分别为 1 和 1 美元。如果第 2 年的价格水平上升至 1.25，那么美元的新价值是多少？如果价格水平反而下降至 0.50，那么美元的价值是多少呢？

4. 假设 Lady Gaga 去拉斯维加斯玩纸牌，并且在最后一刻，她的唱片公司表明它将补偿 Lady Gaga 任何赌博损失的 50%，那么，由于这个补偿提议，Lady Gaga 将会下更大还是更小的赌注呢？你的答案阐明了什么经济学概念呢？

5. 假设在 H 镇，由于借款和非理性过度扩张的证券化，在 6 年时间内金融证券的价值被以一个几何速度抬升了，从 2 美元到 4 美元，到 8 美元，到 16 美元，到 32 美元，到 64 美元。在同一个时间段内，证券标的资产的价值以一个算数速度上升，从 2 美元到 3 美元，到 4 美元，到 5 美元，到 6 美元，到 7 美元。假设这个模式在下降阶段和上升阶段均保持，如果标的资产的价值突然地、出乎意料之外地下降了 5 美元，那么金融证券的价值将会下降多少呢？

6. 假设西尔弗洛德银行的资产比前一天增加了 100 000 美元，它的净值增加了 20 000 美元，那么它的负债与前一天相比改变了多少？方向是什么？

7. 假设 S 银行有 8 000 美元的超额准备金和 150 000 美元的支票存款。如果准备金率为 20%，那么该银行的实际准备金为多少？

8. 第三国民银行有 20 000 美元的准备金，100 000 美元的支票存款，准备金率为 20%。家庭将 5 000 美元的通货存入该银行，并且这些通货增加到准备金中，那么该银行现在拥有的超额准备金水平是多少？

9. 大巴克银行的资产负债表如下所示。准备金率为 20%。

资产		(1)	(2)	负债和净值		(1)	(2)
准备金	22 000	——	——	支票存款	100 000	——	——
证券	38 000	——	——				
贷款	40 000	——	——				

a. 大巴克银行能够发放新贷款的最大数额是多少？在银行将多余的款项发放出去后，它的资产负债表将会如何变化？请填写在第（1）列的空白处。

b. 货币供给量的变化是多少？

c. 以这笔贷款总额开具一张支票并清算完毕后，该银行的资产负债表会如何变化？请在第（2）列的空白处填写新的资产负债表。

d. 假设准备金率为15%，请重新回答问题（a），（b）和（c）。

10. 假设某银行系统简化的联合资产负债表如下所示，所有的数值都以10亿美元为单位。存款准备金率为25%。

资产			负债和净值		
		(1)			(1)
准备金	52	——	支票存款	200	——
证券	48	——			
贷款	100	——			

a. 该商业银行系统的超额准备金是多少？该银行系统能够提供的最大贷款额为多少？在这笔款项贷出后，联合资产负债表将发生何种变化？请在第（1）列的空白处填写数字。货币乘数是多少？

b. 假设存款准备金率为20%，请重新回答（a）中的问题。由此将导致商业银行系统的贷款能力发生什么变化？

11. 如果存款准备金率为10%，那么货币乘数是多少？如果货币乘数是4，那么法定准备金率是多少？

在 www. brue3e. com 中做进一步的测试

在本书的“在线学习中心”www. brue3e. com 中，你会找到一个或多个网络练习题，这些问题需要从网络上获取信息才能进行解答。我们强烈建议你完成这些问题，因为这些问题能够使你熟悉我们的网站，而我们的网站对你其他课程的学习，甚至你日后的事业都有帮助。“在线学习中心”提供了多项选择测试题，还能为你提供及时的反馈。该网站还有许多有用的方法进一步测试你对本章知识的掌握情况。

第 15 章

利率和货币政策

学习完本章后，你应该能够：

1. 论述货币市场上的均衡利率如何决定。
2. 列举和阐述货币政策的目标和工具。
3. 描述货币政策影响 GDP 和物价水平的机制。
4. 论述货币政策的有效性及其不足。
5. 论述美联储近年来如何使用货币政策促进宏观经济的稳定性。

某些报纸的评论员们曾将联邦储备委员会主席（最近为伯南克）评为美国仅次于总统的第二大实权派人物。这无疑有些言过其实，因为主席在由 7 名委员组成的联邦储备委员会和 12 名委员组成的联邦储备公开市场委员会中只拥有一票投票权，但是没有人对主席的影响力、联邦储备系统及其制定的**货币政策（monetary policy）**的重要性持怀疑态度。这些政策包括对货币供给的审慎调整，以便影响利率，进而对经济的总支出水平产生影响。其目标是为了保持稳定的价格、充分就业和经济增长。

15.1 利率

在我们研究联邦储备系统如何影响货币供给和利率之前，我们需要对决定利率的市场有一个更好的理解。如表 15.1 所示，利率依据用途、大小、风险、到期时间和可征税性的不同而存在很多不同类型。（全球快照 15.1 比较了最近一年部分国家 3 个月贷款的利率。）为简化起见，经济学家会特指某一种利率。正如我们即将看到的，经济中的利率是由货币需求和货币供给的相互作用共同决定的。

表 15.1　　2012 年 4 月美国的部分利率

利率的种类	年利率（%）
20 年长期国债利率（联邦政府为公债融资所发行债券的利率）	2.76
90 天短期国债利率（联邦政府为公债融资所发行债券的利率）	0.08
基准利率（多种银行贷款利率的参照对象）	3.25
30 年住房抵押贷款利率（住房贷款的固定利率）	3.82
4 年期汽车贷款利率（汽车融资公司购买新车的贷款利率）	3.28
州和地方政府的免税债券利率（州或地方政府发行的低风险债券利率）	3.90
联邦基金利率（银行隔夜贷款利率）	0.15
信用卡消费利率（使用信用卡消费所收取的利率）	16.35

资料来源：Federal Reserve，www.federalreserve.com，and Bankrate.com，www.bankrate.com.

□ 15.1.1　货币需求

为什么公众愿意以货币形式持有部分财富呢？有两个原因：用来购物和作为一种资产。

1. 交易需求，D_t

人们愿意持有货币的原因是货币可以在购买产品和服务时提供方便。家庭的日常支出往往是以每周、每两周或每月一次的频率来进行的，然而他们的支出缺少可预见性且频率很高。因此，每个家庭手中都必须持有足够的货币来购买食品、支付抵押贷款和水电费账单。企业的收入和支出也不是同步发生的。企业需要持有货币来购买劳动力、原材料、电力和其他投入品。货币作为交易媒介而产生的需求称为**货币的交易需求（transaction demand for money）**。

货币的交易需求量主要取决于名义 GDP 水平。在经济交易中，产品和服务的总货币价值越大，完成交易所需要的货币量就越多。货币的交易需求量随着名义 GDP 的变化而产生正向变化。我们选定名义 GDP 的理由是，如果价格上升或者实际产出增加，那么家庭和企业将需要更多的货币来进行交易。在这两种情况下，要完成期望的交易都需要更多的美元。

全球快照 15.1

部分国家的短期名义利率

这些数据显示了 2012 年某些国家的短期名义利率（3 个月期贷款的百分比利率）。因为这些利率是名义利率，故各国之间的差异反映了通货膨胀率的差异，但各国中央银行的货币政策和违约风险的差异也可以解释名义利率间的差异。

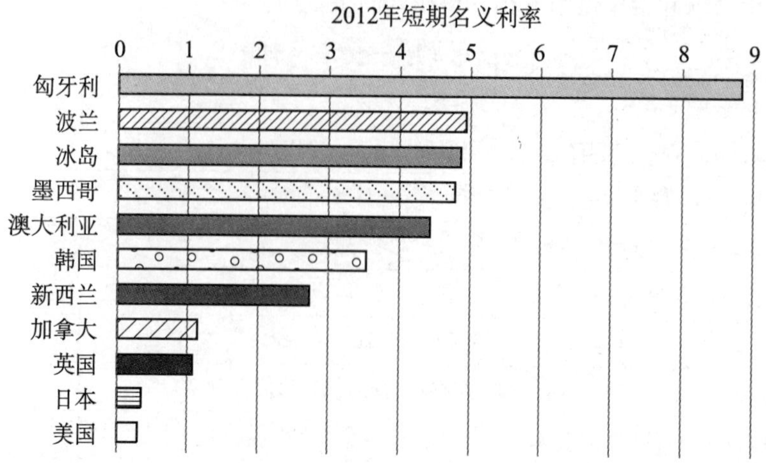

资料来源：Organization for Economic Cooperation and Development，*OECD Economic Outlook*，May 2010，www.oecd.org. Accessed April 28，2012.

在图 15.1（a）中，我们画出了与各种利率相对应的货币交易需求量。为了简化问题，我们假设需求量只取决于名义 GDP 水平，与实际利率无关。（实际上，较高的利率与较低的货币交易需求量有密切关系。）有了这个简化的假设，我们就能够画出一条垂直的交易需求曲线 D_t。假设为了交易目的而持有的每一美元平均每年被使用三次，且名义 GDP 为 3 000 亿美元，那么交易需求曲线就定在了 1 000 亿美元上。因此，公众要购买这些 GDP 就需要 1 000 亿美元（=3 000 亿美元/3）。

2. 资产需求，D_a

持有货币的第二个原因是货币的价值储藏职能。人们可以采取多种形式持有其金融资产，包括企业股票、企业债券或政府债券或者货币。当人们想要以货币形式持有某种资产时，就形成了货币的**资产需求（asset demand）**。

人们愿意以货币形式持有其某些金融资产（除了用货币来购买产品和服务外），因为货币在所有的金融资产中最具流动性；一旦有机会，可以立刻用货币来购买其他资产。当预期其他资产（如债券）的价格将会下降时，人们就乐意以货币形式来持有资产。例如，当某种债券的价格下降时，债券持有者若在全部本金到期之前就卖掉该债券，他就会蒙受损失（称为资本损失）。该损失将部分或全部抵消债券产生的利息，但是持有货币就不会承担这种由利率变化而导致的资本损失风险。

持有货币作为资产的不利之处在于：持有货币不能获得利息或只能获得很少的利息。相对于债券来说，支票存款不支付利息或者只支付较低的利息。当然，闲置的货币则根本不会带来任何利息。

知道了这些优点和缺点后，公众就必须决定其金融资产中以货币形式——而非其他资产形式，如债券——持有的数量为多少。答案主要取决于利率。家庭或企业在持有货币的时候会产生机会成本；在这两种情况下，他们都放弃或牺牲了利息收入。如果某种债券的利率为 6%，那么我们以现金形式或者在无息支票存款账户中持有的 100 美元，在每年都会放弃 6 美元的收入。

因此，货币的资产需求与利率（持有货币作为资产的机会成本）成反方向变化。当利率提高时，获得流动性和避免资本损失的成本也变高了，公众就会减少其持有的货币资产数量。当利率下降时，获得流动性和避免资本损失的成本也下降了，因此，公众愿意增加其持有的货币形式金融资产数量。这种反向变化关系在图 15.1（b）中由 D_a 表示出来。

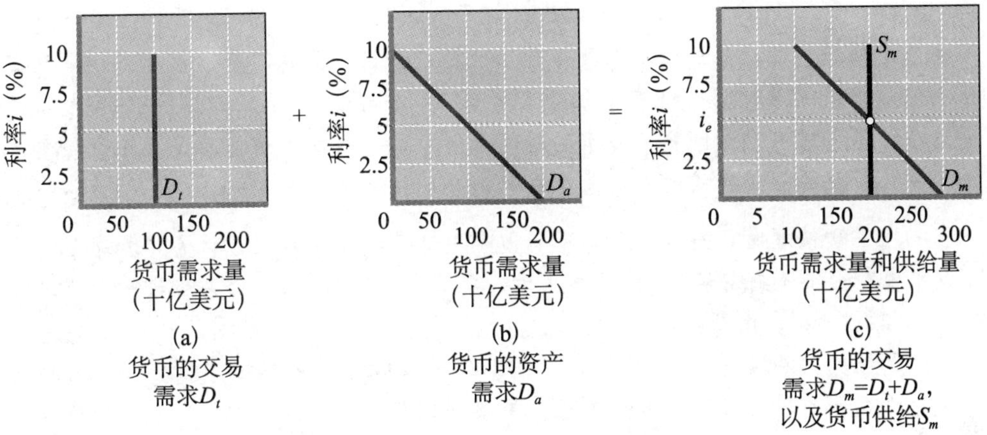

图 15.1　货币需求、货币供给以及均衡利率

注：货币的总需求 D_m 是通过将货币的资产需求 D_a 水平加总到货币的交易需求 D_t 上而得到的。交易需求曲线之所以是垂直的，是因为假设它取决于名义 GDP，而与利率无关。资产需求与利率成反方向变化，因为持有货币以及无息或低息支票存款存在机会成本。将货币供给 S_m 与货币总需求 D_m 二者结合起来就刻画出了货币市场，并决定了均衡利率 i_e。

3. 货币总需求，D_m

如图 15.1 所示，我们通过将货币的资产需求水平加总到交易需求上就得到了**货币的总需求（total demand for money，D_m）**，由此得到图 15.1（c）中向下倾斜的曲线，它代表的是在每一可能利率水平下，公众愿意为交易需求和资产需求而持有的货币总量。

回想货币的交易需求量取决于名义 GDP。名义 GDP 的变化——通过影响货币交易需求量——将会使货币总需求曲线发生移动。具体而言，名义 GDP 的增加意味着公众愿意持有更多的货币以满足交易需求，这一新增需求将使总需求曲线向右移动。反之，名义 GDP 下降将使货币总需求曲线向左移动。例如，假设名义 GDP 由 3 000 亿美元增加到 4 500 亿美元，且因交易而持有的美元平均每年使用三次，那么交易需求曲线将从 1 000 亿美元（=3 000 亿美元/3）移动到 1 500 亿美元（=4 500 亿美元/3），则在每一可能利率水平下，货币总需求曲线将向右移动 500 亿美元。

□ 15.1.2　均衡利率

我们可以将货币需求和货币供给结合起来共同确定均衡利率。在图 15.1（c）中，垂直的曲线 S_m 代表货币供给。因为货币当局和金融机构为经济提供了某一特定数量的货币，因此它是垂直的。这里为 2 000 亿美元。

和产品市场或资源品市场一样，**货币市场（money market）**需求和供给的交点决定了均衡价格。在图 15.1 中，均衡价格就是均衡利率，i_e。在均衡利率水平下，货币的需求量（=2 000 亿美元）等于货币的供给量（=2 000 亿美元）。均衡利率可以被认为是在某个时期借款者因使用他人的货币而必须支付的由市场决定的价格。

概念阐释

这就是利息

要想得到利息，就要诱惑个人放弃流动性或是牺牲当前的消费，也就是说，让某个其他人使用货币一段时间。经济学家欧文·费雪（Irving Fisher，1867—1947）讲述了下面这个故事，它有助于阐明"货币的时间价值"这一概念。好笑的是，正是费雪本人较早地将故事的原理以公式的形式总结在其利息理论之中。

在一次按摩时，按摩师告诉费雪他是一名社会党党员，他认为"利率是资本主义的基础且具有掠夺性"。按摩结束后，费雪问道："我该付你多少钱？"

"30 美元"，按摩师回答。

"很好"，费雪说，"我给你开一张 100 年以后付款的票据。我想你没有理由拒绝接受这张不付任何利息的票据吧。等票据到期后，你或者你的孙子可以到我这里来兑现。"

"但是我怎么能等那么长时间呢"，按摩师说。

"我记得，你说过利息具有掠夺性。既然利息具有掠夺性的话，你就应该乐意无限期地等待这笔钱啊。如果你愿意等 10 年的话，你会要价多少呢？"

"噢，我的要价肯定不止 30 美元呀。"

费雪的关键词出来了，他回答道："这就是利息。"

问题：在付息的情况下，谁会从贷款当中获益：借款者还是贷款者？

资料来源：Irving Fisher，as quoted in Irving Norton Fisher，*My Father Irving Fisher*（New York：comet，1956），p. 77.

15.2 货币政策工具

我们现在可以研究联邦储备系统（"美联储"）是如何改变经济中的货币供给，进而改变利率的。美联储主要有三个用来改变货币供给的货币控制工具：公开市场业务、准备金率和贴现率。

□ 15.2.1 公开市场业务

债券市场对所有从事企业债券及政府债券（证券）交易的买方和卖方"开放"。美联储是美国政府债券的最大持有者。发行这些短期国债（短期债券）、中期国债（中期债券）和长期国债（长期债券）的是美国政府，而不是美联储。它的目的是为过去的预算赤字融资。在过去的几十年中，美联储从为自己或者客户买卖政府债券和企业债券的主要金融机构手中购买了这些债券。

美联储的**公开市场业务（open-market operations）**包括从商业银行和普通公众手中购买政府债券（美国证券），或者将政府债券出售给商业银行和普通公众。美联储的公开市场业务主要由纽约联邦储备银行和大约 16 家被称为“主要经销商”的大型金融机构组成的集团来共同管理。这些金融机构轮流从商业银行和普通公众手中购买债券，或者将债券出售给商业银行和普通公众。公开市场业务是美联储影响货币供给的最重要的日常工具。

1. 买入债券

假设联邦公开市场委员会（Federal Open Market Committee，FOMC）指示纽约联邦储备银行买入 1 亿美元的政府债券。联邦储备银行会间接从商业银行（或者储蓄机构）或者公众手中购买这些债券。在这两种情况下，商业银行的准备金都会增加。

当联邦储备银行从商业银行手中购买这些政府债券时，商业银行将其持有的部分债券转让给联邦储备银行。在为这些债券付款时，联邦储备银行实际上开具一张 1 亿美元的支票给商业银行。银行在其支票账户上新增了 1 亿美元的存款。当对联邦储备银行进行支票清算后，1 亿美元的准备金就流向了商业银行。由于没有新增支票存款，银行体系中新增的 1 亿美元准备金全部都是超额准备金。

从第 14 章中我们知道，超额准备金使得银行体系能够发放多倍于超额准备金的贷款（新增货币供给）。假设准备金率为 20%，货币乘数就为 5，那么商业银行可以将这 1 亿美元的超额准备金扩张为 5 亿美元的新增支票存款货币。

当联邦储备银行从普通公众而不是直接从银行手中购买这些债券时，对商业银行准备金的影响与上述对商业银行的影响是类似的。联邦储备银行通过给出售债券的公众开具支票来购买这 1 亿美元的债券，出售债券的公众然后将支票存到其所在商业银行的支票账户中。当支票得到清算后，1 亿美元的新准备金从联邦储备银行流向了商业银行。由于银行只需要为这 1 亿美元的新增支票存款保留 20%的准备金，因此，商业银行就增加了 0.8 亿美元的超额准备金（=1 亿美元实际准备金－0.2 亿美元法定准备金）。银行将超额准备金贷出后，将使支票存款增加 4 亿美元（=5×0.8 亿美元）。在 1 亿美元的初始支票存款增加额的基础上，以贷款形式创造出了 4 亿美元的支票存款，因而经济中总共增加了 5 亿美元的新货币。

2. 出售债券

正如你可能猜测到的，当联邦储备银行出售政府债券时，商业银行的准备金就减少了。让我们来看看原因，这次我们省去了数学计算步骤，因为这个过程恰好和前面所举的例子相反。

当联邦储备银行在公开市场上将债券出售给商业银行时，联邦储备银行将债券转让给了商业银行。在为这些债券付款时，商业银行实际上是开具 1 亿美元的支票给联邦储备银行。当对支票进行清算后，准备金就从商业银行流向了联邦储备银行。如果所有的超额准备金都被贷出，商业银行准备金的下降导致通过贷款创造的货币供给成倍地减少。也就是说，国家的货币供给下降了。货币供给的减少额等于准备金减少额乘以货币乘数。

当联邦储备银行向普通公众而不是直接向银行出售债券时，结果类似。公众从其各自的银行账户开具支票以购买债券。当支票得到清算后，商业银行的准备金转移到了联邦储备银行手中，并且相应地减少了那些开具支票的客户的支票存款。准备金的减少意味着货币供给成倍地缩减。

□ 15.2.2 准备金率

美联储也可以通过控制准备金率来影响商业银行的贷款能力。假设某商业银行的资产负债表显示其准备金为 5 000 美元，支票存款为 20 000 美元。如果法定准备金率为 20%（见表 15.2 中第（2）行），则该银行的法定准备金为 4 000 美元。因为实际准备金为 5 000 美元，那么该银行的超额准备金为 1 000 美元。在此 1 000 美元超额准备金的基础上，该家商业银行能够发放 1 000 美元的贷款；然而，整个银行系统通过贷款来创造新增支票存款货币的最大数额为 5 000 美元（见表 15.2 中第（7）列）。

表 15.2 改变准备金率对商业银行贷款能力的影响 单位：美元

(1) 准备金率 (%)	(2) 支票 存款	(3) 实际 准备金	(4) 法定 准备金	(5) 超额准备金 (3)－(4)	(6) 单家银行的货币 创造能力＝(5)	(7) 银行系统的 货币创造能力
(1) 10	20 000	5 000	2 000	3 000	3 000	30 000
(2) 20	20 000	5 000	4 000	1 000	1 000	5 000
(3) 25	20 000	5 000	5 000	0	0	0
(4) 30	20 000	5 000	6 000	－1 000	－1 000	－3 333

1. 提高准备金率

现在，如果美联储将法定准备金率由 20%提高到 25%，情况会怎么样呢？（见表 15.2 中第（3）行）。法定准备金从 4 000 美元上升至 5 000 美元，超额准备金则从 1 000 美元降至零。提高准备金率增加了银行必须持有的准备金数额。结果，银行或者减少其持有的超额准备金数额，从而降低其通过贷款创造货币的能力；或者如果它们发现自己的准备金数量不足，被迫减少支票存款，从而使得货币供给下降。在表 15.2 所示的例子中，超额准备金转化为了法定准备金，那么单家银行的货币创造能力从 1 000 美元降至零（见表 15.2 中第（6）列）。而且，银行系统的货币创造能力也从 5 000 美元降至零（见表 15.2 中第（7）列）。

如果美联储将法定准备金率提高到 30%，那么将会怎么样呢？（见表 15.2 中第（4）行）。为了满足法定准备金率的要求，商业银行被迫减少支票存款，同时增加其准备金。要减少支票存款，银行可以将发行在外的贷款提前收回，并且不再发放新贷款。这种行为将减少货币供给。

2. 降低准备金率

如果美联储将准备金率从最初的 20%降到 10%，那么将会发生什么情况呢？（见表 15.2 中第（1）行）。这种情况下，法定准备金将从 4 000 美元下降到 2 000 美元，超额准备金从 1 000 美元上升至 3 000 美元。单家银行的贷款（货币创造）能力将从 1 000 美元上升至 3 000 美元（见表 15.2 中第（6）列），并且银行系统的货币创造能力从 5 000 美元扩大到 30 000 美元（见表 15.2 中第（7）列）。降低准备金率使得法定准备金转化为超额准备金，增强了银行通过贷款创造新货币的能力。

表 15.2 中的例子表明，准备金率的变化通过两个途径影响银行系统的货币创造

能力：

- 它改变了超额准备金的数额。
- 它改变了货币乘数的大小。

例如，当法定准备金率从10%上升至20%时，超额准备金从3 000美元下降到1 000美元，货币乘数从10下降到5，银行系统的货币创造能力从30 000美元（=3 000美元×10）下降为5 000美元（=1 000美元×5）。提高准备金率迫使银行减少其通过贷款创造的支票存款数额。

□ 15.2.3 贴现率

中央银行的一个职能是成为“最后贷款人”。商业银行有时会碰到意外的、紧急的额外资金需求。在这种情况下，每一家联邦储备银行将会为本地区的商业银行提供短期贷款。

商业银行借款时，它会给联邦储备银行开具一张以自己为付款人的期票（借据），并以可接受的担保物——一般为美国政府债券——作为担保。正如商业银行在对它们的客户发放贷款时要收取利息一样，联邦储备银行对商业银行贷款时也要收取利息。它们收取的这种利息所对应的利率就叫做**贴现率（discount rate）**。

提供贷款后，联邦储备银行增加了借款的商业银行的准备金。由于从联邦储备银行借款无须保留法定准备金，因此新增准备金，即联邦储备银行的借款均为超额准备金。简而言之，商业银行从联邦储备银行借款增加了商业银行的准备金，并且增强了它们扩张信用的能力。

美联储有权设定商业银行从联邦储备银行借款的贴现率。从商业银行的角度看，贴现率是获得准备金的成本。降低贴现率鼓励商业银行在需要时从联邦储备银行借款来增加其准备金。当商业银行将新增准备金贷款给它们的客户时，货币供给就增加了。

提高贴现率则阻碍了商业银行从联邦储备银行借款来增加其准备金的行为。因此，当美联储想要收缩货币供给时，就有可能提高贴现率。

□ 15.2.4 相对重要性

美联储的三大主要货币控制工具在特定的经济环境中非常有用，但在经济循环过程中，公开市场业务明显是三个主要工具中最重要的。在公开市场上购买和出售政府债券具有灵活性优势——政府债券可以大量或小量地买入或卖出，对银行准备金能够立刻产生影响。并且，与改变法定准备金率相比，公开市场业务作用巧妙，不那么直接。此外，联邦储备银行通过购买或出售债券来影响商业银行准备金的能力是没有实质性问题的。联邦储备银行持有大量的政府证券（例如，在2012年4月为16 670亿美元）。从理论上讲，这些债券的出售可以将商业银行的准备金减少到零。

改变法定准备金率在货币控制工具中具有潜在重要性，但是美联储只是很谨慎地运用这个手段。正常情况下，美联储可以通过公开市场业务轻松地实现其货币政策目标。法定准备金率的最近一次改变是在1992年，当时，美联储将法定准备金率从12%降低到10%。它的主要目的是增加银行和储蓄机构在1990—1991年大萧条余波中的盈利，而不是通过增加准备金和扩张货币供给来降低利率。

直到最近，由于美联储提高和降低贴现率仅仅是为了和其他利率保持一致性，因此贴现率成为一个消极的货币控制工具。然而，在2007—2008年金融危机时期，当银行准备金由于房屋抵押贷款意外的高违约率而急剧减少时，为了向银行提供便宜且充足的准备金，美联储强势地降低了贴现率并独立于其他利率。银行以较低的贴现率借了几十亿美元。这使得它们可以满足法定准备金要求，从而保护了它们扩张贷款的能力。

□ 15.2.5 放松货币和紧缩货币

假设经济面临着衰退和失业。美联储认为有必要增加货币供给来增加总需求，从而使闲置资源得到利用。要增加货币供给，美联储必须增加商业银行的超额准备金，那么它会如何做呢?

- **买入债券**。通过在公开市场上买入债券，美联储可以增加商业银行的准备金。当美联储用来购买债券的支票清算结束后，商业银行就会发现其准备金增加了。
- **降低准备金率**。通过降低准备金率，美联储将法定准备金转化为超额准备金，并扩大了货币乘数的值。
- **降低贴现率**。通过降低贴现率，美联储可以鼓励商业银行从美联储借入更多的准备金。

这些行为都称为**宽松性货币政策（easy money policy，或扩张性货币政策）**。其目的是使银行贷款的成本下降且更易获得，因而也增加了总需求、产出和就业。

另一方面，假如过多的支出使得经济陷入通货膨胀不断加剧的状态，那么美联储将力图通过限制或压缩货币供给来减少总需求。这就意味着减少商业银行的准备金。它会如何做呢?

- **卖出债券**。通过在公开市场上卖出政府债券，美联储可以减少商业银行的准备金。
- **提高准备金率**。准备金率的提高将使得商业银行的超额准备金自动下降，且降低了货币乘数的值。
- **提高贴现率**。提高贴现率会阻止商业银行为满足准备金要求而从联邦储备银行借款的行为。

这些行为称为**紧缩性货币政策（tight money policy，或限制性货币政策）**。其目的是为了紧缩货币供给以减少支出并控制通货膨胀。

15.3 货币政策、实际GDP和价格水平

至此，我们只说明了美联储如何改变货币供给。现在我们需要将货币供给、利率、投资支出和总需求联系起来，看看货币政策是如何对经济产生影响的。货币政策如何发生作用呢?

□ 15.3.1 因果关系链

图 15.2 中的三幅图将有助于你理解货币政策是如何发生作用以实现其目标的。

1. 货币市场

图 15.2（a）代表货币市场，该图将货币需求曲线和货币供给曲线放在了一起。回顾可知，货币总需求是由交易需求和资产需求构成的。交易需求与名义 GDP 直接相关。资产需求与利率负相关。利率是将货币作为资产持有的机会成本；该成本越高，公众愿意持有的货币量越少。如图 15.2（a）所示，货币的总需求曲线 D_m 与利率负相关。回顾可知，名义 GDP 的增长将使 D_m 右移，而名义 GDP 的下降将使 D_m 左移。

图中还给出了三条潜在的货币供给曲线 S_{m1}、S_{m2} 和 S_{m3}。在每种情况下，货币供给都为一条垂直的曲线，代表由美联储决定的某一固定的货币量。货币政策（具体表现为货币供给）有助于确定利率，而利率不会决定货币供给曲线的位置。

均衡利率是货币需求量与供给量相等时的利率。货币需求为图 15.2（a）中的 D_m，如果货币供给为 1 250 亿美元（S_{m1}），均衡利率为 10%；当货币供给为 1 500 亿美元（S_{m2}）时，均衡利率为 8%；当货币供给为 1 750 亿美元（S_{m3}）时，均衡利率为 6%。

2. 投资

将这些 10%、8%、6%的实际利率向右放到图 15.2（b）中的投资需求曲线中去。该曲线表明利率（借款投资的成本）和投资支出之间的反向关系。对于国内企业来说，在 10%的利率水平上，投资 150 亿美元是有利可图的；在 8%的利率水平上则为 200 亿美元；6%时为 250 亿美元。

虽然利率的变化也会影响通过贷款购买耐用消费品（如汽车）的行为，进而影响支出，但利率的变化主要影响的是总支出中的投资部分。由于资本购买成本巨大且其具有长期性特点，因此改变利率对投资需求有很大影响。生产设备、工程建筑及仓库都耗资巨大。从绝对量的角度讲，为购买这些而借入的资金的利息费用是相当大的。

同样地，签订一份长期合同购买房屋的利息费用也非常大。利率变化一个百分点，就会引起一栋房屋总成本几千美元的变化。

而且，利率的变化还会改变购买资本设备与购买债券的相对吸引力，从而影响投资支出。购买资本品时，利率是借入资金进行投资的成本。购买债券时，利率是金融投资的回报。如果利率上升了，购买资本品的成本会增加，同时债券的回报也增加了。此时，企业更倾向于用企业积蓄去购买债券而非设备；反之，利率下降时，购买资本品相当于债券来说更有吸引力。

简而言之，利率的变化主要是对投资产生影响（并通过它对总需求、产出、就业和价格水平产生影响）。此外，如图 15.2（b）所示，投资支出和利率成反方向变化。

3. 均衡 GDP

图 15.2（c）表示的是三个利率水平及相应的投资支出水平对总需求的影响。正如图 15.2 所表明的那样，总需求曲线 AD_1 对应着 150 亿美元的投资水平，AD_2 对应着 200 亿美元的投资水平，AD_3 则对应着 250 亿美元的投资水平。也就是说，投资支出为总需求的决定因素之一。当其他条件不变时，投资支出越大，总支出曲线的位置越靠右。

假如图 15.2（a）中的货币供给为 1 500 亿美元（S_{m2}），均衡利率水平为 8%。在图

15.2（b）中，我们看到在8%的利率水平上将产生200亿美元的投资支出。这200亿美元的投资支出加上消费支出、净出口及政府支出，就得到了图15.2（c）中的总需求曲线AD_2。实际产出和价格的均衡水平分别为Q_f和P_2，它们由AD_2与总供给曲线AS的交点决定。

为了检验你对这些相互关系的理解程度，请解释为什么图15.2（a）中的其他两个货币供给水平对应着不同的利率、投资水平、总需求曲线以及均衡实际产出。

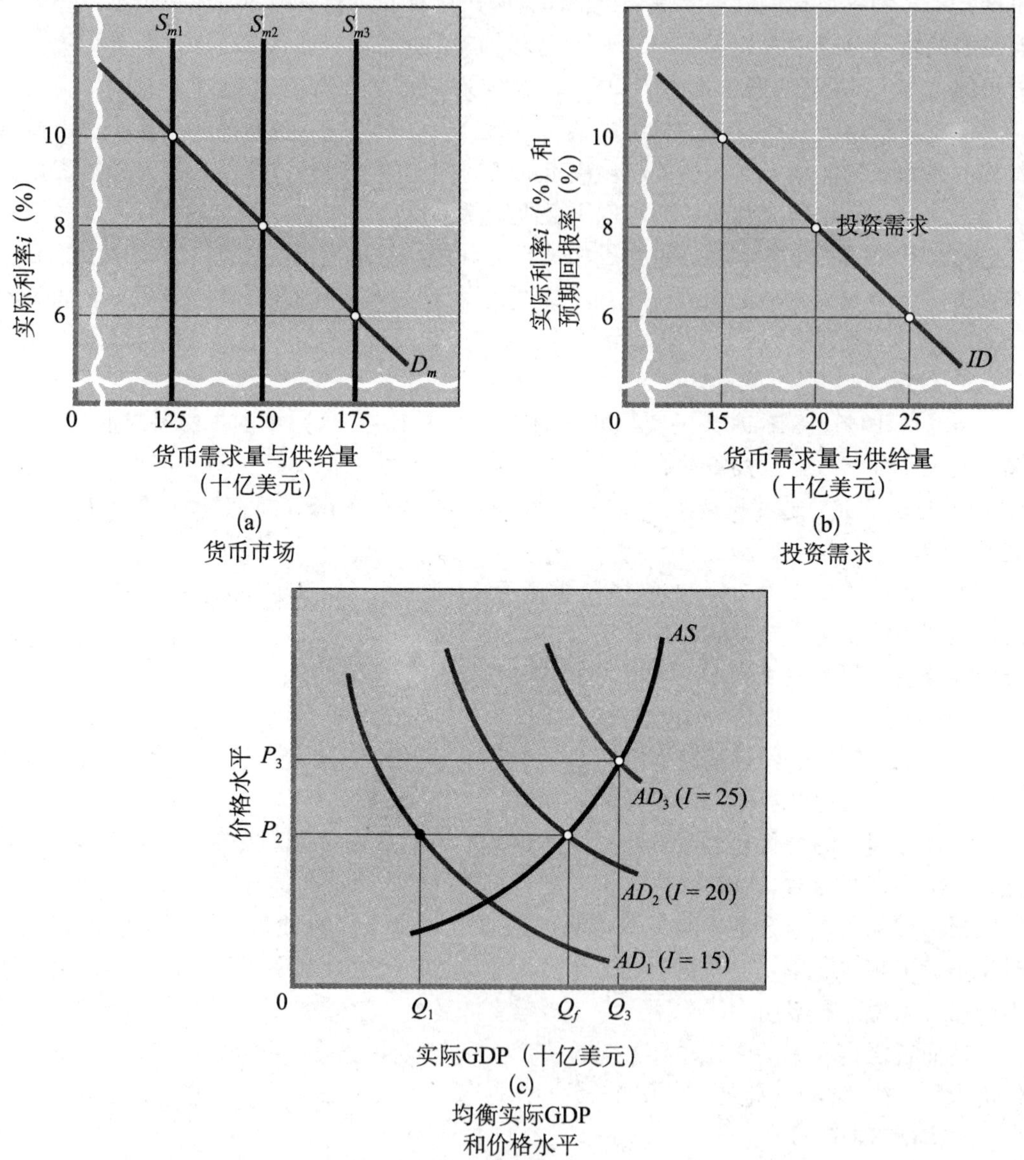

图15.2　货币政策和均衡GDP

注：引起货币供给曲线从S_{m1}右移至S_{m2}的放松银根政策使得利率从10%下降至8%。结果，投资支出从150亿美元增加到200亿美元，使得总需求曲线从AD_1右移至AD_2，实际产出从衰退时的Q_1水平上升至充分就业时的Q_f水平。引起货币供给曲线从S_{m3}左移至S_{m2}的紧缩性货币政策使得利率从6%上升至8%。因此，投资支出从250亿美元下降到200亿美元，总需求曲线从AD_3左移至AD_2，降低了通货膨胀率。

□ 15.3.2 放松银根政策的效应

接下来，假设图 15.2（a）中的货币供给为 1 250 亿美元（S_{m1}）。在图 15.2（c）中，因它引起的实际产出 Q_1 远远低于充分就业时的产出 Q_f，因此，经济必然正在经历衰退且存在着大量失业。因而，美联储应该实施放松银根政策。

为了增加货币供给，联邦储备银行将会在下列行动中选择某些行动组合：(1) 在公开市场上，从银行和公众手中买入政府债券；(2) 降低法定准备金率；(3) 降低贴现率。其预期目标是增加商业银行体系的超额准备金。由于超额准备金是商业银行和储蓄机构通过贷款创造支票存款货币并取得盈利的基础，因此国家的货币供给量将可能增加。货币供给量的增加会降低利率，并增加投资、总需求以及提高均衡 GDP 水平。

例如，货币供给从 1 250 亿美元增加到 1 500 亿美元（从 S_{m1} 到 S_{m2}），这将使得利率从 10%下降到 8%，如图 15.2（a）所示，并促使投资从 150 亿美元增加到 200 亿美元，如图 15.2（b）所示。这 50 亿美元投资的增加将引起总需求曲线向右移动，在图 15.2（c）中表现为从 AD_1 移动至 AD_2。总需求曲线向右移动将使得 GDP 从 Q_1 水平增加至充分就业时的 Q_f 水平，从而消除负的 GDP 缺口。①

表 15.3 中第（1）列总结了与放松银根政策有关的因果关系链。

表 15.3　　衰退和通货膨胀时期的货币政策

(1) 放松银根政策	(2) 紧缩银根政策
问题：失业和衰退	问题：通货膨胀
↓	↓
美联储买入债券，降低准备金率，或降低贴现率	美联储出售债券，提高准备金率，或提高贴现率
↓	↓
超额准备金增加	超额准备金下降
↓	↓
货币供给增加	货币供给下降
↓	↓
利率下降	利率上升
↓	↓
投资支出增加	投资支出下降
↓	↓
总需求增加	总需求下降
↓	↓
实际 GDP 增加	通货膨胀下降

① 为使问题简化，我们假设实际 GDP 的增加不会引起货币需求的增加。实际上，货币的交易需求将上升，对图 15.2（a）中所示的利率下降有轻微的抵消作用。我们还假设当经济进入衰退阶段时，物价水平在 P_2 上具有向下调整的弹性。所以，放松银根政策在未引起通货膨胀的前提下，将使实际 GDP 从 Q_1 增加至 Q_f。

□ 15.3.3 紧缩银根政策的效应

现在让我们假设图 15.2 (a) 中的货币供给为 1 750 亿美元（S_{m3}），由此决定的利率水平为 6%，投资支出为 250 亿美元，总需求为 AD_3。正如你在图 15.2 (c) 中看到的，我们描述的是正的 GDP 缺口，即（Q_3-Q_f），以及需求拉动型通货膨胀。相对于经济充分就业时的实际支出水平 Q_f 来说，总需求 AD_3 过大了。为了控制支出，美联储将实施紧缩银根政策。

联邦储备委员会将指示联邦储备银行采取下列行动中的某些行动（或行动组合）：(1) 在公开市场上，向银行和公众出售政府债券；(2) 提高法定准备金率；(3) 提高贴现率。之后，各银行会发现它们的准备金低于法定水平。因此，它们需要在减少发行新贷款的同时收回老贷款，以减少支票存款。这将会降低货币供给量，并提高利率。较高的利率将会抑制投资，降低总需求，抑制需求拉动型通货膨胀。

如果美联储将货币供给从 1 750 亿美元下降至 1 500 亿美元（在图 15.2 (a) 中，从 S_{m3} 移动至 S_{m2}），那么利率将从 6%上升至 8%，投资将从 250 亿美元下降至 200 亿美元（见图 15.2 (b)）。这 50 亿美元投资的下降将使得总需求曲线从 AD_3 向左移动至 AD_2（见图 15.2 (c)）。总需求曲线向左移动将会使超额支出消失，进而消除需求拉动型通货膨胀。当然，在真实世界中，其目标是使通货膨胀停止，即抑制价格水平进一步上涨，而非使价格水平下降，这是因为物价水平具有向下调整的刚性。① 假设物价水平具有向下调整的刚性，那么将货币供给减少至 1 500 亿美元将会使均衡 GDP 水平低于充分就业时的水平。为了防止通货膨胀并保证产出停留在充分就业水平而不引起衰退，我们将需要一个更小的货币紧缩措施。

表 15.3 中的第 (2) 列总结了紧缩银根政策的因果关系链。

15.4 现实经济中的货币政策

现在，我们从货币政策理论转向现实经济中的货币政策。货币政策已经成为美国国家稳定政策的主导部分。相对于财政政策而言，它有两个关键性优势：

- 快速灵活。
- 独立于政治压力。

与财政政策相比，货币政策可以快速改变。回顾可知，国会的商议可能会使财政政策延迟数月才实施。相比之下，美联储则可以每天买卖债券，因而几乎可以立刻对货币供给和利率产生影响。

而且，由于联邦储备委员会的委员是被任命的，且任期为 14 年，因此，相对来说，他们不会受到游说的影响，且无须为了赢得选票而担心。因此，委员会比国会更愿意实施那些在政治上不受欢迎，但是有利于经济长期健康发展的政策（较高的利率）。此外，

① 为了简化问题，我们再次假设名义 GDP 的下降不会反作用于货币需求和利率，致使它们下降。实际上，这种情况是会发生的，即图 15.2 (a) 中利率水平的提高将会被轻微地弱化。

与财政政策相比，货币政策本身是一个更敏感的、在政治上更为保守的工具。政府支出的变化直接影响到资源的配置，而税收的变化则存在广泛的政治分歧。由于货币政策的作用更难以察觉，因此其在政治上更受欢迎。

□ 15.4.1 关注联邦基金利率

目前，当需要稳定经济时，美联储会将货币政策的焦点放在改变**联邦基金利率**（**Federal funds rate**）上。正常情况下，资金向银行的日常性流动几乎不会使所有银行的准备金都保持在恰好符合法定要求的水平上。而且，联邦储备银行手中持有的资金具有高度流动性，但只能获得较少的利息。商业银行因此在不牺牲长期流动性的基础上，更愿意将这些超额准备金以隔夜的方式贷给其他银行以获取利息。银行之所以在联邦基金市场——联邦储备系统中可以立刻获得准备金的市场——中借款，是因为它们面临的只是暂时性的准备金不足。对这些隔夜贷款所支付的利率被称为联邦基金利率。

由于联邦储备系统能够控制联邦基金（银行体系中的准备金）的供给，因此它可以控制联邦基金利率。美联储是准备金的垄断供给者。当它想要提高联邦基金利率的时候，它就在公开市场上卖出债券以减少（或提取）银行准备金。这是一种“紧缩性的”或“相对限制性的”货币政策。当它想要降低联邦基金利率时，就在公开市场上买入债券以增加（或注入）准备金。这是一种“放松性的”或“相对宽松的”货币政策。

由于美联储知道在一般情况下，基准利率都会随着联邦基金利率的升降而相应地升降，因此美联储可以盯住利率。例如，在图 15.3 中，我们发现**基准利率**（**prime interest rate**）通常和联邦基金利率保持平行。基准利率是银行在为企业和个人提供各种贷款

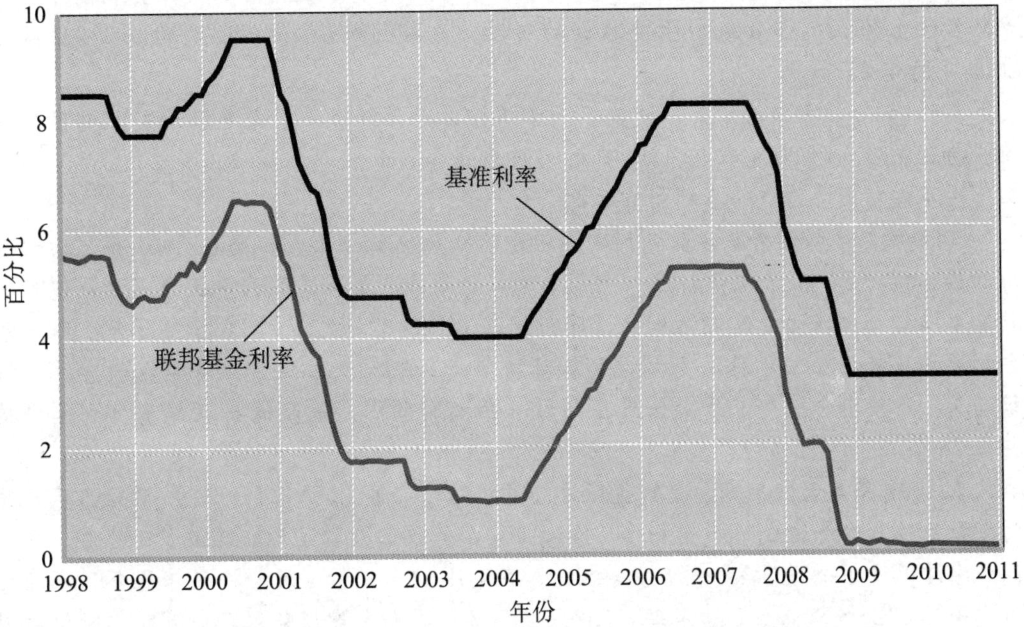

图 15.3　1998—2011 年间美国基准利率和联邦基金利率

注：基准利率随着联邦基金利率的升降而相应地升降。

资料来源：Federal Reserve Statistical Release，Historical Data，H. 15，www. federalreserve. gov.

时用来作为参照点的基本利率。通过改变联邦基金利率，美联储实际上是在改变经济中的基准利率，以及一系列其他短期利率。

为什么在联邦基金利率和基准利率之间会存在这种步伐一致的关系呢？美联储在公开市场上卖出债券的行为，减少了银行体系的超额准备金以及联邦基金市场中用于隔夜贷款的超额准备金供给量。市场上超额准备金供给量的减少将使得联邦基金利率上升。而且，超额准备金的减少降低了银行可贷资金的数量，从而减少了支票存款货币的数量。一般而言，货币供给的下降会引起所有利率水平上升，包括基准利率。

美联储在公开市场上购买债券的行为，增加了联邦基金市场中的准备金供给，从而使联邦基金利率下降。由于超额准备金的增加使得贷款量增加，从而创造出了更多的支票存款货币，因此货币供给量增加了。结果，包括基准利率在内的总体利率水平下降了。

应用分析

美国近期的货币政策

最近几十年来，美联储一直高度积极地使用货币政策。为了阐明这个事实，让我们从 2000 年开始分析，当时在经历了一段长时间的充分就业和经济强势增长后，经济突然下滑。在 2001 年 1 月，美联储通过两次降息，将联邦基金利率降低整整一个百分点来应对这次下滑。尽管如此，经济还是在 2001 年 3 月进入萧条阶段。在 2001 年 3 月 20 日—2001 年 8 月 21 日之间，美联储通过一系列措施将联邦基金利率从 5%降低至 3.5%。紧接着发生了 2001 年 9 月 11 日的恐怖袭击事件，美联储将联邦基金利率从 3.5%降低至 1.75%，并且它将利率停留在该水平，直到 2002 年 11 月，美联储才将利率降低至 1.25%。部分是由于美联储的行动，基准利率从 2000 年末的 9.5%降低至 2002 年的 4.25%。

在抑制 2001 年经济萧条，使其不至于恶化方面，经济学家普遍给予美联储高度评价，特别是考虑到 2001 年 9 月 11 日的恐怖袭击事件和股票市场 2001—2002 年间的陡然下滑事件对经济造成的不利影响后更是如此。

2003 年，美联储将联邦基金利率停留在一个历史低位上。但是在 2004 年，由于经济开始积极扩张，美联储设计了一系列举动促使基准利率和其他利率缓慢上升，以确保总需求以一个合理的速度持续增长，同时伴随着低通货膨胀。到 2006 年夏天，联邦基金利率的目标已经上升到 5.25%，且基准利率是 8.25%。伴随着经济令人欣喜的可持续增长，价格水平没有上升，并且在超过一年的时间内，美联储将联邦基金利率保持在 5.25%。

在 2007 年夏天的后期，抵押贷款违约危机（已在第 14 章中讨论过）开始出现，并对金融系统和经济造成了严重威胁。作为回应，美联储采取了积极措施。8 月份，它将贴现率降低了半个百分点。然后，在 2007 年 9 月—2008 年 4 月，将联邦基金利率的目标水平从 5.25%降低至 2%。正如下面将要讨论的，美联储还采取了一系列临时措施以阻止重要金融机构破产。

2008 年 10 月，美联储首先将联邦基金目标利率降低至 1.5%，然后在同月后期将其降低至 1%。2008 年 12 月，美联储进一步将联邦基金利率降低至 0%～0.25%的目标范围。直到2009年9月，联邦基金利率仍然在此范围内。美联储积极增加联邦基金供给，以此将实际联邦基金利率降低至目标水平。所有这些货币政策以及下面描述的最后贷款人职能都有助于稳定银行系统和保证信贷流通，因而至少抵消了金融危机造成的部分损失。

在金融危机和经济危机期间，由于联邦基金利率几乎降低至零，这使得基准利率（复习图15.3）降低了。2007年12月，基准利率是7.3%。到了2009年1月，它已经降低至3.25%，进入2012年时它仍然处于该水平。

除了降低利率外，美联储还积极从事公开市场业务操作，虽然有点扭曲。这就是广为人知的量化宽松政策，美联储通过购买政府债券和私人债券来尽力扩张银行准备金。然而，由于经济复苏缓慢，并且短期利率没有进一步下降的空间，在2010年11月，美联储发起了第二轮量化宽松政策，常被称为QE2。QE2不同于传统公开市场业务操作，它集中于购买美国长期国库券来尽力降低影响企业投资和大宗消费购买的长期利率。QE2从2010年11月持续至2011年6月，美联储购买了6 000亿美元的美国长期国库券。2011年11月，由于经济仍然不景气，美联储宣布它将在购买长期债券的同时出售短期债券。这次努力降低长期利率的政策被称为还款期限延长计划，或是“业务扭曲”。

由于经济增长仍然缓慢，并对通货膨胀上升几乎没有威胁，美联储在2012年4月宣布它将努力保持低利率直到2014年后期。因为美联储在金融危机和严重萧条期间的快速和创新举措，它得到了许多观察家的赞美。然而，一些经济学家争辩道，在2001年萧条复苏期间，美联储因为长时间保持过低的联邦基金利率，从而造成了金融危机。这些批判认为，武断的低利率使得抵押贷款和其他贷款过于廉价，因而造成了房屋拥有者和其他金融机构的疯狂借贷。其他经济学家认为较低的抵押贷款利率导致了国外大量储蓄流入了广大的美国金融市场。

问题：美联储目前的货币政策立场是什么？在最近几个月内，美联储是调高了还是调低了利率，或是让利率保持不变？（通过访问联邦储备系统的网站，www.federalreserve.gov来回答这个问题。）

应用分析

金融危机：美联储的应对

正如在第14章中列出来的美联储的职能，美联储的角色之一就是在发生金融紧急事件时为金融机构充当最后贷款人。在“9·11”恐怖袭击事件后，美联储很好地执行了这个重要职能。2007—2008年的金融危机代表了另外一场大规模的金融紧急事件。在美联储主席伯南克的领导下，美联储制定和执行了一些高度创新的最后贷款人工具，以此来增加金融系统的流动性。这些工具和规定通过美国财政部和美联储使用降低利率的货币政策标准工具来提高TARP计划的效率。所有这些新式的美联储工具都有一个目的，即保持信贷流通。

美联储所有的资产从2008年2月的8 850亿美元上升至2011年7月的28 540亿美元。这种资产增加反映了美联储拥有的证券（美国证券、抵押贷款证券以及其他证券）数量巨额上升。在执行最后贷款人职能时，美联储从金融机构中购买了这些证券。这样做的目的是通过将不具有流动性的债券（在危机期间企业无法轻易将债券出售出去）换为所有资产中最具流动性的现金，从而增加金融系统的流动性。

许多经济学家相信TARP计划和美联储行动有助于避免第二次大萧条发生。下面所列举的美联储新式信贷工具强调了美联储作为最后贷款人应对金融危机的娴熟程度。这些计划中的大多数在2010年终止，但是美联储能够在另一场金融危机事件发生时重新建立这些计划。

- **短期资金拍卖**（Term Auction Facility，TAF）

通过秘密拍卖过程为商业银行提供短期准备金贷款。由于拍卖会每个月执行两次，因此美联储从商业银行处收到写好的标书。这些标书表明了商业银行期望得到的准备金数量，以及商业银行愿意支付的利率最高值。美联储首先提供贷款给利率最高的投标者，然后是次高的投标者，依次往下，直到用完所有的准备金。（最后一次拍卖会在2010年3月8日举行。）

- **一级交易商信贷工具**（Primary Dealer Credit Facility，PDCF）

为愿意将贷款支持证券作为抵押物的一级交易商提供隔夜贷款。（美联储将无法按时偿还的任何贷款的抵押物保留了下来。）一级交易商是指美联储过去常常买卖美国证券的16家主要金融机构。（在2010年2月1日关闭。）

- **定期证券借贷工具**（Term Securities Lending Facilities，TSLF）

为了促进美国证券市场的流动性，将美国证券借给一级交易商一个月时间。通过参加竞争性单一投标拍卖会，金融机构从美联储那里获得证券。（在2010年2月1日关闭。）

- **资产支持商业票据货币市场共同基金流动性工具**（Asset-Backed Commercial Paper Money Market Mutual Fund Liquidity Facility，AMLF）

通过对美国银行和储蓄机构提供贷款，为它们从货币市场共同基金中购买商业票据提供融资。商业票据主要由企业发行的资产支持短期借据构成。这些短期贷款对企业日常经营融资至关重要。（在2010年2月1日关闭。）

- **商业票据融资工具**（Commercial Paper Funding Facility，CPFF）

购买商业票据是为了支持商业票据市场，进而支持企业的短期信贷需求。（在2010年2月1日关闭。）

- **货币市场投资基金工具**（Money Market Investor Funding Facility，MMIFF）

货币市场投资基金工具是为了确保美国货币市场共同基金的流动性，为私人部门积极参与提供的支持。由于货币市场共同基金具有低风险投资的特点，因此许多美国人都依赖于它。（在2009年10月30日终止。）

- **定期资产支持证券贷款工具**（Term Asset-backed Securities Loan Facility，TALF）

将学生贷款、汽车贷款、信用卡贷款以及小型企业管理局（Small Business Administration，SBA）担保的贷款作为资产支持证券的抵押品，通过为这些资产支持证券提供融资支持来满足家庭和企业的信贷需要。（在2010年6月30日关闭。）

- **准备金的利息支付**（Interest Payments on Reserves）

通过为银行保存在其金库中或者联邦储备银行中的准备金支付利息来支持银行盈利。

这些卓越的努力，如买卖国库券一样，有助于阻止信贷市场的整体混乱。但是，像

TARP 计划一样，美联储的努力通过极力限制损失加强了道德风险问题。道德风险问题将可能导致糟糕的金融思想和决定。

问题：美联储的行动（以及在同一时期内执行的财政政策）在阻止衰退方面或者在促进强势复苏方面成功了吗？

□ 15.4.2 问题和复杂性

尽管近几年来美国的货币政策取得了成功，但是它还是存在局限性，且面临着真实世界的复杂性。

1. 时滞

回顾可知，在财政政策的时间选择背后，存在三种时滞——认识时滞、实施时滞和执行时滞。货币政策也存在类似的认识时滞和执行时滞，但是由于美联储可以在几天内决定并执行新的政策，因此它避免了财政政策背后的长时间实施时滞。

认识时滞是指，由于经济活动和价格水平每个月都在发生变化，当经济步伐开始放缓或通货膨胀开始上升时，美联储无法快速认识这些问题。执行时滞是指，一旦美联储采取行动，利率的变化也需要花费 3～6 个月或更长的时间才能够对投资、总需求、实际 GDP 和价格水平产生足够的影响。

2. 周期不对称和流动性陷阱

货币政策在减缓扩张和控制通货膨胀方面可能非常有效，但是在推动经济走出严重的衰退方面就不那么可靠了。经济学家认为，货币政策会受到**周期不对称（cyclical asymmetry）**的困扰。通常用“推动一根绳子”来描述这个问题。想象一下，美联储站在图 15.2（c）的左手边，抓住“货币政策绳”的一端，并想象货币政策绳的另一端系在 *AD* 曲线上。由于当拉动绳子时，绳子会变紧，因此货币政策拉动总需求曲线向左移动可能会很有效。但是，由于松动绳子时，绳子会变软，因此货币政策推动总需求曲线向右移动将不会很有效。

这种周期不对称的原因与人们在应对银行准备金变化时的行为不对称有关。如果坚持不懈，紧缩银根政策能将商业银行的准备金降到迫使银行减少贷款规模的程度。这意味着货币供给减少、利率提高以及总需求下降。美联储能够吸收充足的准备金，并且最终实现其目标。

但是，当美联储为银行系统增加准备金时，它无法确定它的目标能否实现，因为这里存在所谓的**流动性陷阱（liquidity trap）**。陷入流动性陷阱时，对银行增加更多的流动性对借贷、投资和总需求几乎没有任何积极影响。例如，在最近的萧条时期，美联储创造了数亿美元的超额准备金，以此来促使联邦基金利率下降至 0.2%，基准利率从 7.3%（2007 年 12 月）下降至 3.25%（2009 年 3 月）。然而，银行借贷在萧条时期的最初 15 个月中停滞不动。银行害怕若发放贷款给家庭、企业和其他金融机构，这些贷款会收不回来。因此，它们愿意持有存在联邦储备银行中的准备金。

换一种比喻，宽松货币政策面临着“牵马到河易，强马饮水难”的问题。美联储能够创造超额准备金，但是它不能保证银行真的会去发放贷款，从而促进支出。如果商业银行仅仅追逐流动性，并且不愿意贷款，那么美联储的努力就是徒劳的。类似地，家庭和企业不打算通过借款来借入超额准备金，也会挫败美联储的计划。并且，当美联储在公开市场上从公众手中购买债券时，公众可能选择用出售债券得来的货币偿还其已有的银行贷款，而不是增加对产品和服务的支出。

此外，严重的衰退会挫败企业的信心，以至于引起投资需求曲线向左移动，从而抵消放松银根政策带来的较低利率。这就是近年来大多数萧条时期发生的情况。虽然美联储将实际利率降至零，投资支出仍然很低，经济仍然深陷衰退。美联储最近的经验提醒我们，对经济周期而言，积极的货币政策不是一个保险的对策。在某些情况下，货币政策可能像“推动一根绳子”。

2009 年严重萧条期间出现了流动性陷阱，这是美国公共政策的重心转变为强有力的财政政策的主要原因。回顾一下 2009 年的《美国经济复苏和再发展法案》，该法案授权财政部在 2009 年和 2010 年通过减税和增加政府支出为货币市场注入 7 870 亿美元的资金。

应用分析

上升，上升，离开

由于 2007—2009 年间的严重萧条，12 家联邦储备银行的联合资产负债表显著改变了。美联储的所有资产从 2008 年 2 月的 8 850 亿美元增加至 2011 年 6 月的 28 310 亿美元。这种资产增加反映了美联储购买的美国证券、抵押贷款支持证券以及其他证券数量的巨额上升。在执行货币政策和最后贷款人职能时，美联储从金融机构中购买了这些证券。这样做的目的是增加金融系统的流动性。此外，美联储还增加了它对金融机构的贷款，特别是通过定期拍卖工具来增加贷款，因为定期拍卖贷款是“属于”美联储的，所以这些贷款的会计账目在美联储的资产负债表上属于资产。

在负债方，商业银行的准备金从 2008 年 2 月的 430 亿美元上升至 2011 年 6 月的 17 060亿美元。为了确保它们的流动性以及资金的安全，银行出售证券给美联储获得收益，并将收益中的大部分放在它们各自的美联储准备金账户中。由于美联储开始为银行持有的在美联储中的准备金支付利息，因此这种资金的流动得到加强。

在 2011 年 6 月，银行在美联储持有的所有准备金数量超过了银行持有的所有支票存款数量。金融系统遭受的严重挫折使得部分准备金制度自动转变为 100%准备金制度。一旦银行更加确定它们拥有的金融生命力以及新发放贷款将会收回的可能性，那么银行拥有大量的超额准备金来发放贷款。

因此，美联储面临一个挑战性任务。它需要在经济复苏、获得动力时，使用货币政策吸收过多的超额准备金中的大部分资金。它并不希望银行发放全部数量的超额准备金，因为这样做将可能导致经济体过度扩张货币供给，造成货币泛滥。在经济有力扩张期间，超额货币以及由此产生的极低利率可能导致总需求的极大扩张，并由此产生剧烈通货膨胀。

问题：100%的准备金制度意味着货币乘数是多少?

小结

1. 存在一系列利率，它们根据贷款的目的、规模、风险、期限以及可征税性的不同而不同。然而，为了使分析简化，经济学家经常会谈及某一种利率。

2. 货币的总需求由货币的交易需求和资产需求组成。货币的交易需求量直接随着名义 GDP 的变化而变化；货币的资产需求量和利率成反方向变化。货币市场将货币总需求和总供给结合起来，以此确定均衡利率水平。

3. 货币政策的目标是帮助经济实现价格稳定、充分就业以及经济增长。

4. 货币政策的三个工具为公开市场业务、准备金率以及贴现率。

5. 美联储使用最频繁的货币政策工具是公开市场业务。美联储通过从商业银行和普通公众手中购买债券向银行体系注入准备金（进而降低利率）。美联储通过向商业银行和普通公众出售债券从银行体系提取准备金（进而提高利率）。

6. 货币政策通过一系列复杂的因果关系链发挥作用：(a) 政策决策影响商业银行的准备金；(b) 准备金变化影响货币供给；(c) 货币供给变化使利率发生改变；(d) 利率变化影响投资；(e) 投资变化影响总需求；(f) 总需求变化影响均衡 GDP 和物价水平。表 15.3 列出了所有与货币政策实施有关的基本理念。

7. 货币政策的优势包括其灵活性和政治上的可接受性。近年来，美联储将联邦基金利率的目标作为其货币政策当前的重点。当美联储认为有必要时，它通过公开市场业务来改变该利率，即一家银行向另一家银行收取的超额准备金隔夜贷款利率。一般而言，包括基准利率在内的利率随着联邦基金利率的升降而相应升降。基准利率是利率的一个基准，银行在提供短期贷款给企业和个人时，用它来作为一系列短期贷款利率的参考利率。

8. 最近几年来，美联储运用货币政策来保持低通货膨胀率，与此同时还帮助抑制 2001 年经济衰退的恶化，当经济从衰退中复苏时促进经济繁荣，当抵押贷款债务危机来临时帮助银行部门保持稳定，以及在 2007—2009 年间严重萧条时促进经济复苏。

9. 在应对金融危机时，美联储作为最后贷款人通过一系列新建立的美联储工具为金融机构提供贷款。这些工具中的大多数在 2010 年关闭，但是它们能够在另一次金融危机事件中重新启动。

10. 货币政策有两个主要缺点和潜在问题：(a) 认识时滞和执行时滞使得货币政策的选择时机复杂化；(b) 在严重衰退期间，如果银行不愿意贷出超额准备金，并且企业不愿意借款来购买资本品，那么就会造成流动性陷阱。流动性陷阱会限制宽松货币政策的有效性。

术语和概念

货币政策
交易需求
资产需求
货币总需求
货币市场
公开市场业务
贴现率
宽松性货币政策
紧缩性货币政策
联邦基金利率
基准利率
周期不对称性
流动性陷阱

思考题

1. 在货币的资产需求曲线给定的情况下，货币的交易需求量（货币交易需求曲线的位置）和货币资产需求量的基本决定因素有哪些？货币市场的均衡利率是如何确定的？用图形来说明在均衡利率水平下（货币供给不变），货币总需求量增加所带来的影响。用你掌握的均衡价格知识来解释，为何以前的利率水平无法继续保持下去。

2. 货币政策的基本目标是什么？请说明货币政策通过因果关系链如何发挥作用。货币政策的主要优势是什么？为什么货币政策比财政政策更容易执行？

3. 下面每一项业务对商业银行外准备金有何影响？

a. 纽约联邦储备银行从私营企业和消费者手中购买政府债券。

b. 商业银行从联邦储备银行处以贴现率借款。

c. 美联储降低准备金率。

4. 美联储公开市场业务引起银行准备金变化，为什么这种变化会给经济中的支票存款（货币供给）带来倍数变化？

5. 如果你是联邦储备委员会的委员之一，经济正面临着剧烈且持久的通货膨胀趋势。你会建议对下列选项中的哪几项进行改变：准备金率、贴现率以及公开市场业务？请说明在每种情况下，你赞同改变的选项将会出现何种变化，以及对商业银行准备金、货币供给、利率和总需求产生怎样的影响。

6. 当经济学家说货币政策可能带来周期不对称性时，他们要表达何种含义？流动性陷阱理念与周期不对称性有何关联？为何判定是否存在流动性陷阱对政策制定者而言非常重要？

7. 区分联邦基金利率和基准利率。在执行货币政策时，美联储会将目标放在这两个利率中的哪一个上？

8. 美联储如何使用货币政策的主要工具来应对开始于 2007 年的金融危机？美联储创造和执行了哪些新式货币工具以实现它最后贷款人的职能？这些新工具的主要目标是什么？

计算题

1. 假设某假想经济体 T 市的具体经济数据如下：在 12%的利率水平下，货币供给为 2 000 亿美元，货币交易需求量为 1 500 亿美元，货币资产需求量为 100 亿美元，并且利率每下降 2 个百分点，货币的资产需求量就增加 100 亿美元。

a. T 市的均衡利率水平是多少？

b. 在均衡利率水平下，T 市的货币供给量、货币总需求量、货币的交易需求量和货币的资产需求量各为多少？

2. 参考表 15.2，假设美联储的准备金率为 10%，并且经济处于严重萧条中。还假设商业银行由于害怕贷款违约，因而贮藏了所有的超额准备金（没有将它们贷出去）。最后，假设美联储高度关注一旦经济开始复苏以及市场信心回归时，银行将会突然贷放出这些超额准备金，这将可能导致通货膨胀。美联储需要将准备金率提升多少个百分点以消除这些超额准备金的三分之一？准备金率改变之前和之后，货币乘数各是多少？由于准备金率的上升，银行潜在的贷款能力将会下降多少？

3. 参考下面的 M 市表格，以此回答下列问题。M 市的均衡利率水平为多少？在均衡利率水平下，投资水平是多少？在均衡利率水平下，这是一个萧条产出缺口（负 GDP 缺口）还是通货膨胀产出缺口（正 GDP 缺口）？在上述缺口情况下，它的数量是多大？给定货币需求，M 市的中央银行需要改变多少货币供给来消除产出缺口？M 市的支出乘数是多少？

单位：美元

货币供给	货币需求	利率（%）	该利率水平下的投资	潜在实际 GDP	该利率水平下的实际 GDP
500	800	2	50	350	390
500	700	3	40	350	370
500	600	4	30	350	350
500	500	5	20	350	330
500	400	6	10	350	310

在 www. brue3e. com 中做进一步的测试

在本书的“在线学习中心”www. brue3e. com 中，你会找到一个或多个网络练习题，这些问题需要从网络上获取信息才能进行解答。我们强烈建议你完成这些问题，因为这些问题能够使你熟悉我们的网站，而我们的网站对你其他课程的学习，甚至你日后的事业都有帮助。“在线学习中心”提供了多项选择测试题，还能为你提供及时的反馈。该网站上还有许多有用的方法进一步测试你对本章知识的掌握情况。

第六部分

国际经济学

第 16 章 国际贸易和汇率

学习完本章后，你应该能够：

- 列举和论述关于美国国际贸易的一些重要事实。
- 定义比较优势，并阐明分工和国际贸易如何增加国家产出。
- 解释货币市场上的汇率如何决定。
- 分析大多数争论激烈的贸易保护主义观点的正确性。
- 讨论自由贸易区和世界贸易组织（WTO）在促进国际贸易方面发挥的作用。

荒漠中自助旅行的“驴友”会得意地认为自己“把整个世界都抛在了后面”，但实际上，像亚特拉斯巨人一样，他们将整个世界都扛在了肩膀上。他们的大多数设备都是进口得来的——小刀来自瑞士、防雨设备来自韩国、照相机来自日本、锡罐来自英国、睡袋来自中国、指南针来自芬兰。此外，他们可能驾驶着日本制造的丰田或者德国制造的宝马车刚刚启程，呷着巴西的咖啡或者吃着洪都拉斯的香蕉。

国际贸易和全球经济每天都影响着我们，无论我们是在野外徒步旅行、驾车、听音乐，还是正在做我们自己的工作。我们不能“把整个世界都抛在了后面”。我们陷入了全球经济的联系网中——产品和服务的国际贸易、跨国公司、全球企业间的合作经营，以及世界金融市场中的联系。

16.1 美国的贸易现状

以下这些事实提供了美国国际贸易的一个“行政概要”：

- 当进口大于出口时，就会出现贸易赤字。美国存在着商品贸易赤字。2011 年，美国的进口商品比出口商品多7 380亿美元。

● 当出口大于进口时，就会出现贸易盈余。美国存在着服务（诸如航空运输服务和金融服务）贸易盈余。2011年，美国的服务出口量比进口量多1 780亿美元。

● 美国主要的出口产品包括化学制品、农产品、耐用消费品、半导体和飞机；主要的进口产品包括石油、汽车、金属、家用电器和计算机。

● 从数量上讲，加拿大是美国最重要的贸易伙伴。2011年，美国19%的出口产品都销售给了加拿大人，而他们反过来又为美国提供了14%的进口产品。

● 美国对中国存在着巨大的贸易赤字。2011年，美国从中国进口的产品比出口到中国的产品多2 950亿美元。美国对外国石油的依赖反映在了美国同OPEC成员国的贸易当中。2011年，美国从OPEC成员国进口了1 910亿美元的产品（主要是石油），而对这些国家的产品出口只有640亿美元。

● 以美元衡量的美国进出口总量居世界领先地位。如果以美元计价，中国、美国、德国、日本和荷兰为前五大出口国。目前，美国提供了大约占世界8.4%的出口产品（参见全球快照16.1）。

全球快照16.1

部分国家的世界出口份额

中国占有世界最大的出口份额，接下来是美国和德国。这八个最大的出口国约占世界出口额的45%。

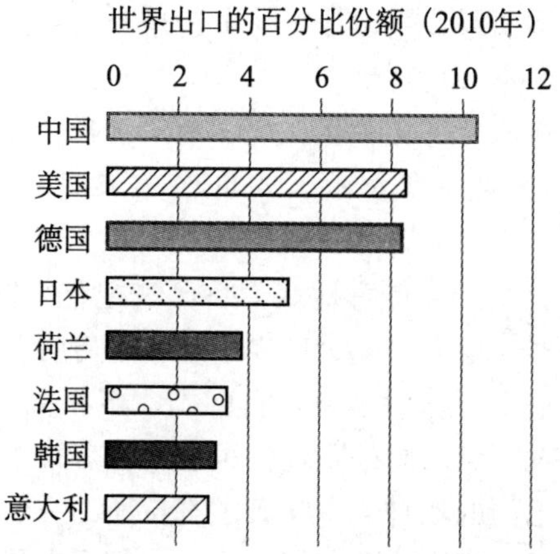

资料来源：*International Trade Statistics*，WTO publications. Used with permission of the World Trade Organization，www.wto.org.

● 产品和服务出口占美国总产出的约13%。这一数字比许多其他国家和地区（包括加拿大、意大利、法国和英国）的水平要低很多（参见全球快照16.2）。

全球快照16.2

部分国家产品和服务出口占GDP的百分比

虽然美国是世界上第二大出口国，但是如果采用出口占GDP的百分比来衡量的话，美国在世界贸易国当中的排位相当靠后。

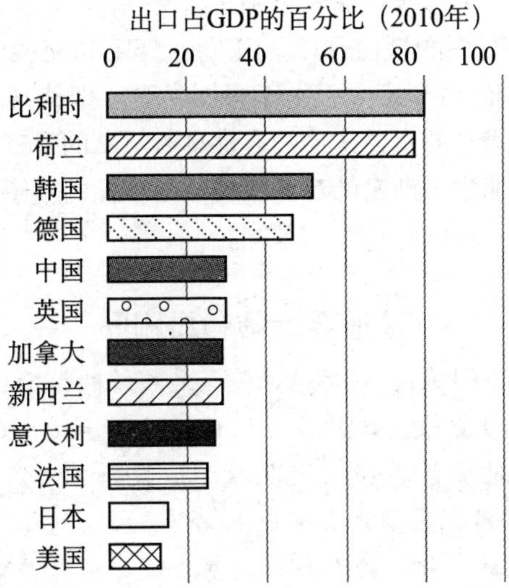

资料来源：the World Bank，2012，www. worldbank. org.

● 中国已经成为一个贸易大国，其 2010 年的出口额约为 1.6 万亿美元。其他亚洲经济体（包括韩国、中国台湾和新加坡）在国际贸易领域也很活跃，它们的总出口额超过了法国、英国或意大利。

● 国际贸易和国际金融往往处于经济政策的核心位置。

头脑中有了这些信息之后，让我们来近距离地观察一下国际贸易经济学。

16.2 比较优势和分工

与封闭经济相比，在开放经济（包含国际贸易部门的经济）条件下，美国会更多地生产某些产品（出口品），且更少地生产另外一些产品（进口品），因而美国的劳动力和其他资源会从进口产业流向出口产业。例如，美国在计算机制造和小麦栽培领域使用更多的资源，而在体育用品和服装生产领域则使用较少的资源。这样我们会问：这类资源流动对经济增长有意义吗？它们是否增加了美国的总产出，进而提高了美国的生活水平？

答案是肯定的：分工和国际贸易提高了一个国家的资源利用率，相对于其他情况，该国能够获得更高的总产出。这一思想并不新鲜。早在 1776 年，亚当·斯密就有过如下论述：

> 如果某种东西在家里生产比到市场上购买成本更高，就永远不要试图自己生产，这是每个精明持家者的座右铭。裁缝不会试图给自己造鞋子，而是从鞋匠那里购买。鞋匠也不会试图给自己做衣服，而是雇用裁缝。农场主自己不会做这两样东西中的任何一样，而是雇用相应的工匠……
>
> 对每个私人家庭而言都精明的做法，推广到一个国家也很少会犯错。如果国外向我们提供的产品比我们自己所能生产的更便宜，那么我们最好是用我们具有生产优势

的行业所生产出来的一部分产品去和它们进行交换。①

国家之间从事分工和贸易的理由和个人相同：分工和交换带来了更大的总产出和收入。在18世纪初期，英国经济学家大卫·李嘉图发现：即使某一个人或者一个国家在所有经济活动领域，较之其潜在的贸易伙伴而言都具有更高的生产率，进行分工和贸易也是有利可图的，从而拓展了亚当·斯密的观点。我们用下面的例子来证明李嘉图的观点。

概念阐释

注册会计师和粉刷匠

考虑一位注册会计师（CPA），同时她也是一名熟练的粉刷匠。假设这位CPA比她打算雇用的粉刷匠的粉刷速度更快。此外，还假设她从事会计师工作每小时能赚50美元，但是她还必须给粉刷匠支付每小时15美元的报酬。假如这位会计师粉刷自己的房子需要花费30个小时，而雇用的粉刷匠则需要花费40个小时。

CPA应该把会计工作放一放去粉刷自己的房子呢，还是应该雇用粉刷匠呢？CPA粉刷自己房子的机会成本为1 500美元（=牺牲的30个小时的CPA时间×每小时50美元的CPA价格），而雇用粉刷匠的价格只有600美元（=40个小时的粉刷时间×每小时15美元的粉刷价格）。虽然CPA的会计工作和粉刷工作都做得比较好，但是通过专业从事会计工作，并且用其从事会计工作所得到的部分收入去雇用一个粉刷匠，她能够以较低的成本粉刷房屋。

同样地，通过专业从事粉刷工作，并且用其部分收入雇用CPA来帮他填写个人所得税表格，粉刷匠也可以降低他获得会计服务的成本。假设粉刷匠填写其个人所得税表格需要花费10个小时，而CPA完成这项工作只需要花费2个小时。做这件事，粉刷匠要牺牲150美元（=10个小时的粉刷时间×每小时15美元）的收入，而雇用CPA做这件事只需要粉刷匠100美元（=2个小时的CPA时间×每小时50美元的CPA价格）。通过专业化从事粉刷工作，并且雇用CPA来计算他的税收，粉刷匠降低了计算其税收的成本。

我们将看到适用于CPA和粉刷匠的道理，同样适用于国家之间。基于比较优势的专业化分工能够降低各国获得其想要的产品和服务的成本。

问题：一旦该CPA退休了，上面所描述的专业化分工将会发生怎样的变化？从你的回答中，关于某一特定分工模式的持久性，你能够得出哪些一般性结论？

□ 16.2.1 比较优势：生产可能性分析

我们的简单例子说明，分工在经济上具有合理性的原因是，它带来了更高的生产效率。现在，让我们把专业化分工置于各贸易国的经济环境，应用我们熟悉的生产可能性表格概念来进行分析。

1. 假设条件和比较成本

假设墨西哥和美国对某些产品的生产可能性如表16.1和表16.2所示。两个表格反映的都是不变成本。每个国家想要将某种产品增加某一特定数量就必须放弃另一种产品的数

① Adam Smith, *The Wealth of Nations* (New York Modern Library, 1937), p. 424. (Originally published in 1776.)

量是固定不变的。(这一假设简化了我们的分析，但是不会影响我们所得结论的有效性，之后我们将考虑成本递增的情况。)

同样，为了简化，我们假设美国和墨西哥具有相同的劳动力数量，然后通过数据可知，美国生产这两种产品都具有绝对优势。如果美国和墨西哥都将它们全部的（相同数量的）劳动力用来生产鳄梨，那么美国能够生产 90 吨，而墨西哥只能生产 60 吨。同样地，美国能够生产 30 吨大豆，而墨西哥只能生产 15 吨。在和墨西哥使用相同数量劳动力的情况下，美国具有更大的生产可能性。所以，在这两种产品的生产上，美国的劳动生产率（美国劳动者的产出）都要高于墨西哥。

虽然美国在两种产品的生产上都具有绝对优势，但从专业化分工和贸易中仍然可能获利。如果在这两个国家中生产两种产品的比较成本不同，专业化分工和贸易就可以使两个国家都受益或“有利可图”。墨西哥生产鳄梨和大豆的比较成本是多少？通过比较表 16.1 中的生产方案 A 和 B，我们看到要生产 20 吨（=20—0）鳄梨，就必须减少 5 吨大豆（=15—10）的生产。或者更简单地说，在墨西哥生产 4 吨鳄梨（A），需要花费的成本为 1 吨大豆（S）；也就是说：1S≡4A。（“≡”标志仅仅意味着“等于”。）因为我们假定成本固定，当墨西哥扩大任一产品的产量时，这一机会成本在国内不会发生变动。这可以通过生产可能性方案 B 和 C 来验证，我们可以看到，多生产 4 吨鳄梨（=24—20）就要减少 1 吨大豆（=10—9）的生产。

表 16.1　墨西哥的生产可能性　单位：吨

产品	生产方案				
	A	B	C	D	E
鳄梨	0	20	24	40	60
大豆	15	10	9	5	0

表 16.2　美国的生产可能性　单位：吨

产品	生产方案				
	R	S	T	U	V
鳄梨	0	30	33	60	90
大豆	30	20	19	10	0

类似地，在表 16.2 中，比较美国的生产方案 R 和 S，可以发现在美国生产 30 吨鳄梨（=30—0）的成本是 10 吨大豆（=30—20）。对美国来说，两种产品的国内（内部）比较成本率为 1S≡3A。对比生产方案 S 和 T 可以再次证明这一结论：多生产 3 吨鳄梨（=33—30）要放弃 1 吨大豆（=20—19）的生产。

两个国家中两种产品的比较成本显然不同。经济学家认为，与墨西哥相比，美国在大豆生产上具有**比较优势**（comparative advantage）。美国多生产 1 吨大豆必须放弃的鳄梨生产只有 3 吨，而墨西哥多生产 1 吨大豆必须放弃 4 吨鳄梨的生产。按照机会成本来计算，在美国大豆相对较便宜。**当一个国家与其潜在贸易伙伴相比，能够以更低的机会成本生产某种产品时，我们就说这个国家在该种产品的生产上具有比较优势。相反，墨西哥在鳄梨生产上具有比较优势。**美国生产 1 吨鳄梨的成本是 1/3 吨大豆，而墨西哥的成本仅为 1/4 吨大豆。相对而言，墨西哥的鳄梨更便宜。我们将这一情况总结在了表 16.3 中。一定要仔细观察一下这个表。

由于比较成本的这些差异，墨西哥应该生产鳄梨，而美国应该生产大豆。如果两个国家都根据其比较优势进行专业化分工生产，每个国家都能够用相同的总资源投入得到更大的总产出。总体来说，两国因此都可以更有效地利用其稀缺资源。

表 16.3　　　　比较优势的例子：总结

大豆	鳄梨
墨西哥：要获得 1 吨大豆必须 放弃 4 吨鳄梨的生产	墨西哥：要获得 1 吨鳄梨必须 放弃 1/4 吨大豆的生产
美国：要获得 1 吨大豆必须 放弃 3 吨鳄梨的生产	美国：要获得 1 吨鳄梨必须 放弃 1/3 吨大豆的生产
比较优势国：美国	比较优势国：墨西哥

2. 贸易条件

美国可以按 1S：3A 的比率在大豆和鳄梨间交换产出。因此，只有在与墨西哥进行贸易时 1 吨大豆可以换取多于 3 吨鳄梨的条件下，美国才会愿意专业从事大豆的生产。类似地，墨西哥可以按 4A：1S 的比率变换产量。因而，墨西哥只有在能够以少于 4 吨鳄梨换取 1 吨大豆的条件下，其对鳄梨的专业化分工生产才更具有优势。

假定通过谈判，两个国家同意按 1 吨大豆交换 7/2 吨鳄梨的比例进行贸易。这个**贸易条件（terms of trade）**对两个国家都有利可图，因为与国内单独生产能够获得的收益相比，每个国家都能够通过这种贸易“做得更好”。美国向墨西哥提供 1 吨大豆可以获得 7/2 吨鳄梨，而如果将国内资源从生产大豆转向生产鳄梨，只能得到 3 吨鳄梨。墨西哥通过与美国的贸易，可以以更低的成本即 7/2 吨鳄梨换取 1 吨大豆，而它如果选择自己生产 1 吨大豆，需要付出 4 吨鳄梨的成本。

3. 分工与贸易带来的收益

让我们精确计算一下专业化分工与贸易带来的总产出增加量。假定在实行专业化分工与贸易之前，两国最佳的生产组合方案分别为表 16.1 中的方案 C 和表 16.2 中的方案 T。也就是说，相对于其他国内可行的生产方案而言，墨西哥倾向于生产 24 吨鳄梨和 9 吨大豆（见表 16.1），美国倾向于生产 33 吨鳄梨和 19 吨大豆（见表 16.2）。这些产出组合如表 16.4 中的第（1）列所示。

现在假定两个国家都根据其比较优势进行专业化分工生产，即墨西哥生产 60 吨鳄梨而不生产大豆（生产方案 E），美国生产 30 吨大豆而不生产鳄梨（生产方案 R）。这些产出组合由表 16.4 中的第（2）列所示。运用我们 1S≡（7/2）A 的贸易条件，假定墨西哥用 35 吨鳄梨交换美国生产的 10 吨大豆。表 16.4 中的第（3）列显示了这一贸易交换数量，其中减号代表出口，加号代表进口。如表 16.4 中的第（4）列所示，贸易后墨西哥拥有 25 吨鳄梨和 10 吨大豆，美国则拥有 35 吨鳄梨和 20 吨大豆。与专业化分工和贸易发生前的国内最佳生产组合［见表 16.4 中的第（1）列］相比，两个国家都得到了更多的鳄梨和大豆！具体而言，墨西哥的收益为 1 吨鳄梨和 1 吨大豆，而美国的收益为 2 吨鳄梨和 1 吨大豆。这些收益如表 16.4 中的第（5）列所示。

建立在比较优势基础上的专业化分工生产使全球资源配置更加合理，相同的全球资源和技术条件可以带来更多的全球产出。如果墨西哥和美国分别将其所有资源都用于鳄梨和大豆的生产，相同的资源总投入可以带来更大的总产出，这表明资源配置更有效率。

通过专业化分工生产和国际贸易，一个国家可以突破其国内生产可能性表和曲线的限制。我们对表 16.1、表 16.2 以及表 16.4 的讨论说明了这一点是如何实现的。两个国家的生产可能性数据（见表 16.1 和表 16.2）都没有发生变化，说明这两个国家的生产可能性曲线都没有发生移动。但专业化分工和贸易却意味着两国的公民都可以得到更多的消费品[见表 16.4 中的第（5）列]。

16.4　　基于比较优势的专业化分工和贸易收益　　单位：吨

国家	(1) 分工前的产量	(2) 分工后的产量	(3) 贸易量	(4) 贸易后可得到的产量	(5) 分工和贸易带来的收益［(4)−(1)］
墨西哥	24 吨鳄梨	60 吨鳄梨	−35 吨鳄梨	25 吨鳄梨	1 吨鳄梨
	9 吨大豆	0 吨大豆	+10 吨大豆	10 吨大豆	1 吨大豆
美国	33 吨鳄梨	0 吨鳄梨	+35 吨鳄梨	35 吨鳄梨	2 吨鳄梨
	19 吨大豆	30 吨大豆	−10 吨大豆	20 吨大豆	1 吨大豆

□ 16.2.2　成本递增情况下的贸易

为了说明国际贸易背后的基本原理，我们在分析时对几个方面进行了简化。例如，我们将讨论限制在了两种产品和两个国家上，但对多种产品和多个国家的分析可以得出相同的结论。我们还假设机会成本不变，这是一个具有实质性影响的简化。让我们考虑一下机会成本递增会对结果造成什么影响。

和以前一样，假设比较优势表明美国应该专业化分工生产大豆，而墨西哥应该专业化分工生产鳄梨。但是现在，当美国开始扩大大豆生产时，其大豆生产的成本将提高。最终，要多生产 1 吨大豆，它所牺牲的鳄梨数量将不得不大于 3 吨。在各种方案中，所使用的资源将不再如前面固定成本假设下那样具有完全的替代性。在扩大大豆产量时，越来越不适合生产大豆的资源被迫分配到美国的大豆产业，这意味着成本递增——每多生产 1 吨大豆，所必须牺牲的鳄梨数量越来越多。

同样地，墨西哥将发现，当它生产更多的鳄梨时，多生产 1 吨鳄梨的成本将超过 4 吨大豆。最终，从大豆生产转向鳄梨生产的资源将不再适合生产鳄梨。

当到达某一产出水平后，比较优势背后不同国家的国内成本比率将消失，进一步专业化分工将变得不经济。而且更重要的是，当到达成本比率相等的点时，美国在生产大豆的同时生产一些鳄梨，而墨西哥则在生产鳄梨的同时生产一些大豆。机会成本递增影响的主要结果是非完全的专业化分工。正是由于这个原因，我们才经常发现在某一个特定的经济体内，会出现国内产品与同样或类似的进口产品直接竞争的情况。

16.3　外汇市场

买方和卖方（不管是个人、企业还是国家）需要用货币来购买产品或支付资源使用费。在一个经济体内部，价格用国内货币来表示，购买者用本币购买国内产品。例如，在墨西哥，买方拥有的比索正是卖方所需要的货币。

国际市场则不同。卖方根据自己的国内货币制定价格，但是买方拥有的往往是完全不同的货币。需要用多少美元才能购买标价 3 000 比索的一卡车墨西哥鳄梨、50 000 欧元的德国汽车或 300 000 日元的日本摩托车呢？墨西哥、德国和日本的生产商分别期望得到比索、欧元和日元付款，这样它们就可以支付工资、房租、利息、股利和税收了。

外汇市场（foreign exchange market），即不同国家货币相互交换的市场，服务于这一需要。这种货币市场上的均衡价格被称为**汇率（exchange rate）**。汇率是一国货币与外国货币的交换比率（参见全球快照 16.3）。

全球快照 16.3

汇率：1 美元的外币价格

1 美元能够购买到的外币数量依国家不同而有很大的差异，并且会随外汇市场上的供求变动而相应波动。下面是 2012 年 4 月的数据。

1 美元可以购买
51.7 印度卢比
0.62 英国英镑
0.99 加拿大元
13.1 墨西哥比索
0.92 瑞士法郎
0.76 欧元
81.3 日元
1 137 韩元
6.75 瑞典克朗
4.29 委内瑞拉博利瓦

□ 16.3.1 汇率

让我们来考察一下美元兑换英镑的比率或价格。在图 16.1 中，用纵轴表示 1 英镑的美元价格，用横轴表示英镑的数量。在英镑市场上，英镑的需求量为 D_1，英镑的供给量为 S_1。

因为如果英镑相对于美元来说变得更便宜了，那么所有的英国产品和服务对美国人而言都变得更加便宜了，因此英镑的需求曲线是向下倾斜的。也就是说，对英镑而言，在其较低的美元价格上，美国人能够用 1 美元换取更多的英镑，因而每 1 美元能购买更多的英国产品和服务。为了购买那些便宜的英国产品，美国消费者将增加他们对英镑的需求数量。

当英镑的美元价格上升（也就是当美元的英镑价格下降）时，由于英国人将购买更多的美国产品，因此英镑的供给曲线是向上倾斜的。当英国人购买更多的美国产品时，他们向外汇市场提供的英镑数量增加了。也就是说，为了购买美国产品，他们必须用英镑来兑换美元。因此，当英镑的美元价格上升时，英镑的供给量就会增加。

供给曲线和需求曲线的交点将决定英镑的美元价格。在图 16.1 中，这个价格（汇率）为 1 英镑兑换 2 美元。在这个汇率上，英镑的供给数量和需求数量是相等的；英镑既不会存在短缺也不会存在盈余。

□ 16.3.2 贬值和升值

与股票和债券的价格一样，市场力量所决定的汇率每天都可能发生变化，而且在现实中也常常是这样。价格的这些变化是由于某一种货币的供给或需求发生了变化。当英镑的美元价格上升时，例如，从 2 美元＝1 英镑上升至 3 美元＝1 英镑，美元相对于英镑而言就发生了贬值（英镑相对于美元而言就发生了升值）。当一种货币（美元）**贬值（depreciation）**时，意味着用来购买一单位其他货币（英镑）所需的该种货币（美元）数量就会增加。

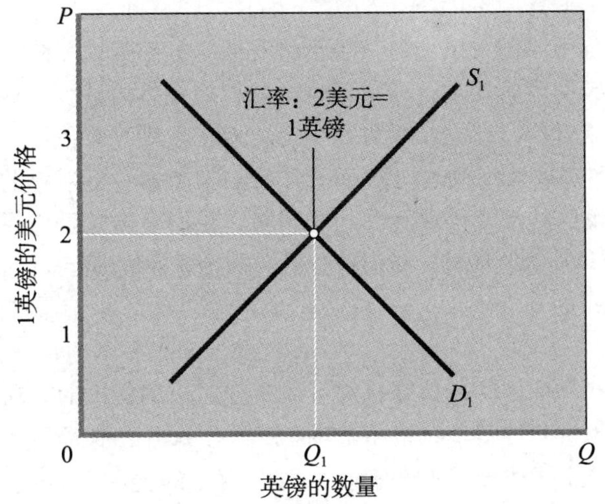

图 16.1 外汇市场

注：一个英镑的需求曲线 D_1 和供给曲线 S_1 的交点决定了均衡时英镑的美元价格，在这里是 2 美元。这意味着汇率为 2 美元＝1 英镑。英镑需求的增加或者英镑供给的减少将会导致英镑的美元价格上升，因而导致英镑升值。英镑需求的减少或者英镑供给的增加将会导致英镑的美元价格下跌，意味着英镑贬值了。

当英镑的美元价格下跌时，例如，从 2 美元＝1 英镑下跌至 1 美元＝1 英镑，美元相对于英镑而言就发生了升值。当一种货币（美元）**升值（appreciation）**时，意味着用来购买一单位其他货币（英镑）所需的该种货币（美元）数量减少了。例如，英镑的美元价格从 2 美元下降至 1 美元。以美元计价的每一种英国产品的价格都会变得更便宜，因此美国人会购买更多的英国产品。一般而言，美国从英国的进口将会增加。期间，由于购买 1 美元需要花费更多的英镑，因此美国对英国的出口将会下降。

主要观点是：当美元贬值（外国货币的美元价格上升）时，美国的出口上升，但美国的进口下降；当美元升值（外国货币的美元价格下跌）时，美国的出口下降，但美国的进口上升。

在以上美国—英国的例子中，美元的贬值意味着英镑的升值，反之亦然。当英镑的美元价格从 2 美元＝1 英镑跳升至 3 美元＝1 英镑时，英镑相对于美元升值，这是因为用来购买1美元的英镑数量减少了。在2美元=1英镑的汇率下，需要花费1/2英镑来购买1美元；而在3美元=1英镑的汇率下，只需要花费1/3英镑就能购买到1美元。反之，当美元相对于英镑升值时，英镑相对于美元贬值。购买1美元需要付出更多的英镑。

通常情况下，美元与其他货币之间的相关术语和联系如下所示。

- 外国货币的美元价格上升≡美元相对于外国货币贬值≡美元的外国货币价格下降≡外国货币相对于美元升值。
- 外国货币的美元价格下降≡美元相对于外国货币升值≡美元的外国货币价格上升≡外国货币相对于美元贬值。

□ 16.3.3 汇率的决定因素

哪些因素导致了一国货币在外汇市场上的升值或贬值？下面是三个一般性结论（在其他条件相同的情况下）：

- 如果对一国货币的需求增加，该货币将升值；如果需求下降，该货币将贬值。
- 如果一国货币的供给增加，该货币将贬值；如果供给减少，该货币将升值。
- 如果一国货币升值，那么某些外国货币相对于它则会贬值。

有了这些一般性结论在脑海中，下面就让我们来考察一下汇率的决定因素——导致某种特定货币的需求曲线或供给曲线移动的因素。我们要做的是记住，其他条件相同的假设是贯穿始终的。也要注意到，我们讨论的是改变汇率的因素，而不是由于汇率的变化带来的变化。

1. 偏好

消费者对国外产品偏好的任何变化都可能改变对该国货币的需求，进而改变该国货币的汇率。如果技术进步使得美国的MP3播放器对英国消费者和企业更具吸引力，那么英国将在外汇市场上提供更多的英镑，以购买更多的美国MP3播放器。这将使英镑的供给曲线向右移动，导致英镑贬值、美元升值。

相反，如果英国的羊毛服装在美国变得更加流行，那么美国对英镑的需求将增加，英镑的需求曲线将向右移动。这将导致英镑升值、美元贬值。

2. 相对收入

如果一个国家的国民收入相对于其他国家的国民收入增长得更快，那么该国货币就可能贬值。这是因为一个国家的进口会直接随其收入水平的变化而变化。当美国的总收入增加时，美国人不仅将购买更多的本国产品，也将购买更多的外国产品。如果美国经济迅速扩张，而英国经济停滞不前，美国从英国进口的产品将会增加，从而美国对英镑的需求上升。这将使英镑的美元价格上升，因此美元贬值。

3. 相对通货膨胀率变化

在其他条件相同的情况下，两个国家相对通货膨胀率的变化会改变两国之间的相对价格水平，以及两国货币之间的汇率。如果一国的货币有较高的通货膨胀率（意味着价格水平更加快速地上升），它倾向于贬值。例如，假设英国的通货膨胀率是0%，美国的通货膨胀率是5%，因此美国的平均价格水平每年都会上升5%，而英国的平均价格水平保持不变。美国的消费者将会购买更多目前相对低价的英国产品，因而增加了对英镑的需求。英国的消费者将会购买较少的目前相对高价的美国产品，因而减少了英镑的供给。英镑的需求增加，并且英镑的供给减少，这个组合将导致英镑升值以及美元贬值。

4. 相对利率

两种货币之间相对利率的变化会改变它们之间的汇率。假设美国的实际利率上升了，但英国的利率保持不变。然后，英国人将发现，对于直接贷款或者通过购买债券进行间接贷款而言，美国是一个更具吸引力的地方。为了获得这些贷款，他们必须在外汇市场上提供英镑以换取美元。英镑供给量的增加导致了英镑的贬值和美元的升值。

5. 股票、房地产和生产设备的相对期望收益的变化

国际投资的范围超出了购买外国债券。它包括在股票、房地产以及购买外国工厂和生产设备方面的国际投资。在其他条件相同的情况下，国外投资的范围取决于相对期望收益。为了成功投资，一国的投资者必须出售本币以购买因外国投资需要的外国货币。

例如，假设投资者对英国的股票、房地产和生产设备方面的期望收益有了一个更加积极的观点，因此在英国投资突然变得更加盛行。因此，美国的投资者将会出售美国资产以购买更多的英国资产。美国的资产将会以美元出售，之后美元将会被带到外汇市场并换为英镑，而英镑将转而用来购买英国资产。英镑在外汇市场上的需求增加，这将导致英镑升值、美元贬值。

6. 投机

货币投机者是指那些先买进或卖出货币，然后再将这些货币卖出或买进，并期望在这个过程中赚取利润的人。假设作为一个群体，投资者预计英镑将升值而美元将贬值，因此，持有美元的投机者将努力将美元转换成英镑。这种做法将增加对英镑的需求，导致英镑的美元价格上升（即导致美元贬值）。自我实现的目标出现了：由于投机者相信英镑升值和美元贬值会实际发生，并据此采取行动，因此这些变化就真的发生了。通过这种方式，投机行动能导致汇率变化。

16.4 政府与贸易

如果个人和国家能够从专业化分工和国际贸易中获益，那么政府为何还要时常试图限制商品的自由流动和鼓励出口呢？政府可能建立哪些国际贸易壁垒呢？政府为什么这样做？

□ 16.4.1 贸易保护与补贴

政府采取几种方式来进行贸易干预。对进口产品征收的税费被称为**关税**（tariffs）。征收**保护性关税**（protective tariff）是为了保护国内生产商免受国外产品的竞争。这些关税提高了进口产品的价格，使需求转向国内产品，从而阻碍了自由贸易。虽然保护性关税通常并不会高到停止进口外国产品的程度，但是它们将那些外国生产商置于竞争弱势地位。例如，对进口的鞋子征收消费税会使国产鞋对消费者而言更具吸引力。

进口配额（import quota）是对某时间段内可能会进口的特定产品的进口数量或总价值进行限制。一旦配额“用满”，就不能再增加这种产品的进口了。进口配额在阻碍国际贸易方面比关税更为有效。即使征收关税，一种产品也可以持续大量进口；而在进口配额条件下，一旦配额用满就不允许有新的进口了。

非关税壁垒（nontariff barriers，NTB）包括烦琐的许可证要求、对产品质量施加不合理标准或者海关程序中冗杂的官僚程序。一些国家要求国外产品的进口商取得许可证。通过设置许可证的发放数量，可以达到限制进口的目的。尽管许多国家都对进口农产品实施严格检疫以防止带入害虫，但一些国家却以此为名实施烦琐的检疫来限制进口。

自动出口限制（voluntary export restriction，VER）是指这样一种贸易壁垒，即外国企业“自愿”限制自己出口到某一特定国家的产品数量。出口商之所以愿意签署VER（与进口配额的效应相同）是为了避免更苛刻的贸易壁垒。例如，在20世纪90年代末期，在美国永久性提高关税的威胁下，加拿大的软木木材（冷杉、云杉、西洋杉、松木）生产商同意对其出口到美国的产品采取VER。

出口补贴（export subsidies）是政府对国内出口产品生产商给予的资助。通过降低生产成本，出口补贴能使出口商在世界市场上收取更低的价格，从而卖出更多的产品。例如，美国和其他国家对国内农民进行补贴，以提高国内食品的供给。这种补贴降低了农产品的市场价格，并人为地降低了它们的出口价格。

□ 16.4.2 关税的经济影响

根据供给和需求的预测分析以及现实中的观察可以看出，关税、配额和其他贸易限制措施都会带来一定的经济影响。根据贸易保护类型的不同，这些影响会有些差别。为了使问题简化，我们重点分析关税的影响。

1. 直接影响

由于关税提高了进口到美国的产品价格，因此这些产品的消费量会下降。正如需求规律揭示的，价格的提高减少了需求量。关税促使消费者减少对进口产品的购买量，并将他们的一部分支出重新分配到不太合意的替代品上。美国消费者显然从关税中受损了。

美国生产商（不会受到关税损害的人）获得了较高的价格，该价格与进口产品的价格（征收关税前外国价格+关税）相等。由于这个新价格比以前的价格提高了，因此国内生产商作出了增加产量的反应。正如供给规律揭示的那样，价格的提高增加了供给量，所以，国内生产者增加了他们的产出。因此，他们获得了价格提高和销售量扩大的双重利益；这就解释了为什么国内生产商会游说议员采取保护性关税了。但是从社会角度出发，国内生产规模的扩大意味着关税使得国内生产商将资源从美国其他更有效率的行业中抢了过来。

外国生产商则受到了关税的伤害。虽然每件进口产品的售价都上涨了，但是价格上涨带来的那部分收益作为关税转移到了政府手中，而非国外生产商手中。对外国生产商而言，收取关税后的价格或者单位收益与收取关税前相同，但是美国进口产品（外国出口产品）的数量却下降了。

政府从关税中获益了。这个收益是消费者向政府进行的一种收入转移，但这并不表示一个国家的经济福利会发生任何净变动。其结果是，消费者由于为进口产品支付较高的价格而招致了损失，并且损失当中有一部分被政府获得了。

2. 间接影响

除了刚才提到的，关税还会带来一些细微影响。关税伤害了那些在生产过程中使用受保护产品作为投入品的国内企业。例如，对进口钢铁征收关税提高了钢筋的价格，因此伤害了那些建造桥梁和办公大楼的企业。关税还降低了受保护行业的竞争程度。由于来自外国生产商的竞争压力降低了，因此国内企业会放慢设计和实施节约成本的工艺以及开发新产品的速度。

由于外国人在美国销售的进口产品数量减少了，他们获得的美元收入也就下降了，因而必须减少对美国出口产品的购买量。因此，美国的出口行业必须缩减生产、释放资源。正如我们从它们的比较优势及其在世界市场上销售产品的能力中所了解的，这些行业具有很高的效率。

关税不仅直接鼓励了那些不具有比较优势的无效率行业的扩张，还间接导致了那些具有比较优势的、效率相对更高的行业的收缩。坦率地讲，关税使得资源向错误的方向转移，这并不奇怪。我们知道专业化分工与世界贸易会提高全球资源的利用效率，增加全球的产出，但是保护性关税阻碍了世界贸易。因此，关税也会降低效率，减少全球的实际产出。

□ 16.4.3 关税的净成本

关税对国内消费者施加了成本，却给国内生产商和政府带来了收益。消费者承担的贸易限制成本可通过计算贸易限制对消费者价格的影响而得出。贸易保护通过三个途径提高了产品价格：(1) 进口产品价格上涨；(2) 更高的进口产品价格导致某些消费者转向购买较高价格的国内产品；(3) 由于进口产品的竞争削弱了，因此国内产品的价格上升了。

各种研究发现，消费者承担的成本显著超过了生产商和政府的收益。贸易保护为社会带来了相当大的净成本或效率损失，不仅如此，各个行业还耗费了大量经济资源来游说国会通过或维持贸易保护法律。由于这些活动将资源从社会更需要的用途中转移了出来，因而贸易保护还给社会增添了成本。

结论：美国的贸易壁垒为受保护的国内产业及其劳动者带来的收益，是以它给整个经济造成的更大损失为代价的。其结果是经济的无效率、消费的减少，以及更低的生活水平。

□ 16.4.4 政府为什么还要实施贸易保护

在自由贸易对一个国家有益的情况下，是什么力量驱动政府采取限制进口、促进出口的政策呢?

1. 对贸易收益的误解

一个被普遍接受的谬论是：国际贸易的最大好处是增加出口部门的国内销售量和就业。根据这个观点，出口是“好”的，因为它可以增加国内销售量和就业，而进口是“坏”的，因为它减少了销售量，从而使人们失业回家。实际上，国际贸易产生的真正利益在于从国外获得额外产出，即进口产品能够以低于国内生产成本的机会成本获得。

最近的一项研究表明，自从第二次世界大战后，贸易壁垒的消除使得美国家庭的平均收入至少增长了 7 000 美元，也有可能高达 13 000 美元。这些收入年复一年地增长，持续发生。[1]

2. 政治上的考虑

尽管一个国家作为整体会从贸易中获益，但是某些特定的国内产业以及某些特定的资源供给集团会在贸易中受损。我们在前面的比较优势例子中了解到，专业化分工和贸易会对美国的鳄梨产业和墨西哥的大豆产业带来负面影响。为了维护自身的经济地位，这些行业可能会试图说服各自的政府采取政策（可能是关税），使之免受进口产品的冲击。这是可以理解的。

那些直接受益于进口保护的人，数量相对较少，但是利益关系重大。因此，他们有很强烈的动机去从事政治活动，以实现自己的目的。而且，由于这些进口保护成本被隐蔽地添加到了产品价格上，并分摊到了成百上千万的居民头上，因此每个居民承受的损失微不足道。然而，在一般情况下，关税和配额的总成本会显著地超过其带来的收益。公众每年花费 250 000 美元甚至更多去保护一份国内工作，而回报却不到此数额的 1/4。这种事情并不鲜见。

在政治舞台上，要求实施贸易保护主义的生产商和行业协会的数量相对较少，但呼声很高且连续不断，而那些为贸易保护主义买单的人们声音却很小，甚至听不见。加入政治交易后，例如，“如果你支持我们州的服装业关税，我也会支持你们州的钢铁业关税”，结果可能是形成一个保护性关税网络。

概念阐释

购买美国货

“购买美国货”会使美国人更富有吗？不会！达拉斯联邦储备系统的经济学家迈克尔·考克斯回答道：

> 一个普遍的谬论认为，美国人最好将他们的所有钱都花在国内而不是国外。证明此说法谬误的最佳途径就是考虑其理论上的极端情况。如果对于我来说，最好的选择是将所有的钱都花在国内而不是国外的话，那么在得克萨斯州购物要优于在纽约购物，而在达拉斯市购物则优于在休斯敦市购物……在我邻居那里……在我自己家里……最好是消费我能生产出来的唯一产品。最终，我们将变得孤独且贫穷。

资料来源：“The Fruits of Free Trade,” *2002 Annual Report* by W. Michael Cox and Richard Alm, p. 16. Federal Reserve Bank of Dallas. Used with permission.

16.5 支持贸易保护的三个观点

支持贸易保护的观点多种多样。某些观点，例如，用关税来保护“幼稚产业”或

① Scott C. Bradford, Paul L. E. Grieco, and Gary C. Hufbauer, “The Payoff to America from Globalization,” *The World Economy*, July 2006, pp. 893 - 916.

带来“军事自给自足”等，具有一定的合理性。但是，另外一些观点经仔细研究后就不攻自破了。特别值得一提的是，有三个贸易保护主义观点在美国已经被坚持了几十年。

□ 16.5.1 增加国内就业论

每当经济遭遇衰退（如 2007—2009 年在美国发生的严重衰退）时，利用关税“保护美国的工作岗位”就会成为时髦的论调。在一个参与国际贸易的经济体中，出口涉及对国内产品的支出，而进口则反映了为获得另一个国家的部分产品而作出的支出。因此，根据这种观点，减少进口将把对别国产品的支出转移到购买国内产品上。这样，国内产出和就业将上升。但是这种观点有几个缺陷。

尽管进口可能会消除美国的一些工作岗位，但也创造其他岗位。在最近几年，进口可能消除了某些钢铁和纺织工人的工作岗位，但其他工人却从卸船、驾驶进口飞机和销售进口电子设备中获得了工作岗位。各种进口限制改变了就业结构，但它们对就业数量的影响较小，有的甚至没有影响。

合成谬误（适用于局部的理论也必然适用于整体的错误观念）也成为征收关税的理由。所有国家不可能在同一时间段内，成功地做到既限制进口又维持出口；对一个国家而言可以做到，但对所有的国家而言则不然。因为一个国家的出口必然是另一个国家的进口。一个国家通过使出口大于进口来扩张经济，将导致另一个国家进口超过出口，从而恶化其失业问题。因此，将旨在实现充分就业而采取的关税和进口配额政策称为“以邻为壑”的政策就不足为奇了。因为它们实现了国内短期目标，却使贸易伙伴变得更穷。

另外，受到关税和进口配额负面影响的国家可能会实施报复，引发“贸易壁垒战”，从而中断贸易，使所有国家受损。《斯穆特-霍利关税法》，1930 年通过的一项设置极高关税的法律，目的是为减少进口和刺激国内经济，但结果却只是招致其他国家实施报复性关税。这是一个经典案例。虽然该法案的本意是减少进口以刺激美国的生产，但是它所实施的高关税促使受到负面影响的国家实施同样的高关税来进行报复。国际贸易下降降低了所有国家的产出和收入。经济史学家普遍认为，《斯穆特-霍利关税法》是导致大萧条的一个因素。

最后，从长期来看，强行使出口超过进口不能增加国内就业。其他国家正是通过美国的进口才赚得购买美国出口产品所需的美元的。从长期来看，一个国家要出口，就必须要进口。关税的长期效应不是促进国内就业水平上升，充其量只是劳动者从出口行业转移到受保护的国内行业，是一种劳动力再分配，而这种专业分工意味着资源配置效率的降低。

□ 16.5.2 廉价国外劳动力论

廉价国外劳动力论认为，国内生产商和劳动者必须受到保护，以免在与低工资国家的竞争中遭受毁灭性打击。如果不提供保护，廉价进口产品将充斥美国市场，使美国的产品价格与劳动者的工资一起被拉低。这样，美国国内的生活水平将下降。

对于该论点可以从几个层面进行反驳。这种论点的逻辑是：富人和穷人不能在相互间的贸易中实现互利。然而，事实并非如此。一个收入相对低的机械师可以为一个富有的律师修理奔驰轿车，并且双方都能从这项交易中获利。如果花 30 美元购买一双中国产的运动鞋，而不是花 60 美元购买一双美国产的类似鞋子，美国的消费者和中国的劳动者都将从中受益。

此外，回顾可知，贸易收益是建立在比较优势而非绝对优势的基础上的。再次回顾一下美国—墨西哥（大豆—鳄梨）的例子，与墨西哥相比，美国在大豆和鳄梨的生产上都具有较高的生产率。由于生产率更高，美国劳动者的工资和生活水平也会更高；而墨西哥的劳动者生产率较低，其工资也自然较低。

廉价劳动力论认为，为维持美国人的生活水平，美国不应该与工资较低的墨西哥进行贸易。假设美国真的这样做了，那么美国的工资和生活水平会因此提高吗？绝对不会。为获得鳄梨，美国必须把一部分劳动力从效率较高的大豆行业重新分配到效率较低的鳄梨行业中。结果是，美国劳动力的平均生产率将下降，因此美国劳动者的实际工资和生活水平也将下降。在没有分工和贸易的条件下，他们可获得的产量将减少，因此两国劳动者的生活水平都将下降。为证实这个观点，可以将表 16.4 中的第（4）列和第（1）列进行比较。

□ 16.5.3 反倾销保护论

反倾销保护论认为，需要使用关税来保护国内生产商免受国外生产商的倾销之害。**倾销**（dumping）是指以低于成本或者低于国内售价的价格在国外销售产品。

经济学家为这一行为提出了两个貌似有理的依据。首先，关于低成本倾销，在 A 国的企业可能以低于成本的价格将产品倾销到 B 国，企图将 B 国的竞争者驱逐出市场。如果 A 国的企业成功地将它们在 B 国的竞争者驱逐出市场，那么随后在 B 国出售产品的时候，其将获得垄断地位，实施垄断价格，获取垄断利润。他们期望这种长期垄断利润将弥补并超过最初所承担的损失，即当其企图将 B 国的竞争者驱逐出市场时，以低于成本的价格销售产品所产生的损失。

其次，倾销涉及将产品以低于国内通常收取的价格（但是这个价格仍然大于或等于生产成本）在国外市场上卖出，这可能是一种价格歧视形式，即对不同的消费者收取不同的价格。例如，一个在国内市场上拥有垄断力量的国外销售商可能会发现，如果在自己垄断的国内市场上收取高价，而同时由于它必须和美国生产商竞争，因而在美国收取较低的价格，那么它会获得最大化利润。惊奇的是，即使它在美国市场上由于只能收取竞争性价格，因而无法从产品销售中赚取任何利润，它也可能会采取这种战略。那么为什么要担心它在美国市场的销售行为呢？这是因为，通过出口到美国，整体产量的增加可能会允许企业通过大规模生产降低单位成本，成本的降低意味着在国内垄断市场上取得更高的利润。

由于倾销是“不公平的贸易行为”，所以许多国家都严令禁止。例如，当有证据表明倾销损害了美国生产商时，联邦政府就会对这些倾销产品征收一种关税，即**反倾销税**（antidumping duties）。但是由于每年记录在案的倾销案例相对较少，所有特定的不公平贸易的案例不足以支持普遍的、永久的关税。此外，反倾销有可能被滥用。某些在表面上看似倾销的情形，实际上是比较优势在起作用。

16.6 贸易调整援助

一个国家在生产某种特定产品上具有的比较优势并非永远固定不变的。随着国家经济的发展，劳动力的数量和质量都会变化，资本存量的规模和结构也会发生变化，新技术会得到发展，甚至连土地的质量和自然资源的数量也可能改变。当这些变化发生时，一个国家所能生产的特定产品的相对效率也会改变，而且，新的贸易协定会突然间使以前受保护的行业变得极其脆弱，以至于受到重大的挫折甚至崩溃。

比较优势模式的变化和贸易保护的取消会使某些特定的劳动者群体受损。例如，曾经具有强大比较优势的美国钢铁行业在没落后，就引起了美国钢铁行业的生产设备停工以及劳动者失业。美国的纺织和服装业也面临类似的困境。显然，并非每个人都会从自由贸易（或更自由的贸易）中获益。某些劳动者遭受了损失。

2002年的《贸易调整援助法案》（Trade Adjustment Assistance Act）为帮助那些在国际贸易转型过程中受损的人群提供了一些创新政策。该法案为那些被进口产品所替代的行业以及将工厂转移到国外行业中的劳动者提供了最长时间达78周的（失业保险之外的）现金援助。为获得这一援助，劳动者必须积极找工作、参与培训计划或者职业教育。该法案还包括迁居津贴，以便于那些因产业调整而失业的劳动者为了得到新工作而在美国进行地域迁徙。为健康保险制定的可返还税收抵免，是为了帮助劳动者在再培训和找工作期间维持其保障范围而支付的一项福利金。年龄达到50岁或以上者还有资格获得“工资保险”，它可以弥补劳动者新旧工作之间的部分收入差距（如果有的话）。

许多经济学家都支持《贸易调整援助法案》，基于两个原因。因为贸易调整援助不仅为那些在国际贸易中受损的劳动者提供了帮助，而且为减少贸易壁垒和出口补贴提供了必要的政治支持。

但是，并非所有的经济学家都是贸易调整援助的拥护者。进口产品替代和将工厂转移到国外所导致的失业只占每年经济中总失业的很小一部分（近年来约为4%）。由于需求模式改变、技术进步、管理失误以及市场经济中其他一些不断变化的因素，许多劳动者也会因此失去他们的工作。所以，某些批评者问道：“与技术进步或国内竞争引起的失业相比，那些由于国际贸易而导致的失业凭什么就能获得这种特殊待遇呢？”还没有人能给出一个完全令人满意的答案。

应用分析

离岸外包很糟糕吗？

在美国发生的一些失业不仅是因为国际贸易，还因为资源市场的全球化。近年来，美国企业发现，将工作转移到国外越来越有利可图。经济学家称这种业务活动为**离岸外包**（offshoring）：将以前由美国劳动者从事的工作交给国外劳动者来做的行为。离岸外包并非一个新的实践，因为美国制造业的零部件实行离岸外包由来已久。例如，波音公司很久以前就开始将其“美国”飞机的主要航空零部件离岸外包了。

近年来在计算机和通信技术上的发展使得美国企业能够将某些服务工作，如数据输入、书籍排版、软件编码、呼叫中心运营、医疗服务和索赔处理转移到印度等国家。离岸外包发生在哪里，生产过程中的附加价值发生在那里，而不是在美国。所以，美国产品生产中所产生的部分收入就会支付给外国人，而不是美国劳动者。

对于那些失去工作的美国人而言，离岸外包显然损失巨大，但是对于经济整体而言并不糟糕。离岸外包所反映的只是服务业，或者更形象地说只是“苦差事”的国际贸易发展。近年来贸易协定的签署与新的信息和通信技术的发展，使得这种贸易成为可能。与产品贸易一样，服务贸易反映了比较优势，并有利于贸易各方。而且在服务业中，美国对其他国家存在着大额的贸易盈余。通过仍然具有比较优势的高价值服务业的专业化分工，如交通服务、会计服务、法律服务和广告服务，美国从中获得了利益。然后，它通过“贸易”获得低价值服务，如呼叫中心和数据输入工作，而这些产品的比较优势已经转移到了国外。

美国的离岸外包还提高了对互补性工作的需求。那些对美国现有工作近似替代的工作虽然损失了，但是美国的互补性工作却得到了发展。例如，飞机维护和预定中心较低的离岸外包价格，降低了机票的价格。这意味着美国航空公司能够安排更多的国内和国际航班，继而又会为美国基地提供更多的工作，如飞行员、乘务员、行李搬运工和旅客登记员。此外，通过降低生产成本和保持其在全球的竞争力，离岸外包促进了国内投资和美国企业的扩张。某些观察家将“离岸外包工作”等同于“进口竞争力”。

问题：虽然白领劳动服务的就业场所并没有改变，但却能够成为世界上最新的贸易项目，这是为什么呢？

16.7 多边贸易协定和自由贸易区

意识到自由贸易的总体利益之后，各国便开始致力于降低全球关税。它们对自由贸易的追求得到了力量不断增强的自由贸易利益集团的支持：产品和服务的出口商、将外国零部件用于生产“国内”产品的进口商，以及所有进口产品的国内销售者，都强烈要求降低关税。实际上，就总体而言，关税在20世纪的下半个时期已经降低了。

□ 16.7.1 关贸总协定

第二次世界大战结束后，世界上的主要国家签署了一个贸易自由化的总体议程。1947年，包括美国在内的23个国家签署了**关贸总协定**（General Agreement on Tariffs and Trade，GATT）。GATT的基石是给予所有成员国平等、非歧视贸易待遇以及通过多边磋商降低关税和配额。从本质上看，GATT提供了一个在国家间多边谈判基础上降低贸易壁垒的持久论坛。

自1947年以来，各成员国已经完成了8个回合的GATT谈判，以减少贸易壁垒。1993年签署的《乌拉圭回合》协议促使1995—2005年进入了贸易自由化阶段。

□ 16.7.2 世界贸易组织

1993年的乌拉圭回合决定由**世界贸易组织**（World Trade Organization，WTO）取

代 GATT。2012 年，153 个国家和地区加入了 WTO，负责监督成员之间达成的贸易协议的实施情况，并解决由此产生的贸易争端。它还为进一步的贸易协商谈判提供平台。第九个回合和最后一个回合——**多哈回合（Doha Round）**的谈判于 2001 年年底在卡塔尔的多哈举行。（每一轮贸易谈判都会跨期几年，且会在不同的地方举行，但是均以首先举行该轮谈判的国家或城市命名。）谈判旨在进一步降低关税、配额以及消除扭曲了贸易的农业补贴。

在世界贸易自由化的大潮中，GATT 和 WTO 都是积极的推动力量。对于由各个国家和地区内部的特殊利益集团鼓吹的贸易保护主义，成员之间达成的贸易规则提供了强有力的、必不可少的对抗堡垒。因为贸易保护主义的存在，也因为目前的 WTO 协议缺乏强有力的劳动力标准和环境保护条款，因此 WTO 存在争议。

□ 16.7.3 欧盟

不少国家也通过组建区域性自由贸易区（也称贸易集团）来寻求削减关税。最激进的例子就是**欧盟**（European Union，EU）。在 2007 年，由于保加利亚和罗马尼亚的加入，欧盟成员国包含了 27 个国家。[①]

在欧盟，成员国之间已经废止了几乎所有贸易产品的关税和进口配额，而且建立了一套对从欧盟以外国家进口的所有产品都适用的共同关税体系。欧盟内部还实现了资本和劳动力的自由流动，并对共同关心的其他经济事宜，如农业、交通和商业行为，制定了共同的政策。现在的欧盟是一个强大的**贸易集团**（trade bloc）：由具有共同身份、经济利益和贸易规则的国家组成。在 27 个欧盟国家中，2012 年有 17 个国家使用欧元作为其通用货币。

美国宪法禁止单个州之间征收关税，这对美国经济带来了深远影响：更为深化的区域专业化程度、更高的生产率、更多的产出以及更快的经济增长。欧盟的一体化给欧洲也带来了相同的效应。产品和服务的自由流动为欧盟各产业创造了更广阔的市场。与在狭小、单一的国内市场中生产相比，大规模生产所形成的规模经济使这些产业的成本大大降低了。

□ 16.7.4 北美自由贸易协定

1993 年，加拿大、墨西哥和美国组建了一个重要的贸易集团：**北美自由贸易协定**（North American Free Trade Agreement，NAFTA）。北美自由贸易协定形成了一个联合产量与欧盟大致相当、但覆盖地域大得多的自由贸易区。北美自由贸易协定已经取消了加拿大、墨西哥和美国之间大部分产品和服务贸易的关税和其他贸易壁垒。

北美自由贸易协定的批评者担心，由于墨西哥具有工资水平低、污染和工作安全管制宽松的优势，美国企业会向墨西哥迁移，而这会使美国丢失大量的工作机会。此外，还有人担心日本和韩国可能在墨西哥建立工厂，因此它们无须缴纳关税就可以将产品输

① 其余的 25 个国家是法国、德国、英国、意大利、比利时、荷兰、卢森堡、丹麦、爱尔兰、希腊、西班牙、葡萄牙、奥地利、芬兰、瑞典、波兰、匈牙利、捷克共和国、斯洛伐克、立陶宛、拉脱维亚、爱沙尼亚、斯洛文尼亚、马耳他和塞浦路斯。

送到美国，这会进一步损害美国企业和劳动者的利益。

现在回头看看，批评者们过于悲观了。自从 1993 年北美贸易协定签署后，美国的就业人数增加了 2 000 万以上。加拿大、墨西哥和美国之间的贸易扩大，三个国家的生活水平都提高了。

贸易集团并非在所有方面都具有积极效应。通过给予自由贸易区内部国家优惠，像 EU 和 NAFTA 这样的贸易集团倾向于降低成员国与非成员国之间的贸易。因此，与完全开放的全球贸易系统相比，全球会有一些利益损失。消除这种不利影响已经成为通过世界贸易组织来促进全球贸易自由化的一个动机。它的自由化对于 WTO 的 153 个成员具有同等影响。

□ 16.7.5 美国最近的贸易赤字

如图 16.2 所示，在过去几年中美国经历了大规模且持久的贸易赤字。在 2007—2009 年衰退期间，由于消费者和企业大量缩减购买进口产品而使贸易赤字下降。在这之前，贸易赤字在 2002—2006 年间直线攀升。然而，即使在 2009 年，产品贸易赤字仍然有 5 170 亿美元，并且产品和服务的贸易赤字之和为 3 790 亿美元。由于经济开始复苏，2011 年的产品贸易赤字攀升至 7 380 亿美元，产品和服务的贸易赤字之和上升至 5 600亿美元。当经济复苏能力增强且美国的收入和进口以更快的速度上升时，经济学家预期贸易赤字在绝对量和相对量上都会持续扩张到萧条前的水平。

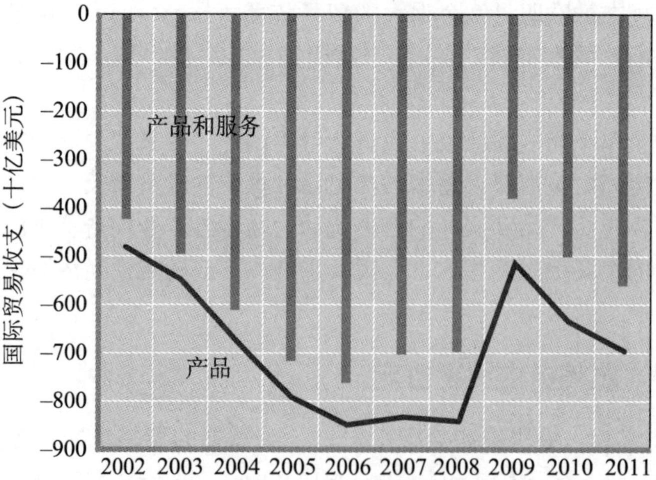

图 16.2 2002—2011 年间美国的贸易赤字

注：在 2002—2011 年间，美国经历了巨额的产品贸易赤字以及产品和服务贸易赤字。直到 2007—2009 年萧条期间，这些赤字持续稳定增长。尽管有所下降，人们还是预期贸易赤字会持续增长很多年。

资料来源：Bureau of Economic Analysis，www. bea. gov.

□ 16.7.6 贸易赤字的成因

美国存在巨额贸易赤字有几个方面的原因。首先，在 2001—2007 年间，美国经济扩张的速度大大快于美国的几个主要贸易伙伴的经济扩张速度。伴随经济增长，美国收入的强劲增长使得美国对进口产品的购买大量增加。相比较而言，日本和一些欧洲国家在同一时期或者遭遇衰退，或者收入增长相对放缓。因此，与美国对国外进口产品的购买增加量相比，这些国家的消费者对美国出口产品的购买量急剧减少。

其次，解释巨额贸易赤字存在的另一个原因是，美国与中国之间存在大量的贸易不均衡。在2007年，美国进口了2 570亿美元的产品和服务，比美国出口到中国的数额大。即使在2009年衰退期间，与中国的贸易赤字也达到2 200亿美元。加上与墨西哥（430亿美元）、德国（370亿美元）和日本（280亿美元）的贸易赤字，赤字金额翻倍。美国是中国最大的出口市场，而且虽然中国已经大量增加了从美国的进口，但是中国的生活水平还没有充分提高到能使其家庭有能力大量购买美国产品和服务的程度。使问题变得更严峻的是，中国政府将其货币——人民币的汇率固定在包括美元在内的一篮子货币上。因此，中国对美国的巨额贸易盈余并没有导致人民币对美元的大量升值。如果人民币大幅度升值，中国产品在美国的售价就会上升，减少美国从中国的进口。如果人民币升值趋势强劲，就会降低美国产品的美元价格，并增加中国人对美国出口产品的购买。美国从中国进口的减少以及美国对中国出口的增加，这个组合应该能够减少美国的大量贸易不平衡。

隐藏在美国巨额贸易赤字背后的另一个因素是美国对石油出口国的持续贸易赤字。例如，在2011年，美国对OPEC国家的贸易赤字达到1 270亿美元。

最后，美国的储蓄率（=储蓄额/总收入）的下降也促进了美国的巨额贸易赤字。一直到2007—2009年衰退期间，美国的储蓄率大体上处于下降阶段，而美国的投资率（=投资额/总收入）上升了。美国投资和储蓄之间的缺口通过外国对美国实物和金融资产的购买来弥补。由于外国储蓄者愿意为美国投资提供大量的融资，因此美国居民可以减少储蓄，增加消费。增加的消费支出部分用于购买进口产品。也就是说，国外资金的流入可能是贸易赤字的一个原因，而不仅仅是这些赤字产生的一个结果。

□ 16.7.7 美国贸易赤字的含义

衰退之前，美国的贸易赤字曾经是主要工业化国家中金额最大的。美国的巨额贸易赤字是否应该受到强烈关注，美国和世界上的其他国家都有争议。大多数经济学家既看到了贸易赤字的利益，也看到了它的成本。

1. 增加当前消费

当贸易赤字或经常账户赤字发生时，美国消费者从中受益。贸易赤字意味着美国从国外进口的产品和服务多于美国向国外的出口。但就这一点而言，贸易赤字允许美国在其生产可能性曲线之外进行消费。贸易赤字提高了美国国内生活水平。但是，这里存在一个陷阱：当前消费的增加可能是以未来消费的减少为代价的。

2. 增加美国负债

贸易赤字之所以被认为是“不利的”，是因为它必须依靠向世界其他国家借款、降价出售资产或者耗费外汇储备来融资。贸易赤字主要是通过美国的外汇净流入来进行融资的。当美国的出口不足以为美国的进口提供资金时，一方面，美国对国外的负债将增加，另一方面，国外对美国资产的索取权也将增加。对美国贸易赤字融资的结果是，国外对美国金融与实物资产索取权的累计额，高于美国对国外资产索取权的累计额。在

2008年，外国人拥有的美国资产（企业、土地、股票、债券、贷款票据）比美国公民和各个机构拥有的外国资产多出3.5万亿美元。

如果美国想在未来某个时间重新获得这些国内资产的所有权，它将不得不使出口超过进口。而到那时，国内消费将下降，因为与美国获得的进口产品数量相比，它将需要出口更多的产品到国外。因此，由美国当前贸易赤字带来的当前消费收益，或许意味着永久性的负债、永久性的外国所有权或者是未来消费的巨大牺牲。

我们上面用"或许意味着"这个词来描述，是因为外国向美国企业的贷款以及外国在美国的投资使美国的资本存量增加了。由于存在大量的资金流入来抵消贸易赤字，美国生产能力的提高可能会快于贸易有盈余的情况。我们知道，生产能力与实际GDP的较快增长，能够在需要时提高经济承受外债和购回实物资本的能力。

3. 对美元施加向下的压力

最后，巨额的贸易赤字对美元的交换价值施加了向下的压力。进口的激增需要美国在货币市场上供给更多的美元，以便兑换购买国外进口产品所需的外国货币。美元涌入货币市场导致美元相对于其他国家的货币贬值。在2002—2008年间，美元相对于大多数其他国家的货币贬值，包括相对于欧元贬值43%，相对于英镑贬值27%，相对于加拿大元贬值37%，相对于中国人民币贬值15%以及相对于日元贬值25%。自2008年以来，美元相对于加拿大元、人民币和日元一直持续贬值，但相对于欧元和英镑有所升值。由于从2007年开始并持续到2011年，美联储采取了扩张性货币政策（降低实际利率）（在第15章中讨论过），这进一步刺激了美元贬值。随后，美元相对于欧元和英镑升值，主要原因是部分欧元区和英国的经济持续疲软。

经济学家担心美元的贬值将会导致通货膨胀，因为对美国人而言，以美元计价的进口产品变得更加昂贵。为了抑制通货膨胀，传统上美联储将会采取紧缩性货币政策，这会提高美国的实际利率。然而，为了应对始于2007年的金融危机和经济衰退，美联储选择了强有力的降息措施，期望可以阻止经济衰退。实际上，由于严重的经济衰退会对价格上升产生抑制效应，因此美联储大胆地假定它的政策将不会引起通货膨胀。

小结

1. 美国的国际贸易规模在全球居领先地位，但是在许多其他国家，贸易占GDP的百分比更大些。

2. 如果两个国家在两种产品的生产上具有不同的国内机会成本比率，那么就有可能实现对双方都有利的专业化分工和贸易。在资源数量不变的情况下，以比较优势为基础进行专业化分工，每个国家都能够增加实际收入。贸易条件确定了全球产出的增长如何在贸易各国之间进行分配。成本递增导致了许多贸易产品的不完全专业化分工。

3. 外汇市场确定了不同货币之间的交换比率。每个国家的进口都将增加对本国货币的供给以及对外国货币的需求。由供求均衡所确定的汇率把所有国家的货币都联系起来。一国货币的贬值会减少其进口，增加其出口；升值会增加其进口，减少其出口。

4. 当某种货币的供给或需求发生了变化时，货币就会贬值或升值，而货币的供给或需求变化又取决于对外国产品偏好的变化、相对国民收入变化、相对通货膨胀率变化、利率变化以及货币投机的程度和方向。

5. 贸易壁垒和补贴的形式包括保护性关税、进口配额、非关税壁垒、自愿出口限制和出口补贴。保护性关税提高了价格，并减少了受影响产品的需求量。外国出口商的销售量将下降，而国内生产商则从价格上升和销售扩大中获取双重利益。消费者在贸易限制中遭受的损失大大超过了生产商和政府的收益，导致了社会效率的损失。

6. 三个持续已久的有关自由贸易的观点——增加国内就业论、廉价国外劳动力论和反倾销保护论——或者存在着某些谬误，或者是在没有经济分析支持的基础上夸大其词。

7. 并非每个人都会从自由（或更自由的）贸易中获益。2002 年的《贸易调整援助法案》为那些被进口产品替代的行业的劳动者和那些将工厂转移到了国外的行业的劳动者，提供现金援助、教育和培训补助金、健康保险补贴和工资补贴（适用于年龄达到 50 岁或以上者）。但是在美国的所有失业人群中，只有不到 4%的失业人口是由于进口替代、工厂转移到国外或服务工作离岸外包引起的。

8. 在 1947 年，为了鼓励所有成员国实行非歧视对待、削减关税以及消除进口配额，23 个国家签署了关贸总协定（GATT）。GATT 的乌拉圭回合谈判（1933 年）削减了关税和配额，促进了服务业的自由贸易，减少了农产品补贴，减少了知识产权侵害行为，并逐步取消了纺织品的进口配额。

9. 2012 年，GATT 的继承者世界贸易组织（WTO）的成员达到了 153 个。它负责监督成员国之间达成的贸易协议的实施情况，并解决由此产生的贸易争端，并为自由贸易的持续协商谈判提供平台。最近一轮贸易谈判——多哈回合——开始于 2001 年后期，但是直到 2012 年仍然在推进中，尚未结束。

10. 自由贸易区（贸易集团）促进了区域内贸易自由化，但同时阻止了与贸易集团之外的成员进行贸易。自由贸易协定的两个典型例子是包含 27 个成员的欧盟（EU）和由加拿大、墨西哥和美国共同签署的北美自由贸易协定（NAFTA）。EU 中的 17 个成员（2012 年）已经废止了其本国货币，而是选用一种叫做欧元的货币作为其通用货币。

11. 美国的贸易赤字使美国消费者提高了当前生活水平。贸易赤字同时增加了美国对世界上其他国家的负债以及外国人对美国资产的所有权。然而，外国在美国较多的投资无疑提高了美国的生产能力。贸易赤字还会给美元的国际价值带来极大的下跌压力。

术语和概念

比较优势	非关税壁垒（NTB）	世界贸易组织（WTO）
贸易条件	自动出口限制（VER）	多哈回合
外汇市场	出口补贴	欧盟（EU）
汇率	《斯穆特-霍利关税法》	贸易集团
贬值	倾销	欧元
升值	《贸易调整援助法案》	北美自由贸易协定（NAFTA）
关贸	离岸外包	进口配额
关贸总协定（GATT）		

思考题

1. 从数量上讲，与国际贸易对其他国家的重要性相比较，其对美国的重要性如何？从数量上讲，哪个国家是美国最重要的贸易伙伴？美国对哪个国家的经常项目贸易赤字最大？

2. 成本递增（而不是成本不变）对专业化分工和贸易的程度有何影响？请说明。

3. 何为白领服务工作的离岸外包？它与国际贸易有何联系？近年来它为何增加？你为什么会认为在所有的离岸外包业务中，有一半以上都流入印度了？举出一个（书本之外）例子来说明，离岸外包是如何在消除美国某些工作机会的同时，又为美国创造出了新的工作机会的。

4. 请解释为什么美国对墨西哥比索的需求曲线向下倾斜，而对美国的比索供给曲线却向上倾斜。请说明下列各项将导致墨西哥比索升值还是贬值：

a. 美国单方面削减对墨西哥产品的关税。

b. 墨西哥遭遇严重的通货膨胀。

c. 政治关系的恶化导致美国到墨西哥旅游的人数下降。

d. 美国经济陷入严重衰退。

e. 美国实施高利率货币政策。

f. 墨西哥产品在美国消费者中更受欢迎。

g. 墨西哥政府鼓励美国企业投资于墨西哥油田。

5. 请解释你赞成或反对下列各项说法的原因：

a. 如果一个国家的经济增长快于其主要贸易伙伴国，则可以预期其货币的国际价值将下跌。

b. 如果一个国家的利率比其他国家上升得更快，则可以预期其货币的国际价值将上升。

c. 如果一个国家的通货膨胀率低于世界其他国家，则其货币将升值。

6. 如果在外汇市场上，欧元相对于美元贬值，那么法国在美国销售酒产品会变得更加容易还是更加困难？假定你计划去巴黎旅游。欧元贬值会对这次旅行的美元成本带来什么影响？

7. 为了促进出口和限制进口，政府会采取哪些措施？谁会从保护主义政策中获利，谁又会从中受损？对社会造成的净效果如何？

8. 解释一下为什么某些美国企业强烈支持贸易自由化，而有些美国企业则支持贸易保护主义。并解释为什么美国某些公会强烈支持贸易保护，而有些公会则强烈反对贸易保护。

9. 请解释：“像欧盟和北美自由贸易协定这类自由贸易区产生了两种后果：它们促进了成员国之间的自由贸易，但却对非成员国设置了严重的贸易壁垒。”你认为贸易集团对世界贸易带来的净影响是好的还是坏的？为什么？WTO的努力与这些贸易集团存在什么样的联系？

计算题

1. 假设在C国和T国生产两种产品，婴幼儿配方奶粉和金枪鱼。这两种产品的比较成本比率如下所示：

C国：1罐头婴幼儿配方奶粉≡2罐头金枪鱼

T国：1罐头婴幼儿配方奶粉≡4罐头金枪鱼

两个国家分别应该专业化生产哪种产品？下列哪一个贸易条件将会被两个国家都接受：(a) 1罐头婴幼儿配方奶粉≡2.5罐头金枪鱼；(b) 1罐头婴幼儿配方奶粉≡1罐头金枪鱼；(c) 1罐头婴幼儿配方奶粉≡5罐头金枪鱼？

2. 下表是假想的新西兰和西班牙的生产可能性表，这两个国家都能生产苹果和李子。将两个国家的生产可能性数据分别绘图。根据你的图回答下列问题：

新西兰的生产可能性 单位：百万蒲式耳

产品	生产方案			
	A	B	C	D
苹果	0	20	40	60
李子	15	10	5	0

西班牙的生产可能性 单位：百万蒲式耳

产品	生产方案			
	R	S	T	U
苹果	0	20	40	60
李子	60	40	20	0

a. 每个国家生产李子和苹果的成本比率是多少？

b. 哪个国家专业化生产哪种产品？

c. 如果实际贸易条件为 1 个李子换 2 个苹果，将每个国家的贸易可能性曲线表示出来。（在你的图中描绘出这些线。）

d. 假设在专业化分工与贸易之前，新西兰的最优生产组合为方案 B，西班牙的最优生产组合为方案 S。两个国家在专业化分工和贸易中的收益分别是多少？

3. 下表是假想的中国和美国的生产可能性表。假设在专业化分工和贸易之前，中国的最优生产组合为方案 B，美国的最优生产组合为方案 U。

产品	中国的生产可能性					
	A	B	C	D	E	F
服装（千件）	30	24	18	12	6	0
化学制品（吨）	0	6	12	18	24	30

产品	美国的生产可能性					
	R	S	T	U	V	W
服装（千件）	10	8	6	4	2	0
化学制品（吨）	0	4	8	12	16	20

a. 根据比较成本条件，两个国家是否应该实行专业化分工生产？如果是，两国分别应该生产什么产品？

b. 在服装和化学制品产量上，上述专业化分工生产带来的总收益是多少？

c. 贸易条件的限制是什么？假设实际的贸易条件为 1 单位服装交换 1.5 单位化学制品，或者说 4 单位服装交换 6 单位化学制品。两个国家在专业化分工和贸易中的收益分别是多少？

4. 参考下列表格，其中，Q_d 表示日元的需求量，P 表示日元的美元价格，Q_s 表示日元在第一年的供给量，Q_s' 表示日元在第二年的供给量。所有的数量均以十亿计，且美元换日元的汇率具有完全弹性。

a. 在第一年，日元换美元的均衡价格是多少？

b. 在第二年，日元换美元的均衡价格是多少？

c. 在第一年和第二年之间，日元相对于美元是升值还是贬值？

d. 在第一年和第二年之间，美元相对于日元是升值还是贬值？

e. 在第一年和第二年之间，下列哪一项可能会导致美元和日元的相对价值改变：（1）美国比日本的通货膨胀更剧烈，（2）美国的实际利率上升，但是日本的利率保持不变，或者是（3）美国的收入增长比日本更快。

Q_d	P	Q_s	Q_s'
10	125	30	20
15	120	25	15
20	115	20	10
25	110	15	5

5. 假设目前加拿大元（CAD）相对于美元的汇率是 0.85 CAD=1 美元，并且以美元计价的一部苹果 iPhone 的价格为 300 美元。这部 iPhone 的加拿大元价格是多少？接下来，假设 CAD 相对于美元的汇率变动至 0.96 CAD=1 美元。这部 iPhone 的新加拿大元价格是多少？其他条件相同，在新汇率条件下，你预期加拿大进口的 iPhone 将会增加还是减少？

在 www.brue3e.com 中做进一步的测试

在本书的“在线学习中心”www.brue3e.com 中，你会找到一个或多个网络练习题，这些问题需要从网络上获取信息才能进行解答。我们强烈建议你完成这些问题，因为这些问题能够使你熟悉我们的网站，而我们的网站对你其他课程的学习，甚至你日后的事业都有帮助。“在线学习中心”提供了多项选择测试题，还能为你提供及时的反馈。该网站上还有许多有用的方法进一步测试你对本章知识的掌握情况。

术语表

A

ability-to-pay principle 支付能力原则 指相对于收入（财富）较少的人而言，收入（财富）较多的人应该支付更高比例的税收。

accounting profit 会计利润 指企业总收益减去显性成本后的余额。

actual reserves 实际准备金 银行在所属区域的联邦储备银行储存的现金（包含备用现金）。

advertising 广告 将产品信息传递给潜在消费者的一种行为。

aggregate 总量 将一组特定的经济单位视为一个单位来对待。例如，将所有产品和服务的价格折合成一个价格水平，或者将所有的产出加总为国内生产总值。

aggregate demand 总需求 表示在不同价格水平上，商品与服务的总需求（购买）量的表格或曲线。

aggregate demand-aggregate supply（*AD-AS*）model 总需求—总供给模型 利用总需求和总供给来确定和展示价格水平与实际国内产出的宏观经济模型。

aggregate supply 总供给 表示在不同价格水平上，商品与服务的总供给（生产）量的表格或曲线。

aggregate supply shocks 总供给冲击 导致一个经济体的总供给曲线发生移动的资源成本的突然的、剧烈的变化。

allocative efficiency 配置效率 将资源在企业和行业间进行分配，生产社会（消费者）最需要的产品，其产量刚好能使边际成本和价格等于边际收益。

anticipated inflation 预期通货膨胀 按照预期的速度发生的价格水平的上涨（通货膨胀）。

antitrust laws 反垄断法 禁止不正当商业竞争行为，如价格固定、价格操纵或捆绑搭售的法律（如《谢尔曼法》）。

appreciation（of the dollar）（本币）升值 本国货币相对于外国货币的价值上升，因此用本国货币能够购买更多的外国货币，进而购买更多的外国商品。

asset 资产 企业或个人拥有的具有货币价值的任何东西。

asset demand 资产需求 人们想要持有的、作为价值储藏手段的货币的数量，该数量与利率的变动方向相反。

average fixed cost（*AFC*） 平均固定成本 企业总固定成本与产出（总产量）的商。

average product（*AP*） 平均产量 使用每单位资源能够生产出来的总产出（总产量与所使用的总资源数量的商）。

average revenue 平均收益 销售产品的总收益与销售（需求）量的商，等于所有产品按相同价格出售的销售价格。

average tax rate 平均税率 所缴纳的总税收占总（课税）收入的比例。

average total cost（*ATC*） 平均总成本 企业的总成本与产出（产量）的商，等于平均固定成本加上平均可变成本。

average variable cost（*AVC*） 平均可变成本 企业的总可变成本与产出（产量）的商。

B

balance sheet 资产负债表 表示企业或个人在一定日期的资产、负债和净值情况的报表。

bank deposits 银行存款 个人或企业在银行（或储蓄机构）的存款，或银行在联邦储备银行的存款。

bankers' bank 银行的银行 接受储蓄机构的存款并给其发放贷款的银行。在美国指联邦储备银行。

bank reserves 银行准备金 包括两个部分，一是商业银行和储蓄机构在中央银行的存款，二是银行和储蓄机构的备用现金。

barrier to entry 进入壁垒 任何人为设置的、阻碍企业进入某个行业的障碍。

barter 物物交换 用一种商品或服务交换另一种商品或服务。

base year 基年 指构建某项指数时为其他年份提供参考对照的年份，如一个价格指数的基年。

benefits-received principle 受益者付费原则 指享受公共商品和公共服务的人应该为这些商品或服务付费（缴税）的原则。

Board of Governors 联邦储备委员会 监督和控制美国货币和银行体系的七人委员会，也称联邦储备系统管理委员会。

bond 债券 一种金融工具，由借款者（企业或政府）承诺在未来的某一个具体日期支付某项贷款的本金和利息。

budget constraint 预算约束 消费者的收入水平（以及必须为商品和服务所支付的价格）对消费者获得商品和服务的能力施加的约束。

budget deficit 预算赤字 政府的年度支出超过年度收入。

budget line 预算线 表示在产品价格既定的情况下，拥有一定货币收入的消费者能够购买的两种产品的不同数量组合的曲线。

budget surplus 预算盈余 政府的年度收入超过年度支出。

built-in stabilizer 内在稳定器 指政策制定者无须采取任何行动，就能在衰退期间提高政府预算赤字（或减少预算盈余），而在扩张期间提高政府预算盈余（或减少预算赤字）的一种机制，例如，税收。

Bureau of Economic Analysis（BEA） 美国经济分析局 美国商务部的一个机构，负责编撰国民收入和产品账户。

business 企业 购买资源为经济提供商品或服务的机构。

business cycles 商业周期 在若干年时期内，经济活动水平的反复增长和下降。一个周期包括波峰、衰退、波谷和扩张阶段。

business firm 商业企业（见 **firm**）。

C

capital 资本 用来生产商品和提供服务的人造资源（建筑、机器和设备）和不能直接用来满足人类需求的商品，也称资本品和投资品。

capital gain 资本收益 当以高于购买价格出售债券或资产时获得的收益。

capital goods 资本品（见 **capital** ）。

capitalism 资本主义 财产资源归私人所有，并用市场和价格来引导和协调经济行为的一种经济制度。

capital stock 资本存量 一个国家可以使用的资本总量。

cartel 卡特尔 属于同一个行业的几个企业（或国家）达成的正式协议，目的是设定某种产品的价格，确定各个企业（或国家）的产量，或者按照地理位置瓜分某种产品的市场。

ceiling price 最高限价（见 **price ceiling**）。

central bank 中央银行 主要职责是控制国家货币供给的银行，在美国为联邦储备银行。

central economic planning 中央计划经济 经济目标和实现经济目标的资源配置政策均由政府决定的经济制度。

***ceteris paribus* assumption** 其他情况相同的假设（见 **other-things-equal assumption**）。

change in demand 需求的变化 在任一价格水平上，商品或服务需求量的变化。出现这种情况会使需求曲线向左或者向右移动。

change in quantity demanded 需求量的变化 需求量沿着同一条需求曲线的变动。

change in quantity supplied 供给量的变化 供给量沿着同一条供给曲线的变动。

change in supply 供给的变化 在任一价格水平上，商品或服务供给量的变化，出现这种情况会使供给曲线向左或者向右移动。

checkable deposit 支票存款 储户可开立以商业银行或储蓄机构为付款人的支票的任何存款。

check clearing 支票清算 资金从开票人的支票账户转移到受益人的支票账户的过程。

checking account 支票账户 在一个商业银行或储蓄机构的支票存款。

circular flow diagram 循环流向图 指企业支付货币，向家庭购买资源，随后由家庭支付货币，向企业购买产品而形成的资源、产品与货币的流动模型。

Coase theorem 科斯定理 首次由经济学家罗纳德·科斯提出的著名定理，指一切外部性问题均可通过利益相关者的私人协商来解决。

coincidence of wants 需求偶合 一个交易者想要得到的商品或服务恰好是另外一个交易者想要放弃的商品或服务，且第二个交易者需要的东西与第一个交易者想要放弃的东西恰好处于相同的状态水平。

collusion 合谋 指同一个行业的企业采取联合行动，达成固定价格、瓜分市场或限制竞争的协定。

command system 计划体制 指一切经济资源归公所有，政府利用中央经济计划来指导和协调经济活动的制度，又称计划经济或共产主义。

commercial bank 商业银行 从事银行业务（如吸收存款、发放贷款和设立支票账户）的企业。

commercial banking system 商业银行体系 包含所有的商业银行和储蓄机构。

communism 共产主义（见 **command system**）。

comparative advantage 比较优势 个人或国家能以低于他人或他国的机会成本生产特定产品的情况，是专业分工和贸易的基础。

compensating differences 工资差异 为补偿不同工作的非货币性差异，不同工种的工人所获工资的差异。

compensation of employees 员工报酬 雇主支付给员工的工资、薪酬和补贴。

competition 竞争 买卖双方能够自由进入或退出市场，进行独立竞争的状态。

competitive industry's short-run supply curve 竞争行业的短期供给曲线 完全竞争行业的企业短期供给曲线的水平加总（见 **pure competition**）；该曲线能够反映一个行业的企业短期内在不同价格水平上愿意供给的产品总量。

competitive labor market（见 **purely competitive labor market**） 竞争性的劳动力市场。

complementary goods 互补品 搭配使用的产品或服务，当其中一种商品或服务的价格下降时，另一种商品或服务的需求上升（反之亦然）。

constant-cost industry 成本不变行业 指这样一种行业，新厂商的进入对行业内原有企业购买资源必须支付的价格，即生产成本没有影响。

constant opportunity cost 不变的机会成本 当消费者（社会）沿着一条直线形预算线（生产可能性曲线）放弃一个单位的 A 产品，增加购买（生产）另一个单位的 B 产品时机会成本保持不变。

constant returns to scale 规模收益不变 厂商在长期内扩张生产规模时生产产品的平均总成本保持不变。

consumer goods 消费品 能够直接满足人类需求的产品或服务。

Consumer Price Index（CPI） 消费者价格指数 衡量一个“典型”消费者购买大约 300 种固定商品或服务时支付的价格的指数。

consumer sovereignty 消费者主权 指消费者决定利用经济中的稀缺资源生产的产品或

服务的类型和数量，也指消费者利用货币收入引导生产活动。

contractionary fiscal policy 紧缩性财政政策 指政府采购的产品或服务量下降，或净税收的增加，或前两者的结合，目的是降低总需求，进而控制通货膨胀。

corporate income tax 企业所得税 对企业的净收入（会计利润）征收的税。

corporation 有限公司 州政府或联邦政府许可设立的法律实体（“法人”），与拥有它的个人完全分离而独立存在。

cost-benefit analysis 成本—收益分析 比较政府工程或项目的边际成本和边际收益，以决定是否利用资源和利用多少资源开展此工程或项目。

cost-of-living adjustment（COLA） 生活费用调整 出现通货膨胀时工人收入（工资）的自动增加，通过企业和工人之间签署的集体性工资合同来保证实施。

cost-push inflation 成本推动型通货膨胀 资源成本（如原材料价格）的上升导致价格水平和单位生产成本的上升（通货膨胀），或称总供给减少导致的通货膨胀。

Council of Economic Advisers（CEA） 经济顾问委员会 为美国总统提供经济决策建议（包括准备总统年度经济报告）的三人顾问集团。

craft union 同业工会 只吸收具有特定技能（手艺）的工人入会的工会。

creative destruction 创造性破坏 新产品或新生产工艺诞生的同时会破坏现有垄断厂商的市场势力的假定。

credit union 信用联盟 具有共同联系的个人（如同一个企业的员工或同一个工会的成员）组成的协会，目的是接纳会员的存款，或出售股份和提供贷款给会员。

cross-elasticity of demand 需求的交叉弹性 一种商品需求量变化的百分比与其他商品价格变化的百分比之间的比例。该比例为正表示两种商品属于替代品，该比例为负表示两种商品属于互补品。

crowding-out effect 溢出效应 由于联邦政府增加负债，扩大预算赤字和政府债务导致利率上升和随后的投资下降。

currency 货币 包括纸币和硬币。

cyclical asymmetry 周期性不对称 指在商业周期的扩张阶段，货币政策能够成功控制通货膨胀，但在商业周期的衰退阶段，却不能对称地扩张支出与实际 GDP 的问题。

cyclical deficit 周期性赤字 由于经济衰退和随后税收下降导致的联邦预算赤字。

cyclically adjusted budget 周期性调整的预算 若当年经济实现充分就业，按照当前税率和政府支出计划，联邦预算赤字或预算盈余将会达到的水平。

cyclical unemployment 周期性失业 由于总支出不足（或总需求不足）造成的一种失业。

D

decreasing-cost industry 成本递减型行业 指这样一种行业，新厂商的进入将会降低行业内原有厂商购买资源必须支付的价格，从而降低它们的生产成本。

deflating 剔除通货膨胀的影响 表示在物价高于基年水平的年份，通过剔除该年 GDP 中物价上涨的因素确定实际的 GDP。

deflation 通货紧缩 经济体中的物价水平下降。

demand 需求 表示一段时间内消费者（消费者集团）在不同价格水平上愿意购买的

产品或服务的数量。

demand curve 需求曲线 展示需求状况的一条曲线。

demand-pull inflation 需求拉动型通货膨胀 由于总需求增加，超过既定价格水平的产出而导致的物价水平的上涨（通货膨胀）。

demand shocks 需求冲击 总需求突然的、毫无预料的变化。

demand-side market failures 需求方市场失灵 当某种产品或服务的需求曲线不能充分表达消费者对某种产品或服务的购买意愿时，分配给该种产品或服务的生产资源就会出现不足的情况。

dependent variable 因变量 随其他变量（自变量）的变化而变化的变量、“影响”或结果。

depository institutions 存款机构 接受公众（企业和个人）货币存款的企业、商业银行、存贷款机构、互助储蓄银行和信用社。

depreciation (of a currency)（货币）贬值 本国货币相对外国货币的价值下降，致使每一单位本国货币能够购买的外国货币数量减少，进而所购买的外国商品的数量也减少。

derived demand 派生需求 依赖于所生产出来的产品需求的资源需求。

determinants of aggregate demand 总需求的决定因素 诸如消费支出、投资、政府支出和净出口等因素，如果它们发生变化，总需求曲线就会发生变动。

determinants of aggregate supply 总供给的决定因素 诸如投入品价格、生产率和法制环境等因素，如果它们发生变化，总供给曲线就会发生变动。

determinants of demand 需求的决定因素 除价格以外，能够影响某种商品或服务需求量的因素。

determinants of supply 供给的决定因素 除价格以外，能够影响某种商品或服务供给量的因素。

developing countries 发展中国家 指非洲、亚洲和拉丁美洲的许多国家，这些国家具有如下特点：缺少资本品、使用落后技术、受教育程度低下、高失业率、人口增长速度快及农业劳动力所占比重极大。

differentiated oligopoly 差异性寡头垄断 各寡头企业生产的是差异化产品的一种寡头垄断结构。

differentiated product 差异性产品 与其他企业生产的同类产品相比，在物理特性或者其他方面有所差异的产品，即使在这些产品定价相同的情况下，消费者也会对不同的企业给予不同的关注。

diminishing marginal returns 边际收益递减 （见 **law of diminishing returns**）。

direct relationship 正相关关系 两个变化方向相同的变量之间的关系，如产品价格与供给量。

discount rate 贴现率 中央银行向商业银行或储蓄机构发放贷款时收取的利率。

discretionary fiscal policy 相机抉择的财政政策 为促进充分就业、价格稳定和经济增长，国会对税收（税率）和政府支出的相机改变。

discrimination 歧视 指即使某些劳动者（或劳动者集团）与其他劳动者具有相同的能

力、受教育水平、技能和工作经验，却仍然在求职过程、职业准入、教育和培训、晋升、工资或工作条件方面获得低于后者待遇的情况。

diseconomies of scale 规模不经济 随着企业在长期内不断扩大生产规模（产出），生产某种产品的平均总成本在不断增加。

disinflation 反通货膨胀 降低高通货膨胀率的过程。

dividends 股息 公司支付给股东（公司所有人）的全部或部分利润。

division of labor 劳动分工 将生产某种产品所需的工作分解为若干由不同劳动者实施的环节，实现劳动者生产过程的专业化。

Doha Round 多哈回合 世界贸易组织成员间举行的，截至 2011 年最新的，但尚未结束的一系列谈判，以该系列谈判的发起地卡塔尔的多哈市命名。

dollar votes 货币选票 当消费者和企业分别在产品市场和资源市场购买商品和资源时，他们给消费品和资本品所投的"选票"。

dumping 倾销 以低于成本或者低于国内售价的价格在国外销售产品。

durable good 耐用品 预期寿命（使用期）为 3 年或 3 年以上的消费品。

E

earned-income tax credit 收入所得税减免 指政府为减少贫困和鼓励劳动者就业而为低收入劳动者提供的一种可退还的收入所得税。

earnings 收入 工人获得的货币收入，等于工资率乘以工作时间。

easy money policy 放松银根政策 联邦储备系统增加货币供给、降低利率和扩张实际产出的措施。

economic cost 经济成本 为获得和维持某种资源提供的服务必须支付的成本，也指企业为将资源从其他用途吸引过来，必须提供给资源供给者的收入，等于当资源用来生产某种特定的产品时必须放弃的其他产品的数量。

economic efficiency 经济效率 用最少的稀缺资源获得社会最优的商品和服务数量，需同时实现生产效率和配置效率。

economic growth 经济增长 （1）由于资源供给数量的增加或质量的提升或技术进步引起的生产可能性曲线的外移；（2）实际产出（国内生产总值）或实际人均产出的增加。

economic law 经济规律 已经过反复验证并经受住了时间检验的经济原理。

economic model 经济模型 经济现实的浓缩画面或抽象概括。

economic perspective 经济学视角 认为个人和机构总是先比较某项行为的边际收益和边际成本，再作出理性决策的观点。

economic policy 经济政策 旨在矫正或避免问题的行动过程。

economic principle 经济学原理 被普遍接受的关于个人或机构的经济行为的一般性结论。

economic problem 经济问题 由于社会对商品和服务的需求无限，而用于满足这些需求的资源有限（稀缺）所必须作出的选择。

economic profit 经济利润 企业总收入减去经济成本（包括显性成本和隐性成本）的

余额，也称纯利润或高于正常水平的利润。

economic resources 经济资源 用来生产商品和服务的土地、劳动力、资本和管理能力，也称生产要素。

economics 经济学 研究个人、机构和社会如何在稀缺条件下作出选择的学科。

economic system 经济体制 用来解决经济问题的一套特定的制度安排和一个协调性机制，也是组织经济活动的一种方式，通常分为市场体制和计划体制。

economic theory 经济理论 有关因果关系的说明，当几乎被所有经济学家接受时，就成为一种经济原理。

economies of scale 规模经济 随着企业在长期内不断扩大生产规模（产出），生产某种产品的平均总成本在不断下降，即大规模生产经济。

efficient allocation of resources 资源的有效配置 在社会资源稀缺的情况下，一个经济体能够最大限度地满足消费者的需求，即用社会的稀缺资源生产出了社会的最优产出组合。

elastic demand 弹性需求 价格弹性大于 1 的产品或资源的需求。弹性需求意味着产品或服务的需求量变化的百分比大于价格变化的百分比。

elasticity coefficient 弹性系数 需求（或供给）量变化的百分比除以商品价格变化的百分比而得到的数值。

elasticity formula 弹性公式（见 **price elasticity of demand**）。

elasticity of labor demand 劳动力的需求弹性 对雇主对于工资率变化的敏感程度的衡量，即劳动力数量变化的百分比除以工资率变化的百分比。

elastic supply 弹性供给 价格弹性大于 1 的产品或资源的供给。弹性供给意味着产品或服务的供给量变化的百分比大于价格变化的百分比。

entitlement programs 应得权益计划 诸如社会保险、食物券、医疗服务和医疗补助等政府计划，可保证所有符合该计划标准的人都能够得到一定水平的转移支付或非现金福利。

entrepreneurial ability 创业能力 将土地、劳动力和资本等资源整合起来生产产品、制定非常规决策、进行创新和承担风险的人力资源。

equality-efficiency trade-off（Web chapter） 公平—效率权衡 伴随收入差距的缩小而产生的经济效率的下降，即为实现经济效率，就必须允许一定程度的收入差距的假设。

equilibrium price 均衡价格 竞争性市场上需求量和供给量相等时的价格，此时既不存在产品（或服务）的短缺，也不存在产品（或服务）的过剩，且价格没有上涨或下跌的趋势。

equilibrium price level 均衡价格水平 总需求曲线和总供给曲线相交所确定的价格。

equilibrium quantity 均衡数量 （1）竞争性市场均衡价格条件下的需求量和供给量；（2）一个企业实现利润最大化时的产量。

equilibrium real output 均衡实际产出 所购买的最终产品和服务的总数量（总支出）等于所生产的最终产品和服务的总数量（实际国内产出）时的国内生产总值，即总需求曲线和总供给曲线的交点所确定的实际国内产出。

euro 欧元 截至2011年，17个欧洲国家（奥地利、比利时、塞浦路斯、爱沙尼亚、芬兰、法国、德国、希腊、爱尔兰、意大利、卢森堡、马耳他、荷兰、葡萄牙、斯洛伐克、斯洛文尼亚和西班牙）使用的共同货币。

European Union (EU) 欧盟 由27个（截至2011年）欧洲国家组成的联盟，成员国之间取消关税和配额，对来自成员国以外的进口商品实行统一的关税，取消了阻碍资本自由流动的壁垒，并实行其他共同的经济政策。

excess capacity 过剩的生产能力 非完全竞争企业的产出小于最低平均总成本时的产出，生产资源未得到充分使用的一种情况。

excess reserves 超额准备金 银行或储蓄机构的实际准备金中超出法定准备金的部分，即实际准备金减去法定准备金后的余额。

exchange rate 汇率 一国货币与外国货币的交换比率。

exchange-rate appreciation 汇率升值 一国货币在外汇市场上的价值上升，即能兑换更多的外国货币。

exchange-rate depreciation 汇率贬值 一国货币在外汇市场上的价值下降，即能兑换更少的外国货币。

excise tax 特许权税 对某种特定产品的生产或购买数量计征的一种税。

exclusive unionism 排他性工会主义 工会限制其所提供的熟练劳动者数量，以提高工会会员工资的一种行为，一般是由手工业工会实行的政策。

expansion 扩张 经济周期中产出、收入和商业活动都增加的一个阶段。

expansionary fiscal policy 扩张性财政政策 政府增加其所采购的商品或服务量、降低净税率，或同时采用前两种措施，目的是增加总需求、扩大实际产出。

expectations 预期 消费者、企业及其他机构对未来经济情况的预测。

expected rate of return 预期收益率 一个企业预期其通过购买资本（或从事研发）所获得的利润的增加，表示为预期利润占投资（或研发）活动总成本的百分比。

explicit cost 显性成本 企业为获得资源，必须向外部的个人或机构支付的货币。

exports 出口 一国所生产的销售给外国消费者的商品和服务。

export subsidies 出口补贴 政府对国内生产厂商的支付，目的是帮助它们降低出口商品或服务的价格。

external benefit 外部收益 第三方从企业的生产或消费者的消费中获得的、不用支付任何代价的收益。例如，当邻近的农场主种植苜蓿时，养蜂人就可从中获益。

external cost 外部成本 企业的生产活动或消费者的消费活动带给第三方的、无法获得补偿的成本。例如，制造商向河流中倾倒有毒化学品，杀死了垂钓者的目标鱼类。

externality 外部性 产品生产或消费过程中给第三方带来的不用支付代价的收益或不能获得补偿的成本（见 **external benefit** 和 **external cost**）。

external public debt 外部公共债务 向外国公民、企业和机构借款形成的公共债务。

F

factors of production 生产要素 包括土地、资本、劳动力和创业技能在内的经济资源。

fallacy of composition 合成谬误 一种错误的观点认为：对于个体（局部）而言正确的事情，对于集体（整体）而言也必然是正确的。

Federal Deposit Insurance Corporation（FDIC） 联邦存款保险公司 美国联邦政府特许经营的公司，为商业银行和储蓄机构（不包括信用社，其存款由国家信用社管理局提供保险）的存款负债提供保险。

Federal funds rate 联邦基金利率 银行和其他存款机构利用超额准备金向同业机构提供隔夜贷款收取的利率。

federal government 联邦政府 联邦制国家的中央政府，与州政府和地方政府不同。

Federal Open Market Committee（FOMC） 联邦公开市场委员会 制定联邦储备银行在市场上买卖美国政府债券政策的 12 人委员会。

Federal Reserve Banks 联邦储备银行 美国政府为控制货币供给和执行其他职能而依法设立的 12 家银行（见 **central bank**，**quasi-public bank** 和 **bankers' bank**）。

Federal Reserve Note 联邦储备券 联邦储备银行发行的纸币。

Federal Reserve System 联邦储备系统 美国银行体系的核心组成部分，由联邦储备委员会和 12 家联邦储备银行组成。

final goods and services 最终商品和服务 购买目的是进行最终消费而不是转售或加工或制造的商品和服务。

financial capital 金融资本 用于购买资本的货币，经济学家将其简称为货币。

financial services industry 金融服务业 为家庭和企业提供金融产品和服务，帮助他们获得利息、股息或资本收益，或为他们可能的损失提供保险，或为他们提供养老计划的企业的总称。

firm 企业 为获取利润而使用资源来生产商品或提供服务的一种组织形式，通常拥有和运营一家或多家工厂。

fiscal policy 财政政策 政府为实现充分就业和国内产出的良性增长而改变政府支出和税收的行动，也称相机抉择的财政政策。

fixed cost 固定成本 企业改变其产出时总量保持不变的成本，即固定资源的成本。

fixed resource 固定资源 企业在短期内不能改变数量的任何资源。

flexible prices 弹性价格 随产品供给或需求的变化而自由上升或下降的产品价格。

foreign exchange market 外汇市场 用本国货币购买（交换）外国货币的市场。

foreign exchange rate 外汇汇率（见 **exchange rate**）。

fractional reserve 部分储备金 指法定准备金低于商业银行或储蓄机构支票存款负债的 100%的准备金需求。

fractional reserve banking system 银行部分准备金制度 指银行或储蓄机构必须将部分支票存款作为现金储备的制度。

freedom of choice 选择自由 财产资源的所有者以其认为合适的方式使用或处理财产的自由，劳动者从事任何他们能胜任的工作的自由，以及消费者用其认为恰当的方式花费其收入的自由。

freedom of enterprise 经营自由 企业获取经济资源，用这些资源生产企业自己选择的产品并在自己选择的市场上销售产品的自由。

free-rider problem 搭便车问题 由于非排他性的存在，经济上合意的商品或服务的潜在提供者无法从产品或服务获益者处取得相应回报的问题。

free trade 自由贸易 在不同国家的个人和企业之间，不存在人为（政府设置）的贸易壁垒。

frictional unemployment 摩擦性失业 失业的一种类型，指由于工人自愿转换工作，在转换工作期间的失业状态。

full employment 充分就业 （1）利用一切可以利用的资源生产能够满足需求的产品和服务；（2）失业率等于充分就业失业率，不存在周期性失业仅存在摩擦性失业和结构性失业（经济的实际 GDP 等于潜在产出）的一种状态。

full-employment unemployment rate 充分就业失业率 劳动力中不存在周期性失业时的失业率；在美国等于 4%～5%，因为不可避免地存在着某些摩擦性失业和结构性失业。

G

gains from trade 贸易收益 贸易伙伴从商品和服务的专业化生产和交换中得到的额外产出。

game theory 博弈论 一种运用诸如国际象棋和桥牌等博弈策略理论分析寡头垄断企业商业行为的方法。

GDP GDP（见 **gross domestic product**）。

GDP gap GDP 缺口 实际国内生产总值与潜在产出之间的差距，该差距可能为正值（正的 GDP 缺口），也可能是负值（负的 GDP 缺口）。

General Agreement on Tariffs and Trade（GATT） 关贸总协定 1947 年，23 个国家达成的国际协定，它们同意通过多边磋商削减关税税率和取消进口配额，给予对方平等和非歧视性待遇。关贸总协定的成员不断增加，现已发展成为世界贸易组织。

Gini ratio 基尼系数 对家庭或个人之间整体收入差距的测度；在图形上表示为对角线和洛仑兹曲线之间区域的面积与对角线以下整个区域的面积的比例。

government purchases 政府采购 政府为提供具有较长使用寿命的公共商品和公共（社会）资本，用于购买特定商品和服务的支出；在一个经济体中，所有政府对于最终产品和服务的支出。

government transfer payment 政府转移支付 政府单方面支付的货币（或商品或服务），政府没有因此收到任何当前生产的产品或服务作为回报。

gross domestic product（GDP） 国内生产总值 一国境内一年生产的最终产品和服务的总市场价值，无论是利用美国的资源还是外国提供的资源。

gross private domestic investment 私人国内总投资 购买新生产出来的资本产品（如机械、设备、工具和建筑）和新增存货的支出。

growth accounting 增长计算法 在一段特定的时期内，对实际 GDP 的变化作出贡献的供给方面因素的簿记。

H

homogeneous oligopoly 同质寡头垄断 所有企业生产一种标准化产品的寡头垄断形式。

household 家庭 为经济体提供资源，并用所取得收入购买满足自己需要的商品和服务的一个（一人或多人）经济单位。

human capital 人力资本 能够提高工人生产效率的知识和技能的积累。

human capital investment 人力资本投资 提高工人受教育程度，改进工人技能、健康状况和流动性的支出，目的是提高生产率，进而获取正的投资回报。

hyperinflation 恶性通货膨胀 价格水平极其迅速地上升；极端高的通货膨胀率。

hypothesis 假设 对因和果的常识性解释，有待进一步检验。

I

immediate short-run aggregate supply curve 即期总供给曲线 描述随总需求曲线的变化而发生变化的实际产出（而不是价格水平）的总供给曲线；一条水平的总供给曲线表示价格不变。

immobility 缺乏流动性 劳动者不能或不愿从一个地区移动到另一个地区，从一种职业转移到另一种职业，或从低薪工作晋升到高薪工作的情形。.

imperfect competition 不完全竞争 完全竞争以外的任何市场结构，包括垄断、垄断竞争和寡头垄断。

implicit cost 隐性成本 一家企业使用其所拥有的资源而不是在市场上出售这种资源时牺牲的货币收入；等于将这种资源用于收入最高的用途时能够获得的收入；包括正常利润。

import quota 进口配额 一个国家对一定时期内能够进口的商品数量（或总价值）的限制。

imports 进口 个人、企业和政府用于购买外国生产的产品或提供的服务的支出。

inclusive unionism 包容性工会主义 将行业内所有工人都吸纳为会员的工会行为。

income 收入 在每一段时间内，从人力或财产资源的使用中获得的现金流（或购买力）。

income elasticity of demand 需求收入弹性 商品需求量变化的百分比与消费者收入变化的百分比之间的比率，可衡量消费者购买行为对收入变化的敏感程度。

income inequality 收入不平等 经济体中的总收入在家庭或个人之间的不平等分配。

income-maintenance system 收入维持计划 旨在消除贫困和减少收入分配不平等的政府计划。

income mobility 收入流动性 一定时间内，劳动者改变其在收入分配结构中的位置的可能性。

increase in demand 需求的增加 一种商品或服务在任一价格水平上需求量的增加；需求曲线从左到右的移动。

increase in supply 供给的增加 一种商品或服务在任一价格水平上供给量的增加；供给曲线从左到右的移动。

increasing-cost industry 成本递增行业 新厂商的进入将会增加行业内现有厂商购买资源必须支付的价格，从而提高生产成本的行业。

increasing marginal returns 边际收益递增 当某种资源的使用量连续增加时，资源的边际产品也在不断增加。

increasing returns 收益递增 企业产出增加的比例大于投入品增加的比例。

independent goods 独立品 一种产品或服务的价格与另一种产品或服务的需求几乎没有关系，就称两种产品或服务互为独立品。当其中一种产品或服务的价格上升或下降时，另一种产品或服务的需求保持不变。

independent variable 自变量 引起某个其他变量（因变量）变化的变量。

industrial union 行业工会 只吸收特定行业（或特定企业）的工人为会员的工会。

industry 行业 生产相同或相似产品的一批（一个或多个）企业。

inelastic demand 缺乏弹性的需求 价格弹性系数小于 1 的产品或资源需求，无弹性需求意味着需求量变化的百分比小于价格变化的百分比。

inelastic supply 缺乏弹性的供给 价格弹性系数小于 1 的产品或资源供给，无弹性供给意味着供给量变化的百分比小于价格变化的百分比。

inferior good 劣等品 在价格保持不变的情况下，收入上升消费量反而下降的商品或服务。

inflation 通货膨胀 经济体中价格水平的普遍上涨。

inflationary expectations 通货膨胀预期 劳动者、企业和消费者认为未来会发生通货膨胀的预期。

inflationary output gap 膨胀型产出缺口（见 **positive GDP gap**）。

inflation premium 通货膨胀溢价 名义利率中反映预期通货膨胀的那一组成部分。

inflation targeting 通货膨胀目标控制 关于未来几年内各年度通货膨胀波动范围的目标，以及为实现该目标而设计的货币政策。

inflexible prices 刚性价格 即便供给或需求发生变化也保持不变（至少在短时间内）的产品价格，又称黏性价格。

information technology 信息技术 通过利用计算机、传真机、无线电话和网络，实现更高效率的接收和发送信息的新方法。

infrastructure 基础设施 为满足公民和企业的需求而通常由公共部门提供的资本商品（如高速公路、桥梁、运输系统、废水处理设备、城市自来水系统和机场等）。

in-kind transfer 实物型转移支付 政府将商品和服务分配给个人使用，政府并未因此得到任何当前生产（或提供）的商品和服务作为回报。这是一种采用商品或服务而不是采用货币作为支付形式的政府转移支付，也称非现金支付。

interest 利息 为使用货币（借入资金）而支付的报酬。

interest rate 利率 支付利息的年率，通常占借入资金的一定比例。

intermediate goods 中间商品 为转售或进一步加工制造而购买的产品。

internally held public debt 国内持有的公共债务 债权人为发行国的本国公民、企业和机构的公共债务。

inventories 库存 已经生产出来但还未销售出去的商品。

inverse relationship 负相关关系 成反方向变化的两个变量之间的关系，如产品价格和需求量。

investment 投资 用于生产产品、积累资本和增加库存的支出。

investment demand curve 投资需求曲线 反映在一系列利率水平下，一个经济体所需投资量的一条曲线。

investment goods 投资品（见 **capital**）。

investment in human capital 人力资本投资（见 **human capital investment**）。

"invisible hand" "无形的手" 在竞争市场上，企业和资源供给者在追求进一步增加自身利益的同时，也在增进社会利益的趋势。

K

kinked-demand curve 弯折的需求曲线 非共谋寡头垄断者的需求曲线，其理论基础是竞争者会跟随降价行为，但对涨价行为置之不理。

L

labor 劳动力 人们用来帮助生产（或提供）产品和服务的体力、智力和其他努力。

labor force 劳动力 由年满 16 周岁且不在精神病院或劳教所等专门机构的人组成，包括在岗工作的劳动者、失业劳动者和正在找工作的劳动者。

labor-force participation rate 劳动力参与率 达到了工作年龄的人口中实际成为劳动力的人数占总人口的比例。

labor productivity 劳动生产率 总产出与生产这些产出的劳动力数量的商，又称劳动力的平均产出或每小时工作的产出。

labor union 工会 一群工人为增进集体利益（提高工资、缩短工作时间、改进工作条件等等）而成立的组织。

land 土地 用来生产产品或提供服务的自然资源（"大自然的恩惠"）。

law of demand 需求规律 表示在其他条件相同的情况下，产品价格的上涨将会减少需求量，产品价格的下降将会增加需求量的一个原理。

law of diminishing marginal utility 边际效用递减规律（网络章节） 表示当消费者增加一种商品或服务的消费时，从每一单位增加的消费中获得的边际效用不断减少。

law of diminishing returns 收益递减规律 表示在固定资源保持不变的情况下不断增加可变资源的数量，可变资源生产的边际产品最终将会减少。

law of increasing opportunity costs 机会成本递增规律 表示当提高一种产品的产出时，生产每一单位额外产出的机会成本将会增加。

law of supply 供给规律 表示在其他条件保持不变的情况下，某种产品的价格上涨将会增加这种产品的供给量，反之当产品价格下降时，这种产品的供给量就会减少。

learning by doing 干中学 通过重复劳动带来知识和技能的积累，实现更高的生产率和更低的平均总成本，也是实现规模经济的一个因素。

legal tender 法定货币 一个国家官方货币（纸币和硬币）的法律名称。当用这种货币单位偿付债务时，债权人必须接受，但是债权人可以指定具体的支付方式，如"只接受现金"或"只接受支票或信用卡"。

liability 负债 用货币价值表示的债务；企业或个人需要偿还的金额。

limited liability 有限责任 事先确定公司所有者（股东）的最大损失为所占股份价值

的一种法律规定。

liquidity 流动性 一种资产能够很容易地在不损失任何购买力的情况下被迅速地转换为现金的能力。通常认为货币具有完全的流动性，而其他资产的流动性次之。

liquidity trap 流动性陷阱 当经济出现严重衰退时，美联储往银行系统里注入的额外准备金对借贷、投资和总需求几乎没有任何积极影响，这种情况就称为流动性陷阱。

long run 长期 （1）在微观经济学中指一段足够长的时间，在这段时间内某种产品的生产者能够改变其使用的所有资源的数量；在这段时间内所有资源和成本均可改变，没有一种资源或成本是固定不变的。（2）在宏观经济学中指一段足够长的时间，在这段时间内名义工资和其他投入品的价格可根据本国价格水平的变化而变化。

long-run aggregate supply curve 长期总供给曲线 表示在投入品价格（特别是名义工资）可以对价格水平的变化作出完全反应的一段时间内的总供给曲线。

long-run competitive equilibrium 长期竞争均衡 在长期内，完全竞争企业既不能获得经济利润，也不会蒙受损失的价格，此时总需求量和总供给量相等，均衡价格也等于生产产品的最低长期平均总成本。

long-run supply 长期供给 表示一家完全竞争企业在长期内的每一可能产量水平上索要价格的曲线或表格。

long-run supply curve 长期供给曲线 表示一家完全竞争企业在长期内的每一可能产量水平上索要价格的曲线。

Lorenz curve 洛仑兹曲线 表示某一经济体收入分配状况的曲线，横轴表示家庭（收入获得者）的累计比例，纵轴表示收入的累计比例。

M

M1 最狭义的货币定义，等于公众手中持有的通货加上商业银行和储蓄机构的支票存款。

M2 比较广义的货币定义，等于 M1 加上非支票储蓄账户（包括货币市场的储蓄账户）、小额定期存款（小于 100 000 美元的存款）以及各个货币市场的共同基金余额。

macroeconomics 宏观经济学 经济学中研究经济整体活动的那一部分，如研究家庭、企业和政府部门的总量问题，总体经济的衡量问题等。

marginal analysis 边际分析 将边际（“额外的”或“增加的”）收益和边际（“额外的”或“增加的”）成本进行比较，以便作出决策的方法。

marginal benefit 边际收益 多消费 1 单位的某种商品或服务带来的额外（增加的）收益；也指消费量增加 1 单位时，总收益的变化量。

marginal cost（*MC*） 边际成本 多生产 1 单位的产出带来的额外（增加的）成本；等于总成本的变化量除以产出的变化量（在短期内，用总可变成本的变化量除以产出的变化量）。

marginal product（*MP*） 边际产品 在其他资源的使用量保持不变的情况下，多使用 1 个单位的某种资源带来的产出的增加量，等于总产量的变化量除以某种资源使用量的变化量。

marginal resource cost 边际资源成本 当企业多使用 1 个单位的某种资源（其他资源

的使用量保持不变）时，使用这种资源的总成本的增加量；等于资源总成本的变化量除以资源使用量的变化量。

marginal revenue 边际收益 企业多销售1个单位的产品所带来的收入的变化量；等于总收入的变化量除以销售量的变化量。

marginal revenue product 边际收益产品 企业多使用1个单位的某种资源（其他资源的使用量保持不变）时，该企业总收入的变化量；等于总收入的变化量除以资源使用量的变化量。

marginal tax rate 边际税率 每增加1美元的收入所支付的税率。

marginal utility 边际效用 消费者多消费1个单位的产品或服务所带来的额外效用，等于总效用的变化量除以消费量的变化量。

market 市场 任何能够将某种特定产品或服务的消费者（需求者）和制造者（提供者）组织在一起的制度或机制。

market economy 市场经济 一种由消费者、资源供给者和企业决定资源配置的经济制度，也称市场制度。

market failure 市场失灵 市场无法使资源配置达到最能满足社会需求的状态；尤其因为外部性问题或信息问题或市场不能提供合意的公共产品等原因，导致分配给某种产品或服务的资源不足或过度。

market for externality rights 外部权利市场 企业能够购买排污权利的市场。这种权利的价格由排污权利的需求方和完全缺乏弹性的供给方决定（排污权利的供给由环境能够承受的污染量决定）。

market period 市场周期 即便出现价格变化，产品的生产商也不能改变产量的一段时期，因此在这段时期内，产品的供给完全缺乏弹性。

market system 市场制度 表示市场经济中所有产品和资源的市场，以及它们之间的关系；或表示让这些市场决定的价格来配置经济中的稀缺资源，传递和协调消费者、企业和资源供应商的决策信息的制度。

Medicaid 医疗补助 为参加补充性保障收入计划（SSI）和贫困家庭临时补助计划（TANF）的个人的医疗费用提供资金援助的联邦项目。

Medicare 医疗保险 一种通过工资税进行融资的联邦项目，目的是为老年公民提供强制性住院医疗保险，以及为老年公民看病提供自愿的低成本保险和为购买处方药提供补贴。

medium of exchange 交换媒介 消费者购买商品和服务时普遍使用且企业能够普遍接受的任何东西；货币；一种交换商品和服务的便利途径，免除了以物易物的麻烦。

microeconomics 微观经济学 经济学中研究诸如家庭、企业或行业之类的个体单位，或研究单个市场、特定商品或服务，或产品与资源价格的那一部分。

minimum efficient scale（MES） 最低有效规模企业能够实现最低长期平均总成本的最低产出水平。

minimum wage 最低工资 法律规定的雇主必须为每小时工作支付的最低工资。

monetary multiplier 货币乘数 银行系统通过发放新贷款（或购买证券）扩张支票存款继而扩张货币供给的倍数，等于法定存款准备金率的倒数。

monetary policy 货币政策 中央银行为改变利率和帮助经济实现价格稳定、充分就业和经济增长而作出的改变货币供给的举措。

money 货币 产品或服务的交换过程中供应商能够普遍接受的任何东西。

money income 货币收入 （见 **nominal income**）。

money market 货币市场 经济体中货币需求和货币供给决定利率（或利率水平）的市场。

money market deposit account（MMDA） 货币市场储蓄账户 （银行或储蓄机构中）由短期证券构成的生息账户，每年可以据之开立有限数额的支票。

money market mutual funds（MMMF） 货币市场共同基金 由投资公司提供的生息账户，目的是将存款者的资金聚集在一起购买短期证券，存款者可以根据账户余额开立支票。

money supply 货币供给 其狭义定义为 M1；广义定义为 M2（见 **M1，M2**）。

monopolistic competition 垄断竞争 许多企业出售差异化产品的市场结构，进入这样的市场相对比较宽松，但企业对产品价格有一定的控制能力，企业之间存在相当高的非价格竞争。

monopoly 垄断 市场上供应商的数量非常稀少，以至于每家厂商都能影响产品或服务的总供给和价格的市场结构（见 **pure monopoly**）。

monopony 买方垄断（网络章节） 产品、服务或资源只有唯一买家的市场结构。

moral hazard 道德风险 签署合同或协定后个人或机构将会改变行为的可能性。

mortgage-backed securities 抵押贷款支持证券 债权人向债务人提供抵押贷款，帮助债务人购买房产，之后债务人按月分期偿还债务。代表每月债务支付全部或一部分索求权的债券就称为通过抵押贷款提供担保的债券。

mortgage debt crisis 抵押贷款债务危机 从 2007 年底开始，成千上万购房者由于抵押贷款利率升高和房价下降不能支付抵押贷款的那一段时期。

***MR*＝*MC* rule** *MR*＝*MC* 规则 表示当产品价格大于或等于平均可变成本时，企业将会选择边际收益等于边际成本处的产出水平，实现利润最大化（或损失最小化）。

***MRP*＝*MRC* rule** *MRP*＝*MRC* 规则（网络章节） 表示为实现利润最大化（损失最小化），企业应该选择边际收益产品（*MRP*）等于边际资源成本（*MRC*）处的资源数量。边际资源成本在完全竞争市场中等于工资率。

multiple counting 重复计算 在计算国内生产总值时，错误地将中间产品的价值计算在内；或不止一次地将同种商品或服务的价值计算在内。

multiplier 乘数 均衡 GDP 的变化量与总支出或总需求中的投资或任何其他组成部分的变化量之间的比率；为找出均衡 GDP 的最终变化，必须用总支出或总需求中的任何组成部分的变化乘以这个乘数。

multiplier effect 乘数效应 （由于消费、投资、政府支出或净出口的变化引起的）总支出或总需求的变化对均衡 GDP 的影响。

mutual interdependence 相互依赖 表示当一家企业的价格策略（或其他策略）发生变化时，其他企业的销售量或利润将会受到影响。任何作出这种改变的企业都相信它的竞争者将会对此作出反应。

N

national bank 国家银行 经美国政府批准运营的商业银行。

National Credit Union Administration (NCUA) 国家信用合作管理局 美国联邦政府授权成立的机构，为信用合作社的存款负债提供保险（每个账户最多 25 万美元）。

national income 国民收入 资源供给者在为国内生产总值作出贡献时挣得的总收入（包括生产税和进口税）；等于工资和薪金、租金、利息、利润和专利所有者收入之和。

national income accounting 国民收入核算 用来测度经济体总产量和其他与经济总体有关的变量的方法。

national income and product accounts (NIPA) 国民收入和产品账户 测度经济体总产量和收入以及其他任何与经济整体有关的总量的账户。

natural monopoly 自然垄断 某个行业所具有的规模经济非常大，以至于一家企业生产产品的平均总成本低于几家企业联合生产的平均总成本，这样的行业就存在自然垄断。

natural rate of unemployment 自然失业率 经济实现充分就业时的失业率；经济体实现潜在产出且不存在周期性失业时的失业率；实际通货膨胀等于预期通货膨胀时的失业率。

near-money 准货币 表示一种金融资产，其中最重要的是非支票储蓄账户、定期存款、美国短期证券和储蓄债券，虽然它不是交换媒介，但它可以很快地转换成货币。

negative externalities 负外部性 生产或消费过程中给第三方带来的、未加补偿的成本。

negative GDP gap 负 GDP 缺口 实际国内生产总值小于潜在产出时的情形，也称衰退型产出缺口。

negative relationship 负相关关系 （见 **inverse relationship**）。

net exports 净出口 出口减进口的余额。

net taxes 净税收 政府的税收减去政府转移支付的余额。

network effects 网络效应 当某种产品的总用户增加时，每个用户，包括现有用户，得到的价值都在增加。

net worth 净值 企业或个人总资产减去总负债的余额；对企业而言，是其所有者对企业总资产的要求权；对个人而言，是他（她）的财富。

nominal GDP 名义 GDP 用当前的价格水平计算出来的国内生产总值，即没有剔除物价波动影响的 GDP。

nominal income 名义收入 一定时期内，个人或集体通过提供资源而获得的美元数量，也是没有剔除物价波动影响的收入水平。

nominal interest rate 名义利率 用当年收取的年利息额表示，且未扣除通货膨胀影响的利率。

nominal wage 名义工资 单位时间内（天、小时等）劳动者获得的货币收入，也是未扣除通货膨胀影响的货币工资。

noncash transfer 非现金转移支付 政府用商品或服务，而不是用货币来表示的转移支付，如食物券、住房补贴和就业培训等，也称实物转移支付。

noncollusive oligopoly 非共谋性寡头垄断 企业并不采取一致行动，也不通过协定来确定产品价格和每家企业产量的寡头垄断形式。

noncompeting groups 非竞争性集团 经济体中不存在就业竞争的劳动者组成的集团，因为一个集团内部的劳动者技能和接受的教育与其他集团的劳动者截然不同。

nondiscretionary fiscal policy 非相机抉择型财政政策（见 **built-in stabilizer**）。

nondurable good 非耐用消费品 预期寿命（使用期限）小于 3 年的消费品。

nonexcludability 非排他性 无法阻止未付费者（搭便车者）从某种商品中获益的情况；是公共产品的一个特征。

nonmarket transactions 非市场交易 因为没有参与市场交易，所以不能计入国内生产总值的商品或服务的价值。

nonprice competition 非价格竞争 通过产品差异化，使自己的产品与竞争者的产品区别开来，再把产品差异信息传递给消费者的竞争行为。

nonproduction transaction 非生产性交易 任何非当前生产（提供）的商品或服务的买卖行为。

nonrivalry 非竞争性 认为某种商品令一个人受益的同时，不会减少它给其他人带来的益处的观点；也是公共产品的一个特征。

nontariff barriers（NTB） 非关税壁垒 不同国家设置的、妨碍国际贸易的保护性关税以外的任何壁垒，包括进口配额、许可证要求、不合理的产品质量标准、海关程序中冗杂的官僚程序等。

normal good 正常商品 在价格保持不变的情况下，收入增加消费量也增加，收入减少消费量也减少的产品或服务。

normal profit 正常利润 企业为获得和保留创业能力进行的支付，或指企业为吸引企业家发挥创业才能而必须支付的最低收入。

North American Free Trade Agreement（NAFTA） 北美自由贸易协定 加拿大、墨西哥和美国在 1993 年签署的，未来 15 年内建成一个自由贸易区的协定。

O

occupational licensing 职业许可证 州及地方法律规定，劳动者必须满足一定的具体要求且从许可委员会获得许可后方能从事特定的职业。

offshoring 离岸外包 将以前由美国劳动者从事的工作交给国外劳动者来做的行为。

oligopoly 寡头垄断 一种只有少数几家企业销售标准化产品或差异化产品的市场结构。进入这种市场结构很困难，且由于彼此之间相互依赖，企业对产品价格的控制力有限，企业之间普遍存在非价格竞争。

OPEC 石油输出国组织 （见 **Organization of Petroleum Exporting Countries**）。

open-market operations 公开市场业务 联邦储备银行为实施货币政策而买卖美国政府债券的行为。

opportunity cost 机会成本 为获得某样东西而必须放弃的商品、服务或时间的价值。

optimal reduction of an externality 外部性的最优减少额度 表示将诸如污染之类的负外部性减少到控污措施的边际收益等于边际成本的程度。

Organization of Petroleum Exporting Countries (OPEC) 石油输出国组织 控制其成员国原油产量和价格的卡特尔组织，由 11 个石油生产国组成（阿尔及利亚、印度尼西亚、伊朗、伊拉克、科威特、利比亚、尼日利亚、卡塔尔、沙特阿拉伯、委内瑞拉和阿拉伯联合酋长国），其出口量占世界石油出口量的 60%。

other-things-equal assumption 其他条件相同的假设 除所考察的因素之外其他因素保持不变的假设；其他情况相同的假设。

output effect 产出效应 表示一种投入品的价格上涨将引起企业生产成本的增加并减少其产出水平，投入品价格的下降则具有相反的结果。

P

P=MC rule P=MC 规则 表示短期内在产品价格大于或等于平均可变成本及长期内产品价格大于或等于平均总成本的条件下，一家完全竞争企业将会选择产品价格等于边际成本外的产出水平，实现利润最大化或损失最小化。

partnership 合伙企业 一种由两人或多人拥有和经营的非有限公司形式的企业。

patent 专利 给予投资者生产和销售一种新产品或新机器的排他性权利，时间为自专利申请之日起 20 年。

payroll tax 工资税 税收的一种，对雇主征收的税额占其所付工资和薪金的全部或一部分的一定比例；对雇员征收的税额等于获得的工资和薪金的全部或一部分的一定比例。

per capita GDP 人均 GDP 人均国内生产总值；总人口中每个人的平均 GDP。

per capita income 人均收入 一个国家总收入的人均额；总人口中每个人的平均收入。

perfectly elastic demand 完全弹性需求 在某一特定的价格水平上，产品需求量可以达到任何数量；在图中表示为一条水平的需求曲线。

perfectly elastic supply 完全弹性供给 在某一特定的价格水平上，产品或资源的供给量可以达到任何数量；在图中表示为一条水平的供给曲线。

perfectly inelastic demand 完全无弹性需求 在产品或资源的需求量一定的情况下，价格可以达到任何水平；在图中表示为一条垂直的需求曲线。

perfectly inelastic supply 完全无弹性供给 在产品或资源的供给量一定的情况下，价格可以达到任何水平；在图中表示为一条垂直的供给曲线。

per se violations 本身违法 诸如试图固定价格或瓜分市场的共谋行为，即使这些行为未获成功也是违反反垄断法的。

personal consumption expenditures 个人消费支出 家庭用于购买耐用消费品、日用品或服务的支出。

personal income tax 个人所得税 对个人、家庭和非有限公司形式的企业的应税收入征收的税。

per-unit production cost 每单位生产成本 一定产出水平的平均生产成本，等于总投入成本除以产量。

political business cycle 政治经济周期 国会在选举之前喜欢减税和增加政府支出，而在选举之后则增税和降低政府支出，从而导致经济不稳定的倾向。

positive externalities 正外部性 产品生产或消费过程中带给第三方且不用第三方提供补偿的收益。

positive GDP gap 正的 GDP 缺口 实际国内生产总值大于潜在产出的情况，也称通货膨胀型产出缺口。

positive relationship 正相关关系 两个变量之间的同方向关系。

potential output 潜在产出 经济充分利用一切可用资源时能够生产的实际产出。

poverty 贫困 个人或家庭的基本需求无法得到满足的情况。

poverty rate 贫困率 收入低于美国联邦政府规定的官方贫困收入水平的人口占总人口的比例。

price 价格 购买特定商品、服务或资源所需的货币数量。

price ceiling 最高限价 法律规定的某种产品或服务的最高价格。

price discrimination 价格歧视 向不同消费者销售同种产品时收取不同的价格，且这些成本差异并非由成本差异引起。

price elasticity of demand 需求价格弹性 某种产品或资源需求量变化的百分比与其价格变化的百分比的商；可衡量消费者对某种产品或服务的价格变化的敏感程度。

price elasticity of supply 供给价格弹性 某种产品或资源供给量变化的百分比与其价格变化的百分比的商；可衡量生产商对某种产品或资源的价格变化的敏感程度。

price-fixing 固定价格 两家或多家企业共谋设定产品价格的行为；这是违反《谢尔曼法》的行为。

price floor 最低限价 法律规定的高于均衡价格的价格。

price index 价格指数 表明“一篮子”商品的加权平均价格随时间变化的指数。

price leadership 价格领导 寡头垄断企业用来设置产品价格的一种非正式方法：一家企业（领导者）首先宣布价格变化，然后其他企业（追随者）也宣布同样或类似的变化。

price level 价格水平 一个经济体生产的最终商品或服务的价格的加权平均数。

price-level stability 物价水平稳定 价格水平在前后两个时期之间保持稳定；年通货膨胀率为零或者很低；也称物价稳定。

price maker 价格制定者 表示能够通过改变产品或资源的供给（或购买）数量来影响价格的供应商（消费者）。

price support 价格支持 政府允许供应商出售产品或服务时收取的最低价格；法律规定或维持的最低价格。

price taker 价格接受者 不能通过改变产品或资源的销售（购买）量来影响产品或资源价格的供应商（消费者）。

price war 价格战 寡头垄断行业中的企业相继持续降价的行为。每家企业都将价格降到低于竞争对手的水平，希望通过牺牲竞争对手来达到提高销售量和收入的目的。

prime interest rate 基准利率 银行在为企业和个人提供各种贷款时用来作为参照点的基本利率。

principal-agent problem 委托—代理问题 当代理人（工人或管理者）因追求自身目标而损害委托人（股东）的目标时发生的利益冲突。

principles 原理 关于帮助预测某些行为的可能影响的陈述。

private good 私有商品 私营企业为追逐利润而向个人提供的产品或服务，且私营企业能够阻止未付费者从中获益。

private property 私有财产 个人和企业获得、拥有、控制、使用、处理和遗赠其土地、资本和其他财产的权利。

private sector 私人部门 经济中的家庭和商业企业。

product differentiation 产品差异化 通过设计、相关服务、质量、位置和其他特征（不包含价格）将一家企业的产品与其竞争产品区别开来的策略。

production possibilities curve 生产可能性曲线 表示在可用资源和技术固定不变的情况下，一个实现充分就业和全部生产能力的经济体所能够生产出来的两种商品或服务的不同数量组合的曲线。

productive efficiency 生产效率 以成本最低的方式生产商品；处于平均总成本最低，且对所有投入品而言每1美元投入品的边际产品都相同的点上。

productivity 生产率 用于衡量每单位投入的平均产出或实际产出的一种方法。例如，劳动生产率就是用实际产出除以劳动时间来得到的。

productivity growth 生产率增长 两段时期之间生产率的增长。

product market 产品市场 企业出售产品和家庭购买产品的市场。

profit 利润 对资源和创业能力的回报（见 **normal profit**）；总收益减去总成本（见 **economic profit**）。

progressive tax 累进税 平均税率随纳税人收入的增加而增加，随纳税人收入的减少而减少的税种。

property tax 财产税 对企业和家庭拥有的财产（资本、土地、股票和债券，以及其他资产）的价值征收的一种税。

proportional tax 比例税 不管纳税人的收入是增加还是下降，平均税率保持不变的税种。

proprietor's income 业主收入 非有限公司形式的企业（个体制和合伙制企业）的所有人的净收入。

protective tariff 保护性关税 用来保护国内生产商或服务提供商免受国外厂商竞争的关税。

public assistance programs 公共援助项目 为那些无法工作（因为永久性残疾或收入太低且还要抚养孩子）的人提供补助的政府项目；通过一般性的税收融资，被视为政府慈善（而不是应得的权利）。

public debt 公共债务 联邦政府欠政府债券持有者的总金额，等于过去的政府预算赤字减去政府预算盈余后的余额。

public good 公共产品 具有非排他性和非竞争性特征的产品或服务；通常由政府提供。

public investments 公共投资 对公共资本（如公路、高速公路、桥梁、大规模运输系统和电力设施）和人力资本（如教育、培训和医疗）的政府支出。

public sector 公共部门 经济中包括所有政府机构的那个部分；政府。

purchasing power 购买力 收入中的每一货币单位能够购买的产品和服务的数量。

pure competition 完全竞争 一种市场结构，在这样的市场结构中，大量的企业销售一种标准化产品，进入市场非常容易，单个企业对产品价格没有控制力且不存在价格竞争，因为市场上有大量的企业和消费者。

purely competitive labor market 完全竞争的劳动力市场 一种劳动力市场，在这样的市场中，有大量能力相似的劳动者，他们独自将各自的劳动服务提供给不同的企业，且这些企业中没有一个能够决定工资水平。

pure monopoly 完全垄断 一种市场结构，在这样的市场结构中，只有一家企业销售一种独一无二的产品，进入这样的市场很困难，这家唯一的企业对产品价格具有相当大的决定能力，可能存在也可能不存在非价格竞争。

Q

quantity demanded 需求量 在一定时期内，消费者（一个或多个）在某个特定价格上愿意购买的产品或服务的数量。

quantity supplied 供给量 在一定时期内，生产商（一个或多个）在某个特定价格上愿意出售的产品或服务的数量。

quasi-public bank 准公共银行 私人拥有但受政府（公共）控制的银行，美国所有的联邦储备银行都是准公共银行。

quasi-public good 准公共商品 具有排他性特征但具有很大的外溢效应的产品或服务，因此由政府资助这种商品的生产，以防止资源配置不足。

R

rate of return 收益率 净收益除以投资或研发成本；用一个百分数表示。

rational behavior 理性行为 人类通过比较边际成本和边际收益而作出的行为；最大化总效用的行为。

real capital 实际资本（见 **capital**）。

real GDP 实际 GDP（见 **real gross domestic product**）。

real GDP per capita 人均实际 GDP 实际产出（GDP）除以人口数。

real gross domestic product (GDP) 实际 GDP 剔除通货膨胀影响的国内生产总值；一年内的国内生产总值除以该年的 GDP 价格指数，此指数为一个小数。

real income 实际收入 在某段时期内，用名义收入可以购买产品和服务的数量；名义收入扣除通货膨胀影响后的数值。

real interest rate 实际利率 以价值固定（剔除通货膨胀的影响）的美元表示的利率，等于名义利率减去预期通货膨胀率。

recession 衰退 实际 GDP 下降，同时实际收入降低和失业率升高的那段时期。

recessionary output gap 衰退型产出缺口（见 **negative GDP gap**）。

refinancing the public debt 公债再融资 指将新的政府债券销售给到期债券的持有人或

用销售新债券获得的资金偿还到期债券持有人的做法。

regressive tax 累退税 当纳税人的收入增加时平均税率反而下降，当纳税人的收入下降时平均税率反而上升的一种税。

rent-seeking behavior 寻租行为 个人、企业或组织以牺牲纳税人或其他人的利益为代价，从政府获得特定利益的行为。

required reserves 法定准备金 银行或储蓄机构为达到法律规定的准备金要求而存放在联邦储备银行的资金（通常以备用现金形式持有），是银行或储蓄机构支票存款的一个固定百分比。

reserve ratio 准备金率 按照法律规定，银行或储蓄机构必须将一定比例的支票存款储存在所在区域的联邦储备银行或以现金形式持有，这一最低比例就被称为准备金率。

resource 资源 用于生产产品或提供服务的自然物品或人造物品，又称生产要素。

resource market 资源市场 家庭出售而企业购买资源或资源服务的市场。

rule of reason 合理原则 美国钢铁案中声明和运用的一个原则，即拥有垄断力量和垄断力量的大小本身并不违法，只有那些不合理地限制交易的联合行动和合同才违反反垄断法的规定。

rule of 70 70 规则 用于计算年增长百分率确定的情况下，某个指标翻一番所需年数的方法。例如，用 70 除以年通货膨胀率，就能得到价格水平翻一番所需的时间。

S

sales tax 销售税 对一组商品的成本（零售时）征收的一种税。

saving 储蓄 可支配收入中未用来购买消费品的部分；等于可支配收入减去个人消费支出的余额。

savings account 储蓄账户 储户可以在任何时间正常提取的生息存款。

savings institution 储蓄机构（见 **thrift institution**）。

scarce resources 稀缺资源 无法满足人类无限经济需求的、数量有限的土地、资本、劳动力和企业家才能。

scientific method 科学方法 系统性地追求知识的过程，包括为获得理论、原理和规律对事实的观察、对假设的公式化表述和验证。

secular trend 长期趋势 长期内的趋势；某些在很长时期内（若干年）发生的变化。

securitization 债券化 将许多人的金融债务聚集在一起，再以此发行新债券（金融工具）的过程。新证券的持有人有权得到原生金融债券产生的债务支付。

self-interest 自利 在每个企业、财产所有者、劳动者或消费者看来最有利的结果。

service 服务 消费者、企业或政府愿意花钱购买的一种（无形的）行为或用途。

Sherman Act 《谢尔曼法》 美国 1890 年颁布的反垄断法，规定垄断和限制交易的共谋行为是违法行为。

shocks 冲击 需求（或总需求）或供给（或总供给）的突然的、意外的变化。

shortage 短缺 在某一个特定的（低于均衡的）价格水平，某种产品的需求量超过其供给量的一种情形。

short run 短期 （1）在微观经济学中指这样一段时期，生产商能够改变部分资源而不是所有资源的数量，这段时期内有些资源（通常是工厂）是固定的，有些资源是可变的；（2）在宏观经济学中指这样一段时期，名义工资和其他投入品价格并未针对价格变化发生变化。

short-run aggregate supply curve 短期总供给曲线 投入品价格（特别是名义工资）并未针对价格变化发生变化的那段时期之内的总供给曲线。

short-run competitive equilibrium 短期竞争性均衡 在完全竞争行业中，某种产品的总供给量等于总需求量时的价格水平，该价格等于或大于平均可变成本。

short-run supply curve 短期供给曲线 表示在一个完全竞争行业中，一家企业短期内在不同价格水平上愿意出售的产品量的一条供给曲线，也是该企业短期边际成本曲线位于平均可变成本曲线上面的那一部分。

shutdown case 停业情形 不管一家企业生产多少（大于零）的产量，其蒙受的损失都将大于总固定成本的一种情形；或者当企业销售产品的价格低于平均可变成本时，企业就会停止经营的情形。

simultaneous consumption 同时性消费 一种产品能够同时满足大量消费者需求的能力。

slope of a straight line 直线的斜率 一条直线上两点之间垂直变化（上升或下降）的距离与水平变化（平移）的距离之比。向上倾斜直线的斜率为正，表示两个变量具有同向关系；向下倾斜直线的斜率为负，表示两个变量之间具有反向关系。

Smoot-Hawley Tariff Act 《斯穆特-霍利关税法》 1930 年通过的一项设置极高关税的法律，目的是减少进口和刺激国内经济，但结果只是招致其他国家的报复性关税。

social insurance programs 社会保险项目 当人们退休或临时性失业时，用于弥补其部分收入损失的项目，通过工资税融资，并被视为是应得权利（而非慈善）。

Social Security 社会保障（网络章节） 一种通过强制性工资税融资的联邦政府项目，目的是当劳动者退休、残疾或死亡时，为其提供部分收入补偿。

Social Security trust fund 社会保障信托基金 一种将某一年收取的多余的社会保障税收储蓄起来，以便满足在随后某些年份社会保障支付超过社会保障收入时的需要的联邦基金。

sole proprietorship 个体企业 由一个人拥有和经营的一种非公司组织形式的企业。

special-interest effect 特殊利益效应 政府以牺牲更大群体的利益为代价来提高某一小集团利益（目标）的行为所带来的任何结果。

specialization 专业化 表示用一个人、一个企业、地区或国家的资源集中生产一种或几种商品或服务。

speculation 投机 一种买卖行为，目的是日后再买进或卖出而获利。

SSI 补充性保障收入 （见 **Supplemental Security Income**）。

stagflation 滞胀 经济增长停止不前，失业率不断上升与通货膨胀并存的局面；通货膨胀率和失业率同时增加的通货膨胀。

standardized product 标准化产品 是指当所有供应商的要价都相同时，消费者认为从哪个销售商处购买产品都无关紧要，这样的产品是同质产品，彼此之间完全可以替代。

Standard Oil case 标准石油案 1911 年的一桩反垄断案，标准石油公司因非法垄断石油产业被控诉违反《谢尔曼法》。为矫正标准石油公司的垄断行为给市场造成的危害，这家公司被拆分成若干家相互竞争的企业。

start-up (firm) 初创（企业） 把重点放在创造和引进一种特定的新产品或使用一种特别的新工艺或新销售方法的新企业。

sticky prices 黏性价格 （见 **inflexible prices**）。

stock (corporate) （公司）股票 在一个公司的所有权份额。

store of value 价值储藏 留作未来使用的资产；货币的三大职能之一。

strategic behavior 战略性行为 考虑他人可能会有的反应的自利经济行为。

strike 罢工 一个有组织的劳动者集团（工会）采取的拒绝提供劳动服务的行动。

structural unemployment 结构性失业 技能不适应雇主需要，或因技能不足而无法找到工作，或不能很容易地迁徙到能够找到工作的地方的那些劳动者的失业。

subprime mortgage loans 次级贷款 向信用风险超过平均水平的购房者提供的高利率贷款。

subsidy 补贴 政府、企业或家庭所作出的没有任何商品或服务回报的资金（或商品或服务）支付。政府提供的补贴称为政府转移支付。

substitute goods 替代品 可以相互替代的产品或服务。其中当一种产品或服务的价格下降时，对另一种产品或服务的需求就会下降；当一种商品或服务的价格上升时，对另一种产品或服务的需求就会上升。

substitution effect 替代效应 在产出不变的情况下，一种资源的价格变化对企业使用的资源数量的影响。

sunk cost 沉没成本 已经发生的不能恢复的成本。

Supplemental Nutrition Assistance Program (SNAP) 补充营养援助计划通过在专门的借记卡上存入电子货币来为低收入者提供食品补贴的政府项目。

Supplemental Security Income (SSI) 补充性保障收入 一种由联邦政府资助和管理的项目，目的是为不能获得美国社会保障补贴的老年人、盲人和残疾人提供统一的全国性最低收入保障。

supply 供给 表示一段时间内，销售商（一个或多个）在不同价格水平上愿意出售的产品或服务的数量安排。

supply curve 供给曲线 描绘供给的一条曲线。

supply shocks 突然冲击 总供给突然、意外地变化。

supply-side market failures 供给方市场失灵 当私人供给曲线不能充分代表生产商品或提供服务的全部成本时，资源配置过度的情况。

surplus 过剩 在特定的（超过均衡水平的）价格水平上，产品供给超过需求的数量。

T

tacit collusion 默示共谋 任何一种被寡头企业用来设置价格和产量且不涉及直接（或公开）共谋的方法。常见的例子有价格领导。

TANF （见 **Temporary Assistance for Needy Families**）。

tariff 关税 国家对进口商品征收的税。

tax 税收 一个家庭或企业非自愿性地支付给政府的货币（或产品和服务），且家庭和企业不会因此直接得到政府的产品和服务作为回报。

tax incidence 税收归宿 特定的个人或团体承担税收的比例。

technological advance 技术进步 表示新的、更好的产品和服务，或新的、更好的生产或销售产品和服务的方法。

technology 技术 能够用来将经济资源组合起来生产（提供）产品（或服务）的知识和技能。

Temporary Assistance for Needy Families (TANF) 贫困家庭临时补助 在美国，一种由州政府管理、部分由联邦政府资助的项目，目的是为贫困家庭提供经济援助，是美国为低收入家庭提供的基本福利项目，有时间限制和工作要求。

terms of trade 贸易条件 两种产品之间相互交换的比率；产品或服务的价格；为获得一单位的其他产品或服务必须放弃的某种产品或服务的数量。

thrift institution 储蓄机构 存贷款机构、共同储蓄银行或信用合作社。

tight money policy 紧缩银根政策 联邦储备系统用来紧缩或限制国家货币供给增长的措施，其目的是降低或消除通货膨胀。

time deposit 定期存款 储户在商业银行或存款机构的生息存款，储户必须等待特定一段时间后才可以提取，否则就要支付罚金。

token money 符号货币 货币上印刷的金额与货币本身蕴含的价值毫无关系的纸币或硬币；仍在流通、面额已经超过商用价值的货币。

total cost 总成本 固定成本和可变成本之和。

total demand for money 货币总需求 货币的交易需求和资产需求之和。

total product (*TP*) 总产品 一家企业（一群企业或整个经济）生产（提供）的某种产品（或服务）的总量。

total revenue (*TR*) 总收益 一家企业（或一群企业）销售产品获得的总货币收入；等于购买这些产品的总支出；等于销售量（需求量）乘以销售价格。

total-revenue test 总收益检验 一个用于确定任意两个价格之间需求弹性的检验方法：如果总收益与价格的变动方向相反，需求就是有弹性的；如果总收益与价格的变动方向相同，需求就是缺乏弹性的；如果当价格发生变化时总收益保持不变，需求就是具有单位弹性的。

total utility 总效用 从一种产品或一个产品组合的消费中获得满足的程度。

Trade Adjustment Assistance Act 《贸易调整援助法案》 美国 2002 年通过的一项法律，对那些被进口品取代的行业或生产活动转移到国外的行业的工人提供现金援助、教育和培训补助金、医疗补贴和工资补贴（对年龄达到 50 岁或以上者）。

trade balance 贸易差额 一个国家出口的商品（或产品和服务）减去进口的商品（或产品和服务）的差额。

trade bloc 贸易集团 一个由诸多国家组成的集团，目的是降低或取消成员国之间的贸易壁垒，如欧盟和北美自由贸易协定。

trade deficit 贸易赤字 一个国家的商品（或产品和服务）进口额超过商品（或产品和服务）出口额的数量。

trademark 商标 一种赋予产品发明人使用品牌名称的排他性权利的法律规定。

trade-off 权衡 为实现一个目标、得到某种产品或服务，必须牺牲的其他经济目标、产品或服务。

trade surplus 贸易盈余 一个国家的商品（或产品和服务）出口额大于商品（或产品和服务）进口额的数额。

transactions demand for money 货币的交易需求 人们想要持有作为交易媒介（进行支付）的货币数量；与名义GDP同方向变动。

transfer payment 转移支付 政府向家庭或企业所作的货币（产品或服务）支付，且政府没有直接得到产品或服务作为回报。

Troubled Asset Relief Program (TARP) 问题资产救助计划（TARP） 联邦政府2008年实施的一个项目，授权美国财政部向具有严重经济危机和高破产风险的重要金融机构和其他一些企业提供高达7 000亿美元的贷款。

U

unanticipated inflation 不可预期的通货膨胀 价格水平（通货膨胀）的上涨幅度大于预期水平的一种情况。

unemployment 失业 无法将所有可用的经济资源用来生产（提供）合意的产品（或服务）的情况；经济体无法实现劳动力充分就业的情况。

unemployment compensation 失业保险（见 **unemployment insurance**）。

unemployment insurance 失业保险 美国的社会保障计划，由州政府向雇主征收工资税来融资，目的是为那些失业且无法找到工作的劳动者提供收入。

unemployment rate 失业率 某一时点上失业劳动力占全部劳动力的比例。

unfulfilled expectations 没有实现的预期 家庭和企业预期某件事情将会发生而实际上却发生了别的事情的情形；对未来的经济状况和结果的预期或打算并没有实现的情况。

unit elasticity 单位弹性 弹性系数等于1的需求或供给；意味着需求或供给量变化的百分比等于价格变化的百分比。

unit of account 记账单位 一个标准单位，可用来标明价格和比较产品与服务的价值；货币的三大职能之一。

unlimited wants 无限的需求 消费者对那些能给他们带来满足感或效用的商品和服务的无限欲望。

U. S. securities 美国证券 美国联邦政府为超过税收收入的联邦支付融资而发行的短期国库券、中期国库券、长期国库券和美国储蓄债券。

U. S. Steel case 美国钢铁公司案 美国联邦政府对美国钢铁公司提起的反垄断诉讼，在此案中，法院裁定只有不合理地限制贸易的行为才是非法行为，而规模和垄断本身并不违反反垄断法。

usury laws 高利贷法 美国州政府规定对贷款所能收取的法定最高利率的一项法律。

utility 效用 产品或服务满足需求的能力；一个消费者从一种产品或服务（或一组产品和服务的组合）中所获得的满意程度或乐趣。

utility-maximizing rule 效用最大化原则　获得最大效用的原则，即消费者应该合理地分配他（她）的收入，使花费在每种产品或服务上的最后 1 美元都能产生相同的边际效用。

V

value of money 货币价值　1 单位货币（1 美元）能够交换的产品和服务的数量；1 单位货币的购买力；价格指数的倒数。

variable cost 可变成本　总体来说随企业增加产出而增加，随企业减少产出而减少的成本。

vault cash 备用现金　存放在银行保险库和提款机中的通货。

vertical integration 纵向一体化　将处于生产某种最终产品不同生产阶段的一组工厂纳入一家企业麾下的做法。

voluntary export restrictions（VER） 自动出口限制　国家或企业为避免引发外国制定正式的贸易壁垒，自愿实施限制其出口到某一个国家的商品量的措施。

W

wage（or wage rate） 工资（或工资率）　对单位时间（每小时、每天等）内劳动或服务的使用所支付的价格。

wage differential 工资差异　一个劳动者或一群劳动者得到的工资和另外一个劳动者或另外一群劳动者得到的工资之间的差额。

Wall Street Reform and Consumer Protection Act 《华尔街改革和消费者保护法案》美国 2010 年通过的一项法律，该法律授权美联储规制一切大型的金融机构，创立一个监督委员会监测金融系统不断增加的风险，规定了联邦政府出售大型破产金融机构的资产的程序，批准联邦政府对抵押债券的监管权限和在联邦政府设立金融消费者保护局来保障金融消费者的合法权益。

wealth 财富　任何有价值的东西，因为它带来了收入或能够带来收入；财富是一个存量；收入是一个流量。资产减去负债的净值。

wealth effect 财富效应　当金融资产或真实资产的价值上升时，人们就会增加消费支出，而当这些资产的价值下降时，人们就会减少消费支出的趋势。

World Trade Organization（WTO） 世界贸易组织　一个（截至 2011 年）由 153 个国家和地区组成的国际组织，负责监督当前世界贸易协定的实施情况，解决由此产生的贸易争端，并召集会议推进一轮又一轮的贸易谈判。

X

X-inefficiency X-非效率　表示在高于最低平均成本（和总成本）的情况下生产产品（无论产出水平如何）的效率。

译后记

本书是根据美国最流行的经济学教科书——布鲁伊与麦克康奈尔合著的适合两学期使用的《经济学》——缩写的经济学基础理论教科书。它通过对经济学理论的准确把握，通俗并简要地把理论和现实密切地联系在一起，准确而全面地介绍经济学的基础理论。本书重点突出，语言表述清晰、严谨，章节安排均衡、合理，因此它既促成了原版（适合两学期使用）教科书的畅销，又适合一学期教学活动的需要。

本书对先前的版本进行了一定的修正，介绍了一些更新的经济学理论，引入相关性更强的事例，改进了篇章结构，更好地满足了学习需要。本书的目标有三个：帮助学生掌握基本原理，使他们能够理解经济学一般问题、经济学具体热点问题以及各种政策选择；帮助学生运用经济学视角准确和客观地分析经济现象；培养学生对经济学理论和经济活动的持久兴趣。首先，本书非常生动，特别适合非经济学专业的学生对经济学原理的学习。其次，对那些需要将宏观经济学和微观经济学原理结合起来的工商类专业的学生，以及准备学习经济学专业的学生而言，本书是一本非常适合的、集分析与综合为一体的教材。最后，对那些重返课堂，参加 MBA 课程学习的学生而言，在学习本书的过程中辅之以合适的讲授和阅读材料，将会大大提高他们的经济学分析能力。

本书的翻译和校对主要由蒲艳完成，此外，张闯、陈可、陈堰、苏惠斯、王佳佳、王田宇洋参加了部分翻译工作。本书是集体合作的结晶，它凝结了译者的心血和劳动，再次衷心感谢各位合作翻译的同仁，并感谢中国人民大学出版社的编辑，是他们的热情和努力才促成本书的翻译和出版。由于时间仓促，再加之自己的水平有限，难免会有翻译不妥和翻译错误之处，敬请读者批评指正。书中的翻译错误均由本人负责。

蒲　艳

2015 年 8 月于成都

经济科学译丛						
序号	书名	作者	Author	单价	出版年份	ISBN
1	经济学精要(第3版)	斯坦利·L·布鲁伊等	Stanley L. Brue	58.00	2016	978-7-300-22301-8
2	经济分析史(第七版)	英格里德·H·里马	Ingrid H. Rima	72.00	2016	978-7-300-22294-3
3	投资学精要(第九版)	兹维·博迪等	Zvi Bodie	108.00	2016	978-7-300-22236-3
4	环境经济学(第二版)	查尔斯·D·科尔斯塔德	Charles D. Kolstad	68.00	2016	978-7-300-22255-4
5	MWG《微观经济理论》习题解答	原千晶等	Chiaki Hara	75.00	2016	978-7-300-22306-3
6	现代战略分析(第七版)	罗伯特·M·格兰特	Robert M. Grant	68.00	2016	978-7-300-17123-4
7	横截面与面板数据的计量经济分析(第二版)	杰弗里·M·伍德里奇	Jeffrey M. Wooldridge	128.00	2016	978-7-300-21938-7
8	宏观经济学(第十二版)	罗伯特·J·戈登	Robert J. Gordon	75.00	2016	978-7-300-21978-3
9	经济学(微观部分)	达龙·阿西莫格鲁等	Daron Acemoglu	59.00	2016	978-7-300-21786-4
10	经济学(宏观部分)	达龙·阿西莫格鲁等	Daron Acemoglu	45.00	2016	978-7-300-21886-1
11	动态最优化基础	蒋中一	Alpha C. Chiang	42.00	2015	978-7-300-22068-0
12	城市经济学	布伦丹·奥弗莱厄蒂	Brendan O'Flaherty	69.80	2015	978-7-300-22067-3
13	管理经济学:理论、应用与案例(第八版)	布鲁斯·艾伦等	Bruce Allen	79.80	2015	978-7-300-21991-2
14	经济政策:理论与实践	阿格尼丝·贝纳西-奎里等	Agnès Bénassy-Quéré	79.80	2015	978-7-300-21921-9
15	微观经济分析(第三版)	哈尔·R·范里安	Hal R. Varian	68.00	2015	978-7-300-21536-5
16	财政学(第十版)	哈维·S·罗森等	Harvey S. Rosen	68.00	2015	978-7-300-21754-3
17	经济数学(第三版)	迈克尔·霍伊等	Michael Hoy	88.00	2015	978-7-300-21674-4
18	发展经济学(第九版)	A.P.瑟尔沃	A. P. Thirlwall	69.80	2015	978-7-300-21193-0
19	宏观经济学(第五版)	斯蒂芬·D·威廉森	Stephen D. Williamson	69.00	2015	978-7-300-21169-5
20	资源经济学(第三版)	约翰·C·伯格斯特罗姆等	John C. Bergstrom	58.00	2015	978-7-300-20742-1
21	应用中级宏观经济学	凯文·D·胡佛	Kevin D. Hoover	78.00	2015	978-7-300-21000-1
22	计量经济学导论:现代观点(第五版)	杰弗里·M·伍德里奇	Jeffrey M. Wooldridge	99.00	2015	978-7-300-20815-2
23	现代时间序列分析导论(第二版)	约根·沃特斯等	Jürgen Wolters	39.80	2015	978-7-300-20625-7
24	空间计量经济学——从横截面数据到空间面板	J·保罗·埃尔霍斯特	J. Paul Elhorst	32.00	2015	978-7-300-21024-7
25	国际经济学原理	肯尼思·A·赖纳特	Kenneth A. Reinert	58.00	2015	978-7-300-20830-5
26	经济写作(第二版)	迪尔德丽·N·麦克洛斯基	Deirdre N. McCloskey	39.80	2015	978-7-300-20914-2
27	计量经济学方法与应用(第五版)	巴蒂·H·巴尔塔基	Badi H. Baltagi	58.00	2015	978-7-300-20584-7
28	战略经济学(第五版)	戴维·贝赞可等	David Besanko	78.00	2015	978-7-300-20679-0
29	博弈论导论	史蒂文·泰迪里斯	Steven Tadelis	58.00	2015	978-7-300-19993-1
30	社会问题经济学(第二十版)	安塞尔·M·夏普等	Ansel M. Sharp	49.00	2015	978-7-300-20279-2
31	博弈论:矛盾冲突分析	罗杰·B·迈尔森	Roger B. Myerson	58.00	2015	978-7-300-20212-9
32	时间序列分析	詹姆斯·D·汉密尔顿	James D. Hamilton	118.00	2015	978-7-300-20213-6
33	经济问题与政策(第五版)	杰奎琳·默里·布鲁克斯	Jacqueline Murray Brux	58.00	2014	978-7-300-17799-1
34	微观经济理论	安德鲁·马斯-克莱尔等	Andreu Mas-Collel	148.00	2014	978-7-300-19986-3
35	产业组织:理论与实践(第四版)	唐·E·瓦尔德曼等	Don E. Waldman	75.00	2014	978-7-300-19722-7
36	公司金融理论	让·梯若尔	Jean Tirole	128.00	2014	978-7-300-20178-8
37	经济学精要(第三版)	R·格伦·哈伯德等	R. Glenn Hubbard	85.00	2014	978-7-300-19362-5
38	公共部门经济学	理查德·W·特里西	Richard W. Tresch	49.00	2014	978-7-300-18442-5
39	计量经济学原理(第六版)	彼得·肯尼迪	Peter Kennedy	69.80	2014	978-7-300-19342-7
40	统计学:在经济中的应用	玛格丽特·刘易斯	Margaret Lewis	45.00	2014	978-7-300-19082-2
41	产业组织:现代理论与实践(第四版)	林恩·佩波尔等	Lynne Pepall	88.00	2014	978-7-300-19166-9
42	计量经济学导论(第三版)	詹姆斯·H·斯托克等	James H. Stock	69.00	2014	978-7-300-18467-8
43	发展经济学导论(第四版)	秋山裕	秋山裕	39.80	2014	978-7-300-19127-0
44	中级微观经济学(第六版)	杰弗里·M·佩罗夫	Jeffrey M. Perloff	89.00	2014	978-7-300-18441-8
45	平狄克《微观经济学》(第八版)学习指导	乔纳森·汉密尔顿等	Jonathan Hamilton	32.00	2014	978-7-300-18970-3
46	微观银行经济学(第二版)	哈维尔·弗雷克斯等	Xavier Freixas	48.00	2014	978-7-300-18940-6
47	施米托夫论出口贸易——国际贸易法律与实务(第11版)	克利夫·M·施米托夫等	Clive M. Schmitthoff	168.00	2014	978-7-300-18425-8
48	曼昆版《宏观经济学》习题集	南希·A·加纳科波罗斯等	Nancy A. Jianakoplos	32.00	2013	978-7-300-18245-2

经济科学译丛						
序号	书名	作者	Author	单价	出版年份	ISBN
49	微观经济学思维	玛莎·L·奥尔尼	Martha L. Olney	29.80	2013	978-7-300-17280-4
50	宏观经济学思维	玛莎·L·奥尔尼	Martha L. Olney	39.80	2013	978-7-300-17279-8
51	计量经济学原理与实践	达摩达尔·N·古扎拉蒂	Damodar N. Gujarati	49.80	2013	978-7-300-18169-1
52	现代战略分析案例集	罗伯特·M·格兰特	Robert M. Grant	48.00	2013	978-7-300-16038-2
53	高级国际贸易:理论与实证	罗伯特·C·芬斯特拉	Robert C. Feenstra	59.00	2013	978-7-300-17157-9
54	经济学简史——处理沉闷科学的巧妙方法(第二版)	E·雷·坎特伯里	E. Ray Canterbery	58.00	2013	978-7-300-17571-3
55	微观经济学(第八版)	罗伯特·S·平狄克等	Robert S. Pindyck	79.00	2013	978-7-300-17133-3
56	克鲁格曼《微观经济学(第二版)》学习手册	伊丽莎白·索耶·凯利	Elizabeth Sawyer Kelly	58.00	2013	978-7-300-17002-2
57	克鲁格曼《宏观经济学(第二版)》学习手册	伊丽莎白·索耶·凯利	Elizabeth Sawyer Kelly	36.00	2013	978-7-300-17024-4
58	管理经济学(第四版)	方博亮等	Ivan Png	80.00	2013	978-7-300-17000-8
59	微观经济学原理(第五版)	巴德、帕金	Bade, Parkin	65.00	2013	978-7-300-16930-9
60	宏观经济学原理(第五版)	巴德、帕金	Bade, Parkin	63.00	2013	978-7-300-16929-3
61	环境经济学	彼得·伯克等	Peter Berck	55.00	2013	978-7-300-16538-7
62	高级微观经济理论	杰弗里·杰里	Geoffrey A. Jehle	69.00	2012	978-7-300-16613-1
63	多恩布什《宏观经济学(第十版)》学习指导	鲁迪格·多恩布什等	Rudiger Dornbusch	29.00	2012	978-7-300-16030-6
64	高级宏观经济学导论:增长与经济周期(第二版)	彼得·伯奇·索伦森等	Peter Birch Sørensen	95.00	2012	978-7-300-15871-6
65	宏观经济学:政策与实践	弗雷德里克·S·米什金	Frederic S. Mishkin	69.00	2012	978-7-300-16443-4
66	宏观经济学(第二版)	保罗·克鲁格曼	Paul Krugman	45.00	2012	978-7-300-15029-1
67	微观经济学(第二版)	保罗·克鲁格曼	Paul Krugman	69.80	2012	978-7-300-14835-9
68	微观经济学(第十一版)	埃德温·曼斯费尔德	Edwin Mansfield	88.00	2012	978-7-300-15050-5
69	《计量经济学基础》(第五版)学生习题解答手册	达摩达尔·N·古扎拉蒂等	Damodar N. Gujarati	23.00	2012	978-7-300-15091-8
70	国际宏观经济学	罗伯特·C·芬斯特拉等	Feenstra, Taylor	64.00	2011	978-7-300-14795-6
71	卫生经济学(第六版)	舍曼·富兰德等	Sherman Folland	79.00	2011	978-7-300-14645-4
72	宏观经济学(第七版)	安德鲁·B·亚伯等	Andrew B. Abel	78.00	2011	978-7-300-14223-4
73	现代劳动经济学:理论与公共政策(第十版)	罗纳德·G·伊兰伯格等	Ronald G. Ehrenberg	69.00	2011	978-7-300-14482-5
74	宏观经济学(第七版)	N·格里高利·曼昆	N. Gregory Mankiw	65.00	2011	978-7-300-14018-6
75	环境与自然资源经济学(第八版)	汤姆·蒂坦伯格等	Tom Tietenberg	69.00	2011	978-7-300-14810-0
76	宏观经济学:理论与政策(第九版)	理查德·T·弗罗恩	Richard T. Froyen	55.00	2011	978-7-300-14108-4
77	经济学原理(第四版)	威廉·博伊斯等	William Boyes	59.00	2011	978-7-300-13518-2
78	计量经济学基础(第五版)(上下册)	达摩达尔·N·古扎拉蒂	Damodar N. Gujarati	99.00	2011	978-7-300-13693-6
79	计量经济分析(第六版)(上下册)	威廉·H·格林	William H. Greene	128.00	2011	978-7-300-12779-8
80	国际经济学:理论与政策(第八版)(上册国际贸易部分)	保罗·R·克鲁格曼等	Paul R. Krugman	36.00	2011	978-7-300-13102-3
81	国际经济学:理论与政策(第八版)(下册国际金融部分)	保罗·R·克鲁格曼等	Paul R. Krugman	49.00	2011	978-7-300-13101-6
82	国际贸易	罗伯特·C·芬斯特拉等	Robert C. Feenstra	49.00	2011	978-7-300-13704-9
83	经济增长(第二版)	戴维·N·韦尔	David N. Weil	63.00	2011	978-7-300-12778-1
84	投资科学	戴维·G·卢恩伯格	David G. Luenberger	58.00	2011	978-7-300-14747-5
85	宏观经济学(第十版)	鲁迪格·多恩布什等	Rudiger Dornbusch	60.00	2010	978-7-300-11528-3
86	宏观经济学(第三版)	斯蒂芬·D·威廉森	Stephen D. Williamson	65.00	2010	978-7-300-11133-9
87	计量经济学导论(第四版)	杰弗里·M·伍德里奇	Jeffrey M. Wooldridge	95.00	2010	978-7-300-12319-6
88	货币金融学(第九版)	弗雷德里克·S·米什金等	Frederic S. Mishkin	79.00	2010	978-7-300-12926-6
89	金融学(第二版)	兹维·博迪等	Zvi Bodie	59.00	2010	978-7-300-11134-6
90	国际经济学(第三版)	W·查尔斯·索耶等	W. Charles Sawyer	58.00	2010	978-7-300-12150-5
91	博弈论	朱·弗登博格等	Drew Fudenberg	68.00	2010	978-7-300-11785-0
92	投资学精要(第七版)(上下册)	兹维·博迪等	Zvi Bodie	99.00	2010	978-7-300-12417-9
93	财政学(第八版)	哈维·S·罗森等	Harvey S. Rosen	63.00	2009	978-7-300-11092-9

经济科学译库

序号	书名	作者	Author	单价	出版年份	ISBN
1	克鲁格曼经济学原理(第二版)	保罗·克鲁格曼等	Paul Krugman	65.00	2013	978-7-300-17409-9
2	国际经济学(第13版)	罗伯特·J·凯伯等	Robert J. Carbaugh	68.00	2013	978-7-300-16931-6
3	货币政策:目标、机构、策略和工具	彼得·博芬格	Peter Bofinger	55.00	2013	978-7-300-17166-1
4	MBA微观经济学(第二版)	理查德·B·麦肯齐等	Richard B. McKenzie	55.00	2013	978-7-300-17003-9
5	激励理论:动机与信息经济学	唐纳德·E·坎贝尔	Donald E. Campbell	69.80	2013	978-7-300-17025-1
6	微观经济学:价格理论观点(第八版)	斯蒂文·E·兰德斯博格	Steven E. Landsburg	78.00	2013	978-7-300-15885-3
7	经济数学与金融数学	迈克尔·哈里森等	Michael Harrison	65.00	2012	978-7-300-16689-6
8	策略博弈(第三版)	阿维纳什·迪克西特等	Avinash Dixit	72.00	2012	978-7-300-16033-7
9	高级宏观经济学基础	本·J·海德拉等	Ben J. Heijdra	78.00	2012	978-7-300-14836-6
10	行为经济学	尼克·威尔金森	Nick Wilkinson	58.00	2012	978-7-300-16150-1
11	金融风险管理师考试手册(第六版)	菲利普·乔瑞	Philippe Jorion	168.00	2012	978-7-300-14837-3
12	服务经济学	简·欧文·詹森	Jan Owen Jansson	42.00	2012	978-7-300-15886-0
13	统计学:在经济和管理中的应用(第八版)	杰拉德·凯勒	Gerald Keller	98.00	2012	978-7-300-16609-4
14	面板数据分析(第二版)	萧政	Cheng Hsiao	45.00	2012	978-7-300-16708-4
15	中级微观经济学:理论与应用(第10版)	沃尔特·尼科尔森等	Walter Nicholson	85.00	2012	978-7-300-16400-7
16	经济学中的数学	卡尔·P·西蒙等	Carl P. Simon	65.00	2012	978-7-300-16449-6
17	社会网络分析:方法与应用	斯坦利·沃瑟曼等	Stanley Wasserman	78.00	2012	978-7-300-15030-7
18	用Stata学计量经济学	克里斯托弗·F·鲍姆	Christopher F. Baum	65.00	2012	978-7-300-16293-5
19	美国经济史(第10版)	加里·沃尔顿等	Gary M. Walton	78.00	2011	978-7-300-14529-7
20	增长经济学	菲利普·阿格因	Philippe Aghion	58.00	2011	978-7-300-14208-1
21	经济地理学:区域和国家一体化	皮埃尔-菲利普·库姆斯等	Pierre-Philippe Combes	42.00	2011	978-7-300-13702-5
22	社会与经济网络	马修·O·杰克逊	Matthew O. Jackson	58.00	2011	978-7-300-13707-0
23	环境经济学	查尔斯·D·科尔斯塔德	Charles D. Kolstad	53.00	2011	978-7-300-13173-3
24	空间经济学——城市、区域与国际贸易	保罗·克鲁格曼等	Paul Krugman	42.00	2011	978-7-300-13037-8
25	国际贸易理论:对偶和一般均衡方法	阿维纳什·迪克西特等	Avinash Dixit	45.00	2011	978-7-300-13098-9
26	契约经济学:理论和应用	埃里克·布鲁索等	Eric Brousseau	68.00	2011	978-7-300-13223-5
27	反垄断与管制经济学(第四版)	W·基普·维斯库斯等	W. Kip Viscusi	89.00	2010	978-7-300-12615-9
28	拍卖理论	维佳·克里斯纳等	Vijay Krishna	42.00	2010	978-7-300-12664-7
29	计量经济学指南(第五版)	皮特·肯尼迪	Peter Kennedy	65.00	2010	978-7-300-12333-2
30	管理者宏观经济学	迈克尔·K·伊万斯等	Michael K. Evans	68.00	2010	978-7-300-12262-5
31	利息与价格——货币政策理论基础	迈克尔·伍德福德	Michael Woodford	68.00	2010	978-7-300-11661-7
32	理解资本主义:竞争、统制与变革(第三版)	塞缪尔·鲍尔斯等	Samuel Bowles	66.00	2010	978-7-300-11596-2
33	递归宏观经济理论(第二版)	萨金特等	Thomas J. Sargent	79.00	2010	978-7-300-11595-5
34	剑桥美国经济史(第一卷):殖民地时期	斯坦利·L·恩格尔曼等	Stanley L. Engerman	48.00	2008	978-7-300-08254-7
35	剑桥美国经济史(第二卷):漫长的19世纪	斯坦利·L·恩格尔曼等	Stanley L. Engerman	88.00	2008	978-7-300-09394-9
36	剑桥美国经济史(第三卷):20世纪	斯坦利·L·恩格尔曼等	Stanley L. Engerman	98.00	2008	978-7-300-09395-6
37	横截面与面板数据的经济计量分析	J.M.伍德里奇	Jeffrey M. Wooldridge	68.00	2007	978-7-300-08090-1

金融学译丛

序号	书名	作者	Author	单价	出版年份	ISBN
1	投资学基础(第三版)	戈登·J·亚历山大等	Gordon J. Alexander	79.00	2015	978-7-300-20274-7
2	金融风险管理(第二版)	彼德·F·克里斯托弗森	Peter F. Christoffersen	46.00	2015	978-7-300-21210-4
3	风险管理与保险管理(第十二版)	乔治·E·瑞达等	George E. Rejda	95.00	2015	978-7-300-21486-3
4	个人理财(第五版)	杰夫·马杜拉	Jeff Madura	69.00	2015	978-7-300-20583-0
5	企业价值评估	罗伯特·A·G·蒙克斯等	Robert A. G. Monks	58.00	2015	978-7-300-20582-3
6	基于Excel的金融学原理(第二版)	西蒙·本尼卡	Simon Benninga	79.00	2014	978-7-300-18899-7
7	金融工程学原理(第二版)	萨利赫·N·内夫特奇	Salih N. Neftci	88.00	2014	978-7-300-19348-9
8	投资学导论(第十版)	赫伯特·B·梅奥	Herbert B. Mayo	69.00	2014	978-7-300-18971-0
9	国际金融市场导论(第六版)	斯蒂芬·瓦尔德斯等	Stephen Valdez	59.80	2014	978-7-300-18896-6

金融学译丛						
序号	书名	作者	Author	单价	出版年份	ISBN
10	金融数学:金融工程引论(第二版)	马雷克·凯宾斯基等	Marek Capinski	42.00	2014	978-7-300-17650-5
11	财务管理(第二版)	雷蒙德·布鲁克斯	Raymond Brooks	69.00	2014	978-7-300-19085-3
12	期货与期权市场导论(第七版)	约翰·C·赫尔	John C. Hull	69.00	2014	978-7-300-18994-2
13	固定收益证券手册(第七版)	弗兰克·J·法博齐	Frank J. Fabozzi	188.00	2014	978-7-300-17001-5
14	国际金融:理论与实务	皮特·塞尔居	Piet Sercu	88.00	2014	978-7-300-18413-5
15	金融市场与金融机构(第7版)	弗雷德里克·S·米什金 斯坦利·G·埃金斯	Frederic S. Mishkin Stanley G. Eakins	79.00	2013	978-7-300-18129-5
16	货币、银行和金融体系	R·格伦·哈伯德等	R. Glenn Hubbard	75.00	2013	978-7-300-17856-1
17	并购创造价值(第二版)	萨德·苏达斯纳	Sudi Sudarsanam	89.00	2013	978-7-300-17473-0
18	个人理财——理财技能培养方法(第三版)	杰克·R·卡普尔等	Jack R. Kapoor	66.00	2013	978-7-300-16687-2
19	国际财务管理	吉尔特·贝克特	Geert Bekaert	95.00	2012	978-7-300-16031-3
20	金融理论与公司政策(第四版)	托马斯·科普兰等	Thomas Copeland	69.00	2012	978-7-300-15822-8
21	应用公司财务(第三版)	阿斯沃思·达摩达兰	Aswath Damodaran	88.00	2012	978-7-300-16034-4
22	资本市场:机构与工具(第四版)	弗兰克·J·法博齐	Frank J. Fabozzi	85.00	2011	978-7-300-13828-2
23	衍生品市场(第二版)	罗伯特·L·麦克唐纳	Robert L. McDonald	98.00	2011	978-7-300-13130-6
24	债券市场:分析与策略(第七版)	弗兰克·J·法博齐	Frank J. Fabozzi	89.00	2011	978-7-300-13081-1
25	跨国金融原理(第三版)	迈克尔·H·莫菲特等	Michael H. Moffett	78.00	2011	978-7-300-12781-1
26	风险管理与保险原理(第十版)	乔治·E·瑞达	George E. Rejda	95.00	2010	978-7-300-12739-2
27	兼并、收购和公司重组(第四版)	帕特里克·A·高根	Patrick A. Gaughan	69.00	2010	978-7-300-12465-0
28	个人理财(第四版)	阿瑟·J·基翁	Athur J. Keown	79.00	2010	978-7-300-11787-4
29	统计与金融	戴维·鲁珀特	David Ruppert	48.00	2010	978-7-300-11547-4
30	国际投资(第六版)	布鲁诺·索尔尼克等	Bruno Solnik	62.00	2010	978-7-300-11289-3
31	财务报表分析(第三版)	马丁·弗里德森	Martin Fridson	35.00	2010	978-7-300-11290-9

Stanley L. Brue, Campbell R. McConnell, Sean M. Flynn, Randy R. Grant
Essentials of Economics, 3e
0073511455
Copyright © 2014 by McGraw-Hill Education.

All Rights reserved. No part of this publication may be reproduced or transmitted in any form or by any means, electronic or mechanical, including without limitation photocopying, recording, taping, or any database, information or retrieval system, without the prior written permission of the publisher.

This authorized Chinese translation edition is jointly published by McGraw-Hill Education and China Renmin University Press. This edition is authorized for sale in the People's Republic of China only, excluding Hong Kong, Macao SAR and Taiwan.

Copyright © 2015 by McGraw-Hill Education and China Renmin University Press.

版权所有。未经出版人事先书面许可，对本出版物的任何部分不得以任何方式或途径复制或传播，包括但不限于复印、录制、录音，或通过任何数据库、信息或可检索的系统。

本授权中文简体翻译版由麦格劳-希尔（亚洲）教育出版公司和中国人民大学出版社合作出版。此版本经授权仅限在中华人民共和国境内（不包括香港特别行政区、澳门特别行政区和台湾）销售。

版权© 2015 由麦格劳-希尔（亚洲）教育出版公司与中国人民大学出版社所有。

本书封面贴有 McGraw-Hill Education 公司防伪标签，无标签者不得销售。

北京市版权局著作权合同登记号：01－2013－4865

图书在版编目（CIP）数据

经济学精要：第 3 版/（美）布鲁伊等著；蒲艳译—北京：中国人民大学出版社，2016.1
（经济科学译丛）
书名原文：Essentials of Economics，3e
ISBN 978-7-300-22301-8

Ⅰ.①经… Ⅱ.①布…②蒲… Ⅲ.①经济学 Ⅳ.①F0

中国版本图书馆 CIP 数据核字（2015）第 316458 号

经济科学译丛
经济学精要（第 3 版）
斯坦利·L·布鲁伊
坎贝尔·R·麦克康奈尔　著
肖恩·M·弗林
蒲艳　译
Jingjixue Jingyao

出版发行	中国人民大学出版社		
社　址	北京中关村大街 31 号	**邮政编码**	100080
电　话	010－62511242（总编室）		010－62511770（质管部）
	010－82501766（邮购部）		010－62514148（门市部）
	010－62515195（发行公司）		010－62515275（盗版举报）
网　址	http://www.crup.com.cn		
	http://www.ttrnet.com(人大教研网)		
经　销	新华书店		
印　刷	三河市汇鑫印务有限公司		
规　格	185mm×260mm　16 开本	**版　次**	2016 年 1 月第 1 版
印　张	29.25 插页 2	**印　次**	2016 年 1 月第 1 次印刷
字　数	657 000	**定　价**	58.00 元

版权所有　侵权必究　印装差错　负责调换